中国马克思主义研究前沿

REPORT ON THE FRONTIER RESEARCH
OF MARXISM
IN CHINA：2009

2009 年卷

赵剑英 吴波 郑祥福 主编

中国社会科学出版社

图书在版编目（CIP）数据

中国马克思主义研究前沿. 2009 年卷 / 赵剑英等主编. —北京：中国社会科学出版社，2010.8
ISBN 978-7-5004-8982-5

Ⅰ.①中… Ⅱ.①赵… Ⅲ.①马克思主义—发展—研究报告—中国②社会主义建设模式—研究报告—中国 Ⅳ.①D61

中国版本图书馆 CIP 数据核字（2010）第 142763 号

责任编辑	喻　苗			
责任校对	郭　娟			
封面设计	奇文云海			
技术编辑	王炳图			

出版发行	中国社会科学出版社			
社　　址	北京鼓楼西大街甲 158 号	邮　编	100720	
电　　话	010—84029450（邮购）			
网　　址	http://www.csspw.cn			
经　　销	新华书店			
印　　刷	北京君升印刷有限公司	装　订	广增装订厂	
版　　次	2010 年 8 月第 1 版	印　次	2010 年 8 月第 1 次印刷	
开　　本	710×1000　1/16			
印　　张	33.75	插　页	2	
字　　数	536 千字			
定　　价	68.00 元			

凡购买中国社会科学出版社图书，如有质量问题请与本社发行部联系调换
版权所有　侵权必究

学术顾问

　　王伟光　李慎明　袁贵仁　韦建桦　邢贲思　杨春贵
　　侯树栋　黄枬森　陶德麟　张卓元　陈先达

编委会主任　黄浩涛

常务副主任　赵剑英

委　员（按姓氏笔画排序）

　　王南湜　王　浩　孙正聿　李汉林　李景源　李德顺
　　吴晓明　吴　波　张一兵　杨　耕　房　宁　郑祥福
　　赵剑英　郝立新　侯惠勤　骆郁廷　顾海良　夏兴有
　　秦　宣　黄浩涛　梅新林　谢春涛　程恩富

主　编　赵剑英　吴　波　郑祥福

编辑部主任　冯春凤　吴　波

出版说明

把坚持马克思主义基本原理同推进马克思主义中国化结合起来，是中国革命与建设、改革与发展取得伟大成功的根本经验。党的十七大提出，要大力推进理论创新，不断赋予当代中国马克思主义鲜明的实践特色、民族特色、时代特色。党的十七大以来，当代中国马克思主义理论工作者以高度的责任感和神圣的使命感，直面一系列中国特色社会主义重大理论和现实问题，深入研究，开拓创新，取得了一系列丰硕的理论成果。在国际形势风云变幻，改革任务艰巨繁重的历史条件下，中国特色社会主义理论放射出更加灿烂的真理光芒，中国特色社会主义道路越来越清晰，越走越宽广。

为及时、集中地反映我国马克思主义理论研究的代表性、前沿性成果，展示我国马克思主义研究动态和学术进展，深化中国化马克思主义研究，促进马克思主义研究成果的交流与创新，中国社会科学出版社决定编辑出版年度学术报告《中国马克思主义研究前沿》。该报告坚持马克思主义的立场、观点和方法，以宽广的理论视野，密切关注当今世界的发展趋势，高度关注中国特色社会主义重大理论和实践问题，选题紧扣本年度马克思主义研究领域的热点和前沿问题。报告注重学术性，鼓励理论创新和大胆探索，弘扬优良学风和文风。报告设有"特别推荐"、"高端访谈"、"学术前沿"、"热点聚集"、"学术动态"、"理论人物"等栏目，并根据需要不断调整和充实新栏目。让我们携起手来，共同努力，把《中国马克思主义研究前沿》办成展示马克思主义中国化理论创新成果的重要窗口！

《中国马克思主义研究前沿》编委会
2009 年 3 月 12 日

目 录

特别推荐

李长春：在《马克思恩格斯文集》和《列宁专题文集》出版座谈会上的
讲话 / 3

刘云山：中国应对国际金融危机的实践和启示
——在第五次中越两党理论研讨会上的主旨报告 / 11

党的建设研究

雒树刚：坚持不懈地用中国特色社会主义理论体系武装全党 / 25
徐崇温：坚持不懈地推进马克思主义中国化、时代化、大众化 / 33
许耀桐：新中国 60 年来中国共产党党内民主的发展 / 43

新中国 60 周年与"中国道路"

冷　溶：我们党领导人民实现的伟大历史变革 / 53
李慎明：哲学社会科学发展中需要正确认识和处理的十个重要关系 / 62
朱佳木：新中国两个 30 年与中国特色社会主义道路 / 73
王绍光：坚守方向，探索道路：中国社会主义实践 60 年 / 88
张　宇：中国模式的含义与意义：经济学的视角 / 113

金融危机反思

王伟光：科学认识美国金融危机的本质和原因
——重读《资本论》和《帝国主义论》/ 139

何秉孟：美国金融危机与国际金融垄断资本主义 / 159

卫兴华　孙咏梅：当前金融危机的特点、根源及应对思考 / 188

生态文明研究

方世南：马克思生产力理论蕴涵的环境思想 / 201

刘森林：外推：生态困境的奥秘 / 216

王雨辰：论生态学马克思主义的生态价值观 / 229

学术前沿

孙正聿："现实的历史"：《资本论》的存在论 / 245

张一兵：劳动塑形、关系构式、生产创序与结构筑模
　　　　——关于构境理论与历史唯物主义的一种逻辑袭承 / 263

梁树发：马克思恩格斯关系研究方法辨析 / 277

叶险明：马克思世界历史理论的特性与世界历史理论基本问题
　　　　——马克思主义世界历史理论在当代发展的一个重要
　　　　逻辑环节 / 289

王南湜：全球化时代生存逻辑与资本逻辑的博弈 / 314

热点聚焦

陈先达：论中华民族精神的主体向度 / 325

戴木才　田海舰：社会主义核心价值体系建设需要深化研究的
　　　　若干理论问题 / 339

任　平　王建明：论差异性社会与中国特色社会主义民主
　　　　政治的未来 / 353

郭　飞　王　飞：中国个人收入分配：改革成就、存在问题
　　　　与对策 / 367

王永昌：建设生活大国视野中的国民收入分配体制改革 / 392

马　骏：我国总体趋势上不存在"国进民退" / 406

何　伟："国进民退"五定位 / 412

目录

学术争鸣

段忠桥：马克思的异化概念与历史唯物主义
　　——与俞吾金教授商榷 / 419

邹诗鹏　仰海峰　沈湘平：重解历史唯物主义的
　　路径与意义（三篇）/ 442

研究综述

梅荣政　周淑芳：近年来中国特色社会主义理论体系研究 / 459

赵景来：唯物史观的当代解读与唯物史观的研究范式
　　若干问题讨论 / 476

理论人物

崔唯航：基于实践的马克思主义哲学研究
　　——访中国社会科学院文史哲学部副主任
　　李景源研究员 / 499

辛向阳：大历史尺度与唯物辩证法的力量
　　——记中国社会科学院马克思主义研究院党委书记
　　侯惠勤教授 / 512

后记 / 531

特别推荐

在《马克思恩格斯文集》和《列宁专题文集》出版座谈会上的讲话

（2009年12月25日）

李长春

今天，我们在这里召开座谈会，庆贺《马克思恩格斯文集》和《列宁专题文集》正式出版发行，研究如何进一步学习好运用好马克思主义经典著作，推动用发展着的马克思主义指导新的实践。

刚才几位同志发言，讲得都很好。大家畅谈了两部文集出版的重大意义，交流了编译工作的心得体会，对学习宣传使用两部文集提出了很好的建议。大家认为，两部文集的出版，是党的思想理论建设的一件大事，是马克思主义经典著作编译的一大盛事，是马克思主义理论研究和建设工程的一个重大成果，对于学习、研究和传播、运用马克思主义具有重要意义。在两部文集编译过程中，中央编译局的专家学者以高度的政治责任感和严谨的治学精神，埋头苦干，精益求精，为确保两部文集译文的准确性、权威性作出了贡献；马克思主义理论研究和建设工程咨询委员认真负责、多次审议、严格把关，对保证两部文集的质量起了重要作用；全国理论界的许多专家学者也以各种方式对两部文集的编译工作给予极大支持；人民出版社为使两部文集成为出版精品做了大量工作。借此机会，我代表党中央对两部文集的顺利出版表示热烈祝贺！向为这项工作付出辛勤劳动的同志们表示崇高敬意和衷心感谢！向所有从事马克思主义经典著作编译、研究和传播工作的同志们表示诚挚问候！

高度重视马克思主义理论的研究和建设，是我们党的优良传统。我们党从诞生之日起就把马克思主义写在自己的旗帜上,并开始有组织、有计划地编译出版马克思主义经典著作。早在中国共产党成立之初,就明确提出要组织编译出版一大批马列主义著作。1942年,毛泽东同志要求高度重视马克思主义经典著作的编译研究,提出党内要有一批同志"学个唐三藏",搞好这项工作。新中国成立前,在条件十分困难的情况下,我们党所属的出版机构相继推出《资本论》、《马克思恩格斯丛书》10种、《列宁选集》18卷以及许多单行本。1953年,毛泽东同志亲自批示成立中央编译局,开始大规模地翻译马克思主义经典著作,在很短时间内推出了《列宁全集》中文一版等重要成果。改革开放以来,陆续推出了《马克思恩格斯全集》、《列宁全集》中文二版和新版《马克思恩格斯选集》、《列宁选集》等一大批马克思主义经典著作,有力促进了全党的马克思主义理论学习。党的十六大以来,以胡锦涛同志为总书记的党中央,从推进中国特色社会主义伟大事业全局的高度,作出了实施马克思主义理论研究和建设工程的重大战略决策,其中一项重要任务,就是要组织最强的力量,重新修订和编译马克思主义经典作家的重要著作。中央作出这样的决策部署,具有重大的现实意义和深远的历史意义。

第一,这是作为马克思主义政党的中国共产党义不容辞的光荣职责。马克思主义经典著作是人类文明的瑰宝,是马克思主义政党的精神支柱和强大思想武器。无论时代如何发展,无论国际风云如何变幻,坚持以马克思主义为指导始终是我们党不可动摇的基本原则。世界历史发展和中国改革开放的实践证明,马克思主义作为科学体系并没有过时,仍然具有强大的生命力。我们要推进中国特色社会主义伟大事业,推进党的建设新的伟大工程,就必须编译好、学习好、研究好、运用好马克思主义经典著作。

第二,这是进一步深化马克思主义研究的需要。研究马克思主义,必须认真学习马克思主义经典著作。毛泽东同志曾经说过,老祖宗不能丢,老祖宗的书始终要认真读。完整准确地理解和把握马克思主义,必须认真学习研究马克思主义经典著作。应该说,我们在编译马克思主义经典著作方面曾经做了大量工作,付出了很大努力。但是,对马克思主义经典著作的编译工作也要与时俱进,不可能一劳永逸。由于种种原因,一些我国过去出版的马克思主义经典著作，或多或少存在编译不够准确、阐释注解不够到位等问题，有必要重新进行校译和审核，为学习研究马克思主义经典著作提供更好的版本。

第三，这是更好地运用马克思主义指导实践的需要。运用马克思主义指导实践，必须完整准确地理解马克思主义。这就要求我们紧密联系实际，努力掌握马克思主义的科学体系，掌握贯穿其中的立场观点方法。长期以来，我们运用马克思主义指导中国革命、建设和改革，在理论和实践两方面都取得了丰硕成果。但也不同程度地存在着用教条主义和实用主义的态度对待马克思主义的问题。比如，对马克思主义的一些重要思想观点没有足够重视、深入阐发；对一些本来不属于马克思主义的观点，附会、强加在马克思主义名下；对马克思主义经典作家在特定历史条件下的具体论断作了机械的、僵化的理解。重新编译马克思主义经典著作，一个重要任务，就是要帮助人们做到"四个分清"，即分清哪些是必须长期坚持的马克思主义基本原理，哪些是需要结合新的实际加以丰富发展的理论判断，哪些是必须破除的对马克思主义的教条式的理解，哪些是必须澄清的附加在马克思主义名下的错误观点，使我们能够更好地掌握和运用马克思主义，更好地坚持和发展马克思主义。

在党中央的高度重视和大力支持下，在中央有关部门的直接领导下，经过上百名专家学者的不懈努力，编译10卷本《马克思恩格斯文集》和5卷本《列宁专题文集》已经圆满完成。大家认为，新编译的文集有这样几个显著特点：一是编选精当。文集精选了马克思、恩格斯和列宁在各个时期有代表性的重要著作，全面反映了马克思主义理论的科学体系，充分体现了马克思主义与时俱进的理论品格。二是译文准确。对以前一些版本中表达不当、表述不清、可能引起歧义或误解的语句进行了反复推敲修改，更好地体现了经典作家的思想观点。三是体例新颖。坚持历史与逻辑的统一，既全面展现了马克思主义理论体系的发展脉络，又突出强调了重点篇目的理论价值和现实意义。四是注解翔实。文集增加了大量注释和题解，有助于读者系统理解原著内容。可以说，两部文集的编译体现了中央的要求，代表了当前我国马克思主义经典著作编译的最高水平。两部文集的出版，对于广大干部群众深入学习马克思主义经典著作，更好地用马克思主义指导实践，坚持中国特色社会主义旗帜、道路和理论体系不动摇，进一步巩固马克思主义在意识形态领域的指导地位，必将起到重要作用。

同志们，我们党始终强调，学习研究马克思主义，要坚持以我们正在做的事情为中心，着眼于马克思主义理论的运用，着眼于对实际问题的理论思考，着眼于新的实践和新的发展。我们今天学习马克思主义经典著作，必须紧密联系我们党领导亿万人民从事的伟大事业，紧密联系用科学理论武装全党、教育人民的工作，不断推进用发展着的马克思主义指导新的实践。

第一，要把学习研究马克思主义经典著作与推进马克思主义学习型政党建设紧密结合起来，提高全党的马克思主义理论水平。党的十七届四中全会明确提出建设马克思主义学习型政党，这是我们党深刻总结历史经验、科学分析当前形势，着眼于提高党的执政能力、保持和发展党的先进性提出的一项重大战略任务。两部文集集中反映了马克思主义经典作家在创建和领导无产阶级政党过程中积累的宝贵经验，阐明了新型无产阶级政党必须坚持的根本宗旨、基本原则、组织要求和奋斗目标，形成了系统的马克思主义党建理论，为我们建设马克思主义学习型政党提供了根本遵循。要把学习马克思主义理论作为建设马克思主义学习型政党的重要任务，不断提高运用马克思主义基本原理分析解决实际问题的能力。要广泛开展创建学习型党组织活动，引导广大党员干部切实树立终身学习的理念，使各级党组织成为党员干部学习新知识、增长新本领的大熔炉、大学校。建设马克思主义学习型政党，既是重大的实践问题，也是重大的理论问题。要通过学习研究马克思主义经典著作，深化对建设马克思主义学习型政党重大意义和目标任务的认识，紧紧围绕"科学理论武装、具有世界眼光、善于把握规律、富有创新精神"的总要求，深入研究建设马克思主义学习型政党的科学内涵、基本特征、实践经验、现实途径，不断深化规律性认识，为推动建设马克思主义学习型政党提供有力的学理支撑和理论支持。

第二，要把学习研究马克思主义经典著作与把握中国国情和时代特征紧密结合起来，大力推进马克思主义中国化、时代化、大众化。马克思主义是我们立党立国的根本指导思想。坚持和巩固马克思主义指导地位，是党和人民团结一致、始终沿着正确方向前进的根本思想保证。马克思主义作为科学理论，始终严格地以客观事实为依据，而实际生活总是在不停变动之中，因此马克思主义必须随着时代、实践的发展而不断发展，必须同各国的具体实际相结合。马克思、恩格斯多次指出，他们的理论不是教条而是行动的指南，对他们理论中的一般原理的实际运用"随时随地都要以当时的历史条件为转移"。列宁也指出，马克思的理论"所提供的只是总的指导原理，而这些原理的应用具体地说，在英国不同于法国，在法国不同于德国，在德国不同于俄国"。在我国，马克思主义只有与中国具体实际相结合，形成马克思主义中国化的成果，才有强大生命力。要通过学习研究马克思主义经典著作，更好地运用辩证唯物主义和历史唯物主义的世界观和方法论，进一步明确我们党所处的历史方位，深刻把握社会主义初级阶段的基本国情，把握当今世界发展大势，使马克思主义更好地体现时代性、把握规律性、富于创造性。要坚持马克思主义基本原理，立足中国国情、研究中国问题、指导中国实践，不断赋予马克思主义以新的内涵，使马克思主义具有中国特色、中国风格、中国气派。要坚持与时俱进，反映时代精神、回答时代课题、引领时代潮流，积极吸收人类所创造的一切有益文明成果，使当代马克思主义在内容、形式和话语体系上实现时代化，不断焕发出强大的生机和活力。要坚持立足于群众，满足大众需求、回应大众关切、解答大众困惑，把深邃的理论用平实质朴的语言讲清楚，把深刻的道理用群众乐于接受的方式说明白，让科学理论更好地走进人民大众、融入人们心灵。

第三，要把学习研究马克思主义经典著作与研究阐释中国特色社会主义理论体系紧密结合起来，推动用马克思主义中国化最新成果武装全党。中国特色社会主义理论体系，是包括邓小平理论、"三个代表"重要思想以及科学发展观等重大战略思想在内的科学理论体系。这个理论体系，坚持和发展了马克思列宁主义、毛泽东思想，凝结了几代中国共产党人带领人民不懈探索实践的智慧和心血，是马克思主义中国化的最新成果，是扎根于当代中国的马克思主义，是我们党最可宝贵的政治和精神财富，是全党全国各族人民团结奋斗的共同思想基础。中国特色社会主义理论体系同科学社会主义一脉相承，是科学社会主义基本原则指导当代中国社会主义实践的产物。学习研究马克思主义经典著作，要深刻认识中国特色社会主义理论体系是对马克思列宁主义、毛泽东思想的继承与发展,深刻领会这一理论体系坚持了共产主义的最高理想和价值追求,坚持了工人阶级政党必须根植人民的政治立场,坚持了辩证唯物主义和历史唯物主义的根本观点和根本方法,集中体现了马克思主义的思想精髓和本质特征;深刻领会这一理论体系在中国特色社会主义的一系列重大问题上形成了独创性的理论观点,赋予当代马克思主义以鲜明的实践特色、民族特色和时代特色。同时,要深刻认识中国特色社会主义理论体系是不断发展的开放的科学理论体系,紧紧围绕"什么是马克思主义、怎样对待马克思主义,什么是社会主义、怎样建设社会主义,建设什么样的党、怎样建设党,实现什么样的发展、怎样发展"等重大问题,不断作出新的理论概括,不断丰富和发展马克思主义。要坚持理论和实践的统一,把学习研究马克思、恩格斯、列宁的著作同研读毛泽东著作和当代中国马克思主义理论著作结合起来,同认真总结新中国成立以来特别是改革开放以来的成功经验结合起来,引导干部群众深刻领会,在当代中国,只有中国特色社会主义理论体系,而没有别的什么主义能够引领中国发展进步;坚持中国特色社会主义理论体系,就是真正坚持马克思主义。

第四,要把学习研究马克思主义经典著作与学习实践科学发展观紧密结合起来,进一步增强贯彻落实科学发展观的自觉性坚定性。科学发展观是对马克思主义关于发展的重要思想的继承和发展,是中国特色社会主义理论体系的最新成果,是发展中国特色社会主义必须坚持和贯彻的重大战略思想。在两部文集中,马克思、恩格斯和列宁从不同领域深刻阐述了人类社会的发展问题,形成了关于发展问题系统而丰富的思想。学习研究马克思主义经典著作,就要紧密结合深入学习实践科学发展观,深刻领会经典作家关于发展的重要思想,不断深化对科学发展观的认识,推动学习实践科学发展观活动向深度和广度拓展。要深刻认识科学发展观是马克思主义关于发展的世界观和方法论的集中体现,深刻领会发展这个第一要义,始终扭住经济建设这个中心,推动经济社会又好又快发展;深刻领会以人为本这个核心,坚持发展为了人民、发展依靠人民、发展成果由人民共享;深刻领会全面协调可持续这个基本要求,全面推进社会主义经济建设、政治建设、文化建设、社会建设以及生态文明建设;深刻领会统筹兼顾这个根本方法,坚持总揽全局、科学筹划、全面推进、重点突破,认真处理好经济社会发展的重大关系。要把加快转变经济发展方式作为深入贯彻落实科学发展观的重要目标和战略举措,深入研究"后国际金融危机时代"国际形势出现的新特点新趋势,深入研究国内经济社会发展出现的新情况新问题,深入研究如何更好地把握发展机遇、创新发展理念、破解发展难题、提高发展质量,使人们对科学发展观在认识上有新提高、思想上有新收获。要认真总结学习实践科学发展观活动的成功经验,着力转变不适应不符合科学发展要求的思想观念,着力解决影响和制约科学发展的突出问题,推动形成有利于学习研究和贯彻落实科学发展观的政策导向、舆论导向、用人导向和体制机制,推动形成科学发展的强大合力。

第五,要把学习研究马克思主义经典著作与开展社会主义核心价值体系学习教育紧密结合起来,进一步凝魂聚气、强基固本。社会主义核心价值体系是社会主义意识形态的本质体现和主要内容,是我们党在新形势下凝聚和统一社会各阶层、各利益群体思想的有力武器。马克思主义是社会主义核心价值体系的旗帜和灵魂,建设社会主义核心价值体系,首要的是坚持马克思主义的指导地位。马克思主义经典著作坚持无产阶级和广大劳动人民的根本立场,对封建主义、资本主义制度进行了彻底揭露和批判,对各种非马克思主义、反马克思主义的错误思潮进行了深刻分析,对共产主义必然取代资本主义的历史趋势进行了深刻揭示。要把学习研究马克思主义经典著作作为开展社会主义核心价值体系学习教育的重要内容,充分发挥马克思主义理论在建设社会主义核心价值体系中的统领作用,进一步凝聚全国各族人民团结奋进的强大精神力量。要把理想信念教育作为学习践行社会主义核心价值体系的重中之重,教育引导党员增强贯彻党的基本理论、基本路线、基本纲领、基本经验的自觉性坚定性,引导党员干部增强党的意识、宗旨意识、执政意识、大局意识、责任意识,做共产主义远大理想和中国特色社会主义共同理想的坚定信仰者。要引导党员干部增强政治敏锐性和政治鉴别力,筑牢思想防线,自觉划清马克思主义同反马克思主义的界限,社会主义公有制为主体、多种所有制经济共同发展的基本经济制度同私有化和单一公有制的界限,中国特色社会主义民主同西方资本主义民主的界限,社会主义思想文化同封建主义、资本主义腐朽思想文化的界限,坚决抵制各种错误思想影响,始终保持立场坚定、头脑清醒。

同志们，坚持学习马克思主义经典著作，学习好使用好两部文集，是党的思想理论建设的一项重要任务。各级党委要切实担负起领导责任，组织好两部文集的学习研究和宣传推广工作。要把两部文集作为领导干部理论学习的重要内容，在干部培训和日常工作中认真组织学习。党的高级领导干部要自觉带头学习，选读重要篇目，掌握基本观点，切实提高战略思维、创新思维、辩证思维能力。党委（党组）中心组要结合两部文集有关内容，组织专题学习，对一些重点篇目要精研细读，深入讨论。高校、党校、行政学院、社科院等马克思主义理论教学和研究机构要根据各自的实际情况，组织广大理论工作者学习研究两部文集，引导理论工作者自觉用马克思主义指导教育教学和学术研究。

各级党委特别是宣传思想文化部门要广泛深入地宣传马克思主义理论研究和建设工程，宣传作为其重要阶段性成果的两部文集，努力扩大两部文集的社会影响。要宣传介绍两部文集的重大意义、编译特点、基本内容、重要观点，提高人们学习马克思主义经典著作的热情和效果。要大力宣传编译工作者严谨治学和忘我工作的精神，宣传社会各界学习、运用两部文集的生动事例，推动全社会关心、支持马克思主义经典著作的编译工作。要把宣传两部文集与宣传毛泽东思想、中国特色社会主义理论体系结合起来，把宣传两部文集与解答干部群众关心的理论和实际问题结合起来，在全社会形成学习理论、注重实践的良好氛围。

马克思主义理论研究和建设工程要做好两部文集编译成果的转化、运用工作。继续推进马克思主义基本观点研究，努力形成马克思主义经典著作编译和基本观点研究相互支撑、相互促进的格局。马克思主义基本观点研究课题组要加快工作进度，在一系列与现实紧密相关的重大问题上尽快推出有分量的研究成果，帮助人们更加准确地理解马克思主义的基本原理，进一步深化对中国特色社会主义的认识。要把两部文集的编译成果充分体现到哲学社会科学学科体系和教材体系建设中，推动这些成果进教材、进课堂、进头脑。坚持把马克思主义经典著作编译和研究的过程，作为马克思主义理论人才培养的过程，努力造就一大批马克思主义理论家特别是中青年理论家。

中国应对国际金融危机的实践和启示

——在第五次中越两党理论研讨会上的主旨报告

刘云山

2008年第四季度以后,我们经历了20世纪30年代世界大萧条以来最为严重的国际金融危机。有效应对这场危机、巩固业已出现的经济复苏势头,是世界各国的共同任务,也是中越两党两国面临的紧迫课题。这次研讨会以"应对国际金融危机的理论与实践"为主题,对有关重大问题进行深入探讨,交流研究成果,相互学习借鉴,进一步探索应对国际金融危机之策,对于深化对经济全球化条件下社会主义建设规律的认识、更好地促进两国经济社会发展,对于两党两国人民加深了解、增进友谊、扩大合作,具有重要意义。

一 中国党和政府对国际金融危机的认识和判断

由美国次贷危机引发的国际金融危机出现以后,迅速从局部发展到全球,从发达国家传导到新兴市场国家和发展中国家,从金融领域扩散到实体经济领域,波及范围之广、影响程度之深、冲击强度之大,世所罕见。一段时期内,世界经济形势险象环生,增长明显减速,主要发达经济体经济深陷衰退;国际金融市场跌宕起伏,美欧金融体系陷入融资功能严重失效和流动性短缺的困境;一些新兴市场国家和发展中国家资金大量外流,经济形势严重恶化;全球范围保护主义抬头,在贸易、资金、技术等领域的国际竞争和摩擦加剧。经过各国一年来的共同努力,目前世界经济出现企稳回升的积极迹象。但总体上看,这场危机深层次影响依然存在,世界经济好转的基础并不牢固，推动世界经济全面恢复增长将是一个缓慢、曲折的过程。

分析这场危机的原因：从表面现象看，这场危机源于美国次级住房抵押贷款大量违约和金融衍生产品泡沫破裂，引发全面信用危机。从直接起因看，这场金融危机是发达资本主义国家宏观经济政策不当、虚拟经济过度扩张、政府监管缺失造成的，是长期负债消费的增长模式难以为继的结果。从内在本质看，这场危机暴露了自由市场经济的固有弊端，暴露了经济全球化条件下的深层次结构矛盾，暴露了不合理的国际经济秩序特别是国际金融体系的严重缺陷。这场金融危机演变为一次深度的世界经济衰退，进一步反映了以私有化、市场化、自由化为主要特征的新自由主义的理论和实践危害。

国际金融危机给中国经济带来了前所未有的困难和挑战：外部需求明显收缩，部分行业产能过剩，企业订单减少、销售不畅、利润缩减的状况，从沿海向内地、从中小企业向大企业、从出口行业向其他行业蔓延，亏损企业和亏损行业增多，一批出口型企业破产倒闭。城镇失业人员增加，农民工返乡现象突出。整个经济增长下行的压力明显加大，GDP增速急剧减缓，2009年第一季度下降到6.1%，为17年以来的最低。可以说，我们遇到了新世纪以来最为严重的困难。在这样的情况下，国际国内都有一些人担心，已实现了长达30年快速发展的中国经济，在这场金融危机中，还能不能继续保持平稳较快的发展势头？我们党统筹国内国际两个大局，全面辩证地看待金融危机带来的影响，对我国经济发展的总体形势作出了这样几个估价：一是我国发展的重要战略机遇期依然存在。求和平、促发展、谋合作是当今世界发展的潮流，我们能够争取一个较长时间的国际和平环境，我国发展的重要战略机遇期不会因这场金融危机而发生根本逆转。二是我国经济发展的基本面和长期向好趋势没有改变。改革开放30年来经济快速发展积累的牢固物质基础，体制机制改革带来的较强内在动力，工业化和城镇化快速推进中的巨大需求潜力，产业结构优化升级、科技进步和创新、生态环境保护、社会事业等方面的巨大发展空间，使我们有条件有能力在较长时期内继续保持经济平稳较快发展。三是这场危机给我国发展提出了前所未有的挑战，也带来了前所未有的机遇。特别是外部需求大量减少，客观上为我们扩大内需、调整结构、加快发展方式转变等提供了巨大的倒逼机制压力。只要我们政策得当、措施得力，善于在逆境中发现和培育有利因素，就能变压力为动力、化挑战为机遇，把国际金融危机的不利影响降到最低程度。

二　中国应对国际金融危机冲击的政策和措施

面对国际金融危机的严重冲击，中国党和政府确定了"出手要快、出拳要重、措施要准、工作要实"的总体思路，坚持把保持经济平稳较快发展作为经济工作的首要任务，及时调整宏观经济政策，果断实施积极的财政政策和适度宽松的货币政策，出台并不断完善应对国际金融危机冲击的一揽子计划，着力保增长、保民生、保稳定，着力缓解经济运行中的突出矛盾，着力推动经济社会又好又快发展。与此同时，我们强调信心是战胜危机的前提，信心比黄金、比货币还重要，在全社会广泛开展以增强信心为主线的宣传教育，着力统一思想、提振士气、振奋精神，动员广大干部群众团结奋斗、共克时艰。

1. 以扩大内需为基本立足点，大规模增加政府支出、扩大消费需求。在国际市场需求大量减少的情况下，积极扩大国内需求显得尤为重要和紧迫。我们启动实施总额达4万亿元人民币的两年投资计划，其中中央政府直接投资1.18万亿元人民币，重点投向重大民生工程、经济社会发展薄弱环节、关系全局和长远发展的重大基础设施建设，并积极引导和带动社会资金、民间资本投向符合国家产业政策的领域，增强投资拉动经济增长的社会合力。与此同时，我们坚持多措并举，着力扩大居民消费需求，培育消费热点，完善消费政策，增强消费对经济增长的拉动作用。我们还特别注重开拓农村市场，在全国范围实施"家电下乡"、"汽车下乡"等补贴措施，完善"万村千乡"市场工程，推进连锁经营向农村延伸，大力促进农民消费，努力使广阔的农村市场成为扩大消费需求的重要支撑。

2. 以结构调整为主攻方向，大范围实施产业调整振兴规划。国际金融危机同我国推进发展方式转变和经济结构调整不期而遇，加快结构调整、推动产业优化升级，对于解决中国经济运行中的深层次矛盾，有效应对外部冲击至关重要。我们着眼增强国民经济的整体素质和发展后劲，制定并实施了汽车、钢铁、装备制造等十大重点产业的调整振兴规划,出台了一系列促进战略性新兴产业发展的政策措施。我们把农业作为安天下、稳民心的战略产业,大幅增加对"三农"的投入,针对国内粮食市场价格走势存在下行压力的情况,增加农业补贴,扩大补贴范围,确保农业特别是粮食安全不出问题。我们专门制定了进一步促进中小企业发展的29项扶持政策和措施,改善中小企业的融资和发展环境,支持中小企业转型升级。我们加强节能减排和生态保护,强化重点领域、区域污染防治,积极开展应对气候变化工作。我们积极推动东部地区率先加快经济转型和产业升级,加大对中部地区优化结构的支持力度,推进西部大开发战略和振兴东北老工业基地战略,促进区域经济协调发展。特别需要指出的是,金融危机凸显了文化的特殊功能和特殊优势,我们制定并实施了《文化产业振兴规划》,着力推动重点文化产业和新兴文化产业发展。

3. 以深化改革为强大动力,大强度推进重点领域和关键环节的改革。改革是动力,是应对国际金融危机、促进经济平稳较快发展的根本途径。我们着眼形成有利于科学发展的体制机制,大力破解发展难题,激发发展活力,抓住重点领域关键环节,推出了一系列有利于实现保增长、促内需、调结构的改革措施。我们深化价格体制改革特别是资源性产品价格改革,加快建立充分反映市场供求关系、资源稀缺程度、环境损害成本的资源要素价格形成机制;深化公共财政体制改革,完善财政预算体系,建立健全预算编制、执行、监督相互协调、相互制衡的新机制;深化金融体制改革,建立健全货币政策和金融发展、金融监管相协调的机制,改善金融结构和服务,加强金融监管和创新;深化国有企业改革,推进国有经济布局调整,推动国有资本向关系国家安全和国民经济命脉的重要行业、基本公共服务领域集中,全力提高国有企业应变能力和国际竞争力。

4. 以科技创新为重要支撑,大力度推进科技进步和创新。科技创新是克服金融危机的突破口和有力武器,历史经验表明每一场大的危机常常伴随一场新的科技革命,谁能在科技创新方面占据优势,谁就能掌握发展的主动权,率先复苏并走向繁荣。我们着眼于推动中国经济发展走上创新驱动、内生增长的轨道,加快实施国家中长期科学和技术发展规划纲要,推进重大科技基础设施建设,加强重大基础科学和高新技术研究。我们选择带动力强、影响面大、见效快的项目特别是核心电子器件、核能开发利用、高档数控机床等16个重大专项,集中力量攻关,着力突破一批核心技术和关键共性技术。我们积极发展拥有自主知识产权的高新技术产业群,培育新的经济增长点,创造新的社会需求。我们注意发挥企业的自主创新主体作用,支持企业在生物医药、第三代移动通信、节能环保汽车等方面开展研发和推进产业化,广泛应用新技术、新工艺、新设备、新材料,实现保增长和增效益相统一。

5. 以改善民生为根本目的,大幅度提高社会保障水平。中国党和政府强调,越是困难的时候,越要高度关注民生,切实做好保障和改善民生工作。我们坚持以解决人民群众最关心最直接最现实的利益问题为重点,集中力量办好经济社会发展急需、利民惠民的大事实事。我们实施更加积极的就业政策,开辟新的就业岗位,提高中小企业、劳动密集型产业和服务业吸纳就业的能力,着力做好高校毕业生就业,稳定农民工就业,对返乡农民工进行妥善安置。我们加大公共财政对社会保障体系建设的投入,扩大基本养老和基本医疗保险覆盖面,落实和完善城乡居民最低生活保障制度,健全失业保险、城乡医疗救助和新型农村合作医疗等制度。我们加快实施保障性安居工程,加大廉租房建设、棚户区改造工作力度,抓紧地震灾区永久性住房建设。我们在改善人民群众物质生活的同时,还注意保障人民群众文化权益,大力完善公共文化服务体系,发展城乡基层文化,丰富社会文化生活。

这些政策和措施,是针对中国实际和国际经济形势新变化实施的,突出的特点是坚持市场机制和宏观调控有机结合,坚持长期发展目标和短期增长目标有机结合,坚持扩大内需和稳定外需协调发展,坚持改善民生与扩大内需内在统一,既着眼于保增长、保民生、保稳定,又致力于实现科学发展、和谐发展;既注意保持政策的连续性和稳定性,又注意体现政策的灵活性和可持续性,为我们应对国际金融危机、保持经济平稳较快发展提供了有力保障。

三 中国应对国际金融危机的进展和成效

经过一年多来的努力,我们应对国际金融危机冲击、促进经济社会发展的政策措施已取得积极成果,经济运行中的积极因素不断增多,在全球率先实现经济形势总体回升向好,保增长、调结构、促改革、惠民生取得明显成效。

1. 经济增长下滑态势得到有效遏制,回升向好势头逐步增强。2009年前三季度国内生产总值同比增长7.7%。从产业发展来看,农业生产稳步增长,全国夏粮产量连续6年增产;工业生产回升速度逐月上升,11月份规模以上工业增加值同比增长19.2%。外贸进出口虽然同比下降,但环比逐月提高,11月份实现年内首次月度同比正增长。从财政状况来看,自5月份止跌回升后增速明显加快,1—11月全国财政收入6.3万多亿元,同比增长9.2%。从信心指数看,企业景气指数、企业家信心指数连续攀升。可以说,中国经济实现8%的增长目标已无悬念。

2. 内需拉动成效显现,居民消费需求逐渐旺盛。投资增长势头强劲,2009年1—11月,城镇固定资产投资16.8万多亿元,增速处于历史高位,特别是基础设施投资额同比增长49.4%,为中国经济进入下一轮发展提供了更好的平台。扩大消费政策取得明显效果,一些领域的消费出现旺盛势头,1—10月,家电下乡累计销售产品2787多万台,预计全年将拉动消费1500亿元;1—11月,汽车销售量超过1200万辆,产销量超过美国跃居世界第一。在外需持续低迷的情况下,国内需求尤其是消费需求对经济增长起到了很好的拉动作用。

3. 经济结构进一步优化,总体质量不断提升。基础设施和基础产业进一步得到加强,国民经济中急需发展的部门,如农业、铁路、道路交通运输、水利等得到较大发展。十大重点产业调整和振兴规划取得重要进展,钢铁、汽车、船舶、有色、纺织等企业技术改造步伐加快,装备制造业和新一代移动通信、软件、生物医药等新兴产业加快发展,增长幅度明显超过工业平均增速。一批优质能源重大项目开工,单位GDP能耗和主要污染物排放量保持下降趋势。文化产业逆势上扬、快速发展,一批具有重大示范作用和产业拉动作用的文化产业项目加快实施,成为新的经济增长点。区域发展协调性有所增强,2009年1—11月,中西部和东北地区投资、工业生产增速均高于东部地区,东部地区主动适应国内外市场需求变化,在推进转型升级、自主创新和提升竞争力上取得新的进展。

4. 金融监管明显加强，抵御风险能力提高。金融监管协调机制进一步健全，财政和金融风险得到控制。银行流动性充裕，资产质量和抗风险能力提高，全国金融机构各项人民币贷款余额和存款余额都有较大增加，商业银行不良贷款率下降，资本充足率进一步提高。资本市场基础性制度建设得到加强，创业板市场主要制度基本确立、首批企业正式上市，股市交易活跃程度提高。金融和资本市场的平稳运行对经济发展的支持作用得到进一步发挥。

5. 民生保障持续改善，社会大局保持稳定。各项改善民生措施取得成效，群众生产生活条件进一步得到改善，整个社会继续保持了和谐稳定的良好局面。居民收入继续增加，2009年前三季度城镇居民人均可支配收入、农村居民人均现金收入同比分别增长10.5%和9.2%。就业形势好于预期，1—10月，城镇新增就业940万人，全年有望超过1100万人；农民工、高校毕业生就业也取得积极进展，就业形势保持总体平稳。社会保障得到加强，中央财政用于社会保障的支出同比增长29.2%，对城市和农村居民最低生活保障补贴支出分别增长50%和150%以上，企业退休人员基本养老金水平继续提高，基层医疗卫生服务机构建设、甲型流感疫情防控等取得显著成效。

总之，在国际金融严重动荡、世界经济深陷衰退、国内外形势严峻复杂的情况下，中国经济社会发展能够继续保持良好势头，确实来之不易。这些成绩的取得，既为我们克服当前经济困难、实现经济进一步回升创造了条件，也为我们从根本上解决制约中国经济健康发展的体制性、结构性矛盾，实现更长时间、更高水平发展打下了坚实基础。同时，我们也清醒地看到，世界经济前景还存在诸多不确定因素，我国经济发展面临的形势依然十分复杂，经济回升向好的基础还不牢固，积极变化和不利影响同时显现，短期问题和长期问题相互交织，国内因素和国际因素相互影响，保持经济平稳较快发展、推动经济发展方式转变和经济结构调整难度增大。我们将进一步加强和改善宏观调控，正确处理好保持经济平稳较快发展、调整经济结构和管理好通胀预期的关系，继续实行积极的财政政策和适度宽松的货币政策，全面落实和充实完善一揽子计划，更加注重提高经济增长质量和效益，更加注重推动经济发展方式转变和经济结构调整，更加注重推进改革开放和自主创新、增强经济增长活力和动力,更加注重改善民生、保持社会和谐稳定,更加注重统筹国内国际两个大局。我们坚信,在中国党和政府的坚强领导下,紧紧依靠全国各族人民,团结一心、迎难而上、从容应对,一定能够推动中国经济实现平稳较快发展。

四 应对国际金融危机冲击的启示与思考

应对国际金融危机的过程,也是深化对经济社会发展规律认识的过程。面对国际金融危机的巨大冲击,中国党和政府在采取积极应对措施的同时,也从各个方面对这场危机暴露出的深层次问题进行思考。在应对这场金融危机的实践中,我们获得了很多宝贵的启示。

1. 应对国际金融危机的实践进一步彰显了中国特色社会主义的独特优势,坚持一面旗帜、一条道路、一个理论体系是中国战胜各种风险挑战、实现国家富强民主文明和谐的根本保证。一个国家应对风险挑战能力的高低,从根本上取决于其是否有适合本国国情、反映时代进步要求的发展道路和制度基础。经过30年改革开放,我们已经成功走出了一条能够使中国经济健康快速发展、人民生活不断改善提高、社会充满生机活力的发展道路,这就是马克思主义同中国具体实际相结合的道路,即中国特色社会主义道路。在一系列重大挑战面前,我们的发展道路经受了考验,我们的社会制度凸显出自己的优势,包括邓小平理论、"三个代表"重要思想以及科学发展观等重大战略思想在内的中国特色社会主义理论体系显示出指导实践的强大威力。特别是在这场世界性金融危机面前,中国党和政府迅速反应、科学决策、果断部署,从推出一揽子计划到实施产业调整振兴规划,从拉动经济增长到不断改善民生,从促进改革发展到维护社会和谐稳定,在全国范围形成了保增长、保民生、保稳定的强大合力。在这一过程中,中国特色社会主义集中力量办大事的制度优势、灵活高效的决策执行体系和全国一盘棋机制得到进一步展现。实践充分证明,我们选择的发展道路是符合中国国情的,我们坚持的社会制度是符合人民群众根本利益的。在当代中国,只有中国特色社会主义能够引领中国发展进步,能够最大限度地团结和凝聚亿万人民群众为全面建设小康社会而奋斗。在未来的征程上，无论遇到什么困难和挑战，我们都将始终高举中国特色社会主义伟大旗帜不动摇，坚持走中国特色社会主义道路不动摇，坚持中国特色社会主义理论体系不动摇。

2. 应对国际金融危机的实践进一步彰显了科学发展观的重要指导作用，贯彻落实科学发展观是战胜各种风险挑战、保持经济社会又好又快发展的根本途径。这场国际金融危机是世界经济发展诸多不平衡、不协调、不可持续因素长期累积下的一次总爆发，反映出西方自由资本主义发展理念的局限性，反映出照抄照搬西方发展模式的危害性。面对这场国际金融危机的冲击，我们坚持以科学发展观为指导，统筹国内国际两个大局，标本兼治、远近结合，把坚持以人为本、解决民生问题放在十分突出的位置，把应对国际金融危机作为转变发展方式的重要契机，把统筹兼顾作为谋划和推动工作的根本方法，既注意解决突出问题又注意增强发展的全面性、协调性、可持续性，在应对挑战中创造了新的发展机遇、取得了新的发展成就，也使科学发展的理念日益深入人心。可以说，中国应对国际金融危机的过程，就是深入学习实践科学发展观的过程。实践使我们更加深刻地认识到，科学发展观是指导发展的世界观和方法论，是我国经济社会发展的重要指导方针，也是应对国际金融危机的根本之策。在深化改革、促进发展的长期过程中，我们将更加自觉更加坚定地贯彻落实科学发展观，按照以人为本、全面协调可持续的要求，始终不渝地走科学发展之路，不断提高我国综合国力和抵御风险的能力，努力促进经济社会又好又快发展。

3. 应对国际金融危机的实践进一步彰显了中国负责任大国的形象，坚持和平发展、和谐发展是战胜各种风险挑战、实现共同发展的必由之路。当今世界，国与国相互依存更加紧密，任何一个国家的发展都离不开世界，任何一个国家在全球性挑战面前都不可能独善其身。在应对国际金融危机的过程中，中国党和政府始终认为，把我们自己的事情办好，使一个有13亿人口的大国保持经济平稳较快发展，本身就是对世界的最大贡献。与此同时，我们大力倡导国际社会携手应对、共克时艰，积极参与应对国际金融危机的国际合作，积极推动世界经济健康复苏。我们积极推进国际金融体系改革，推动完善国际金融机构现行的决策程序和机制，着力提高发展中国家代表性和发言权。我们在面临巨大困难的情况下，保持人民币汇率基本稳定，对维护国际贸易健康发展发挥了重要作用。我们积极参与国际金融公司贸易融资计划，参与东亚区域外汇储备库建设，设立"中国—东盟投资合作基金"，并同有关发展中国家签署双边货币互换协议，与包括越南在内的多个亚洲国家和地区签署了互利互惠的合作协议，这些都有力促进了地区和世界的发展稳定。事实充分表明，中国是一个负责任的发展中大国，是建设持久和平、共同繁荣的和谐世界的积极推动者。一个充满活力、更加开放的中国，不仅有利于保持中国经济平稳较快发展，而且有利于国际社会共同应对国际金融危机、促进世界和平与发展。不管前进的道路上遇到什么风险挑战，我们都将继续高举和平、发展、合作旗帜，坚持对外开放的基本国策，奉行互利共赢的开放战略，坚定不移地走和平发展、和谐发展的道路，为推动世界的发展进步作出更加积极的贡献。

4. 应对国际金融危机的实践进一步彰显了中国共产党的领导核心作用，坚持以改革创新精神加强党的建设、保持党的先进性是战胜各种风险挑战、实现国家长治久安的政治保证。办好中国的事情，关键在党。改革开放以来特别是十六大以来，面对执政方位、执政环境、执政条件的深刻变化，我们党坚持以改革创新精神加强党的建设，党的执政地位得到巩固，党的先进性得到发展，为改革开放和现代化建设提供了强有力的政治保证。在这场国际金融危机面前，以胡锦涛同志为总书记的党中央审时度势、科学驾驭，及时作出一系列行之有效的重大决策；各级党组织坚决贯彻中央部署，雷厉风行、步调一致，切实把保增长、保民生、保稳定的政策措施落到实处；广大党员积极发挥先锋模范作用，与人民群众一起解难事、渡难关，党的政治优势和组织优势迅速转化为战胜困难的信心、勇气和力量。事实充分证明，中国所以能够有效应对国际金融危机冲击、保持良好发展局面，得益于有一个坚强成熟、善于驾驭复杂局面的中央领导集体，得益于党的建设形成的深厚执政资源和群众基础。无论前进道路上遇到什么困难，只要我们坚持以改革创新精神推进党的建设，不断提高党的领导水平和执政能力，不断保持和发展党的先进性，我们党就一定能够在世界形势深刻变化的历史进程中始终走在时代前列，在应对国内外各种风险和考验的历史进程中始终成为全国人民的主心骨,在发展中国特色社会主义的历史进程中始终成为坚强的领导核心。2009年9月,我们党召开十七届四中全会,对加强和改进新形势下党的建设作出战略部署。我们将认真按照全会部署,扎实推进党的建设各项工作,以党的建设新的伟大工程的实际成果,推动中国特色社会主义伟大事业实现新的发展。

党的建设研究

坚持不懈地用中国特色社会主义
理论体系武装全党

雒树刚

党的十七届四中全会决定从建设马克思主义学习型政党的高度，进一步提出用中国特色社会主义理论体系武装全党的重大任务。这对于我们在新形势下增强做好这一工作的自觉性、坚定性，大力推动用马克思主义中国化最新成果武装全党，具有重要指导作用。

一 充分认识用中国特色社会主义
理论体系武装全党的重要意义

坚持用中国特色社会主义理论体系武装全党，关系建设中国特色社会主义事业的根本，关系实现全面建设小康社会进而实现中华民族的伟大目标，关系党和国家长治久安，具有重大意义。

坚持用中国特色社会主义理论体系武装全党是我们党的宝贵经验。《中共中央关于加强和改进新形势下党的若干重大问题的决定》（以下简称《决定》）总结执政党建设的基本经验，第一条经验就是把思想理论建设放在首位，提高全党马克思主义水平。这个经验也是我们党成立以来形成的光荣传统。毛泽东同志不断强调党的理论学习的重要性。他指出，"我们要建设大党，我们的干部非学习不可"。"如果不学习，就不能领导工作，不能改善工作与建设大党。"邓小平同志曾指出，"我们还是要造成一种学习的空气，学习理论的空气，学习实际的空气，这也是我们的一个党风，我们党的一个好的传统作风"。江泽民同志指出，"我们党有一条宝贵的经验，就是每当革命和建设处在重大历史关头，总是特别重视理论指导，总是结合不断发展的实际加强党员、干部的理论学习。现在，建设有中国特色社会主义事业正处在重大历史关头，尤其需要重视这条经验，用好这条经验"。胡锦涛总书记也指出，"加强思想理论建设，用马克思主义武装全党，是我们党永葆先进性的根本保证"。"没有先进理论武装的党不可能是先进的党，也不可能是具有高度创造力、凝聚力、战斗力的党"。加强党的理论建设，推动全党的理论学习，第一位的是学习马克思主义中国化的最新成果，提高学习中国特色社会主义理论体系的自觉性、坚定性。

坚持用中国特色社会主义理论体系武装全党是不断推进马克思主义中国化、时代化、大众化的需要。《决定》把不断推进马克思主义中国化、时代化、大众化作为重要经验和重要任务提到全党面前。马克思主义中国化、时代化、大众化，从本质上说，就是把马克思主义基本原理同中国具体实际相结合，走自己的路，坚持和发展马克思主义。中国共产党88年来领导革命、建设和改革的历史，就是不断推进马克思主义中国化、时代化、大众化的历史。1938年，毛泽东同志在党的六届六中全会上明确提出了马克思主义中国化的历史任务。他说："马克思主义必须和我国的具体特点相结合并通过一定的民族形式才能实现。""离开中国特点来谈马克思主义，只是抽象的空洞的马克思主义"。要"使之在其每一表现中带着必须有的中国的特性，即是说，按照中国的特点去应用它"，就是要有"新鲜活泼的、为中国老百姓所喜闻乐见的中国作风和中国气派"。马克思主义中国化、时代化、大众化的过程，必然是解放思想、实事求是、与时俱进的过程，必然是理论创新的过程。我们党在实践上的每一个重大发展，在理论上的每一个重大突破，在工作上的每一个重大进步，都是马克思主义中国化、时代化、大众化的结果，突出表现在形成了毛泽东思想和中国特色社会主义理论体系这两大理论成果。这是一个不断产生新的理论成果的过程，也是需要不断用新的理论成果武装全党的过程。马克思主义中国化、时代化、大众化每推进一步，党的理论创新每推进一步，理论武装就要跟进一步。中国特色社会主义理论体系是马克思主义中国化的最新成果，这个理论体系产生和发展的实践过程都是我们亲身经历或者在我们身边发生的，论述的许多问题、许多事情都是我们已经做了、当前正在做和今后还要做的,讲的道理离我们最近。只有用这个理论体系武装全党,才能推动全党把中国特色社会主义事业继续推向前进,才能把马克思主义中国化、时代化、大众化继续推向前进。

坚持用中国特色社会主义理论体系武装全党是建设马克思主义学习型政党,提高全党思想政治水平的需要。《决定》提出了建设马克思主义学习型政党,提高全党思想政治水平的历史任务。世界在变化,形势在发展,中国特色社会主义实践在深入,不断学习、善于学习,努力掌握和运用一切科学的新思想、新知识、新经验,是党始终走在时代前列引领中国发展进步的决定性因素。《决定》指出,必须按照用科学理论武装、具有世界眼光、善于把握规律、富有创新精神的要求,把建设马克思主义学习型政党作为重大而紧迫的战略任务抓紧抓好。在建设马克思主义学习型政党过程中,要推动全党进行多方面的学习。积极向书本学习、向实践学习、向群众学习,优化知识结构,提高综合素质,包括学习马克思主义理论,学习党的路线方针政策和国家法律法规,学习党的历史,同时广泛学习现代化建设所需要的经济、政治、文化、科技、社会和国际等各方面知识。其中,首要的、第一位的是学习中国特色社会主义理论体系。理论是旗帜、是灵魂。只有坚持用中国特色社会主义理论体系武装全党,才能提高运用科学理论改造主观世界和客观世界的能力,使党的理论和实践始终体现时代性、把握规律性、富于创造性;才能始终坚持正确的世界观、人生观、价值观,树立正确的理想信念,坚持共产党人的崇高追求;才能始终坚持党的全心全意为人民服务的宗旨,坚持以人为本,坚持马克思主义群众观点和党的群众路线,做到权为民所用、情为民所系、利为民所谋。

二 系统掌握中国特色社会主义理论体系

《决定》提出,要组织党员、干部系统掌握中国特色社会主义理论体系。中国特色社会主义理论体系,是包括邓小平理论、"三个代表"重要思想以及科学发展观等重大战略思想在内的科学理论体系。学习中国特色社会主义理论体系,要全面、系统地掌握,要完整、准确地理解。

系统掌握中国特色社会主义理论体系,要掌握中国特色社会主义理论体系的重大意义。中国特色社会主义理论体系，反映了党对共产党执政规律、社会主义建设规律、人类社会发展规律的重大认识，反映了党对新的历史条件下推进改革开放和社会主义现代化建设、发展中国特色社会主义的重大认识，是马克思主义中国化最新成果，是党最可宝贵的政治和精神财富，是全党全国各族人民团结奋斗的共同思想基础。中国特色社会主义理论体系，其理论基础是对马克思列宁主义、毛泽东思想的科学继承，其时代背景是对国际形势和时代特征的科学把握，其历史根据是对国内外建设社会主义正反两方面经验的科学总结，其现实依据是对我国改革开放和社会主义现代化建设生动实践、对最广大人民共同愿望的科学认识。

系统掌握中国特色社会主义理论体系，要掌握中国特色社会主义理论体系包含的基本观点。《决定》提出，要组织党员、干部深入学习马克思列宁主义、毛泽东思想、邓小平理论、"三个代表"重要思想以及科学发展观，牢固树立辩证唯物主义和历史唯物主义基本观点。中国特色社会主义理论体系在中国特色社会主义的思想路线、发展道路、发展阶段、发展战略、根本任务、发展动力、依靠力量、国际战略、领导力量和根本目的等问题上，形成了一系列独创性的重大理论观点。这个理论体系提出了社会主义本质思想、社会主义初级阶段思想、社会主义改革开放思想、社会主义市场经济思想、社会主义基本经济制度思想、社会主义科学发展思想、社会主义和谐社会思想、社会主义政治文明建设思想、社会主义精神文明建设思想、"一国两制"科学构想、马克思主义执政党建设思想等一系列新思想、新观点、新论断。这个理论体系涵盖了社会主义经济建设、政治建设、文化建设、社会建设以及生态文明建设、党的建设等各个领域，涉及改革发展稳定、内政外交国防、治党治国治军等各个方面，是内涵丰富、思想深刻、系统科学的理论体系。学习中国特色社会主义理论体系，就要在掌握基本观点上下工夫。

系统掌握中国特色社会主义理论体系，要掌握中国特色社会主义建设的宝贵经验。中国特色社会主义理论体系，是中国特色社会主义实践经验的理论总结。在改革开放的创造性实践中，我们党经过艰辛探索，积累了宝贵的经验，概括起来，就是党的十七大阐明的"十个结合"。这"十个结合"的宝贵经验，是我们党和人民经过长期实践和艰辛探索得来的，是我们党极为宝贵的精神财富，也是我们掌握中国特色社会主义理论体系的重要内容。

系统掌握中国特色社会主义理论体系，要掌握中国特色社会主义理论体系对重大理论和实际问题的创造性回答。中国特色社会主义全部理论和实践，归结起来就是创造性地探索和回答了什么是马克思主义、怎样对待马克思主义，什么是社会主义、怎样建设社会主义，建设什么样的党、怎样建设党，实现什么样的发展、怎样发展等重大理论和实际问题。对这四个重大理论和实际问题的认识程度和把握程度，决定着中国特色社会主义实践和理论的创新程度、丰富程度、深刻程度。中国特色社会主义理论体系对这四个重大理论和实际问题的回答，既做到"没有丢老祖宗"，又做到了"说新话"。"老祖宗没有丢"，最重要的就是坚持马克思列宁主义、毛泽东思想的基本原理，坚持辩证唯物主义和历史唯物主义的立场、观点、方法。"说新话"，最重要的是结合新的实践经验和新的时代要求，说出一些老祖宗没有说过的符合客观实际的新话，使马克思主义在当代中国进入了新境界。这四个重大理论和实际问题，是我们学习中国特色社会主义理论体系的一个重要脉络。

系统掌握中国特色社会主义理论体系，要深入学习实践科学发展观。科学发展观是中国特色社会主义理论体系的重要内容和最新成果。学习贯彻科学发展观的过程，也是在新的历史起点上坚持和发展中国特色社会主义理论体系的过程。要系统掌握科学发展观的重大意义、科学内涵、精神实质和根本要求。充分认识科学发展观是对党的三代中央领导集体关于发展的重要思想的继承和发展，是马克思主义关于发展的世界观和方法论的集中体现，是同马克思列宁主义、毛泽东思想、邓小平理论和"三个代表"重要思想既一脉相承又与时俱进的科学理论，是我国经济社会发展的重要指导方针，是发展中国特色社会主义必须坚持和贯彻的重大战略思想。充分认识科学发展观第一要义是发展、核心是以人为本、基本要求是全面协调可持续、根本方法是统筹兼顾。

三 认真做好用中国特色社会主义理论体系武装全党的工作

《决定》对用中国特色社会主义理论体系武装全党作了全面部署。我们要认真贯彻《决定》的部署,做好用中国特色社会主义理论体系武装全党的工作。

要在深入学习实践科学发展观活动中推动用中国特色社会主义理论体系武装全党工作。在全党开展深入学习实践科学发展观活动,是党的十七大作出的战略决策,是用中国特色社会主义理论体系武装全党的重大举措。胡锦涛总书记指出:"搞好这次学习实践活动,深入学习、提高认识是基础。检验这次学习实践活动的成效,首先要看用科学发展观武装头脑是否下了真功夫,看对推动科学发展的重要性和紧迫性的理解和把握是否有了新提高。"要通过开展深入学习实践科学发展观活动,使全党对中国特色社会主义理论体系认识上有新提高、思想上有新收获,对科学发展观认识上有新提高、思想上有新收获,进一步把科学发展观转化为推动科学发展的坚强意志、谋划科学发展的正确思路、领导科学发展的实际能力、促进科学发展的政策措施,转化为与人民群众同呼吸、共命运、心连心的真挚情感,转化为增强党性修养、提高思想觉悟的自觉行动。《决定》特别强调,要认真总结深入学习实践科学发展观活动的成功经验,形成有利于深入学习研究和贯彻落实科学发展观的政策导向、舆论导向、用人导向和体制机制,不断推动学习实践向深度和广度发展。

要坚持以党员领导干部为重点。党员领导干部是我们党的骨干,他们的素质如何直接关系到能否保持党的先进性,能否提高党的执政能力。毛泽东同志曾指出:"学习是我们注重的工作,特别是干部同志,学习的需要更加迫切。""如果我们党有一百个至二百个系统地而不是零碎地、实际地而不是空洞地学会了马克思列宁主义的同志,就会大大地提高我们党的战斗力量。"邓小平同志曾殷切地提出:"我希望党中央能作出切实可行的决定,使全党的各级干部,首先是领导干部,在繁忙的工作中,仍然有一定的时间学习,熟悉马克思主义的基本理论,从而加强我们工作中的原则性、系统性、预见性和创造性。"江泽民同志指出:"全党同志要努力学习,各级领导干部更要带头努力学习。""领导干部总要比别的同志更勤于学习和善于学习,知识更多一些,本领更强一些,才能担当起领导的重任。"胡锦涛总书记指出:"学习是领导干部增长才干、提高素质的重要途径,是做好各项工作的重要基础。""如果我们的领导干部不抓紧学习、不抓好学习，不在学习和工作中不断提高自己，就难以完成肩负的历史责任，甚至难以在这个时代立足。"《决定》明确提出，党员领导干部要做真学真懂真信真用的表率，着力提高理论素养和解决实际问题能力。《决定》特别强调，中央委员和省部级领导干部要认真研读马克思主义特别是中国特色社会主义理论体系基本著作，切实提高战略思维、创新思维、辩证思维能力，带头探索回答重大理论和实践问题。

要大力弘扬理论联系实际的学风。毛泽东同志说："对于马克思主义的理论，要能够精通它、应用它，精通的目的全在于应用。"理论联系实际是我们党的优良作风。中国特色社会主义理论体系是总结人民群众的伟大实践产生的，用中国特色社会主义理论体系武装全党，也要紧密结合实际来学习、来运用。要紧密联系当今世界的深刻变化和当代中国的深刻变革，坚持以我国改革开放和现代化建设的实际问题、以我们正在做的事情为中心，着眼于马克思主义理论的运用，着眼于对实际问题的理论思考，着眼于新的实践和新的发展。《决定》指出，要引导党员、干部把学习理论同研究解决人民最关心最直接最现实的利益问题、本地区本部门改革发展稳定的重大问题、党的建设突出问题结合起来，增强工作的原则性、系统性、预见性、创造性。要使科学理论真正成为指导工作和决策的思想武器，成为推动科学发展、促进社会和谐、开创事业新局面的强大动力。理论联系实际，还要紧密联系改造主观世界的实际。通过学习中国特色社会主义理论体系，要引导党员着力增强贯彻党的基本理论、基本路线、基本纲领、基本经验的自觉性和坚定性，增强走中国特色社会主义道路、为党和人民事业不懈奋斗的自觉性和坚定性，做共产主义远大理想和中国特色社会主义共同理想的坚定信仰者；要引导党员、干部增强党的意识、宗旨意识、执政意识、大局意识、责任意识，做到为党分忧、为国尽责、为民奉献。

深入实施马克思主义理论研究和建设工程。实施马克思主义理论研究和建设工程，是关系党和国家事业发展的战略任务，是中央加强党的理论建设的重大举措。实施马克思主义理论研究和建设工程，对于用中国特色社会主义理论体系武装全党具有重大意义。深入实施马克思主义理论研究和建设工程，就是要加强对中国特色社会主义重大理论和实际问题研究，不断总结马克思主义中国化、时代化、大众化的经验，为用中国特色社会主义理论体系武装全党提供强大学理支撑。实施马克思主义理论研究和建设工程，对推动中国特色社会主义理论体系进教材、进课堂、进头脑具有重大意义。用中国特色社会主义理论体系武装头脑，很重要的是做好大学生的理论武装工作。实施马克思主义理论研究和建设工程，是推动大学生理论武装工作的重要载体和重要渠道。《决定》强调，深入实施马克思主义理论研究和建设工程，建设充分反映马克思主义中国化最新成果的学科体系和教材体系，培养造就一大批马克思主义理论家特别是中青年理论家，推动中国特色社会主义理论体系进教材、进课堂、进头脑，增强科学理论教育引导群众的作用。

（作者单位　中共中央宣传部）

坚持不懈地推进马克思主义中国化、时代化、大众化

徐崇温

党的十七届四中全会指出,以改革创新精神推进党的建设新的伟大工程,对于全面贯彻党的十七大精神,深入贯彻落实科学发展观,有效应对国际金融危机冲击、保持经济平稳较快发展,夺取全面建设小康社会新胜利、开创中国特色社会主义事业新局面,具有重大而深远的意义。而推进马克思主义中国化、时代化、大众化,则是建设马克思主义学习型政党,提高全党思想政治水平的首要任务。那么,为什么要推进、怎样才能推进马克思主义中国化、时代化、大众化?

一 推进马克思主义中国化、时代化、大众化,在中国革命、建设和改革的整个发展进程中都具有迫切的重要性

作为马克思主义中国化、时代化、大众化的基本理念,马克思主义基本理论同各国革命和建设的具体实际相结合,这本来是马克思主义的一贯要求。正如马克思恩格斯在《共产党宣言》1872年德文版序言中所指出的,这个《宣言》中所阐述的一般原理整个说来迄今还是完全正确的,这些"原理的实际运用,正如《宣言》中所说的,随时随地都要以当时的历史条件为转移"[①]。在社会主义的发展进程中,无论是社会主义由理想变成现实、

[①] 《马克思恩格斯选集》第1卷,人民出版社1995年版,第248页。

由一国实践变成多国实践，还是由社会主义革命到社会主义建设、再到社会主义的改革开放和现代化建设，总之，在社会主义的整个发展历程中，都要求把马克思主义的基本理论和本国实际、时代特征紧密结合起来。历史的经验说明，在凡是实现了这种结合的时刻和地方，社会主义事业就兴旺发达，反之，社会主义事业就会遭遇困难和挫折。

对于把马克思主义基本理论和本国革命的具体实际结合起来的必要性，中国共产党人尤其具有深切的感受。因为在20世纪20年代末期和30年代前期，在国际共产主义运动中和我们党内盛行的把马克思主义教条化和苏联经验神圣化的错误，曾使中国革命几乎陷于绝境。因此，早在20世纪30年代，毛泽东就提出了要使"马克思主义中国化"。他反复强调："共产党员是国际主义的马克思主义者，但是马克思主义必须和我国的具体特点相结合并通过一定的民族形式才能实现"；"必须将马克思主义的普遍真理和中国革命的具体实践完全地恰当地统一起来，就是说，和民族的特点相结合，经过一定的民族形式，才有用处，决不能主观地公式应用它"[①]。他不仅在民主革命时期，领导我国人民夺取了革命的胜利，实现了马克思主义基本理论和中国革命具体实际相结合的第一次历史性飞跃，而且在进入社会主义革命和建设时期以后，又提出和探索了把马克思主义基本理论和中国具体实际的"第二次结合"。所以，毛泽东宣告："把马克思列宁主义的理论和中国革命的实践密切地联系起来，这是我们党的一贯的思想原则。"[②] 邓小平则认为："马克思列宁主义普遍真理与本国的具体实际相结合，这句话本身就是普遍真理。它包含两个方面，一方面叫普遍真理，另一方面叫结合本国实际。我们历来认为丢开任何一面都不行"，"如果普遍真理不与中国的实际相结合，或者结合得不好，那末就会造成很大的损失"[③]。他强调指出："我们坚信马克思主义，但马克思主义必须与中国实际相结合，只有结合中国实际的马克思主义，才是我们所需要的真正

[①]《毛泽东选集》第2卷，人民出版社1991年版，第534、707页。
[②]《毛泽东文集》第7卷，人民出版社1999年版，第116页。
[③]《邓小平文选》第1卷，人民出版社1993年版，第258—259页。

的马克思主义";"离开自己国家的实际谈马克思主义,没有意义"①;"就算你用的公式是马克思主义的,不同各国的实际相结合,也难免犯错误"②;所以,他归结说:"把马克思主义的普遍真理同我国的具体实际结合起来,走自己的道路,建设有中国特色的社会主义,这就是我们总结长期历史经验得出的基本结论。"③ 江泽民同志在党的十五大上阐述和发挥马克思主义中国化的基本含义说:"马克思列宁主义、毛泽东思想一定不能丢,丢了就丧失根本。同时一定要以我国改革开放和现代化建设的实际问题、以我们正在做的事情为中心,着眼于马克思主义理论的运用,着眼于对实际问题的理论思考,着眼于新的实践和新的发展。离开本国实际和时代发展来谈马克思主义,没有意义,……把马克思主义同它在现实生活中的生动发展割裂开来,对立起来,没有出路。"④ 胡锦涛同志在党的十七大上把坚持马克思主义基本原理同推进马克思主义中国化相结合,列为我国改革开放"十个结合"宝贵经验的第一条。在纪念党的十一届三中全会召开三十周年的大会上,他说"三十年来,我国改革开放取得伟大成功,关键是我们既坚持马克思主义基本原理,又根据当代中国实践和时代发展不断推进马克思主义中国化"⑤。党的十七届四中全会又提出推进马克思主义中国化、时代化、大众化的新要求新举措:强调做到三个"准确把握"和一个"及时总结"(即:准确把握当今世界发展大势,准确把握社会主义初级阶段基本国情,准确把握改革发展实际,及时总结党领导人民创造的新鲜经验),围绕"四大问题"(即:什么是马克思主义、怎样对待马克思主义,什么是社会主义、怎样建设社会主义,建设什么样的党、怎样建设党,实现什么样的发展、怎样发展),不断作出新的理论概括,增强理论说服力和感召力,丰富发展中国特色社会主义理论体系。

所以,在中国革命、建设和改革的整个发展历程中,推进马克思主义

---

① 《邓小平文选》第3卷,人民出版社1993年版,第213、191页。
② 《邓小平文选》第2卷,人民出版社1994年版,第318页。
③ 《邓小平文选》第3卷,人民出版社1993年版,第3页。
④ 《江泽民文选》第2卷,人民出版社2006年版,第12页。
⑤ 《十七大以来重要文献选编》(上),中央文献出版社2009年版,第796页。

中国化,始终具有迫切的重要性。

二 推进马克思主义中国化,要准确把握社会主义初级阶段基本国情和我国改革发展实际

推进马克思主义中国化,就是要把马克思主义基本理论同中国具体实际相结合,运用马克思主义的基本原则和基本方法,积极探索解决中国的政治经济社会文化的基本问题,形成具有中国特色、中国风格、中国气派的中国化马克思主义。在这里,准确把握马克思主义基本理论当然是一个前提条件,但我们又必须从实际出发来建设社会主义,必须准确把握我国的基本国情。在当今,就是要准确把握社会主义初级阶段的基本国情和我国改革发展实际。当前,我国的经济建设、政治建设、文化建设、社会建设以及生态文明建设全面推进,工业化、信息化、城镇化、市场化、国际化深入发展,我国正处在进一步发展的重要战略机遇期,在新的历史起点上向前迈进。但总的来看,我国仍处于并将长期处于社会主义初级阶段的基本国情没有变,人民日益增长的物质文化需要同落后的社会生产之间的矛盾这一社会主要矛盾没有变,同时我国发展呈现一系列新的阶段性特征,出现一系列新情况新问题。从我国历史上正反两个方面的经验来看,准确把握这一基本国情,对于推进马克思主义中国化,具有极端的重要性。

在民主革命时期,我们党正是由于全面地深刻地把握了我国处于半殖民地半封建社会这一基本国情,才正确地解决了新民主主义革命的对象、任务、性质、动力和前途等一系列基本问题,引导中国革命取得了胜利。对于在这样的基础上建立起来的社会主义社会的基本国情应该怎样认识?在党的十一届三中全会以前,我们党虽曾对此作过有益的探索,但总的来说,一直处在不完全清醒的状态。如忽而认为"共产主义在我国的实现,已经不是什么遥远将来的事情了",忽而又认为我国的社会主义社会仍然处在两个阶级、两条道路激烈斗争的"过渡时期"。正是在对基本国情作出这种超越了社会主义初级阶段的错误的认识论判断的基础上,才造成人民公社化运动和"文化大革命"那样的错误,所以,邓小平在总结建国 30 年的历史经验时说,

"不要离开现实和超越阶段采取一些'左'的办法,这样是搞不成社会主义的"①。在经过多年的酝酿和多次的阐述后,在1987年党的十三大前夕,邓小平指出:"我们党的十三大要阐述中国社会主义是处在一个什么阶段,就是处在初级阶段,是初级阶段的社会主义。社会主义本身是共产主义的初级阶段,而我们中国又处在社会主义的初级阶段,就是不发达的阶段。一切都要从这个实际出发,根据这个实际来制订规划。"

根据这个社会主义初级阶段理论,党的十三大阐明了党在社会主义初级阶段的基本路线。我国正处在社会主义的初级阶段这个论断,包括两层含义。第一,我国社会已经是社会主义社会。第二,我国的社会主义社会还处在初级阶段。我们必须从这个实际出发,而不能超越这个阶段。正因为我们的社会主义脱胎于半殖民地半封建社会,生产力水平远远落后于发达的资本主义国家,这就决定了我们必须经历一个很长的初级阶段,去实现别的许多国家在资本主义条件下实现的工业化和生产的商品化、社会化、现代化。据此,党的十三大指出,"在社会主义初级阶段,我们党的建设有中国特色社会主义的基本路线是:领导和团结全国各族人民,以经济建设为中心,坚持四项基本原则,坚持改革开放,自力更生,艰苦创业,为把我国建设成为富强、民主、文明的社会主义现代化国家而奋斗";"总之,以经济建设为中心,坚持两个基本点,这就是党在社会主义初级阶段的基本路线的主要内容"②。

根据社会主义初级阶段的基本理论和基本路线,党的十五大提出了"党在社会主义初级阶段的基本纲领"③。根据这个纲领,我们在社会主义初级阶段的任务,在经济方面是建设中国特色的社会主义经济,就是在社会主义条件下发展市场经济,不断解放和发展生产力。这就要坚持和完善社会主义公有制为主体、多种所有制经济共同发展的基本经济制度;坚持和完善社会主义市场经济体制,使市场在国家宏观调控下对资源配置起基础性作用;坚持和完善按劳分配为主体的多种分配方式,允许一部分地区一部分人先富起来,带动和帮助后富,逐步走向共同富裕;坚持和完善对外开放,积极参与国际经

---

① 《邓小平文选》第2卷,人民出版社1994年版,第312页。
② 《中国共产党第十三次全国代表大会文件汇编》,人民出版社1987年版,第13—14页。
③ 《江泽民文选》第2卷,人民出版社2006年版,第18页。

济合作和竞争。保证国民经济持续快速健康发展,人民共享经济繁荣成果。

在政治方面的任务,是建设中国特色社会主义的政治,就是在中国共产党领导下,在人民当家作主的基础上,依法治国,发展社会主义民主政治。这就要坚持和完善工人阶级领导的以工农联盟为基础的人民民主专政;坚持和完善人民代表大会制度和共产党领导的多党合作、政治协商制度以及民族区域自治制度;发展民主,健全法制,建设社会主义法治国家。实现社会安定,政府廉洁高效,全国各族人民团结和睦,生动活泼的政治局面。

在文化方面的任务,是建设有中国特色社会主义的文化,就是以马克思主义为指导,以培育有理想、有道德、有文化、有纪律的公民为目标,发展面向现代化、面向世界、面向未来的,民族的科学的大众的社会主义文化。这就要坚持用邓小平开创的中国特色社会主义理论武装全党,教育人民,努力提高全民族的思想道德素质和教育科学文化水平;坚持为人民服务、为社会主义服务的方向和百花齐放、百家争鸣的方针,重在建设、繁荣学术和文艺。建设立足中国现实、继承历史文化优秀传统、吸取外国文化有益成果的社会主义精神文明。

改革开放以来,我们党正是以社会主义初级阶段论为根据明确概括和全面阐发党的基本路线和基本纲领,提出经济建设发展的战略、经济和政治体制改革的原则、加强和改善党的领导等任务的。今天,我们要继续推进马克思主义中国化,仍然要时刻准确把握住社会主义初级阶段基本国情和我国改革发展实际。我们要铭记邓小平在1992年南方谈话中的谆谆教诲:"我们搞社会主义才几十年,还处在初级阶段。巩固和发展社会主义制度,还需要一个很长的历史阶段,需要我们几代人、十几代人、甚至几十代人坚持不懈地努力奋斗,决不能掉以轻心。"[①]

三 推进马克思主义时代化,要准确把握当今世界发展大势

推进马克思主义时代化,就是要把握时代主题,反映时代精神,吸收新

[①] 《邓小平文选》第3卷,人民出版社1993年版,第379—380页。

的时代内容，积极回应时代挑战，使马克思主义紧跟时代发展步伐、引领时代前进潮流，拓宽视野、丰富内涵、正确回答当今世界经济、政治、社会、文化发展提出的新的重大问题。这就要求我们准确把握当今世界发展大势，并且把推进马克思主义时代化同坚持马克思主义基本理论紧密地结合起来，使马克思主义在广泛吸取当代人类创造的优秀文明成果中不断焕发出新的生机和活力。

邓小平坚持用马克思主义的宽广眼界观察世界，在对当今时代特征和总体国际形势，对世界格局的演变和走向，对各种力量的消长和相互关系，对事关人类前途的全球性问题等进行缜密、透彻的分析和研究的基础上，得出科学的结论，一是认为避免世界大战是可能的，维护和平是有希望的；二是认为和平与发展是当今世界的两大问题，至今一个也没有解决；三是认为世界正朝着多极化方向发展；四是认为以经济为基础、科技为先导的综合国力竞争日趋激烈；五是认为社会主义前途依然一片光明。他强调指出："世界形势日新月异，特别是现代科学技术发展很快。现在的一年抵得上过去古老社会几十年、上百年甚至更长的时间。不以新的思想、观点去继承、发展马克思主义，不是真正的马克思主义者。"[①] 我们要通过改革开放大踏步地赶上时代前进潮流、昂首阔步地走在时代前列。邓小平的这些把马克思主义时代化的论述，成为我党在改革开放新时期调整内外政策和处理国际事务的理论依据。

以中国特色社会主义正在践行的人类追求文明进步的新路——中国和平发展道路为例，1989年10月，邓小平指出："我们搞的是中国特色的社会主义，是不断发展社会生产力的社会主义，是主张和平的社会主义。只有不断发展社会生产力，国家才能一步步富强起来，人民生活才能一步步改善。只有争取到和平的环境，才能比较顺利地发展。"[②] 2004年8月，胡锦涛同志在纪念邓小平诞辰100周年大会上，正式提出了中国"坚持走和平发展道路"的政策宣示。[③] 这意味着我们要充分利用世界和平的大好时机发展和壮

[①]《邓小平文选》第3卷，人民出版社1993年版，第291—292页。
[②] 同上书，第328页。
[③]《十六大以来重要文献选编》（中），中央文献出版社2006年版，第160页。

大自己，又以自身的发展更好地维护世界和平，实现中国的发展与和平国际环境的良性互动；我们参与维护和建设现存国际体系，又积极推动公正合理的国际政治经济新秩序的建立；我们坚持独立自主地建设中国特色社会主义，又以趋利避害方针积极参与经济全球化；我们反对霸权主义，也严格约束自己永远不称霸。2005年4月，胡锦涛又提出中国特色社会主义国际战略新理念——推动建设持久和平、共同繁荣的和谐世界论，要求和其他国家一起在国际关系中弘扬民主、和谐、协作、共赢精神；在政治上相互尊重，平等协商，共同推进国际关系民主化；在经济上相互合作、优势互补，共同推动经济全球化朝着均衡、普惠、共赢的方向发展；在文化上相互借鉴、求同存异，尊重世界多样性，共同促进人类文明繁荣进步；在安全上相互信任、加强合作，坚持用和平方式而不是战争手段解决争端，共同维护世界和平稳定；在环境上相互帮助，协力推进，共同呵护人类赖以生存的地球家园。

当今世界正处在大发展大变革大调整时期。世界多极化、经济全球化深入发展，科技进步日新月异，国际金融危机影响深远，世界经济格局发生新变化，国际力量对比出现新态势，全球思想文化交融交锋呈现新特点，发达国家在经济、科技等方面仍占优势，综合国力竞争和各种力量较量更趋激烈，不稳定不确定因素增多，给我国发展带来新的机遇和挑战。在这种形势下，我们要坚持不懈地继续推进马克思主义当代化，使马克思主义在当代世界得到大的发展，造福人类。

四 推进马克思主义大众化，要使马克思主义成为广大人民群众掌握的改造世界的锐利武器，又要以最广大人民的实践为理论创新的源泉，及时总结党领导人民创造的新鲜经验

推进马克思主义大众化，通常理解为要把马克思主义的基本理论通俗化，使之更好地为人民群众所理解和掌握，成为人民群众改造客观世界和主观世界的锐利武器。这种理解无疑是正确的，因为事情正如马克思所说的：

"理论一经掌握群众,也会变成物质力量"①;或者如列宁所说的"没有革命的理论,就不会有革命的运动"②。但在实际上,马克思主义大众化,不仅包括马克思主义"到群众中去",还包括马克思主义"从群众中来",是马克思主义"从群众中来"与"到群众中去"相互联结的无限循环。1945年4月,我们党的六届七次全会通过的《关于若干历史问题的决议》曾经在总结历史经验的基础上强调指出:"在我党的一切实际工作中,凡属正确的领导,必须是从群众中来,到群众中去。这就是说,将群众的意见(分散的无系统的意见)集中起来(经过研究,化为集中的系统的意见),又到群众中去作宣传解释,化为群众的意见,使群众坚持下去,见之于行动,并在群众行动中考验这些意见是否正确。然后再从群众中集中起来,再到群众中坚持下去。如此无限循环,一次比一次更正确、更生动、更丰富。这就是马克思主义的认识论。"③这就是说,马克思主义大众化要以最广大人民的实践作为马克思主义理论创新的源泉,并及时总结党领导人民创造的新鲜经验,以实践基础上的理论创新去指导新的实践。在中国特色社会主义的发展历程中,马克思主义大众化突出地表现为我们党既通过提出和贯彻正确的理论和路线方针政策带领人民前进,又从人民的实践创造和发展要求中获得前进动力。

在改革开放以前,我国大多数农民处在非常贫困的状态,衣食住行都非常困难。党的十一届三中全会以后决定进行农村改革,给农民自主权,给基层自主权,这样一下子就把农民的积极性调动起来了,把基层的积极性调动起来了,农村的面貌开始改变。但是,"农村搞家庭联产承包,这个发明权是农民的。农村改革中的好多东西,都是基层创造出来,我们把它拿来加工提高作为全国的指导"④。

乡镇企业的出现也是如此。邓小平说:"农村改革中,我们完全没有预料到的最大收获,就是乡镇企业发展起来了,突然冒出搞多种行业,搞商品经济,搞各种小型企业,异军突起。这不是我们中央的功绩",那是基层农

---

① 《马克思恩格斯全集》第1卷,人民出版社1956年版,第460页。
② 《列宁全集》第6卷,人民出版社1986年版,第23页。
③ 《毛泽东选集》第3卷,人民出版社1991年版,第899页。
④ 《邓小平文选》第3卷,人民出版社1993年版,第382页。

业单位和农民自己创造的,解决了占农村剩余劳动力百分之五十的人的出路问题。"如果说在这个问题上中央有点功绩的话,就是中央制定的搞活政策是对头的。"邓小平归纳说:"我们农村改革之所以见效,就是因为给农民更多的自主权,调动了农民的积极性。现在我们把这个经验应用到各行各业,调动各方面的积极性。"①

以后,邓小平又从群众和领导的关系的角度总结经验说:"改革开放中许许多多的东西,都是由群众在实践中提出来的","绝不是一个人的脑筋就可以钻出什么新东西来,是群众的智慧,集体的智慧,我的功劳是把这些新事物概括起来,加以提倡"②。邓小平的这番话从一个方面生动地描绘了马克思主义大众化的历程。我们在中国特色社会主义今后的发展过程中,仍然要坚持不懈推进马克思主义大众化,去夺取全面建设小康社会的新胜利。

(作者单位 中国社会科学院哲学研究所)

---

① 《邓小平文选》第3卷,人民出版社1993年版,第238、242页。
② 参见《伟大的实践,光辉的篇章》,《人民日报》1992年10月24日。

新中国 60 年来中国共产党党内民主的发展

许耀桐

2009 年是新中国成立 60 年,也是中国共产党执政 60 年。60 年来,党与国家同呼吸、共命运,党的建设发展,推动着国家的发展,国家的发展也促进着党的发展。因此,在这个时候,回顾中国共产党党内民主的发展,具有十分重要的意义。

一 60 年党内民主的发展历程

从新中国建立后,中国共产党成为国家政权和社会管理的领导党与执政党,就开始注重在党内实行民主。60 年来党内民主的发展可以分为两个阶段,即两个 30 年。

第一个 30 年是从 1949 至 1978 年,党内民主的发展可以概括为经历了"两起两落"。第一起是 1956 年 9 月党召开了八大,明确提出了必须在党的各级组织中无例外地"扩大党内民主"[①]。邓小平在党的八大上所作的《关于修改党的章程的报告》中指出,要"使党内民主得到重大的发展",持续"促进党内民主的高涨"。党的八大在探索和发展党内民主方面,曾经就健全民主集中制、实行党务公开、建立党代会常任制、实施严格有效的党内监督、实行党的领导职务任期制、保护和扩大党员民主权利等重大事项作出了非常及时和重要的决定,代表着中国共产党对实行党内民主的认识达到了一个前所未有的高

---

① 《中国共产党第八次全国代表大会文献》,人民出版社 1956 年版,第 67 页。

度。遗憾的是，由于随后发生的1957年反右扩大化和1959年庐山会议"反右倾"斗争，错误地把彭德怀等同志打成"反党集团"，打乱了党内民主继续前进的步伐，党内民主很快就遭遇了挫折，出现了第一落。

第二起是1962年1月11日至2月7日在北京召开的扩大的中央工作会议，即"七千人大会"，参加会议的有中央、各中央局、各省市自治区党委及地委、县委、重要厂矿企业和部队的负责干部7000多人。会议的目的是总结经验教训，特别是1958年以来"大跃进"运动和农村人民公社化运动的失败，统一认识，加强团结，加强民主和法制，切实做好国民经济工作。会议发扬了党内民主，开展了批评和自我批评，强调要恢复实事求是、走群众路线的优良作风。毛泽东在会上作了重要讲话，并且做了自我批评。他系统阐述了民主集中制的原则，强调不能书记"个人独断"、"个人说了算"。邓小平在讲话中，也提出了关于发扬党内民主，克服少数人或个人独断专横现象的措施，强调对党的各级领导人必须实行监督。大会贯彻不抓辫子、不打棍子、不扣帽子的"三不主义"，开展了广泛的批评与自我批评。中央各部委、各大区、省委的负责同志都作了自我批评，检查了自己几年来的错误、缺点，听取了地、县同志的批评意见。会议前后还为"反右倾"中被错误批判的大多数同志进行甄别平反，还给被划为"右派分子"的大多数人摘掉了帽子。"七千人大会"形成了浓厚的党内民主风气和"又有集中又有民主，又有纪律又有自由，又有统一意志、又有个人心情舒畅、生动活泼，那样一种政治局面"。可惜的是，由于当时党在指导思想上已经形成了"左"的路线，根本无法扭转党内不民主的状况，"家长制"、"一言堂"、权力高度集中、个人专断等现象日渐风行，直至爆发"文化大革命"，导致党内出现更为严重的集权专制。党内民主随之跌入低谷，出现了第二落。

第二个30年是从1978年底至2009年。在这30年间，党内民主建设出现了16次具有重大意义的进展。第一次是1978年党的十一届三中全会的召开。党的十一届三中全会不仅启动了当代中国改革开放和民主化、现代化的进程，而且启动了中国共产党自身的民主化、现代化的进程。三中全会决议指出，在过去相当长的时期"民主集中制没有真正实行，离开民主讲集中，民主太少，当前这个时期特别需要强调民主"，"根据党的历史的经验教训，全会决定健全党的民主集中制"。第二次是1981年党的十一届六中全会通过了《关于建国以来党的若干历史问题的决议》，系统总结了30多年来开展党内民主的经验教训。关于教训，决议指出，党的权力过分集中于个人，党内个人专断和个人崇拜现象滋长起来，这是"文化大革命"得以发生的一个重要条件，这是一个沉痛教训。关于经验，决议指出，必须根据民主集中制的原则加强各级国家机关的建设，使各级人民代表大会及其常设机构成为有权威的人民权力机关，在基层政权和基层社会生活中逐步实现人民的直接民主，特别要着重努力发展各城乡企业中劳动群众对于企业事务的民主管理。第三次是1987年党的十三大报告。在十三大报告中，首次提出要"切实加强党的制度建设"；以后1992年党的十四大报告继续指出，"要进一步发扬党内民主，加强制度建设"。党内民主制度主要涉及民主生活、干部管理和权力制约监督这三大方面。第四次是1994年党的十四届四中全会作出《关于加强党的建设几个重大问题的决定》，提出了在新的历史时期，党的建设是"新的伟大的工程"，要"进行党的领导制度改革，完善党规党法，实现党内生活民主化制度化"。第五次是2001年党的十五届六中全会作出《中共中央关于加强和改进党的作风建设的决定》，集中解决党的思想作风、学风、工作作风、领导作风和干部生活作风方面的突出问题，发展党内民主，充分发挥广大党员和各级党组织的积极性主动性创造性。第六次是2002年党的十六大报告，第一次明确提出"党内民主是党的生命"，确立了党内民主至高无上的战略地位。第七次是2002年制定的《党政领导干部选拔任用工作条例》，强调党政干部选拔任用的民主性。第八次是2004年党的十六届四中全会通过了《关于加强党的执政能力建设的决定》，指出党的执政能力有五个方面，在党的五个执政能力中，包含"发展社会主义民主政治的能力"，逐步扩大基层党组织领导班子的直接选举。第九次是2004年颁发的《中国共产党党内监督条例（试行）》，进一步明确地规范了党内的民主监督，加大了监督的力度。第十次是2006年颁发的《中国共产党党员权利保障条例》，完整地赋予党员的党内生活民主权利。第十一次是2006年下发的《党政领导干部职务任期暂行规定》、《党政领导干部交流工作规定》、《党政领导干部任职回避暂行规定》等文件，健全了对干部的民主管理。第十二次是

2007年党的十七大报告中，提出了尊重党员的主体地位的理念和实行决策权、执行权、监督权相互制约的权力监督体制。第十三次是2008年制定了《中国共产党全国代表大会和地方各级代表大会代表任期制暂行条例》，充分发挥各级党代表大会代表的作用。第十四次是2009年6月29日中共中央政治局第十四次集体学习的专题是党内民主，胡锦涛提出，在新的历史条件下必须高度重视和积极推进党内民主建设，最大限度凝聚全党智慧和力量，最大限度激发全党创造活力，最大限度巩固党的团结统一，更好地坚持科学执政、民主执政、依法执政，进一步形成全党、全国各族人民齐心协力、推进中国特色社会主义伟大事业的合力。第十五次是2009年7月印发了《关于实行党政领导干部问责的暂行规定》，规定党政领导干部受到问责的主要有七项内容，如决策严重失误，造成重大损失或者恶劣影响的；因工作失职，致使本地区、本部门、本系或者本单位发生特别重大事故、事件、案件，或者在较短时间内连续发生重大事故、事件、案件，造成重大损失或者恶劣影响的，等等。第十六次是2009年9月党的十七届四中全会通过了《中共中央关于加强和改进新形势下党的建设若干重大问题的决定》（以下简称《决定》），提出"以改革创新的精神推进党的建设新的伟大工程"，并就对怎样推进党内民主，提出要"以保障党员民主权利为根本，以加强党内基层民主建设为基础，切实推进党内民主"，要"完善党代表大会制度和党内选举制度，完善党内民主决策机制"。

以上党内民主的发展历程表明，中国共产党执政60年来，能够持续地推进党内民主建设，虽然历经严重的挫折失误，但总体而言，党内民主无论在理论上还是在实践中都不断地取得了进展，展现了奔腾向前、不可阻挡、气势宏大、渐入佳境的图景。

二 60年党内民主的发展趋势

从党的十七大以来的发展情况看，当前开展的党内民主建设，可以集中地概括为十个方面：第一，明确党员的民主权利，落实党员的民主权利。十七大报告指出，要"尊重党员主体地位，保障党员的民主权利"。党员权利包括哪些？有 18 种，即：知情权、参与权、管理权、培训权、建议权、批评权、监督权、表决权、选举权、被选举权、控告权、申诉权、辩护权、作证权、请求权、保留意见权、检举或揭发权、罢免或撤换权。在保障落实党员的 18 种民主权利中，特别要强调落实党员的知情权、参与权、选举权和监督权，这"四权"是重点，是党内民主生活开展的正常不正常、健康不健康的标志；第二，实行党务公开，营造党内民主讨论的环境、氛围；第三，实行党的代表大会，代表任期制和党代会常任制；第四，完善党的各级全委会、常委会工作机制，发挥全委会对重大问题的决策作用；第五，严格实行民主集中制和个人分工相结合的制度，反对和防止个人和少数人专断；第六，要推行地方党委讨论决定重大问题和任用重要干部票决制；第七，建立健全中央政治局向中央委员会全体会议、地方各级党委常委会向委员会全体会议定期报告工作，并接受监督的制度；第八，改革党内选举制度，改进候选人提名制度和选举方式，如超额选举方式等等；第九，推广基层党组织领导班子成员由党员和群众公开推荐与上一级党组织推荐相结合的办法，逐步扩大基层党组织领导班子直接选举范围；第十，探索扩大党内基层民主的实现方式，比如党的干部要接受民主评议等。

目前，党中央已经对党的建设进行了总体部署。这个总体部署，归纳起来包括"七大建设"。也就是执政能力建设、先进性建设、思想建设、组织建设、作风建设、制度建设、反腐倡廉建设。为了搞好这七大建设，十七大报告强调了"六个要点"，这就是：（1）深入学习贯彻中国特色社会主义理论体系，着力用马克思主义中国化最新成果武装全党；（2）继续加强党的执政能力建设，着力建设高素质领导班子；（3）积极推进党内民主建设，着力增强党的团结统一；（4）不断深化干部人事制度改革，着力造就高素质人才队伍；（5）全面巩固和发展先进性教育活动成果，着力加强基层党的建设；（6）切实改进党的作风，着力加强反腐倡廉建设。我个人认为，在"六个要点"当中，党内民主建设起着至关重要的作用。因而，它居于关键的、核心的和突出的地位。这是因为其他的五个要点，都离不开党内民主建设这个最重要的要点。如果说党内民主建设搞得不好，其他的建设也很难搞得好。

还要强调指出的是，新中国 60 年来特别是改革开放 30 年来我们党的党内民主的发展，已经取得了明显的成效，为未来党内民主的进一步发展奠定了牢固的基础。特别是党的十七届四中全会的召开，使我们党站在了新的起点上，标志着党的建设新阶段的开始。中国共产党已经由领导人民夺取政权的革命党转变为领导人民建设社会主义的执政党，摆脱了传统社会主义模式，探索了社会主义的规律，实行改革开放的路线方针，巩固了社会主义，发展了社会主义；同时从实行计划经济体制和高度集权体制的传统型政党转变为实行社会主义市场经济体制和民主政治体制的充满活力的现代性政党。从现在开始，我们党的建设将要进入一个新的阶段，也可以说是新的一个30年。中国将在未来30年里达到中等发达国家的水平。适应着这样的过程，党要更好地全面地进行改革。党的十七届四中全会通过的《决定》就是这样一个鲜明的标志，它揭开了党的建设的新的一页，标志着党开始步上改革自身的新的征程。中国共产党将迎来党的建设的新时期，党将更加民主、更加团结、更加务实、更加清廉、更加先进。那么，今后党内民主发展的重点在于哪些方面呢？

一是在继续抓好党内民主制度建立的同时，要以制度的精细建设为重点。1980年，邓小平在认真总结党和国家过去发生的各种错误后认为，"不是说个人没有责任，而是说领导制度、组织制度问题更带有根本性、全局性、稳定性和长期性。这种制度问题，关系到党和国家是否改变颜色，必须引起全党的高度重视"。他认为，"如果不坚决改革现行制度中的弊端，过去出现过的一些严重问题今后就有可能重新出现"。为此，邓小平提出了改革党和国家领导制度及其他制度的任务，使我们的制度"一天天完善起来"，"成为世界上最好的制度"。也就是通过改革制度，进行制度建设和制度创新，达到制度的发展和完善。中国共产党正是按照邓小平的思路，极其明确地肯定了党内民主制度的重要性。在党的十六大报告中，作出了迄今为止最为科学的阐述："改革和完善党的领导方式和执政方式、领导体制和工作制度，使党的工作充满活力；一定要把思想建设、组织建设和作风建设有机结合起来，把制度建设贯穿其中，既立足于做好经常性工作，又抓紧解决存在的突出问题。"因此，可以肯定，今后党内民主仍然要走制度建设和制度创新的道路，继续抓紧搞好党内民主制度建设，是一个根本的方向和发展的大势。

二是在继续制订完善党内民主制度的同时，要以制度的贯彻落实为重点。党内民主制度建立了，但还要使其精细化、适用化。那么，当党内民主制度得以继续制订完善，使其达到应用的时候，关键就在于贯彻执行这些制度。制度出台了，不能停留在纸面上，而对执行的情况不闻不问。现在突出的问题是，党内民主制度往往得不到有效的执行。党内民主制度得不到执行，后果十分严重，它毁坏了党的制度的权威性，破坏了党内法规的秩序，久而久之使制度流于空泛，形同虚设。因此，当前在发展党内民主时机成熟、条件成熟的情况下，要把重点放在制度的贯彻落实上。

三是在继续展开党内民主全面建设的同时，要以发展基层党内民主为重点。党内民主制度的建立与完善，党内民主的全面建设和展开，这是全党的大事，是每一个党员应尽的职责。从这样的要求出发，全党的各级组织都要抓好党内民主建设。近些年来，党中央率先垂范，例如从2003年党的十六届三中全会开始，中央政治局开始向中央委员会报告工作，意味着向中央委员会进行述职，接受中央委员会的民主监督。又如，2007年6月，在党的历史上第一次就党的十七届中央政治局组成人员进行民主推荐，参加推荐的党的十六届中央委员、候补中央委员和有关负责同志400余人，每人都领到了一张推荐票，为产生党的十七届中央政治局委员献议。在以上党中央积极推进党内民主的鞭策下，地方党组织也紧紧跟上，努力实施党内民主。党的十七大报告提出，要把"发展基层民主"作为"基础性工程重点推进"。基层民主包括基层人民民主和基层党内民主两大部分，其中基层党内民主尤其重要，因为作为执政党的党内民主，对人民民主起着带动、示范的作用，中国共产党要以尊重党员主体地位，来推动并实现尊重人民主体地位；以保障党员民主权利来推动并实现保障人民民主权利。显然，在基层党组织尽快发展和落实已经建立起来的党内民主制度，也就必然构成今后党内民主发展的重点。

四是在保障党员民主权利得到落实的同时，要以贯彻落实党的民主集中制为重点。党员的积极性能否得到发挥，与民主集中制实行的好不好关系很大。实行党内民主，如果民主集中制搞不好，就是一句空话。民主集中制是指遇到问题必须发扬民主，争取共识，大家有不同认识不要紧，经过表决，少数服从多数达成决定,这就是"在民主基础上实现集中"的过程。然后,还要实行另外一个过程,也就是按照大家都赞成的、经过集中而形成的决定而开展行动,个人不能随便违反。要是有意见了,不同意了,可以提出改变原来决定的提议,但是在没有作出新的改变决定之前,还要照样执行。这就是"在集中指导下的民主",保证多数人的意志和通过的决定有效力。可见,民主集中制就是形成民主的集中和通过集中体现出的民主,它的重点是体现民主的本质,尊重大多数人的意志。可是,现在民主集中制在有些地方,执行得不好。民主的过程不见了,成了摆设,只剩下少数领导人作出决定,然后,拿着这样个别人形成的集中和决定让大家执行,这就不是民主和大多数人的意志起作用,而是少数人的甚至是一个人的专断。所以大家很有意见,说这样搞,不是民主集中制,变成了集中民主制,很富有幽默感,把民主和集中故意倒过来,就是讽刺没有民主。因此,我们一定要按照民主集中制的本来含义贯彻执行,严格遵守,这也是民主集中制的本来要求。

新中国成立60年了,中国共产党也已经成功地执政60年了。60年是一个甲子,对于一个人的生命来说,是成熟和收获的良机,对于一个党来说,也是成熟和富有成就感的时节。在今后的新阶段里,中国共产党致力于党要管党,而且要从严治党。由于党是社会主义的中流砥柱,是各项事业的领导核心,一切能否顺利发展,就取决于党的建设是否成功有效。不断发展党内民主,是中国共产党永葆青春和力量的最可靠的动力和途径,也是最可靠的保障。

(作者单位 国家行政学院科研部)

新中国 60 周年与"中国道路"

我们党领导人民实现的伟大历史变革

冷 溶

十七届四中全会深刻阐述了中国共产党自诞生之日起,坚持把马克思主义与中国实际相结合,领导人民在中华民族复兴道路上实现的社会巨变和取得的辉煌成就。指出:"这是中国共产党人认识世界、改造世界的伟大创举,是根本改变中华民族命运,深刻影响人类历史进程的伟大变革。"

一 三次历史性转变

中国发生的伟大变革,集中体现为《中共中央关于加强和改进党的建设若干重大问题的决定》(以下简称《决定》)中所说的,我们党成立八十八年、执政六十年、领导改革开放三十年来,相继实现的三次历史性转变。即:"从半殖民地半封建社会到民族独立、人民当家作主新社会的历史性转变,从新民主主义革命到社会主义革命和建设的历史性转变,从高度集中的计划经济体制到充满活力的社会主义市场经济体制、从封闭半封闭到全方位开放的历史性转变。"

这三次转变是怎样实现的,又具有怎样伟大的意义呢?

第一次转变,发生在 1949 年新中国成立的时候。

近代以来,在历史上曾经十分辉煌的中华民族跌入到谷底,几乎所有的西方列强都侵略过我们。中国面临着亡国灭种、豆剖瓜分的境遇。在那段漫长的黑暗时期,作为中国人曾经是个耻辱。多少仁人志士,各种党派、学说,为改变中华民族的悲惨命运,寻求着救国图存的道路,但无一能够成功。1921年中国共产党诞生，以马克思列宁主义为指导，中国革命的面貌为之一新。经过28年的艰苦奋斗，到1949年新中国成立，才彻底结束了这一状况。我们推翻了"三座大山"，完成了新民主主义革命的任务，实现了民族独立和人民解放。中国人民从此站了起来，成为国家的主人。

新中国的成立是一个伟大的转折点，是中华民族走向复兴的关键一步。所谓"根本改变中华民族命运"，就是说，以这一时间点为标志，不但结束了自1840年鸦片战争以来中华民族百年屈辱的历史；同时，也结束了自明朝中叶以来几百年中华民族衰落的历史。

旧中国的落后、衰败，不但来自外患，首先源于内忧。长期的封建制度，阻碍了中国社会的进步和发展。就在欧洲经过文艺复兴开始走向资本主义大发展的时候，中国却偏离了世界文明大道，与欧洲强国逐渐拉开了距离。曾经有过的康乾盛世，也只是落日的辉煌。这种衰落的趋势一直延续下来，直到新中国的成立，彻底埋葬了落后的封建制度，才有了根本扭转。正是从这一刻起，我们实现了由衰至兴的历史转折。

新中国成立后，我们经历了第二次转变。

从新中国成立起，我们就不停顿地向社会主义转变。经过一段过渡时期，在1956年党的八大召开时，完成了社会主义改造，建立了社会主义基本制度，并开始全面建设社会主义。实现这一转变，把一个当时占世界人口四分之一的东方大国引导到社会主义这一人类社会发展的正确方向上，意义重大。

当初，社会主义之所以产生，就是因为进步的人们看到资本主义的丑恶和残酷，希望寻求一种合理、公正的社会制度。马克思主义的产生，使这一人类理想的实现有了科学的依据。中国完成了新民主主义革命后，能不能避免资本主义发展阶段而马上开始向社会主义转变呢？曾经深受剥削压迫的中国人民当然不愿意再有这样一个痛苦的过程。

在中国建立社会主义制度，是一件极其不容易的事情。列宁在落后的俄国成功地建立了社会主义，但毕竟还是在资本主义基础上搞的。而我们是在半殖民地半封建社会的基础上建立社会主义制度的，这是一个历史性的跨越。尽管历经曲折，但毕竟让我们党搞成了，坚持住了，而且越搞越好，这确实是个伟大的创举。

我们党领导人民实现的伟大历史变革

中国革命的成功，社会主义制度的确立，是中国历史上最伟大、最深刻的社会变革，也对人类社会发展产生了重大影响。这是在毛泽东同志和我们党领导下实现的，是在毛泽东思想指导下实现的。这充分说明，毛泽东同志伟大，我们党伟大。尽管毛泽东同志晚年犯了一些错误，但是就从他创建了社会主义新中国这一点上讲，他就是中华民族的一代伟人，是中国和世界历史上的一位巨人。第三次转变的标志，是1978年的十一届三中全会。

从十一届三中全会开始，我们进入了新的历史时期。新时期最鲜明的特点是改革开放，突出地表现在经济体制和对外开放这两个方面发生的革命性变革。

过去我们搞的是计划经济，起过积极作用。但随着条件的变化，这种体制越来越不适应现代化建设的要求，不利于生产力的发展。从计划经济转变为社会主义市场经济，迈出了改革开放最为关键的一步，实现了历史性突破。这是我们能够快速发展起来的关键所在。

由于种种原因，我们过去在很长的时间里处于封闭半封闭状态，信息不通，陷入孤立，发展受到限制。我们抓住机遇，毅然决然地打开国门，形成了全方位开放格局。一个有着13亿人口的大国走向世界，这不但对中国本身，而且对全人类的发展，都具有重大而深远的影响。

这两个方面的突破，所以是历史性的，所以意义重大，更在于它们集中反映了我们党对社会主义认识的重大转变。在社会主义条件下发展市场经济、实行全面开放，这是前无古人的伟大创举，破除了过去对社会主义的很多错误理解，使我们对社会主义有了全新的认识。正是在这样一系列重大理论和实践问题上的创新发展，我们终于走出了一条成功的道路。这条道路是以邓小平同志为核心的党的第二代中央领导集体带领全党全国各族人民开辟的，是以江泽民同志为核心的党的第三代中央领导集体和以胡锦涛同志为总书记的党中央继续推进和发展的。找到这样一条道路，是我们党对马克思主义的发展作出的历史性贡献。

新中国的建立，社会主义制度的确立，中国特色社会主义道路的开辟和发展，是三次历史性转变的必然结果。正如胡锦涛同志指出："这三件大事，从根本上改变了中国人民的前途命运，决定了中国历史的发展方向，在世界上产生了深刻而广泛的影响。"

二 走向辉煌的六十年

三次历史性转变,带来了中国社会翻天覆地的沧桑巨变,彻底改变了旧中国贫穷落后的面貌,成就了新中国的辉煌。《决定》指出:这六十年,"我国综合国力大幅跃升,人民生活持续改善,国际地位明显提高,中华民族巍然屹立于世界民族之林。"

从综合国力看。旧中国积贫积弱,新中国成立初期国内生产总值只有679亿元。而到2008年,我国GDP达到30万亿元,进出口总额达2.5万亿美元,均跃升世界第三位;外汇储备居世界第一,高达2万亿美元。钢铁、水泥、粮食、棉花等主要工农业产品产量都居世界首位。科技、教育、文化和社会事业蓬勃发展,众多尖端科技领域处于世界领先地位,国防和军队建设取得巨大成绩,祖国统一大业迈出重大步伐。

从人民生活看。2008年,我国城镇居民人均可支配收入达到15781元,农村居民人均纯收入达到4761元,均比新中国成立初期增长了100多倍。人民过上了殷实的生活,基本权益得到保障,精神生活丰富多彩,总体上达到小康水平。特别是我们解决了十几亿人的吃饭问题,贫困人口大幅度下降,这是一件了不起的事情,是对全人类作出的重大贡献。

从国际地位看。过去中国人被称作"东亚病夫",长期被人家看不起。这种状况早已成为历史。由于中国的快速发展和巨大的经济实力,一举一动越来越受到世界的关注。现在,任何一个国家都不能忽视中国的存在,中国同世界的关系发生了历史性的变化。奥运会、残奥会的成功举办,显示了中国的力量,扩大了中国的影响。中国创造的奇迹,令世人惊叹;中国的发展前景,影响世界走向。今天的中国人,在世界上扬眉吐气。

所有这一切,是由几代中国共产党人带领人民不懈奋斗而取得的。这是一个一步步走向辉煌的伟大历史进程。

毛泽东同志以及周恩来、刘少奇、朱德等开国元勋们,是这一历史进程的开启者。

对于我们这样一个长期落后、备受欺辱的国家来讲，迅速改变面貌的心情是很急迫的。"追赶"，是当时全党和全国各族人民的热切愿望，也是整个六十年国家发展的一个显著特点。新中国的成立，总算有了条件和可能，中国人民就以千百倍的热情干了起来。我们只用了短短三年时间就恢复了国民经济，在1952年达到历史最好水平。以后，又通过几个五年计划，初步建立了独立的比较完整的工业体系和国民经济体系，农业基础设施等生产条件显著改善，"两弹一星"集中代表了那个时候我国科学技术的成就。在这个过程中，毛泽东同志和我们党对于怎样走出一条符合中国实际的社会主义革命和建设道路，进行了积极探索，在很多方面是相当成功的，这是我们在这一时期能够取得很大成就的重要原因。党的八大和毛泽东同志发表的《论十大关系》、《关于正确处理人民内部矛盾的问题》等著作，提出很多关于社会主义建设的深刻思想，至今仍有重要指导意义。但是，发展的道路也并不平坦。在20世纪60年代前后，我们经历了一段比较严重的曲折。毛泽东同志开始认识到，我们对社会主义"还有一个很大的盲目性"，对经济建设规律的认识"必须有一个过程"。他对社会主义建设的复杂性和长期性有了较深的感受。特别是他提出了社会主义"可能分为两个阶段"，我国还处在"不发达的社会主义"的思想，这已经接触到了问题的实质。可惜，他没有沿着这个正确的思路继续深入下去，而把主要精力和注意力很快转到以阶级斗争为纲的错误方向上，与真理擦肩而过。

万事开头难。毛泽东同志这一代人的奋斗是非常不容易的。在没有任何建设经验，严重缺少资金、技术和人才，而搞建设的外部环境在很长一段时间又十分恶劣的情况下，能取得这样的成就，是很伟大的。他们做的所有这一切，为我们今后的发展奠定了可靠的基础。

改革开放以后，我们党找到了一条中国特色社会主义的正确道路，创立了包括邓小平理论、"三个代表"重要思想和科学发展观等重大战略思想在内的中国特色社会主义理论体系，我国社会主义建设进入健康发展的快车道。

总结过去的经验和教训，我们深刻认识到，核心的问题在于要一切从实际出发，做到实事求是。我们还处在社会主义初级阶段，在生产力发展水平比较低的情况下，不能搞马克思当初设想的那种很高程度的社会主义。我们过去所以遭受那样大的曲折，就在于对这个问题没有认识清楚；而后来的成功，又首先在于对这个问题有了正确认识。

从中国的实际出发，我们制定了现代化的"三步走"发展战略。在20世纪80年代，提前完成第一步翻一番的目标，解决了温饱问题，国家发展上了个大台阶；在20世纪90年代，提前完成第二步再翻一番的目标，实现了总体小康，又上了一个大台阶；进入新世纪，我们开始全面建设小康社会，向第三步目标奋进，发展速度越来越快，质量越来越好，GDP总量在世界上的排位从2000年的第六位跃升到2008年的第三位，再次上了一个大台阶。这三十年，我国经济发展的平均速度达到9.8%，而同期世界仅有3%。这样大的一个国家，能长期地、持续地保持如此高的增长，这是绝无仅有的。

取得这样的成就，关键在于我们坚持了改革开放，特别是在一些关节点上的重大突破，极大地解放和发展了生产力。还有一个重要原因，就是我们党的发展理念是不落后的，是随着时代的发展而不断进步的。新中国成立初期，我们提出要实现工业化，60年代又提出四个现代化的目标。从"工业化"到"现代化"，说明当时我们党对世界生产力发展的趋势是了解的。但后来封闭了起来，落在了时代后面。改革开放以后，我们高度关注世界变化的情况，提出了"中国式的现代化"、"小康社会"等新概念。"小康社会"是从人民生活多方面改善的角度，从人均的、可以与国际上相比较的角度提出来的。用来衡量小康水平的GDP，包括了第三产业的发展情况，在当时是一个很新的统计指标。这些都反映了那个时候国际上先进的发展理念。20世纪90年代，面对扑面而来的信息化浪潮，我们提出走新型工业化道路，就是要以信息化带动工业化，加快调整产业结构，实现跨越式发展。历史上几次科技革命带来生产力大发展的机遇，我们都错过了，唯独这一次抓住了。我们现在不但是一个工业大国，而且是名副其实的信息大国。进入新世纪，我们党在全面建设小康社会的进程中，根据时代的变化，提出了以人为本、科学发展、和谐社会等新的发展理念，继承和发展了几代领导人的思想，站在了当今世界发展潮流的最前头。上述发展理念的不断进步，反映了我们党对世界变化的敏锐和与时俱进的创新精神。

纵观新中国成立以来的六十年，我们取得了其他国家用几个世纪才取得的成就，大大缩短了与世界发达国家的差距。回顾这一发展历程，深感今天的成就来之不易。我们要永远铭记以毛泽东、邓小平、江泽民同志为核心的党的三代中央领导集体为中华民族复兴作出的历史性贡献，更加坚定地在以胡锦涛同志为总书记的党中央领导下，把中国特色社会主义事业推向前进。我们对国家和民族的未来充满信心。

三 一个根本结论

一部中国社会巨变的历史充分证明：没有中国共产党，就没有新中国，就没有中国特色社会主义，就不可能实现中华民族的伟大复兴。

我们党为什么能够承担起这一伟大的任务呢？

第一，我们党是始终以实现中华民族伟大复兴为己任，具有高度历史责任感和使命感的党。

中国共产党是由一批有着崇高理想、远大抱负、献身精神、高度负责的先进分子组成的，是中国工人阶级和中华民族的先锋队。从诞生之日起，我们党就承担起领导民族复兴的历史重任，并为之进行了艰苦卓绝、前赴后继的不懈奋斗。在民族复兴道路上的每一步，共产党人总是冲在最前头，以大无畏的牺牲精神带领和感动着中国人民。他们是革命的先锋，建设的英模，改革的闯将。没有中国共产党的坚强领导和浴血奋斗，就不会有国家和民族今天的辉煌。我们要用已经取得的成就来鼓舞人民，更要看到在很多方面与世界仍然存在的巨大差距，必须时刻牢记"两个务必"，做到居安思危。

第二，我们党是以马克思主义为指导，用先进理论武装起来的党。

中国近代历史上所以落后，关键是思想理念的落后；中华民族的无数次奋争所以失败，关键是没有正确的理论指导。产生于19世纪中叶欧洲的马克思主义，集人类文明之精华，揭示了社会发展的科学真理。中国尽管当时相当落后，但是由于中国人学习和接受了马克思主义，就一下子与人类最为先进的理念和由此造成的世界革命形势联系了起来。用这一科学的世界观、方法论武装起来的中国共产党人，深入而详尽地分析中国的问题，有效地、不断解决中国的问题，领导人民一步步走向胜利，中华民族的复兴展现出无限光明的前景。在这个过程中，我们深刻认识到，马克思主义必须与中国实际相结合，必须随着时代的发展而发展，必须为全党所掌握并教育人民。毫不动摇地坚持马克思主义，毫不动摇地坚持马克思主义的中国化、时代化、大众化，这是我们能够取得成功的根本原因。

第三，我们党是以全心全意为人民服务为根本宗旨，有着光荣传统和优良作风的党。

中国共产党所以能够赢得人民的支持，就在于她完全是为了人民的，而没有任何自己的特殊利益。全心全意为人民服务，集中体现了我们党的性质和宗旨。这不光表现在党的路线方针政策上，很重要的还表现在共产党人的作风上。我们过去靠了这个感动了中国人民这个"上帝"，推翻了"三座大山"。在改革开放的今天，仍然有一个怎样继续感动"上帝"的问题。党的优良传统作风，是我们的特殊政治优势。今天，我们要把这一宗旨和作风，体现在党和国家的决策上，体现在各个方面的工作上，体现在涉及群众切身利益的具体问题的解决上，体现在党员干部的一言一行上。特别是在利益日益多元、复杂的情况下，要始终站在大多数人民群众的立场上想问题、办事情，首先要有这种强烈的意识。人民群众对我们党的态度，是衡量我们党是否保持了先进性、执政地位是否巩固的试金石。

第四，我们党是高度重视自身建设，以改革创新精神不断自我完善和发展的党。

改造中国，其任务的复杂性、艰巨性和长期性世所罕见，需要领导这一事业的党无比坚强。党的建设被称为革命和建设的一大法宝，原因就在这里。我们曾经把一个党内成分绝大多数是农民的党成功地改造为一个工人阶级先锋队组织，完成了领导中国革命的重任。这是一个伟大工程，也是一个伟大创举。现在，我们又面临着在长期执政、世情国情党情发生巨大变化的情况下，怎样把党建设好的艰巨任务。要继续发扬这种创新精神，完成这一新的伟大工程。要按照《决定》的要求，针对党自身存在的突出问题，从思想、组织、作风、制度和反腐倡廉建设等方面，全面加强和改进党的建设。

特别需要根据新的历史条件的变化,创新党的领导方式、组织方式、活动方式等,把《决定》提出的新举措、新办法真正落实好。

坚定不移地坚持中国共产党的领导,沿着中国特色社会主义道路继续前进,民族复兴的百年梦想就一定能够成为伟大而光辉的现实。这就是历史告诉我们的根本结论。

(作者单位　中央文献研究院)

哲学社会科学发展中需要正确认识和处理的十个重要关系

李慎明

新中国社会主义革命、建设和改革的伟大实践，广大人民群众的历史创造，广泛深刻的社会变革，为哲学社会科学研究提供了丰土沃壤，开辟了广阔天地。60年来，我国哲学社会科学工作者与祖国发展同步伐，共命运，不畏艰辛，不辱使命，很好地担负起"认识世界、传承文明、创新理论、咨政育人、服务社会"的职责。经过60年的发展，我们又站在新的历史起点上。要使我国哲学社会科学在21世纪有一个大的繁荣、大的发展，必须在总结历史经验的基础上，适应时代发展和现实需要，更加主动、自觉地掌握哲学社会科学自身的发展规律。我个人认为，这需要正确认识和处理以下十个方面的关系。

一　坚持马克思主义与发展马克思主义的关系

这是正确认识和处理繁荣发展哲学社会科学各种关系的核心与灵魂。历史已经反复证明并将继续证明：马克思主义深刻揭示了人类社会发展的总规律和总趋势，是我们认识世界和改造世界的强大思想武器；马克思主义的基本原理没有也决不会过时。繁荣发展哲学社会科学必须坚持以马克思主义为指导，否则，必然会走到邪路上去。但是，我们也必须看到，世情、国情和党情发生了重大变化，马克思主义只有不断与时俱进，才能具有强大的生命力。我们必须做到坚持和发展的有机统一，在坚持中发展，在发展中坚持。面对新的形势和新的任务，哲学社会科学工作者要始终不渝地坚持解放思想、实事求是、永不僵化、勇于创新，善于把马克思主义的基本原理同中国具体实际相结合，从亿万人民群众的伟大实践中总结经验，并将其升华为理论，进一步推动马克思主义的中国化进程，为在我们这个大党大国坚持和发展马克思主义不断作出新的贡献。

二 坚持"二为"方向与"双百"方针的关系

我们所进行的包括应用对策研究在内的全部学术活动，必须坚持符合最广大人民群众的根本利益和为社会主义服务的方向，这是新中国哲学社会科学研究的出发点、立足点和根本价值所在，也是衡量哲学社会科学性质的根本尺度。为什么"人的问题，是一个根本的问题"[①] 这个命题，同样适用于我们的哲学社会科学研究工作。为着最广大人民群众的根本利益而研究的立场和精神为我们所提倡和推崇，为着极少数人的根本利益而研究的立场和作法为我们所不齿和鄙视。

我们在坚持"二为"方向的前提下，必须坚定不移地贯彻"双百"方针，因为这是使我们的学术研究充满生机和活力的必由之路，是我们探寻、掌握和发展真理的必由之路，是我们真正到达"二为"方向归宿的必由之路。早在1919年，毛泽东就在《〈湘江评论〉创刊宣言》中大声疾呼："在学术方面，主张彻底研究。不受一切传说和迷信的束缚，要寻着什么是真理。"新中国成立后，他明确提出了"双百"方针。我们在理论、学术问题上，要一以贯之地坚持"双百"方针。鸦雀无声，一片死寂，决不是我们希望出现的局面。要引导大家敞开思想，畅所欲言，鼓励各种不同的流派观点相互切磋。对待科学、理论、学术上的是非，应当保持极为慎重的态度，不要轻率作结论，更不能利用行政力量，动辄上纲，强行压制。哲学社会科学工作者要敢于发表不同意见，要有勇于坚持和追求真理的勇气，同时又要有勇于修正错误的气度。我们强调坚持"双百"方针，还因为真理有时掌握在少数人手中。这里所说的真理，不是一加二等于三的常理、公理，而是指由

[①] 《毛泽东选集》第3卷，人民出版社1991年版，第857页。

于事物的发展变化，没有被人们所认识的隐藏在事物内部的带有规律性的东西。这种真理往往先被少数人发现，而一时不能被大多数人所认识，因此不被接受，甚至反而受到残酷的压制。这种现象，在自然科学界和人文科学界绝不鲜见。我们大力提倡"双百"方针，就是为了有效地保护新生事物，保护新观点、新学派和新学说，从而使哲学社会科学事业不断繁荣和发展。

但是，我们所说的"双百"方针，决不是不要"二为"方向。如果离开"二为"方向片面强调"双百"方针，那就是对这个方针的误解和滥用。我们实行的是社会主义民主，不是资本主义民主，所以，我们坚持为人民服务、为社会主义服务，坚持四项基本原则，这与坚持"双百"方针完全一致。哲学社会科学工作者在敢于发表不同意见的同时，要有强烈的社会责任感，要努力成为人类灵魂的工程师，时时刻刻注意维护中华民族的大团结，维护社会主义制度，维护中国共产党的领导，维护我国安定团结的政治局面。党员学者特别是在思想战线方面担负领导责任的和有影响的共产党员，也应牢记邓小平在20世纪80年代谈到党在组织战线和思想战线上的迫切任务时讲过的一番话。他说：我们一定要"使马克思主义的和社会主义、共产主义的宣传，特别是在一切重大理论性、原则性问题上的正确观点，在思想界真正发挥主导作用。现在有些错误观点自称是马克思主义的，有的则公然向马克思主义挑战。对此，马克思主义者应当站出来讲话。思想战线的共产党员，特别是这方面担负领导责任的和有影响的共产党员，必须站在斗争的前列"。[①] 不能借口要贯彻"双百"方针，对公然反对马克思主义的错误倾向和错误观点不闻不问，甚至纵容。

三　理论研究与深入实践的关系

胡锦涛指出，理论研究只有同社会发展的要求、丰富多彩的生活和人民群众的实践紧密结合起来，才能具有强大的生命力和影响力，才能实现

[①] 《邓小平文选》第3卷，人民出版社1993年版，第46页。

自身的社会价值。我们必须坚持理论联系实际的优良学风，既要立足当代，又要立足国情；既要深入生活，又要深入群众；既要了解历史，又要了解现实；既要认识中国，又要认识世界。要坚持从人民群众的生产和生活中，从中国特色社会主义的伟大实践中，获得学术发展的源泉和动力。

哲学社会科学工作者要深入实践，确立以实际问题为中心的科研方法，研究解决现实问题。这样，我们的学术研究才有价值。当今国际国内的新情况、新问题、新事物层出不穷，时代召唤着我们。应不断开拓自己的视野，积极投身于波澜壮阔的社会实践，研究和解决时代赋予我们的具有全局性、战略性和前瞻性的重大理论和实践问题。要坚持以重大现实问题为主攻方向，深入研究关系中国特色社会主义事业全局的重大问题。当前亟须研究的问题有很多，比如，大力加强国际金融危机的研究，深入研究如何进一步认清这场危机的根源和发展的各种可能趋势，为党和政府妥善应对建言献策；积极开展新中国成立60年特别是改革开放30年伟大历程和历史经验的研究，深入研究如何坚定不移地坚持党的基本路线，坚持社会主义初级阶段基本经济制度，走中国特色社会主义道路；围绕推动经济又好又快发展，深入研究如何在贯彻落实科学发展观中保增长、保民生、保稳定；围绕扩大社会主义民主、建设社会主义法治国家，深入研究如何进一步深化政治体制改革，走中国特色社会主义政治发展道路；围绕推动社会主义文化大发展大繁荣，深入研究如何建设社会主义核心价值体系；围绕构建社会主义和谐社会，深入研究如何解决好教育、就业、社会保障、扶贫开发、医疗卫生、安全生产特别是收入分配等涉及群众切身利益的重大问题；围绕世界形势正在发生的深刻变化和我国周边安全出现的新情况，深入研究如何坚定不移地走和平发展道路，坚定地维护国家主权、安全和发展利益；认真学习党的十七届四中全会精神，贯彻《中共中央关于加强和改进新形势下党的建设若干重大问题的决定》，深入研究如何进一步坚定正确的理想信念，有效地扩大党内民主，遏制腐败现象，全面推进党的思想、组织、作风、制度和反腐倡廉建设，等等，努力推出更多对实践有指导意义、对党和政府决策有参考价值的理论成果。

四 基础理论、应用理论与应用对策研究的关系

这一关系实质上也是成为思想库与成为智囊团的关系。哲学社会科学研究是不是分为基础理论、应用理论和应用对策研究三个层次好呢？在这里谈点自己的浅显看法，与大家一起探讨。

一是基础理论研究。基础理论研究是指研究者根据人们在实践中获得的对客观事物的认识，按照一定的逻辑对之进行必要的整理，将之条理化、系统化为一定的概念和原理体系。为基础理论研究收集、整理、甄别史料和资料的工作也应属于基础研究的组成部分。一般说来，哲学和人文学科都属于基础理论研究。

二是应用理论研究。应用理论，是指事物的一般规律在不同学科的规律性的反映与体现。可以说，应用理论研究是应用对策研究的指导方针，同时又是应用对策研究的理论升华。一般来说，社会科学各学科都有一个应用理论研究问题。

三是应用对策研究。这是各个学科尤其是社会科学各学科对国际国内出现的新形势、新情况、新问题具体应对举措的对策建议。一般来说，应用对策研究，主要是社会科学各学科的任务，但人文各学科也往往会在这方面承担着重要的责任。应正确处理基础理论研究、应用理论研究和应用对策研究三者之间的关系。

邓小平指出："哲学、社会科学同自然科学一样，决不能忽视基础理论的研究，这些研究是理论工作的任何巨大前进所不可缺少的。"[1] 只有基础理论研究有大的推进，应用理论和应用对策研究才有坚实的基础。基础理论研究和应用理论、应用对策研究并不是以学科性质来区分的，每门学科都有各自的基础理论、应用理论、应用对策研究。不仅文史哲有基础理论研究，实际上经济、法律、新闻、国际等学科也同样有基础理论研究和应用理论研究。因此，各门学科都应规划好基础理论研究、应用理论研究、应用对策研

---

[1] 《邓小平文选》第 2 卷，人民出版社 1994 年版，第 179 页。

究的比例。从整个社会来说，哲学社会科学的专业性研究机构应以基础性研究为主，而政府部门的政策研究机构则应以应用对策研究为主。同时，也应加强彼此之间的交流、协作与合作，以互相促进，共同发展。

五　集体协作攻关与充分发挥个人积极性的关系

哲学社会科学领域十分广阔，一般的说，一些重大的特别是跨学科的课题，任何一个专业研究所或者个人是无法独立承担完成的，必须有一定数量的不同学科的专家学者集体协作攻关。课题立项时，对基础性研究、中长期前瞻预测性研究、应用对策性研究的重大课题，应按照轻重缓急，进行分门别类的统筹规划，统一使用科研力量，以免一些容易出成果、出经济效益的热点问题重复立项、重复研究，浪费人力、物力、财力，而一些周期较长、不易直接出经济效益但具有很大社会效益的难点问题，以及事关全局的中长期前瞻预测性和基础性研究，却无人问津或投入不够。要鼓励课题组人员同心同德，各司其职，各尽其力，协作攻关。在保持各自风格和特点的同时，提倡"文人相亲"，相互学习，相互支持，反对"文人相轻"，相互封锁、个人第一、各自为政的不良风气。

在强调集体项目集体协作攻关的同时，要注意充分发挥每位科研人员的作用。列宁曾经指出："无可争论，写作事业最不能作机械划一，强求一律，少数服从多数。无可争论，在这个事业中，绝对必须保证有个人创造性和个人爱好的广阔天地，有思想和幻想、形式和内容的广阔天地。"[①] 因此，各级领导和课题组负责人，要充分调动每个成员的积极性，主动性和创造性，正确评估个人在集体项目中的作用和贡献，避免挫伤个人的积极性。要注意奖勤罚懒，择优汰劣；注意学术民主，鼓励创新。另外，在课题立项时，要特别注意尊重、支持个人的合理选题，并给予必要的人力、物力、财力和职称评定等方面的支持。不要急于向专家学者要成果。要支持个人甘于寂寞，耐得清贫，"十年磨一剑"。要提倡和支持社会主义的功利主义，鼓励专家学者

---

① 《列宁选集》第 1 卷，人民出版社 1995 年版，第 664 页。

成为蜚声国内外的"大家"。

六 哲学社会科学研究与适应社会主义市场经济体制之间的关系

这里需要首先对几个基本概念进行辨析。我个人认为，1977年，邓小平在《关于科学和教育工作的几点意见》中所说的"科学当然包括社会科学"[①] 中所指的"科学"，是指包含自然科学和社会科学在内的大科学。1988年，邓小平在同捷克斯洛伐克总统胡萨克谈话时第一次明确提出"科学技术是第一生产力"的论断中的"科学"，是特指自然科学，其中并不包括社会科学。邓小平提出的"科学技术是第一生产力"的论断无疑是正确的。这是因为自然科学是潜在的生产力，可以直接转化为现实的生产力。

一般说来，哲学社会科学各学科属于意识形态和上层建筑的范畴，受一定经济基础决定并反映和反作用于经济基础。这些学科本身并不属于人们征服自然、改造自然的生产力的组成部分，而与之相适应的政治、法律等制度，构成了建立在一定经济基础之上的上层建筑。如果把哲学社会科学直接归结为生产力甚至是现实的生产力，则很容易混淆生产力与生产关系、经济基础与上层建筑及意识形态等基本范畴，就可能得出意识形态和上层建筑是经济基础，生产关系是生产力，甚至思想、理论等观念形态的东西是生产力的结论来。因此，我不赞成哲学社会科学是生产力的组成部分一说；但这也决不是否认它在发展社会生产力中的巨大能动作用。哲学社会科学的重要作用不能用"科学技术是第一生产力"的原理来说明，而是表现为理论对实践的指导作用，表现为上层建筑对经济基础、生产关系对生产力的反作用。为了更具体说明哲学社会科学不是生产力，我们还可以举一个小例子，比如，组织管理活动本身是生产力的重要组成部分，但我们研究的组织管理学并不是生产力，而是组织管理活动的观念形态的东西。

弄清了哲学社会科学的性质和社会功能，便为弄清哲学社会科学研究与

---

① 《邓小平文选》第2卷，人民出版社1994年版，第48页。

适应社会主义市场经济的关系提供了前提。既然哲学社会科学不属于生产力的范畴，它的"产品"具有公益性、社会性、指导服务性，那么从整体上说，哲学社会科学研究应是党和政府的公共事业。如果不恰当地强调把它推向市场，让从事社会科学研究的专家学者去适应市场、搞创收，哲学社会科学就必然会萎缩甚至萧条。因此，我们应当尊重哲学社会科学研究和发展的特点、规律。要从国情和实际出发，确立哲学社会科学研究事业在整个国民经济社会发展中的比重，确立社会科学研究人员与自然科学研究人员以及与总人口之间的合理比例。当然，我们也要看到，改革开放以来，各方面情况已发生很大变化，若再延续高度计划经济条件下办社会科学研究事业的思路，必然会走入死胡同。因此，社会科学研究工作必须改革，以适应社会主义市场经济的需要。比如，与市场关联密切的相关学科可以直接获取更多一点的研究支撑；在人员配置方面，应逐步建立"开放、流动、竞争、择优"的人事管理制度，形成精干、高效的科研队伍；在运行机制方面，进一步打破大锅饭和平均主义，严格评估验收，强化奖惩制度，确保多出精品力作；在科研经费筹措方面，除争取政府预算拨款外，在不影响重大课题科研进展的情况下，应适应市场多元化的需求，多方开拓筹资渠道，等等。另外，我们也决不排斥依法兴办的各种民间哲学社会科学研究机构和开展的各种活动。

七　哲学社会科学与自然科学的关系

这是落实科教兴国战略的重要问题。毛泽东说过，世界的知识只有两门，一门是自然科学知识，一门是社会科学知识。马克思主义正是运用生动活泼的自然科学的实践来丰富和发展哲学社会科学的。恩格斯这样说："没有一个人能像马克思那样，对任何领域的每个科学成就，不管它是否已实际应用，都感到真正的喜悦。但是，他把科学首先看成是历史的有力的杠杆，看成是最高意义上的革命力量。而且他正是把科学当作这种力量来加以利用。"[①] 他还指出："随着自然科学领域中每一个划时代的发现，唯物主义也

[①] 《马克思恩格斯全集》第19卷，人民出版社1963年版，第372页。

必然要改变自己的形式。"① 马克思主义的科学世界观、方法论,不仅适用于和指导着哲学社会科学研究,而且适用于和指导着自然科学研究。当今时代,哲学社会科学与自然科学之间的相互影响、渗透、联系愈来愈紧密,由此而产生的边缘、交叉、综合和新兴学科层出不穷。政府部门、研究机构应当为这两方面的结合制定一些切实可行的措施。如在人才培养方面,鼓励多办些同时有自然科学、工程技术科学和哲学社会科学专业的综合性大学;自然科学和哲学社会科学研究机构联合举办人才培训中心;鼓励攻读自然科学、哲学社会科学的双学位;鼓励分别在自然科学和哲学社会科学研究机构和工作部门相互兼职,有计划地合理组织两大学科之间的人才流动;兴办一些边缘学科、交叉学科的研究所。在重大项目论证中,要吸收自然科学和哲学社会科学方面的专家学者合力攻关,等等。

八 加强党的领导与繁荣发展哲学社会科学的关系

党的领导是哲学社会科学沿着正确方向前进的保证。要切实提高对这个问题重要性的认识。党在这方面的领导,最重要的是思想政治领导。世界社会主义运动历史上正反两方面的经验教训表明,有了党在思想上、政治上的正确领导,哲学社会科学事业就健康发展,学术繁荣、文化昌明;反之,削弱甚至放弃党的领导,则会导致严重的思想混乱,造成严重的社会后果。哲学社会科学界要主动自觉地接受党的领导。中国共产党是最广大人民根本利益的忠实代表,承认和接受党的领导,体现了热爱祖国、忠于人民、服务社会的崇高觉悟和使命感。哲学社会科学工作者要更加紧密地将学术研究工作与党和人民的事业联系在一起,将个人理想追求与时代的主题、国家民族的命运结合在一起。要全面落实党的知识分子政策,尊重知识、尊重人才。要重视哲学社会科学工作者的研究成果,认真听取他们的意见和建议,关心他们的学习、工作和生活,为他们创造良好的科研环境,进一步调动广大哲学

---

① 《马克思恩格斯选集》第4卷,人民出版社1995年版,第228页。

社会科学工作者的积极性、主动性和创造性。哲学社会科学是党和国家的事业，应由国家和各级政府拨款兴办，应由党和政府统筹规划和管理。要加大支持力度，为哲学社会科学事业多办实事。

九　坚持走自己的路与加强国际交流的关系

对外开放是我们的基本国策，不仅适用于我们的经济建设，还同样适用于文化建设，其中包括哲学社会科学研究事业。一个民族的哲学社会科学要实现繁荣、发展和创新，就必须大量引进世界上一切国家和民族的学术思想，并在充分研究的基础上进行鉴别、批判、汲取。我们要有海纳百川的气魄，学习和借鉴世界各国包括资本主义国家一切反映现代社会化生产规律的先进的经营管理方式，学习和借鉴发达国家哲学社会科学研究的手段、方式和方法。要加强国际间的学术交流，互派访问学者，进行学术研究项目合作。在加强国际学术交流中，我们还要注意对各种资本主义错误学术思潮的抵制和批判。要看到，哲学社会科学与自然科学不同，在阶级社会里，哲学社会科学往往有着鲜明的阶级性质；一些研究的方式、方法可以相互借鉴，但研究的方针和目的是有很大差别的，因此，哲学社会科学研究不能搞所谓的"与国际全面接轨"，要坚持独立自主性与开放包容性的有机结合。

十　"为人"与"为文"的关系

哲学社会科学工作者从事着精神产品的生产活动，以自己的作品和观点来教育或影响别人。要生产好精神产品，就要有正确的世界观、人生观和价值观，就要有正确的立场、观点和方法。从血管里流出的是血，从水管里面流出的只能是水。

因此，要"为文"，首先要"为人"。古语常说："文如其人"、"功夫在诗外"，李大钊所说的"铁肩担道义，妙手著文章"，都是这个道理。杨绛先生在《洗澡》再版前言中说："假如说，人是有灵性、有良知的动物，那么,人生一世,无非是认识自己,洗练自己,自觉自愿地改造自己。"[1] 我们如果没有一个好的世界观,如果不是站在最广大人民群众根本利益的立场上,就不可能拿出有利于党、国家和民族的好成果和好对策来。没有一个好的世界观,也不可能有一个好的学风。因此,任何一个哲学社会科学工作者特别是党员学者,都应该增强自己的社会责任感和历史使命感,牢固树立实践是检验真理的唯一标准的思想,拿出经得起实践和历史检验的精品力作。

(作者单位 中国社会科学院)

---

[1] 杨绛:《洗澡》,人民文学出版社2004年版,第1页。

新中国两个 30 年与中国特色社会主义道路

朱佳木

现在,全世界都在热议"中国道路"、"中国模式"、"北京共识"。对这些概念,人们众说纷纭,至今没有一个统一的认识。但是,既然议论的是中国道路,起码它应当是符合中国实际情况的道路。如果这个前提成立,那么我们早已给它起了一个名字,即中国特色社会主义道路。

什么是中国特色社会主义道路?回答这个问题,首先要从提出这一命题的中共中央的有关论述中寻找答案,其次要从这条道路形成的实践过程寻找答案。在中共十七大报告中,胡锦涛总书记对什么是中国特色社会主义道路曾下过一个定义。他说:"中国特色社会主义道路,就是在中国共产党领导下,立足基本国情,以经济建设为中心,坚持四项基本原则,坚持改革开放,解放和发展社会生产力,巩固和完善社会主义制度,建设社会主义市场经济、社会主义民主政治、社会主义先进文化、社会主义和谐社会,建设富强民主文明和谐的社会主义现代化国家。"[①] 只要循着这个定义来考察中国特色社会主义道路的形成过程,就会看到促成这一道路形成的,不仅有改革开放后的历史,而且有改革开放前的历史。

在新中国成立的 60 年里,改革开放前后两个历史时期刚好大体各占 30 年。因此,要准确地理解"中国道路",不仅要从理论上弄清楚中国特色社会主义道路的内涵,而且要从实践上弄清楚改革开放前后的两个 30 年及其相互关系。只有正确认识这两个 30 年及其相互关系,才能深刻理解这条道

---

① 《中国共产党第十七次全国代表大会文件汇编》,人民出版社 2007 年版,第 11 页。

路。反之,只有正确理解这条道路,才能全面认识这两个30年及其相互关系。

一 前30年为中国特色社会主义道路的开辟提供了现实可能

中国特色社会主义道路是在中共十一届三中全会以后开辟的。正是这条道路,使中国经济飞速发展、综合国力明显增强、人民生活大幅度提高,使中国人民的面貌、社会主义中国的面貌、中国共产党的面貌发生了历史性变化,使中华民族大踏步赶上了时代前进的潮流、为世界经济发展和人类文明进步作出了重大贡献。但这一切的起点并不是1949年前的那个半殖民地半封建的旧中国,而是1949年后走上社会主义道路的新中国;并不是旧中国留下的那个满目疮痍的烂摊子,而是新中国经过近30年艰苦奋斗而建立起来的宏伟基业。正如胡锦涛总书记在中共十七大报告中所指出的:"改革开放伟大事业,是在以毛泽东同志为核心的党的第一代中央领导集体创立毛泽东思想,带领全党全国各族人民建立新中国、取得社会主义革命和建设伟大成就以及艰辛探索社会主义建设规律取得宝贵经验的基础上进行的。"①

首先,在新中国的头30年,我国取得了民族独立、主权和领土完整,实现了大陆的统一和各民族的团结,铲除了帝国主义、封建势力统治的根基,确立了以工人阶级领导、以工农联盟为基础的人民民主专政的国体,建立了人民代表大会制度、中国共产党领导的多党合作和政治协商制度、民族区域自治制度等基本政治制度,进行了对农业、手工业、资本主义工商业的社会主义改造,完成了新民主主义革命向社会主义革命的转变,奠定了社会主义公有制的经济基础,使中国从此结束了蒙受屈辱、战乱频仍、四分五裂、民不聊生的黑暗历史。如果没有新中国头30年提供的根本政治前提,要开辟中国特色社会主义道路是不可想象的。

其次,在新中国的头30年,我国通过连续四个半五年计划的建设,初

---

① 《中国共产党第十七次全国代表大会文件汇编》,人民出版社2007年版,第7页。

步建立起了独立的比较完整的工业体系和国民经济体系，一定程度上改变了旧中国工业集中于沿海地区的不合理布局，并通过大规模农田水利基本建设和发展化肥、农药、农用机械等工业，大大改善了农业生产条件。1949年，我国人民经过28年浴血奋斗，从帝国主义、官僚买办资产阶级手中没收的固定资产仅为112.4亿元。而到了1978年，我国新增固定资产达6440亿元，是那时的57.3倍。1949—1978年，我国工农业总产值年均递增8.2%，据有的统计学家计算，即使按国民生产总值（GDP）统计，年均增幅也达7.32%，不仅高于同期发达国家水平，也高于所有发展中国家水平。其中，钢、煤、石油、水泥、发电量、机床的产量，分别是旧中国最高年产量的34.4倍、10倍、325倍、29倍、42.8倍、33.9倍；汽车、拖拉机、飞机制造和电子、石油化工等工业部门，更是从无到有；粮食、棉花产量分别比1949年增长1.7倍和3.9倍；粮食平均亩产由137斤提高到337斤，增长1.46倍。高校毕业生累计超过旧中国36年总数的14倍，全国专业技术人员是新中国成立初期同类人员总数的13.2倍。中共中央《关于建国以来党的若干历史问题的决议》（以下简称《历史决议》）指出："我们现在赖以进行现代化建设的物质技术基础，很大一部分是这个期间建设起来的；全国经济文化建设等方面的骨干力量和他们的工作经验，大部分也是在这个期间培养和积累起来的。"[①] 如果没有新中国头30年提供的雄厚物质技术基础，要开辟中国特色社会主义道路是不可想象的。

再次，在新中国的头30年，我们起初加入维护世界和平的社会主义阵营，首创和平共处五项原则，支持亚非拉民族解放和独立运动，发展同中间地带国家的友好关系，在极其困难的情况下打赢了抗美援朝等自卫战争，争取到了苏联等社会主义国家对我国"一五"计划建设的支援，挫败了外国侵略势力对我孤立、封锁、干涉和挑衅的行径，研制成功了"两弹一星"和核潜艇，开展了旨在加强战略后方的大小"三线"建设（大"三线"是就全国而言，小"三线"是就各省而言——笔者按），从而大大提高了中国的国际地位，打破了超级大国的核垄断和核讹诈，增强了国防力量，为进行和平

[①] 《三中全会以来重要文献选编》（下），人民出版社1982年版，第804页。

建设赢得了宝贵时间。后来,面对新霸权主义的军事威胁,毛泽东又及时提出关于三个世界划分的理论,实现了中美和解,推动了我国同日本和西欧许多国家关系的改善,开展了从西方大规模引进成套先进设备和技术的工作,并在第三世界国家支持下恢复了我国在联合国的合法席位。邓小平讲过:"毛泽东同志在世的时候,我们也想扩大中外经济技术交流,包括同一些资本主义国家发展经济贸易关系,甚至引进外资、合资经营等等。但是那时候没有条件,人家封锁我们。后来'四人帮'搞得什么都是'崇洋媚外'、'卖国主义',把我们同世界隔绝了。毛泽东同志关于三个世界划分的战略思想,给我们开辟了道路。"[1] 如果没有新中国头30年提供的有利国际条件,要开辟中国特色社会主义道路是不可想象的。

再次,在新中国的头30年,我们进行了适合中国自己情况的社会主义建设道路的探索,并积累了丰富的经验。其中既包括进行社会主义建设的方针,也包括加强执政党建设的方针。例如,要全心全意为人民服务;要独立自主,自力更生;要把中国建设成现代化社会主义强国,对人类作出较大贡献;要走中国自己的道路,不要机械搬用外国经验;要正确处理两类不同性质的矛盾,调动一切积极因素;要以农业为基础、工业为主导,工农业同时并举;要统筹兼顾,适当安排,综合平衡,按比例发展;要发挥中央和地方两个积极性;要在文化建设上实行"双百"方针;要在党的建设上坚持"两个务必",警惕"糖衣炮弹"的进攻,防止执政党脱离人民群众,等等。这些正确方针进一步丰富了新民主主义革命时期形成的毛泽东思想,并且被以邓小平、江泽民为核心的中共第二代、第三代中央领导集体和以胡锦涛为总书记的中共中央所继承所发展,成为中国特色社会主义理论体系的重要组成部分,在改革开放新时期继续发挥着指导作用。另外,我们党还继承了在执政条件下加强自身建设的优良传统,扬弃其中"左"的弊病,并结合新时期的新特点,连续不断地进行党的组织整顿和思想教育活动,对于广大党员和各级干部在长期执政、实行市场经济和对外开放条件下经受各种风浪考验,起到了重要的思想保障作用。在新中国头30年探索中,我们也有很多

---

[1] 《邓小平文选》第2卷,人民出版社1994年版,第127页。

不成功乃至失败的教训，其中最大的教训莫过于错误发动"文化大革命"。但邓小平说过："没有'文化大革命'的教训，就不可能制定十一届三中全会以来的思想、政治、组织路线和一系列政策……'文化大革命'变成了我们的财富。"① 可见，如果没有新中国头30年提供的正反两方面的经验教训，要开辟中国特色社会主义道路也是不可想象的。

新中国头30年发生的失误和错误，给我们国家造成过不同程度的损失，有的损失甚至是巨大的。我们说新中国60年是光辉的整体，当然不等于说那些错误也是光辉的。但另一方面，绝不能因为那30年有错误，就否定那段历史是新中国光辉60年的重要组成部分。否则，新中国60年的历史就会被肢解，就无法解释改革开放前30年为什么会取得那么多辉煌的成就。邓小平指出："我们尽管犯过一些错误，但我们还是在三十年间取得了旧中国几百年、几千年所没有取得过的进步。"② 江泽民指出："中华人民共和国成立以来的四十年，是中国历史发生翻天覆地变化的四十年，是经历艰难曲折、战胜种种困难、不断发展进步的四十年，是中华民族扬眉吐气、独立自主、在国际事务中日益发挥重要作用的四十年。"③ 胡锦涛总书记指出："在社会主义革命和建设时期，我们确立了社会主义基本制度，在一穷二白的基础上建立了独立的比较完整的工业体系和国民经济体系，使古老的中国以崭新的姿态屹立在世界的东方。"④ 他们的论述高度概括了改革开放前的基本方面，是我们全面评价那段历史的主要依据。只要把那段历史中的错误，包括"大跃进"和"文化大革命"那种严重错误，同上述基本面放在一起比较，什么是主流什么是支流，就会看得很清楚。

分析历史问题的绝对要求，是把问题放到一定的历史条件下。我们看新中国头30年的问题，也只有放在当时的条件下，才能分清哪些做法是失误，哪些做法是今天不再适宜而当时则是必须的；哪些失误是可以避免的，哪些失误是当时难以避免的。例如，头30年人民生活水平虽然比起旧中国有明

---

① 《邓小平文选》第3卷，人民出版社1993年版，第272页。
② 《邓小平文选》第2卷，人民出版社1994年版，第167页。
③ 《十三大以来重要文献选编》（中），人民出版社1991年版，第611页。
④ 《人民日报》2006年7月1日，第1版。

显提高，但相对后30年提高不快，农村大部分地区面貌变化也不够大。这与当时搞建设急于求成的主观指导思想有关，也与在积累与消费的比例安排上缺少经验有关。但其基本原因在于，新中国成立初期，我们面对帝国主义侵略的威胁和国家一穷二白的面貌，为着较快建立现代化的工业、农业、科学技术和国防，抓住苏联答应全面援助我"一五"计划建设的历史机遇，选择了优先发展重工业的战略，从而相应实行了集中统一的计划经济体制和农产品统购统销政策，把有限的财力、物力和人力最大限度地集中用于工业化建设。这就决定了不得不暂时抑制人民的消费和限制农民自由进城，不得不维持适当比例的工农业产品剪刀差，从而一定程度地影响了消费品的生产供应和人民生活特别是农民生活水平的提高。正因为如此，我们才有可能在一个人口众多的落后农业国里，用较短时间初步建成了独立完整的工业体系和国民经济体系，拥有了以"两弹一星"为代表的现代科技水平和现代国防力量，为后来的发展奠定了坚实的物质基础。所以，那时人民生活的某些困难，从根本上说是为工业化打基础而必须付出的代价，是前人为国家长远发展而做出的宝贵牺牲。至于"大跃进"、反右倾，特别是"文化大革命"的错误，只不过是使生活困难的程度更为加重、时间更为延长罢了。当我们对改革开放前后两个30年人民生活水平加以对比时，一方面应当实事求是地总结前30年工作中的教训，另一方面，应当抱着对前人为后人节衣缩食、艰苦奋斗的崇敬和感激之情，而不应当轻薄为文、讽刺挖苦。

分析新中国头30年的错误，还应当把犯错误与犯错误的时期加以区别。例如，"文化大革命"长达十年时间，但在那十年里，除了搞"文化大革命"运动，社会主义经济建设还在进行。《历史决议》中说：那个时期，"我们党没有被摧毁并且还能维持统一，国务院和人民解放军还能进行许多必要的工作"，"我国社会主义制度的根基仍然保存着"，"党、人民政权、人民军队和整个社会的性质都没有改变"。"我国国民经济虽然遭到巨大损失，仍然取得了进展。粮食生产保持了比较稳定的增长。工业交通、基本建设和科学技术方面取得了一批重要成就，其中包括一些新铁路和南京长江大桥的建成，一些技术先进的大型企业的投产，氢弹试验和人造卫星发射回收的成功，籼型杂交水稻的育成和推广，等等。在国家动乱的情况下，人民解放军仍然英勇地保卫着祖国的安全。对外工作也打开了新的局面。当然,这一切决不是'文化大革命'的成果,如果没有'文化大革命',我们的事业会取得大得多的成就。"① 因此,简单地把"文化大革命"与"文化大革命"时期画等号,因为要彻底否定"文化大革命"而否定"文化大革命"时期党和人民所做的必要工作和建设事业所取得的重大成就,都是不可取的;因为"文化大革命"时期我们党犯了严重错误而否认那一时期我们党的工人阶级先锋队性质和我们国家的社会主义性质,更是对客观实际的一种曲解。

分析新中国头30年的错误,还要把好心办坏事与个人专断、个人专断与专制制度加以区别。例如,毛泽东发动"文化大革命",出发点是解决党和国家肌体中存在的阴暗面,巩固人民民主专政。但他采取的理论和方法、依靠的力量和打击的对象,都严重混淆了是非和敌我。发生这样的错误,与他个人专断的作风有关,个人专断又与长期封建社会造成的封建专制主义思想影响有关。但个人专断作风、专制主义影响与封建专制制度本身,毕竟是性质完全不同的两码事。胡锦涛总书记在中共十七大报告中要求"反对和防止个人或少数人专断"②,我们能因此就说今天仍然是封建专制主义社会吗?因为存在个人或少数人专断的现象而妄言改革开放前30年是什么封建专制主义,混淆了工作作风与社会性质的区别,是对那段历史的肆意歪曲。

总之,新中国头30年虽然犯了不少错误,但取得的成绩还是第一位的;犯错误的原因虽然有思想方法和工作作风上的问题,但主要的还是受客观物质基础薄弱和经验不足的限制。我们过去批判过"四人帮"从"左"的方面对新中国头17年的否定,今天同样要抵制从右的方面对新中国头30年的否定。因为,否定了那30年,就无法解释中国特色社会主义道路的来源,中国特色社会主义道路中的科学社会主义灵魂就会被抽去。新中国头30年各项事业的发展和人民生活水平的提高,远没有改革开放后那么显著,但这绝不表明那段历史对于后30年无足轻重,可有可无。看不到前30年为后30年奠定的牢固基础,就难以弄明白,当今世界上有那么多发展中国家实行市

---

① 《三中全会以来重要文献选编》(下),人民出版社1982年版,第816—817页。
② 《中国共产党第十七次全国代表大会文件汇编》,人民出版社2007年版,第50页。

场经济和与国际经济接轨,为什么唯独中国特色社会主义道路会产生如此神奇的发展速度,取得如此举世瞩目的辉煌成就,显示如此强大的生命力和影响力。

二 后30年使中国特色社会主义道路得以开辟和不断发展

改革开放后的30年,我们党通过总结前30年的经验教训,分析我国现阶段生产力状况和世界科学技术的新发展,以及国际关系的新特点,制定了在社会主义初级阶段的基本路线,在党的基本理论、政治体制、经济体制、意识形态工作、国际战略等一系列重大问题上,实现了对前30年的巨大超越。如果看不到这种超越,就看不清后30年的中国特色社会主义道路与前30年的社会主义建设道路的区别究竟在哪里,就会妨碍对改革开放决策正确性、必要性的认识。

改革开放前30年的很长时间内,我们把阶级斗争作为社会主义社会的主要矛盾,提出"以阶级斗争为纲"的口号和"无产阶级专政下继续革命"的理论。粉碎"四人帮"后,虽然结束了"文化大革命",但又提出"两个凡是"的方针(凡是毛主席作出的决策,都要坚决维护;凡是毛主席的指示,都要始终不渝地遵循),继续维持上述不适合于社会主义社会的口号和理论。改革开放后,我们党恢复了解放思想、实事求是的思想路线,批判了"两个凡是"的错误方针,纠正了毛泽东的晚年错误,强调现阶段我国社会的主要矛盾是人民日益增长的物质文化需要同落后的社会生产之间的矛盾,实现了党的工作中心的转移,先后形成了邓小平理论、"三个代表"重要思想和科学发展观等马克思主义中国化的最新成果。所有这些,都是后30年对前30年在党的基本理论上的超越。

改革开放前的30年,我们党和国家领导制度中一度存在权力过分集中、党政职能不分、机构层次过多、领导职务终身制等现象;对法制建设不重视,除少数几部法律外,基本上无法可依;民主缺少制度化、程序化,家长制、一言堂作风严重。邓小平在谈到这些问题时曾指出:过去,"在加强党的一元化领导的口号下，不适当地、不加分析地把一切权力集中于党委，党委的权力又往往集中于几个书记，特别是集中于第一书记，什么事都要第一书记挂帅、拍板。党的一元化领导，往往因此而变成了个人领导。全国各级都不同程度地存在这个问题"。[1] 改革开放后，我们党严格执行民主集中制，建立干部离退休制度，健全党和国家的领导体制，实行党政职能适当分开，改善党的领导方式和执政方式；推进政治体制改革，深化干部人事制度改革和机构改革，加强对权力的制约与监督；提出并实施依法治国方略，完善中国特色社会主义法律体系，坚持公民在法律面前一律平等；扩大人民民主，丰富民主形式，拓宽民主渠道，发展基层民主，落实民主权利，支持民主党派和无党派人士参政议政，发挥社会组织在扩大群众参与、反映群众诉求方面的积极作用，增强社会自治功能。所有这些，都是后30年对前30年在政治体制上的超越。

改革开放前30年的后期，我们脱离生产力的实际水平，片面追求生产资料的公有程度和分配领域的"公平"、"公正"；企业缺少自主权，产销脱节，经济利益同经济效果不挂钩；流通体制渠道单一，环节繁杂；农村人民公社政企不分，生产队自主权得不到尊重，农民经营正当家庭副业的权利被剥夺；吸引国外投资和进口国外技术、设备，被当成"走资本主义道路"和"崇洋媚外"而受到批判。改革开放后，我们允许个体经商，鼓励发展私营经济，形成以公有制为主体、多种所有制经济共同发展的基本经济制度；提倡一部分人和一部分地区先富起来，允许和鼓励技术、管理、资本参与分配，形成以按劳分配为主体、多种分配方式并存的分配制度；扩大国有企业自主权，实行厂长经理负责制、承包经营责任制，直至以股份制为主要形式的现代企业制度；实行计划经济与市场调节相结合，直至确立社会主义市场经济体制；废除人民公社，实行家庭联产承包责任制，稳定土地承包关系，并允许土地承包经营权依法流转；积极吸引外资，兴办合资或独资企业，建立经济特区，继而开放沿海、沿江、沿边城市，实施"走出去"战略，加入世界贸易组织和经济全球化进程。所有这些，都是后30年对前30年在经济

---

[1] 《邓小平文选》第2卷，人民出版社1994年版，第329页。

体制上的超越。

改革开放前30年中相当长的时间里,我们党在"左"的思想指导下,把已经相信共产党、愿意为人民服务和学习马克思主义的旧知识分子,以及新中国自己培养的知识分子,统统划入资产阶级的一部分;不尊重学术研究和艺术创作规律,进行不适当的行政干预;把许多学术和文艺思想上的问题当成政治问题,开展过火的批判;尤其在"文化大革命"中,"左"的思想恶性膨胀,使许多马克思主义的学术观点和歌颂社会主义的优秀作品遭受打击,只允许几个"样板戏"和几部"学术著作"存在。改革开放后,我们党随着清理过去"左"的指导思想,改变了对知识分子的估计,认为他们是工人阶级的一部分,提倡尊重知识、尊重知识分子的社会风气;解除了在学术研究和文艺创作中许多不必要的框框和禁区,认真落实"百花齐放、百家争鸣"的方针;注意区分学术问题和政治问题,对思想认识问题采取说服引导方法,鼓励不同观点的切磋,提倡多样化,强调吸收和利用世界各国包括资本主义发达国家所创造的一切先进文明成果,大量翻译出版国外学术著作和文艺作品;纠正轻视教育科学文化的错误观念,大力普及初等教育,发展高等教育和科技事业,积极改革文化体制,推动文化繁荣,并且培育文化市场,建设文化产业,丰富人民的精神文化生活,提高国家文化的软实力和国际竞争力。所有这些,都是后30年对前30年在意识形态工作上的超越。

改革开放前的30年,根据当时国际形势的特点,"我们的观点一直是战争不可避免,而且迫在眉睫。我们好多的决策,包括一、二、三线的建设布局(一线指处在战略前方的一些省区,三线指全国的战略大后方,二线指处于一线和三线之间的省区——笔者按),'山、散、洞'的方针(靠山、分散、进洞的简称,指对国防尖端项目安排的方针——笔者按)在内,都是从这个观点出发的"。[①] 一段时间,"针对苏联霸权主义的威胁,我们搞了'一条线'的战略,就是从日本到欧洲一直到美国这样的'一条线'"。[②] 在处理与外国政党的关系上,"往往根据的是已有的公式或者某些定型的方案",[③]

---

① 《邓小平文选》第3卷,人民出版社1993年版,第127页。
② 同上。
③ 《邓小平文选》第2卷,人民出版社1994年版,第318页。

"犯了点随便指手画脚的错误"。① 改革开放后,我们党从已经变化了的实际情况出发,对国际形势作出了新的观察和判断,"改变了原来认为战争的危险很迫近的看法",认为"战争的危险仍然存在,但是可以争取相当长一段时间的和平";② "带全球性的战略问题,一个是和平问题,一个是经济问题或者说发展问题"。③ 同时,改变了"一条线"的战略,"谁搞霸权就反对谁,谁搞战争就反对谁",既"改善了同美国的关系,也改善了同苏联的关系";④ 还改变了同外国政党处理关系时的某些原则,主张"各国党的国内方针、路线是对还是错,应该由本国党和本国人民去判断";"不应该要求其他发展中国家都按照中国的模式去进行革命,更不应该要求发达的资本主义国家也采取中国的模式"。⑤ 所有这些,都是后30年对前30年在国际战略上的超越。

这些超越,归根结底基于我们党在改革开放后,对我国所处的社会主义发展阶段,以及当今时代特征和总体国际形势,有了比前30年更加清醒更加准确的判断。正是这种判断,使我们得以比较系统地回答了中国现阶段社会主义的发展道路、根本任务、发展动力、外部条件等一系列基本问题,从而进一步揭示了社会主义的本质,把对社会主义的认识提高到了一个新的科学水平,使中国特色社会主义道路被赋予了更加鲜明的中国特色和时代特征。如果否定后30年,中国特色社会主义道路中的社会主义自我完善与发展的精神实质,以及时代特征就会被抽去;同样难以弄明白这条道路为什么会产生如此神奇的发展速度,取得如此举世瞩目的辉煌成就,显示如此强大的生命力和影响力。

三 两个30年的内在统一构成中国特色社会主义道路的完整形态

改革开放后30年虽然在许多方面超越了前30年,但这种超越并没有离

---

① 《邓小平文选》第3卷,人民出版社1993年版,第237页。
② 同上书,第249页。
③ 同上书,第105页。
④ 同上书,第128页。
⑤ 《邓小平文选》第2卷,人民出版社1994年版,第318页。

开社会主义的轨道。它既没有改变社会主义社会的基本制度和中国共产党对国家的领导,也没有改变马克思主义在意识形态领域的指导地位、执政党为人民服务的宗旨和共产主义的奋斗目标。相反,它在党和国家的基本理论、政治体制、经济体制、意识形态工作和国际战略等方面,与前30年之间具有基本的一致性和连续性。正是这种一致性和连续性,使两个30年内在地联系在一起,成为一个完整的整体。看不到它们的内在联系,抹杀它们的相同之处,就不可能懂得中国特色社会主义道路为什么仍然是一条社会主义的道路而不是别的什么道路。

改革开放后,我们党在基本理论方面纠正了毛泽东的晚年错误,否定了"以阶级斗争为纲"这个不适用于社会主义社会的口号;但同时,科学评价了毛泽东,把毛泽东的晚年错误与毛泽东思想加以区别,确立毛泽东和毛泽东思想的历史地位,始终捍卫和高举毛泽东思想的伟大旗帜;仍然坚持阶级和阶级斗争的理论,认为在社会主义现阶段,"由于国内的因素和国际的影响,阶级斗争还在一定范围内长期存在,在某种条件下还有可能激化"[①];并把坚持四项基本原则看作立国之本,当成党在社会主义初级阶段基本路线中两个基本点中的一个基本点。对于改革开放前后我们党在指导思想上的异同之处,邓小平曾作过精辟的说明。他指出:有的人"忽略了中国的政策基本上是两个方面,说不变不是一个方面不变,而是两个方面不变。人们忽略的一个方面,就是坚持四项基本原则,坚持社会主义制度,坚持共产党领导。人们只是说中国的开放政策是不是变了,但从来不提社会主义制度是不是变了,这也是不变的嘛"![②]

改革开放后,我们党在政治体制上不断深化改革,大力推进社会主义民主与法制;但同时,始终坚持共产党在国家事务中总揽全局、协调各方的核心领导作用,坚持党的领导、人民当家作主、依法治国的有机统一,坚持全心全意依靠工人阶级,坚持党对军队的绝对领导,没有搞西方的多党制和议会民主、三权分立。

---

① 《中国共产党章程》,《中国共产党第十七次全国代表大会文件汇编》,人民出版社2007年版,第60页。
② 《邓小平文选》第3卷,人民出版社1993年版,第217页。

改革开放后,我们党打破了公有制和按劳分配一统天下的局面,将计划经济体制改为了社会主义市场经济体制,实行了全方位开放;但同时,仍然坚持公有制和按劳分配为主体,把全民所有制和集体所有制作为社会主义经济制度的基础,把国有经济作为国民经济中的主导力量和支柱,把市场经济同社会主义基本制度结合在一起,把市场对资源配置的基础性作用放在国家的宏观调控之下;仍然坚持前30年农业合作化运动所确立的农村土地集体所有制的性质,既发挥农民家庭经营的积极性,又发挥集体经济的优越性;仍然坚持自力更生的方针,把着眼点放在发展壮大自己力量的基点上。

改革开放后,我们党在意识形态工作中摈弃了以往"左"的做法,并大力推动社会组织的建设;但同时,仍然坚持马克思主义在意识形态领域的指导地位,要求共产党员做共产主义远大理想的坚定信仰者,引导全体人民树立中国特色社会主义共同理想,把社会主义核心价值体系融入国民教育和精神文明建设的全过程,弘扬爱国主义、集体主义、社会主义思想,抵制各种错误和腐朽思想的影响;坚持社会主义先进文化的前进方向,全面贯彻党的教育方针,培养德智体美全面发展的社会主义建设者和接班人;健全党和政府主导的维护群众权益的机制,警惕和防范国内外敌对势力的各种分裂、渗透、颠覆活动,切实维护国家意识形态的安全。

改革开放后,我们党在国际战略上改变了过去关于时代特征的判断,认为中国的前途命运日益同世界的前途命运联系在一起,并加强了同发达国家的战略对话,奉行互利共赢的开放战略;但同时认为,"世界仍然很不安宁","霸权主义和强权政治依然存在",[1] 主张建立公正合理的国际政治经济新秩序,反对各种形式的霸权主义和强权政治,坚定不移地走和平发展道路,坚持在和平共处五项原则的基础上同所有国家发展友好合作,永远不称霸,永远不搞扩张;要求军队"做好军事斗争准备,提高军队应对多种安全威胁、完成多样化军事任务的能力,坚决维护国家主权、安全、领土完整,为维护世界和平贡献力量",要求"增强全民国防观念,完善国防动员体

---

[1] 《中国共产党第十七次全国代表大会文件汇编》,人民出版社2007年版,第45页。

系"。①

中共十七大报告把"以经济建设为中心,坚持四项基本原则,坚持改革开放",作为中国特色社会主义道路的基本内涵。② "一个中心、两个基本点"当然是在改革开放后 30 年提出的,但它与前 30 年并非毫无关系,更非水火不容。首先,以经济建设为中心,早在新中国成立初期就是这么做的,只是后来由于"左"的指导思想作怪,才逐渐游离。十一届三中全会只是把这个中心重新转移了回来,而不是对这个中心的最初确立。其次,改革开放作为一个具有特定含义的完整概念,前 30 年无论在客观上还是主观上,都不具备提出的条件。但是,一般意义上的改革,比如针对苏联经验中的缺点而进行的经济体制改革;一般意义上的开放,比如为突破西方国家包围、封锁、制裁而进行的对外经济文化交流,新中国成立后都不同程度地进行过。只是后来由于"左"的思想泛滥,特别是"文化大革命",才使我们逐渐走上了体制僵化和封闭半封闭的道路。但即使在"文化大革命"时期,我们也从西方国家大规模引进过先进设备。至于四项基本原则,邓小平早在 1979 年就指出,它"并不是新的东西,是我们党长期以来所一贯坚持的"。③ 由此也可以看出,中国特色社会主义道路在形成过程中,既有后 30 年对前 30 年的发展,也有后 30 年对前 30 年的继承,离开其中任何一个 30 年,这条道路都不可能形成。两个 30 年虽然有很大差别,但既没有彼此割裂,更没有相互对立,本质上是中国社会主义社会不同的发展阶段,前一个阶段是后一个阶段的准备,后一个阶段是前一个阶段的完善,两个阶段共同促成了这条道路的形成。

对历史的认识从来是与对现实的认识紧密交织在一起的,一个人有什么样的世界观,就会有什么样的历史观。反之,一个人对历史问题的认知,也往往会影响他对现实问题的分析。新中国两个 30 年的关系问题是历史问题,同时又是现实问题。事实说明,如何认识这两个 30 年和它们的相互关系,是与如何认识中国特色社会主义道路相关度极高的问题。现实生活中凡是怀

---

① 《中国共产党第十七次全国代表大会文件汇编》,人民出版社 2007 年版,第 40—42 页。
② 同上书,第 11 页。
③ 《邓小平文选》第 2 卷,人民出版社 1993 年版,第 165 页。

疑和反对改革开放的，必然会用前30年否定后30年；凡是怀疑和否定四项基本原则的，必然会用后30年否定前30年；凡是把中国特色社会主义看成"新民主主义的回归"和"民主社会主义"、"社会民主主义"，或者看成"资本主义复辟"的，必然会把前后两个30年加以割裂和对立。同样，凡是把前后两个30年加以割裂、对立、相互否定的，也必然会反对或曲解中国特色社会主义道路。

只要回顾一下过去就会清楚，如果1978年没有实行改革开放，新中国的历史将难以为继，结果只能是死路一条。这一点已为我们自己和一些前社会主义国家的历史所证明，是毫无疑问的。但同样毫无疑问的是，如果1949年不建立新中国，新中国不选择社会主义道路，改革开放不坚持四项基本原则，新时期也难以起步，即使起步也会误入歧途，结果也只能是死路一条。这一点也已为我们自己和一些前社会主义国家的历史所证明。因此，没有社会主义就没有新中国，没有中国特色社会主义就没有今天中国的一切发展和进步。把改革开放前后两个30年割裂和对立起来，用后30年否定前30年，或者用前30年否定后30年，不仅在理论上站不住脚，而且在实践上必定会损害中国人民的根本利益。

马克思主义比任何一种学说都更加重视历史。毛泽东说过："今天的中国是历史的中国的一个发展；我们是马克思主义的历史主义者，我们不应当割断历史。"[1] 他还说："我们是历史主义者，给大家讲讲历史，只有讲历史才能说服人。"[2] 我们应当高度重视对新中国两个30年关系的研究，并把中华人民共和国史、中国现代史（当代史）的宣传纳入社会主义核心价值体系建设和国民教育之中，用历史来说明中国特色社会主义道路的必然性和正确性，不断增强人们对这条道路必胜的信心。

（作者单位　中国社会科学院）

---

[1] 《毛泽东选集》第2卷，人民出版社1991年版，第534页。
[2] 《毛泽东文集》第8卷，人民出版社1999年版，第276页。

坚守方向,探索道路:
中国社会主义实践 60 年

王绍光

"一个幽灵,共产主义的幽灵,在欧洲徘徊。"1848 年当《共产党宣言》最初用德文出版时,"共产主义同盟"还是一个秘密团体,其影响仅局限在英、法等欧洲国家。过了半个世纪,到 19 世纪末叶,这个"幽灵"出现在中华广袤的大地上。又过了半个世纪,到 20 世纪中叶,社会主义已经变成滚滚洪流,席卷全球。以共产主义为最终奋斗目标的中国共产党也在此时夺取了全国政权,神州大地开始英姿勃发地迈向社会主义。再过半个世纪,到 20 世纪末叶,一度红红火火的社会主义陷入前所未有低谷,以致有人大胆断言:历史已经终结,人类社会只有资本主义一途,别无选择。

在过去二十多年里,"市场原教旨主义"甚嚣尘上。它的许诺很简单、也很诱人:只要将财产权交给私人,将决策权交给追求自身利益最大化的私人业主,将政府干预减至最低程度,市场这只"看不见的手"就会源源不断地创造出无尽的财富,"下溢效应"最终会让所有人受益。

然而,正如卡尔·波兰尼指出的那样,"这种自我调节的市场的理念,是彻头彻尾的乌托邦。除非消灭社会中的人和自然物质,否则这样一种制度就不能存在于任何时期;否则,它将摧毁人类并将其环境变为一片荒野"[1]。20 世纪末,在"华盛顿共识"肆意蔓延的同时,穷国与富国、穷人与富人之间的鸿沟越拉越大,致使贫富差距最大的拉丁美洲国家纷纷向左转。到 21

---

[1] 卡尔·波兰尼:《大转型:我们时代的政治与经济起源》,冯钢、刘阳译,浙江人民出版社 2007 年版,第 3 页。

世纪初,"市场原教旨主义"的危害已变得如此明显,以至于它的一些有良知的信徒也看不过眼。香港《信报》创办人林行止先生自称写了三十多年政经评论,在 2007 年 10 月 16 日的专栏里,他开始对于自己"年轻时是盲目的自由市场信徒……一切讲求经济效益,认为企业的唯一功能在替股东牟取最大利润"表示反省。[①] 2008 年 4 月 28 日,他又发表专栏文章,重申"对过去理直气壮地维护资本主义制度颇生悔意",因为"看到了太多不公平手段和欺诈性活动,而一些本以为'放诸四海而皆准'的理论则经不起现实考验"。他并恳切地希望"中国不要彻底走资",认为"社会主义的确能够维系社会公平"。[②]

林行止转向不久,一场严重的经济危机从美国蔓延至全世界,作为资本主义象征的大型企业一个接一个面临破产倒闭的厄运。迫不得已,从冰岛到爱尔兰,从澳大利亚到日本,从英国到美国,政府纷纷出手将银行、保险公司、汽车业国有化。难怪美国《新闻周刊》封面文章不无揶揄地惊呼:"我们都是社会主义者了!"[③]

"沧海横流,方显出英雄本色。"虽然世界经济危机也拖累了中国经济,但现在全世界都承认,社会主义的中国经济将维持正增长,成为全球经济复苏的火车头之一。在这种强烈的反差对比之下,重新审视中国坚守的方向和走过的道路,意义非同寻常。

一 前 30 年的探索

在全国解放前夕,毛泽东就指明了新中国未来的方向,即"经过人民共和国到达社会主义和共产主义,到达阶级的消灭和世界的大同"[④]。在他看来,只有社会主义才能救中国,使中华民族不再是"一个被人侮辱的民族",

---

[①] 林行止:《企业多显人性 共造和谐社会》,《信报》2007 年 10 月 16 日。
[②] 林行止:《粮食危机中对富人和中国的期待》,《信报》2008 年 4 月 28 日。
[③] Jon Meacham and Evan Thomas, "We Are All Socialists Now", Newsweek, February 16, 2009.
[④] 《毛泽东选集》第 4 卷,人民出版社 1991 年版,第 1471 页。

而是一个"站起来"的民族。①

建立中华人民共和国以后,毛泽东反复强调,我们的总任务是,"建设一个伟大的社会主义国家","要实现社会主义工业化,要实现农业的社会主义化、机械化"②,要"改变我国在经济上和科学文化上的落后状况,迅速达到世界上的先进水平"③。到1957年,他把这个目标清楚地概括为"建设一个具有现代工业、现代农业和现代科学文化的社会主义国家"④。为实现这个目标,首先必须大力发展生产力。20世纪50年代,中国还十分贫穷、十分落后,毛泽东非常重视生产力的发展。他指出:"韩愈有一篇文章叫《送穷文》,我们要写送穷文。中国要几十年才能将穷鬼送走。"⑤ 他还提醒全国人民"现在我们能造什么?能造桌子椅子,能造茶碗茶壶,能种粮食,还能磨成面粉,还能造纸,但是,一辆汽车、一架飞机、一辆坦克、一辆拖拉机都不能造"。他认为,要经过三个五年计划,即15年左右,才可以打下一个基础;要经过大约50年即十个五年计划,才能建成一个富强的中国。⑥ 当然,作为社会主义国家,"这个富,是共同的富,这个强,是共同的强,大家都有份"⑦。

既然方向是明确的,渡过1949—1952年的国民经济恢复时期以后,毛泽东便开始探索了一条适合中国情况的社会主义改造道路。

(一) 所有制方面的探索

如表1所示,1952年公有经济在整个国民经济中所占的比重还不大,非公有经济仍占统治地位。社会主义改造就是要将农业和手工业的个体所有制改变为社会主义的集体所有制,将私营工商业的资本主义所有制改变为社会主义的全民所有制,使生产资料的公有制成为我国唯一的经济基础。在毛泽

---

① 《毛泽东选集》第5卷,人民出版社1977年版,第3—7页。
② 同上书,第125—131页。
③ 《毛泽东文集》第7卷,人民出版社1999年版,第2页。
④ 《毛泽东选集》第5卷,人民出版社1977年版,第403—418页。
⑤ 《毛泽东文集》第7卷,人民出版社1999年版,第167—173页。
⑥ 同上书,第125—131页。
⑦ 《毛泽东文集》第6卷,人民出版社1999年版,第495页。

东看来，社会主义改造的目的也是为了解放生产力①，因为只有先解决所有制问题，才能使生产力大大地获得解放，为发展新生产力开辟道路，为大大地发展工业和农业生产创造社会条件。② 经过四年，中国于1956年基本完成了社会主义改造。到1957年，公有经济已一跃占据国民经济的支配地位。

表1　　　　　　　　　各种经济成分比重变化表　　　　　　　　（单位:%）

年份	公有经济			非公有经济	
	国有经济	集体经济		资本主义经济	个体经济
		合作经济	公私合营		
1952	19.1	1.5	0.7	6.9	71.8
1957	33.2	56.4	7.6	0.0	2.8
1978	56.2	42.9		0.9	
1997	41.9	33.9		24.2	
2005	31.0	8.0		61.0	

资料来源：国家统计局：《伟大的十年》，人民出版社1959年版，第36页；中新社："数字看变化：国有经济地位稳固 非公经济比重上升"，2002年10月7日，http://www.jiaodong.net/news/system/2002/10/08/000532129.shtml；李成瑞："关于我国目前公私经济比重的初步测算"，2006年5月23日，http://www.wyzxsx.com/Article/Class4/200605/6832.html。

不少人认为，1957年以前，中国曾完全照搬苏联模式。这完全是误解。在这一点上，毛泽东很清醒，"我们信仰马列主义，把马列主义普遍真理同我们中国实际情况相结合，不是硬搬苏联的经验。硬搬苏联经验是错误的。我们对资本主义工商业的改造和农业的合作化是跟苏联不同的"。③ 苏联对资本家采取了剥夺政策，甚至试图在肉体上消灭资本家；中国则通过赎买的方式将私人资本转化为公有资本，力图将他们改造成自食其力的社会主义劳动者。苏联采取命令主义和专横的方式进行农业集体化，并对富农采取以暴力

---

① 参见《毛泽东文集》第7卷，人民出版社1999年版，第1页。
② 参见《毛泽东文集》第6卷，人民出版社1999年版，第316页。
③ 《毛泽东文集》第7卷，人民出版社1999年版，第176页。1979年，在与外宾谈话时，邓小平也明确指出，"中国的社会主义道路与苏联不完全一样，一开始就有区别，中国建国以来就有自己的特点"。《邓小平文选》第2卷，人民出版社1994年版，第235页。

手段彻底剥夺和消灭的政策；中国的农业集体化则不带有苏联那样的强制性，过程也没有苏联那么混乱。结果当然也不一样，"苏联农业集体化后几年是减产的，而我们农业合作化后是增产的"①。

虽然毛泽东希望有朝一日实现所有生产资料全民所有制，但他特别强调，在现阶段全民所有制和集体所有制这两种社会主义所有制形式的界限"必须分清，不能混淆"。"苏联宣布了土地国有，我们没有宣布土地国有。斯大林不卖拖拉机等生产资料给集体农庄，我们卖给人民公社。所以在我们这里，劳动、土地及其他生产资料统统都是集体农民的，是人民公社集体所有的。因此，产品也是集体所有的。"② 苏联在1936年宣布建成社会主义。次年，国家所有制已占到全部工业成分的99.97%；国营农业在农业固定基金中所占的比重也高达79.2%。此后，在苏联，这种生产资料高度集中于国家的状况，不仅没有削弱，反被不断强化。③ 而中国则不同，1956年以后，虽然国有企业在国民经济中扮演越来越重要的角色，但直到改革开放前夜的1978年，国有企业在国民经济中的比重也才刚刚过半（表1）。同一年，在全国工业总产值中，国有企业占77.16%，集体企业占22.14%。但从工业企业数目上看，国有企业只有83700个，而集体企业多达264700个。④ 除此之外，中国还在"大跃进"和"文化大革命"后期大力扶植一种新型企业，即农村"社队企业"（1984年后改称"乡镇企业"）。1978年全国社队企业达152万个，社会总产值491亿元，占全社会总产值的比重为7.17%，占农村社会总产值的比重为24.10%，并安置农村劳动力2827万人，占农村劳动力总量的9.2%。⑤ 企业数目如此之多，使得严格的中央计划难以实现，也为改革开放后出现竞争的局面奠定了基础。

---

① 《毛泽东文集》第7卷，人民出版社1999年版，第176页。
② 《毛泽东读社会主义政治经济学批注和谈话（简本）》，中华人民共和国国史学会2000年，第29页。
③ 张建勤：《中苏传统计划经济体制比较研究》，湖北人民出版社2004年版，第131—133页。
④ 刘国光、董志凯：《新中国50年所有制结构的变迁》，载《当代中国史研究》1999年第5—6期。
⑤ 王凤林：《我国社队企业的产生与发展》，载《中国农村观察》1983年第4期。

(二) 计划方面的探索

如果说 1956 年以前有"照抄"苏联的地方，那主要是指在制定五年计划方面。大规模推进社会主义工业化是一项极其艰巨的任务，牵涉到一系列复杂的问题。毛泽东承认："对于政治、军事，对于阶级斗争，我们有一套经验，有一套方针、政策和办法；至于社会主义建设，过去没有干过，还没有经验。"① 由于解放初新中国领导人对建设还是懵懵懂懂，唯一的出路便是向苏联学习。中国从 1951 年初就开始着手编制第一个五年计划（1953—1957），前后共编制了 5 次。期间，毛泽东还派出以周恩来为团长、陈云、李富春为副团长的政府代表团到苏联取经。周恩来和陈云在苏联长达一个多月时间，李富春则率代表团在苏联逗留达 10 个月之久。②

虽然"一五"是向苏联学习的产物，但它却不是一个苏式计划。主持制定该计划的陈云便坦承："这个计划，有比较准确的部分，即国营经济部分。也有很不准确的部分，如农业、手工业和资本主义工商业，都只能做间接计划【即不是指令性计划】，而这些部分在我国国民经济中又占很大比重。我们编制计划的经验很少，资料也不足，所以计划带有控制数字的性质，需要边做边改。"③ 另外，这个 1953 年开始的计划，直到 1955 年 7 月才经第一届全国人民代表大会第二次会议正式通过；同年 11 月 9 日和 12 月 19 日，国务院才先后发布命令，要求各地、各部门执行它。而到 1956 年，计划规定的任务已经提前完成了。④ 可见这个计划并不像苏式计划那么死板。

基于毛泽东有关矛盾普遍性的哲学观和对"一五"的观察，他并不相信严格的苏式计划。他在读苏联《政治经济学教科书》下册时，对第 26 章"国民经济有计划按比例发展的规律"批评最多。他认为，"有不平衡，有比例失调，才能促使我们更好地认识规律。出了一点毛病，就以为不得了，

---

① 《毛泽东文集》第 8 卷，人民出版社 1999 年版，第 300 页。
② 袁宝华：《赴苏联谈判的日日夜夜》，载《当代中国史研究》1996 年第 1 期。
③ 《陈云文选》第 2 卷，人民出版社 1995 年版，第 235 页。
④ 柳随年：《第一个五年计划时期的国民经济》，黑龙江人民出版社 1984 年版，第 17—19 页。

痛哭流涕，如丧考妣，这完全不是唯物主义者应有的态度"①。因此，"计划常常要修改，就是因为新的不平衡的情况又出来了"。②毛泽东更多的是强调统筹兼顾，综合平衡，两条腿走路，在优先发展重工业的条件下，实现几个同时并举（包括工农业同时并举，轻重工业同时并举，大中小企业同时并举，洋法土法同时并举，中央与地方同时并举）。在这种指导思想下，"二五"（1958—1962）开始执行不久就被接踵而来的"大跃进"打乱。其后出现的国民经济主要比例关系失调使得经济建设不能按原来的部署继续进行，只得于1961年实行国民经济调整、充实、巩固、提高的"八字方针"。这次调整一直持续到1965年，致使"三五"延迟到1966年才开始。③

但"三五"（1966—1970）开始之际正是"文化大革命"爆发之时。在翻天覆地的"文化大革命"最初三年，任何计划工作都难以进行。1967年虽然订出了年度计划，但无法传达到基层；1968年干脆就没有计划；而1969年，除原油产量外，几乎完全没有实现计划指标。④

"四五"计划（1971—1975）指标直到1971年4月才下达。而到1973年中，毛泽东认为，计划工作仍没有走上正轨，有必要拟定《第四个五年国民经济计划纲要（修正草案）》。⑤

由此可见，毛泽东时代的计划体制远不像苏联体制那么僵化，而总是变动不居。不过，变动不居的代价是经济增长呈现剧烈的波动性（见图2）。

中国计划体制与苏联更大的不同是其分权的程度。毛泽东从来不喜欢苏式中央计划体制，这主要是因为他从骨子里厌恶官僚体制。早在1953年，他就反对地方工业上缴利润太多，因为这意味着"用于扩大再生产的投资就太少了，不利于发挥地方的积极性"⑥。到1956年谈《论十大关系》时，他

---

① 毛泽东：《读社会主义政治经济学批注和谈话（简本）》，中华人民共和国国史学会2000年，第73页。
② 同上书，第71页。
③ 丛进：《曲折发展的岁月》，河南人民出版社1989年版，第455—456页。
④ 王年一：《大动乱的年代》，河南人民出版社1989年版，第356—361页。
⑤ 史云、李丹慧：《难以继续的"继续革命"：从批林到批邓》，香港中文大学出版社2008年版，第243—247页。
⑥ 《毛泽东文集》第6卷，人民出版社1999年版，第288页。

反复强调,"有中央和地方两个积极性,比只有一个积极性好得多。我们不能像苏联那样,把什么都集中到中央,把地方卡得死死的,一点机动权也没有"。① 1958年2月,他又提出在中国搞"虚君共和"的设想。② 此后,只要一有机会,他就会极力推行权力下放。第一次是1957—1958年,中央大规模下放了财权、计划管理权、企业管理权。③ 由于"大跃进"受挫,1961年后,在刘少奇、陈云主持下,中国恢复了对国民经济的集中统一管理,收回了前几年下放的权力。然而对毛泽东来说,收权仅仅是摆脱暂时困难的权宜之计。一旦经济好转,他决心再一次打碎苏式的中央计划体制。1966年3月,毛泽东在杭州政治局会议上再次提出"虚君共和"的口号,批评中央收权收得过了头,指示凡是收回了的权力都要还给地方。用他的话说就是"连人带马全出去"④。不过,几个月后开始的文化大革命延迟了他的分权计划。20世纪70年代初,形势刚刚稳定下来,毛泽东再一次发起了分权运动。这次,他要求所有"适合"地方管理的企业统统将管理权下放到地方,连鞍钢、大庆油田、长春第一汽车制造厂、开滦煤矿这些巨型企业也不例外。与此同时,财政收支权、物资管理权也再次下放。⑤

虽然,其后周恩来、邓小平加强了中央政府的主导权,但到"文革"结束时,中国已经是一个相当分权化的国家,与苏式高度中央集权的计划经济体制迥然不同。⑥ 这种不同的一个重要表现是国家集中统一分配的物资远比苏联少得多。苏联把物资分为三种,即分配权限属于当时国家计委的"基金化产品",分配权限属于中央各部的"集中计划产品",以及分配权限属于各加盟共和国的"非集中计划产品"。基金化产品在20世纪50年代初就达

---

① 《毛泽东文集》第7卷,人民出版社1999年版,第31页。
② 薄一波:《若干重大决策与事件的回顾》下卷,中共中央党校出版社1993年版,第796—797页。
③ 胡鞍钢:《中国政治经济史论》,清华大学出版社2008年版,第247—251页。
④ 赵德馨:《中华人民共和国经济史:1967—1984》,河南人民出版社1989年版,第42—43页。
⑤ 史云、李丹慧:《难以继续的"继续革命":从批林到批邓》,香港中文大学出版社2008年版,第225—232页。
⑥ Thomas P. Lyons, *Economic Integration and Planning in Maoist China* (New York: Columbia University Press, 1987), pp. 213 – 218.

2370 种之多；而"非集中计划产品"的份额很小。中国也把物资分为三类，即由当时国家计委统一分配的"统配物资"，由中央各部分配的"部管物资"，以及由地方分配的"三类物资"。如图 1 所示，到"文化大革命"后期，统配物资与部管物资加在一起只有 217 种。此外，几次分权让地方政府尝到了甜头，它们对完成国家调拨指标的态度也未必总是唯唯诺诺；更有甚者拒绝按国家调拨价将本地物资卖给外地。[①]

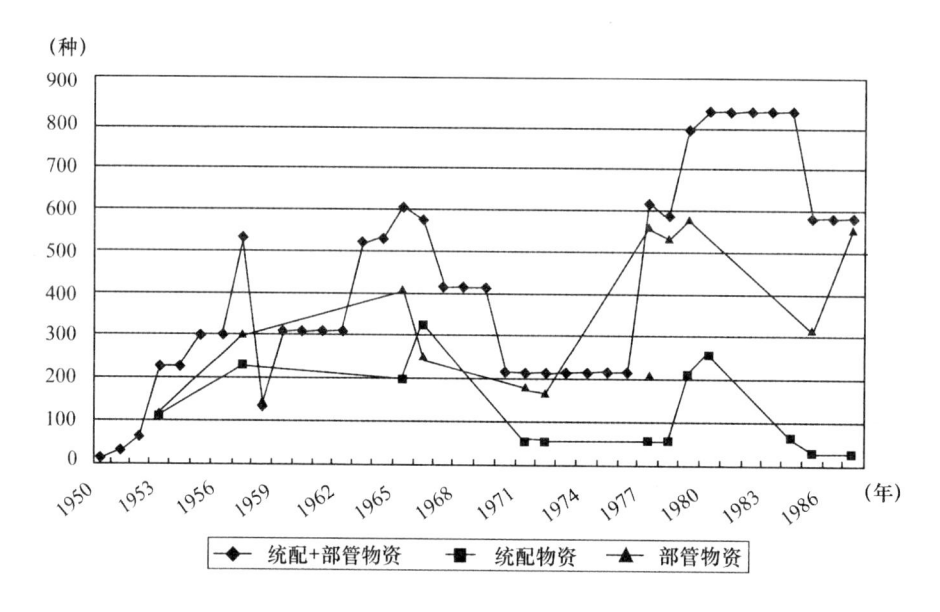

图 1 国家统配物资与部管物资的种类

（三）破除"资产阶级法权"方面的探索

毛泽东对社会主义道路的探索 20 世纪 50 年代中期以前集中在所有制上，50 年代中期以后开始转移到计划体制上。50 年代后期他还开始了另一方面的探索，即破除"资产阶级法权"，改变人与人的关系。[②]

实际上，早在 1957 年，毛泽东就提出，虽然生产资料所有制方面的社

---

① 赵德馨：《中华人民共和国经济史：1967—1984》，河南人民出版社 1989 年版，第 60—62 页。
② 《胡乔木谈中共党史》，人民出版社 1999 年版，第 70—72 页。

会主义改造完成了，但"人的改造则没有完成"①。次年，在评论斯大林《苏联社会主义经济问题》一书时，他进一步指出，"经过社会主义改造，基本上解决了所有制问题以后，人们在劳动生产中的平等关系，是不会自然出现的。资产阶级法权的存在，一定要从各方面妨碍这种平等关系的形成和发展。在人与人之间的相互关系中存在着的资产阶级法权，必须破除。例如，等级森严，居高临下，脱离群众，不以平等待人，不是靠工作能力吃饭而是靠资格、靠权力，干群之间、上下级之间的猫鼠关系和父子关系，这些东西都必须破除，彻底破除。破了又会生，生了又要破"②。那时，他用来破除资产阶级法权的手段是搞整风，搞试验田，批判等级制，下放干部，"两参一改"（干部参加劳动，工人参加管理，改革不合理的规章制度），等等。其后，1963—1966 年在全国城乡开展的社会主义教育运动也是为了解决这个问题。但在他看来，这些措施都不足以打破"资产阶级法权"，消除"资本主义复辟"的危险。

毛泽东于"文化大革命"前夕发表的《五七指示》③是他晚年的理想宣言，从中我们可以看出毛泽东憧憬的是一个逐步消灭社会分工，消灭商品，消灭工农、城乡、体力劳动和脑力劳动这三大差别的扁平化社会，其目标是实现人们在劳动、文化、教育、政治、物质生活方面全方位的平等。文革前期对所谓"走资派"的批判以及文革后期对"新生事物"（五七干校，知识青年上山下乡，革命样板戏，工农兵上大学、管大学，工宣队，贫宣队，赤脚医生，合作医疗，老中青三结合，工人—干部—知识分子三结合等）的扶持都可以看作实现他理想的途径。

简而言之，毛泽东对社会主义道路的探索集中在三个方面：在所有制问题上，中国没有偏重纯而又纯的大型国有企业，而是造就了上百万集体所有制的中小企业；在计划问题上，中国没有实行中央集权的计划体制，而是在

---

① 《建国以来毛泽东文稿》第 6 卷，中央文献出版社 1999 年版，第 579 页。
② 《毛泽东读社会主义政治经济学批注和谈话（简本）》，中华人民共和国国史学会 2000 年，第 40—41 页。
③ 《毛泽东对总后勤部关于进一步搞好部队农副业生产报告的批语》，《建国以来毛泽东文稿》第 12 册，中央文献出版社 1998 年版，第 54 页。

很大程度上将财政收支权、计划权、物资管理权下放给各级地方政府；在"资产阶级法权"问题上，中国没有形成森严的等级制，而是用种种方式促进人们在经济、社会、政治、文化地位上的平等，当然"阶级敌人"除外。

（四）前30年探索的成就

与苏式体制相比，中国成百万中小企业的存在、各地相对完整的产业体系，以及分权的计划体制为改革开放后的市场竞争创造了有利的制度条件。除此之外，尽管历经波折，毛泽东时代不仅取得了不俗的经济增长速度（1953—1978年，GDP年均增长速度达6.5%，见图2），也为改革开放后的高速经济增长奠定了坚实的"硬件"与"软件"基础。

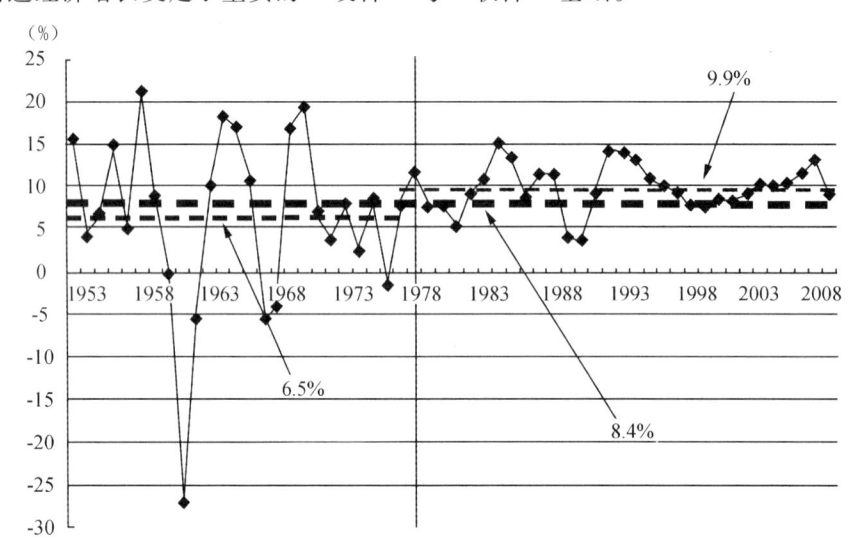

图2 中国GDP增长率（1953—2008）

资料来源：《中国国内生产总值核算历史资料（1952—2004）》，中国统计出版社2007年版；《中国统计摘要（2009）》，中国统计出版社2009年版，第22页。

从"硬件"方面讲，毛泽东时代为中国建立起一个独立的、比较完整的工业体系（包括国防工业体系）和国民经济体系，一个由铁路、公路、内河航运、民航空运构成的交通运输网络，为20世纪80年代以后的经济起飞创造了有利条件。更重要的是，这一时期投入了大量人力物力治理大江、大河、大湖，修建了长达 20 多万公里的防洪堤坝和 8.6 万个水库，大大减少了肆虐千年的旱涝灾害；进行了大规模农田基本建设，使灌溉面积比例由 1952 年的 18.5% 大幅度提高到 1978 年的 45.2%，基本上保证了 10 亿中国人吃饭、穿衣的需求。①

从"软件"方面讲，首先，土地改革、社会主义改造，以及限制"资产阶级法权"的种种措施使中国变成一个十分扁平化的社会，不存在任何势力强大的"分利集团"。直到 20 世纪 80 年代初，中国的不平等程度仍远远低于世界平均水平。② 大量跨国实证性研究证明，平等往往有利于经济增长，而不平等往往导致经济停滞不前。③ 因此，平等的社会结构是改革开放后经济高速增长的制度保障之一。"分利集团"是美国著名经济学家曼库尔·奥尔森（Mancur Olson）在 1982 年出版的《国家兴衰探源》一书中提出的概念。他认为，过于稳定的政体容易滋生出势力强大的"分利集团"，它们不关心社会总收益，而是一心一意地"寻租"，想方设法要从现有社会总收益中多分几杯羹。④ 奥尔森的潜台词是，隔一段时间来场"运动"是件好事，可以打烂"分利集团"，有利于其后的经济增长。在 2000 年出版的遗著《权力与繁荣》中，奥尔森更直接拿中国与苏联作比较，认为中国改革成功的原因之一在于毛泽东的"文化大革命"打破了凝固的制度，使当时的中国不存在任何强势"分利集团"，为日后的改革扫平了道路。⑤ 正是在这个意义上，耶鲁大学法学院教授苏珊·萝丝－艾克曼（Susan Rose-Ackerman）提出一个有意思的问题："奥尔森是不是个毛主义者？"⑥

此外，毛泽东时代强调公共消费，而不是个人消费，尤其是在医疗与教

---

① 胡鞍钢：《中国政治经济史论》，清华大学出版社 2008 年版，第 524—530 页。
② World Bank, *China 2020: Development Challenges in the New Century*, Washington, DC: World Bank, 1997, p. 8.
③ 如 Alberto Alesina and Dani Rodrik, *Distribution, Political Conflict and Economic Growth: A Simple Theory and Some Empirical Evidence*, in Alex Cukierman, Zvi Hercowitz and Leonardo Leiderman, eds., Political Economy, Growth and Business Cycles, Cambridge: MIT Press, 1992, pp. 23–50。
④ 曼库尔·奥尔森：《国家兴衰探源》，吕应中等译，商务印书馆 1999 年版。
⑤ 曼库尔·奥尔森：《权力与繁荣》，苏长和、嵇飞译，上海人民出版社 2005 年版，第 129—130 页。
⑥ Susan Rose-Ackerman, "Was Mancur a Maoist? An Essay on Kleptocracy and Political Stability", Economics and Politics, Vol. 15 (2003), pp. 163–180.

育领域。那时，中国还很穷，但几乎所有的城乡人口都享有某种形式的医疗保障，使中国人民的健康指标大幅改善，平均预期寿命从解放前的35岁增加到1980年的68岁，婴儿死亡率也从解放前的约250‰减少到1980年的50‰以下。当时中国医疗卫生服务的公平性和可及性受到了联合国妇女儿童基金会、世界卫生组织和世界银行的高度赞誉。[1] 中国低成本、广覆盖的卫生保健模式也在1978年的阿拉木图会议上受到推崇，成为世界卫生组织在全球范围内推广初级卫生服务运动的样板。[2] 在毛泽东时代，各级教育也高速发展。学龄儿童入学率由解放前的20%左右迅速增加到1976年的97.1%，成人文盲率由1949年的80%急剧下降至1982年的22.8%。[3] 表2显示，新中国前30年，基础教育发展很快。小学在校生人数增长了6倍，初中生增长了55倍，高中生增长了62倍。即使是"文化大革命"中曾一度停办的大学在校生人数也比1949年增加了好几倍。[4]

表2　　　　　　　　主要年份各级各类学校在校学生数　　　　　　（单位：万人）

年份	大学	高中	初中	小学
1949	11.7	20.7	83.2	2439.1
1959	81.2	143.5	774.3	9119.9
1969	10.9	189.1	1832.4	10066.8
1979	102.0	1292.0	4613.0	14662.9
1989	208.2	716.1	3837.9	12373.1
1999	413.4	1049.7	5721.6	13548.0
2007	1884.9	2522.4	5720.9	10564.0

---

[1] 例如世界银行的《1993年世界发展报告：投资与健康》称中国当年在医疗保障方面取得的成就在低收入国家中是"独一无二"的。见 World Bank, *World Development Report* 1993: *Investing in Health* (Washington, DC: World Bank, 1993), p. 111.

[2] World Health Organisation, *Primary Health Care*. Report of the International Conference on Primary Health Care (Geneva: WHO, 1978.).

[3] 赖立、张竺鹏、谢国东：《我国成人文盲十年减少近1亿 女性文盲率降幅大》，《中国教育报》2007年8月1日，http://www.edunews.net.cn/jzzx/OldNews/20078190600.html.

[4] 国家统计局国民经济综合统计司编：《新中国五十年统计资料汇编》，中国统计出版社1999年版，第81—82页。

让人们活得健康、有知识不仅是发展的目的,健康和知识也提高了人力资本的素质,反过来有利于促进经济增长。① 对于经济增长,这种"软"基础设施与"硬"基础设施一样重要。假如没有共和国前30年在"软"、"硬"两方面打下的坚实基础,后30年经济的腾飞是难以想象的。这一点,印度裔诺贝尔经济学奖得主阿玛蒂亚·森看得很清楚。他了解,"1949年政治变革时中国的生活条件与当时印度的情况大致相差无几。两个国家都属于世界上最穷的国家之列,死亡率、营养不良和文盲程度都很高"②。但到改革前,"印度和中国所处的相对地位就决定性地确立了",因为中国在初级教育和初级卫生保健方面取得了非同寻常的进步。③ 因此,他得出结论:"改革前中国在教育、保健、土地改革和社会变化方面的成就,对改革后的成绩做出了巨大的积极贡献,使中国不仅保持了高预期寿命和其他相关成就,还为基于市场改革的经济扩展提供了坚定支持。"④ 刚刚去世的乔万尼·阿里吉(Giovanni Arrighi)更是用大量跨国数据证明,后30年,中国经济之所以能够快速增长,其奥妙就在于中国的劳动力素质比其他发展中国家高。⑤

近年来,人们往往用联合国开发署的"人类发展指数"作为衡量各国社会发展水平的综合指标。如图3所示,1950年,中国是世界上人类发展指数最低的国家之一,仅为0.16,与印度不相上下。到1975年,中国的指数已提升至0.53,远远超过印度的0.42。

万丈高楼平地起,最关键的是要打牢基础。北宋的苏辙在《新论中》有一段很精辟的话:"欲筑室者先治其基,基完以平,而后加石木焉,故其为室也坚。"共和国的前30年就是打基础的30年。打基础是很艰苦、耗费时日的,而且打基础的人当时未必能马上享受高楼大厦的舒适。但是,如果没有前30年打下的坚固基础,就不可能有后30年那些拔地而起的宏伟楼群。

---

① 参见罗默(Paul Romer)和卢卡斯(Robert Lucas)为代表的"新增长理论"。
② 阿玛蒂亚·森、让·德雷兹:《印度:经济发展与社会机会》,社会科学文献出版社2006年版,第71页。
③ 同上书,第80页。
④ 同上书,第70页。
⑤ Giovanni Arrighi, *Adam Smith in Beijing: Lineages of the Twenty-First Century*, London: Verso, 2007.

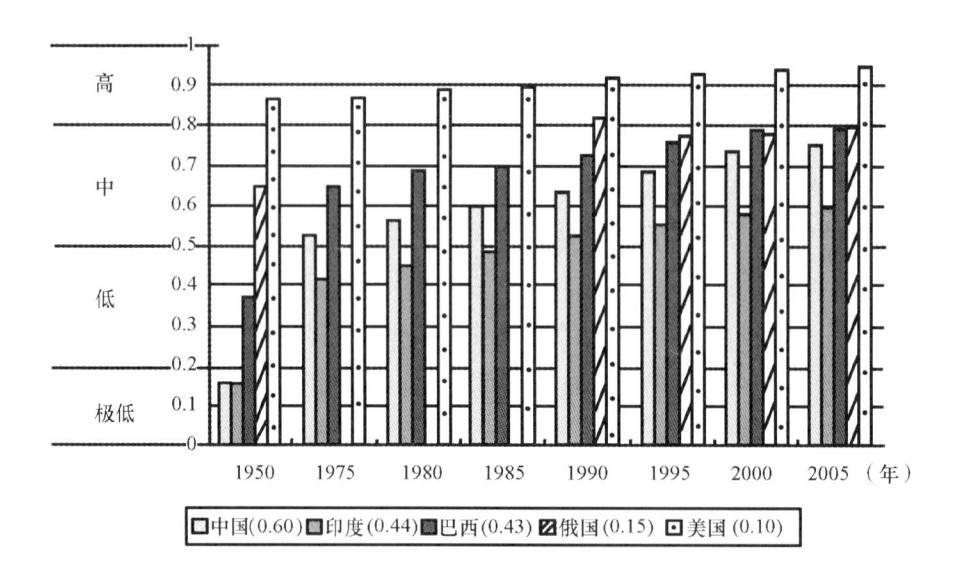

图 3 人类发展指数的变化：五大国比较

注：国家名称后面的数字代表 1950—2005 年间，该国人类发展指数的增加值。

二 后 30 年的探索

尽管共和国前 30 年取得的成就超过以往任何时代[1]，但到第二个 30 年开始的时候，中国还是一个穷国。1978 年，全国 7.9 亿农村居民中有 2.5 亿生活在贫困线以下（人均年收入 100 元），相当于当时农村人口的 30.7%。当年，农村居民人均收入才 133.6 元，城镇居民人均收入也不过区区 343.4 元。[2] 这种状况离社会主义的理想显然相去甚远，用邓小平的话说，"现在虽说我们也在搞社会主义，但事实上不够格"。[3]

---

[1] Martin Jacques, *When China Rules the World: The Rise of the Middle Kingdom and the End of the Western World*, London: Penguin Group, 2009, p. 99. 同时，必须也要看到，共和国前 30 年 "建立的时间不长，中国取得的成就只是初步的"，并且发生了 "文化大革命" 这样全局性的、长时间的严重错误。参见《关于建国以来党的若干历史问题的决议（注释本）》，第 14 页。

[2] 国家统计局：《中国统计摘要（2009）》，中国统计出版社 2009 年版，第 109、111 页。

[3] 《邓小平文选》第 3 卷，人民出版社 1993 年版，第 225 页。

（一）邓小平的探索

毛泽东逝世后，邓小平在总结前30年经验教训的基础上对社会主义道路进行了新的探索。为了替下一步的探索扫除思想障碍，在1978—1980年间，邓小平首先强调解放思想、实事求是[①]；强调马克思主义也要发展，毛泽东思想也要发展，否则就会僵化。[②] 这与当年毛泽东倡导摆脱苏联模式的桎梏有异曲同工之妙。邓小平特别指出，"不解放思想不行，甚至于包括什么叫社会主义这个问题也要解放思想"[③]。与毛泽东一样，邓小平也把社会主义道路的探索看作一个开放的过程；他不止一次坦承，"我们总结了几十年搞社会主义的经验。社会主义是什么，马克思主义是什么，过去我们并没有完全搞清楚"[④]；"什么叫社会主义，怎样建设社会主义，还在摸索之中"[⑤]。

不过，有一点从一开始就是清楚的，"我们不要资本主义，但是我们也不要贫穷的社会主义，我们要发达的、生产力发展的、使国家富强的社会主义"[⑥]。既然"贫穷不是社会主义"[⑦]，社会主义的主要任务就是发展生产力，使社会物质财富不断增长，使人民生活一天天好起来。[⑧]

为了促进生产力的发展，邓小平从1980年起就开始提倡一部分人和一部分地方先富裕起来。[⑨] 同样为了促进生产力的发展，在邓小平的带领下，中国开始探索如何在社会主义基础上将计划与市场结合起来。[⑩] 1981年，中共十一届六中全会提出："在公有制基础上实行计划经济，同时发挥市场调节的辅助作用"，突破了完全排斥市场调节的传统计划经济概念。1984年，中共十二届三中全会又提出"社会主义经济是公有制基础上的有计划的商品

[①] 《邓小平文选》第2卷，人民出版社1994年版，第140—153页。
[②] 同上书，第126—128页。
[③] 同上书，第312页。
[④] 《邓小平文选》第3卷，人民出版社1993年版，第136—140页。
[⑤] 同上书，第227页。
[⑥] 《邓小平文选》第2卷，人民出版社1994年版，第231页。
[⑦] 《邓小平文选》第3卷，人民出版社1993年版，第64页。
[⑧] 同上书，第171页。
[⑨] 《邓小平文选》第2卷，人民出版社1994年版，第258页。
[⑩] 同上书，第236页。

经济",突出计划与市场的内在统一性。1992年,邓小平更明确提出"社会主义市场经济"的概念。① 此后,市场逐步取代计划,成为中国生产要素配置的基础性机制。

对社会主义而言,发展生产力的必要性和重要性毋庸置疑,但发展生产力毕竟不是社会主义与资本主义的分水岭;市场也不是社会主义特有的东西。那么除了实行市场经济、发展生产力外,社会主义最本质的特点是什么呢?邓小平认为,第一是公有制,包括全民所有制与集体所有制。改革开放初期,他强调,作为社会主义的基本制度,公有制是不能动摇的,否则就会产生一个新的资产阶级。② 从1980年起,他不再强调纯而又纯的公有制,而是强调公有制为主体③,目的是为了给非公有经济的发展留出足够的空间。1985年他说,"我们允许个体经济发展,还允许中外合资经营和外资独营的企业发展,但是始终以社会主义公有制为主体"④。的确,那时公有制仍占整个经济的百分之九十以上。⑤ 哪怕是七年后他南巡时,在改革开放前沿的深圳,公有制仍是主体,外商投资只占四分之一。⑥ 即使到邓小平去世的1997年,公有制在整个国民经济中还占有四分之三的天地(见表1)。

邓小平认为社会主义的第二个特点是共同富裕。在他看来,"如果走资本主义道路,可以使中国百分之几的人富裕起来,但是绝对解决不了百分之九十几的人生活富裕的问题"。⑦ 他强调,"社会主义与资本主义不同的特点就是共同富裕,不搞两极分化。创造的财富,第一归国家,第二归人民,不会产生新的资产阶级。国家拿的这一部分,也是为了人民,搞点国防,更大部分是用来发展经济,发展教育和科学,改善人民生活,提高人民文化水平"。⑧ 他解释道,"我们提倡一部分地区先富裕起来,是为了激励和带动其

---

① 中央文献研究室编:《邓小平年谱(1975—1997)》(下),中央文献出版社2004年版,第1347页。
② 《邓小平文选》第2卷,人民出版社1994年版,第133页。
③ 同上书,第344—353页。
④ 《邓小平文选》第3卷,人民出版社1993年版,第110页。
⑤ 同上书,第138页。
⑥ 同上书,第372页。
⑦ 同上书,第64页。
⑧ 同上书,第123页。

他地区也富裕起来,并且使先富裕起来的地区帮助落后的地区更好地发展。提倡人民中有一部分人先富裕起来,也是同样的道理"。同时他警告,"如果我们的政策导致两极分化,我们就失败了;如果产生了什么新的资产阶级,那我们就真是走了邪路了"①。

类似的话,他反复说了多次,为的是从理论上将社会主义与资本主义区分开来。但在整个80年代,他的关注点一直放在如何进行市场改革,如何加快对外开放,如何推动非公有经济发展,如何激励一部分人、一部分地区先富裕起来上。

值得注意的是,1992年南巡以后,邓小平的关注点发生了变化。一方面,他更关注公有制为主体。在审阅十四大报告稿时,他开始重提"两个飞跃"的设想,即农村在实行一段家庭联产承包责任制后,还应走集体化集约化的道路。用他的话说:"社会主义经济以公有制为主体,农村也一样,最终要以公有制为主体。"② 另一方面,他更关注共同富裕问题。1993年,在与弟弟邓垦谈话时,他感慨道:"十二亿人口怎样实现富裕,富裕起来以后财富怎么分配,这都是大问题。题目已经出来了,解决这个问题比解决发展起来的问题还困难……少部分人获得那么多财富,大多数人没有,这样发展下去总有一天会出问题。分配不公,会导致两极分化,到一定时候问题就会出来。这个问题要解决。过去我们讲先发展起来。现在看,发展起来以后的问题不比不发展时少。"③ 这两方面的变化表明,邓小平对社会主义本质的认识进一步深化了。以前他一度以为,只要把"饼"做大,就可以最终让十二亿人实现共同富裕。这时他认识到,即使经济快速发展,大多数人也未必一定受益。只有坚持社会主义方向,坚持社会主义的基本制度,才有可能"利用各种手段、各种方法、各种方案来解决这些问题"④。不过,说这些话时,邓小平已经不管日常工作。他的这些观点要等到十余年后才公布于世。

---

① 《邓小平文选》第3卷,人民出版社1993年版,第110—111页。
② 中央文献研究室编:《邓小平年谱(1975—1997)》(下),中央文献出版社2004年版,第1349—1350页。
③ 同上书,第1364页。
④ 同上。

邓小平在世时，公有制的一统天下已被打破。个体经济、私营经济、外资经济迅速发展，还出现了不同所有制互相参股的混合所有制。不过，那时非公有制经济仅仅被看作公有制的"必要补充"，现存公有制企业也没有改变性质。这一点在图4中看得很清楚：虽然公有制单位雇员占城镇就业人口的比重从1978年的99.8%降到1996年的71.6%，但公有制单位雇员的绝对数却在同一时期内从9500万增加到了14260万。

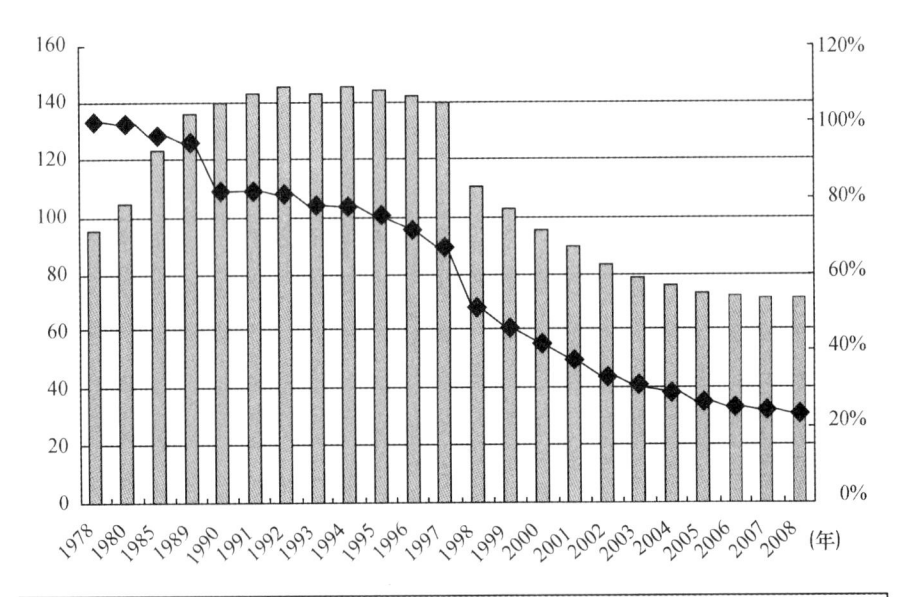

图4 城镇公有制单位就业人数的变化

资料来源：《中国统计摘要（2009）》，第45页。

（二）十五大以来的探索

所有制格局的重大变革出现在邓小平逝世之后。如表3所示，在历次党代会报告中，没有哪次比1997年召开的十五大报告对所有制改革着墨更多。十五大报告对"公有制"和"公有制占主体"都提出了新的解释。"公有制"不仅包括传统的国有制和集体所有制，还包括国家和集体控股的股份制、股份合作制，以及劳动者的劳动联合和劳动者的资本联合为主的集体经济。而"公有制占主体"被解释成"公有资产在社会总资产中占优势；国有经济控制国民经济命脉，对经济发展起主导作用"。反过来说，有的地方、有的产业公有资产不一定非占优势不可；对不是关系国民经济命脉的行业和领域，国有经济不必非占支配地位不可。如此说来，只要坚持这种"公有制为主体"，国有经济和集体经济比重减少一些，不会影响中国的社会主义性质。

中共十五大后，对现存公有制企业改制成为所有制改革的重点。抓大放小、鼓励兼并、规范破产、下岗分流、减员增效成为流行的口号。到2005年，国有中小企业改制面已达到85%以上，集体企业改制面更大，其中大批企业破产消亡了，更多的变成了私营企业[1]；在净资产占全国国有企业三分之二的2524家国有及国有控股大型骨干企业中，也有1331家改制为多元股东的股份制企业，改制面为52.7%。[2] 与此同时，原来集体性质的乡镇企业也纷纷易帜，到2006年，全国168万家乡镇企业中，95%实行了各种形式的产权制度改革，其中20万家转成了股份制和股份合作制企业，139万家转成了个体私营企业。[3] 经过几年的改制，2004年末，国家和集体投入占全国企业法人单位实收资本总额的比重降为56%[4]；2005年，公有经济占整个国民经济的比重降为39%（见表1）；2007年，国有、国有控股以及集体工业企业占全部工业总产值的比重降为32%；同年，国有和集体单位从业人员占全部城镇从业人员的比重降为24.3%。[5]

与毛泽东、邓小平时代相比，中国的所有制结构发生了巨大变化：公有经济成分大幅度减少，公有经济的形式也多种多样。显然，这与传统的"社会主义"模式已经相去甚远。尽管如此，中国公有经济的成分仍然远远超过

---

[1] 李荣融：《进一步推进国有资产管理体制和国有企业改革 实现国有企业的体制创新和可持续发展——在中国改革高层论坛上的演讲》，2005年7月12日，http://www.sasac.gov.cn/n1180/n3123702/n3123987/n3125287/3188291.html。

[2] 张卓元：《30年国有企业改革的回顾与展望》，2008年2月3日，http://finance.sina.com.cn/economist/jingjixueren/20080203/11264487740.shtml。

[3] 赵悦：《乡镇企业的"前世今生"》，CCTV中国财经报导，2007年4月23日，http://www.cctv.com/program/cbn/20070424/102108.shtml。

[4] 国务院第一次全国经济普查领导小组办公室、中华人民共和国国家统计局：《第一次全国经济普查主要数据公报（第一号）》，2005年12月6日，http://news.xinhuanet.com/fortune/2005-12/06/content_3883969.htm。

[5] 国家统计局：《改革开放30年报告之三：经济结构在不断优化升级中实现了重大调整》，2008年10月29日，http://www.stats.gov.cn/tjfx/ztfx/jnggkf30n/t20081029_402512864.htm。

世界上绝大多数国家。除此之外，中国宪法规定，矿藏、水流、森林、山岭、草原、荒地、滩涂等自然资源，以及城市的土地都属于国家所有；农村和城市郊区的土地，除由法律规定属于国家所有的以外，都属于集体所有。这使得中国仍然比世界上绝大多数国家更加"社会主义"。正因为如此，国内外总有一批人或明火执仗地鼓噪"私有化"，或半遮半掩地摇晃"反垄断"旗帜，必欲将剩余的公有经济成分完全消灭而后快，从而在中国砍掉社会主义这面大旗。① 中共十七大重申十六大提出的两个"毫不动摇"（即"毫不动摇地巩固和发展公有制经济"，"毫不动摇地鼓励、支持、引导非公有制经济发展"）一定让他们相当失望。

（三）后30年探索的成就

共和国后30年社会主义道路的探索取得了让世人瞩目的成就。

第一，经济增长速度加快。从1978年到2008年，中国GDP年均增长9.9%，大大快于前30年的6.5%。以前被人赞誉有加的东亚"四小龙"都属于小经济体，其中最大的韩国也不过四千来万人，相当于中国一个中等规模的省。日本在其高速增长期，人口也只有一亿上下，与中国最大的省差不多。作为一个十几亿人口的超大、超复杂经济体，中国连续30年高速增长，这在人类史上是绝无仅有的，是名副其实的"奇迹"。

第二，经济增长更加平稳。这从图2看得很清楚，后30年经济波动明显不像前30年那么频繁，波幅也没有以前那么大。尤其是1992年以后，经济增长曲线更趋平滑，标志着中国政府的宏观经济管理水平大有进步。

第三，贫困人口大幅减少。如图5所示，在过去30年，中国政府已将贫困标准从100元提高到1196元。即便如此，农村贫困发生率也从1978年的30.7%下降到2008年的4.2%。如果按照世界银行的贫困标准计算，中国

---

① 美国保守组织"传统基金会"一位亚洲经济研究员最近撰文批评，"自当前的中国领导人掌权以来，以市场为导向的自由化已经渐趋淡化。并且，当以市场为导向的自由化逐渐销声匿迹时，国家干预开始卷土重来：控制价格，逆转私有化"。参见 Derek Scissors, "Deng Undone," April 29, 2009 and "Liberalization in Reverse," May 4, 2009, http://www.heritage.org/about/staff/derekscissorspapers.cfm。

的扶贫成就则更为显著。从1981年到2004年，贫困人口的绝对数量从6.52亿降至1.35亿，5亿多人摆脱了贫困。而在同一时期，全球发展中国家贫困人口的绝对数量只减少了4亿。换言之，如果排除中国，发展中国家贫困人口数量不仅没有减少，反倒增加了。难怪世界银行的一份报告赞叹道：中国"在如此短的时间里使得如此多的人摆脱了贫困，对于全人类来说这是史无前例的"[①]。

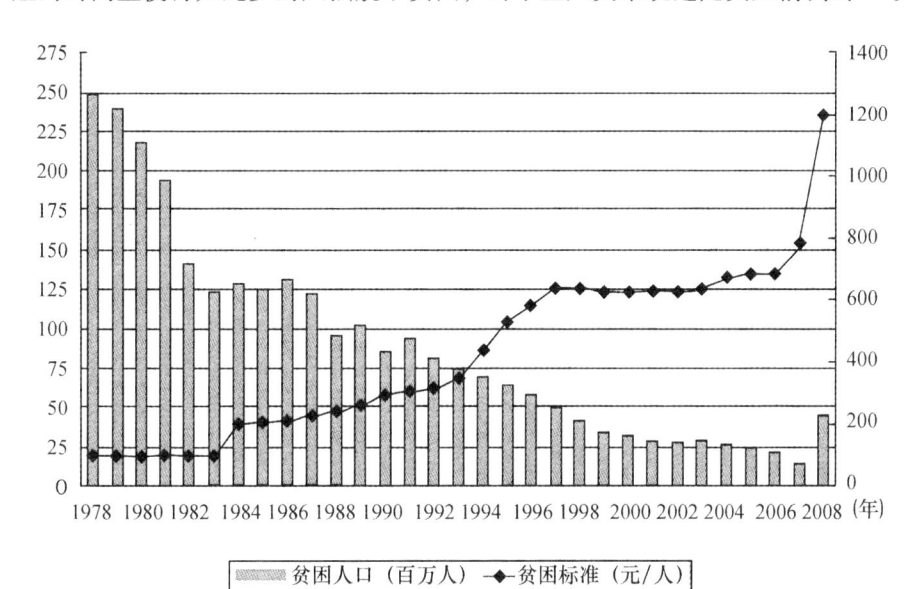

图5 农村居民贫困状况

资料来源：《中国统计摘要（2009）》，第111页。

当然，后30年的探索也不可避免的走过弯路。尤其是在20世纪90年代，各级领导人似乎有意无意地接受了新自由主义经济学家鼓吹的"下溢理论"：只要经济持续增长，所有人最终都会受益，其他一切问题都迟早会迎刃而解。在"效率优先，兼顾公平"的指导思想下[②]，为了追求尽可能高的

---

① 世界银行东亚及太平洋地区扶贫与经济管理局：《从贫困地区到贫困人群：中国扶贫议程的演进——中国贫困和不平等问题评估》，2009年3月，第iii页。

② "效率优先，兼顾公平"最初是由周为民、卢中原牵头的"社会公平与社会保障制度改革研究"课题组提出来的，其主报告以"效率优先，兼顾公平：通向繁荣的权衡"为题发表于《经济研究》1986年第2期。1993年，中共十四届三中全会通过的《中共中央关于建立社会主义市场经济体制若干问题的决定》正式使用了"效率优先，兼顾公平"的提法。中共十五大坚持了这个提法。

经济增长速度，他们宁愿牺牲公平、就业、职工权益、公共卫生、医疗保障、生态环境、国防建设等，结果带来了一系列严重的问题。到90年代末，有些问题已变得触目惊心，尽管经济持续增长，但工农大众享有的福利保障却越来越少。大规模下岗失业、上学贵、就医贵让千千万万人痛感缺乏经济与社会安全。在这个背景下，那些在前期改革中利益受损或受益不多的阶层对新推出的市场导向改革不再毫无保留地支持；相反，他们对凡是带有"市场"、"改革"标签的举措都疑虑重重，生怕再次受到伤害。

当人们普遍感觉到中国改革已经到了必须改弦更张的时候，中央决策者也开始认真反思邓小平早已发出的警告："如果搞两极分化……民族矛盾、区域间矛盾、阶级矛盾都会发展，相应地中央和地方的矛盾也会发展，就可能出乱子。"① 2002年底召开的中共十六大试图重新解释"效率优先，兼顾公平"的含义，使用了"初次分配效率优先，再次分配注重公平"的提法。② 但贫富悬殊的残酷现实告诉人们，初次分配中的不公平问题（例如老板、经理、干部与普通职工之间的收入差距）同样需要重视，单靠财税等再分配杠杆来调节是远远不够的。③ 2003年10月，中共十六届三中全会虽然仍然沿用"效率优先，兼顾公平"的提法，但其分量已被"以人为本"的"科学发展观"大大冲淡。2004年9月召开的中共十六届四中全会干脆放弃了"效率优先，兼顾公平"的提法。④ 2005年底，中共十六届五中全会通过的《关于制定国民经济和社会发展第十一个五年规划的建议》又进了一步，提出未来中国要"更加注重社会公平，使全体人民共享改革发展成果"⑤。到了中共十七大，标准提法已变为"初次分配和再分配都要处理好效率和公平的关系，再分配更加注重公平"⑥。

---

① 中央文献研究室编：《邓小平思想年谱》，中央文献出版社1998年版，第453页。
② 江泽民：《全面建设小康社会，开创中国特色社会主义事业新局面：在中国共产党第十六次全国代表大会上的报告》，《人民日报》，2002年11月18日。
③ 刘国光：《把"效率优先"放到该讲的地方去》，《经济参考报》2005年10月15日。
④ "中国共产党第十六届中央委员会第四次全体会议公报"，2004年9月19日，http://news.xinhuanet.com/newscenter/2004-09/19/content_1995366.htm。
⑤ 《关于制定国民经济和社会发展第十一个五年规划的建议》，新华网2005年10月18日。
⑥ 胡锦涛：《高举中国特色社会主义伟大旗帜 为夺取全面建设小康社会新胜利而奋斗》，人民出版社2007年版。

从 2002 年起，中国政府还开始致力于建立健全覆盖城乡全体居民的社会服务和保障体系（包括免费九年义务教育，最低生活保障，基本养老、基本医疗、失业、工伤、生育保险制度等），其进展速度超过以往任何时期，大大充实了邓小平有关"共同富裕"的理念。如果说从 1978 年到 1990 年代后期中国只有经济政策、没有社会政策的话，那么在世纪之交，我们看到社会政策已经广泛出现在神州大地上了。没有一个坚持社会主义方向的政府，没有一个以公有制为主体的基本经济制度，在短短几年内出现这样历史性的"大转型"是难以想象的；这种"大转型"本身也构成中国探索社会主义道路的重要步骤。①

三　结　语

到 2009 年，人民共和国度过了它的第一个甲子。毋庸讳言，60 年过后，对如何建设一个理想的社会主义社会，我们依然没有一套完美无缺的方案；我们有的只是一个大致的方向，那就是解放和发展生产力，极大地增加全社会的物质财富，消灭剥削和压迫，消除两极分化，实现社会公平和正义，逐步建立起一个没有阶级对立的"自由人的联合体"，"在那里，每个人的自由发展是一切人的自由发展的条件"。历史经验告诉我们，建设社会主义最重要的不是有没有详尽的蓝图，而是有没有认清社会主义方向的视野？有没有不相信历史已经终结的睿智？有没有不折不扣地迈向社会主义未来的勇气？有没有不断探索实现社会主义理想新途径的胆略？

过去 60 年，中国一直在坚守社会主义方向的同时，不懈地探索着适合中国国情的社会主义道路。当然，无论是前 30 年，还是后 30 年，中国都曾走过弯路。只要是探索，哪能一点弯路都不走呢？关键在于，从毛泽东到胡锦涛，中国领导人从不接受"历史已经终结"之类的谬论，从不相信存在什么"放诸四海而皆准"的"普世"模式。相反，他们更侧重于从实践和实验中进行学习，获取必要的经验教训，"可则因，否则革"，不断调整政策目

---

① 王绍光：《大转型：1980 年代以来中国的双向运动》，《中国社会科学》2008 年第 1 期。

标和政策工具，以回应不断变化的环境。① 虽然左一脚、右一脚、深一脚、浅一脚，过去60年，中国就是这么一步步走过来的。

正因为中国社会主义道路的探索"顺乎天而应乎人"，无论是前30年，还是后30年，中国都取得了辉煌成就，书写了一篇比韩愈精彩千万倍的《送穷文》。从经济社会综合发展水平看，在1950年，中国的人类发展指数属于"极低"之列，还不到苏联的三分之一；而到2005年，中国的指数已跨入"上中"的行列，离当年的"老大哥"不过一步之遥。在60年里，中国的人类发展指数快速攀升了0.6，远高于其他国家，证明坚持社会主义方向是正确的选择（见图3）。尽管今天的中国还存在着大量严重的问题，面临着多重严峻的挑战，只要坚持社会主义的方向，未来的道路一定会越走越宽广。

（作者单位　香港中文大学政治与公共行政系）

---

① 王绍光：《学习机制与适应能力：中国农村合作医疗体制变迁的启示》，《中国社会科学》2008年第6期。

中国模式的含义与意义：
经济学的视角

张 宇

一 中国模式的形成

1978年中共十一届三中全会开启了改革开放的历史新时期，经过30多年的不懈努力，中国成功实现了从高度集中的计划经济体制到充满活力的社会主义市场经济体制的历史转折，推动了经济持续快速的发展、人民生活水平的不断提高和综合国力的大幅度提升。世界银行等国际机构以及众多的学者曾将以"四小龙"为代表的部分亚洲经济的高速增长称为"东亚奇迹"。按照这一标准，在过去30年中，中国经济以平均10%左右的增长率实现了持续的快速增长，增长的速度不仅超过了世界平均水平，而且也超过了"东亚奇迹"时期的增长水平，这样的成就被称为"中国奇迹"当之无愧。伴随着中国经济的迅猛发展与强力崛起，"中国奇迹"受到全世界各界人士日益广泛的关注，而更为引人瞩目的则是产生这一奇迹背后的制度、政策、理论和文化，这就是所谓的"中国经验"、"中国道路"或"中国模式"。

有没有一个中国模式呢？什么是中国模式呢？对于这一问题，人们回答不尽相同。不过，作为一个现象，中国模式早已存在于历史和现实之中，作为一个概念，中国模式也早已成为人们所关注和研究的对象。

中国模式在现实中表现在许多具体方面：

从经济体制的角度看，有农业联产承包责任制、工业承包经营责任制、价格双轨制、财政包干制、利率和汇率双轨制、新兴加转轨的资本市场、国有企业的抓大放小和现代企业制度等。

从区域特色的角度看，有深圳模式、浦东模式、顺德模式、苏南模式、昆山模式、温州模式、义乌模式、台州模式、华西村模式、南街村模式、鄂尔多斯模式等。

从发展道路的角度看，有中国特色社会主义道路、中国特色自主创新道路、中国特色新型工业化道路、中国特色农业现代化道路、中国特色城镇化道路、中国特色政治发展道路、中国特色军民融合式发展路子等。

从历史发展的阶段看，中国的改革与发展经历了计划经济为主、市场调节为辅的模式、有计划商品经济的模式、社会主义市场经济的模式、小康社会和全面建设小康的模式以及科学发展与和谐社会的模式等。

对中国模式的理论探讨则从改革一开始就展开了。20世纪80年代中期，对于经济改革模式的研究曾经是中国经济学界关注的焦点，并取得了许多重要的成果，如刘国光、戴园晨、张卓元等提出的体制模式与发展模式"双模式转换"的模式论和企业改革与价格改革两条主线协同并行的"双向协同"改革战略[1]；厉以宁等提出的企业改革主线论和股份制作为企业改革主要形式的观点[2]；吴敬琏、周小川等提出了以价格改革为中心进行综合配套改革的"协调改革派"的观点[3]；华生等提出的双轨制价格改革论；董辅礽提出了社会主义经济是"八宝饭"的混合经济的观点[4]；卫兴华、洪银兴和魏杰提出的"计划调节市场，市场调节企业"的经济运行模式等[5]。这些理论成果对推动中国经济改革与发展发挥了积极的作用。

对中国模式的研究在苏东剧变后进入了一个新的阶段，随着传统计划经济体制向市场经济的全面过渡，转轨经济学应运而生。20世纪80年代末，当苏联东欧国家发生剧变时，在西方正统经济学家中间立刻达成了一种共识，即向市场经济的过渡必须采取激进的方式，人们不可能两步跨越一道鸿

---

[1] 刘国光主编：《中国经济体制改革的模式研究》，中国社会科学出版社1988年版。
[2] 厉以宁：《中国经济改革的思路》，中国展望出版社1989年版，第3页。
[3] 吴敬琏、周小川等：《中国经济体制改革的整体设计》，中国财政经济出版社1988年版。
[4] 董辅礽：《经济体制改革研究》，经济科学出版社1994年版。
[5] 卫兴华、洪银兴、魏杰：《计划调节导向和约束的市场调节》，《经济研究》1987年第1期。

沟，中国式的渐进改革是难以成功的。但是，实际的结果却大大出乎人们的预料，出人意料的主要事实包括：经济学家事先没有预料到价格自由化和宏观稳定化之后产量的大幅度下降；私有化的结果导致了"内部人"获益；有组织的犯罪活动引人注目的增长，俄罗斯的所谓黑手党现象严重；如此之多的国家分崩离析；最大的正面意外是中国经济改革的成功。所有这些出乎意料都表明经济学家还没有准备好面对转型的任务，人们有关转型的知识和对转型的理解相当有限，并且大部分是"事后诸葛亮"[①]。虽然推崇激进式改革的经济学家提出了不少理由来为苏联东欧经济转型的不良绩效辩护，比如改革的绩效取决于改革的初始条件而与改革的政策和路径无关，宪政规则的彻底改变所造成的短期内的负面效应会带来长期的繁荣，等等。然而，正如凯恩斯所说，从长远看我们都将死去，讲求实际的经济学家绝不会满足于百年的等待，中国经济的持续高速增长和苏联东欧各国经济的持续衰退形成了鲜明的对比。于是，对中国模式特别是经济模式的猛烈批判的声音逐步消退，代之而起的是对华盛顿共识的强烈质疑和"中国模式"的日益关注。由一些西方学者提出的所谓的"北京共识"就是这种认识转变的典型表现。不过，尽管对中国模式的肯定几乎成为了人们共识，但是对于如何说明中国模式的实质和成功经验，人们的分歧丝毫没有减少。

有人认为，中国的成功主要得益于经济自由化和市场化，有人则认为，强有力的政府的干预和国家指导是中国经济改革顺利推动的关键；有人认为坚持中央政府的统一领导是中国改革发展的基本原则，有人则认为，中国模式的关键是地方分权的广泛发展和经济上的联邦主义；有人认为，提高国有经济的效率和实现国有经济的市场化是中国改革成功的一个基本经验，有人则认为，国有经济是低效率的不能与市场经济兼容；有人认为，顺利实现转型必须整体协调、有计划推进，有人则认为，自下而上、摸石头过河是中国渐进式改革成功的奥妙所在；有人认为，中国的经济增长是制度、技术和结构综合创新的结果，有人则认为，中国的增长如同东亚增长的奇迹一样，完全建立在要素投入的基础上，缺乏持久性；有人认为，中国改革发展模式和

[①] 热若尔·罗兰：《转型与经济学》，北京大学出版社2002年版。

政策是一种成功的经验，具有普遍意义，有人则认为，中国的成功只是有利的初始条件（如二元结构）的产物，与制度和政策无关；有人认为，中国的成功与传统文化有很大关系，有人则认为，中国的成功是向西方文明学习的结果。从大的方面看，在对中国模式的认识上，传统的计划经济思想、社会民主主义、民粹主义、新"左派"观点和后现代主义等都在不同的范围内存在并产生了影响，特别是新自由主义思想的影响相当突出。不过所有这些讨论大都是在转轨经济学的范式内展开的，在转轨经济学框架中，所谓的中国模式就是指中国经济转轨的特殊方式，除此之外并没有其他实质性的内容。

进入新的世纪以后，随着社会主义市场经济体制的形成和完善以及中国经济进入全面建设小康社会的新阶段，中国模式的国际影响不断增强，意义和价值更加显著，人们逐步摆脱了从转轨经济学的思维，开始探索中国经济改革经验和中国经济模式所体现的一般规律和普遍意义，并试图从中国的经验中提炼对现代市场经济和社会制度变迁具有一般意义的新认识和新理论。在党的十七大报告中，胡锦涛同志对中国改革开放的基本经验作了深入全面的概括，提出了"十个结合"的重要论断，并在纪念党的十一届三中全会召开30周年大会上的讲话中对这"十个结合"作了进一步深入的阐述。这些概括和阐述使我们对"中国经验"、"中国道路"和"中国模式"的认识达到了一个新的高度。同时，围绕着纪念改革开放30周年和新中国成立60周年，对"中国模式"的关注度空前提高，关于"中国模式"的文献大量涌现。特别是由美国次贷危机所引发的全球金融和经济大危机，引起了人们对经济发展制度和经济发展模式的深刻反思。在对应危机的过程中，新自由主义的体制模式受到了广泛的质疑，而中国特色的社会主义制度和体制则经受住了考验，显示出了特殊的优势。危机彰显了中国模式的意义，进一步激发了人们对"中国模式"的关注的思考。

二 中国模式的主题

迄今为止，经济学界对于中国模式和经验的讨论多数是在西方主流经济学的话语系统中展开的，在这样的话语系统中，所谓的改革，所谓的转型，就是指市场化,而所谓的中国模式,则是指中国特色的市场化的方式和方法,如双轨制、增量改革、渐进式转轨、试验式方法、局部推进等。这些认识缺乏对改革与发展的过程与目标、历史与现实、主题与内涵之间辩证关系的深入考察,存在很大局限性和片面性。实际上,改革政策的对与错、方法的优与劣、结果的成与败,都只有在确定的目标和内容的条件下加以考察才有意义,也就是说,只能把握了中国模式的主题和目标,才能真正理解和把握中国模式的本质特征和内在逻辑。

那么,中国模式的主题是什么呢?

第一,是指从传统的计划经济体制向市场经济的转型,使市场机制在资源配置中发挥基础性能调节作用,这就是通常所说的市场化。市场经济和市场化是中国经济改革或经济转型的最鲜明和最突出标志。不过,应当强调的,向市场经济的过渡绝不像人们通常认为的那样,仅仅是一种资源配置方式的变化。从表面现象上看,市场机制是以价格为核心配置资源的经济体制,但是,价格以价值为基础,价值又反映了具有独立财产权的经济主体之间的自由交换关系,而产权制度的根本改革又要求有完整的生产要素市场、健全的法律制度和比较完善的社会保障体系,并要求与之相适应的政治、法律、意识形态和文化氛围。所有这些因素归根到底又是以社会生产力的发展为基础的。经济剩余的增加、社会需要的丰富、人的能力的提高、社会分工的发展、技术和产品的创新,都推动着市场经济从低级向高级的发展。因此,向市场经济的过渡不仅涉及资源配置方式的转变,而且是一个包括了社会经济、政治、文化等各个方面深刻变化的长期、复杂和整体性的变化过程。

第二,是指从传统的农业社会向现代工业社会的转型。在西方资本主义国家,现代化与市场化、工业文明与市场文明融为一体。在苏联和东欧社会主义国家中,工业化与市场化是分开的。在计划经济体制时期,工业化的任务已基本完成,市场化就成为转型的唯一主要的目标。而中国的情况则复杂得多。在改革之初,中国的工业化基础比较薄弱,工业化的水平相对来说是比较低的。特别是我国长期实行的优先发展重工业的战略和严格的城乡分割制度,使传统社会遗留下来的二元结构和身份差别进一步凝固化了,造成了城市化滞后于工业化。因此，进一步推动工业化和城市化就成了经济和社会转型的一个重要目标。工业化的进程，也是经济和社会现代化的进程，其内容广泛而全面，最重要的特征有：非农业生产尤其是制造业和服务业的相对增长；城市化的日益发展；高度的社会流动性；普遍的政治参与和民主化；社会组织和职业分工的高度分化；教育的普及和科学技术的广泛应用；出生率和死亡率由高向低的变化，等等。中国的社会主义初级阶段，就是逐步实现社会主义现代化的阶段。从更广泛的意义上说，人类社会目前正经历着从工业社会向后工业社会或信息社会的大转变大转型。这是人类社会经历了农业革命、工业革命之后出现的第三次产业革命，它正在根本上改变着工业化以后形成的社会形态，塑造着未来社会的面貌。因此，中国的工业化是一种与信息化相结合的新型的工业化，面临着工业化与信息化的跨越式飞跃。

第三，是从封闭半封闭到全面开放和融入全球化的转型。在历史上，市场化、工业化和全球化三位一体，它们都是资本主义时代的产物。资产阶级由于开拓了世界市场，使一切国家的生产与消费都成为世界性的。过去那种地方的和民族的自给自足和闭关自守状态，被各个民族的各方面的相互往来和各方面的相互依赖所代替。物质生产是如此，精神生产也是如此。十月革命胜利后世界体系中形成了社会主义和资本主义两大对立的阵营。新中国建立后，中国作为社会主义阵营的成员，对资本主义世界体系处于封闭状态。1978年以后，中国在确立了对内改革的同时，逐步确立了对外开放的基本国策，而在国际范围内，20世纪80年代后，经济的全球化进入了一个急剧扩张的新阶段。中国的改革开放就是在这样一个历史背景下进入21世纪的，它面临着全球化带来的空前的机遇和挑战。

第四，所谓的转型，还包括社会主义制度的转型，也就是通常所说的社会主义制度的自我完善。对于改革开放的性质和目的，中国共产党从改革开放开始那天起就是十分清楚明确的。1984年12月召开的中共十二届三中全会通过的《中共中央关于经济体制改革的决定》指出："我们改革经济体制，是在坚持社会主义制度的前提下，改革生产关系和上层建筑中不适应生产力发展的一系列相互联系的环节和方面。这种改革，是在党和政府的领导下有计划、有步骤、有秩序地进行的，是社会主义制度的自我完善和发展。"

党的第三代领导集体多次强调，在社会主义社会的各个历史阶段，都需要根据经济社会发展的要求，适时地通过改革不断推进社会主义制度自我完善和发展，这样才能使社会主义制度充满生机和活力。在中共十七大报告中，胡锦涛对中国改革开放的性质和目的作了进一步全面的概括："改革开放是党在新的时代条件下带领人民进行的新的伟大革命，目的就是要解放和发展社会生产力，实现国家现代化，让中国人民富裕起来，振兴伟大的中华民族；就是要推动我国社会主义制度自我完善和发展，赋予社会主义新的生机活力，建设和发展中国特色社会主义；就是要在引领当代中国发展进步中加强和改进党的建设，保持和发展党的先进性，确保党始终走在时代前列。"

简而言之，中国模式最本质的特征在于，它把工业化、市场化、全球化和社会主义制度的改革几重重大的社会变革浓缩在了同一个时代。尤其引人注目的是，这样的历史巨变发生在具有广袤的土地、众多的人口、悠久的文化并处在发展中的社会主义大国里，因而，中国的道路既显得无比复杂，又充满了与众不同的魅力，这是人类历史上前所未有的一次伟大的社会试验，完成这一试验绝非易事。工业化、市场化和全球化就其实质来说是一场深刻的社会革命，它要从根本上打破传统的社会结构和社会秩序。然而，后进国家所面临的复杂的国际国内环境，中国改革与发展所具有的特殊的主题、性质和目标，又要求中国走自己的路，在新的时代和新的国际国内环境下达到工业化、市场化和全球化的目标，实现中华民族的伟大复兴，于是我们就陷入了令人困惑的两难境地，面临着一系列难以抉择的矛盾：集权与分权、计划与市场、自由与国家、城市与乡村、公有与私有、开放与保护、理论与实践、社会主义与市场经济，等等，能否创造性地处理这些矛盾，最终决定着中国模式的前途和命运。

三　中国模式的内涵与特征

那么，中国模式的主要内容和基本特征是什么呢？从经济方面看，主要有几个方面的内容：

1. 公有制为主体与多种所有制经济共同发展的基本经济制度。所有制结构的改革是建立和发展市场经济的基础。改革开放以来,中国逐步确立了以公有制为主体、多种所有制经济共同发展的社会主义初级阶段的基本经济制度,为社会主义市场经济的形成和发展奠定了坚实的制度基础。公有制的主体地位保证了市场经济的社会主义性质,有利于经济的持续稳定协调发展,有利于发挥国家在推动经济发展中的主导性作用,有利于保障社会公平实现共同富裕。多种所有制经济的共同发展形成了众多的独立的所有权主体,保证了市场经济的活力和效率,有利于发挥各种生产要素的作用,调动各个经济主体的积极性和创造性。根据社会主义基本经济制度的要求,中国逐步确立了适应社会主义市场经济要求的国有企业改革思路,这一思路主要包括了两个方面的内容:一方面,要发挥国有经济在国民经济中的主导作用,坚持有所为、有所不为、有进有退,通过调整国有经济的布局,改变国有企业范围过宽、比重过大的问题,把国有经济的重点放到关系国民经济命脉的重要行业和关键领域,提高国有资产的整体质量,更好地发挥国有经济的主导作用。另一方面,对国有企业实行抓大放小的改革,小企业放开放活,大企业进行股份制改造,建立适应市场经济要求和产权清晰、权责明确、政企分开、管理科学的现代企业制度,完善企业的经营管理体制,提高国有经济的竞争力。从总体上看,在社会主义市场经济的条件下,国有经济的主导作用既要充分考虑国家宏观调控的需要,又要充分体现市场机制的要求,把计划与市场、宏观效益与微观效益有机地结合起来,在市场竞争中发挥其主导作用。

2. 社会主义基本经济制度相结合的新型的市场经济体制。中国的经济体制模式从根本上说就是社会主义市场经济的模式,中国的经济改革模式从根本上来说就是建立和发展社会主义市场经济的模式,其关键之处就在于实现社会主义基本制度与市场经济的结合,回顾中国经济改革的历史不难发现,中国经济改革中所有的重点和难点、所有的经验和特色,都来源于这样一个特殊的历史要求:即一方面要坚持和完善社会主义基本制度,另一方面要建立和完善现代的市场经济体系;社会主义基本制度与市场经济的结合过程构成了中国经济改革的主线、特色、主要内容和基本经验,其中包括:以公有制为主体和多种所有制经济共同发展相结合,发展市场经济和以人为本相结合，国家的主导作用和市场的基础性作用相结合，提高效率同促进社会公平相结合，坚持独立自主同参与经济全球化相结合，中央集权同地方分权相结合等。上述这些不同因素的有机地结合，构成了中国特色社会主义市场经济体制的基本内容，这一体制既不同于传统高度集中的计划经济模式，也不同于资本主义的市场经济模式，在改革开放的实践中显示出了强大的生命力。

3. 社会主义市场经济的改革目标决定的渐进式改革道路。20世纪80年代末90年代初，从传统计划经济向市场经济的过渡形成了两条明显不同的道路，即苏联东欧的激进式改革和中国的渐进式改革。中国经济改革的成功不仅在于它向世人昭示了，社会主义与市场经济是可以结合的，而且还在于它在实践中探索出了一条有中国特色的渐进式改革道路或改革方式，这种改革方式的主要特点有：充分发挥群众的首创精神，把自上而下的改革与自下而上的创新结合起来；正确处理改革发展稳定的关系；整体协调、重点突破；坚持统筹兼顾，协调好改革进程中的各种利益关系；采取渐进式的转轨方式，实行双轨制的过渡形式；一切从实际出发，大胆创新、大胆试验，并根据实践的需要不断调整改革的目标与思路。转型经济学领域一直流行着这样一种观点，这种观点认为，中国的经济改革与苏联东欧国家的经济改革在性质和目标上是相同的，它们的区别只是一种方式方法的区别，即所谓的渐进与激进的区别，这种观点是错误的。事实上，中国的经济改革与苏联东欧国家的经济改革的根本区别不在于方式方法，而在于性质和目标。中国的经济改革之所以采取了渐进式的改革方式，从根本上来说是由中国经济改革的主题、性质和特殊的目标决定的。目标决定方法，方法内生于目标，不能脱离开改革的性质和目标来抽象讨论改革的方式问题。

4. 坚持独立自主同参与经济全球化相结合的对外开放模式。改革开放三十年以来中国对外开放的历史进程经历了四个主要的发展阶段：从1978年改革开放起到20世纪90年代初的以建立经济特区为特征的试验探索模式；从1992年邓小平南方讲话到20世纪末进一步扩大开放的全面开放模式；从2001年到2006年以加入世界贸易组织为契机的体制接轨模式；2007年后对外开放进入新阶段后的互利共赢模式。从总体上看，中国的开放模式具有如下特点：坚持对外开放的基本国策，坚持把对外开放作为发展中国特色社会主义的途径和手段，坚持开放进程的主动性、渐进性和可控性，坚持以开放促改革促发展，坚持国家主导的开放进程与市场调节的开放进程相结合，坚持对外开放与制度创新相结合等。归根到底，必须把坚持独立自主同参与经济全球化结合起来，统筹好国内国际两个大局。

5. 实现科学发展和构建和谐社会为目标的经济发展模式。改革开放以来，中国的经济以世界上少有的速度持续快速发展起来，创造了人类发展史上的奇迹。那么，中国经济发展的奇迹是如何取得的呢？对于这一问题，国内外的学者们对中国经济增长的奇迹进行了广泛而深入的研究，作了多方面的解释，包括：规模巨大的人口规模和市场需求、稳定的政治和经济环境、高储蓄率和投资率、低成本的人力资源、有效的政府干预、经济的市场化、对外贸易和利用外资、技术的进步、二元结构的转换等。概括地讲，经济发展依赖于资本、劳动力等要素投入的增加和要素配置效率的提高，改革开放以来，随着对外开放的不断扩大，经济体制改革的不断深入和工业化与城市化的全面推进，一方面激发了资本、劳动力等资源投入的不断增加和需求的不断扩大，另一方面，推动了资源配置效率的不断提高和经济创新的持续深入的展开，从而导致了中国经济持续高速的增长，这种增长是一种由长期结构性变迁、技术进步和制度创新推动的经济增长，这就是中国经济增长的奇迹的奥秘所在。由于中国与其他发达国家相比，工业化和城市化水平较低，因此，在相当长的时期内劳动投入与资本积累都会保持较快的增长速度。同时，伴随着经济发展和制度创新和自主创新战略的实施，中国自主创新能力在不断增强。改革开放的不断深化和市场经济体制的进一步完善，将不断提高经济制度质量和整体的经济效率。因此，中国经济增长模式具有可持续性，在可以预见的未来，中国经济仍将保持较快增长速度，逐步缩小与发达国家差距，实现现代化建设的目标。

从政策和战略的角度看出，中国的经济发展的成功之处就在于它从中国的实际出发，探索出了一条有中国特色的经济发展之路或经济发展模式，这条道路或模式的主要特点有：坚持把发展作为党执政兴国的第一要务，牢牢扭住经济建设这个中心；坚持又好又快发展，加快转变经济发展方式；按照民主法治、公平正义、诚信友爱、充满活力、安定有序、人与自然和谐相处的总要求，构建社会主义和谐社会；坚持统筹兼顾，统筹城乡发展、统筹区域发展、统筹经济社会发展、统筹人与自然和谐发展、统筹国内发展和对外开放，使各个方面的发展相适应，各个发展环节相协调；坚持走中国特色新型工业化道路、中国特色农业现代化道路、中国特色自主创新道路、中国特色城镇化道路等；坚持深化改革扩大开放，着力构建充满活力、富有效率、更加开放、有利于科学发展的体制机制，为经济发展提供强大动力和体制保障；归根到底，就是要坚持走以人为本、全面协调可持续发展的科学发展之路。

6. 中国特色社会主义道路和中国特色社会主义理论体系。在党的十七大报告中，胡锦涛同志强调，改革开放以来我们取得一切成绩和进步的根本原因，归结起来就是：开辟了中国特色社会主义道路，形成了中国特色社会主义理论体系。中国特色社会主义，体现在实践上，就是开辟了中国特色社会主义道路；体现在理论上，就是形成了中国特色社会主义理论体系。中国特色社会主义经济理论体系是对改革开放以来中国特色社会主义经济建设实践经验的概括和总结，它主要包括了以下内容：关于社会主义经济本质的理论，关于社会主义初级阶段基本经济制度的理论，关于社会主义初级阶段的收入分配的理论，关于经济体制改革的理论，关于社会主义市场经济理论，关于中国特色的经济发展理论，关于积极参与经济全球化与对外开放的理论，关于自主创新和建立创新型国家的理论，关于建设社会主义新农村的理论，关于构建和谐经济的理论，等等。这些内容涵盖了中国特色社会主义经济的生产、分配和交换等主要环节，以及基本制度、经济体制、经济发展和对外开放等主要方面，初步形成了一个比较完整的理论体系。这一理论体系体现在实践上，就是中国特色社会主义经济道路。中国特色社会主义是中国经济模式的核心和灵魂，中国经济模式形成和发展的过程，就是中国特色社会主义经济理论与实践形成和发展的过程。中国模式从根本上来说就是中国特色社会主义的发展模式。

经济改革、对外开放、经济发展和中国特色社会主义经济上述四个方面是相互联系的有机整体。中国的经济模式，从经济改革和制度变迁的角度看，就是工业化与社会主义宪法制度背景下的市场化模式；从对外开放和全球化的角度看,就是处在发展和转型过程中的社会主义大国融入经济全球化的模式;从经济发展的角度看,就是以结构变迁、对外开放和制度创新为动力的经济发展模式;从中国特色社会主义经济的角度看,就是改革开放以来形成的以建设社会主义市场经济为核心的经济改革与经济发展模式。把握中国模式的本质特征以下几点是最基本的:第一,中国模式是对改革开放30年以来中国改革与发展的基本制度、基本政策和基本道路的概括与总结,它不同于传统的计划经济模式,又与西方模式、拉美模式、东亚模式以及苏联东欧的激进式改革有着明显的差别。第二,中国模式的主要内容是市场化、工业化和全球化,或者说是改革、发展与开放,贯穿于其中的主题和核心则是发展中国特色社会主义。第三,中国模式既有相对稳定的一般性的特点,同时又是一个处在不断改革与发展过程中的动态概念,在不同的阶段、不同的部门和不同的地区有着不同的表现形式。第四,中国模式一方面体现了经济社会发展的普遍规律,另一方面体现了特殊的时代特征、民族特色和制度要求,在共性与个性的统一中创造了新的模式与经验。

中国的经济模式不同于发达资本主义的市场经济的发展模式,如英美模式、德日模式、北欧模式等,也不同于发展中资本主义国家的市场经济模式,如拉美模式、东亚模式、南亚模式等,更不同于苏联东欧的激进式改革模式。中国的这种市场经济体制虽然不是经济体制的永久模式,但它又不是一时的权宜之计,而是与社会主义基本制度、工业化与现代化的历史任务和中国历史文化传统相联系的,反映了社会主义宪法制度和后进国家现代化的特殊的历史要求,它将在比较长的一个时间内存在于中国现代化和市场化的历史进程之中,并随着实际条件的变化而变化。

从更广泛的意义上看,中国模式所要解决的核心问题是工业化、市场化和全球化,我们也可以说它们是社会发展所不能回避的三个最重要和最基本也是最普遍的议题、趋向或规律,但是,就这三个方面来说,中国的经验都有其独到或创新之处。因为,这三个普遍的议题或规律都面临着如下一些特殊的社会历史条件或国情:(1)具有悠久而深厚的历史文化传统。(2)实行社会主义的经济和政治制度。(3)处于工业化与信息化的双重转型过程之中。(4)人口众多而资源相对稀缺。(5)在世界资本主义体系中处于相对落后的地位。(6) 地域辽阔且区域差异巨大。正是工业化、市场化和全球化的一般规律与中国的国情相结合，形成了中国特殊的经济转型与发展模式，即中国模式。

概括起来，所谓的中国的经济模式，就是与中国的国情相适应，以发展中国特色社会主义为主题，以实现市场化、全球化和工业化为基本内容，以社会主义市场经济为体制基础，以实现国家的现代化和中华民族的伟大复兴为目的的经济模式。

四　中国模式的历史、现实与未来

当下人们所讨论的中国模式有着明确的时间和空间上的限定，这就是对改革开放30年以来中国改革与发展的基本制度、基本政策和基本道路的概括与总结。

不过，历史是连续的，传统与现代、过去与未来之间存在着藕断丝连的联系，在通往现代化、市场化、全球化和民族复兴的征程上，历史宛如看不见的手引导人类不断创新和进步。

中国是一个有着悠久历史的文明古国，根深蒂固的传统，博大精深的文化，为社会的转型和发展提供了丰富而深重的历史遗产。中国的传统社会与欧洲是很不相同的。它的独特结构和超稳定的状态、它的辉煌和它的衰落，像谜一样吸引着历史学家和各方面的学者，引起了一次又一次热烈的讨论，传统社会的特殊结构和历史境遇使近代中国的悲壮衰落成为近代中国不可逃脱的命运，而由此导致的半殖民地半封建的社会形态又成为以农村包围城市为特征的中国革命道路的历史前提，并为改革开放以后中国模式的形成提供了独特的文化氛围。从消极的方面看，由于中国的传统文化是以家族主义为核心、自然经济为基础、团体价值为导向的，这与市场经济所要求的自由、平等和契约观念有相当的出入。从这一方面看，现代化与市场化也只能是长期的和渐进的。从积极的方面看，传统文化中的一些重要思想如权威观念、秩序观念、和谐观念、教育观念等，被创造性地转化为促进改革和发展的动力。

虽然中国模式的形成有着深厚的历史渊源与文化底蕴,但是,与改革开放30年以来形成的中国特色社会主义模式直接相关的因素却只能是传统的社会主义模式。传统社会主义模式与中国特色社会主义模式之间的密切联系主要有三个方面:

一是中共十七大报告讲的,新民主主义革命的胜利,社会主义基本制度的建立,为当代中国一切发展进步奠定了根本政治前提和制度基础。新中国建立后,党领导人民开始了大规模的工业化建设,推动了经济和社会的迅速发展,初步形成了独立的国民经济体系,取得了社会主义建设的伟大成就,也为中国的现代化和后来的改革开放奠定了初步的物质基础。

二是转型经济学中讨论的所谓改革的初始条件问题,概括起来也有三个方面:

1. 传统体制的结构。有的学者提出,与苏联东欧国家相比,是一种以区域原则为基础,多层次、多地区的"块块"结构(即"M"型经济)。还有的学者把中国的传统体制概括为,属于动员命令型经济。总的来说,中国的传统计划经济体制从来没有形成一个严密的体系,这种特殊的经济结构在改革开放开始以后非常有利于市场因素的发育。

2. 生产力的结构。新中国建立后,中国的工业化取得了巨大发展,初步形成了独立的工业体系。但是,与苏联东欧的社会主义国家相比,中国的生产力发展的水平比较低,存在着严重的二元结构,发达的城市与落后的农村、现代的工业与传统的农业并存,这是中国的基本国情,构成了中国经济改革与经济发展的最浓厚的经济基础。

3. 改革的政治环境。中国改革开放的历史机遇是在十年"文化大革命"的历史废墟上产生的。"文化大革命"使传统的计划经济的荒谬和弊端达到了登峰造极的程度,造成了不可持续的非改不可的客观形势,为中国的改革开放奠定了经济、政治、思想和心理上的基础。同时,中国共产党高度的政治权威保证了改革的顺利进行。

三是社会主义制度建立之初,中国共产党对社会主义建设道路的探索。在20世纪50年代后期,毛泽东对斯大林的《苏联社会主义经济问题》和苏联的《政治经济学教科书》进行了认真的研究,提出了要实现马克思主义与中国实际的第二次结合、走自己道路的思想,并对苏联的模式和苏联的理论提出了一系列不同的见解。同时还发表了《论十大关系》和《正确处理人民内部矛盾》等重要文献,对中国社会主义建设的道路进行了初步的探索,为改革开放积累了宝贵的经验。

简而言之,改革开放以来形成的中国模式虽然是对传统社会主义模式的根本改革,但是,二者之间又不是互不相干或完全割裂的,而是存在着内在的紧密的联系,它们之间有继承,更有创新;是一脉相承,更是与时俱进。这就是新中国成立60年和改革开放30年的基本关系。

从1978年以来,中国的经济改革或经济转型经历了三个主要阶段:从1978年中共十一届三中全会到1992年中共十四大,打破了计划经济体制并逐步确立了社会主义市场经济体制的改革目标,这是经济转型的初期;从1992年十四大到2003年十六届三中全会,建立了社会主义市场经济体制的基本框架,这是经济转型的中期。2003年十六届三中全会以后,中国的经济改革进入了一个新的历史阶段,即完善社会主义市场经济体制的改革阶段。完善社会主义市场经济从另外一个角度看,意味着经济改革的主要任务已经基本完成,社会主义市场经济体制初步确立,经济转型从前期进入了后期。那么,在经济转型后期,中国的经济改革和经济发展面临着什么样的新的形势和新的选择呢?

一方面,社会主义市场经济体制初步建立,以公有制为主体、多种所有制经济共同发展的基本经济制度已经确立,全方位、宽领域、多层次的对外开放格局基本形成,综合国力大幅度提高,人民生活总体上达到小康水平,改革与发展的物质基础日益雄厚。另一方面,经济改革和经济发展面临着新的矛盾和与挑战。

从经济改革的方面看,社会主义市场经济体制还不完善,存在着市场秩序混乱、政府职能转变不到位、社会管理和公共服务职能薄弱、公平正义保障不足、社会保障体系不够健全、城乡体制分割以及腐败现象严重等问题。

从经济发展的方面看,存在着发展方式粗放、生态环境恶化、资源和能源消耗过大、自主创新水平低、经济增长过分依赖出口、城乡差距过大等问题,这些问题将对中国经济的长期持续发展形成巨大压力。

从对外开放的方面看，存在着对外贸易的效益不高、外汇储备规模和结构不尽合理、人民币国际化程度不高和外资引进的质量不高等问题，维护国家经济安全的任务更加艰巨，全球化与国家主权之间的冲突越来越明显。

从中国特色社会主义经济的方面看，如何坚持公有制的主体地位和国有经济的主导作用还面临不少难题，公有制经济的效率不高、活力不足，管理体制不完善等问题还比较突出，非公有制经济的健康发展还面临不少障碍。

针对上述问题，近年来社会上流行着这样一种思路，即新自由主义的思路。新自由主义崇尚私有制而贬低公有制，崇尚市场调节而贬低政府干预，崇尚全球化而贬低国家利益，崇尚效率而贬低公平，崇尚个人自由而贬低社会合作，崇尚资本主权而贬低劳动主权，崇尚比较优势而贬低自主创新，崇尚西方式的民主而贬低社会主义民主，崇尚所谓的普适性而贬低中国的特殊性，崇尚西方资本主义发展的历史模式而贬低中国特色社会主义建设的历史与经验。

按照新自由主义的观点，中国的改革之所以成功，是因为实行了所谓的私有化、自由化和国际化，而中国改革存在的问题则在于私有化、自由化和国际化的程度不够，公有制经济和国有经济的比重过大，政府干预和社会调节过多，与国际接轨的程度不高，政治体制改革滞后，因此，进一步深化改革应当继续减少和取消政府干预和社会调节，对国有企业实行彻底的私有化，进一步加快与国际经济接轨的步伐，并逐步引入西方式的宪政体制为自由市场的作用奠定政治和法律基础。

事实上，改革开放以来中国经济的持续快速发展既得益于经济的自由化、市场化和对外开放，同时也得益于党和国家正确的路线、方针和政策，得益于公有制的主体地位、稳定的社会环境、有效的宏观调控、适当的行政干预、明智的战略和策略以及强有力的组织和协调，归根到底，是中国的模式，是中国特色的社会主义而不是新自由主义才是改革开放以来中国社会一切进步和发展的根本原因。

苏联东欧的激进式改革的悲惨结果、拉丁美洲"新自由主义神话"的破灭和目前愈演愈烈的资本主义全球金融危机，宣告了新自由主义的彻底失败。事实说明，新自由主义所推崇的全面私有化、不受调控的自由市场以及资本的全球化和金融化,不可能实现资源的合理配置、经济的持久繁荣和社会的公平正义,相反会导致劳动与资本的对立、财富占有的两极分化和金融垄断资本对全世界人民利益的严重掠夺和损害。中国改革开放的成功,既得益于非国有经济的发展、市场作用的扩大和对外开放的深入,同时也得益于党和国家正确的路线、方针和政策,得益于公有制的主体地位、稳定的社会环境、有效的宏观调控、适当的行政干预、明智的战略和策略以及强有力的组织和协调。事实证明,只有中国特色社会主义道路而不是别的道路,才能使我们走上繁荣富强和富裕安康的广阔道路,实现中华民族的伟大复兴。在新的历史条件下,必须继续坚持中国特色社会主义道路和中国特色社会主义理论体系,坚持中国模式的基本制度、基本经验、基本理论和基本政策,并根据现实的变化和要求适时调整和创新它的具体内容,赋予其新的活力和创造力。

五 国际金融危机与中国模式的走向

2008年以来,由美国次贷危机所引发的国际金融和经济危机深刻地影响着世界经济体系的变化和未来的走向,对中国的发展与改革也有重要的影响。危机给中国经济的发展带来了巨大的冲击和困难,但同时又为中国经济模式的创新和完善带来了良好的机遇,这主要体现在以下几个方面:

第一,危机说明20世纪80年代以后形成的全世界的新自由主义发展政策和模式陷入困境,中国特色的社会主义发展道路和中国的经济模式则经受住了考验,显示出了它的特殊优势。特别需要重视的是,被新自由主义者极力批判的所谓中国体制"落后性",比如国有经济的主导作用、强有力的政府调控、对资本自由化的控制和社会主义的政治制度等因素,正是中国抵制金融危机并走出困境的重要的积极因素。

第二,危机更加明显地暴露了中国经济模式中存在的一些突出问题。比如收入差距过大、经济增长方式比较粗放、对国际市场依赖过重、自主创新能力、体制机制不完善等,对于这些问题我们很早就有了认识并提出了明确的应对思路和解决办法,但是在经济高速增长的条件下,各方面对于解决这些问题缺乏很强的迫切性和主动性,这次危机使我们对问题的认识更加清楚、解决问题的思路更加明确,措施更加积极有力,因此危机就成为中国经济进一步创新和发展的动力。

第三,中国经济长期发展的基本因素并没有因为受到危机的影响而有根本的变化,比如巨大的市场需求,稳定的政治社会和经济环境,高的储蓄率和投资率,良好的人力资源,改革开放的基本政策,科学技术的不断进步,城市化与工业化的快速推进等。在全世界经济受金融危机的影响而面临普遍衰退的条件下,中国的稳定发展有利于世界经济尽早走出危机,同时将会提升中国在世界经济中的相对地位,进一步彰显中国模式的意义。

第四,危机发生以后,党和政府推出了应对经济危机的一揽子计划,包括大规模的政府投入、大范围的产业调整、大力度的科技支撑和大幅度提高社会保障水平以及制度创新等措施。这些措施着力于扩大内需、关注民生建设、优化产业结构、推动自主创新、改善体制机制,不仅有利于中国经济从危机中走出来,而且将会为中国经济迈向一个新的台阶、实现跨越式发展提供强大的动力,推动中国经济模式的不断创新和完善。

第五,在过去的30年中,中国的改革与发展是在一个相对来说已经确立的世界体系或秩序中进行的,世界体系和世界秩序对中国来说基本是一个"外生的变量",这次危机动摇了旧的世界经济政治秩序,改变着世界体系中各个国家和地区的力量对比,从而使世界体系的变化正进入了一个新的时代。伴随着中国经济的崛起,中国在世界体系的重构进程中将开始发挥日益重要的参与者和建设者的作用,从这个意义上来说,世界体系或秩序的变化对中国来说开始具有了"内生的性质"。

2009年上半年,围绕"保增长、扩内需、调结构"的目标,中国政府继续实施积极的财政政策和适度宽松的货币政策,先后审议通过了十大重点产业振兴规划,相继出台了一系列区域振兴计划。在国家一系列宏观调控政策的作用下,中国经济运行中积极因素不断增多,国民经济企稳回升,成功地实现"保8"的增长目标,中国宏观经济成功实现了"V"反转,成为世界经济未来复苏的重要推动力。

因此,当前的这场世界性金融经济危机对中国模式的发展来说是严峻的挑战，更是难得的机遇，只要我们应对的措施得当，中国的经济改革与发展就一定会迈上新的台阶，取得新的更大的成就。要着重做好以下几个方面的工作。

（一）完善基本制度

资本主义经济的基本矛盾，即生产的社会性与生产资料资本主义私人占有制之间的矛盾，是导致经济危机的最深刻的根源。当前发达资本主义国家对部分金融机构进行的大规模的国有化本身并不会改变资本主义经济的性质，也不意味这样做可以一劳永逸地解决问题，但是，它却证明了不顾一切的盲目的私有化是有害的。应对当前的严重危机，首先必须继续坚持公有制的主体地位和国有经济的主导作用，继续调整国有经济的结构，深化国有经济管理体制的改革，更好地发挥公有制经济在稳定宏观经济、调整经济结构、推动自主创新和实现社会和谐等方面的主导作用。同时要继续鼓励、引导和支持非公有制经济的健康发展，特别是要通过体制机制的创新，进一步破除制约非公有制经济发展面临的体制障碍，调动各方面的积极性，鼓励生产、鼓励创业、鼓励投资、鼓励就业，进一步增强经济发展的活力。

（二）转变发展方式

在进一步推动经济持续快速增长的同时，深入贯彻落实科学发展观，抓住全球经济下滑的时机，加快转变经济发展方式，要从调整产业结构入手，优化产业结构、促进产业升级，促进高能耗、低效益的传统资源型产业向知识型、技术型产业转变，大力发展资源消耗量低、占用土地少、污染少的文化创意、物流和金融保险等第三产业；大力发展包括再生资源产业在内的环保产业和环境建设产业，积极推进环保产业技术进步和技术创新，构建环保产业发展的技术装备体系和相关技术产业体系；根据资源条件和区域特点，用循环经济理念指导区域发展、产业升级和老工业基地改造，促进地区资源特色产业发展，引导区域产业布局合理调整，实现资源优化配置。为实现以人为本和全面协调可持续的发展奠定坚实的基础，为国民经济上一个新的台阶和实现跨越式的发展提供强大的动力。

(三) 保障社会公平

现代市场经济中出现的经济危机，根源于资本主义生产方式中劳动与资本、工资与利润的严重对立，这种对立使社会生产能力在无限扩大的同时，社会上绝大多数人的消费被限制在相当狭隘的界限内，需求的增长经常落后于生产的增长，从而造成生产的过剩、资本的过剩和劳动力的过剩，导致经济危机的爆发。从根本上消除经济危机必须改变这种对抗性的经济关系，把提高效率与促进公平结合起来，采取多种措施增加居民的收入特别是中低收入者的收入，逐步扭转收入分配差距扩大的趋势，建立完善的社会公平保障体系，努力实现社会的公平正义，走共同富裕的道路。

(四) 加强宏观调控

事实证明，市场经济越发展，越需要国家的宏观调控和对市场的有效监管，绝不能接受新自由主义所推崇的国家干预最小化和政府管得越少越好的错误主张。在社会主义市场经济中特别是在应对危机的过程中，国家宏观调控的作用既不能局限于维护秩序的"守夜人"和市场竞争的"裁判人"，也不能局限于单纯的总量政策的调节，而必须从社会全局和长远利益出发并针对当前的形势，制定和实施科学的发展计划和发展战略，依托社会主义国家的强大力量和有效的调控，实现国民经济又好又快的发展。同时，要加快体制和机制的创新，积极推进重点领域和关键环节改革，进一步完善社会主义市场经济体制，着力构建充满活力、富有效率、更加开放、有利于科学发展的体制机制，为促进国民经济上一个新的台阶和实现跨越式发展提供强大动力。

(五) 实现自主发展

全球化是人类社会发展的必然趋势，对外开放是我国的基本国策。但是，应当认识到，当今世界的全球化是由发达资本主义国家主导的以资本全球化为核心的经济全球化，它具有不可克服的内在矛盾，因此，必须正确处理对外开放与独立自主的关系，在积极参与全球化进程的同时，坚持独立自主自力更生的方针,坚持维护和增进国家利益,把立足点放在依靠自己力量的基础上,以我为主考虑和制定正确的金融改革和金融开放的战略;大力推动自主创新,努力提升国内产业的层次和水平;始终把扩大内需作为经济发展的基本立足点和长期战略方针,走内需主导的发展道路;优化引进外资的结构,提高利用外资的水平,探索把引进外资与提升产业结构、技术水平结合起来;更加重视对国内储蓄和国内资本的有效利用,并始终保持对关键行业和领域的控制力。

(六) 保持金融健康

信用和金融具有二重性质,一方面可以促进生产力的发展和资源的有效利用;另一方面,则会放大生产和消费的矛盾,在促进了生产和消费迅速发展的同时,也创造出了大量的过剩生产能力和虚假需求,形成了巨大的资产泡沫,加速了危机的爆发,增加了危机的破坏力。因此,我们要辩证看待虚拟经济与实体经济的关系,既要看到虚拟经济对实体经济发展的促进作用,又要看到它的破坏性,深刻认识金融资本所具有的掠夺性、投机性和不稳定性,促进金融业的健康发展,使金融业的发展建立在实体经济发展的基础上,服从于和服务于实体经济发展的需要,防止虚拟经济脱离实体经济过分膨胀,盲目发展,损害实体经济。

做好上述几个方面的工作,我们就一定能够把严峻的挑战转化成为历史的机遇。经过大危机的考验和洗礼,中国发展模式的意义将会得到进一步的彰显。

六 中国模式的意义

那么,中国的经济模式有什么意义呢?它的经验是特殊的呢还是普遍的呢?对于这一问题,有的人持肯定态度,有的人持否定态度。持否定态度的人认为,中国的成功是特殊环境的产物,是一种例外,不具有普遍意义;持肯定态度的观点人则认为,中国的模式反映了正确的发展战略,体现了经济社会发展的一般规律,因而,它的经验是普遍的而不是独特的。

其实，普遍性与特殊性从来是联系在一起不可分割的，普遍性寓于特殊性之中。中国模式首先是中国特殊国情的产物，是与中国特殊的社会制度、政策方针、历史条件和文化传统紧密联系在一起的，是中国共产党和中国人民自己的发明和创造。因此，中国的成功绝不是有些人所谓的"普适价值"（实际上西方的价值）的胜利。走自己的道路，既是中国革命获得成功的根本经验，也是中国改革与发展获得成功的根本经验。任何照搬照抄别国的理论与经验的教条主义的做法，都必然会在中国改革与发展的丰富多彩和生机蓬勃的实践面前折戟碰壁。同样，对中国来说是成功的模式和经验并不一定适用于任何时代的任何国家，对中国模式的所谓"普适价值"我们也绝不应当过分夸大。不同时代和不同国家的市场经济体制既有共性，也有差别，抽象的适用于任何时代和国家的市场经济是不存在的，只有立足于现实和历史的市场经济制度和市场经济发展的模式才是有生命力的经济模式。

但是，这并不意味着中国的模式和经验只是一种特例或偶然，而没有任何普遍意义。实际上，特殊性中包含着普遍性，个性中体现着共性。中国经济模式中所有重要议题，如工业化、市场化、全球化、信息化、城市化、民主化、法制化、经济增长、收入分配、环境保护、传统文化的继承与发展等，是每个国家特别是转型和发展中的国家都要面临的共同问题，这些问题的产生、发展和有效的解决，是有一定共同规律的，因此，中国的模式和经验中必然包含着某些具有普遍的和一般意义的东西。在人类历史的发展进程中，中华民族从来就不是现在更不应当仅仅是文明的模仿者和追随者，而是有所发明有所创造有所贡献。中国的改革、开放和发展的实践一方面体现了经济社会发展的一般规律、市场经济和现代化的一般规律，同时又开阔了经济学研究的视野，丰富了经济学研究的思路，深化了人们对经济发展和制度变迁一般规律的认识。可以相信的是，随着中国经济的日益发展和影响的日益扩大，人们对中国经济模式和中国经济发展道路的普遍意义的探索也会不断加强和深化。

科学认识中国的经济模式需要破除这样一种新的教条主义或蒙昧主义，这种思想认为，整个世界上的经济学只有一种，这就是西方的主流经济学，毫无疑问地相信它、学习它，不折不扣地贯彻它、实践它，这就是所谓的国际化和规范化,这就是中国经济改革的方向。按照这种逻辑,经济学是普适性的科学,市场经济的规律是共同的,因此,所谓的中国经济学和中国模式是不存在的,存在的只是西方经济学和西方市场经济模式在中国的应用和推广。这种观点的错误在于:第一,西方经济学并不只有一种,而是存在众多的理论和流派,而且这些理论和流派的地位与影响也随着历史的发展在不断变化,被许多人尊崇的现代西方新古典经济学其实也只是众多经济学流派中的一支,它绝不是什么普遍和永恒的真理。第二,经济学的发展和人类文明的发展一样,从来都是不同国家、不同时代和不同群体的人根据他们自身特殊的环境、经验和知识背景提出的,不同思想理论之间相互交流、碰撞、融合的结果。因此,经济学的发展绝不是某些国家和某些人的专利。第三,中国的发展是在与西方国家不同的历史条件和国际国内环境下进行的,因而不可能照搬西方的模式和经验。正如阿里基所说,西方体系全球扩张已经改变了这一体系自身的运转方式,使得以往的大部分经验不再有助于理解当前的转化。[1] 最后,任何一种经济理论都是以一定的现实为基础的,都不可避免地会反映出理论的生产者的利益倾向、历史经验、价值理念、文化背景和思维方式。因此,仅仅依靠西方的经济学理论不可能深入了解中国的经济模式,做出正确的经济决策。新中国成立60年来特别是改革开放30年来中国经济发展的伟大实践,为中国政治经济学的发展提供了无可比拟的宝贵的经验、丰厚的土壤、广阔的空间和强大的动力。我们要从中国的实际出发不断总结经验、提炼思想、创新理论,推动中国的经济学的繁荣发展并走向世界。

总而言之,中国模式的形成既体现了经济现代化和市场经济发展的一般规律,又反映了中国特殊的制度、国情和历史阶段的要求,因而,它既尊重一般规律,又充满了首创精神;既有特殊性,也有普遍意义;既是民族的,也是世界的。中国的经济模式为发展中国家走向工业化、市场化和全球化,实现经济发展和制度创新开辟一条新的道路,展现了一种新的可能。

1956年毛泽东在《纪念孙中山》一文中说过:"事物总是发展的。一九

---

[1] 乔万尼·阿里基:《亚当·斯密在北京》,社会科学文献出版社2009年版,第10页。

一一年的革命,即辛亥革命,到今年,不过四十五年,中国的面目完全变了。再过四十五年,就是二千零一年,也就是进到二十一世纪的时候,中国的面目更要大变。中国将变为一个强大的社会主义工业国。中国应当这样。因为中国是一个具有九百六十万平方公里土地和六万万人口的国家,中国应当对于人类有较大的贡献。而这种贡献,在过去一个长时期内,则是太少了。这使我们感到惭愧。"1987年邓小平在会见一位外国领导人时说过:"到下一个世纪中叶,我们可以达到中等发达国家的水平。如果达到这一步,第一,是完成了一项非常艰巨的、很不容易的任务;第二,是真正对人类作出了贡献;第三,就更加能够体现社会主义制度的优越性。""这不但是给占世界总人口四分之三的第三世界走出了一条路,更重要的是向人类表明,社会主义是必由之路,社会主义优于资本主义。"[1] 现在,当中国人民以永往直前的进取精神和波澜壮阔的创新实践,在建设富强民主文明和谐的社会主义现代化国家的征程上大步迈进的时候,我们是否可以说,中国模式就是中华民族对人类文明发展作出的新的较大贡献。

(作者单位 中国人民大学经济学院)

---

[1] 《邓小平文选》第3卷,人民出版社1994年版,第225页。

金融危机反思

科学认识美国金融危机的
本质和原因

——重读《资本论》和《帝国主义论》

王伟光

2007年8月,美国次贷危机突然爆发,导致美国陷入自20世纪30年代大萧条以来最为严重的金融危机。继而美国金融风暴席卷全球,全世界也开始面临自20世纪30年代大萧条以来最严重的金融危机。这场全球性的金融危机已经引发了不同程度的世界性经济社会危机,目前还没有见底,今后发展会出现什么样的情况还需要进一步观察。

当前,摆在我们面前的一项重要任务就是重读《资本论》和《帝国主义论》,运用马克思主义立场、观点和方法,科学揭示这场危机的深刻本质和根本成因,提出根本性的有效规避和防范措施,建立制度保障和长效机制,保证中国特色社会主义健康稳定发展。

一 必须联系资本主义制度本质,
认清金融危机的实质和原因

关于美国次贷危机引发的全球性金融危机及经济危机产生的原因及其对我国造成的影响和解救的措施,发表的见解已经很多了,其中不乏真知灼见。有的认为,美国居民消费严重超过居民收入,无节制的负债,无管制的市场,无限制的衍生金融工具,无限制的投机,无限制的高额利润和高收入是爆发金融危机的重要原因。有的认为,美国的消费模式、金融监管政策、金融机构的运作方式,美国和世界的经济结构等因素,是金融危机的基本成因。有的认为，房地产泡沫是金融危机的源头祸水，金融衍生品过多掩盖了巨大风险，金融监管机制滞后造成"金融创新"犹如脱缰之马，是金融危机爆发的真正原因。也有的认为，金融危机是某些金融大亨道德缺损所致。还有的认为，金融危机本质上是美国新自由主义市场经济治理思想和运行模式的严重危机。当然也有从资本主义弊病，从资本的逐利本性和金融资本的贪婪性来分析金融危机的成因，在一定程度上涉及资本主义根本制度问题。但是总的来看，目前形成的最普遍的解释许多还停留在现象层面、非本质层面上，即技术操作层面、治理理念和运行模式、管理体制层面上，如什么超前过度消费、房地产泡沫、金融衍生品泛滥、金融创新过度、金融监管不严、新自由主义思想作祟等。运用马克思主义的立场、观点和方法，从本质上、从制度层面科学揭示危机的产生原因，预测危机的发展趋势，提出防范解救的措施，尚远远不够。

面对危机，世界各国共产党人纷纷以马克思主义为指导，分析形势、揭露危机的本质和根源，制定危机条件下的各国共产党人的行动纲领，展示共产党人的看法和力量。根据中国社会科学院马克思主义研究院于海青博士提供的资料[①]：欧美一些资本主义国家的共产党人对于危机的成因、根源与实质的分析，更深入到资本主义的制度本质，很值得我们深思。

对于这场非常严重的危机，资本主义国家政府大多将其归咎为"金融市场上的投机活动失控"、"不良竞争"或"借贷过度"所致，并希望通过政府救市，"规范"资本主义现行体制、机制，以达到解决危机、恢复繁荣的目的。而与之大相径庭的是，欧美一些资本主义国家的共产党人既看到了监管缺位、金融政策不当、金融发展失衡等酿成这场危机的直接原因，又反对将这场金融危机简单归结为金融生态出了问题，他们普遍认为危机的产生有其深刻的制度根源，危机标志着新自由主义的破产，是资本主义固有矛盾发展的必然结果。

法国共产党认为，世界经济危机源于金融机构过度的贪欲。这场金融危

---

① 参见于海青《欧美发达国家共产党论当前金融危机》，载《世界社会主义研究动态》2008年第50期。

机归根结底是资本主义制度的危机。它不是从天而降的，不仅仅是资本主义的一次"失控"，而是资本主义的制度缺陷和唯利是图的本质造成的不可避免的结果。冲击全球的危机并非仅仅限于金融或经济领域，它同时也揭示了政治上的危机、资本主义生产方式的危机。从深层看，金融危机本质上是一场制度危机。美国共产党认为，金融化是新自由主义资本积累和治理模式的产物，它旨在恢复美国资本主义的发展势头及其在国内和国际事务中的主导地位。同时，它也是美国资本主义的弱点和矛盾发展的结果，使美国和世界经济陷入新的断层。德国共产党认为，这场金融危机具有全球性影响，它使得全球经济陷入衰退，并越来越影响到实体经济部门。危机产生的原因不是银行家的失误，也不是国家对银行监管失利。前者只是利用了这一体系本身的漏洞，造成投机行为的泛滥。投机一直是资本主义经济的构成要素。但在新的垄断资本主义发展阶段，它已经成为一个决定性因素，渗入经济政治生活的方方面面。英国共产党认为，不能把当前经济和金融危机主要归结为"次贷"危机的结果。强调根本在于为了服务于大企业及其市场体系的利益，包括公共部门在内的英国几乎所有的经济部门都被置于金融资本的控制之下。葡萄牙共产党认为，不应该把这场危机紧紧解释为"次贷"泡沫的破灭，当前的危机也是世界经济愈益金融化、大资本投机行为的结果。这场危机表明"非干预主义国家"、"市场之看不见的手"、"可调节的市场"等新自由主义教条是错误的。资本主义再次展示了它的本性及其固有的深刻矛盾。资本主义体系非但没有解决人类社会面临的问题，反而使不平等、非正义和贫困进一步恶化。希腊共产党认为，危机现象是资本主义不可避免的经济命运，任何管理性政策都不可能解决其固有的腐朽性。金融危机再次表明资本主义不可能避免周期性危机的爆发，也再次证明了社会主义替代资本主义的必然性。

看来，仅仅局限于从金融和金融危机现象本身来看待这场危机，不联系私有制条件下商品和商品交换的二重性内在矛盾，不联系金融资本逐利本性，不联系资本主义制度本质，难以回答像美国这样所谓"完美"的市场制度为什么没有能防止金融危机的爆发，难以看清危机的实质和深层原因，难以认清资本主义制度是造成危机的根本原因。

对于我国这种实行市场经济的社会主义制度国家来说，如果不更深一步地从根本制度上认识这场危机的成因、本质，就无法从根本上找到规避、防范、克服危机的办法和措施。不看到本质，不在根本病根上下药，只能治标，难以治本，很难建立防范危机于未然的制度性、长效性的规避防范体系。因而认清这场危机的本质，对于我国如何建立社会主义市场经济体系，如何建立规避、防范、克服危机的制度保障和长效机制，无疑具有深远的现实意义。

二　商品内在二重性矛盾潜伏危机产生的可能性，资本主义私人占有制度使危机爆发成为必然现实

马克思从商品入手分析资本主义，是有科学道理的。商品是市场经济中最基本的细胞，商品是市场经济中最普遍的存在，商品交换关系是市场经济中最基本的关系。商品和商品交换所内含的内在矛盾体现并蕴含了市场经济和市场经济占主导地位的社会形态的基本矛盾。认识市场经济和市场经济占主导地位的社会矛盾和社会特性，就要从商品及商品交换的内在矛盾和本质关系分析入手。商品与商品交换是伴随着社会分工与私有制的产生而逐渐发展起来的，资本主义市场经济是私有制条件下商品生产发展到一定程度的产物。因为商品与商品交换发展起来而成为占主导的经济形态，形成全球化的市场体系，属于资本家私人占有制为制度特征的资本主义市场经济。

马克思首先揭示了一般商品的二重性内在矛盾，认为商品是使用价值和价值的统一体，使用价值和价值既统一又矛盾，统一是指二者互相依赖、互为条件，矛盾是指二者互相排斥、互相背离，甚至互相对立。使用价值和价值的矛盾是由生产商品的劳动二重性即具体劳动和抽象劳动的矛盾所决定的。商品的使用价值是由具体劳动决定的，然而要把商品放到市场上交换，就必须让生产商品使用价值的具体劳动转变为可以比较的抽象的一般劳动，这就是体现在商品中的一般人类劳动的凝结。这种一般劳动可以抽象为定量化的社会必要劳动时间，商品价值就是由商品生产者的这种抽象劳动凝结而成的。

商品既然具有使用价值和价值两重属性，它就必然有两重形态，即使用价值形态和价值形态。使用价值形态就是一个一个的具体商品，价值形态则表现为商品交换的一般等价物。

商品交换开始是直接交换，买与卖是统一的，交换是在同一时间同一地点完成。随着商品经济的发展，商品交换发展为商品流通，买与卖不同时进行，买与卖在时间和空间上分离了。一些人卖而不买，另一些人买而不卖。商品的使用价值和价值愈益分离。商品的价值形态由一般等价物，比如黄金，逐步发展成为货币，比如金币；货币又逐步发展为纸币，比如美元；最后发展成为无形的虚拟货币，比如证券、银行信用卡。随着商品经济的发展，货币不仅作为流通手段，而且具有贮藏手段、支付手段功能，货币不在买卖中出现，可以延期支付。货币慢慢演变成观念形态的东西，离现实的商品交换越来越远。商品交换价值愈来愈独立存在，使用价值与价值的分离表现为货币的独立，又进一步表现为纸币的独立，某种货币符号的独立。这种分离，使得纸币可以滥印发行，证券可以独立运行，逐渐演变成虚拟市场、虚拟经济（建立在虚拟价值符号基础上的虚拟经济）。货币成为商品流通的重要手段，已经包含了发生经济危机的可能性；货币成为货币流通的手段，使危机更具可能性。在商品流通中，货币与商品分离了。在货币流通中，纸币、符号与商品一般等价物，与货币代表的价值分离了。货币流通与商品流通在时间上和空间上也分离了，这就进一步加重了危机的可能性。

马克思具体分析了资本主义私有制条件下商品的内在二重性矛盾的不可克服性。在私有制条件下，具体劳动和抽象劳动这对矛盾表现为私人劳动和社会劳动的矛盾，构成了商品生产的基本矛盾。由于商品生产是私人生产，商品是私有的，这就会使价值与使用价值、商品与货币、具体劳动和抽象劳动的分离和对立具有不可调和的对抗性质，造成周期性的经济危机的恶性循环。商品所内含的劳动二重性矛盾决定了价值和使用价值的二重性矛盾的进一步演变，表现为商品与货币的对立形式，进一步表现为实体经济与虚拟经济的对立形式。私有制使商品的内在二重性矛盾，在一定条件下，越来越激化，越来越背离，具有深刻的对抗性和不可克服性。在资本主义长达几百年的历史中，货币越来越背离商品，虚拟经济越来越背离实体经济，这就构成了金融泡沫、金融危机乃至全面经济危机的内在成因。

在资本主义私有制条件下,货币转化为资本家手中的资本。任何一个资本家,在开始他的剥削行为时,必须掌握一定的货币。要把货币转化为资本,货币持有者必须在市场上能够买到自由劳动者的劳动力,劳动力与生产资料结合便产生增值的价值,资本流通所带来的增值部分,就是资本家剥削工人的剩余价值。资本实质上是能够带来剩余价值的价值。资本主义生产的唯一动机和直接目的,就是攫取更多的剩余价值,资本家是人格化的资本。资本有二重性,一方面追求利润的最大化,具有逐利性和贪婪性,另一方面又推动了经济发展,具有对生产强有力的拉动性。

资本在资本主义生产过程中,形成了三种资本形态:货币资本、生产资本和商品资本。它们是一致的,同时也是不断分离和矛盾对立的。随着货币资本的发展,逐渐独立,形成借贷资本、银行资本、股份资本和信用制度,形成借贷资本市场,有了股票、公司债券、国家公债、不动产抵押债券等有价债券,为所有者带来一定的定期收入,给人们一种钱能生出钱的错觉。在货币流通过程中形成赊购赊销,形成错综复杂的债务连锁关系。随着纸币化、证券化和信用制度的发展,逐步形成了虚拟资本和虚拟市场。虚拟资本同实体资本分离,而且虚拟资本的质和量也是背离的,也就是说虚拟资本的数量和实体资本的数量也是背离的。据专家统计,美国虚拟经济资本的虚假财富高达400万亿美元,大大超过了美国实体经济资本的30多倍。随着资本的发展、垄断资本的形成、金融资本和金融寡头的产生,"它再生产出了一种新的金融贵族,一种新的寄生虫——发起人、创业人和徒有其名的董事;并在创立公司、发行股票和进行股票交易方面再生产出了一整套投机和欺诈活动"。[①] 资本主义私有制是形成金融危机的深层制度原因,金融资本的独立性、逐利性和贪婪性是形成金融危机的直接原因。

资本主义进入大机器工业时期,从19世纪开始,每隔若干年就要经历一次经济危机,严重的经济危机导致全面的社会危机。经济危机是私有制条件下商品内在二重性矛盾不可克服的外部表现。

---

① 《马克思恩格斯全集》第25卷,人民出版社1974年版,第496页。

资本主义危机产生的根本原因在于私有化制度,一方面生产力发展到高度社会化,资本也高度社会化,而另一方面生产资料和成果愈来愈为一小撮垄断寡头所有,这种生产的社会性同生产资料私有性的资本主义基本矛盾,使商品经济内含的危机可能性转变成危机必然性。由此看来,经济危机是资本主义经济制度本身所造成的,是资本主义生产方式内在矛盾的产物。要消灭危机,就必须消灭资本主义制度。商品内在二重性矛盾只构成产生危机的可能,而资本主义私有制度使危机的产生成为现实。

三 美国金融危机是资本主义制度性危机,最终是无法克服的,市场经济与社会主义制度相结合,使防范规避危机成为可能

美国"次贷危机"不可遏制地蔓延为全球性经济危机,向世界再次证明马克思关于资本主义周期性经济危机和资本主义生产方式必然灭亡理论的真理性。马克思认为,资本主义周期性经济危机不可避免,"危机最初不是在和直接消费有关的零售商业中暴露和爆发的,而是在批发商业和向它提供社会货币资本的银行中暴露和爆发的"。① 只要不改变资本主义的私人占有制,商品的内在矛盾,资本主义内部固有的矛盾,就无法从根本上得到化解,其必然表现为周期性的世界性的经济危机。

资本主义危机具有周期性,每隔一段时间重复一次,是一种周期性出现的现象。1825年,英国第一次爆发经济危机;1836年,英国又发生了经济危机,波及美国。1847—1848年,经济危机席卷英国、美国和欧洲大陆。然后,1857年、1866年、1873年、1882年、1890年,每隔几年都要爆发一次世界性经济危机,以1873年危机最为深刻,它大大加强了资本和生产的集中,促进垄断组织的形成和发展,向垄断资本主义过渡。

20世纪初叶,1900—1903年和1907年爆发了经济危机后,资本主义世界又经历了1920—1921年、1929—1933年和1937—1938年三次危机。其中

---

① 《马克思恩格斯全集》第25卷(上),人民出版社1974年版,第340页。

1929—1933年危机是最深刻、最严重的一次。这次危机持续四年之久,使整个资本主义世界工业产量下降44%,贸易总额下降66%。1933年失业人口达3000万人。

第二次世界大战后,资本主义危机依然不断爆发。美国1948年、1953年、1957年、1960年、1969年、1973年、1980年、1990年和2007年先后爆发九次经济危机。其中1957—1958年、1973—1975年、1980—1982年、2007年危机波及加拿大、日本和西欧主要国家,成为战后四次世界性危机。

周期性的经济危机,在资本主义发展过程中不断出现,形成资本主义在危机—缓解—危机中颠簸起伏的发展历程,资本主义的一时繁荣,只不过是新的经济危机到来之前的预兆,资本主义会在周期性阵发的经济危机中逐步走向灭亡。在高涨时期,资产阶级大肆宣扬资本主义的"永久繁荣"、"千年王国",而等危机到来,"永久繁荣"神话又像肥皂泡一样破灭。经济危机是资本主义制度对抗性矛盾的定期爆发,清楚无误地表明资本主义生产方式的历史局限性,依然爆发的危机深刻暴露了资本主义对抗性矛盾还会进一步加深,有时还会更尖锐、更激化。

美国金融危机引发的全球性危机是当今时代进入21世纪以来具有重大历史意义的事件。它既是一场严重的金融危机,又是一场深度的经济危机、思想危机、社会危机和资本主义制度危机,是资本主义的全面危机。危机伴随社会的深刻变化。历史上,资本主义几次带有全球性的危机,都曾引起时代和世界格局的重大变化。从长期来看,美国金融危机的结局将使世界经济进入一个大调整、大动荡时期。这次危机具有颠覆性、全面性、深度性和长期性的负面效应,将给世界经济社会发展带来重大和持续的长时间的破坏性影响。全球经济全面衰退的过程已经开始,世界局势乃至格局将发生重大变化,世界发展进程和历史也将会发生重大转折。

1. 美国金融危机及其引发的波及全球的危机是资本主义的全面危机

这次发生的美国金融危机自金融领域爆发、集中于金融领域,对金融体系的破坏性最大,但又不限于金融领域,由金融向非金融领域蔓延、由虚拟经济向实体经济蔓延、由经济领域向社会领域蔓延、由技术操作层面向理念、模式、体制层面再向制度层面蔓延,这场危机渗透、影响到全球资本主义的各个领域、各个层面、各个方面。

2. 美国金融危机及其引发的波及全球的危机是资本主义的全球性危机

资本主义全球化，就是资本主义生产关系的全球化，资本主义全球化危机是资本主义危机的全球化。这次危机自美国爆发，但又迅速波及西方国家、第三世界国家，乃至波及全球。这次危机是美国闯祸，全世界买单，一起遭殃，这就是全球化的负面效应。美国金融垄断资产阶级，是向全世界转嫁危机的好手，在这场危机中，它们向资本主义其他国家以及与资本主义发展联系紧密的发展中国家转嫁危机，引起全球性的恐慌与危机。

3. 美国金融危机及其引发的波及全球的危机是资本主义的制度性危机

美国金融危机并不是美国专利，而是典型的资本主义性质的制度危机。社会生产力的高度全球化、社会化与国际金融高度垄断于美国华尔街一小撮金融寡头如此私有化程度的矛盾是当代资本主义基本矛盾的表现，世界创造财富之多并高度集中与财富两极急剧分化不断加剧。从根本上说，这场危机是资本主义制度不可克服的内在矛盾演变而成的，是其内在矛盾激化的外部表现，是其内在矛盾不可克服的外部表现，是资本主义制度必然灭亡趋势的阶段性反映。这场危机告诉我们，资本主义基本矛盾不仅没有克服，而且以新的更尖锐的形式表现出来了。有人把美国金融危机归结为新自由主义治理理念和模式的失败，反证有管制的资本主义治理理念和模式的合理性。但是这种说法，也只是体制层面的说法，并没有涉及制度层面。实质上，无论自由主义，还是保守主义，都是治理资本主义市场经济的具体药方，只能缓解而不能从根本上挽救资本主义的制度危机。这场危机再次证明资本主义内在矛盾决定了资本主义不可能从根本上战胜危机，只能暂时缓解危机。

4. 美国金融危机及其引发的波及全球的危机是资本主义的意识形态危机

这场危机使人们重新思考资本主义制度的弊病，重新审视资本主义意识形态的虚伪性和反科学性。这场危机表面看是新自由主义等资产阶级思潮的危机，实质却是资本主义核心价值观、普世价值观、人权观、民主观的意识形态危机。新自由主义就意识形态层面来说，实际上是代表超级垄断资产阶级利益的一种意识形态，完全适应超级金融垄断资产阶级操纵金融市场剥夺全世界的需要。在这场危机中，资本主义国家的有识者开始对新自由主义反思，同时对资本主义制度也开始有所反思。由于社会主义中国改革成功，公有制市场经济试验成功，更加使顽固坚持资本主义制度的那些人加紧推行西方意识形态，加大对我国的西化、分化和私有化的力度。这恰恰又从反面说明资本主义意识形态的危机。

5. 美国金融危机反证中国特色社会主义市场经济的成功

中国人民创立了中国特色的社会主义市场经济，市场经济在人类历史上第一次实现了与公有制制度结合起来的形式，即社会主义市场经济。而在此之前，市场经济只与私有制制度相结合。社会主义和资本主义的本质区别是生产资料占有方式的不同，社会主义市场经济与资本主义市场经济的本质区别也是生产资料占有方式的不同。资本主义生产资料私有制决定了商品经济二重矛盾引发的危机最终是不可救药的，而社会主义市场经济决定了商品二重性矛盾可能会产生危机，社会主义生产资料公有制决定了危机又是可以规避、可以防范的。社会主义市场经济具有市场经济的特性，商品内在矛盾是不可改变的，改变的只是它的不可克服性。在社会主义市场经济条件下，警惕性不高，防范措施不力，可能会演变出危机。要清醒认识资本特别是金融资本的逐利性，防止资本和金融资本的无序化、极端化。在公有制条件下，资本逐利性是可以调节和控制的，但在私有制条件下，资本逐利性变成贪婪性暂时可以管制并缓解，最终是无法管制的。

四　资本主义与自由主义是两个层面的问题，一个是制度层面、本质层面，一个是体制层面、技术操作层面

波及全球的美国金融危机，使人们对新自由主义的市场经济治理理念和运行模式，进而对资本主义制度有了清醒的认识，对那些迷信自由主义、迷信资本主义的人，不啻是一剂良药。然而迷信新自由主义和迷信资本主义又是两个层面的问题。迷信新自由主义是对资本主义运用何种理念、采取何种模式治理市场经济的迷信，迷信资本主义的则是对根本制度的迷信。当然，这两个迷信又是一致的，对新自由主义的迷信实质上就是对资本主义制度的

迷信，对资本主义制度的迷信又会影响对新自由主义的迷信。

资本主义与自由主义是两个层面的问题，既一致，又有区别。一个是制度层面、本质层面、根本性层面的问题；一个是体制层面、表现层面、技术操作层面的问题。

所谓新自由主义，秉承了亚当·斯密的自由竞争理论，以复兴古典自由主义理想、尽量减少政府对经济社会的干预为主要经济政策目标的思潮。这种新自由主义又被称之为市场原教旨主义或资本原教旨主义，或"完全不干预主义"。新自由主义的代表理念体现为形成于20世纪80年代末90年代初的"华盛顿共识"。因70年代凯恩斯主义无法应付滞胀问题而兴起，在里根、撒切尔时代勃兴，因此，又称其为"里根主义"。新自由主义的特点，是高度崇拜资本主义自由市场力量，认为资本主义条件下的市场是高效率的，甚至是万能的。经济运行中的所有问题，都可以由市场自行调节和解决。主张彻底的私有化，反对国有化，放松政府管制，主张进一步开放国际国内市场，实行贸易自由化、利率市场化，将各个国家的经济纳入由世界银行、国际货币基金组织和世界贸易组织主导的经济全球化体系当中。新自由主义极力鼓励以超级大国为主导的全球一体化，着力强调要推行以超级大国为主导的全球经济、政治、文化一体化，即全球资本主义化。新自由主义本质上是反对社会主义制度。

新自由主义倡导者认为新自由主义就是灵丹妙药，能够包治百病，认为市场经济这只"看不见的手"能够解决所有问题，因此，大力推崇自由市场经济治理理念和运作模式，实践证明这是错误的。就治理理念和模式来说，在市场经济活动中必须发挥"两只手"的作用，不能只用"看不见的手"，而放弃"看得见的手"。当然，运用到什么程度，这需要科学把握。如果放任"看不见的手"自由发展，必然放大市场经济的消极面，发展到一个程度，就会导致危机爆发。因此，还得用"看得见的手"加以调控，才能克服其固有的缺陷，促进市场经济的健康发展。

新自由主义一方面作为当代资本主义的主流意识形态，是金融垄断和国际垄断集团的核心理念和价值观念，必须坚决批判反对；另一方面又是如何治理资本主义市场经济的理念，按照这种理念形成的运行模式，是体制、技术操作层面上的问题。自由主义作为治理市场经济的理念和操作方法，对市场运作有一定的积极作用。如何管理社会主义市场经济，我们可以批判地借鉴新自由主义一些有价值的认识和做法。从这个意义上来说，新自由主义又是技术操作层面、体制层面上的问题，而与资本主义根本制度有所区别。资本主义制度是本质、根本，同一制度可以运用不同的治理理念、不同的体制、不同的模式、不同的操作方法。制度决定体制，体制是服务制度的。但二者又可以分开，同一体制可以服务于不同的制度，同一制度又可以有不同的体制。资本主义在发展过程中，创造过不同的体制、模式，但始终没有改变其制度和本质。

一定的社会形态必定要有特定的经济、政治、文化等社会制度，一定的社会制度也必然具有一定的经济、政治、文化等社会体制。社会制度就是一定社会形态的主要内容和本质标志，是一定社会的经济、政治、法律、文化等制度的总称，包括政治制度、经济制度、文化制度、教育制度、法律制度等，是指社会的根本制度和基本制度。经济制度属于经济基础领域的制度，政治、文化、教育、法律等方面的制度都属于上层建筑领域的制度。一定社会制度的主要成分是该社会的经济制度和政治制度。社会经济制度是一定社会生产关系的总和，它构成了该社会的经济基础，其中最主要的是生产资料所有制，社会经济制度标志着该社会经济形态的基本性质。社会政治制度是"经济基础的上层建筑"[1]，主要是指政治的上层建筑，其核心问题是国家政权问题，也就是国体问题，即由谁掌权，对谁专政的问题，它标志着一个国家的基本性质。经济制度和政治制度从根本上标志着一个社会形态的基本性质和主要特征。社会主义的经济制度和政治制度是社会主义社会形态的根本标志。社会主义制度主要是指经济制度和政治制度。社会制度一旦确定就要保持相对稳定，以便造成一个相对安定的社会环境来发展生产。当然任何一个社会制度，其发展过程都有一个逐步完善的过程。只有当生产关系再也容纳不下生产力发展时，社会制度的变革才会到来。

所谓社会体制指的是在一定社会制度的基础上所建立起来的生产关系、

---

[1] 《列宁选集》第 2 卷，人民出版社 1995 年版，第 443 页。

上层建筑的"具体的形式",即社会制度在一定时期内的具体表现,社会体制又称"具体制度"。与一定的经济制度相一致的经济体制,是一定经济关系具体的结构和形式。与一定政治制度相适应的是政治体制,政治体制是指政治制度的具体结构和形式,即政体问题,也就是一个国家采取什么样的形式来实施国家权力的问题。社会主义的经济制度和政治制度确立之后,无产阶级政党和人民面临的主要任务是建立与社会主义制度相一致的适合生产力发展的社会体制。

社会制度与体制之间构成一定的相互依赖、相互矛盾的辩证关系。制度与体制是对立统一、相辅相成的关系,制度决定体制。一定的社会制度决定一定的社会体制,社会体制的形成要受社会制度的制约。一定的社会制度决定一定的社会体制,构成一定的社会模式。相对制度来说,体制表现出一定的独立性和反作用力。好的体制可以延续制度,不好的体制可能让制度发挥不了作用。体制可以巩固制度,也可以破坏制度。在既定制度下,可以选择多种体制,可以随着形势的发展改变现有体制;同一种制度也可以有多种体制模式并存;新的体制还可以吸收旧制度下的体制所具有的某些形式和功能。资本主义政治制度和经济制度同社会化生产之间本质上是对立的,这种对立性矛盾具体通过资本主义的政治体制和经济体制同社会化生产之间的矛盾表现出来,但是资本主义的社会体制同资本主义社会制度也有一定的背离,它在一定条件下也有促进资本主义生产发展的一方面。同样,社会主义根本制度是适应生产力发展的,但社会主义社会体制也可能同社会主义制度有一定的背离,它在一定条件下也可能阻碍社会主义生产力的发展。

资本主义从问世以来,已经有几百年的发展历程。经过了自由资本主义、垄断资本主义,当前进入了现代资本主义阶段,替代个人垄断,出现国家垄断、国际垄断、国际金融垄断等垄断形式,这些垄断形式都是现代资本主义特征的表现。当然如何概括现代资本主义,说法不一。有人认为它还是处于列宁所概括的垄断资本主义阶段,有人认为它已经开始了一个新的阶段。

关于自由资本主义的特征,马克思、恩格斯作了深刻的剖析,同时又从自由竞争资本主义特征上升到对资本主义一般特征的认识,得出了资本主义必然灭亡的客观趋势的判断。马克思、恩格斯认为,自由资本主义制度的内在矛盾,是不可克服的,一次次的爆发危机,最终会引发革命,导致资本主义丧钟的敲响。19世纪末20世纪初,随着资本主义生产的发展,自由竞争让位于垄断,垄断代替了竞争,占主导和支配地位,但并没有克服资本主义的固有矛盾,仍然没有使资本主义制度摆脱必然灭亡的历史结局。列宁运用马克思主义的方法,对垄断资本主义作了科学分析,揭示了垄断并没有改变资本主义固有的内在矛盾,而是加剧了该矛盾的发展,作出了帝国主义是资本主义的最高阶段,是垄断的、腐朽的、垂死的资本主义的重要结论。尽管列宁对全球垄断资产阶级走向灭亡的时间估计短了,但对垄断资产阶级的总特征和总趋势的判断是正确的。列宁说:"过程的复杂性和事物本质的被掩盖可以推迟死亡,但不能逃避死亡。"[①]后来的发展完全证实了列宁观点的正确性。"一战"、"二战"的爆发,是资本主义内部矛盾激化的结果。战后资本主义基本矛盾进一步激化。社会主义的兴起、资本主义的内外交困、经济危机和社会危机的周期性爆发、当代资本主义的发展状况,深刻说明马克思、列宁的判断是正确的。从制度层面上来说,资本主义已从早期具有革命进步性的上升期,转入危机起伏期、相对缓和发展期,其基本的趋势是必然要走向灭亡的。

"二战"后,资本主义在发展困境中通过体制改良,加之高科技和全球化的发展进入相对稳定的和平发展、高速发展阶段。与此同时,由于社会主义各国在指导思想上犯了不少错误,在发展过程中选择了高度集中的计划经济体制,加之复杂的主客观原因所致,逐步放慢了发展速度,一些国家愈益陷入了发展困境。特别是到了20世纪八九十年代,苏东社会主义国家解体和改变性质,社会主义处于发展的低潮期。有人把此事件看做是社会主义制度的失败,资本主义制度的胜利。实际上,苏东剧变并不意味社会主义制度的失败,只是说明苏东所采取的社会主义具体模式和所走的具体道路是走不通的,高度集中的计划经济体制在当前是不合适的。美国等资本主义国家的进一步发展,只是说明西方发达资本主义国家采取的资本主义改良政策和具

[①] 《列宁全集》第54卷,人民出版社1990年版,第483页。

体模式，暂时缓解了资本主义的内在矛盾。就资本主义历史发展趋势来说，它是必然要灭亡的。它一段时间内还不会灭亡，是因为：一是从制度角度看，相对于资本主义的发展来说，它的现行制度还有容纳生产力发展的空间和余地；二是从体制角度看，资本主义现行体制还有许多优势，可以保障其制度继续存在，并促进生产力发展，延续资本主义生命力。当这两个条件不存在时，资本主义就会寿终正寝。

资本主义私有制是必然要灭亡的，但与私有制相适应的市场经济体制是有优势的。资本主义是靠市场体制的优越性，在短短几百年时间里创造了人类社会几千年所无法比拟的发展奇迹。然而，市场经济是一把双刃剑，有积极的一面，也有消极的一面。在如何发挥市场经济作用，即在如何对待和治理市场经济、如何克服市场经济消极面问题上，资本主义在发展过程中形成两种治理理念：一种是对市场实行国家的有效管制，可以称之为有管制的市场经济理念，如凯恩斯主义或称之为保守主义；再一种是对市场经济完全放任，可以称之为完全放任的治理理念，即自由主义。这两种治理理念和在实践中形成的两种不同的市场运行模式和体制，在资本主义发展进程中交替出现，哪种理念和模式更有利于制度时就被采用，当它不利于其制度时就被抛弃。

在资本主义发展的自由竞争阶段，主要治理理念是自由主义，完全靠市场，实行无管制的自由市场政策。"二战"之后，根据需要资本主义实行了有管制的市场治理理念，如凯恩斯主义，加大了宏观调控力度，使资本主义渡过难关，有了一个回光反照的发展时期。当苏东剧变时，有人错误地把苏东解体归结于社会主义制度的垮台，归结于资本主义制度的胜利，归结为计划经济体制的失败。进而认为有管制的市场经济治理理念也不行，只有自由主义治理理念才行，以新自由主义的资本主义取代国家管制的资本主义，这就是里根主义、撒切尔主义出台的背景。自由主义思潮的本质是推崇资本主义制度，推崇完全私有化的市场经济体制。在这一点上，它与保守主义是一致的，都是以维护资本主义制度为其目的，只不过手段不同而已。当今发生的这场危机的直接原因来自新自由主义的自由放任政策，但深层原因是资本主义制度的固有矛盾，不能把危机仅仅归结于技术与管理操作层面，应从制度问题上找深刻原因。这次危机说明自由主义治理理念和模式的破产,更说明资本主义制度的必然灭亡性。

与西方资本主义推崇自由主义、推崇资本主义制度的思潮相适应,国内也有人推崇自由主义,崇尚完全放任的市场经济治理理念和模式,崇尚完全私有化、主张放弃国家调控的市场经济。更有甚者认为社会主义制度与市场经济无法结合,主张实行彻底的资本主义制度。事实上自新自由主义推行以来,给人类带来了一波又一波的灾难。拉美一些国家本来发展平稳,20世纪90年代以来实行新自由主义的"华盛顿共识",搞自由化、私有制,放松金融管制,造成了大倒退,出了大乱子,实际上新自由主义理念破产的效应在拉美诸国早已表现出来了。

五 应对金融风险,既要治标,更要治本,既要从操作层面、体制层面采取措施,更要从制度层面全面采取防范规避措施

马克思关于资本主义基本矛盾和制度本质的分析思路和基本观点,为我们解析这场美国金融危机及其引发的全球性危机,以及思考如何有效规避防范危机,提供了重要启示。

1. 要从私有制条件下商品及商品交换的内在矛盾出发,来认识资本主义制度不可克服的内在矛盾,进而认识这场危机的内在原因及其制度本质

资本主义制度不可克服的内在矛盾潜伏在商品和商品交换的内在矛盾中,资本主义生产资料的私人占有性决定了商品和商品交换的内在矛盾具有对抗性和不可克服性,这种内在矛盾的对抗性和不可克服性是资本主义周期性经济危机爆发的根本原因,造成资本主义制度由盛到衰、必然灭亡的趋势。科学解释这场危机的本质、原因,必须从制度层面上认识。这场危机是资本主义制度不可克服的内在矛盾演变的集中反映。美国资本主义不可克服的内在矛盾,是私有制商品生产内在矛盾的体现。美国金融危机说明资本主义是必然要灭亡的,但从现阶段来说,美国金融危机又是可以缓解的,可以度过去的,但资本主义正是在一波又一波的金融危机和各种危机中走向灭

亡的。

2. 要从制度层面上、本质层面上，认识社会主义市场经济与资本主义市场经济的一致与差别，科学解析社会主义市场经济发生危机的可能性和有效规避防范风险的可行性

马克思对商品和商品交换内在矛盾，从而对市场经济内在矛盾的科学分析，适用于任何形式的市场经济，无论是资本主义市场经济，还是社会主义市场经济，概莫能外。然而同样的市场经济与不同的生产资料占有方式，即与不同的社会制度相结合，具有不同的性质和特点，会产生不同的结果。资本主义市场经济的私有制本质决定了经济危机的最终不可避免性，社会主义市场经济的公有制本质决定了经济危机的可规避性、可防范性。社会主义与资本主义的本质区别就是对生产资料的占有方式不同，社会主义市场经济与资本主义市场经济的本质区别就在于与市场经济结合的生产资料占有方式不同，这种占有方式的不同决定了社会主义制度与资本主义制度的本质不同，从而决定了社会主义市场经济与资本主义市场经济的本质不同。我国的社会主义市场经济是与公有制制度相联系的市场经济，它既有一般商品生产的特性——一般商品生产所具有的内在矛盾，也有一般市场经济内在矛盾引发的金融危机和经济危机爆发的可能性。如果对发生危机的可能趋势不重视，不采取措施加以规避和防范，也会影响社会主义经济的健康发展。但另一方面，它又具有与资本主义市场经济不同的本质特性，与公有制制度相联系，采取有效措施，是可以规避和防范一般商品经济的内在矛盾可能引发的金融危机和经济危机的。

3. 必须充分认识市场经济和资本的两面性，发挥社会主义制度的优越性，规避市场经济和资本的消极性

市场经济具有两面性：积极的一面是能够最有效地配置资源，最大限度地调动各方面的积极性，推动经济的发展；消极的一面是它的发展具有很大的盲目性，在企业追求利润最大化的情况下，容易造成生产过剩，从而引发经济危机。在资本主义私有制条件下，市场经济一方面发挥其强大的推动经济发展的拉力作用，在资本主义几百年的发展历程中创造了巨大发展成就。但另一方面，资本主义的私人占有性又使市场经济的消极面不断膨胀，不断

背离积极面，使商品和商品交换固有的内在矛盾不断激化，引发一波又一波的经济危机。市场经济所孕育出来的资本也具有与生俱来的两面性，一方面资本逐利性对调节市场、配置资源、调动积极性、推动经济发展具有积极作用；而另一方面，资本的逐利性又会导致经济失衡，两极分化，造成严重的危机，对经济社会发展产生消极破坏性。在资本主义私有制条件下，资本的贪婪本性是无法最终受到遏制的。马克思认为，在资本主义生产方式中，"生产剩余价值或赚钱，是这个生产方式的绝对规律"。[①] 资本是带来剩余价值的价值，资本绝不会放弃对剩余价值的追求，其本性是逐利的。"一旦有适当的利润，资本就胆大起来。如果有10%的利润，它就保证到处被使用；有20%的利润，它就活跃起来；有50%的利润，它就铤而走险；为了100%的利润，它就敢践踏一切人间法律；有300%的利润，它就敢犯任何罪行，甚至冒绞首的危险。"[②] 在资本主义发展史上，资本的这种逐利贪婪本性暴露无遗。从原始积累，到殖民剥夺，再到战争掠夺，"资本来到世间，从头到脚，每个毛孔都滴着血和肮脏的东西"。[③] 就当今世界发达资本主义各国来说，没有一个是靠民主制度发达起来的，都是靠剥削本国和他国工人阶级和劳动人民的剩余价值，用明火执仗的殖民剥夺和战争掠夺完成了原始积累，用劳动人民的汗水和鲜血筑起了资本主义的"繁荣国度"。当然，几百年过去了，资本明火执仗的剥削和掠夺方式已难以为继，发展到国际金融垄断资本主义，改变了攫取剩余价值的方式，转换了剥削手法，借助金融创新，垄断金融市场，操控全球经济，把他国的财富通过金融创新转移到自己手中，从而维持自己的繁荣。美元帝国的确立就是一个明证。正是金融资本的投机贪婪性，直接造成了今天的金融危机。

社会主义制度和资本主义制度的一个本质区别就是对资本的占有方式不同。社会主义市场经济与资本主义市场经济一个本质区别也是对资本的占有方式不同。在资本主义条件下，高度集中的私有制在当前突出表现为国际性金融资本的高度垄断，其加重了资本的贪婪性和毫无顾忌的投机运作。决定

[①] 《马克思恩格斯全集》第23卷，人民出版社1972年版，第679页。
[②] 同上书，第829页。
[③] 同上。

了资本的贪婪和逐利本性的不可遏制性与高效运行的速度。当然，一旦资本的贪婪性发展到危害资本主义制度本身的程度，资产阶级内部就会产生一定要控制这种贪婪性的理念和操作，否则资本主义制度就要被毁灭。这就产生了对市场和资本加以管制的治理理念和模式，这就是保守主义，即有管制的市场经济治理理念，如凯恩斯国家干涉主义。而一旦情况好转，又会产生对市场和资本放任自流的治理理念和模式，这就是自由主义。在资本主义发展史上，由于危机—缓解—危机的交替运行，就形成了是有管制的、或是放任自流的两种市场经济治理理念的交替使用。就目前而言，两种治理理念交替使用，尚能维持资本主义的发展，但资本主义制度固有弊病最终会导致灭亡。

4. 我国应对金融风险，既要治本，又要治标，既要从体制层面上防范，又要从制度层面上加强防范

世界各国救市的力度越来越大，但救市的效果并不明显，这说明救市措施只治标不治本，危机只能缓解而不能化解，说明治标同时必须治本的必要性。只注意体制层面上的防范，而忽视制度层面上的防范，是无法避免金融危机进而经济危机爆发的。

要对资本主义两面性有清醒的认识，既要看到它创造文明的先进性，某些体制机制的合理性；也要看到其制度固有的弊病、最终灭亡性。资本主义目前出现的金融危机乃至经济危机，说明公有制是有其优越性的，但搞纯之又纯的公有制是不符合目前社会主义各国生产力发展的实际情况的；搞以公有制为主体的社会主义市场经济是对的，但搞高度集中的计划经济是不符合目前的社会主义发展规律的；实行市场经济必须发挥社会主义制度的优势，实行有宏观调控的市场经济，而不是搞自由放任的市场经济治理模式。在社会主义发展进程中，实行公有制与市场经济相结合，才能让社会主义制度的优越性发挥出来。但搞社会主义市场经济，又不能完全放任市场，而要加强国家宏观调控，建立有宏观调控的市场经济。调控的市场经济，恰恰是社会主义公有制的制度优势所在。

总之，要从三个方面入手解决对金融危机的规避和防范：一是从制度方面，坚定不移地坚持社会主义的公有制为主体的经济制度和人民当家作主的

政治制度，从制度层面防范和规避金融风险，对私营经济、市场经济、虚拟经济建立规范管理的根本措施。二是从体制方面，坚定不移地建立健全完善的社会主义市场经济体制，以及与其相关的信用体制，从体制上加以防范。三是从对市场的调控管制方面，建立有效的监管、调控、防范措施，特别是对金融业、垄断行业要建立有效的管制体系。目前，我国政府对危机的防范解救措施，从操作层面来看，做到了稳、快、有效，但还需要从制度层面、体制层面研究制定一些全面性的、战略性的、超前性的措施和办法。

（作者单位　中国社会科学院）

美国金融危机与国际金融垄断资本主义

何秉孟

当前席卷全球的金融危机,策源地、肇始者是当代头号资本主义国家——美国。自2007年7月美国发生所谓"次贷危机",到2008年激化为全面的金融危机;紧接着,金融危机迅速传递至美国的实体经济,从2008年下半年开始,美国经济全面衰退;至2009年,美国的全面金融危机、经济危机,像瘟疫一样蔓延至全世界:各国金融机构接二连三陷入困境或破产,股市纷纷暴跌,全球贸易量急剧萎缩,各类公司、企业成批倒闭,数千万乃至数以亿计的劳动者加入失业大军,各国实体经济先后陷入深度衰退,全球经济遭受的损失将达数万亿甚至十多万亿美元;而且,危机持续两年,至今仍未见底!……可见,这是一场自"二战"以来,甚至是20世纪30年代的大萧条以来最为严重的经济灾难!

面对这场严重经济灾难,学术界、理论界乃至经济、政治各界的许多人都在反思:为什么一贯吹嘘其"经济基本健全",并据此动辄对他国的经济体制、经济运行机制指手画脚、发号施令的美国,成为这场严重经济灾难的制造者?由于立足点不同,答案自然见仁见智。我们认为,深层原因或病根,还是在于以美国为代表的国际金融垄断资本主义制度的腐朽性。

一 美国本次金融危机的重要特征和当代资本主义的新发展

冰冻三尺,非一日之寒。美国的这场严重金融危机、经济危机之所以会发生，是美国的国际金融垄断资本主义制度沉疴经年、病入膏肓的集中表现。

根据马克思在《资本论》中阐发的基本原理，资本主义社会所以会发生周期性的经济危机，是由其生产社会化和生产资料私人占有这一基本矛盾，以及由此派生的各个企业内部生产的有计划同整个社会生产的无政府状态、社会生产可无限扩张的趋势同广大劳动者有支付能力的需求相对不足这样两对矛盾所决定的。从一般意义上讲，对当前这场肇始于美国、迅速蔓延于全球的严重金融危机和经济危机的发生原因，作上述归纳当然是不错的。但深入研究，就感到这种解读似乎还不够。这是因为，当代发达资本主义国家特别是美国的资本主义制度，经过近一个半世纪的发展、演变，较之《资本论》所分析、研究的资本主义，已具有诸多新特点。即使仅就危机本身而言，此次国际性金融危机、经济危机，同20世纪30年代的大萧条相比较，就至少具有以下三个方面的显著特征或重要不同点：

其一，20世纪30年代的大萧条始发于工业生产领域。当时世界上第一大工业经济体美国，1927年工业陷入衰退，1928年虽曾暂短反弹，但很快于1929年6月美国工业生产再次下降。是年10月，资本市场受波及，股市开始下降；当时世界第二工业经济体德国，1928年工业经济陷入低迷，工业投资下降14%，出口下降8%，失业人数上升；随后英国等资本主义国家的工业生产纷纷下降。两年之后，也即1931年才爆发全球性的货币、金融危机。而此次危机，从一开始，就具有金融危机的性质。2007年7月美国发生的所谓"次贷危机"，从本质上看，已经是金融危机，所谓"次贷危机"不过是美国的国际金融资本垄断寡头及其"看门人"企图继续误导广大投资者、消费者的一种骗人之说而已。

其二，20世纪30年代的大萧条，一开始便鲜明地暴露出是资本主义生产相对过剩引起的经济危机。而此次危机，虽然从本质上看、从深层原因看仍同资本主义生产相对过剩有很大关联，但同时，在很大程度上同经济金融化、金融虚拟化和金融衍生产品毒化、泡沫化，以及金融监管缺失即金融自由化等具有更为密切的关联。

其三，20世纪30年代的大萧条，受重创的主要是资本主义国家，广大不发达国家所受影响并不严重。从表1可以看出，自1928年至1937年的10年之内，欧洲、北美（主要是美国、加拿大）在世界贸易中的比重下降，而拉丁美洲、非洲、亚洲、大洋洲所占比重上升。特别是社会主义苏联，在整个20世纪30年代，社会主义经济持续发展，顺利完成了第二、第三个"五年建设计划"，到第二次世界大战前夕，苏联已发展成为仅次于美国的世界第二工业强国，充分显示了社会主义制度的优越性。而这次危机，虽肇始于美国，但席卷全球，世界各国无一幸免。

表1　　　　　　　　　1928—1937年世界贸易的地理分布　　　　　　　　　（%）

	1928年		1937年	
	出　口	进　口	出　口	进　口
欧洲	48.0	56.2	47.0	55.8
北美	19.8	15.2	17.1	13.9
拉丁美洲	9.8	7.6	10.2	7.2
亚洲	15.5	13.8	16.9	14.1
非洲	4.0	4.6	5.3	6.6
大洋洲	2.9	2.6	3.5	2.8
世界	100.0	100.0	100.0	100.0

资料来源：P. 耶茨：《对外贸易四十年》，伦敦1959年版，第32—33页。

此次国际性金融危机所具有的上述三个显著特征，是由当代资本主义的新发展及其基本矛盾在运行形式上显示的基本特征所决定的。

同宇宙间的其他事物一样，资本主义每时每刻都在发展、变化；但作为阶段性的新发展，从历史的角度观察，则始于20世纪的70年代。

20世纪中叶，人类从第二次世界大战的废墟中爬了出来，饱受战乱摧残的各国人民，面对饥寒交迫，强烈渴望和平、企盼发展。亿万人民群众的这种强烈意愿和呼声，推动20世纪的五六十年代，成为凯恩斯主义主导下的国家垄断资本主义恢复、发展的"黄金期"。但凯恩斯主义也不能改变资本主义经济的周期性规律。进入70年代，资本主义即陷入长达10年之久的

"滞胀"。所谓"滞胀",就是高失业、经济停滞或低增长与高通胀同时存在。比如,在1973—1982年间,美国的失业率最高达9.1%(1975年),1982年失业人数达1220万,创历史高峰。欧洲共同体的失业率达10%,英国甚至高达13.4%(1982年),整个"经合组织"失业人数达到3050万人,接近30年代大萧条失业4000万人的水平。在此期间,经济增长速度大幅度下降,美、英、法、德、意及日本等国1975—1979年间工业生产的年均增长率仅为2.6%,比60年代的6.6%的增幅下降60%多;从1979—1982年,美国工业生产持续下降或停滞了44个月,欧共体各国则下降或停滞了30多个月。与此同时,物价却飞涨,消费品物价年均上涨率60年代为3.7%,1970—1974年年均上涨7.9%,1975—1979年更达10.1%。[①] 一般说来,经济停滞或萎缩、高失业、高通胀等现象是在资本主义经济周期运行的不同阶段交替出现的现象,前二者多发生在经济周期的萧条—危机阶段,高通胀多出现在经济复苏—高涨阶段。此次出现的经济停滞或下降、高失业与高通胀同时存在的所谓"两高一低"现象,是资本主义经济运行过程中的一种新的社会经济现象。

深入剖析20世纪70年代"滞胀期间""两高一低"同时存在的这一新的社会经济现象,我们不难发现,马克思在《资本论》中所揭示的资本主义生产利润率下降趋势的规律,是导致这场长达10年的"滞胀"危机的重要的直接原因。"二战"之后,经过五六十年代相对平稳的发展,资本主义积累不断增长,科学技术日益进步,资本的技术构成,从而使资本的有机构成不断提高;在劳动生产率提高的同时,资本利润率也趋于下降,资本利润率的下降,又导致固定资本投资疲软(参见表2、表3);为维持较高资本利润率,国家垄断资本利用其垄断地位,扭曲市场法则,强行推高物价;驱动经济复苏的另一只轮子——社会消费,因为劳动者大量失业及高通胀而持续低迷。正是这诸多因素的综合作用,使资本主义经济只能在"两高一低"的"滞胀"隧道中挣扎、爬行。

[①] 参见宋则行、樊亢《世界经济史》下卷,经济科学出版社1994年版,第55—59页。

表2　20世纪60年代、70年代美国、联邦德国、日本固定资本投资增长率　　（%）

年　代	国　别		
	美　国	联邦德国	日　本
60	4.5	8.5	17.9
70	2.1	3.4	2.1

资料来源：宋则行、樊亢：《世界经济史》下卷，经济科学出版社1994年版，第57页。

表3　　　　　美国资本主义各发展阶段资本平均利润率[①]　　　　　（%）

阶段 （时段）	自由竞争资本主义 （1869—1897）	私人垄断资本主义 （1898—1940）	国家垄断资本主义 （1941—1982）	国际金融垄 断资本主义 （1983—）
资本平均利润率	17.5	13 （14%）*	11.9	12.7
最高的十年或 （其中最后一年）	24.2 （1882）	14.1 （1913，1929）	13.1 （1949，1968）	13.2 （1998）

*1898—1929年的平均利润率。

从以上的分析，关于20世纪70年代的"滞胀"危机，我们至少可以得出以下几点结论：

第一，20世纪70年代长达10年的"滞胀"危机中，尽管出现了一些新的社会经济现象，但它仍然是由生产社会化与生产资料私人占有这一资本主义社会的基本矛盾引发的资本主义周期性经济危机，而且，由这一基本矛盾所决定的资本利润率的下降趋势，是导致长达10年的经济"滞胀"的直接原因。

第二，经过战后五六十年代长达20来年的恢复、发展的"黄金期"，以美、英为代表的国家垄断资本集团的垄断资本、特别是金融垄断资本大幅度扩张，加上科学技术的进步，生产社会化的程度进一步提高，国内市场已满足不了国家垄断资本、特别是金融垄断资本的需要。就是说，国家垄断资本

[①] 根据李民骐、朱安东提供的资料编制。

力图突破国界,寻求在更广阔的空间、市场上攫取更高额的利润。因此,这场"滞胀"危机,在一定意义上是主导国家垄断资本主义近40年的凯恩斯主义的危机——她已经适应不了国家垄断资本、特别是金融垄断资本全球扩张的需要。

第三,从表3我们可以看到,随着科学技术的进步,以及资本为提高竞争力以获取超额利润这一内在动力的驱动,实体经济资本的技术构成不断提高,从而资本的有机构成也不断提高,导致资本的利润率趋于下降。1965—1973年,美国制造业的利润率下降了43.5%,1978年又比1973年降低了23%[①]。而资本的本性是追求利润的最大化。在市场这只"看不见的手"的推动下,什么领域利润率高,资本就会向什么领域流动。金融领域、资本市场虽然风险大,但存在着通过高杠杆操作、通过投机获取高额回报的机遇,于是吸引具有冒险天性的资本纷纷向金融领域、资本市场集中,使金融垄断资本迅速扩张、膨胀,并开始了由"圈地"(办实体企业)向直接"圈钱"的蜕变。

毋庸置疑,对于20世纪70年代的"滞胀"危机发生的原因,由于立足点不同,看法迥异、甚至完全相反。例如,新自由主义学派的掌门人哈耶克及其在英国伦敦学派、美国芝加哥学派中的弟子们认为,"滞胀"危机所以发生,是因为凯恩斯主义主导的国家对经济实行干预,以及政府开支过大所致。他们在对凯恩斯主义进行口诛笔伐的同时,大肆鼓吹他们一贯主张的"市场化、私有化、自由化"和"全球一体化"。正是在这种情况下,代表美英金融垄断资本集团利益的美国共和党里根和英国保守党撒切尔先后上台执政,将凯恩斯主义扔进了历史博物馆,把新自由主义捧上了美英主流经济学的宝座。

所谓"危机",乃"困局+机遇"。纵观历史,每当"重大危机",人类发展皆处于十字路口:代表进步的力量如果把握住了"机遇",将推动人类社会进步;代表没落的力量如果抓着了"机遇",将把人类社会拖向倒退。20世纪30年代的大萧条、70年代的"滞胀"危机,均属此类"重大危机"。

[①] 张宇:《金融危机、新自由主义与中国道路》,载《经济学动态》2009年第4期。

70多年前，苏联共产党人把握住了"机遇"，身陷资本主义包围的社会主义苏联逆势而上，在大萧条的十来年间，一跃而成为世界第二大工业强国，为随后战胜德、意、日法西斯准备了物质基础，催生了后来的社会主义阵营；30多年前，由于赫鲁晓夫集团挑起内争，世界社会主义阵营分裂、力量受损，再加上苏联忙于经营霸权，出兵阿富汗，而中国又深陷十年动乱，均错过了资本主义陷入"滞胀"危机的历史性"机遇"。而美、英的国际金融垄断资本集团则抓住了凯恩斯主义对"滞胀危机"束手无策之机，用新自由主义取代凯恩斯主义，开始了全球扩张的灾难性远征。

　　20世纪70年代末80年代初，各主要资本主义国家先后走出了"滞胀"危机的漫长坠道。人类社会在经历长达近10年的"滞胀"危机劫难的过程中，发生了对人类社会后来的发展颇具影响力的三件大事：其一是信息技术和网络技术的发明与广泛应用；其二是我们在前面已经提及的以私有化、市场化、自由化（尤其是金融自由化）和全球一体化这"四化"为核心内容的新自由主义理论，逐步取代凯恩斯主义而成为美英的主流经济学理论，至90年代初，以"华盛顿共识"出笼为标志，新自由主义最终蜕变为美国国际金融垄断资本集团的意识形态和政策；其三是布雷顿森林国际金融货币体系的崩溃，取而代之的是要求汇率形成机制"市场化"、资本流动及资本运作"自由化"，加上美元霸权为主要内容的当代国际金融货币体系。信息技术和网络技术的发明与广泛应用，既大幅提高了社会生产力，同时又为国际金融垄断资本的全球扩张，以及金融与资本市场的虚拟化和病态膨胀提供了技术支撑；新自由主义则成为国际金融垄断资本向全球扩张及其制度安排的理论依据；当代国际金融货币体系为美英国际金融垄断资本全球扩张提供了最重要的杠杆或平台。这三者的媾和，成为拉动美国为代表的发达资本主义由国家垄断向国际金融资本垄断过渡的"三驾马车"。

　　正是在这样一种非常奇特的"三驾马车"的拉动下，70年代的"滞胀"危机，不断加剧资本向大垄断资本、特别是国际金融垄断资本集中的趋势。以美国为例，资产超过50亿美元的工业大公司，1955年只有8家，到1970年增加到22家，15年增加了14家，增加了将近2倍；到1980年更增至52家，同1970年相比，10年之内增加了30家，翻了一番多。100亿美元以上的巨型公司,1955年有2家,1975年增加到11家,20年增加了9家;1980年增至19家,5年增加了8家。在"滞胀"后期,资本聚集速度明显加快(见表4)。与此同时,银行资本也在加速集中,不仅大银行兼并中小银行,还出现强强合并,产生了一批空前巨大的国际金融垄断资本集团(参见表5)。到1977年,美国最大的50家商业银行资产达6684亿美元,存款为5212亿美元,分别占全美国1万多家大小银行总资产的56.8%和总存款的55%;其中美洲银行、第一花旗银行、大通曼哈顿银行、制造商汉诺威信托银行、摩根保证信托银行等5家最大银行的资产和存款量,分别为3224亿美元和2464亿美元,占50家大银行的总资产和总存款的比重均超过42%;而雄居首位的美洲银行,拥有资产949亿美元和存款758亿美元,占5家最大银行资产和存款总量的30%左右。①

表4　　　　1955—1980年美国资产额超过10亿美元的工业公司数　　　　(个)

年份＼资产数额	100亿美元以上	50亿美元以上	20亿美元以上	10亿美元以上
1955	2	8	23	65
1960	2	11	30	80
1965	5	16	46	101
1970	10	22	84	152
1975	11	26	86	179
1980	19	52	150	249

资料来源:龚维敬:《美国垄断资本集中》,人民出版社1986年版,第183页。

尤其引人注目的是,正是在20世纪70年代的"滞胀"期间,美国金融垄断资本的国际化步伐大大加快。由于美国国内经济长期萎缩低迷,固定资产投资不振,迫使金融寡头把闲置的、过剩的金融资本输往国外,并在海外设立分支机构,致使美国跨国银行在海外的势力迅速增强。1954年,20个资本主义国家的99家银行控制的国外分行共1200家,美国占10%;到1977年,

---

① 参见宋则行、樊亢《世界经济史》下卷,经济科学出版社1994年版,第77页。

表5　　　1972—1978年美国按合并银行资产额分组的银行合并情况表

按合并银行资产额分组 \ 年份	被合并银行数（个）			
	1972	1974	1976	1978
1000万美元以下	2	5	3	/
1000万—2500万美元	4	7	5	4
2500万—5000万美元	5	8	10	3
5000万—1亿美元	12	11	13	11
1亿美元以上	34	39	44	44

资料来源：龚维敬：《美国垄断资本集中》，人民出版社1986年版，第102页表31。

世界最大的50家银行共在海外设分支机构3000家左右，美国占37%，所占比重增长近2倍，分支机构数由120家左右增至1100余家，增长近10倍；1979年美国在海外投资新建和合并企业资产总额中，银行所占比重为43.3%，比制造业的资产额高出2倍多。美国的许多大商业银行都是在70年代"滞胀"期间发展成为庞大的跨国银行的，[1] 也就是说，美国的金融垄断资本在70年代"滞胀"期间加速蜕变为国际金融垄断资本。

进入20世纪80年代后，美国、英国等国的国际金融垄断资本及其控制的跨国公司获空前扩张，至20世纪末，全球跨国母公司已多达6万余家，它们控制的海外分支机构有50多万家；这些跨国公司控制着世界生产的40%，国际贸易的50%—60%，国际技术贸易的70%，对外直接投资的90%以上。由此可见，以跨国公司为代表的国际垄断资本、尤其是国际金融垄断资本已经成为经济全球化的深厚基础，超级国际金融垄断资本集团已经具备足够的实力把全世界作为其运作的舞台。[2] 这表明，从20世纪70年代开始，当代资本主义发展已进入一个新的阶段：由国家垄断向国际金融资本垄断转变。

任何历史进程的新阶段除了有其本身特定的指标特征之外，还必然有某

---

[1] 参见龚维敬《美国垄断资本集中》，人民出版社1986年版，第132—133页。
[2] 参见中国社会科学院研究室《世界沧桑150年——〈共产党宣言〉发表以来世界发生的主要变化》，社会科学文献出版社2002年版，第56—57页。

些重大事件作为其标志。

没有标志性事件就不会有历史分期。资本主义由国家垄断阶段向国际金融资本垄断阶段转变也不例外。标志着资本主义向国际金融资本垄断阶段转变的重大事件，先后发生在20世纪70年代到21世纪初的30多年间，这些标志性重大事件有：

（1）以"滞胀"为特点的1973—1975年资本主义世界经济危机，标志着国家垄断资本主义发展到了极致，"滞胀"成为资本主义向国际金融资本垄断阶段大转弯的第一个历史拐点。"滞胀"既是对国家垄断资本主义发展的历史总结，又是资本主义进入国际金融资本垄断阶段的历史序幕。

（2）新自由主义的勃兴适应了当代国际金融垄断资本发展的需要。1990年"华盛顿共识"出笼后，新自由主义更成为国际金融垄断资本向全球扩张及其制度安排的理论依据。

（3）跨国公司的崛起使全球市场同时又成为全球工厂，从而为资本主义进入国际金融资本垄断阶段奠定了最深厚的物质基础。

（4）长期以来缺乏可贸易性的"服务"实现了贸易国际化，使国际金融垄断资本对全球经济实现了全产业控制，从而把资本主义在产业层面上推向了国际金融资本垄断阶段。

（5）因特网作为国际金融垄断资本控制全球的技术和经济密网，成为资本主义发展到一个新阶段的标志性技术。

（6）"9·11"事件为全面建立国际金融垄断资本全球体系提供了历史借口，使美国掀起了一场实现"政治全球化"或"全球一体化"的乌托邦浪潮。

（7）2007年爆发于美国并很快蔓延、祸害全球的近百年最严重的金融危机，表明国际金融垄断资本的寄生性、腐朽性已达于极点，它可能标志着国际金融资本垄断既是资本主义发展的最高阶段，也是国际金融垄断资本主义的"收官"阶段。[①]

[①] 以上参见何秉孟主编《新自由主义评析》，社会科学文献出版社2004年版，第11—12页。

二　国际金融垄断资本主义必然导致全球性金融危机

资本主义由国家垄断加速向国际金融资本垄断过渡，不仅提高了生产社会化的程度，同时在更大的范围内实现了生产资料的私人占有，无疑进一步加剧了资本主义制度所固有的基本矛盾及其他主要矛盾。从美国近二三十年的历史进程来看，国际金融垄断资本在运作过程中，已逐步呈现出了同国家垄断资本既有某种联系、继承，又有显著差别的若干基本特征：

其一，经济加速金融化，金融资本成为经济乃至政治的主宰。所谓经济金融化，用美国著名左翼学者威廉·K.塔布的话说，既是经济上的，又是政治上的。① 集中表现在：社会资本创造的利润越来越多地被金融资本所占有，因此推动金融资本（金融企业资本＋虚拟资本）相对于实体经济企业资本迅速膨胀。20世纪六七十年代后，由于实体经济企业的资本利润率趋于下降，面对激烈竞争，实体经济企业不得不通过并购等手段"做大"自己。而实体经济企业要完成"并购"行为，必须向银行贷款融资。金融资本垄断寡头正是利用金融作为现代经济运行的血液和命脉的特殊地位，逐步实现了对实体经济企业的操控，并越来越多地占有实体经济企业资本在生产过程中所攫取的剩余。据有的学者研究，20世纪70年代，美国金融部门所获得的利润仅仅是非金融部门所获利润的五分之一，到了20世纪末，这一比例就上升到了70%左右。② 另据美国学者统计，整个美国金融行业在2004年所"创造"的利润约为3000亿美元左右，而美国国内所有非金融行业所"创造"的利润则为5340亿美元，就是说，美国金融行业"创造"了美国所有国内企业利润的40%左右。而在40年前，也就是20世纪60年代，金融行

---

① 参见［美］威廉·K.塔布《当代世界资本主义体系面临四大危机》，唐科译，载《国外理论动态》2009年第6期。

② 参见张宇《金融危机、新自由主义与中国的道路》，载《经济学动态》2009年第4期。

业所"创造"的利润不到国内所有企业所"创造"的利润的2%。[①] 仅仅40年,这一比重就增长了19倍!

在自由竞争资本主义阶段,借贷职能的资本从社会资本中独立出来形成金融资本,是为提高为实体经济服务的效率,其收入——利息,来自生产资本所攫取的剩余价值,也就是从实体企业的剩余价值中分割出来的一部分。当资本主义发展到20世纪八九十年代之后,国际金融垄断资本再也不满足于生产资本的"从属"、"配角"地位,逐步与实体经济脱节,完成了由服务于生产资本向主宰生产资本的异化,完成了"协助"生产资本"圈地"(办实体经济企业),并分割其部分剩余价值向直接"圈钱"的演化。正如威廉·K. 塔布所说,"金融体系似乎已产生了一种新的、魔术般的'货币—货币'循环,在此循环中,仅用货币本身就能制造出货币来,而无需实际生产的介入"。[②] 所谓"货币—货币"(G—G′)或者"货币＜货币"(G＜G′)循环中的"魔术",除了金融寡头凭借其对实体经济企业的操控向实体经济分割尽可能多的"企业剩余"外,更主要的是以各种手段、包括打着"金融创新"的旗号,推出名目繁多、令人眼花缭乱的金融衍生品,并通过高杠杆,或者相互间、甚或对广大中小投资者进行诈骗,将全球股市、基金债券市场变成同实体经济完全不相关的大赌场,不仅使经济关系越来越表现为债权股权等金融关系,甚至使社会资产也金融化而异化为金融资产。

其二,金融虚拟化、泡沫化。资本的本性就是要在循环中尽快增值。既然无需经过实体经济生产运作、仅仅货币自身循环就能生出更多的货币(G＜G′),加上美国自20世纪六七十年代以后实体经济领域资本利润率持续下降,导致大量的社会资本涌入金融领域。据有关统计,20世纪50年代至70年代,美国金融资产流量对GDP之比平均为257倍,1980—2007年这一比例迅速上升到418倍;不仅如此,近一二十年来,即使是非金融公司,其资产总额中金融资产也在迅速增长、所占比重越来越高。20世纪70年代,非金融公司的金融资产与实体经济资产之比为40%多,到90年代,这一比例

---

① 参见[美]威廉·K. 塔布《当代世界资本主义体系面临四大危机》,唐科译,载《国外理论动态》2009年第6期。

② 同上。

已接近90％。[1]

  金融资本本身并不创造剩余价值，货币循环（G < G′）所以能生出更多货币，全靠投机诈骗、高杠杆运作。正是这种在高杠杆运作中的投机诈骗能带来高额回报，给极具冒险性的资本以强烈刺激，不惜举借高于自身资产数倍、数十倍、成百倍的银行贷款去购买美国的金融资产、股票债券及其他形形色色的金融衍生品。在这种完全脱离实体经济的货币循环中，出现一个十分奇特的现象："债务"成为重要的"发酵剂"。美国的各种所谓"金融创新产品"或金融衍生品，大都由美国政府债务、公司债务以至普通消费者的消费抵押债务等包装而成；同时，要高杠杆运作，购买这些金融衍生产品，又需要举借新的债务。正是在这种"举债"购买由各类债券包装成的金融衍生产品的恶性循环中，导致美国经济中由金融衍生产品（其中相当部分是"有毒"的）所形成的虚假财富如脱缰之马急剧膨胀。据国际货币基金组织（IMF）最近的报告，目前全球的金融衍生产品总值已达596万亿美元，是全球股市总值65万亿美元的9倍，是全球GDP总量54.5万亿美元的11倍。[2] 其中美国的金融衍生产品总值占全球的50%以上，已高达300多万亿美元，是美国号称的13万亿美元GDP的25倍。[3] 日本学者的上述估算应该说还是比较保守的，据2008年10月7日的《东方日报》所载之文称：美国市场的金融衍生产品的总值高达455万亿美元，占全球金融衍生产品总值的76%，相当于美国号称的年GDP13万亿美元的35倍。文章援引美国前总统布什的哀叹："华尔街醉了，什么时候不再搞这么多花巧得令人头昏脑涨的金融产品，才算醉醒了！"但布什哪里知道，在新自由主义金融自由化的主导之下，华尔街是不可能"醉醒"的！因为，美国的众多金融机构，都是由这种虚拟的、泡沫化的有毒金融衍生产品撑起来的。以美国最大的房产抵押金融机构房利美、房地美为例，其核心资产总共为750亿美元，但它们所发出的衍生金融债券竟高达52000亿美元，是其核心资产的近70倍，泡沫之大令人瞠

---

[1] 参见张宇《金融危机、新自由主义与中国的道路》，载《经济学动态》2009年第4期。
[2] 参见《金融海啸的〈祸根〉和〈灾底〉》，《信报》2008年12月30日第21版。
[3] 参见刘海藩《当前金融危机的原因与应对》，载《马克思主义研究》2009年第2期。

目结舌。① 可见，被有些人视为天堂的美国，就是建筑在这种虚拟的、有毒的金融衍生产品泡沫之上的。如果把这些泡沫都挤掉，美国还剩下什么？当然，不论是共和党的布什当政也好，还是民主党的奥巴马当政也好，都不可能动真格地去挤掉这些有毒的泡沫！

其三，金融资本流动、金融运作自由化。金融行业是一个具有战略意义的、非常特殊的行业。这首先是因为，现代金融是现代经济的中心，是一个国家的整个经济体的血液和命脉。其次，还因为金融产品是一种特殊商品：作为一般商品、金融产品的流动，要求以市场为基础并自由流动；但作为一般等价物，也即作为商品交换结算工具的货币市场工具，以及作为资产储备或转移资金、安排资产风险结构等的资本市场工具，它必须在国家计划的调控下，在国家有关法律的框架内，在国家有关部门的严密监控之下流动，以确保金融体系健康运行。最后，随着现代金融衍生产品的增多和金融产品的虚拟化，其流动性进一步增强，尤其是现代金融产品同当代高新技术——信息技术、网络技术结合之后，其流动之迅速、流动量之大，从而形成的对一个国家的金融系统乃至整个国民经济的冲击力之大，常常出乎人们的想象。正因为如此，迄今为止，世界上还没有哪一个国家实行金融自由化的金融体制而未遭受金融货币危机打击的成功范例！

对此，美国的国际金融垄断资本集团及其守门人——美国执政当局心里十分清楚。也正因为如此，为实现其尽快增值的目标，美国国际金融垄断资本不满足于仅仅主宰美国经济，而且要掌控整个世界经济体系，实现"全球一体化"即"美国化"，其重要杠杆之一，就是"金融自由化"。关于这一点，威廉·K.塔布在对美国国际金融垄断资本的嬗变过程进行跟踪分析时指出："因为金融部门已经取得了对（美国）其他经济部门的操控，实际上也取得了指挥债务人、弱势公司和（美国）政府的权力。由于它的权力增长，它可以要求在更大程度上不受管制，从而使得它进一步膨胀，并危及更大的经济系统的稳定性。"②

---

① 参见2008年10月7日《东方日报》，载《指点江山：金融市场异化》。
② 参见［美］威廉·K.塔布《当代世界资本主义体系面临四大危机》，唐科译，载《国外理论动态》2009年第6期。

美国金融危机与国际金融垄断资本主义

美国国际金融资本垄断集团及其守门人美国当局推行的"金融自由化",主要有两个方面的含义:其一是金融资本流动自由化。20世纪八九十年代以来,美国国际金融垄断资本集团加大在全球推行金融自由化的力度,要求各国改变境内外金融市场的分离状态,对外开放金融市场,实行外汇交易自由化等;1990年出笼的"华盛顿共识"明确要求"放松对外资的限制",这一切的要害在于,削弱他国的经济主权、金融主权,为其国际金融垄断资本自由进出他国"圈钱"、进而为控制他国经济扫清道路。

还应该指出的是,在推行"金融资本流动自由化"方面,美国当局历来实行双重标准:他们鼓吹的"金融自由化",仅适用于美国的金融垄断资本及其豢养的大大小小金融巨鳄进入其他国家的金融、资本市场,如果其他国家的资本进入美国市场,将会遇到法律的甚至行政的种种壁垒,受到严格的限制、审查甚至被拒之门外。近几十年来,美国当局在维护其"国家安全"的名义下,通过立法或发布行政条例,对其他国家的金融资本进入美国进行严格限制和严密金融监管,其法律的或行政法规的条款多达一千余条。[1]

美国当局推行的"金融自由化"的第二个方面的含义,就是主张金融运作自由化,取消金融运作中必不可少的监管环节。监管环节的缺失,使大大小小在货币循环中运用欺诈手段"圈钱"的金融巨鳄获得空前"解放",近二三十年来,"金融创新"被亵渎,成了"金融诈骗";金融衍生产品大多被毒化,成了美国产另类"摇头丸"。正是在美国这样一个充满欺诈、剧毒的金融、资本市场上演的一幕幕"圈钱"大比拼过程中,孵化出了一批又一批麦道夫、斯坦福之流的超级欺诈骗子,甚至连号称美国金融市场看门人的穆迪、标准普尔、惠誉等信用评级机构,在美国的充满尔虞我诈的金融大染缸里也被熏陶为专事出卖灵魂(穆迪高管:"我们为了赚钱,把灵魂出卖给了魔鬼。")、同金融巨鳄们沆瀣一气、将大批"有毒债券"贴上"优质"、"3A"标记,去坑蒙全球投资者的制度性毒瘤。[2] 所有这一切,都是对美国推行的"金融自由化"的经典注释!

---

[1] 参见何秉孟、李千《金融改革与经济安全——警惕"金融自由化"对中国金融改革的干扰》,载《马克思主义研究》2007年第6期。

[2] 参见《世界抨击美国三大评级机构》,《环球时报》2008年10月27日第7版。

其四，实体经济逐步空心化。近二三十年来，美国经济金融化、金融虚拟化、金融衍生产品泡沫化，仅仅是美国经济畸形发展的一个方面。美国经济畸形发展的另一个方面，是实体经济逐步萎缩、国民经济空心化。实体经济的主体制造业也就是第二产业在GDP中的比重，1990年仅为24%，2007年进一步下降至18%；制造业投资的增长率2006年仅为2.7%，投资额仅相当于GDP的2.1%。[①] 20世纪的八九十年代，美国的服务性行业（主要是金融行业），已占GDP的70%左右，在实体经济领域，除军事工业仍为全球之冠外，其余仅石油、IT、房产、汽车、飞机制造以及农业等产业还能称雄于全世界。但自进入新世纪后，先是IT产业泡沫破灭受沉重打击，继而因"9·11"事件使飞机制造业遭重创；本世纪初为摆脱经济衰退，实行30年期购房贷款60年来最低利率以刺激住宅销售，营造了房地产业的巨大泡沫，2007年房地产因泡沫破灭而一蹶不振；在由此引发的金融危机中，美国所剩为数不多的实体支柱产业汽车行业又遭重创，克莱斯勒、通用、福特三大汽车巨头因汽车销量骤降、经营出现巨额亏损——仅2008年第三季度这三家公司亏损共达240多亿美元，债务负担过重，股价暴跌至垃圾股边缘而深陷困境，克莱斯勒、通用两公司不得不先后申请破产保护，福特公司亦在考虑出卖所持马自达的股份以维持运转。至此，美国这个庞然大物稍有竞争力的实体经济产业已经所剩无几了，扳起指头数了数，仅军工、石油、农业而已！

顺便指出，近几年来，美国号称其年GDP已达13万亿美元左右。现在看来，这也是一个为维持美元霸主地位而被注水稀释了的数字。进入新世纪后，在美国经济中，金融业占半壁江山。然而美国的金融业除美钞印制外，毕竟是虚拟的、泡沫化的，今年虚拟资产估值10万亿，明年金融市场、资本市场一旦动荡，马上会缩水至6万亿甚至更少。比如，据私募基金百仕通集团执行长史瓦兹曼统计，此次金融危机在不到一年半的时间即毁掉45%的世界财富[②]。另据美联储2009年3月12日公布的资料，美国家庭的财富

---

① 参见何国勇《国际金融危机的成因、前景及启示》，载《南方论丛》2009年第2期。
② 《联合报》AA1版，2009年3月14日。

（房产、银行存款、股票资产减去债务）2007年第二季度为64.4万亿美元，至2008年底剩下51.5万亿美元，一年多缩水20%，仅2008年第四季度即缩水9%。[①] 到目前为止，美国的金融危机和全面经济危机还在发展，其金融系统近乎腐烂，信誉也丧失殆尽，金融企业大都亏损、缩水，美国的年GDP到底剩下几何，这可能是一个美国政府不愿正视的数字。关于这个问题，头顶"商品大王"桂冠的罗杰斯（Jim Rogers）曾有一段精彩的点评："我不会相信政府公布的任何数据，美国政府无论通胀数据或经济增长都讲了十多年的大话……我不会在意政府公布的数据。"[②]

其五，在所谓"效率优先"的新自由主义政策主导下，美国劳动大众日益贫困化。以自由化特别是金融自由化、私有化、市场化或市场原教旨主义为灵魂的新自由主义，是为国际金融垄断资本榨取尽可能多劳动者血汗服务的。所谓"效率优先"本质是"资本效率优先"、"资本增值效率优先"。私有化、市场化、自由化之于"资本增值效率"，犹如水之于鱼；只有在不受制约的市场里，资本尽快增值的"效率"才能得以彰显或实现。然而，满足资本尽快增值的"效率"，是以牺牲社会公平、以广大劳动者的日益贫困为代价的。对于这一点，新自由主义者们向来讳莫如深，足见其虚伪性。但客观事实充分证明"效率优先"是一种经典的"劫贫济富"政策：近二三十年来，随着科学技术的进步，工人素质的提高，劳动生产率也大大提高，工人在单位时间内创造的价值也在增加，工人的工资本应相应提高，而事实是美国工人的工资不仅没有上升，反而不断下降。1971年美国企业工人平均工资每小时17.6美元，至2007年每小时工资下降到10美元，降幅达43%[③]；如果将通货膨胀因素考虑进去，工人的实际工资降幅更大。

正是在所谓"效率优先"政策的主导下，美国社会的两极分化进一步加剧。近二三十年来，美国企业高管与普通员工的工资差距，从40∶1扩大到了357∶1。[④] 20世纪70年代之后的30年中，美国普通劳动者家庭的收入没

---

① 《信报》（财经新闻）P10版，2009年3月14日。
② 参见《东方日报》B03版，2009年1月1日。
③ 参见何国勇《国际金融危机的成因、前景及启示》，载《南方论丛》2009年第2期。
④ 同上。

有明显增加,而占人口 0.1% 的富有者的收入增长了 4 倍,占人口 0.01% 的最富有者家庭的财富增加了 7 倍。① 从 2000—2006 年,美国 1.5 万个高收入家庭的年收入从 1500 万美元增加至 3000 万美元,6 年翻了一番;而占美国劳动力 70% 的普通员工家庭的年收入从 25800 美元增至 26350 美元,仅增长 550 美元,6 年仅增 2%。前者的家庭年收入为后者的 1150 倍,在这 6 年中前者年收入的增加额为后者年收入增加额的近 3 万倍。②

美国政客及一些资产阶级经济学家常常津津乐道:美国普通民众均持有股票,"人人都是资本家"。其实,这也是一个大骗局,真相是,占人口 10% 的富人持有美国股票市值的 89.3%、全部债券的 90%,而普通员工持股之和仅占全部股票市值的 0.1%。③

贫者愈贫,富者愈富,且后者建筑在前者之上。这就是"效率优先"所构建的今天美国的社会现实。

其六,美国经济乃至国家运行的基础债务化。有关统计资料显示,2006 年前后,美国居民消费已经占到美国 GDP 的 73%。④ 根据这一统计口径,如果再按美国声称的年 GDP13 万亿美元计算,2006 年美国居民人均消费 3 万美元左右。而占劳动力 70% 的普通员工家庭的平均年收入为 2.6 万美元,一个家庭按 4 口人计,人年均可支配收入当不足万元,远远不足以支付人年均 3 万美元的消费支出。这里的可能解读只能有二:一是正如罗杰斯所言,美国发布的数据有极大水分,其年 GDP 根本不足 13 万亿美元。即使按人年均消费支出高出年人均可支配收入(1 万元)一倍进行匡算,美国的年 GDP 也只能在 8 万亿美元之下。二是即使按 2006 年美国年 GDP8 万亿美元计算,是年美国人均消费支出(8 万亿 ×0.73÷3 亿人)2 万美元,人均可支配收入 1 万美元,消费资金缺口人均还达 1 万美元。这笔巨大的消费资金缺口靠什么填补呢?只能依靠借贷!

资本主义经济在生产社会化与生产资料私人占有这一基本矛盾的支配

---

① 参见张宇《金融危机、新自由主义与中国的道路》,载《经济学动态》2009 年第 4 期。
② 参见刘海藩《当前金融危机的原因与应对》,载《马克思主义研究》2009 年第 2 期。
③ 同上。
④ 参见张宇《金融危机、新自由主义与中国的道路》,载《经济学动态》2009 年第 4 期。

下,一方面是生产、物资供给具有无限制增长的趋势,另一方面是因资本盘剥的加重,广大劳动者的贫困加深,有支付能力的社会购买力增长缓慢,导致相对过剩的经济危机周期性发生。当资本主义发展到国际金融垄断资本攫取主导地位之后,仅仅从生产资本那里分割更大一块"企业剩余"已无法满足其深不见底的壑欲,在"金融创新"的旗帜下,"G<G′"的"圈钱"魔术式"经营"堂而皇之地登上了资本主义经济的最高殿堂:股票、股市以及各种基金逐步去集资之功能,与经济基本面脱钩,蜕变成了高杠杆运作以"圈钱"的大赌场;债券,对于国际金融寡头来说,成了资本市场上可以"一箭三雕"的新宠:一是鼓动借贷消费可暂时缓解因劳动大众贫困加深、社会购买力不足导致的生产相对过剩经济危机;二是可从借贷消费的劳动大众身上进行再次榨取;三是通过将各种债券(包括坏账、死账债券)包装成形形色色的金融衍生品可对美国乃至全球投资者进行坑蒙诈骗,以转嫁损失。

正是在美国国际金融垄断资本集团的主导、推动之下,近一二十年来,在美国逐步形成了一种"负债经济模式":

普通民众靠借贷维持日常消费。有学者据此责难美国人是超前消费,其实,这是一种误读。美国民众靠借贷消费,不过是为了维持一种较为体面的生活而已,是不得已而为之。据有关资料(见图1、2),美国家庭债务占其可支配收入的比重,1983年为75%左右,2000年上升为125%;美国家庭债务占其税后收入的比重,1980年为60%,2000年为110%。

从20世纪八九十年代开始,美国民众家庭已经是入不敷出了。所以,消费信贷急剧增长,从1971年到2007年的36年间,美国民众的消费信贷从1200亿美元激增至2.5万亿美元,增加了20倍。这还不包含高达11.5万亿美元的住房负债,如将两者相加,总共负债14万亿美元,比美国一年的GDP还要多,平均每个美国人负债近5万美元,当然,负债最重的还是低收入者。[①] 所以,当前美国普通民众的工资的40%要用于偿还住房贷款,15%要用于偿还上学贷款,11%要用于缴纳社会保障基金,15%要用于缴纳个人所得税,剩下用于日常生活消费的不足工资的19%。要维持较为体面的消

---

① 参见何国勇《国际金融危机的成因、前景及启示》,载《南方论丛》2009年第2期。

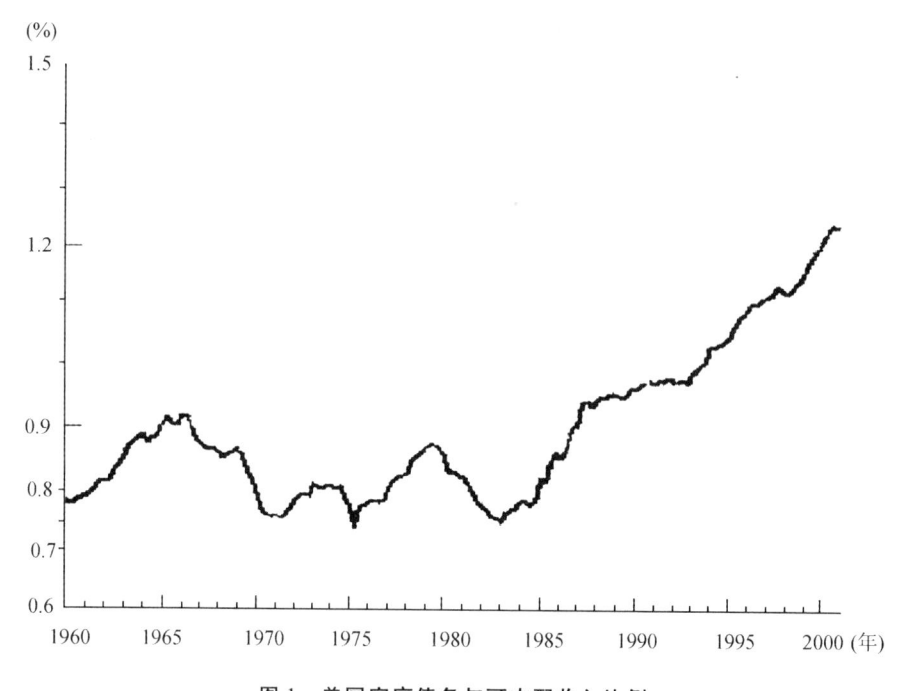

图1 美国家庭债务与可支配收入比例

资料来源：NIPA and Flow of Funds。

费，不得不举借新债！[①]

不仅美国广大民众靠借贷维持日常消费，美国企业甚至政府也靠举债维持经营或运转。2007年美国国债余额为10.35万亿美元。金融危机爆发后，2008年布什政府推出8500亿美元救市国债计划，为此国会不得不将国债上限提高至11.3万亿美元；2009年奥巴马上任后，又推出7870亿美元国债救市计划，国会又不得不为此将国债上限提高到12.1万亿美元。8月7日，美财长盖特纳再一次向国会申请突破12.1万亿美元的国债上限，看来美国国债余额将直逼13万亿美元。这相对于美国政府发布的大大注了水的年GDP13万亿美元来说，美国国债率已高达100%，远远高于国际公认的安全债务率60%的上限。问题的严重性还远不止如此：如果把美国政府对国民的

[①] [美]迈克尔·赫德森（《金融帝国：美国金融霸权的来源和基础》的作者）来华访问讲演提供的资料。

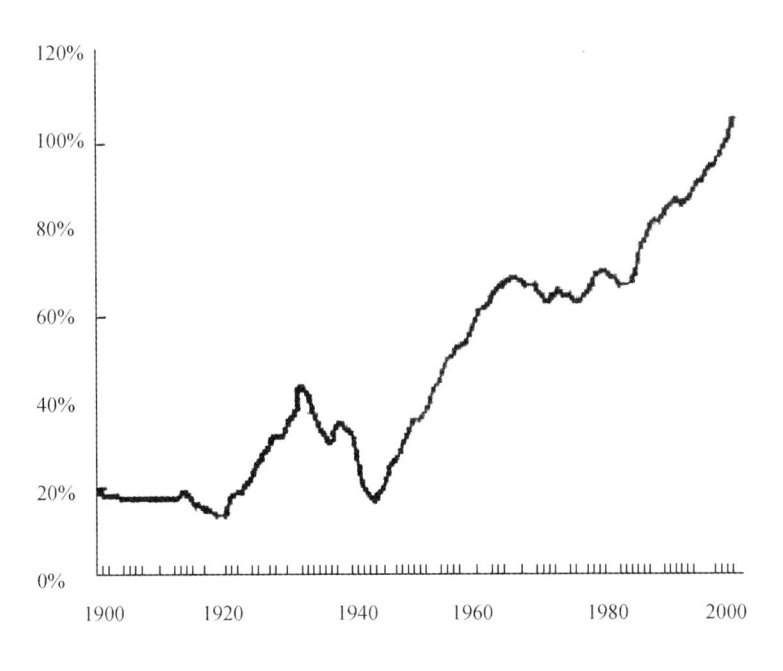

图 2　美国家庭债务占税后收入比重

资料来源：NIPA and Flow of Funds。

社会保障欠账等内债加在一起，2009 年美国的债务余额已高达 55 万亿美元；如果再把诸如"两房债券"之类的抵押债券、美国各大财团所发行的说不清是公司债还是政府债等共计 20 万亿美元（2007 年末美国国债协会 SIFMA 统计）债务统计进来，美国政府的债务总额将高达 75 万亿美元。而按 2007 年的市场公允价格计算，美国的全部资产总市值约 76 万亿美元。[①] 近两年，美国爆发严重金融危机和全面经济危机，部分资产大幅缩水，其资产总市值已远在其国家债务总额 75 万亿美元之下。这就是说，美国已经资不抵债，从一定意义上，美国比沦落到破产边缘的冰岛还要糟得多！

以上六个方面的基本特征，是美国为代表的国际金融垄断资本主义的基本矛盾在运行中的基本表现。它反映在资本主义的国际金融资本垄断阶段，生产社会化同生产资料私人占有之间的矛盾在进一步发展，企业内部尤其是

---

① 参见何国勇《国际金融危机的成因、前景及启示》，载《南方论丛》2009 年第 2 期。

金融企业内部的有组织性、计划性同超越国界的全球性的无政府状态间的矛盾空前尖锐,生产无限制扩大的趋势同劳动大众相对贫困导致有支付能力的社会购买力不足的矛盾在进一步激化,国际金融垄断资本的寄生性、腐朽性在日益加深。这一切表明,美国当前爆发这一场近百年来最严重的金融危机,并很快席卷全球,绝非偶然,是美国国际金融垄断资本的寄生性和腐朽性日益加深、国际金融垄断资本主义的基本矛盾日益激化的必然结果。

三 国际金融危机的发展趋势及其对世界经济政治格局的影响

此次肇始于美国、祸害全世界的金融危机和全面经济危机,留给人类一系列值得反思和研究的问题。从我国未来的发展、特别是未来发展战略的角度出发,当前至少有以下几个问题亟须深入思考和研究。

(一)关于美国金融危机、经济危机的发展趋势:实体经济衰退2010年上半年可望探底,金融危机和动荡将持续数年

从2007年7月美国发生所谓"次贷危机"算起,此次金融危机已持续两年有余。近一个时期以来,国内外各界对这场危机的发展趋势均在分析、研究,诸子百家,见仁见智。以美联储主席伯南克为代表的一部分人士认为,美国经济、全球经济"已经走出衰退的低谷","短期经济增长前景乐观"。2009年8月21日在堪萨斯城联邦储备银行于杰克逊市的"年度经济研讨会"上,伯南克在说这番话时,还特别强调了美联储的贡献,说什么"若非美联储对危机及时作出回应,全球经济将面临灭顶之灾"。真乃纵火者参与灭火,摇身一变成了救火大英雄!唯其如此,其乐观论调的科学性就不免要大打折扣。包括美国在内的西方主流经济学派大多持谨慎的乐观看法,认为美国经济、全球经济虽出现探底复苏征兆,但好转势头不稳固。有少数人士不认同上述乐观估计,认为美国经济呈V形反转的可能性很小,"经济复苏可能呈W形",亨斯曼公司的高管即持此看法。应该指出的是,美国各界的上述各种看法,其依据大都是美国政府发布的相互矛盾、且经过"修正"的经济运行数据。

我们曾经指出,分析美国当前爆发金融危机、经济危机的原因,不能仅仅从经济运作层面、技术操作层面去寻找[①];同样,分析、研究美国金融危机和全面经济危机的发展趋势,也不能仅仅着眼于美国经济的运作层面或技术操作层面。而且,美国乃至世界当前正在演进的危机,是一次复合性危机,它本身就包含两个层面:一是实体经济衰退,二是金融危机。两者间虽有关联,但由于在美国为代表的资本主义由国家垄断向国际金融资本垄断过渡的过程中,经济金融化、金融虚拟化和泡沫化、金融资本流动和金融运作自由化,发生金融危机的原因及发展趋势同实体经济衰退发生的原因及发展趋势是有很大差别的:

实体经济衰退一般说来,均具有生产相对过剩的性质,其自身发展规律是,在"看不见的手"的操控下,调整产业结构以及生产与消费结构;当然,这种结构的调整,以生产力的巨大破坏和广大劳动者的苦难为代价。就当前美国的实体经济衰退而论,房地产业、汽车产业及相关产业的相对过剩的生产能力,均将通过大批企业、公司的破产倒闭而破坏掉,破坏"彻底"了,也就是"探底";待产业结构、生产与消费结构在低位上取得新的平衡后,衰退中的实体经济才有可能告别衰退,自"低谷"逐渐爬升。根据美国商务部发布的信息,从2008年下半年至2009年中,美国实体经济已连续四个季度衰退,累计萎缩幅度已逾14%,其萎缩幅度之大并不多见,也就是说,对相对过剩的生产力的破坏已经相当"彻底",实体经济再进一步下探的余地有限,今年第二季度实体经济萎缩1%,较第一季度的衰退6.4%大幅收窄也说明了这一点。只要不出现新的"地震",实体经济衰退有望于2009年底或2010年上半年结束。衰退触底后是在低谷徘徊还是反弹,取决于两个因素:一是实体经济能否找到新的经济增长点,二是金融危机的走势。

至于当前正在折腾的金融危机,尽管同生产相对过剩有联系,如2007年7月发生的"次贷危机",在一定意义上也可说是生产相对过剩引起的;但深入分析,这不过是爆发金融危机的"导火索"而已。真正引发近百年最

[①] 参见何秉孟《美国爆发金融危机的深刻背景和制度根源》,载《马克思主义研究》2009年第3期。

为严重的金融危机的深层原因,正如我们在前面已经指出的,是近二三十年来,美国的国际金融资本垄断集团为"圈钱",在新自由主义理论、政策主导之下,构建的以经济金融化、金融虚拟化和泡沫化、金融资本流动及金融运作自由化为基本特征的掠夺性金融体制。只要这种集骗(诈骗)、赌(高杠杆操作,将资本、债券市场变为脱离实体经济的大赌场)、毒(泡沫化的有毒金融衍生产品)于一身的制度性、体制性弊端不革除,金融危机就不可能从根本上得到治理。具体地说,要从根本上治理金融危机,至少要解决以下三个方面的问题:一是摒弃新自由主义的理论,特别是摒弃金融自由化理念、政策,结束国际金融资本垄断集团对美国经济、政治权力的垄断;二是彻底改变美国国民经济金融化的畸形经济结构,终结"G—G′"这种"圈钱"的货币循环体制;三是从根本上改革现有金融运行机制,加强对金融资本流动和金融运作的监管,废止金融虚拟化,逐步挤掉金融衍生产品泡沫,特别是剔除巨额有毒的金融衍生产品及其他有毒的金融资产。解决上述3个问题,对于美国当局来说,"难于上青天",可以说是不可能的。美国金融危机发生后,布什政府以及去年上台的奥巴马政府采取的办法主要是向金融机构注资,这不是要革除弊端,而是在给危机肇事者颁奖!金融危机持续两年多,金融系统已经暴露出的问题根本没有触动,新的问题仍在层出不穷,真所谓"旧债未了,又添新债"。如,据美国联邦存款保险公司(FDIC)2009年8月27日公布,该公司仅2009年第二季度就将111家贷款商纳入到"问题"金融机构之中,使其旗下的"问题"金融机构增至416家,涉及金融资产总额近3000亿美元,总数创15年以来之新高!其实,这也仅是"问题"冰山下的九牛之一毛,美国金融系统的坏账、呆账、死账,以及有毒的金融衍生产品到底有多少,可能谁都心中无数!有的学者最近指出:引发"次贷危机"的"问题债"规模大概13万亿美元,另外还有美国的地方债券、企业债券、金融债、信用卡债和一系列消费类债务,其总规模是"次级贷"规模的2倍左右,也就是达25万亿美元左右。如果这方面潜在的问题爆发,其震波将远大于房屋次级贷所引发的金融"地震"。[①] 此外,近二三十年来,

---

① 参见《中国财富》2009年4月号,第92页。

美国国际金融资本垄断集团为获取巨额铸币收益,充分发挥印钞机功能,滥发美元;此次金融危机中,更是开足印钞机马力印制美元,向金融系统输血注资。据2009年7月20日美国财政部"不良资产援助计划"特别督察长卡巴洛夫斯基称,目前联邦政府2万多亿美元的援助计划,仅仅是挽救银行行动的开始,未来救助银行的总金额可能高达23.7万亿美元。美国当局如此无节制地印发美元,潜伏着美元大幅贬值的通货膨胀风险,美元"货币危机"已呈一触即发之势。

总之,治理美国的金融危机,且不说根治,就是大致理顺、稳定,较之治理美国的实体经济衰退,难度要大得多,所需时间自然要长得多。或者我们可以说,从2007年的所谓"次贷危机"开始,美国的金融系统才真正踏入了"问题期",这个"问题期"持续的时间会有多长,乐观地估计,可能至少需要两三个总统任期。

(二)此次金融危机对美国的影响:综合实力受到重创,"一超独大"进入尾期

美国2007年爆发的金融危机,祸害全球,但遭创最重的还是美国,主要反映在三个方面:首先是本已"空心化"的美国实体经济再遭重创;其次是美国金融体系的腐朽性暴露无遗,在全球投资者中信誉丧失殆尽,改革美元为霸主的当代世界金融货币体系的呼声不断,美元的霸主地位岌岌可危;最后,美国引为自豪的"软实力"——以新自由主义为核心的意识形态在全球的影响力急剧下降。关于前两个方面,我们在前面的行文中已有探讨,在此,着重分析第三个方面的问题。

以私有化、市场化、自由化(特别是金融自由化)和全球一体化(美国化)为核心内容,以及以"华盛顿共识"为"完成形态"的新自由主义,是美英国际垄断资本(主要是国际金融垄断资本)全球扩张的理论体系。20世纪70年代末80年代初,随着代表国际金融垄断集团和石油、军工集团利益的美国共和党里根及英国保守党撒切尔夫人的上台,新自由主义被捧上了主流经济学宝座。近20多年来,国际金融垄断集团诱导甚至以贷款、援助的附加条件等软硬兼施手段,在全球推行新自由主义、特别是金融自由化,为在竞争中具有绝对优势的国际金融垄断资本构建自由进出各国并确保其套利套汇收益的操作平台,其结果是导致金融频繁动荡,金融危机和货币危机不断发生。据世界银行统计,20世纪八九十年代,全球共发生大大小小的金融货币危机108次,其中,80年代45次,90年代63次,90年代的频次比80年代多40%。八九十年代的金融货币危机,绝大多数发生在新兴工业国家、发展中国家等经济弱势国家,美国的金融体系没有发生大的动荡,不仅如此,美国的金融寡头还落井下石,大发他国国难财。这首先说明,美英国际金融垄断资本所推行的新自由主义、特别是金融自由化,对经济弱势国家而言,绝非福音,而是祸水。但由于在此期间,美国的金融相对稳定,导致有些人对新自由主义、对金融自由化尚存在一些幻想:既然信奉新自由主义、金融自由化的美国没有发生金融危机,这是否表明,不是新自由主义、金融自由化本身不好,而是这些国家推行新自由主义、金融自由化力度不够?笔者2006年访问拉美,同巴西学者座谈时,有些巴西学者就持这种看法。其实,一个时期以来,我们国内持类似观点的也大有人在,他们反对批判新自由主义,主张照搬美国人的理念,移植美国的经济体制、金融体制以实现中国的"崛起",做起了"美国梦"。然而,历史多多少少有点无情:正当美国的国际金融资本垄断寡头们在津津乐道美国的"经济、金融基本面健康"、"华盛顿共识"具有"广泛适用性"的时候,正当包括我国在内的发展中国家的某些人沉溺在"美国梦"中的时候,美国爆发了近百年来最为严重的金融危机。美国哥伦比亚大学教授、诺贝尔经济学奖获得者约瑟夫·斯蒂格利茨对这种现象进行了精彩点评,认为当前的金融危机和经济危机使华盛顿奉行的理论与实践遭遇前所未有的尴尬;危机结束之时,美国式资本主义将受到沉重打击,发展中国家将会越来越相信:"美国所倡导的一切经济理念只能远离,不可亲近。世界对美国式的资本主义模式感到失望,我们提倡的意识形态已经失去昔日的光环,它锈蚀得已经不需要再进行修补了。"[①] 斯蒂格利茨从美国内部透视美国所得出的上述判断,虽然浸透着伤感,也足以让至今仍沉溺于"美国梦"的人士清醒!这不仅仅因为斯氏是一

---

① [美]约瑟夫·斯蒂格利茨:《华尔街的"遗毒"》,载美国《名利场》2009年7月号。

位美国人，而且是一位得过诺贝尔奖的较少偏见的严肃学者。

我们知道，苏联解体、冷战结束后，美国"一超独大"，主要靠庞大的军事机器、美元霸主和新自由主义为灵魂的意识形态"软实力"这三足支撑。美国被严重金融危机、全面经济衰退折腾两年之后，支撑"一超独大"的三"足"之中，一"足"——以私有化、市场化、自由化（主要是金融自由化）和全球"一体化"为核心内容的新自由主义意识形态"软实力"，虽然不大可能立即退出历史舞台，甚至有可能经过某些"修补"后继续招摇撞骗，但因其过于腐朽，完全违背经济社会发展的客观规律，几十年来给人类带来了太多的灾难，在全球已成过街老鼠甚至连美国国际金融资本垄断集团一手扶植起来的、长期唯美国国际金融垄断资本之马首是瞻的世界银行和国际货币基金组织，也在开始批判金融自由化、呼吁加强金融监管，看来，这一只"足"是土崩瓦解了。另一"足"——美元霸权，其根基也已动摇。由于美国的国际金融垄断资本贪得无厌，几十年来凭借美元在国际金融货币体系中的特殊地位，利用印钞机疯狂盘剥全世界，积怨太深；在此次危机中，美国当局为拯救华尔街的一批金融大亨，开足印钞机印制"绿纸片"，美元危机、美元大幅贬值迟早会发生，使其货币市场工具功能和资本市场工具功能大打折扣。所以，全球要求改革现有国际金融货币体系的呼声此起彼伏。所谓改革现有国际金融货币体系，集中在两个方面，一是摒弃所谓"金融自由化"，加强金融监管；二是终止美元的霸主地位。可以预期，美元霸主地位的时日屈指可数了。

现在我们可以看到，曾经支撑美国"一超独大"的三"足"之中，一"足"已经坍塌，一"足"受创致残，剩下的一"足"——庞大的军事机器，虽仍在发挥支撑作用，但也并非是无往而不胜。比如，2003年在谎言的掩饰下美军气势汹汹入侵伊拉克，几年来耗费数以万亿美元计，死伤成千上万将士，仍然如陷泥潭，不得不部署撤离伊拉克，这足以说明，如果师出无名，军事机器再强大，也逃脱不了举着白旗从战壕爬出的结局。当然，正如俗话所说，"病瘦的骆驼比马大"，由于实力不对称，美国的军事机器在伊拉克尚未伤筋动骨，在弱小者面前仍可张牙舞爪，但要支撑"一超独大"局面，毕竟"独木难支"。这一切似乎表明，美国"一超独大"已近尾声，世界或许真正开启了进入"多级格局"之门。

(三) 国际金融危机对资本主义历史进程的影响：由国家垄断向国际金融资本垄断过渡的进程将被中断，社会市场资本主义经济模式的影响将增强

"祸兮福之所倚，福兮祸之所伏。"虽然这次国际性金融危机对人类的社会生产力造成巨大破坏，加剧了数以亿计的普通老百姓的贫困和苦难；但另一方面，这场危机充分暴露了美国新自由主义经济模式的极端寄生性和腐朽性，宣告了以"私有化、市场化、自由化（尤其是金融自由化）和'全球一体化'"为核心内容的新自由主义理论的破产，重创了美国金融垄断资本的实力，资本主义由国家垄断向国际金融资本垄断过渡的进程将因此而中断；同时，美国"一超独大"的世界格局也将因此而步入尾期，为"终结"美国"人类灾难制造者"历史提供了难得的机遇。这一切，对于包括美国人民在内的世界人民来说，是不可多得的福音。

然而，我们必须清醒看到，即使当代资本主义由国家垄断向国际金融资本垄断过渡的进程被中断，即使"终结"美国"人类灾难制造者"历史的机遇能够成为现实，也并不意味着是世界资本主义的末日会立即来临。自20世纪八九十年代苏东剧变后，世界社会主义遭受严重挫折而陷入低谷，此次国际性金融危机和全面经济危机并没有改变资本主义仍具有一定的发展空间、在今后相当长的一段历史时期内还会处于绝对优势地位这一基本态势；何况时至今日，世界工人阶级也并没有为改变这一基本态势做好思想上、组织上的准备。所以，美国新自由主义经济模式的破产，仅仅是寄生性和腐朽性达于极点的一种资本主义模式的破产。

我们曾撰文指出过，当今世界，在资本主义这个总的范畴下，有三种主要的市场经济模式：其一是，美国和英国的以新自由主义为理论基础的自由市场经济模式或市场原教旨主义经济模式；其二是，德国、法国和北欧瑞典等国的以社会民主主义为理论基础的社会市场经济模式；其三是，日本、新加坡、韩国等亚洲国家的"政府主导"的市场经济模式。[1] 近20多年来，世界上不仅存在社会主义同资本主义两条道路之间的尖锐对立与激烈斗争，

---

[1] 参见何秉孟、姜辉《同英国学者关于市场经济不同发展模式讨论的报告》，载《马克思主义研究》2006年第4期。

而且还存在资本主义体系内各种经济模式之间的激烈竞争。20世纪80年代后，美国的国际金融垄断资本集团为实现"全球一体化"也即"全球美国化"的野心，控制全球金融和世界市场，不仅采取各种手段，向拉美、东亚等新兴市场经济国家以及苏东地区推销新自由主义及其完成形态——"华盛顿共识"，而且对其盟友欧洲大陆诸国也进行渗透。期间，欧洲学界、政界如资产阶级中左翼政党也以各种方式对美国的新自由主义渗透进行反制，以维护社会市场经济模式。20世纪90年代，由布莱尔、克林顿、施罗德以及英国工党的著名理论家吉登斯等人推出的"第三条道路"理论或模式，就是一种渗透与反制渗透的复合体。由此也可看出，在这一期间，欧洲大陆的社会市场经济模式同美国的新自由主义经济模式间的竞争与较量的激烈程度。此次爆发自美国的严重金融危机和全面经济危机，宣告了美国新自由主义经济模式的破产，对于与之竞争的欧洲大陆的社会市场经济模式而言，当然可以视作是这场竞争与较量的圆满句号。

德国、法国和北欧瑞典等国的社会市场经济模式，以实体经济为主、以混合经济体制为主，国有和集体、合作经济成分比重较大；它虽然也强调市场机制的作用，主张自由竞争，但反对自由放任的市场经济，主张市场机制与国家的有限干预（或计划）相结合，注重社会公平、社会福利和社会保障；它一般以西方的社会民主主义为理论基础，同马克思主义有思想渊源，在一定程度上受欧洲大陆历史悠久的工人运动和社会主义运动的影响。所以，它虽然没有跳出资本主义的窠臼，但它是一种改良的资本主义。在一定意义上，美国的新自由主义经济模式的破产，为这种改良的资本主义——社会市场资本主义经济模式腾出了生存、发展空间，也就是说，在可以预见的将来，社会市场资本主义经济模式的影响将会有所增强。这一发展趋势，给我国学术界、理论界提供了十分紧迫的任务：在继续深入揭露、批判新自由主义的同时，加强对欧洲大陆的社会市场经济模式的分析、研究，实事求是地揭示其历史局限性及其发展趋势，批判性地借鉴其对我有用的经验，以服务于拓展、完善、深化中国特色社会主义理论的时代使命。

（作者单位　中国社会科学院）

当前金融危机的特点、根源及应对思考

卫兴华　孙咏梅

2007年美国爆发了次贷危机，在极短的时间内演变为全球性的金融危机，并引发了实体经济危机。对于引发危机的原因，不同立场与观点的学者，从不同角度做了各自的分析与解释，有多种多样的见解。尽管有的见解符合实际，有其道理，如认为金融危机产生自对金融体系监管不严，或金融创新过度，或虚拟经济过度膨胀，或因推行新自由主义，等等。但是，应分清危机的表现形式和其经济根源，分清浅层次根源和深层次根源。中外不少学者乃至有的政治家重新重视起马克思的著作，以求从中找到解释危机的答案。有些西方发达国家出现《资本论》热销现象，对于这场危机的特点和起源的讨论也日益热烈。对此，我们有必要从深层次分析此次危机的特点和根源，从而寻求正确的摆脱危机的答案。

一　当前全球性金融危机的新特点

这次由次贷危机引发的金融危机，是美国自20世纪30年代大萧条以来最严重的一次危机。由房地产泡沫破灭引发的一系列恶果，对美国经济造成了巨大的冲击。这次危机引发的经济衰退，与相距近80年、历时达数年之久的大萧条存在着某些相似之处。

首先，就金融系统遭受灾害的深度与广度而言，两者极为相似——在两者之间的任何一次危机中，都不曾出现过如此多的金融机构陷入恐慌：银行、保险公司、住房贷款抵押机构，几乎无一例外地受到波及，金融危机将整个金融市场推入了灾难。

在1929年爆发经济危机的大萧条中,美国经济生产总值的损失按20年代的价格水平计算,达到了3600亿美元!上千万个家庭失去了收入,美国农场的总收入从1929年的60亿美元急跌到1932年的20亿美元。而这次次贷危机中,美国付出的代价同样巨大。据统计,美国的世界500强企业在2007年盈利达6452亿美元,2008年仅为989亿美元,下跌幅度达84.7%,亏损企业达128家,亏损额高达5193亿美元。保险业巨头美国国际集团亏损993亿美元,住房贷款抵押机构房利美和房地美分别亏损587亿美元和501亿美元。不但像花旗、美林这样的大金融机构受损,而且美国的实体企业遭受的损失也是惊人的,美国的汽车业就是受害者之一。据统计,通用汽车公司亏损309亿美元,福特汽车公司亏损147亿美元,摩托罗拉公司亏损42亿美元。在次贷危机的冲击下,雷曼等实力雄厚历史悠久的大企业纷纷破产,而许多亏损严重的大企业(如房利美和房地美),也仅仅是由于政府注入大量资本才免于倒闭。

在大萧条中,对银行倒闭的担忧促使存款人提前支取存款,银行为此不得不抛售资产变现,大规模抛售给银行带来了巨大的损失,并导致很多小型银行的倒闭。在这次美国次贷危机中,恐慌心理依然扮演了重要角色:从最初对贝尔斯登旗下两只基金的抛售到其后股市的大幅下跌,投资者的恐慌情绪成为对美联储的最大冲击。而在数轮暴跌之中,银行股的损失最为惨重——到2009年底为止,美国、欧洲的大多数银行股价都缩水了一半以上。而美国具有百年历史的雷曼兄弟公司的破产使债权人蒙受高达750亿美元的损失。据国际货币基金组织最新《全球金融稳定报告》中做出估计:全球各银行和其他机构持有的、源自美国的信贷资产的潜在损失为2.8万亿美元。以更加保守的估算——如果不良贷款比率相当于1982年经济衰退时的水平,准备金覆盖率为200%,资本亏空将超过1.5万亿美元。

其次,两次大危机的另一个最大相似之处,是房地产市场的崩溃。上次大萧条开始之时,所有住宅中大约一半都被抵押了。1934年的美国《城市住宅金融调查》显示,被调查的22个城市中,一半多的城市违约比例超过了38%,甚至有的地方达到了50%—60%,债务人普遍破产。而当前金融危机中房地产市场同样冲击巨大：早在2006年，美国实体经济中住宅市场的不景气就相当明显，住宅建造量占GDP之比直线下滑，从最高的约6.5%，下降到2008年的3.9%，这一势头至今还没有止住。除了房地产建造量的下降，住宅被抵押也是一个重要的表现，说明人们开始动用固定资产应对危机。现在美国房地产市场的崩溃现象与上次大萧条中出现的现象有相似之处。

然而，这次金融危机也与上次大萧条存在着差别：

1. 上次大萧条最先爆发于实体经济领域

由于生产过剩导致实体经济领域大量的生产能力闲置，工厂倒闭，然后危机进一步蔓延至银行业等虚拟经济领域。而这一次危机则首先从以金融领域为起点的虚拟经济领域爆发，在这之前，亚洲金融危机，拉美危机，俄罗斯危机，都属于虚拟经济危机，只不过这一次更加明显。虚拟经济危机对实体经济产生的伤害，更多地表现在出口锐减，出口企业大量倒闭，失业人数攀升，人们收入减少，市场有效需求不足，通货紧缩，经济因缺乏动力而呈现衰退迹象。据统计，随着危机的蔓延，美国大部分地区出现了失业率上升和消费支出不景气的情况。2008年年初以来，美国新增失业人数约75万余人，增长速度从2008年前8个月的月均7.5万人增至9月份的15.9万人。失业人数中增长最快的是15岁至19岁的年轻人——其比例从一年前的15.8%增至19.1%。在俄亥俄州、密歇根州以及宾夕法尼亚州这样的"夕阳工业区"，由于金融危机损害了汽车行业的生产，加剧了劳动密集型重工业的痼疾，其失业率在全国居首。例如密歇根州失业率高达8.9%，俄亥俄州失业率达7.4%。

2. 二者产生的路径和表现不同

上次大萧条直接表现为生产相对过剩，消费不足；而当前金融危机则表现为消费过度，负债消费，导致信用链断裂。从表面上来看，此次金融危机与大萧条产生的途径不同，表现形式有异，甚至是呈现相反的表现。而从经济危机的根本原因来看，导致危机的根源是同一的，那就是马克思主义创始人所揭示的资本主义生产方式的基本矛盾，即生产的社会化与资本主义私人占有之间的矛盾，其实质是生产相对过剩，充分暴露了资本主义生产关系的局限性。在这次危机中，消费过度和负债消费，使一些明明没有消费能力的人也进入消费领域，银行给这些人提供贷款，即银行家们为获得更多的利润而无限放贷，最终引发资金链断裂。大规模负债消费的实质，是有支付能力的需求不足，如果不是依靠贷款过度消费，就没有支付能力购买房产和其他重要消费品，就会直接表现为生产过剩的经济危机。而贷款消费，造成一种虚假的有支付能力的需求和经济繁荣，掩盖了资本主义生产能力无限增长与有支付能力的需求不足的矛盾。

3. 二者的发展变化过程不同

以往的资本主义经济危机具有周期性特点，即经历危机、萧条、复苏、高涨四个阶段，进入危机有一个发展过程和明显的先期征兆，而此次的金融危机是在没有任何明显的征兆和发展过程的情况下，突发的一次危机。

4. 大萧条发生的主要区域以北美为主

20世纪90年代亚洲金融危机，呈现出明显的区域性特征。后来拉美的危机和俄罗斯的危机，通常都是局限于一个区域，某几个国家。而这一次始于美国的金融危机，不但使美国、日本、欧盟等世界经济发达的强国纷纷受损，还迅速蔓延至全球。可见，此次金融危机的范围大于以往，具有明显的全球性特征，使世界上大多数国家陷入了这场经济危机或受这次危机的重大影响。

由于当前金融危机在诸多方面表现为与以往资本主义经济危机的不同，一些经济学家认为，马克思对资本主义经济危机的分析已过时了，马克思主义理论在解释当前新的经济问题时，已缺乏说服力。事实上，这次金融危机的根源并未超越马克思关于经济危机的理论逻辑。

二 对金融危机根源的不同解释与理论分歧

对于这场由美国次贷危机引发的全球性的金融危机，不同立场的学者对其产生的根源做了不同的分析与解释。不同的观点主要集中在以下几个方面：

1. 消费需求过度论

一些人将这次金融危机的根本原因归结为美国居民的消费需求严重超过

居民收入。鲁比尼早就指出：60%—70%的美国人实际工资下降，靠借钱维持过去的生活水平；20%的美国人靠借款维持超出其收入的生活水平。在房地产价格不断上升的情况下，负债的最常见形式是住房抵押贷款。在此基础上，通过再融资，美国居民进一步扩大了负债。储蓄率的下降和负债率的上升，意味着风险的提高。各种衍生金融工具的出现只能转移风险，并不能减少风险，更不能消除风险。美国货币当局无法令利息率无止境地下降，也无法令住房价格无止境地上升。当贷款者们最终无法偿还贷款与付息之时，就是美国金融危机爆发之日。消费需求过度论从美国次贷危机中找出了一个启示：无论政府执行何种政策，无节制的负债消费必然会导致金融危机的爆发。

2. 金融监管缺陷论

该理论认为，次贷危机的主要根源，是美国的金融监管体制存在着重大缺陷，其一表现在对金融机构实行分类监管的体制不完善，如保险公司、商业银行、投资银行等分别属于不同的政府机构监管，协调和配合不容易，出现了监管漏洞，酿成重大危机；其二是仍然以机构监管为重点，功能监管薄弱，不能适应混合经营的特点，对一些多功能的金融机构监管不力；其三是过快发展的衍生产品监管滞后。在监管缺陷的产生根源上，有的学者认为这次金融危机根源于推行新自由主义，而另有学者强烈反驳"这次金融风暴是自由市场的失败"这种说法，他们认为次贷触发的大灾难，不可能单由自由市场引起的，人类的自私既可以带来繁荣，但也可以增加交易或社会费用，人类的自私衍生出来的制度及行为，可以毁灭人类！金融监管缺陷论还认为，不负责任的放贷行为、受利益冲突的证券评级等，才是这次危机的主因。在美国的按揭贷款衍生证券市场上，由于所隐含的委托代理关系链太长，在政府及有关部门监管不力的情况下，其隐含的结构性系统风险总有一天要爆发。

3. 实体经济与虚拟经济背离论

该观点认为，次贷危机说明虚拟经济同实体经济严重脱节。实体经济与虚拟经济应大体一致，但由于商品的价值同使用价值的运行渠道、轨迹、方式以及监管机构、经营主体各不相同，这就导致虚拟经济与实体经济脱节。

当这种背离达到相当严重的程度时，就有可能出现严重通货膨胀、巨额财政赤字和外贸赤字，直至金融危机和经济危机。美国金融危机爆发的根源之一，就在于虚拟经济（其主要代表是金融业）严重脱离实体经济而过度膨胀。

4. 资本主义制度缺陷论

该观点认为，危机的根本和深层原因在于资本主义基本矛盾，即生产社会化与资本主义占有之间的矛盾。《红旗文稿》在 2008 年发表了美国学者大卫·科茨的文章，他在文章中认为，这次危机的根本原因是新自由主义的资本主义。因为新自由主义形式的资本主义取代了原来国家管制的资本主义形式，政府不再对宏观经济进行积极调控，放松对经济和金融的管制，资方完全控制劳方，社会福利急剧减少，自由、残酷的竞争取代了有节制的竞争，商品、服务和资本在不同国家之间相对自由的流动，等等。它解除了对金融的管制，加速了贫富两极分化，必然导致金融危机。有的学者还反驳了危机的重要原因是"多重环节的利益链条断裂"，或危机的根源主要是贷款门槛太低、金融交易风险监管太难；或危机根源在于金融管理机构工作失误和存在缺陷；或根源在于美国过度透支了"整个国家的信用"等观点。资本主义制度缺陷论还认为，由美国次贷危机引起的全球金融危机，其原因绝不仅是对金融市场缺乏有效监管，而是实体经济中以房屋为代表的商品卖不出去，最终引起危机爆发。生产相对过剩、有效需求不足是资本主义基本矛盾的表现，危机的根源正是资本主义经济制度。此外，金融产品、国家垄断资本主义和资本主义全球扩张的因素，推迟并加深了经济矛盾，导致本次危机的集中强烈爆发。此次危机严重打击了资本主义经济，动摇了资本主义制度和观念，必将对资本主义全球化产生抑制，并推进社会主义事业的发展。

另一些学者指出，尽管危机爆发后，经济学家们几乎异口同声地呼吁："加强监管"、"不能实行没有监管的金融自由化"，等等。在市场经济的背景下，这种呼吁当然具有很好的理论价值和现实意义。实行监管当然能够缓解危机、延迟危机的爆发。但是问题在于，即便实行了有效的监管，市场经济是否就能从此真正告别"危机"或"周期"呢？如果我们对危机的反思能够做进一步的"马克思主义追问"的话，那么可以预计，类似次贷危机的灾难今后肯定还会发生，而且在虚拟经济严重超越真实经济的大环境下，这种危机将会越来越频繁。

对于不同的危机根源的解释，我们理应辩证地加以思考，透过现象看本质，通过科学的思索与研究，找出引发危机的根源及解决危机的真正答案。

三 当前金融危机的根源仍然在于资本主义基本矛盾

马克思在分析货币的支付手段时，曾指出：在支付手段的链条中，隐藏着危机的可能性。但只有在资本主义经济中，危机的可能性才会成为现实性。在当代资本主义经济发展中，金融、信贷业广为发展，虚拟经济空前扩大，支付链条不断拉长，支付链条的断裂就会发生金融危机。马克思进一步指出，金融投机活动猖獗是引发金融危机的一个直接原因；扩大信贷而带来的营业活动过度扩大，是造成生产过剩的一个重要因素。马克思对危机根源的深刻分析，对我们清醒认识当前的金融危机，具有更加直接的理论与现实意义。

1. 马克思、恩格斯关于金融危机的理论，是建立在货币危机理论的基础之上的

马克思认为，货币危机是商品经济内在矛盾的必然产物，在现实中表现为资金链条的断裂。商品不能转化为货币，使商品贬值；债务不能转化为现实货币，使债务到期无法偿还；信用货币不足，银行和工厂纷纷倒闭。马克思、恩格斯在论述金融危机时，频繁提到银行利用提高贴现率的办法来阻止或缓和金融危机与金融市场的恐慌。在当时实行金本位的条件下，信用货币银行券（纸币）与黄金挂钩，银行券可兑换成黄金，发生金融危机的时候，人们都涌向银行，把纸币兑换成黄金；银行提高贴现率，即提高票据贴现时银行扣下的利息的利率，实际上是用以控制黄金的流出。可见，马克思、恩格斯所论述的货币危机理论的核心，是支付链条的断裂、信用的破坏和商品的贬值。

在一般情况下，危机常常表现为两种类型：一种是生产过剩的危机，另一种是银行信用的危机。当前的金融危机表面上看似乎不是生产过剩的危机，而是银行信用危机或货币危机，但事实上却与生产过剩危机有着密不可

分的联系,即银行家为了帮助资本家解决生产过剩问题,并从中分割超额利润,设计出了能够超现实买卖商品的金融衍生品,使之成为解决过剩的途径,结果造成了本来手中货币不足、支付能力欠缺的老百姓,在银行家设计的金融衍生品的诱导下超前消费,拉长了信用资金链条。而信用资金链条过长,则为货币危机和整个社会的经济危机埋下了隐患。

马克思、恩格斯曾指出,严重的、大规模的货币危机往往都与工商业危机相联系。再生产过程都是以信用作为基础,当信用突然停止,现金支付便会发挥作用,而现金支付体系若出现问题,危机便会发生。表面上看,当前的危机表现为信用危机和货币危机,事实上却是生产过程的危机向信用危机的先期传导。正如马克思所说,一切真正的危机的最根本的原因,总不外乎群众的贫困和他们的有限的消费,资本主义生产却不顾这种情况而力图发展生产力,好像只有社会的绝对的消费能力才是生产力发展的界限。马克思又说,在世界市场危机中,资产阶级生产的矛盾和对抗暴露得很明显。马克思还用生动的语言说明经济危机的表现和原因:棉布充斥造成市场停滞,工人当然需要棉布,但是他们买不起,因为他们没有钱,而他们之所以没有钱,是因为他们不能继续生产,而他们之所以不能继续生产,是因为已经生产得太多了。马克思的这些话,对于说明当前的金融危机和实体经济衰退是同样适用的。

2. 资本主义制度会加剧虚拟经济的发展,使之与实体经济相脱节

美国经济最大的特点是虚拟经济成分较高,即高度依赖虚拟资本的循环来创造利润。虚拟经济本身并不创造价值,其存在必须依附于实体经济。虚拟经济的产生,本意是要为实体经济筹集资金,为实体经济服务。但虚拟经济一旦背离了实体经济,就会从生产和消费领域里面掏空资金,反而成为伤害实体经济的帮凶。正如马克思所指出的,一旦劳动的社会性质表现为商品的货币存在,从而表现为一个处于现实生产之外的东西,独立的货币危机或作为现实危机尖锐化的货币危机,就不可避免。而实体经济的衰退,又反过来加剧虚拟经济的波动,形成一种恶性循环。当前的美国金融危机是经济过度虚拟化和自由化后果的集中反映。马克思在《资本论》中最早对虚拟资本(Fictitious Capital)做出了系统论述。虚拟资本以金融系统为主要依托,包括股票、债券和不动产抵押等,它通过渗入物质资料的生产及相关的分配、

交换、消费等经济活动，推动实体经济运转，提高资金使用效率。虚拟经济本身既不创造价值，也不创造使用价值，其存在必须依附于实体经济。脱离了实体经济，虚拟经济就会变成无根之草，最终会催生泡沫经济。

3. 虚拟经济危机的最终根源，也是实体经济危机的根源

马克思、恩格斯曾对虚拟经济危机和实体经济危机的关系做过论述：第一，之所以会出现作为现实生产过剩危机的先期表现的货币危机，是因为商业和工业危机的一切因素已经存在，货币危机是由商业危机所引起的。第二，就作为生产过剩危机的先期表现的货币危机而言，金融危机是工商业危机的预兆、先声、序幕和第一阶段。对此，马克思、恩格斯不但指出，金融危机的根源或根本原因在于生产过剩及其过剩危机；而且还揭示了金融危机作为工商业危机的一个阶段，是工商业危机的最一般的表现，因而金融危机的实质也就是生产过剩危机。第三，金融市场也会有自己的危机，这时，工业中的直接的紊乱对这种危机只起次要的作用，或者不起什么作用。恩格斯还进一步指出，在金融市场中，总的说来是头足倒置地反映出工业市场的运动；根据历史唯物主义的观点，金融市场对工业市场具有反作用。金融市场可能影响工业市场，从而影响到工业生产过剩的经济危机。

四　重视实体经济的发展，抑制虚拟经济过度膨胀

这次危机暴露出了市场的缺陷，因而应对危机不能依靠自由的市场运作，而是要靠政府的宏观手段。众所周知，在这次次贷危机爆发后，中国特有的金融业外汇管制及市场分隔的体系，已在金融领域中构筑了内外"防火墙"，在一定程度上抵制了这场虚拟经济危机对我国金融业的侵害。但我国的实体经济由于对外贸的依存程度过高，受到的损害是显而易见的。因此，在虚拟经济危机不断侵袭实体经济之时，为防患于未然，我们要重视实体经济的发展，构建防范金融危机向中国实体经济蔓延的"防火墙"。当前，我们应从以下几个方面入手：

1. 虚拟经济不能脱离实体经济，二者必须紧密结合

事实表明，虚拟经济离实体经济越远，泡沫越大，泡沫破灭后的灾难也

越大。没有实体经济基础的虚拟经济,将是一个危机四伏的经济。这次次贷危机爆发,美国政府采取紧急措施,一个重要的方面,就是为了缓解金融危机引发的实体经济的危机。西方其他一些发达国家努力救市,也是担心金融危机过多地危及实体部门。而中国金融业有外汇管制及市场分隔机制,因此金融业受到危机的冲击并不大。与欧美一些西方国家所不同的是,我国面临的危机不是来源于金融业,而是来源于由国外金融危机引发的、我国出口锐减导致的制造业的困难,中国更需要防止制造业发生危机,进而引发更大的金融危机。马克思主义政治经济学告诉我们,脱离了实体经济的支撑,虚拟经济就有可能演变为投机经济,为经济运行带来不断增长的泡沫,美国近年来的网络泡沫和房地产泡沫的最终破灭,就是一个教训。

2. 减少中国实体经济过高的外贸依存度

在欧美等发达国家,国民经济对外贸易的依存度一般在20%—30%之间,即使像日本这样典型的出口大国,其外贸依存度也不过是20%左右,2003年全世界平均的外贸依存度是45%,而中国外贸依存度高达70%,一度逼近于80%。这样,中国的经济就呈现出两个特点:一是经济结构的外贸依存度远远高于其他国家;二是对外贸易增长速度呈直线发展。1970年中国的外贸依存度只有5%,而多年的出口导向,导致我国的产业结构失衡,外贸出口企业占比重过大,且这一趋势还在延续。从2000年以来,中国外贸平均增速26.7%,比GDP增长高出16个百分点,其对我国的负面影响也是巨大的:随着美国和整个世界消费市场的恶化,较高的外贸依存度使得我国经济增长的外来压力越来越大。据测算,美国经济下降1个百分点,中国经济将下降1.3个百分点。

3. 防止金融危机进一步演化为严重的经济危机

这次世界金融危机的爆发,对我国实体经济造成了较沉重的打击。由于受到欧美经济衰退的影响,我国的出口贸易已先行陷入困境,部分实体经济步入了寒冬,尤其是南方出口型中小企业的大量倒闭,导致大量农民工失业还乡。除国外订单减少这一主要原因外,生产成本的提高和美元贬值,也冲击了我国外向型企业的出口利润,使这些企业陷入困境,如有的停业倒闭,仅广东东莞于2007年关闭或外迁的企业就达到了909家。据国家发改委中小企业司的统计,2008年上半年,全国有6.7万家规模以上的中小企业倒闭，其中仅纺织行业就有超过 2000 万人被解聘。这些实体企业的倒闭，除了危机的外因，也与中国经济增长的结构性失衡以及我国政府的政策调整相关。例如，作为玩具企业巨头的广东合俊集团，仅人民币汇率的变化每年给其带来 5% 的损失，而原材料及用工成本的上升，又使合俊的总体生产成本抬升 10% 左右。成本持续增长使合俊的毛利润逐年下滑，从 2006 年的 13% 下降到 2008 年的 5%—6%。在金融危机爆发前，工厂一直订单不错，工人经常加班赶订单，次贷危机爆发后，随着国外消费需求的萎缩，公司以宣布破产告终，留下了 7000 名失业工人。

怎样摆脱这一困境，需要决策层出台有效的政策与措施，大力扶持中小企业、广开就业门路、扩内需、调结构，科学地、合理地分配国家新增资金的投入，以保证我国经济的适度快速增长。

4. 防止当前金融危机的危害继续扩大，必须加强对虚拟经济的有效管理

金融衍生产品的创新，本来可以分散风险、提高银行等金融机构的效率，但当风险足够大时，分散风险的链条也可能变成传递风险的渠道，美国的次贷风暴就很充分地说明了这一点。当前，我国正在鼓励国有控股商业银行进行业务创新和产品创新，美国的教训警示我们，在开发金融衍生产品的同时，必须加强相应监管，避免金融衍生产品过度开发，从而控制风险的规模。

我们也应当看到，尽管虚拟经济危机的触角已伸到了我国实体经济中，但对我国来说，金融危机与经济严重衰退并不完全一致，我国的实体经济在这次金融危机中尚未受到很严重的冲击，这是由于我国经济的实体性较高，资金避险的空间较大。科学分析当前金融危机的新特点及产生的根源，并采取正确的应对措施，我国就能够早日走出危机的阴影，使经济增长回到一个良性发展的轨道。

在全球化的背景下，我们需要注意的是，既要防止资本主义国家通过国际货币体系向我国转嫁危机，更要从过分迷信西方发展模式的思路中解放出来，要认真解决好我国提高有支付能力的需求，特别是提高弱势群体的收入，以扩大内需，并防止虚拟经济超越和脱离实体经济发展。

（作者单位　中国人民大学经济学院）

生态文明研究

马克思生产力理论蕴涵的环境思想

方世南

马克思生产力理论是唯物史观的核心理论。强调生产力对于社会发展的最终决定作用，是马克思唯物史观的根本观点。马克思生产力理论是与其环境思想紧密地联系在一起的具有鲜明绿色意蕴的科学理论。

一 马克思生产力理论是具有深刻绿色意蕴的科学理论

长期以来，在对于马克思生产力理论的认识上存在着见仁见智的现象。国内外一些学者对于马克思唯物史观指责的重点集中于他的生产力理论，一些西方生态学马克思主义者所要纠正马克思理论的重点也集中于此。第二国际的一些著名代表人物如考茨基、梅林、拉法格、伯恩施坦、普列汉诺夫等人认为马克思主义就是历史唯物主义，历史唯物主义就是见物不见人、见生产力而不见自然界的所谓生产力主义，生产力主义还可以用诸如"经济决定论"、"经济主义"、"唯生产力论"、"生产一元论"、"生产力一元论"和"经济一元论"或"历史决定论"等来称谓。其核心是用"物质生产"活动说明一切社会活动，用"经济关系"说明一切社会关系，用物质生产的发展和生产力发展水平直接说明社会历史的发展动力、道路选择、发展形态和发展的基本趋势，据此也可以直接用来说明一个国家或民族无产阶级革命成熟与否。

针对对于唯物史观的曲解和庸俗化倾向，恩格斯在《路德维希·费尔巴哈和德国古典哲学的终结》一书中，特别在关于唯物史观的一系列通信中，批判了这些错误言论，突出地强调了历史运动相互作用的科学原理，提出了著名的历史合力动力论的历史决定论的科学论断，阐述了历史运动相互作用的科学原理，特别强调了革命理论、生产关系以及政治上层建筑革命对于社会发展的重大历史作用，从而完成了马克思主义创始人全面制定自己的科学历史观理论的历史进程。恩格斯指出："根据唯物史观，历史过程中的决定性因素归根到底是现实生活的生产和再生产。无论马克思或我都从来没有肯定过比这更多的东西。如果有人在这里加以歪曲，说经济因素是唯一决定性的因素，那么他就是把这个命题变成毫无内容的、抽象的、荒诞无稽的空话。经济状况是基础，但是对历史斗争的进程发生影响并且在许多情况下主要是决定着这一斗争形式的，还有上层建筑的各种因素。"[1] 马克思、恩格斯既然强调经济因素不是历史发展进程的"唯一决定性因素"，那么又怎能认为脱离了生产关系都不可能独立存在的生产力是历史发展过程中的"唯一决定性因素"呢？所以，将唯物史观归结为"生产力决定论"、"经济决定论"和"经济唯物主义"的理论，是根本不符合马克思主义的。

在全球生态恶化和环境危机日益严重的情况下，在论及生态恶化与环境危机的原因时，国内外有一些学者将其归咎为马克思生产力理论。岩佐茂先生在《环境的思想——环境保护与马克思主义的结合处》一书中指出："发表了《生态学家的宣言》的 A. 戈尔茨（A. Gorz）这样谈到马克思主义：'生产力的发展……把劳动者的一点点主权也剥夺了，把体力劳动与脑力劳动的分裂作为决定性的东西，破坏了生产者的权力的物质基础。'"[2] 哈贝马斯在《重建历史唯物主义》一书中指出："生产力决定着能够掌握自然过程的程度"[3]，所以生产力解放的观念本身就具有威胁自然的含义。威廉·莱斯在《自然的控制》一书中说，生态危机与严重的环境问题的根源并不在于科技本身，控制自然的观念才是生态危机的最深层根源。[4] 奥康纳认为马克思的唯物史观排斥自然，他说："马克思的观点中的确不包括把自然不仅指认

---

[1] 《马克思恩格斯选集》第4卷，人民出版社1995年版，第695—696页。
[2] 岩佐茂：《环境的思想——环境保护与马克思主义的结合处》，韩立新等译，中央编译出版社1997年版，第141页。
[3] 哈贝马斯：《重建历史唯物主义》，郭官义译，社会科学文献出版社2000年版，第148页。
[4] 威廉·莱斯：《自然的控制》，重庆出版社1993年版，第1—10页。

为生产力,而且指认为终极目的的所谓生态社会的思想。"① 在奥康纳看来,唯物史观主张生产方式决定物质生产和自然界之间的关系,而不是自然环境状况和生态系统的发展过程,"自然界并没有被当成作为交换价值的财富的生产力来看待"②。因此,由于忽视自然,马克思主义没有扎根于生态科学,"马克思在《资本论》和其他著作中无疑没能对资本主义生产力作出系统性的质询"。③ 奥康纳认为:"历史唯物主义传统解释强调的是,人类如何改变自然并贬低自然对人类的影响和自然经济的规律。"④ 这些观点,都是对马克思生产力理论的误读。

正确地分析和认识马克思生产力理论,可以发现,马克思生产力理论决不是排斥自然的非绿色的理论,而是具有深刻的环境思想意蕴的科学理论。

以人类物质生产实践为历史主体来揭示人类历史发展的客观规律性,是马克思创立的唯物史观与一切以往的历史观的根本分歧,也是使社会历史理论成为科学理论的关键之所在。而生产力理论则是马克思主义唯物史观的一个基本理论。马克思和恩格斯一生非常重视社会生产力的研究,从1845年马克思的《关于费尔巴哈的提纲》中提出"社会生活在本质上是实践"的观点起,到后来的《德意志意识形态》中提出"物质生活条件"是历史发展的根本条件,提出生产力和交往形式的矛盾,马克思和恩格斯已逐步从生产力的发展中揭开了历史之谜。1847年,马克思批判蒲鲁东的小资产阶级社会主义的观点时,发表了《哲学的贫困》,第一次提出了生产关系的概念,从而把生产力与生产关系的矛盾视为社会的基本矛盾,强调物质生产在社会发展中的决定性作用。他说:"社会关系和生产力密切相联。随着新生产力的获得,人们改变自己的生产方式,随着生产方式即保证自己生活的方式的改变,人们也就会改变自己的一切社会关系。手工磨产生的是封建主为首的社会,蒸汽磨产生的是工业资本家为首的社会。"⑤ 1848年,《共产党宣言》

---

① 奥康纳:《自然的理由》,南京大学出版社2003年版,第4页。
② 同上。
③ 同上。
④ 戴维·佩珀:《生态社会主义:从深生态学到社会正义》,山东大学出版社2005年版,第89页。
⑤ 《马克思恩格斯全集》第4卷,人民出版社1961年版,第144页。

第一次从理论与实践结合的高度，把辩证唯物主义与历史唯物主义的科学世界观公布于世，从生产力的发展，生产力与生产关系的矛盾运动，揭示了人类社会发展的客观规律，从而公开阐述了共产党的性质、宗旨和根本任务。

1859年1月，马克思在《〈政治经济学批判〉序言》中对唯物史观的内容作了经典性表述的时候，重申了生产力和经济基础对于社会发展的决定作用。他说："物质生活的生产方式制约着整个社会生活、政治生活和精神生活的过程。不是人们的意识决定人们的存在，相反，是人们的社会存在决定人们的意识。社会的物质生产力发展到一定阶段，便同它们一直在其中活动的现存生产关系或财产关系（这只是生产关系的法律用语）发生矛盾。于是这些关系便由生产力的发展形式变成生产力的桎梏。那时社会革命的时代就到来了。随着经济基础的变更，全部庞大的上层建筑也或慢或快地发生变革。"[1] 在此基础上，马克思提出了"两个决不会"的科学论断，即"无论哪一个社会形态，在它所能容纳的全部生产力发挥出来以前，是决不会灭亡的；而新的更高的生产关系，在它的物质存在条件在旧社会的胎胞里成熟以前，是决不会出现的"[2]。马克思将物质生活的生产方式作为社会发展的根本动力，就与一切旧历史观特别是唯心史观用精神因素说明社会发展的错误根本区别开来，使得社会历史科学真正地具备了科学形态。

恩格斯在19世纪70年代的《反杜林论》和80年代的《费尔巴哈论》中，对唯物史观关于生产力的原理作了详尽的阐述。但是，最为全面和深刻的是在90年代关于历史唯物主义的书信中。1890年9月21日，恩格斯在致约·布洛赫的信中指出，历史过程中的决定因素归根到底是现实生活的生产和再生产。[3] 接着，他论述了经济基础与上层建筑及社会意识形态之间的关系。恩格斯指出，经济是基础、是第一性的，上层建筑及其意识形态是派生的、第二性的，经济基础决定上层建筑及其社会意识形态。但上层建筑和社会意识形态又不是消极、被动的，除了它们之间相互作用之外，又反作用于经济基础，这样或那样地影响社会的发展。恩格斯既唯物又辩证地阐述了

---

[1] 《马克思恩格斯选集》第2卷，人民出版社1995年版，第32—33页。
[2] 同上书，第33页。
[3] 《马克思恩格斯选集》第4卷，人民出版社1995年版，第695页。

社会历史的发展，避免了一些人对于唯物史观的机械的或者望文生义的理解。

因此，我们可以发现，马克思主义的唯物史观强调生产力对于社会发展起着最终决定作用，但是不能把马克思主义理解为经济决定论或生产力中心论，不能简要地说，马克思主义或唯物史观就是经济史观，就是生产力主义。在创立唯物史观的初期，针对社会历史观领域盛行的唯心主义思潮，马克思和恩格斯主要强调经济因素的决定作用，对其他社会因素的作用谈得比较少。这样做，在当时是有历史背景的，也是必要的。[①] 马克思从事理论研究的目的是改造当时不合理的资本主义制度，而当时有重要影响、也影响着马克思改造社会主张的是青年黑格尔学派。这一学派的思想家认为，"思想支配世界"，只要对支配当时德国思想体系的宗教进行彻底的批判，让人们从宗教思想的禁锢中解放出来，德国社会就能够理想化。马克思也曾相信过，"哲学把无产阶级当作自己的物质武器，同样，无产阶级也把哲学当作自己的精神武器；思想的闪电一旦彻底击中这块素朴的人民园地，德国人就会解放成为人"。[②] 事实上，马克思、恩格斯通过深入研究现实的资本主义社会，发现资本主义社会并不像青年黑格尔派想象得那样脆弱，因为它是由物质生产方式的经济必然性建构起来的坚硬体系。经济必然性不是靠理论批判所能够改变的，资本主义社会的物质力量必须靠物质的力量来摧毁。为了寻找变革资本主义社会的可行、可靠的手段，马克思与这些唯心主义者做了不懈的斗争，目的是让人们放弃幻想，采取切实的社会实践来改造由经济必然性支配的现实社会。这就是他论证唯物主义原则，特别是论证历史唯物主义原则的根本原因。正如恩格斯后来所说，他们为了反对当时的唯心主义而"过多"地强调了唯物主义原则，即强调了生产、经济对于人们的思想观念、社会行为、政治制度的支配作用，而对思想、观念对于物质、存在、生产、经济、实践、制度、体制的作用重视不够。

恩格斯晚年针对一些人把唯物史观歪曲为经济宿命论和德国一些青年用

---

① 参见《马克思恩格斯选集》第4卷，人民出版社1995年版，第726页。
② 《马克思恩格斯选集》第1卷，人民出版社1995年版，第15—16页。

个别历史唯物主义原理剪裁社会生活的简单化倾向,着重指出:社会历史的发展"表现出这一切因素间的相互作用,而在这种相互作用中归根到底是经济运动作为必然的东西通过无穷无尽的偶然事件(……)向前发展。否则把理论应用于任何历史时期,就会比解一个最简单的一次方程式更容易了"[①]。因此,把历史唯物主义论证为事实上的"经济决定论"或"生产主义",进而把这样一种对马克思主义的理解形态当作马克思主义本身是根本错误的。

二 马克思生产力理论是将生产力与生产关系以及自然环境结合起来的理论

马克思没有抽象地论述生产力,也没有片面地强调生产力的决定作用而将历史发展的动力归结为经济决定论,又从经济的决定性作用推论出历史发展的规律性。相反,马克思是将生产力与生产关系、生产力与自然环境紧密地结合起来的。马克思虽然非常重视物质生产在社会运行和发展过程中的巨大作用,认为物质生产在任何社会形态及其发展的历史阶段都具有基础性作用。但是,马克思又十分强调在不同的社会形态、不同的社会关系和不同的自然环境中,物质生产在社会结构中的地位和作用是存在着巨大差异的。不能离开生产关系和社会制度以及自然环境来抽象地谈论生产力的决定作用。马克思对于资本主义片面地追求生产力高度发展而导致的一系列异化现象,如劳动异化、自然异化、商品异化、资本异化、人的异化等现象进行了全面的批判。马克思对资本主义社会片面地追求生产力发展的批判集中归结为以下几个方面。

首先,对于资本主义注重生产力发展而忽视人的发展以及忽视自然环境承载力导致的一系列异化现象的批判。马克思认为,发展生产力应当是促进人的自由而全面发展的前提条件和有效手段,而不是最终归宿与根本目的。资本主义社会的不合理性从根本上说就是把生产力的发展、物质财富的积累以及利润的最大化当成了最终归宿与目的,人反而成了生产力发展的前提条

---

① 《马克思恩格斯选集》第4卷,人民出版社1995年版,第696页。

件和有效手段,这就使得资本主义社会的资本逻辑得到空前张扬,从而使广大无产阶级和劳动人民成了促进资本主义生产力发展的工具,使自然环境成为发展生产力可以任意处置和利用的资源。在这种情况下,就出现了大量异化现象。马克思所讲的异化现象,是人类社会发展的一定历史阶段上,作为主体所创造的客体,不是与主体发生相互适应的友好和谐关系,而是产生对立和否定关系,客体反过来控制、支配、统治主体,导致主体与客体关系的颠倒。马克思认为劳动是作为人的本质的一部分,劳动应该是自由、自觉的,这样的劳动才是真正的人的劳动。人的本质就是要劳动,要自由自觉的劳动。不允许人进行自由自觉的劳动,这是违反人的类本质的。人本身的劳动异化过程,就是在资本主义条件下,工人生产过程的结果和产物,成了统治工人的手段,出现了物统治人的异化现象。

在资本主义雇佣劳动条件下,劳动异化具有多方面的表现形式。如,其一,生产活动本身表现出来的异化,工人的劳动不是自愿的,而是被迫的、强制的,他在劳动中不属于自己,而属于别人,在劳动中不是感到幸福,而是感到不幸,不是自由地发挥自己的体力和智力,而是使自己的肉体受折磨、精神受摧残。工人只有在劳动之外才能感到自在,而在劳动时就觉得不自在,在不劳动时才觉得舒畅,而在劳动时就觉得不舒畅。其二,人的本质同人相异化,人的自由的生产活动是和动物相区别的类生活,却被贬低为维持自己肉体生存的手段,劳动对工人来说是外在的东西,他在自己的劳动中不是肯定自己,而是否定自己,他的劳动不是满足劳动需要,而只是满足劳动需要之外的需要的一种手段。劳动的异化性质明显地表现在,只要肉体的强制或其他强制一停止,人们就像逃避鼠疫一样逃避劳动。外在的劳动,人在其中使自己外化的劳动,是一种自我牺牲、自我折磨的劳动。其三,工人同他的劳动产品的异化。他生产得越多,能够得到的消费就越少。其四,劳动导致人同人相异化,人同他的类本质相异化,一个人也就是同他人相异化,每个人都同人的本质相异化。其五,劳动导致人同自然界的异化,没有自然界和外部的感性世界,劳动者就什么也不能创造,自然界和外部的感性世界本来是劳动者用来实现他的劳动,在其中展开他的劳动,用它并借助于它来进行生产的材料,但是,人同自然界的异化却表现为,劳动者越是通过自己的劳动占有外部世界和感性自然界，他就越是在两个方面失去生活资料：第一，感性的外部世界越来越不成其为属于他的劳动的对象，不成其为他的劳动的生活资料；第二，这个外部世界越来越不再为他提供直接意义的生活资料，即劳动者的肉体生存所需要的资料。①

马克思对劳动异化的论述，是将构成生产力的劳动者、劳动资料和劳动对象、将生产力与生产关系紧密地联系在一起的，从中展现了丰富的环境思想。

其次，对于资本主义制度过分崇尚物质生产力的发展而导致见物不见人的"拜物教"观念和"拜物教"文化的批判。马克思在这一批判过程中阐述了人的价值和自然环境的价值。资本主义经济本质上是一种物统治人的经济，即物役经济。这种物役经济在人们文化理念层面上的反映就是拜物教的观念和拜物教的文化，表现为人们把商品、货币、资本当作神灵来顶礼膜拜和狂热追求。正是拜物教的观念和文化，从思想意识深处使资本主义物质生产或经济结构对人的支配以及对自然资源的任意索取合理化，从而使劳动者对于社会制度的不合理性以及对于人与自然关系的紧张状况失去应有的认识，导致在金钱主义、功利主义、权力主义和消费主义嚣张下的物欲横流以及享乐主义支配下的消费文化的畸形发展，加剧人与人关系的紧张以及人与自然关系的紧张。

对于"拜物教"观念和文化，马克思以前的一些激进思想家曾作过猛烈的批判，但他们大多只是停留于对于大量现象的分析而未能揭示出其中的本质和规律。马克思既承接了他们的批判锋芒，又将批判引向深入。马克思不仅展示出"拜物教"的种种危害，而且还科学地区分了"拜物教"的三大类型，即商品"拜物教"、货币"拜物教"和资本"拜物教"，并深刻揭示了"拜物教"产生的经济根源和阶级实质，指出了扬弃"拜物教"以及建立起新型的人与人、人与自然和人与社会关系的根本路径。

再次，对于资本主义片面追求经济利润最大化导致生产力高速发展，从而加剧与生产关系紧张矛盾，导致人与自然关系尖锐对立的批判。马克思认

---

① 参见马克思《1844年经济学哲学手稿》，人民出版社1979年版，第46页。

为资本主义制度助长生产力的快速发展,生产资料私有制使得资本主义生产必然以剩余价值的增值为目的,必然以牺牲自然环境为代价,这是资本主义生产方式的"绝对规律"。

马克思多次谈到资本主义生产力与生产关系发展不相适应,必然导致资本主义私有制的丧钟敲响的问题。在《共产党宣言》中,马克思和恩格斯对于资本主义生产力快速发展带来的与资本主义生产关系的矛盾进行了深入的分析,指出:"因为社会上文明过度,生活资料太多,工业和商业太发达。社会所拥有的生产力已经不能再促进资本主义文明和资产阶级所有制关系的发展;相反,生产力已经强大到这种关系所不能适应的地步,它已经受到这种关系的阻碍;而它一着手克服这种障碍,就使整个资产阶级社会陷入混乱,就使资产阶级所有制的存在受到威胁。资产阶级的关系已经太狭窄了,再容纳不了它本身所造成的财富了。"[1] 马克思在《资本论》第一卷第七篇"资本积累的过程"中的第七节"资本主义积累的历史趋势"中提出了关于资本主义生产方式的一个总结论。在这里,马克思从辩证法的"否定之否定"规律出发,从历史发展的角度,总结了资本主义大私有制对小私有制的否定,并从资本集中的发展导致资本对资本的剥夺的事实出发,指出了资本主义生产方式最终会由于"生产资料的集中和劳动的社会化,达到同它们的资本主义外壳不能相容的地步"。于是,"这个外壳就要炸毁了。资本主义私有制的丧钟就要响了。剥夺者就要被剥夺了"。[2] 生产力主义的社会体制使资本主义制度必然灭亡,取代它的未来社会是一个"自由人的联合体",在这一社会中,强制人们的旧式分工消失了,劳动成为人们的第一需要,那时的劳动对于它的结果而言是劳动,对于主体的目的而言是自我实现,即"自由自觉的活动"。马克思对于资本主义片面追求生产力发展的批判不是对于物质生产的拒斥,而是对物质生产进行了多维的价值评价,既对物质生产进行经济价值评估,同时也对它进行社会价值、人本价值和环境价值的评估,这样就为人们确立正确的物质生产观提供了基本的理论构架。领会马克思在分

---

[1] 《马克思恩格斯选集》第1卷,人民出版社1995年版,第278页。
[2] 马克思:《资本论》第1卷,人民出版社1975年版,第831—832页。

析资本主义生产力与生产关系不相适应而导致私有制丧钟敲响问题，只要联系马克思对资本主义生产方式存在的问题的整体分析，就可以看到马克思在这种分析中显示出的环境思想。马克思认为，资本主义生产方式是以追求利润增长为首要目标的生产方式，不惜任何代价追求经济增长，必然导致人类社会与自然界之间物质和能量交换过程的中断，从而导致资本主义生产方式的不可持续性。资本主义制度的扩张主义逻辑实质上就是把以资本的形式积累财富视为社会的最高目的的逻辑。资本主义的生产主要是为了实现商品的交换价值而不是使用价值，商品的使用价值越来越从属于它们的交换价值。资本主义生产以追求最大化的利润而不以满足人们基本生活需要为目标，特别是不能满足穷人基本的生存需要，往往迫使穷人为了生存不得不破坏环境。资本主义的生产方式又是一种严重依赖能源密集型和资本密集型技术的生产方式，它总是倾向于通过投入大量的原材料和能源，通过加速生产流转过程以获取高额利润，导致自然资源被快速地消耗以及向环境倾倒更多的废料。同时，资本主义生产方式还是一种具有短期行为痼疾的生产方式，为了追求利润，追求资本的短期回报，必然会忽视经济发展过程中长远的和总体性的环境规划。一种制度如果追求财富无休止的几何增长和无限度的攫取，无论它如何理性利用自然资源，从长远的角度看都是不可持续的。资本主义生产方式的本性，决定了它不可能自始至终地按照生态原则来对待自然和组织生产，它必然超越生态所能承受的极限，导致严重的环境危机。

三 马克思生产力理论是与自然环境、人的本质以及人的社会关系联系着的理论

在马克思那里，生产力始终是与自然环境、人的本质以及人的社会关系联系着的概念。马克思是将生产力始终与自然环境结合起来认识的。应当看到，马克思并没有给生产力下过什么定义。过去的马克思主义哲学和经济学教科书都把生产力称为人们改造自然、征服自然并从自然界获得物质资料的能力。这一定义存在着严重缺陷，根本在于忽视了社会生产力产生与发展的自然前提。它割裂了人与自然的有机联系，离开社会赖以生存的自然环境因素，孤立地侈

谈"人的能力",只突出了生产力的社会性,似乎"生产力"仅仅是指"社会生产力",而遮蔽了自然环境状况在社会生产力中应有的地位和作用,特别是忽视了马克思的"自然生产力"思想。同时,劳动的生产力定义,将生产力看作人类改造自然和征服自然的能力,从单一的向度即从人的主体性和能动性的角度去理解生产力,只是突出人对于自然的控制、征服与改造,而人与自然之间的协调统一性、自然环境对于生产的前提性和基础性以及对于人的限制性却被严重遮蔽了。由于忽视了自然对于人类活动的前提性条件的作用,无视了自然对于人类活动的影响和制约作用,往往会通向人类中心主义。

唯物史观认为,物质资料的生产是人类社会赖以生存和发展的重要前提和基础,生产力是人通过生产劳动与自然进行物质能量的交换过程中使人与自然协调发展的过程。人与自然联系的纽带是通过生产劳动连接起来的。马克思将自然界作为生产力能够进行的重要前提条件。指出:"一切生产力都归结为自然界。"① 马克思认为,劳动首先是人和自然之间的过程,是人以自身的活动来引起、调整和控制人和自然之间的物质变换的过程。这种通过生产劳动所建立的人和自然的统一性,在每一个时代都会随着工业或快或慢的发展而不断改变。因而,人们周围的感性世界决不是某种开天辟地以来就已存在、始终如一的东西,而是工业和社会状况的产物,是历史的产物,是人类世世代代活动的结果。他说:"人类进步的一切伟大时代,是跟生存资源扩充的各时代多少直接相符合的。"②

按照马克思的一切生产力都归结为自然界的思想,生产力不是抽象的,而是具体的和历史的。生产力的基本要素都是在与自然环境发生关系时起作用的。劳动者、劳动对象和劳动资料离开了自然环境都只能处于抽象性或者虚幻性的存在状态中,都无法成为现实生产力中的要素发挥作用。

劳动者本身是自然环境的产物,人类社会的产生和发展都离不开一定的自然环境。马克思在《1844年经济学哲学手稿》中指出,自然界是作为一切存在的总和,它包括人及社会在内的一切现象,不仅是无机的自然界,而

---

① 《马克思恩格斯全集》第46卷(下),人民出版社1961年版,第34页。
② 《马克思恩格斯全集》第45卷,人民出版社1961年版,第332页。

且还包括有机的自然界,尤其是认定人也是自然界的一部分。因此,马克思提出了"自然界是人的无机身体"、"人是自然界的一部分"的思想,马克思在批评黑格尔唯心主义自然观时指出:"被抽象地孤立地理解的、被固定为与人分离的自然界,对人说来也是无。"[①] 这就从自然对人的本原性、物质根源性和人对自然的依赖性之原先的同一性层面上,充分肯定了人与自然的内在统一性,这是人与自然的统一性的唯物论的坚实基础。马克思进而认为,人作用于自然界的最基本的实践活动是生产活动。劳动是人与自然发生物质变换的过程,劳动引起自然界的变化并改变着劳动者自身。生产力的真正发展决不能建立在破坏自身的生存条件的基础上,而应建立在促进人与自然双向协调发展与和谐统一的基础上。人作为自然界的存在物,是能动性和受动性的统一,人的实践活动正是这种能动性与受动性的统一。人通过能动的创造性实践活动有效地改变外部自然界及环境,同时改变人的自身自然。自然环境的改变和人类实践活动的一致性,扬弃了人类和自然环境间的两极对立,达到人类和自然环境的辩证统一;也正是在这种能动性和受动性的统一中,实现人与自然在本质上的统一性。

劳动资料就是将劳动者置于自己和劳动对象之间、用来把自己的活动传导到劳动对象上去的物或物的综合体。劳动者利用物的机械的、物理的和化学的属性,把这些物当作发挥力量的手段,依照自己的目的作用于他物。劳动资料的主要内容是劳动对象和生产工具,这些要素都与自然界以及与人所发生关系的环境紧密联系着。

劳动对象是生产力得以形成必不可少的重要条件,是物质资料的生产能够进行所必需的原材料。马克思认为动物不生产,只是使用自己的器官去占有自然所生产的各种东西。而人则运用自己肉体方面的自然力——手臂和腿、头和手,直接占有对象,把自然材料转化成对人生活有用的形式。同时人是生产者,懂得利用劳动对象和使用工具,把自然物变成自己的活动器官,促进生产力的形成和发展。

劳动对象是自然界提供的。马克思用自然力这一概念来概括自然环境对

[①] 《马克思恩格斯全集》第42卷,人民出版社1961年版,第178页。

于生产力形成和发展的作用。马克思认为，无论是未经过人类加工的自然物，还是已经经过人类加工的物体，从其终极来源来讲，都来自自然界。劳动对象即是自然资源或作为自然力的东西。自然界或者说是自然环境是人类全部可能的劳动对象的总和，但是，只有现实地成为生产力要素的劳动对象才构成生产的资源系统。劳动工具作为劳动资料的重要组成部分，也是自然环境提供的，最初，人类对它的利用有偶然性，如削劈东西的石器、防御野兽的棍棒，但在以后的发展中，劳动工具却专门化为人类与自然环境发生联系的物质中介，是人的手臂、眼睛、耳朵、甚至头脑的延长，是人的"物质身体"，是人类社会的物的组成部分。从归根结底的意义上说，没有自然环境或自然力，也就没有劳动工具。关于自然力的地位和作用，马克思在《资本论》中指出："撇开社会生产的不同发展程度不说，劳动生产率是同自然条件相联系的。这些自然条件都可以归结为人本身的自然（如人种等等）和人的周围的自然。外界自然条件在经济上可以分为两大类：生活资料的自然富源，例如土壤的肥力，鱼产丰富的水等等；劳动资料的自然富源，如奔腾的瀑布、可以航行的河流、森林、金属、煤炭等等。在文化初期，第一类自然富源具有决定性的意义；在较高的发展阶段，第二类自然富源具有决定性的意义。"[①] 马克思的话说明，在不够发达的农业和牧业社会里，生产率的提高，就自然环境条件来说，取决于生活资料的自然富源，而在比较发达的工业社会里，生产率的提高则取决于生产资料的自然富源。这就揭示出了自然富源在生产力形成和发展中的地位和作用，强调了生产力对于自然环境的依赖性。基于这一点，马克思讲到生产力时，也经常使用"自然生产力"这个概念。

唯物史观的生产关系理论也是与马克思环境思想紧密联系着的。马克思认为，生产关系是生产的社会形式，反映了人与人之间的关系，而其中劳动者与生产资料的关系，是生产关系中最基本的方面。人类的生产劳动不是作为自然生物的人们与自然发生的物质变换活动，而是作为社会的人们与自然发生的物质变换活动，即是说生产劳动是一种社会的活动而不是自然本身的活动。在生产劳动过程中作为主体的人既要与自然发生关系，又要与社会发

[①] 马克思：《资本论》第1卷，人民出版社1975年版，第560页。

生关系，而且这两种关系同时产生，不分先后，是始终交织在一起的。马克思说：我们越往前追溯历史，个人，也就是进行生产的个人，就显得越不独立，越是属于一个更大的整体；最初还是十分自然地在家庭和扩大成为氏族的家庭中；后来是在由氏族间的冲突和融合而产生的各种形式的公社中。到18世纪，在"市民社会"中，社会结合的各种形式，对个人说来，才只是达到他私人目的的手段，才是外在的必然性。但是，产生这种孤立个人的观点的时代，正是具有迄今为止最发达的社会关系（从这种观点看来是一般关系）的时代。人是最名副其实的社会动物，不仅是一种合群的动物，而且是只有在社会中才能独立的动物。孤立的一个人在社会之外进行生产——这是罕见的事，偶然落到荒野中的已经内在地具有社会力量的文明人或许能做到——就像许多个人不在一起生活和彼此交谈而竟有语言发展一样，是不可思议的。[①] 人们只有结成一定的社会关系或者在一定的社会关系范围内，才能发生与自然界的关系，从事现实的物质资料的生产与再生产。人与自然的关系是通过人与人的关系而实现的。从最本质的特征看，各种生产关系都体现出人们之间的物质利益关系。而作为体现了物质利益关系的生产关系，尽管具有很大的抽象性，但是，都要受制于具体的和特定的人与自然的关系。

在生产力的诸物质要素中，劳动资料是一项重要内容。劳动资料是生产过程中人们用以影响和改变劳动对象的一种结构复杂、范围广泛的物质系统。包括那些直接作用于劳动对象的生产工具的系统、用以发动生产工具的动力系统和能源系统、运输和辅助系统，以及为实现各种劳动资料的最佳结合所必需的信息传递系统等。其中，最重要的是生产工具系统。马克思在《资本论》第一卷中谈到不同经济时代时强调，"各种经济时代的区别，不在于生产什么，而在于怎样生产，用什么劳动资料生产。劳动资料不仅是人类劳动力发展的测量器，而且是劳动借以进行的社会关系的指示器"。[②] 在这里，马克思强调劳动资料是社会关系的指示器，说明了劳动资料的变化必然导致社会关系尤其是生产关系的变化。生产关系的不同状况是进行社会"经

---

① 参见《马克思恩格斯选集》第2卷，人民出版社1995年版，第2页。
② 《马克思恩格斯全集》第44卷，人民出版社1961年版，第210页。

济形态"区分的最主要的依据,"经济形态"的变化主要是基于生产资料与劳动者一定结合方式的变化,因为,"不论生产的社会的形式如何,劳动者和生产资料始终是生产的因素。但是,两者在彼此分离的情况下只在可能性上是生产因素。凡要进行生产,它们就必须结合起来。实行这种结合的特殊方式和方法,使社会结构区分为各个不同的经济时期"[①]。两者的结合并不是指劳动者如何去改造生产资料,而是指生产资料归谁所有的问题。两者结合方式的变化,会进一步导致劳动者之间关系的变化。劳动资料的来源,从最终的意义上说,都来源于自然界。自然资源、自然工具以及人造工具都是人在劳动中创造新的使用价值的辅助条件,是形成财富的重要源泉。马克思在《哥达纲领批判》中也强调自然界同劳动一样也是使用价值即物质财富的源泉。并指出自然界也是"一切劳动资料和劳动对象的第一源泉"[②]。

长期以来,在对于生产力与生产关系的理解问题上存在着一种似乎已经成为定论的说法,即认为,生产力表明的是人与自然的关系,生产关系表明的是人与人的关系。这样,就蕴涵着一种意思:只有生产力,才体现出人与自然的关系,而生产关系不体现人与自然的关系。这种认识实质上将构成生产力与生产关系的内在前提的自然环境从生产方式的系统中抽象开来,只划归于生产力系统,导致了生产力与生产关系在人与自然关系中的分裂,从而也导致了生产力的抽象化和虚幻化。

因此,研究唯物史观,重视物质资料的生产对于社会发展的推动作用,坚持生产力对于社会发展的最终决定作用,与重视自然环境在生产力和生产关系中的重要地位与重要价值是统一的。只有充分认识马克思环境思想与唯物史观的紧密关联性,充分认识马克思是将人与自然的关系与人与社会的关系紧密地联系起来,在"人—自然—社会"紧密相连的有机系统中考察社会发展的动力,揭示社会发展规律的,才能完整地、正确地理解生产力和生产关系概念,在理论和实践两个方面坚持和发展唯物史观。

(作者单位 苏州大学马克思主义研究院)

[①] 《马克思恩格斯全集》第 24 卷,人民出版社 1961 年版,第 44 页。
[②] 《马克思恩格斯选集》第 3 卷,人民出版社 1995 年版,第 298 页。

外推:生态困境的奥秘

刘森林

一 去远与推远:两种不同的机制

随着人类共同生活群体规模的不断扩大,约束各个层次上的行为主体、使之符合群体追求目标的制度体系也就愈来愈发达和稠密。我在拙著《辩证法的社会空间》中曾探讨过,在观念、情感、行为方式、语言等诸方面类似或相互认同并且交往频繁的个体之间,也就是"社会密度"很高的群体中,由于制度缝隙和漏洞很小,从更大群体的共同利益和崇高的价值规范角度来看个体应予承担的责任与义务,就很难外推出去,特别是该群体中处于较低阶层的民众,更是如此——当他们面对该群体制度体系中的不平等性之时,往往无力反抗而只得接受强势方外推给自己的负担。制度效力和技术能力的限制,也无法为他们把某些负重和责任外推给更遥远的人群和自然界提供多大的空间。

霍克海默与阿多诺在《启蒙辩证法》中写道,主体性的确立以主体与客体的距离为前提,在历史上,这个距离是以主人通过所支配的东西所获得的事物的距离为基础的。财主在他的城堡周围布置上做各种活的仆人,夜晚有灯亮,他才能安然入睡。他对周围世界有了足够距离,有了他能够命令的等级秩序,他才能有安全感。[①] 用我们的话来说就是,只有把惧怕、担忧、未掌握和控制的遗憾放逐到足够远的范围之外时,自我立足的主体才会确立起

---

① 参见霍克海默、阿多诺《启蒙的辩证法》,上海人民出版社2003年版,第11页。

来。这么说，主体性的源初结构中就内含着一种明显的外推逻辑。主体性不但是一种对无力每时每刻都承担起来或负起责任的那些空无、冲动、某些欲望、情感、完整性的割舍，也是把惧怕、死亡、空无推得足够远使之尽量彻底和持久地不在当下出现的结果。与这种推远的策略相伴随的，是把无法推开或无法推得足够远的对象理性化甚至数学化的策略。通过这种策略，那些必须打交道的客体对象在无所不知无所不能的主体面前呈现为按照我们知晓的规则存在、运行的，因而作为主体的我们完全可以控制甚至还能加以调节的东西。这也是启蒙运动以来主体性运作的主要途径和手段之一。霍克海默指出，客体不仅是处于等级制中的最下层，而且是一种数学的虚构："启蒙精神认为预先把经过推论的数学化的世界与真实等同起来的这种做法，肯定是又返回到了神话。启蒙精神被认为思维与数学是一回事。"[1] 这与卢卡奇在《历史与阶级意识》中所批评的一样。观念的世界这样被构思为客体，一种在那里合乎规则运行着、不会乱来的客体，虽然远离主体但逃脱不出主体之心的客体。

近代启蒙运动以来，令主体不安的遥远客体从寄附于至高无上的上帝下放给自主自立的个人主体。社会按照能够自我存在、自我确立、自我发展、自我立法、自我负责、自我立命、自我实现、自我救赎的自足自立的独立个体原则进行构建，使得主体可以外推的境遇发生了根本性的变化。除了遥远的客体世界及其严格规则化之外，在现代社会中，单位群体内社会密度的减小，新型制度和技术辐射范围的急剧扩大，与外部群体和自然接触范围的扩展，以及在某个行为牵涉到的诸多人群、事物的增多，及其所牵连到的诸种制度之间的缝隙与漏洞的增多，使得能力强、资源多的行为者，具有了更多的外推机会和更大的外推空间。众所周知，现代社会构建的基本原则就是自立自决的个人主体，"把一切都委诸于个体自由是所有现代性的本质，无论早期还是晚期"。[2] 在个体自由问题百出的当今，在"设想一个自由个体的联合体更是难上加难"的当今，这种自由论所蕴涵和引发的，对本己之外的

---

[1] 霍克海默、阿多诺：《启蒙的辩证法》，上海人民出版社2003年版，第21页。
[2] 劳伦斯·E.卡洪：《现代性的困境——哲学、文化和反文化》，商务印书馆2008年版，第24页。

存在不闻不问、一推了之的趋势随着现代社会个人主义化趋向的不断增强而日趋明显。如卡洪（Lawrence E. Cahoone）所说，"自由主义者把一切都委诸自由似乎需要一个前提，即社会成员对发生在他们私生活领域以外的任何事情都一概不闻不问；而这实际上表明，自由仅仅存在于私生活之中"。[①] 这种根深蒂固的个体自由论，要过渡到对"外部性"存在不闻不问、一推了之极为容易。当共同体制度的建构无法约束这种外推时，它就会进一步扩展，达到（无意识或有意识）转嫁的程度。而当更大范围内的制度建构都默认或支持这种外推时，它的扩展和加剧就更是必然的了。

如果说，在主体性哲学的逻辑中，根本就无所谓与主体无关的原始存在、"无蔽状态"，而只存在显现给人，被人发现或看到的东西；那么，外推也就是正好与此相反的现象，它致力于不显现给人，"不被人看到"，促使那些令人不安，让人看了倍感压抑和沉重的东西通过某种成功的意识形态隐匿机制而从观视者的视阈中消失掉，以塑造一种万事太平、心安理得的氛围。这种氛围的功效除了卸除行为者的心理负担和伦理负担，主要是强化和固定行为者群体在自己所浸淫于其中的文化理念和行为趋向，使特定文化氛围内的行为方式及其固化的存在秩序得以继续维系和持存。

海德格尔曾说，此在的生存论中有一种"去远"的现象，这种现象使得此在与其他存在者在空间中的相互关联成为可能。存在的这种去远（Entfernung）也就是把存在者带到近处来，使之获得显现，因而此在"有一种求近的本质趋向"，这种本质趋向使得世界的面目得以呈现于人，而世界也就由此得到阐释。在这个意义上，世界就是在这种去远中得到揭示的，就是在最近的"此在"之"此"中确立世界由此展开的始发点，并由此确立其空间性特质的。但是，在我看来，此在在确立自己的世界的过程中，不但要把一些远处的存在者拉到近处来，使之与此在照面；而且同样重要甚至更为重要的是，此在必须把一些令此在难以忍受、无法处理的东西赶到更远或足够远的隐蔽处，使之不在此在面前照面，也就是以"眼不见为净"的方式打造一

---

① 劳伦斯·E. 卡洪：《现代性的困境——哲学、文化和反文化》，商务印书馆2008年版，第24页。

个与此在的处理能力、希冀和关注范围相适应的"世界"。而这个世界的打造和建构,万万离不开把那些令此在难以忍受、无法处理的东西赶到更远的"去近化"策略——只有把这些东西推到足够远的的隐蔽之处,那个令此在心安的"世界"才能被建构起来。在这种"去近化"策略中,即使是那些在此在身旁,与此在朝夕相处的东西,如果它们令此在不安,惹此在厌烦,也必须而且常常是首先要被推远。此在的亲近性,就是在这种把某些东西推远的同时又把某些东西拉近的双重策略中得以实现的。"去近"和"去远"的合作,亲近和疏远的交叉进行,才塑造了此在的惯常品格。

所以,与"去远"相反,此在同样有一种"去近"的趋向,这种"去近"也就是把存在者带到远处去,使之不要在此在面前显现,因而此在"有一种求远的本质趋向",这种本质趋向使得世界的那些令人不安和心灵沉重的面目不能呈现于人面前,而那些没有如此性质的世界也就由此安然地得到阐释。世界的"去近"趋向是一种防范机制,通过这种机制的过滤,被阐释的世界才获得一个有效的保护带,在此保护带之内,世界才得以被阐释,被照面,被利用并进入此在,成为"在之中"。这样,此在的"在之中"特征必然具有一种防范和筛选的前提条件。并不是一切东西都可以进入此在之中,成为持存性的,也就是不断与此在照面的存在者。能够进入"在之中"的存在者是有前提条件的。那些给此在带来强烈的负担,让此在抬不起头来,使此在忧心忡忡和于心不安的东西,往往要经过一些被隔离和筛选的环节之后被剔除出去,以保证进入"在之中"的存在者具有优良性和至少是可接受性的品格。

每一种文化都存在这种极力凸显某些存在、也极力隐匿另一些存在的机制和动力。力欲凸显的存在往往被赋予非常详细的标示,包括名称标示。而力欲隐匿的存在则往往被快速地黑暗化,它们之间即使有明显的区别也往往被一笔抹杀,往往用一个统一的名称概而称之,统统被淡化,甚至被归档于无用的垃圾筐中而遭埋葬,并"消失"于人们的视线之外。现代性文化对它认定有意义的那些存在的凸显,以及对它认定无意义或有问题而需要掩盖起来的那些存在的隐匿,都达到了迄今为止最为广阔和严重的程度。这可能是因为,隐匿和凸显所需要的技术能力和手段,就有史以来而言,在现代性文化中达到了最高的水平。现代技术给凸显和隐匿提供了越来越大的可能性空间，大大提升了凸显和隐匿的水准、效果和范围。

二 外推的逻辑与空间的拓展

如果说以前的文化由于技术和制度能力的限制，在对待超出自己技术能力之外的"遥远的存在"时所体现出的无能为力和鞭长莫及，是由于客观的能力和视野局限所致，而并不见得是因为缺乏外推的意识和欲望，那么，在技术能力和制度能力大大发展了的现代背景下，在世界越来越成为一体化村落的条件下，对相对遥远的存在的漠视和拒斥就是文化有意识采取的外推策略了。当然，有意识的拒斥会在习惯化之后转化为无意识的漠然。

现代技术效能的提升无疑加剧了外推的发生和深度。一方面，外推的持存必需有一种足够宽广的空间，以承受和消化持续挤压它的、来自施动主体的外推。现代技术不断地拓宽和加深了外部存在的范围和深度，使自然显得不但广袤无边，而且深不可测。在这个既宽广又深邃的世界里，有众多的他者存在着，确切地说是以尚未被开发利用的样态存在着，等待着发现其价值的主体们来利用和开发，等待着主体把它照亮，把它搬向实践体系的舞台之上，让宝贵和不可或缺的它显示在知晓其价值的人们面前——如果它们是令人向往的有益存在的话。而如果它们是无益的负面的东西的话，那就得躲开或者掩匿起来。不管是置于显现之处还是置于掩匿之处，都需要借助于某种技术中介让人与它们连接起来。而恰恰就是在这个方面，现代技术发挥了它巨大的作用。借助于发达的交通、通信等技术，现代人可以与时空两个维度上原来觉得遥（深）不可及的事物快速地连接起来。在这个基础上，日益全球化的现代资本主义世界就能通过固定的联系和强制的暴力把这些（对于弱者来说常常就是不平等的）关系以制度的形式稳固下来，变成牢不可破甚至自然性的状态。

另一方面，现代意识形态本来就是以区分内在的自我与外在的他者为基本特征的。它对"人"的理解就是沿着向内挖掘的思路进行的。从奥古斯丁的"内在的人"到笛卡尔的"我思故我在"，再到康德的先验主体，都是把

"心灵"视为人之根本所在,而"肉身"及其所在的世俗社会生活世界则只是污染"心灵"并使"心灵"无法以纯粹样式存在于世的框架或容器。知识的根基、价值理想的根基、善良行动的源发处等,都在这个以"心灵"为本的"主体"之中。路德新教改革以来试图在世俗性存在中发现本质存在及其生长基础的新理路,虽然为费尔巴哈、马克思、施蒂纳等继承和发扬下来,但抛开施蒂纳及其后较为极端的后现代主义不谈,还坚持启蒙的基本价值的现代社会至少在实践哲学层面上仍然没有(而且在我看来也不可能)彻底告别内在性,也没有(不可能)抛开内在性来规定"人"。而以内在性规定"人",势必要面对和解决内在的我与外在的他者,或者内生的主体与外在的客体之间的关系问题。毕竟作为主体的"人"无法单纯靠自己的内在性生存于世,而必须借助于跟外在他者的关联。现代社会个人主义色调的日渐浓厚和成熟,特别是内在性在超验价值方面的内涵被虚无主义掏空之后,使得"空无"的现代主体更得深深地依恋于与外在客体他者的关联。而对外在他者客体的关联,无非有两种关系:一是对那些"好的"外在,也就是心向往之,与之关联起来会促使主体变得伟岸、积极、心安、确定、踏实的他者客体,就以把握、拥有、占有的方式关联起来。而对那些"不好的",也就是心不向往之,与之关联起来会促使主体变得渺小、消极否定、忐忑不安、尴尬、消解的他者客体,就唯恐与之发生密切的关联,从而极力以革除(如果能消解得掉的话)、外推和隐匿(如果消解不掉的话)的方式消除或外推掉。这种消除或外推是一种特殊的关联方式,一种极力掩藏或否定那些特定物及其与自我关联性的"关联"。通过这一显一隐、一占一推、一肯一否、一要一躲、一恋一端的双重关联,现代主体才获得了生存于世的确然性和稳固的状态。过去我们往往是仅仅重视与积极物的关联,而不愿提及与消极物的关联。

不过,无论是对积极物的关联,还是与消极物的关联,两种不同的关系状态的发生和维持都严重依赖于现代技术及奠基于其上的制度。无论是占有,还是外推,都需要借助于技术与之连接起来,或者说至少得能够触及得到,然后还要有占有或躲避、外推的能力。

当然,无论是占有还是外推,更远之后的连接都可能喻示着某种风险或危险。就是说，现代技术推动了生产力的迅猛发展，扩展和加深了人们之间的交往和联系，但也在某种意义和程度上累积着某种危险——如果这些危险不是被及时疏导缓解，而是被推远或用某种不具长久可靠性的围墙暂时围圈起来，那就可能会衍生为（可能的）灾难。"在技术的成功与历史的灾难之间，存在着明显的直接联系。因为，没有技术手段对权力的应用与扩展的发展，没有世界范围内交往和行为关系的发展，没有统辖性组织的新形式和支配社会关系的扩展，这种历史灾难就不会发生。"① 关键是要区分单纯由技术驱动的"生产"与由内在的规范加以引导或约束的"实践"，并放弃那种在生产力增长和更高价值的进一步实现之间直接画等号的素朴之见。从这方面来说，最危险的应该就存在于力图隐匿和外推掉那些关联的做法之中。

在《辩证法的社会空间》中，我曾写道，制度化的权利决定了人在追求自我利益最大化的过程中，哪些事情必须计入成本之中、由自己内化，哪些事情则可以外推至其他人承担。如果根据德姆塞茨的命题"当内部化的收益大于内部化的成本时，产权就建立起来将外部性内部化"来推论，那么，当内部化的收益小于内部化的成本时，外部性就不能内部化，产权也很可能建立不起来——这样一来，外部性就会大量存在。这也能从一个角度表明，现代制度根本不可能在一切范围内制止住外推、消除外部性，而至多只能在一定范围内制止住外推。提供大量价格低廉却宝贵资源的自然界，遥远的外地、外国都构成了实在的或可能的外推对象；只要没有有效的制度规约，这种可能的外推就会成为现实，而一直现实存在着的外推就继续存在下去。

外推总是由近至远。外推对象愈近，愈容易引起人们的注意、反思，并引发制度发明来规约之；而外推愈远，愈容易被人忘却，甚至会将明显的事实当作为根本不存在的"无"。②

随着制度约束的弱化，被外推对象的弱小和反馈的迟缓，外推会在单位时间和区域内逐步增多和增强。于是，外推就"更多地发生在更远的地方——因为愈远就愈可以遮蔽起责任、埋藏起可能引发的痛苦，并把这些不

---

① Karl-Heinz Ilting, "Technik und Praxis bei Heidegger und Marx", In: ders., *Grundfragen der praktischen Philosophie*, Suhrkamp Verlag, Frakfurt am Main 1994, S. 326.

② 参见刘森林《辩证法的社会空间》，吉林人民出版社2005年版，第56—57页。

让人轻松却让人难受的东西尽量转嫁给'眼不见的他人和自然物'"。① 这种外推逻辑最为常见的领域就是现代市场体系。它通过自己的制度规范制造着自己特有的"外部性"问题——这个问题在经济学上已经得到很多的研究。奥尔森（Mancur Olson）从"集体行动"问题入手，科斯（Ronald H. Coase）从"外部侵害"问题入手，诺斯（Douglass C. North）从"搭便车"问题入手，庇古（A. C. Pigou）从"公共产品"问题入手，博弈论从"囚徒困境"问题入手，对所谓的"外部性问题"进行了各种探究。我们不想在这里去跟踪经济学的这些研究，虽然它们给了我们很大的启示。

只要有制度规范不到的区域，只要外推的对象反抗力微弱，外推就会发生和持续。包括市场中的弱者、经济不发达的国家、地区和自然界，就是现代市场制度的外推对象。在这个外推体系中，"市场制度在超出一定的范围后就把责任、义务和痛苦、艰辛等负效应外推给'遥远的他人'或'自然'了。资本主义世界体系不仅要力图占领和包容所有由人组成的社会区落，而且也在某种程度上试图把自然界当作不平等体系中最低级的边缘区，或最低最远的外推对象纳入自身体系"。②

在谈到无产阶级也早已"有能力考虑到时空上或概念上较远的东西作为他们行动的基础，而不是只考虑眼前的东西"时，卢卡奇（Georg Lukács）也指出，资本家早就具备了这种能力。他们早已努力考虑得更远，想把时空上远离的对象——这些对象属于可以为资本家服务，而且无法推远到不必考虑的地步，因而必须予以合理化的范围——纳入到合理的计算之中，把更远的对象看作跟眼前的一样。也就是他们早就致力于把时间上和空间上虽然"遥远"却非常有利于自己的那些对象挖出来、拉过来，为自己服务。从而在对更大更多事物的把握和占有中壮大和延续自己的生命力：

"对资产阶级思想来说——如果这里只谈行动问题——这种远离从本质上讲就意味着将时空上远离的对象纳入到合理的计算之中。但从本质上来看，思想运动在于把这些对象把握为和眼前的对象是同一类的对象，即把握

---

① 参见刘森林《辩证法的社会空间》，吉林人民出版社 2005 年版，第 58 页。
② 同上。

为合理化的、数量化的、可以计算的。"以至于被看作是自然的,也就是永恒的存在。从而使得产生这样的效果:"乍一看,时空上近在眼前的对象和远离的对象一样,都服从这种变化。"①

在这种对遥远对象的合理化中,遥远对象的某些积极功能被实施此种行为的主体开发了出来。他们当然是为了强化自我才努力这么去做的。既然目的是强化自我,那就不管这一行为对他会产生什么样的效果了——这应该属于被推远甚至漠视或不予以考虑的问题范围了。不过卢卡奇像马克思一样,相信在这种漠视中隐藏着一种危险的不断累积。当这种累积进行到一定程度,实施主体即使再具有多么强烈的推远、漠视和掩盖的愿望和冲动,也无法抵挡累积产生的、对自己不利甚至具有毁灭作用的客观效力了。被推远的东西在遭受实施主体白眼和冷漠的不利境遇中,凭靠自身的逐渐增大走进力图漠视它的主体视野之中,迫使这个主体减少冷漠,直面自己,成为这个主体无法革除的此在亲近性。可惜的是,每当这个时刻,锻造这一后果的主体往往已经无力担当对这个困境的求解了。求解需要一个新的历史主体,一个具有更高视野,更高潜能,并在可能的求解中获得新生的实施主体。在对这一困境的求解中,实施主体成就自己的潜能,实现自己的价值。也就是说,求解作为一种主动的"拉近",固然客观上是因为长期被推远的东西缓慢累积所产生的不能再漠视的压力效应,更是由于就近承担求解重任所必需的素质、能力和胆识。

为此,卢卡奇的意思是,既然资产阶级早已这么惯于使用有效的"纳近"之法,那力图超越它的无产阶级就更需要具有长远和宽广的视野,更需要超越直接性。这不仅意味着无产阶级需要同样的"纳近"艺术和能力,而且更要求具有主动承担解决在资产阶级的"推远"策略中累积产生的麻烦、自悖谬的胆识和能力。不仅"意味着行动对象的客观属性的变化",更意味着实践策略的调整。

三 越推越远的外推:从个体、群体到国际和自然界

个体是这样熟悉外推之法,但由于超出个体层面的群体在现代社会中不

---

① 卢卡奇:《历史与阶级意识》,商务印书馆1995年版,第260页。

但异常多,而且发展成熟,制度发达,所以往往是群体能够较好地按照自己的目标来规范个体的"出格"行为,使之被纳入合乎群体要求的目标体系之内,使个体的外推行为受到明显的限制、防范其他群体肢解和分化自身的意识形态来壮大和维护自己,使自己变得强大和持久。但是一个群体的实践行为所能受到的规治就常常不一样了。这不但是因为群体都能依靠发达的组织手段凝聚更大更多的能量于自身,还能创造为自己行为辩护、加强凝聚力、防范其他群体肢解和分化自身的意识形态来壮大和维护自己,使自己变得强大和持久;更因为群体大到一定程度,就能逃脱更大群体的控制,或者在它之上实际上已经没了更大群体的控制。一般说来,民族国家就是这样一个可以规避更大群体控制的至大群体的边界线。

国内由某个行业、地方、阶层等群体发出的外推,因为损害国家整体的发展而可能被本国政府所力欲抑制。除非政府权威不够或工作不得力,或外推的始发群体过于强大,外推是不会高频率、高密度、高强度地出现的。但在国家与国家之间,更不用说在人与自然界之间,就不存在像国家政府那样为了自己的发展,为了自己的整体利益而发明各种有效制度去约束可能会大量发生的外推行为的有效组织了。联合国等国际机构起不到这样的作用,而在人与自然之间,甚至连联合国这样的组织机构都不存在。

于是,在国际范围内,在人与自然之间,外推行为的大量发生也就不足为奇了。

外推给自然界,是最保险和引起的反馈最迟缓的外推。

必须追问的是,如果把生产力继续定义为"改造自然的能力",那么,把一切价值理想实现的关键看作是大力提高生产力,缩短必要劳动时间,那不就必定意味着就把这一关键视为对自然的改造,也就是把对下层民众的剥削转移到对自然界的剥削上?经济学家肯尼思·博尔丁(Kenneth Boulding)说过,在发达国家,把眼睛盯在对人的剥削上绝非聪明的好办法。"对所有的人来说,提高生产率才是赚钱的好办法。一个人可以从大自然中获取10个美元而不必从同仁身上榨取一个美元。"[①] 无论从经济效果还是从政治效果

[①] 参见李普塞特《一致与冲突》,上海人民出版社1995年版,第367页。相关分析继续参见刘森林《辩证法的社会空间》一书,吉林人民出版社2005年版,第二章第二节。

上说，榨取大自然比榨取底层百姓都更为聪明。在稳步增长的国家，技术和管理更有利于致富，而在停滞国家，才更多地把眼睛盯住对同仁工人的剥削上。随着资本主义的发展，剥削对象越来越被推远了，短时间内不会爆发反抗的自然界——何况这个自然界常常是更穷的第三世界国家的自然界——成了比工人们更好对付的剥削对象。马克思在此问题上的态度是什么？这倒是一个需要讨论的问题。莫尔特曼就认为，早期马克思还谈论"人类的自然化"和"自然的复活"，但在后来的《资本论》中，自然就只成了劳动对象和劳动资料了，自然作为人的家园和家乡观念就没有了。"马克思只是设想以牺牲自然为代价来扬弃人类自我的异化。在他看来，人类造成的自然的异化只能在有待克服的资本主义掠夺性开发中才能见到。然而，甚至在共产主义制度下，自然也仍然是供人类役使的奴隶。结束这种自然疏离还没有成为马克思的观点的组成部分。但是，这仅仅意味着，就人类与自然的关系而言，马克思仍然局限于培根和笛卡尔的概念框架中。"① 与莫尔特曼的这种观点不同，生态学马克思主义的一些代表人物，则愿意从马克思对不顾一切疯狂追逐资本扩张的资本逻辑中找出一种资本压迫、盘剥自然的逻辑。在我看来，马克思和恩格斯当然对只顾利欲熏心而在其他方面不顾一切地盘剥自然持坚决的批判态度——这一点即使在《资本论》及其手稿中也没有什么改变。也就是说，他们反对过度开发自然。但是，他们反对的只是不顾（或违背）自然本身的逻辑去改造自然，而不是反对大力改造自然，并不反对把自然作为隐含着巨大潜能的客体加以改造和提取以提高社会生产力。就是说，他们反对的只是违背规律地改造自然。只要按照自然本身的规律和人类实践与人类历史本身的发展规律去改造自然，无论规模多大，程度多深，都是正确和合理地改造自然——这是没有什么问题的。但问题是，"自然本身的规律和人类实践与人类历史本身的发展规律"本身可能就是一个极容易陷入意识形态漩涡的东西。而何谓"符合"这样的规律也是问题成堆的。所谓按照自然的规律改造自然，于是也就仅仅意味着，需要注意改造行为所引发和招致的问题，注意自然本身的承受力，不要过于贪心，不至于太过分等，却没

---

① 莫尔特曼：《创造中的上帝》，生活·读书·新知三联书店2002年版，第65页。

有上升到反省改造论蕴含的主客二分逻辑,并确认自然本身具有大量制造人类所需各种产品的生产力,本身就具有一定的主体性特质这样的思想高度。

在韦尔默看来,马克思把自由理解为工作日缩短基础上的自由人联合,即"所有人的不受妨碍地发展的全部障碍的消除,唯一的限制来自于社会与自然的新陈代谢的持续必要性"。而社会发展过程中日益增强的异质性问题在其中就被肢解了,使得自由人的联合成了一种无中介的互动。而缺少复杂的中介也就意味着,在个人层面上成立的东西,直接可以转化成社会层面上的事实。根据韦尔默的说法,马克思就是以这样的方式"埋葬"而不是"解决"了自由在现代性背景下如何实现的复杂问题。而这得益于把"两种现象混为一谈:一方面是工人阶级遭受的剥削、贫困化和退化,劳动的非人性以及缺乏对经济的民主控制,另一方面是以普遍人权原则为基础的形式法律以及现代社会中的功能和系统分化的出现。正因为在他对异化的批判中,马克思把这两种不同的现象混为一谈,他就相信资本主义所有制度的废除不但足以为废除现代工业社会的非人性特征扫清道路,而且足以为废除与之相伴随的功能分化和系统复杂性,并从而为恢复共产主义社会的人类之间的直接统一和团结扫清道理"。[①]

按照这种解读,既然把社会性的机制运作看得这么简单,其作用那么小,自由的希望都寄托在了改造自然而获得的生产力的提高上,那么,人改造自然能力的增强被视为自由能否实现的关键。由此,人对自然的改造就承担了非常大的压力,在可能性的空间内,速度越来越快、规模越来越大、效率越来越高地改造自然,就成为这一理论必然的要求。即使有必须符合自然本身规律的内在牵制和约束,也难以遏制这一理论释放出的更快更有效地改造自然的内在必然要求及其威力。由于这一理论隐含着"更快更好地改造自然,以便尽快满足实现自由所需的前提条件"这一逻辑,更快更大规模地改造自然——以提高生产力,就是这一理论内在的必然要求。所以,在某种意义上完全可以说,把麻烦和问题尽量外推给自然,外推给离核心主体日渐行

[①] 阿尔布莱希特·韦尔默:"理性、乌托邦与启蒙辩证法",载其《后形而上学现代性》,上海译文出版社 2007 年版,第 66—67 页。

远的自然客体系统,是更为保险和有效的现代性外推。在现代技术和制度条件下,高水平的外推就是推得越远、隐匿得越深的外推。因为推得越远,隐匿得越深,引起的关注和反馈自然也就越稀少和微弱。所以,各种外推之法都力欲提高自己的水准,都力图在外推的深度或遥远性方面下工夫。在这种背景下,借助于水平日益提高的现代技术和制度的帮助,针对大自然的外推就这样不断加深并日益重要了。当外推的主体是强有力的民族国家或跨国大公司之时,外推的能量和效应就更为显著,也更为可怕了。这可能也是现代主体从独白式的个体发展到有强大威力的组织主体时必然出现的结果。

看来,技术的增强和进步,社会关系体的更大化,群体发展的严重平衡及其矛盾的加深,都使得外推越来越成了"解决"、"化解"或"规避"矛盾与冲突的主要手段。而最远的外推就是推给大自然。这是生态困境的根源。

(作者单位 中山大学马克思主义哲学与中国现代化研究所)

论生态学马克思主义的生态价值观

王雨辰

生态学马克思主义是西方马克思主义发展的最新流派之一,他们以历史唯物主义理论为指导,着力从制度批判和价值观批判两个维度揭示了当代生态危机产生的根源,强调实现社会制度和生态价值观的双重变革是解决当代生态危机的根本出路。对于生态学马克思主义的生态价值观,我国学术界虽有论述和研究,但总的看还显得较为零散,系统整理、论述和评介生态学马克思主义的生态价值观正是本文的目的所在。

一

当代生态价值观的建构是围绕如何看待人类中心主义价值观这一问题展开的。在如何看待人类中心主义价值观的问题上,西方生态中心主义的绿色理论认为,近代以来的人类中心主义价值观把人看作是宇宙中唯一具有内在价值的存在物,人之外的存在物只具有相对于人的需要的工具价值,导致了人对自然的滥用和生态危机。解决生态危机的出路就在于破除人类中心主义价值观,树立"自然价值论"和"自然权利论"的生态中心主义价值观。生态中心主义的上述观点实际上颠覆了人类中心主义价值观把"人"看作是宇宙中唯一的价值评判者和价值主体的观点,而代之以"生态"为价值主体的观点。与之相反,西方人类中心主义的绿色理论则强调维护人类的整体利益和长远利益是生态运动得以维系的内在动力和基础,因此,人类中心主义价值观本身并无问题,问题在于近代人类中心主义价值观把人的任何感性偏好都看作是应该予以满足的。只要把人类中心主义价值观中的"感性偏好"

替代为"理性偏好",生态问题就可以迎刃而解。对此,生态学马克思主义既反对生态中心主义的绿色思潮所阐发的"自然价值论"和"自然权利论",也不赞同人类中心主义的绿色思潮脱离制度维度为人类中心主义价值观所做的辩护。他们一方面坚持生态运动应该坚持人类中心主义的价值观,另一方面又坚持应该在新的制度基础上,而不是在资本主义制度基础上对人类中心主义价值观的内涵进行重新解释。

生态学马克思主义从如下三点批评了生态中心主义的理论观点。首先,生态中心主义仅仅只是拘泥于抽象价值观的视角,把生态危机简单地归结为人和自然关系的危机,没有看到人和自然的关系在本质上是由人和人之间关系的性质所决定的,忽视了社会制度变革对于解决生态危机的重要性,因而陷入到非历史主义和唯心主义的错误中。生态中心主义把生态危机看作是"错误的态度和价值相结合的'工业化'的结果,尤其是那些内在于古典科学和或许也内在于基督教和父权制中的态度和价值。……实际上这是一种自我指责和自我道德化的、等同于无法理解的废话的抽象。……应该责备的不仅仅是个性'贪婪'的垄断者或消费者,而且是这种生产方式本身:处在生产力金字塔之上的构成资本主义的生产关系。"[①] 也就是说,生态问题并非是一个简单的价值观的问题,而是以人和自然关系为中介的人和人关系的危机,是资本主义制度和生产方式的危机,只有从分析资本主义制度和生产方式的内在矛盾和基本特点,才能真正找到当代生态危机的根源和解决办法。

其次,生态中心主义不具备理论的严密性和科学性,在理论性质上应归属于后现代主义。从理论上看,生态中心主义主要是借助生态科学所揭示的生态整体性规律,把人类置于地球生态系统中的普通一员的地位,强调人类不具有相对于其他物种的特殊权利,进而要求平等地考虑人之外的存在物的权利,"这种优先考虑非人类自然或至少把它放在与人类同等地位的'生物道德'是生态中心主义的核心方面。"[②] 此外,生态中心主义要求颠覆传统人际伦理学,要求将道德关系进一步拓展到人和自然的关系上,其理论根据

[①] [英] 戴维·佩珀:《生态社会主义:从深生态学到社会正义》,山东大学出版社2005年版,第133页。

[②] 同上书,第48页。

论生态学马克思主义的生态价值观

就是"自然价值论"。但是问题在于：生态中心主义不仅面临着如何从自然科学的"是"推出"应该"，从"事实"推出"价值"的理论难题，而且对"自然价值论"的内涵缺乏明确和统一的界定，并且缺乏科学的论证而主要诉之于人们的体验和直觉。"存在着对自然内在价值理论的各种异议；它的理论与含义、它的归诸于直觉而不是理论论证、它的不可能性（我们不知道自然是否赋予本身以价值，我们作为人类只能从一种人类中心主义的立场谈论自然）以及它试图建立一个自然—社会二元论的趋势。"[①] 生态中心主义的这种反人类主体、反人道主义以及诉之于直觉的神秘主义倾向具有明显的后现代理论的性质。

最后，生态中心主义在其生态价值观支配下强调地球优先论，"缺乏对现代大规模技术、技术与官僚精英的信任，而且，他们憎恨中央集权和物质主义"，[②] 最终走向了反生产主义、反经济增长和反科学技术的迷途中。

生态学马克思主义理论家批评生态中心主义的上述主张不仅没有认识到生态危机与资本主义制度的内在联系，而且是立足于生态学的价值立场否定人的生存权利，特别是穷人的生存权利，这种贬损人的价值和尊严的反人道主义的生态价值观无助于生态问题的解决。

虽然生态学马克思主义同西方人类中心主义的绿色思潮都强调人类中心主义价值观本身并不存在问题，但是和人类中心主义绿色思潮抛开制度维度来修正人类中心主义价值观的内涵不同，生态学马克思主义对人类中心主义价值观理论内涵的重新解释是建立在制度批判的前提下的。因此，他们强调把生态危机产生的根源归结为人类中心主义价值观的观点，实际上是没有看到任何一种价值观的社会后果，是由承载它的社会制度和生产方式的性质所决定的，生态中心主义生态价值观的问题恰恰在于它没有看到"对自然和生态平衡的界定明显是一种人类的行为，一种与人的需要、愉悦和愿望相关的人类的界定"，[③] 不懂得要处理好人和自然的关系，首先必须处理好人与人之

---

① ［英］戴维·佩珀：《生态社会主义：从深生态学到社会正义》，山东大学出版社 2005 年版，第 7 页。
② 同上书，第 48 页。
③ 同上书，第 341 页。

间的关系,只有在此基础上才有可能谈论价值观的变革及作用。要处理好人和人之间的关系,就必须通过制度变革用生态社会主义代替资本主义社会。而在生态社会主义社会里,必须坚持的是人类中心主义的生态价值观,"除了人类的需要外,它不认为有'自然的需要',而且,正像它认为从本质上说共产主义社会不可能是在生态上不健康的社会一样,它宣称,一个适当的生态社会在本质上不能支持社会不公正,当发生利益冲突时,它也总是使人类的需要优于非人类的需要"。[①] 生态社会主义社会的生态价值观是"人类中心论的(尽管不是在资本主义—技术中心论的意义上说的)和人本主义的,它拒绝生物道德和自然神秘化以及这些可能产生的任何反人本主义,尽管它重视人类精神及其部分地由与自然其他方面的非物质相互作用满足的需要"。[②] 只不过生态社会主义社会中的人类中心主义价值观具有其特殊的内涵,具体而言,其一,和建立在资本基础上,服从资本利润动机和物欲至上的人类中心主义价值观不同,生态学马克思主义所讲的是"一种长期的集体的人类中心主义,而不是新古典经济学的短期的个人主义的人类中心主义。因而,它将致力于实现可持续的发展,既是由于现实的物质原因,也是因为它希望用非物质的方式评价自然"。[③] 其二,生态学马克思主义所说的人类中心主义价值观虽然也强调"以人为本",但这里所说的"以人为本"是指生产应当以满足人的基本需要,特别是以满足穷人的基本需要为本。"对经济的发展,生态学的态度是适度,而不是更多。应该以人为本,尤其是穷人,而不是以生产甚至环境为本,应该强调满足基本需要和长期保障的重要性。这是我们与资本主义生产方式的更高的不道德进行斗争所要坚持的基本道义。"[④]

二

生态价值观必然会涉及如何看待科学技术与生态危机之间的关系,对

[①] [英] 戴维·佩珀:《生态社会主义:从深生态学到社会正义》,山东大学出版社2005年版,第340页。
[②] 同上书,第354页。
[③] 同上书,第340页。
[④] 同上书,第42页。

论生态学马克思主义的生态价值观

此,西方绿色思潮强调,人类中心主义价值观以及以此为基础的科学技术是生态危机产生的根源。而生态学马克思主义则强调,人类中心主义价值观和科学技术本身与生态危机之间并无必然的联系,其运用的社会制度的性质决定了他们的社会效应。因此,生态学马克思主义理论家一方面赋予人类中心主义价值观以新的理论内涵,为人类中心主义价值观和科学技术作辩护;另一方面又从近代人类中心主义价值观和科学技术的关系、资本主义制度和科学技术的关系这两个维度探讨了建立在近代人类中心主义价值观基础上的科学技术和生态危机的内在关联,强调建立人和社会关系的合理化是实现科学技术走向合理性的关键。

生态学马克思主义理论家指出,科学技术的滥用及其与生态危机之间的内在联系是与指导它运用的近代人类中心价值观的内在缺失是紧密相关的,在他们看来,近代人类中心主义价值观的核心是"控制自然"的概念,它根源于西方文化传统,特别是基督教文化。在西方古代宗教神话中,存在着两种相互矛盾的思想,这种矛盾体现在他们既认识到技术和工具对于提高人们物质生活的巨大作用,又对科学技术运用的后果感到恐惧,"没有一个人真正地'控制了'为控制自然而发明的那些日益复杂的工具"。[①] 同时,他们把自然看作是具有精神属性的,因此这就要求在利用自然之前人们要通过礼仪表达对自然的尊重。但是,西方的基督教则阐发了一种有别于西方其他宗教神话的教义,即上帝创世宣布了人类对地球的派生统治权,使"人立于自然之外并且公平地行使一种对自然界统治权的思想就成了统治西方文明伦理意识的学说的一个突出特征"。[②] 对于西方基督教是如何强调人类相对于动物和自然万物的优越性,英国学者基恩·托马斯在《人类与自然世界》一书中从如下三个方面进行了具体论述。其一是在基督教教义的影响下,人们把人类的优越性看作是上帝神圣计划的核心,强调人类是上帝所有工程的核心,因而世界就是为了人类而创造出来的,"每一种动物都要为人类某种目的服务。如果没有实用目的,也有道德与审美目的"。[③] 其二是在基督教教义的鼓

---

① [加] 威廉·莱斯:《自然的控制》,重庆出版社1993年版,第25页。
② 同上书,第28页。
③ [英] 基恩·托马斯:《人类与自然世界》,译林出版社2009年版,第9页。

励下，人们把科学研究的目的看作是为了战胜其他物种，从而把文明看作是对自然的征服。其三是认为人类是按上帝的形象造出来的，因此"人类被认为比其他任何动物都更美丽，构造更完美"。[1] 由此从不同角度夸大人类的某一特质，如语言、理智、道德责任意识等，以便把人类和动物区分开来，就成为哲学家们反复讨论的问题。近代哲学家培根将基督教教义的上述理念进一步系统化，不仅形成了近代意义上的人类中心主义价值观，并且使之成为了以资本为基础的现代性价值体系的内在组成部分。

生态学马克思主义理论家指出，培根对近代人类中心主义价值观的系统阐发突出体现在他比以往任何人都更加清晰地阐发了"控制自然"的观念，并区分了"科学"与"宗教"的不同，由此导致了人们对"自然"态度的根本变化。培根指出人类被逐出伊甸园意味着人类同时失去了道德清白和对自然万物的统治权，"科学"和"宗教"则分别是人类恢复道德清白和对万物统治权的工具。培根所作的这种区分不仅消除了人们对于通过科学技术进步控制自然会妨碍宗教的疑虑，而且使得人们把通过科学技术进步控制自然同促进社会进步等同起来，使得"大量的悠闲和享受是建筑于科学和技术进步基础上的"[2] 信念迅速传播。上述建立在科学技术进步基础上的社会进步观导致了一种新的自然观的出现，即从过去关注自然的神奇转向了关注自然的宝藏。这种对待自然的实用态度使得人们热衷于研究那些能够控制自然的手段和工具，因为"认识自然只有通过精细的观察和实验室控制等缓慢而单调的艰苦工作才能获得。作为现代意义上的精密科学与控制自然的期望越来越紧密地统一起来，它的发展最终将达到没有任何离开科学技术的其他控制自然的方法的状况。"[3] 由此，"控制自然"的观念在 17 世纪之后已经成为一种不证自明的观念，人们把"控制自然"的程度与人的能力和自由看作是一回事。"几个世纪以来，我们的社会一直把自由视为技术支配自然的结果，是一种社会安排的结果。在这种社会安排中，鼓励个体追求他/或她的个人

---

[1] [英] 基恩·托马斯：《人类与自然世界》，译林出版社 2009 年版，第 21 页。
[2] [加] 威廉·莱斯：《自然的控制》，重庆出版社 1993 年版，第 8 页。
[3] 同上书，第 71 页。

兴趣却毫不顾及对范围更广的自然与社会的影响。"① 在上述观念的支配下，人和自然的关系被简单化为一种以技术为中介的操作和被操作的关系，这必然会导致技术的非理性运用和自然的异化。这是因为，为了适应资本主义现代化的需要，资产阶级对根源于西方哲学文化传统中的"控制自然"的观念进行了两方面的改造，其一是他们把"科学理性"简化为"技术理性"，把对有关人类极终价值和意义的思考归结为一种虚幻的形而上学予以批判和抛弃，从而把知识等同于技术，技术的功能就在于如何控制自然，使之服从于人的需要；其二是他们改造了"自然"的概念，把近代以前的"有机自然"改造为服从人的需要和欲望的"机械自然"，从而把人和自然的关系简化为机械的改造和被改造、利用和被利用的关系。在此基础上，资产阶级把近代人类中心主义价值观纳入到其现代性价值体系和意识形态中，鼓吹技术进步必然会带来社会物质财富的增加和社会进步，最终实现人的自由和幸福。但事实上，由于资本主义制度本质上是维护以资本为基础的特殊集团的利益的，这就意味着技术在西方社会的运用不仅不可能实现人的自由和解放，相反，它还必然会导致对技术的非理性运用，从而造成人的异化和生态危机。

对于资本主义制度下技术的非理性运用的必然性，生态学马克思主义理论家主要从三个维度进行了论述。其一是从资本主义生产的目的和原则的维度看，由于资本主义生产的目的并非是为了满足人们的使用价值，而是为了通过商品交换获得利润，这就决定了资本主义生产体系虽然是以自然系统为基础，但是"自然"并非是其生产的归宿，因此技术运用不可能按照生态原则加以使用。"绝没有先验的理由可以保证生态技术将会以生态原则为基础的，——除非各个资本或产业相信那是有利可图的，或者生态运动和环境立法逼迫他们那样去做。"② 其二是从资本主义制度下技术的经济功能的维度看，技术进步虽然能够降低对资源的损耗，但是由于技术运用是服从于资本追逐利润的，因此技术进步的结果最终不过是加速了资本积累和自然资源的耗费过程。其三是从资本主义制度下技术的社会政治功能的维度看，技术既

---

① [美] 福斯特：《生态危机与资本主义》，上海译文出版社 2006 年版，第 44 页。
② [美] 詹姆斯·奥康纳：《自然的理由》，南京大学出版社 2003 年版，第 326 页。

是控制自然的手段，同时也是控制人的手段。这是因为，一方面控制自然"意味着由个人或社会集团完全支配一特殊范围内的现有资源，并且部分或全部排除其他个人或社会集团的利益（和必要的生存）"。① 另一方面，技术进步总是与资本主义生产体系的快速扩张和高度集中紧密相连的，这既意味着生产决策和管理越来越集中于少数人手中，人们不得不屈从资本主义高度集中的生产体系和管理体系，也意味着不断扩张和高度集中的资本主义生产体系和有限生态系统之间的关系势必日益紧张，最终体现为生态危机。

可以看出，和生态中心主义把科学技术看作是生态危机产生的原因不同，生态学马克思主义理论家强调的是技术运用的方向取决于指导其运用的价值观的性质及其制度基础。因此，解决生态危机的根本途径并不在于限制技术和经济的发展，问题的关键在于如何调适技术运用背后的人与人之间的关系，人和人关系的合理化是技术合理化的前提，在此基础上建立一种新的技术伦理。对此，生态学马克思主义着力从三个方面展开了论述。第一，由于技术运用的方向取决于社会制度的性质，因此建立生态社会主义社会来克服资本主义制度下人与人关系的异化，是实现技术合理化和解决生态危机的前提和关键。这是因为，资本主义生产始终是围绕着资本获取利润这一目的展开的，技术运用是遵循着以"核算和效率"为核心内容的"经济理性"，在这种情况下，技术只能是服从资本追求利润的手段。生态社会主义的生产是遵循着以人和自然共同和谐发展的"生态理性"，由于"生态社会主义的增长必须是一个理性的、为了每个人的平等利益的有计划发展。因而，它将是有益于生态的；……这种社会主义的发展可以是绿色的，它建立在对每个人的物质需要的自然限制这一准则上"。② 因此，生态社会主义社会既不会限制经济增长，也不会限制技术进步，"生产和工业本身将不会被拒绝。如果说不是被异化的，它们是解放性的。资本主义最初发展了生产力，但现在它阻碍了它们无异化的和合理的发展。因此，它必须被社会主义发展所代替，其中，技术（a）是适应所有自然（包括人类）的而不会对它造成破坏；

---

① ［加］威廉·莱斯：《自然的控制》，重庆出版社1993年版，第122页。
② ［英］戴维·佩珀：《生态社会主义：从深生态学到社会正义》，山东大学出版社2005年版，第336—337页。

(b)强化了生产者的能力和控制力"。① 第二,必须重建一种新的技术伦理,促进技术运用的合理化,这种新的技术伦理一方面要求重新赋予"控制自然"新的内涵,即"控制自然"不应理解为通过技术革新和运用使"自然"服从人的非理性的物质需要,而应理解为把人的非理性欲望和破坏性方面置于控制之下,使其主旨集中于"伦理的或道德的发展,而不是科学和技术的革新。从这个角度看,控制自然中的进步将同时是解放自然中的进步……从控制到解放的翻转或转化关涉到对人性的逐步自我理解和自我训导"。② 另一方面,新的技术伦理还要求摈弃那种狭隘的人类中心主义价值观,以开明的人类利益为根据,切实考虑人类和生物圈之间的关系以及人之外其他生物的需要和利益,实现人类需要和生物圈的自我平衡。第三,必须对技术进行有选择性的运用,用"软技术"、"绿色技术",如风能、太阳能、生物能等可再生能源的技术代替资本主义"硬技术",这不仅是因为资本主义"硬技术"对生态具有较大的破坏性,而且"硬技术"的运用总是与资本主义高度集中的生产体制和管理体制联系在一起的,总是与资本主义生产体系对自然的统治和人的统治联系在一起的,只有代之以"软技术"才能保证技术运用与生态之间的和谐发展。

三

在生态学马克思主义理论家看来,当代生态危机的产生和不断强化同资本主义社会所奉行的消费主义价值观是紧密联系在一起的,破除消费主义价值观,正确处理人的需要、消费、劳动和幸福之间的关系,对于规范人们的实践行为和缓解生态危机具有重要的意义。

消费主义价值观的核心是"鼓励所有人把消费活动置于他们日常关注的中心位置,同时在每一个已获得消费水平上加强不满足的体验"。③ 消费主义

---

① [英]戴维·佩珀:《生态社会主义:从深生态学到社会正义》,山东大学出版社2005年版,第355—356页。
② [加]威廉·莱斯:《自然的控制》,重庆出版社1993年版,第168页。
③ [加] William Leiss, *The Limits To Satisfaction*, Mcgill—Queen's University Press, 1988, p.100.

价值观所鼓励的消费并非是对商品使用价值的消费，而是鼓励一种"炫耀性消费"和"奢侈性消费"，要求把"消费"当作人们自我价值实现和幸福体验的唯一方式。在生态学马克思主义理论家看来，由于消费主义价值观所鼓励的"消费"是与人的真实需要无关，而是一种被资本主义生产体系所制造和控制的"消费"，因此它在本质上是一种"异化消费"。这种"异化消费"必然导致对商品的无止境追求和整个社会的物欲化，从而强化业已存在的生态危机。他们由此进一步分析了消费主义价值观在当代盛行的原因及其危害。

在他们看来，消费主义价值观在当代西方之所以盛行，主要在于如下三个方面的原因。第一，资本追逐利润的本性决定了它必然要宣扬消费主义价值观及其生存方式。和前资本主义社会的生产目的主要满足人们的基本需要不同，资本主义社会的生产目的是为了资本获取利润，其生产遵循的是以"计算与核算"为主要内容的经济理性。资本从获取利润这一目的出发，抛弃了前资本主义社会"够了就行"和"知足常乐"的价值观念，并宣扬"越多越好"的价值观念，把占有金钱和商品的多少作为衡量人的成功和幸福的标准，从而把人们的兴奋点牵引到消费活动中。第二，资本主义统治方式的变化决定了它必然要宣扬消费主义价值观。生态学马克思主义理论家指出，由于当代西方社会国家广泛干预社会经济生活危及了资产阶级自由主义的意识形态，因此资产阶级就利用科学技术进步带来的巨大物质财富通过向民众许诺提供越来越新、越来越多的商品来实现其统治的合法性，一方面使人们沉醉于消费活动中淡化其政治意识，另一方面满足资本为了追求利润而不断扩大其生产规模的需求。第三，资本主义生产劳动中广泛存在的异化现象，使人们在劳动过程中感受不到劳动创造的欢欣和自由，于是人们就在劳动之外的闲暇时间和消费活动中去体验自由和幸福，形成了"劳动—闲暇二元论"的异化消费现象。所谓"异化消费"是指"人们为补偿自己那种单调乏味的、非创造性的且常常是报酬不足的劳动而致力于获得商品的一种现象"。[①] 生态学马克思主义理论家不仅揭示了消费主义价值观在当代西方盛行

---

① ［加］本·阿格尔：《西方马克思主义概论》，中国人民大学出版社1991年版，第494页。

的原因，而且分析了消费主义价值观所必然带来的生态后果，这突出体现在两个方面，其一是消费主义价值观使人们不能正确处理需要、商品、消费、劳动和幸福的关系，使得人们把对商品的疯狂占有和消费看作是满足的唯一方式，从而导致了整个社会的物欲化，这必然导致人的异化和自然的异化。这是因为，消费主义价值观所宣扬的"消费"并非是基于人的真实需要基础上的"消费"，而是被资本所控制和牵引的"消费"；它所消费的也并非是商品的使用价值，而是商品的符号象征性，即通过商品消费来证明自身的地位和价值。基于这种异化消费基础上的生存方式不仅意味着人的异化，而且它必然导致人们对商品的无止境追求，从而加大对自然资源的耗费，强化生态危机。其二是消费主义价值观在本质上行使的是一种意识形态功能。这是因为，资本总是倾向于不断扩大其生产规模以获取更多的利润的，但是生产和消费之间存在着相互联系、相互依存的辩证关系，这就意味着不断扩大和刺激消费是资本的内在要求。事实上，当代资本主义社会就是通过广告等大众媒体宣扬消费主义价值观，不断制造以服从资本追求利润为目的的新的需要，使人们沉醉于商品消费中而丧失对现实的批判否定意识，同时使资本主义生产体系得以不断扩张。但是，不断扩张的资本主义生产体系同有限生态系统之间必然会发生矛盾冲突，并体现为生态危机。

生态学马克思主义理论家强调，消费主义价值观所宣扬的高生产、高消费的生存方式与生态系统之间的矛盾，实际上也蕴涵着破除消费主义价值观的契机。这主要体现在当生态系统无力支撑消费主义价值观所宣扬的无限增长和高消费的生产方式和生活方式时，人们就会反思异化的生存方式的合理性，从而改变那种将幸福寄托于消费活动中的价值观念。当然，要使这种变革的契机变为现实，必须从如下两个方面着手，其一是变革高度集中的资本主义生产和管理体系，使之"非官僚化"和"分散化"，其目的在于使工人参与生产的决策和管理过程，体会劳动创造的欢欣，消除"劳动—闲暇二元论"，改变把满足寄托于消费活动中的做法，明确人的满足最终在于生产活动而不在于消费活动中的思想，从而克服异化消费，理顺需要、消费、劳动和幸福之间的关系，树立正确的消费观、劳动观和幸福观。其二是建立一个"较易于生存的社会"代替高生产、高消费的资本主义社会。"较易于生存的社会"要改变的是当代资本主义社会那种"人们集中居住在城乡的多层高楼中,其能源供应、食品和其他必需品以及废物的处理都依赖复杂而庞大的系统"①的高生产、高消费的理想生活方式,把人们对幸福的体验引向劳动过程中而不是消费活动中。但"较易于生存的社会"也决非是要人们回到穷乡僻壤的艰苦环境中,更不是要反对市场、商品和商品交换,而是要求利用技术和工业的积极成果,为人们自由选择适合于自己的生活方式和生活环境创造富有吸引力的多种满足方式。

四

总的来看,生态学马克思主义所主张的生态价值观主要包括三个方面的内容,其一是在生态社会主义社会中应当坚持的是建立在追求集体的长期利益以及人类和生态和谐发展基础上人类中心主义的生态价值观。这不仅是因为生态中心主义所主张的"自然价值论"和"自然权利论"在理论上难以得到严密科学的论证,更因为和建立在资本基础上的近代人类中心主义价值观以服务于资本追求利润这一目的不同,生态社会主义的人类中心主义价值观是人本主义的,是以满足人的基本需要,特别是穷人的基本需要为目的的。其二是建立在资本和近代人类中心主义价值观基础上的科学技术虽然带来了严重的生态问题,但是需要批判和否定的不是科学技术本身,而是决定科学技术运用方向的资本主义制度。通过制度变革实现人和人关系的合理性是保证技术运用合理性的前提和基础。因此,解决生态危机的关键不是要限制科学技术的发展和经济增长,问题的关键在于如何使科学技术的发展和经济增长与人和生态的和谐发展统一起来。其三是人们生活方式的变革理所当然对于解决生态危机具有重要的价值和意义,而要建立合理的生活方式就应当破除消费主义的价值观,理顺需要、消费、劳动和幸福的关系,使人们到创造性的劳动中而不是消费活动中去寻找满足和幸福。从生态学马克思主义理论家的论述我们大致可以得出如下结论和启示。

---

① William Leiss, *The Limits To Satisfaction*, Mcgill—Queen's University Press, 1988, p.106.

论生态学马克思主义的生态价值观

第一，生态学马克思主义的价值批判和科学技术批判是从属于制度批判的，这根源于他们探讨当代生态问题的理论基础和理论指导是历史唯物主义。西方生态中心主义和人类中心主义的绿色思潮，虽然他们在对待人类中心主义价值观和科学技术的社会效应问题上的具体理论观点有所区别，但是不可否认的是他们在思维方式上却具有一致性，即脱离制度维度抽象地探讨价值观和科学技术的作用，最终是非历史地和抽象地探讨当代生态危机的根源和解决之道，他们的这些探讨虽然对于人们反思自身实践行为的后果具有积极的作用，但是由于他们认识不到当代生态危机的真实根源在于资本以及资本的全球权力关系，因此，他们不仅无法提出解决当代生态危机的现实之路，甚至模糊了资本为解决生态危机所必须承担的责任。生态学马克思主义以历史唯物主义为理论指导，始终坚持历史唯物主义的阶级分析法和历史分析法分析当代生态危机产生的根源，强调只有联系制度维度才能正确说明价值观和科学技术的社会效应。因此，只有变革资本主义制度，建立合理协调人和人利益关系的生态社会主义社会，科学的生态价值观才能真正确立，技术运用才会遵循生态原则。立足于制度维度展开价值批判和科学技术批判是生态学马克思主义区别于西方其他绿色思潮的根本标志。

第二，我国学术界对生态学马克思主义理论的误读突出体现在把它归结为一种关于人和自然关系的绿色理论，但事实上，生态学马克思主义并非是一种关于人和自然关系的绿色理论，它在本质上是以生态批判为切入点的当代资本主义理论。这是因为，从生态学马克思主义所主张的生态价值观看，他们强调不能把生态危机的本质归结为价值观问题，更不能因为科学技术的负效应而陷入到反科学技术的迷途中。生态危机的本质在于由制度所决定的人和人之间在生态资源占有和使用上的利益关系的危机，因此，与西方绿色理论仅仅拘泥于抽象价值观谈论生态危机的根源和解决之道不同，生态学马克思主义的生态批判必然上升到对资本主义制度和生产方式的批判，也正因为如此，他们反复强调生态危机的根源在于资本主义制度的内在矛盾和资本的本性，反复强调生态危机在本质上是资本主义危机的当代表现形式，以此为基础他们展开了对当代资本主义制度和生产方式、对技术的资本主义使用、对消费主义价值观的批判，可以说生态学马克思主义的生态批判在本质上是对资本主义制度和资本主义社会的批判，它是以生态批判为切入点的当代资本主义理论。

第三，生态学马克思主义的生态价值观给我们的启示在于，社会主义生态文明理论建设必须从如下三个维度展开，其一是生态文明理论建设的制度维度。这不仅要求我们应当破除由资本所主导的不公正国际政治秩序和全球权力关系，维护民族国家的发展权和环境权，实现生态问题上的国际公平和正义，而且还要求我们必须在生态问题上建立合理协调不同地区、不同人群之间在自然资源占有和使用上的利益关系，使生态文明不仅仅停留于抽象价值观的说教，而真正落实到现实层面规范人们的实践行为。其二是生态文明建设的价值观维度。具体说就是必须树立正确的需要观、消费观、劳动观和幸福观，树立正确的生活方式，使技术和工业的成就服务于人的全面发展和生态的和谐发展。其三是生态文明理论建设的思想资源的维度。应该说，我国的生态文明理论建设引进和借鉴西方绿色理论较多，体现为认同西方中心论或人类中心论的理论观点，而对于马克思主义理论中所蕴涵的生态文明理论资源重视不够，缺乏系统的挖掘和整理，因而我国的生态文明理论建设"西方化"的倾向较为严重，如何结合当代中国现代化的实践，建构一种马克思主义理论谱系中的生态文明理论，实现生态文明理论研究的本土化，是我国生态文明理论研究的一项重要任务。

（作者单位　中南财经政治大学人文学院）

学术前沿

"现实的历史":《资本论》的存在论

孙正聿

破解"存在"的秘密,是一切哲学思想的聚焦点;如何破解"存在"的秘密,则构成各种哲学思想的分水岭。马克思与他所批评的"哲学家们"的原则分歧在于,后者总是把"存在"视为某种超历史或非历史的存在,因而以追究"世界何以可能"而"解释世界";马克思则把"存在"视为"现实的历史"的存在,因而以探索"解放何以可能"而"改变世界"。正是以"改变世界"的理论自觉,马克思终生致力于研究"现实的历史";对"现实的历史"的研究,则构成马克思为之付出毕生心血的《资本论》。《资本论》是关于"现实的历史"的存在论。

一 经济范畴与现实的存在

毫无疑问,《资本论》是由经济范畴构成的理论体系。正因如此,人们往往只是把《资本论》视为关于"资本"的经济学巨著,或者仅仅认为《资本论》包含某些哲学思想,而不是把《资本论》视为关于"存在"的哲学巨著。然而,正是这个由经济范畴构成的宏伟的理论体系"对现实的描述",在人类思想史上史无前例地揭示了"物和物的关系"掩盖下的"人和人的关系",从而揭示了"现实的历史"即"存在"的秘密。

关于"存在",马克思、恩格斯在其合著的《德意志意识形态》中作出这样的论断:"意识在任何时候都只能是被意识到了的存在","而人们的存在就是他们的现实生活过程"。①关于人们的"现实生活过程",马克思、恩

---

① 《马克思恩格斯选集》第 1 卷,人民出版社 1995 年版,第 72 页。

格斯提出:"我们开始要谈的前提不是任意提出的,不是教条,而是一些只有在想象中才能撇开的现实前提。这是一些现实的个人,是他们的活动和他们的物质生活条件,包括他们已有的和由他们自己的活动创造出来的物质生活条件。"① 正是从人们的"现实生活过程"出发,马克思、恩格斯明确地表述了他们与"独立的哲学"的原则性分歧:"对现实的描述会使独立的哲学失去生存环境,能够取而代之的充其量不过是从对人类历史发展的考察中抽象出来的最一般的结果的概括。这些抽象本身离开了现实的历史就没有任何价值。"② 这个原则性分歧,深刻地表明了马克思、恩格斯哲学研究的原则立场,即以"现实的历史"为对象的历史唯物主义的原则立场。

对于如何理解和把握"现实的历史"的"存在",马克思在《哲学的贫困》中曾经作过一个生动而深刻的比较:"如果说有一个英国人把人变成帽子,那么,有一个德国人就把帽子变成了观念","这个英国人就是李嘉图","这个德国人就是黑格尔"。③ 这就是说:作为经济学家的李嘉图是把"人"归结为"物",把"人与人"的关系归结为"物与物"的关系,因而把"现实的历史"描述成"物"的"存在";作为哲学家的黑格尔则把"人"归结为"观念",把"人与人"的关系归结为"观念与观念"的关系,因而把"现实的历史"描述成"观念"("无人身的理性")的自我运动。马克思给自己提出的任务,则是在"物与物"的关系以及"观念与观念"的关系中揭示"人与人"的关系,在资本的运动逻辑中揭示历史运动的逻辑。

在批判黑格尔哲学的出发点上,马克思不仅深刻地揭示了黑格尔对"观念"与"现实"关系的"颠倒",而且深刻地揭示了这种"颠倒"的现实根源,并且睿智地实现了以"现实"为基础的历史与逻辑的统一。马克思指出,黑格尔体系的第一个因素是"形而上学地改了装的、脱离人的自然",第二个因素是"形而上学地改了装的、脱离自然的精神",第三个因素是形而上学地改了装的上述两个因素的统一,即"现实的人和现实的人类"④,

---

① 《马克思恩格斯选集》第 1 卷,人民出版社 1995 年版,第 66 页。
② 同上书,第 73—74 页。
③ 同上书,第 136 页。
④ 《马克思恩格斯全集》第 2 卷,人民出版社 1957 年版,第 177 页。

"现实的历史":《资本论》的存在论

而这种"改装"的现实基础则是"个人现在受抽象统治",也就是人与人的关系受物与物的关系以及观念与观念的关系的统治。这表明,在对黑格尔的哲学批判中,马克思既深刻地揭示了黑格尔对"现实的历史"的形而上学"改装",又深刻地揭示了这种"改装"所蕴含的"现实的历史";既尖锐地批判了黑格尔的"历史屈从于逻辑",又自觉地实现了以逻辑的运动去展现"现实的历史"。因此,只有理解马克思对黑格尔哲学的批判继承关系,理解马克思的政治经济学批判所蕴含的哲学批判,才能理解马克思如何从物和物的关系以及观念和观念的关系中揭示出人和人的关系,从经济范畴的逻辑关系中揭示出人们之间的现实的社会关系,进而理解马克思所揭示的"现实的历史"——存在——的秘密。

关于经济范畴与人的存在,马克思在《〈政治经济学批判〉导言》中作出这样的说明:"从实在和具体开始,从现实的前提开始,因而,例如在经济学上从作为全部社会生产行为的基础和主体的人口开始,似乎是正确的。但是,更仔细地考察起来,这是错误的。如果我抛开构成人口的阶级,人口就是一个抽象。如果我不知道这些阶级所依据的因素,如雇佣劳动、资本等等,阶级又是一句空话。而这些因素是以交换、分工、价格等等为前提的。比如资本,如果没有雇佣劳动、价值、货币、价格等等,它就什么也不是。因此,如果我从人口着手,那么,这就是关于整体的一个混沌的表象,并且经过更切近的规定之后,我就会在分析中达到越来越简单的概念;从表象中的具体达到越来越稀薄的抽象,直到我达到一些最简单的规定。于是行程又得从那里回过头来,直到我最后又回到人口,但是这回人口已不是关于整体的一个混沌的表象,而是一个具有许多规定和关系的丰富的总体了。"[①] 马克思的论述表明,从人本身出发而考察人,只能是从抽象的人出发而形成对人的抽象的理解;只有从关于人的各种规定——首先是最重要的经济范畴——出发,才能形成对人的具体的理解;只有展现经济范畴所构成的"具体",才能揭示"现实的历史"的"存在"。这是马克思破解"存在"的秘密的立足点,也是作为"政治经济学批判"的《资本论》所破解的"存在"的秘密。

---

① 《马克思恩格斯全集》第46卷(上),人民出版社1979年版,第37—38页。

关于经济范畴与历史过程之间的关系，马克思提出："比较简单的范畴可以表现一个比较不发展的整体的处于支配地位的关系或者一个比较发展的整体的从属关系，这些关系在整体向着以一个比较具体的范畴表现出来的方面发展之前，在历史上已经存在。在这个限度内，从最简单上升到复杂这个抽象思维的进程符合现实的历史过程。"① "比较简单的范畴，虽然在历史上可以在比较具体的范畴之前存在，但是，它的充分深入而广泛的发展恰恰只能属于一个复杂的社会形式，而比较具体的范畴在一个比较不发展的社会形式中有过比较充分的发展。"② 由此马克思提出："资产阶级社会是历史上最发达的和最复杂的生产组织。因此，那些表现它的各种关系的范畴以及对于它的结构的理解，同时也能使我们透视一切已经覆灭的社会形式的结构和生产关系。"③ 马克思进而得出的一个基本结论是："人体解剖对于猴体解剖是一把钥匙。反过来说，低等动物身上表露的高等动物的征兆，只有在高等动物本身已被认识之后才能理解。"④

马克思所阐释的经济范畴之间的关系，以及经济范畴与历史过程之间的关系，对于破解存在的秘密的重大意义在于，"对人类生活形式的思索，从而对这些形式的科学分析，总是采取同实际发展相反的道路。这种思索是从事后开始的，就是说，是从发展过程的完成的结果开始的"。⑤ 在《资本论》中，马克思正是把"人体解剖"作为"猴体解剖"的"钥匙"，通过分析"比较具体的范畴"而把握"比较简单的范畴"，通过考察"比较发展的整体"而透视"比较不发展的整体"。因此，关于资本主义的《资本论》，并非仅仅是揭示资本主义的发展规律，而且是通过揭示"一个复杂的社会形式"即资本主义的社会形式而实现对全部"人类生活形式"即"历史过程"的揭示。

《资本论》表明，马克思不仅把自己的哲学批判和经济学批判统一起来，

---

① 《马克思恩格斯全集》第46卷（上），人民出版社1979年版，第40页。
② 同上书，第41页。
③ 同上书，第43页。
④ 同上。
⑤ 《马克思恩格斯全集》第44卷，人民出版社2001年版，第93页。

而且把"对现实的描述"与破解"存在"的秘密统一起来。正是在这种统一中，《资本论》不仅破解了"资本"的秘密，而且破解了"存在"的秘密；不仅揭示了资本主义的特殊的发展规律，而且揭示了人类历史的发展规律。恩格斯《在马克思的墓前讲话》中所概括的马克思的"两大发现"，集中地体现为马克思的《资本论》。因此，《资本论》不仅是关于"资本"的"资本论"，而且是关于"现实的历史"的"存在论"，即马克思的历史唯物主义的"存在论"。

二　商品的二重性与人的存在的二重性

构成《资本论》的出发点的经济范畴是"商品"。对此，马克思的论证是："资本主义生产方式占统治地位的社会的财富，表现为'庞大的商品堆积'，单个的商品表现为这种财富的元素形式。因此，我们的研究就从分析商品开始。"① 然而，仔细阅读和深入研究马克思对商品的分析，我们就会发现，马克思所考察的商品，并不仅仅是构成"社会财富"的"元素形式"，而是表现"人的存在"的"元素形式"。马克思的经济范畴的历史唯物主义内含在《资本论》的出发点和立足点上就得到深刻的体现。

《资本论》所揭示的商品的本质是商品的二重性。"商品首先是一个外界的对象，一个靠自己的属性来满足人的某种需要的物。"② "物的有用性使物成为使用价值"，因此"商品体本身""就是使用价值"③。商品的使用价值是其交换价值的物质承担者，而"交换价值"则表现为"一种使用价值同另一种使用价值相交换的量的关系或比例"④。由此就构成了商品的使用价值与交换价值如下的矛盾："作为使用价值，商品首先有质的差别；作为交换价值，商品只能有量的差别。"⑤ 商品作为用来交换和出卖的劳动产品，它

---

① 《马克思恩格斯全集》第44卷，人民出版社2001年版，第47页。
② 同上。
③ 同上书，第48页。
④ 同上书，第49页。
⑤ 同上书，第50页。

的使用价值与交换价值的二重性的根据何在？它的使用价值的质的差别和交换价值的量的差别的根据何在？这就是《资本论》所揭示的"理解政治经济学的枢纽"①，即劳动的二重性。正是这个"枢纽"点，构成《资本论》破解存在的秘密的切入点。

马克思在论述商品的二重性的基础上提出："如果把商品体的使用价值撇开，商品体就只剩下一个属性，即劳动产品这个属性。""随着劳动产品的有用性质的消失，体现在劳动产品中的各种劳动的有用性质也消失了，因而这些劳动的各种具体形式也消失了。各种劳动不再有什么差别，全都化为相同的人类劳动，抽象人类劳动。"②在马克思对商品的分析中，人类的"现实的历史"——劳动——在商品的二重性中凸显了自己的二重性，这就是创造商品使用价值的"具体劳动"和商品作为劳动产品的"抽象劳动"。正是《资本论》所揭示的劳动的二重性，为理解"现实的历史"即人的存在，提供了现实的而不是抽象的切入点——人自身的二重性。

人首先是自然的存在。作为自然的存在，人需要自然的满足，而这种自然的满足是通过人自身的对象化活动——劳动——实现的。商品的使用价值，就在于商品是"靠自己的属性来满足人的某种需要的物"。人的具体劳动，就是以各种具体形式创造出满足人的各种需要的"物"，也就是把外部自然变成"合目的性"的存在。因此，商品的使用价值和人的具体劳动，正是在"现实的历史"中体现了人是"对象性的存在物"。这表明，在商品中所体现的人的自然性，已经不再是抽象的与历史无关的自然性，而是以劳动创造使用价值的自然性。由商品的二重性和劳动的二重性而形成的对人的存在的理解，其重大的理论意义在于，那种"把人对自然界的关系从历史中排除出去"并因而"造成了自然和历史之间的对立"的旧哲学的存在论，在《资本论》的烛照下，它对"存在"理解的非现实性被暴露出来。

人的自然的历史性或人的历史的自然性，表明人既是自然的存在，又是社会的存在。这就是人的存在的二重性。人的存在的二重性，即人的自然性

---

① 《马克思恩格斯全集》第44卷，人民出版社2001年版，第55页。
② 同上书，第50—51页。

和社会性,深刻地体现为商品的二重性及其所蕴含的劳动的二重性。商品作为使用价值,它是"靠自己的属性来满足人的某种需要的物";商品作为交换价值,则"只是无差别的人类劳动的单纯凝结,即不管以哪种形式进行的人类劳动力耗费的单纯凝结"①。这就是说,从商品的交换价值上看,商品只是表示"在它们的生产上耗费了人类劳动力,积累了人类劳动"②,商品价值就是"作为它们共有的这个社会实体的结晶"③。"把劳动产品表现为只是无差别人类劳动的凝结物的一般价值形式,通过自身的结构表明,它是商品世界的社会表现。因此,它清楚地告诉我们,在这个世界中,劳动的一般的人类的性质形成劳动的独特的社会的性质。"④ 劳动的社会性质表明,人的社会性与人的自然性一样,并不是抽象的存在,而是首先体现在商品的交换价值及其所蕴含的人的抽象劳动之中。商品的交换,本质上是劳动的交换;劳动的交换,则构成人的全部社会关系的基础。由此我们可以看到,马克思在《关于费尔巴哈的提纲》中所提出的关于"人的本质不是单个人所固有的抽象物,在其现实性上,它是一切社会关系的总和"⑤ 这个著名论断,正是在《资本论》所阐述的"理解政治经济学的枢纽"点——劳动的二重性——获得了真实的思想内涵,从而为破解"存在"的秘密奠定了现实的基础。

值得深入思考的是,马克思破解"存在"秘密的现实基础是劳动,而马克思破解劳动的秘密的直接对象却不是劳动而是劳动所创造的商品。通过阐发商品的二重性而揭示劳动的二重性,通过揭示劳动的二重性而凸显人的存在的二重性,从而揭示物和物的关系中所掩盖的人和人的关系,这深切地体现了马克思的睿智的哲学思想:"感性具体"只是"关于整体的一个混沌的表象",从"感性具体"出发无法直接达到把握现实的"理性具体";与此相反,只有从"理性抽象"即"最简单的规定"出发,才能达到"理性具体"即"具有许多规定和关系的丰富的总和"。因此,只有通过对具体的经

---

① 《马克思恩格斯全集》第44卷,人民出版社2001年版,第51页。
② 同上。
③ 同上。
④ 同上书,第83—84页。
⑤ 《马克思恩格斯选集》第1卷,人民出版社1995年版,第60页。

济范畴的分析去理解全部的历史，才能真实地展现物和物的关系掩盖下的人和人的关系，从而破解存在的秘密。这深刻地体现了马克思的存在论、认识论和逻辑学相统一的理论自觉。

《资本论》直接呈现给人们的是由一系列经济范畴所构成的理论体系，离开这些经济范畴及其逻辑关系，就不存在《资本论》的理论体系；构成《资本论》的经济范畴及其逻辑体系，又是马克思自觉地以思维的规定把握现实的规定的产物，离开思维对现实的认识论自觉，就不可能真正地理解和把握《资本论》的逻辑体系；《资本论》以思维的规定所把握的现实的规定，是在商品、货币、资本、地租、利润的"物和物"的关系中所掩盖的"人和人"的关系，它的"经济范畴只不过是生产的社会关系的理论表现"[①]，离开"人们的现实生活过程"，就不可能真正地理解商品、货币、资本、地租、利润等全部经济范畴及其逻辑关系。这是《资本论》所实现的存在论、认识论和逻辑学的统一，也是《资本论》所实现的历史与逻辑的统一。这就是列宁所说的作为"大写的逻辑"[②] 的《资本论》。

三 货币的等价性与人对物的依赖性

《资本论》作为"大写的逻辑"，它是存在论、认识论和逻辑学相统一的历史的内涵逻辑，它的概念、范畴是推进、深化认识"现实的历史"的"阶梯"和"支撑点"。如果说由商品的二重性到劳动的二重性揭示了人的存在的自然性与社会性的二重性，那么由普通的商品过渡到揭示作为一般等价物的特殊商品——货币——的秘密，则揭示了人类存在形态的历史内涵，特别是揭示了"以物的依赖性为基础的人的独立性"的历史内涵。

人的存在是在劳动的历史中展开的，人的全部社会关系是在用以交换的劳动产品——商品——的历史性的交换过程中构成的。商品价值的实现方式及其历史发展，在对人的存在及其历史发展的理解中具有重大意义。商品的

[①] 《马克思恩格斯选集》第1卷，人民出版社1995年版，第141页。
[②] 参见列宁《哲学笔记》，人民出版社1974年版，第357页。

使用价值与交换价值的二重性表明，作为"制造使用价值的有目的的活动"，劳动"是为了人类的需要而对自然物的占有，是人和自然之间的物质变换的一般条件，是人类生活的永恒的自然条件，因此，它不以人类生活的任何形式为转移，倒不如说，它为人类生活的一切社会形式所共有"①。这就是说，创造使用价值的具体劳动，是构成"一切"社会形式的"自然条件"；与创造使用价值的具体劳动的性质相反，形成交换价值的抽象劳动，则是构成各种"不同"的社会形式的基础。因此，只有揭示抽象劳动的交换得以实现的存在方式及其历史转换，才能揭示人的存在方式及其历史形态的变革。

关于交换方式与人的存在方式的历史关联，马克思在《政治经济学批判(1857—1858年手稿)》的"货币章"中作出深刻的论证。他说："毫不相干的个人之间的互相的和全面的依赖，构成他们的社会联系。这种社会联系表现在交换价值上，因为对于每个个人来说，只有通过交换价值，他自己的活动或产品才成为他的活动或产品；他必须生产一般产品——交换价值，或本身孤立化的，个体化的交换价值，即货币。另一方面，每个个人行使支配别人的活动或支配社会财富的权力，就在于他是交换价值的或货币的所有者。他在衣袋里装着自己的社会权力和自己同社会的联系。"② 这表明，"不管活动采取怎样的个人表现形式，也不管活动的产品具有怎样的特性，活动和活动的产品都是交换价值，即一切个性，一切特性都已被否定和消灭的一种一般的东西"③。货币的秘密就在于，它不是一般的商品，而是特殊的商品，即固定地充当一般等价物的特殊商品。由此所形成的商品社会的现实是，"其他一切商品只是货币的特殊等价物，而货币是它们的一般等价物"④，货币成为"每个个人行使支配别人的活动或支配社会财富的权力"。⑤这深刻地表明，人们的普遍联系在普遍交换中被异化为物与物的关系，由此便构成了"以物的依赖性为基础的人的独立性"的人的存在方式。

---

① 《马克思恩格斯全集》第44卷，人民出版社2001年版，第215页。
② 《马克思恩格斯选集》第1卷，人民出版社1995年版，第106页。
③ 同上书，第106—107页。
④ 《马克思恩格斯全集》第44卷，人民出版社2001年版，第109页。
⑤ 《马克思恩格斯全集》第30卷，人民出版社1995年版，第106页。

正是基于对价值形态的历史性的考察与分析，马克思对人的存在的历史形态作出如下的著名论断："人的依赖关系（起初完全是自然发生的），是最初的社会形式，在这种形式下，人的生产能力只是在狭小的范围内和孤立的地点上发展着。以物的依赖性为基础的人的独立性，是第二大形式，在这种形式下，才形成普遍的社会物质变换、全面的关系、多方面的需要以及全面的能力的体系。建立在个人全面发展和他们共同的、社会的生产能力成为从属于他们的社会财富这一基础上的自由个性，是第三个阶段。第二个阶段为第三个阶段创造条件。"① 由此我们可以看到，马克思所揭示的人的存在，决不是"独立的哲学"所说的抽象的人的存在，而是"现实的历史"的存在。正因为马克思关于人的历史形态的论断是基于对"最发达的和最多样性的历史的生产组织"即资本主义社会的"元素形式"——商品——的价值实现方式的分析，即对"货币"所表现的"人的社会关系转化为物的社会关系"的分析，因此，马克思关于人的存在的历史形态的论断，就不仅是描述性地概括了人的存在的历史，而且是反思性地揭示了人的现实存在的秘密：人的社会关系体现为物的社会关系，因此人的存在成为"以物的依赖性为基础的人的独立性"的存在。这就是"现实的历史"的存在，即现代社会的人的存在。

应当深入思考的是，马克思不仅作出上述论断，而且对这个论断作出如下的哲学阐释："个人现在受抽象统治，而他们以前是互相依赖的。但是，抽象或观念，无非是那些统治个人的物质关系的理论表现。"② 正是在这个意义上，马克思认为，作为"思想中所把握到的时代"的黑格尔哲学，其"绝对精神"的哲学理念并不是超然于时代之外的玄思和遐想，而是以"最抽象的形式"表达了人类"最现实的生存状况"——"个人现在受抽象统治"即"人的独立性"以对"物的依赖性为基础"。这深刻地表明，马克思的政治经济学批判和哲学批判不可分割地统一在他的存在论批判之中。因此，同样值得深思的是，哲学界经常引证的马克思关于人的存在的历史形态

---

① 《马克思恩格斯全集》第30卷，人民出版社1995年版，第107—108页。
② 同上书，第114页。

的论断及其解释,恰恰是在似乎与"哲学"风马牛不相及的《资本论》手稿的"货币章"中作出的。这表明,离开马克思的"对现实的描述"的《资本论》,离开《资本论》的政治经济学批判,就不可能真正地理解马克思的哲学批判以及在这种批判中所构成的马克思主义的"存在论"。由此我们可以进一步理解,马克思为什么强调他的哲学与"独立的哲学"的原则区别,即他的哲学只是"从对人类历史发展的考察中抽象出来的最一般的结果的概括"。这对当代的马克思主义哲学研究,应当具有重要的启发和指导意义。

四 资本的逻辑与现实的历史

《资本论》揭示的"现实的历史",是以资本的逻辑为内容的"充满矛盾的运动"。正是通过对资本的"充满矛盾的运动"的考察与分析,《资本论》深刻地揭示了人的存在的现实和人类历史的发展规律。

关于资本的逻辑,马克思首先是着力地考察和揭示了"作为货币的货币和作为资本的货币的区别"[①],即"货币转化为资本"的过程。通过对"货币转化为资本"的分析,马克思深刻地揭示了资本运动的逻辑:以货币为起点和终点的运动逻辑,以货币为动机和目的的运动逻辑,以货币增殖为内容的"没有限度"和"没有止境"的运动逻辑。资本运动的逻辑既构成人类存在的"现实的历史",又构成资本主义的自我否定。

作为货币的货币与作为资本的货币,二者的区别首先在于它们具有不同的流通形式:前者是 W—G—W,后者则是 G—W—G。"商品流通的直接形式是 W—G—W,商品转化为货币,货币再转化为商品,为买而卖";而在"G—W—G"的流通形式中,则是"货币转化为商品,商品再转化为货币,为卖而买"。马克思说:"在运动中通过这后一种流通的货币转化为资本,成为资本,而且按它的使命来说,已经是资本。"[②] 这表明,作为货币的货币,

---

① 《马克思恩格斯全集》第44卷,人民出版社2001年版,第172页。
② 同上。

即流通过程中的"为买而卖"的货币并不是资本；只有流通过程中的"为卖而买"的货币才成为资本，即作为资本的货币。在这种区别中，资本已经表现了自己的特殊的运动逻辑：以货币为起点和终点的运动逻辑。这个逻辑表明，以生产关系为基础的人与人之间的全部社会关系，已经被异化为物与物的关系，"它使人和人之间除了赤裸裸的利害关系，除了冷酷无情的'现金交易'，就再也没有任何别的联系了"①。

作为货币的货币与作为资本的货币，不仅在于 W—G—W 与 G—W—G 的流通形式"具有相反的次序"，而且表现在二者具有不同的结果。"在 W—G—W 循环中，始极是一种商品，终极是另一种商品，后者退出流通，转入消费。因此，这一循环的最终目的是消费，是满足需要，总之，是使用价值。相反，G—W—G 循环是从货币一极出发，最后又返回同一极。因此，这一循环的动机和决定目的是交换价值本身。"② 这就是说，在 W—G—W 的循环中，货币只是一种中介，而动机和目的则是商品本身，即满足需要的使用价值，因此"消费"是构成这个循环的根据；与此相反，在 G—W—G 的循环中，商品却成为中介，而动机和目的则是货币本身，即并非直接满足人的某种需要的交换价值，因此，不是"消费"构成这个循环的根据，而是作为等价物的"货币"成为这个循环的根据。在这种区别中，更为深刻地显示了资本的特殊的运动逻辑：以货币为动机和目的的运动逻辑。这个逻辑表明，商品（货币）拜物教已经成为统治人的占有统治地位的意识形态。它不仅造成人的全部社会关系的异化，而且造成人的整个生活意义的异化。这是资本的逻辑所构成的"总体性"的存在论事实。

作为货币的货币与作为资本的货币，它们在流通形式上的不同，特别是在这两种次序相反的流通形式中所隐含的动机和目的的不同，表明在 G—W—G 的流通形式中，隐藏着一个深层的秘密：作为起点的货币与作为终点的货币，并不是等量的货币。在 W—G—W 的流通形式中，以出卖某种商品所得到的货币，再去购买另一种商品，作为出发点的商品和作为终点的商

---

① 《马克思恩格斯选集》第1卷，人民出版社1995年版，第275页。
② 《马克思恩格斯全集》第44卷，人民出版社2001年版，第175页。

品，二者的价值量是相等的，但其使用价值是不同质的。这表明，"社会劳动的不同物质的交换"，是 W—G—W 的运动的内容。这正是人们通常所理解的商品交换。然而，在 G—W—G 的运动中，却似乎是"无内容"或"同义反复"的，因为运动的起点和终点都是货币，而不是"不同质的使用价值"。对于这个似乎是一种"既无目的又很荒唐的活动"，马克思指出："一个货币额和另一个货币额只能有量的区别。因此，G—W—G 过程所以有内容，不是因为两极有质的区别（二者都是货币），而只是因为它们有量的不同。最后从流通中取出的货币，多于起初投入的货币。"① 因此，作为货币的资本，它的流通公式并不是 G—W—G，而是 G—W—G′。"为卖而买，或者说得完整些，为了贵卖而买，即 G—W—G′"，这不仅是"商人资本所特有的形式"，而且是"产业资本"的"运动形式"，因此，"G—W—G′事实上是直接在流通领域内表现出来的资本的总公式"。② 这个总公式表明，以货币为起点和终点的流通形式，并不是无内容的"同义反复"，而是货币成为"每个价值增殖过程的起点和终点"③。价值增殖，或追求利润的最大化，构成资本的运动逻辑。

作为货币的货币与作为资本的货币，它们所构成的运动逻辑，最本质的不同是在于："为买而卖的过程的重复或更新，与这一过程本身一样，以达到这一过程以外的最终目的，即消费或满足一定的需要为限。相反，在为卖而买的过程中，开端和终结是一样的，都是货币，都是交换价值，单是由于这一点，这种运动就已经是没有止境的了。"④ 在 G—W—G′的公式中，"货币在运动终结时又成为运动的开端"⑤。这表明，"作为资本的货币的流通本身就是目的，因为只有在这个不断更新的运动中才有价值的增殖。因此，资本的运动是没有限度的"。⑥ 以"价值增殖"为动机和目的的"没有止境"和"没有限度"的资本运动，这就是资本运动的逻辑。正是在这种"没有

---

① 《马克思恩格斯全集》第44卷，人民出版社2001年版，第175—176页。
② 同上书，第181页。
③ 同上书，第180页。
④ 同上书，第177页。
⑤ 同上。
⑥ 同上书，第178页。

止境"和"没有限度"的资本运动中,资本"按照自己的面貌为自己创造出一个世界",即资本作为"现实的历史"的存在论事实。

《资本论》对这个"现实的历史"的根本性追问是:在 G—W—G′的没有止境和没有限度的资本运动中,货币如何成为增殖的货币?这是构成资本运动的逻辑的现实基础,因而才是构成"现实的历史"的"存在"的秘密。对此,马克思提出:"资本不能从流通中产生,又不能不从流通中产生。它必须既在流通中又不在流通中产生。"① 这个辩证命题的现实根据就在于:在 G—W—G′的运动中,"要转化为资本的货币的价值变化,不可能发生在这个货币本身上","这种变化必定发生在第一个行为 G—W 中所购买的商品上"。② 这就是说,在 G—W—G′的增殖运动中,"货币占有者就必须幸运地在流通领域内即在市场上发现这样一种商品,它的使用价值本身具有成为价值源泉的独特属性,因此,它的实际消费本身就是劳动的对象化,从而是价值的创造。货币占有者在市场上找到了这样一种独特的商品,这就是劳动能力或劳动力"。③ 正是通过对劳动力这一"独特的商品"的全面考察与分析,也就是对"活劳动"与"死劳动"(资本)的全面考察与分析,马克思揭示了资本运动的现实基础——剩余价值的生产。这一现实基础表明:"资本主义的生产方式和积累方式,从而资本主义的私有制,是以那种以自己的劳动为基础的私有制的消灭为前提的,也就是说,是以劳动者的被剥夺为前提的。"④

《资本论》所揭示的物和物的关系掩盖下的人和人的关系表明,资本的运动之所以可能,在于"资本是集体的产物,它只有通过社会许多成员的共同活动,而且归根到底只有通过社会全体成员的共同活动,才能运动起来"。"因此,资本不是一种个人力量,而是一种社会力量。""把资本变为公共的、属于社会全体成员的财产,这并不是把个人财产变为社会财产。这里所

---

① 《马克思恩格斯全集》第 44 卷,人民出版社 2001 年版,第 193 页。
② 同上书,第 194 页。
③ 同上书,第 194—195 页。
④ 同上书,第 887 页。

改变的只是财产的社会性质。"① 把资本的独立性和个性变为每个人的独立性和个性,从而使"每个人的自由发展"成为"一切人的自由发展的条件",这是"现实的历史"的辩证法,也是马克思的资本主义批判的基本结论。

五 解放的旨趣与解放的道路

"对现实的描述"即揭露资本运动的逻辑,构成马克思的资本主义批判,构成作为存在论的《资本论》;但是,马克思创作《资本论》的动机和目的,却并不是"对现实的描述",而是揭示人类解放和人的全面发展的现实道路。人类解放的旨趣与解放的现实道路的揭示,批判的辩证法与"对现实的描述",它们的不可分割的统一构成作为存在论的《资本论》。离开《资本论》,离开《资本论》所揭示的资本运动的逻辑,既不可能真正理解马克思的关于"现实的历史"的存在论,也不可能真正理解马克思关于人类的全面发展的解放论。

在国内外的马克思主义研究中,一直存在两种倾向:或者由于马克思是真正的人道主义者而把马克思主义归结为抽象的人道主义,或者由于马克思主义不是抽象的人道主义而否认马克思是真正的人道主义者。《资本论》表明,马克思的人道主义理想与他"对现实的描述"是不可分割地统一的,马克思对人类解放和人的全面发展的价值追求与他所揭示的人类历史发展规律是不可分割地统一的,马克思的哲学批判与他的政治经济学批判和空想社会主义批判是不可分割地统一的。马克思是真正的人道主义者,但马克思主义决不是抽象的人道主义。这是作为存在论的《资本论》给予我们的极其重要的启示。

马克思认为,科学社会主义与空想社会主义的根本区别在于,后者只是揭露"现实的不合理",而前者则是批判"不合理的现实"。因此,马克思的资本主义批判的立足点是人的"现实的历史"。在《资本论》中,人的自然性与社会性的二重性,直接地体现为商品的使用价值与交换价值的二重

---

① 《马克思恩格斯选集》第 1 卷,人民出版社 1995 年版,第 287 页。

性，并深层地体现为创造使用价值和构成交换价值的劳动的二重性。"就劳动过程只是人和自然之间的单纯过程来说，劳动过程的简单要素对于这个过程的一切社会发展形式来说都是共同的。但劳动过程的每个一定的历史形式，都会进一步发展这个过程的物质基础和社会形式。这个一定的历史形式达到一定的成熟阶段就会被抛弃，并让位给较高级的形式。"① 因此，"无论哪一个社会形态，在它所能容纳的全部生产力发挥出来以前，是决不会灭亡的；而新的更高的生产关系，在它的物质存在条件在旧社会的胎胞里成熟以前，是决不会出现的。所以人类始终只提出自己能够解决的任务，因为只要仔细考察就可以发现，任务本身，只有在解决它的物质条件已经存在或者至少是在生成过程中的时候，才会产生。""资产阶级的生产关系是社会生产过程的最后一个对抗形式，这里所说的对抗，不是指个人的对抗，而是指从个人的社会生活条件中生长出来的对抗；但是，在资产阶级社会的胎胞里发展的生产力，同时又创造着解决这种对抗的物质条件。因此，人类社会的史前时期就以这种社会形态而告终。"②

马克思的《资本论》最为集中地体现了他的全部研究工作的"总的结果"，深刻地揭示了人类历史的发展规律、特别是作为"现实的历史"的资本主义的发展规律，系统地表述了他的"两大发现"，因而构成马克思的关于"现实的历史"和人类解放学说的真实内容。深入地研究《资本论》并自觉地阐发其存在论内涵，对于我们理解人类解放和人的全面发展的现实道路，具有多方面的重大意义。

首先，人类解放和人的全面发展的价值理想以人类社会的历史发展为基础，因而是一个现实的而非虚幻的历史性的实现过程。在人的历史活动中，人作为"历史的经常的前提"，总是"历史的经常的产物和结果"，即人的历史活动总是决定于在他们以前已经存在，不是由他们创立而是由先前的人们所创立的历史条件。"历史条件"构成人的"历史活动"的"前提"，因此，人们的历史活动就不是随心所欲的，人们的价值理想就不是虚无缥缈

---

① 《马克思恩格斯选集》第 2 卷，人民出版社 1995 年版，第 586—587 页。
② 同上书，第 32—33 页。

的。历史的发展为人的发展提供了条件，人的发展实现于历史的发展进程之中。同时，人作为"历史的经常的产物和结果"，又获得了创造历史的现实条件和现实力量，从而凭借这种现实条件和现实力量改变自己的生活世界，把发展自己的理想变成实现自身发展的现实。"历史"是追求自己的目的的人的活动过程，也就是实现人的自身发展的现实过程。作为存在论的《资本论》，在社会有机体众多因素的交互作用中，在社会形态曲折发展的历史进程中，在社会意识相对独立的历史更替中，揭示了生产力在人类历史中的最终的决定作用，从而为人类实现自身全面发展的价值理想展现出一条历史必然道路。把奠基于历史发展规律基础上的价值理想的追求归结为某种历史目的论，只能导致历史的虚无主义。

其次，历史总是以某种"退步"的形式而实现自己的"进步"，"片面性"是历史的发展形式。作为"现实的历史"的市场经济，它"形成普遍的社会物质变换、全面的关系、多方面的需要以及全面的能力的体系"，较之自然经济更有利于生产力的发展，有利于社会关系的发展，有利于创造形成更高级的社会形态的各种要素。资本运动的逻辑，既是资本作为生产要素创造文明的逻辑，又是资本作为社会关系追逐剩余价值的逻辑。由资本的逻辑所形成的"以物的依赖性为基础的人的独立性"，既尖锐地暴露了人对"物的依赖性"的"异化"状态，又为人类走出这种"异化"状态提供了前提条件。非历史地看待资本的逻辑及其所造成的人的"异化"状态，只能从科学社会主义倒退回空想社会主义。

最后，也是最为重要的是，马克思的关于人的全面发展学说所蕴含的"解放的旨趣"一再地提示人们，人类的当代使命，决不仅仅是使人的"独立性"奠基于对"物的依赖性"，而且必须使人从对"物的依赖性"中解放出来，把"物"的独立性真正地变成"人"的独立性即人自身的全面发展。人们可以从不同的方面或不同的学科去理解和阐释"现实的历史"，然而，人们无法否认的是资本逻辑的"同一性"所造成的"现实的历史"的存在论事实。把资本的独立性和个性变为人的独立性和个性，这既是作为真正的人道主义者的马克思所追求的价值理想，也是超越了抽象的人道主义的马克思主义所揭示的人类解放和人的全面发展的现实道路。

《资本论》所揭示的"存在"的秘密告诉我们:"一个社会即使探索到了本身运动的自然规律","它还是既不能跳过也不能用法令取消自然的发展阶段。但是它能缩短和减轻分娩的痛苦"①。"现实的历史"是由历史所构成的现实。它不仅是不能"跳过"的,而且是必须通过它的充分"发展"才能自我扬弃的。因此,探索《资本论》所揭示的存在的秘密,其目的并不是简单地宣示对"现实的历史"的否定,而是以理论的自觉把握"现实的历史",并为"缩短和减轻"社会发展进程中的"痛苦"提供富有启发性和建设性的思想。面对"现实的历史",在关于现代性和当代人类生存困境的反思中,我们不是能够从《资本论》中获得更为深层的存在论解释和更为合理的行为选择吗?

(作者单位　吉林大学哲学基础理论研究中心)

---

① 《马克思恩格斯全集》第44卷,人民出版社2001年版,第9—10页。

劳动塑形、关系构式、生产创序与结构筑模

——关于构境理论与历史唯物主义的一种逻辑袭承

张一兵

在最近的构境论的研究①中，我已经意识到自己在《回到列宁》一书中的关于思想构境论的表述，在许多方面都是不完整的，虽然我也发表了关于历史构境论的论文，但其整个思想方法的逻辑叙事都还有待进一步的完善。所以，我会陆续撰写一些新的论文，从不同的论说视角对其进行必要的补充性说明。在此，我只指出构境理论是一个基于马克思历史唯物主义当代诠释基础之上的哲学思考方法，它不是一种具有存在论意义的世界观，而是历史存在论的顶层构件。在对马克思的历史唯物主义的当代阐释中，我希望用四个范畴来进行重新构境式的诠释，即主体面向物质存在和自身的劳动塑形（shaping）、主体与被塑形物在一定的功效关系场中的系统化构式（configurating）、主体在生产和社会活动中通过特定历史条件下对物性实在和社会存在的组织化的生产创序（ordering），以及在人的社会实践以及个人行为和语言活动中功能性地建构和解构的日常生活和社会存在结构筑模（modeling），之后，才是我所说的存在高点上的现实生活与思想的构境（situating）。②

---

① 参见张一兵《思想构境论：一种新文本学方法的哲学思考》，载《学术月刊》2007年第5期；《历史唯物主义与历史构境》，载《历史研究》2008年第1期。
② 大家可能注意到，我在选择这五个概念的英译对应词时，同时使用了加"ing"的动名词。这当然首先是海德格尔那个"Being"的影响，此外，我还直接受到了当代科学社会学家、美国著名学者皮克林先生的启发。他在《实践的冲撞》一书中，使用了诸如筑模（modeling）一词。皮克林自己说，他在《构造夸克》（*Constructing Quarks*, 1981）中就已经提出，"科学实践是筑模过程（process of modeling）的核心"。参见［美］皮克林《实践的冲撞》，邢冬梅译，南京大学出版社2004年版，第17、64—65、137页。

一

劳动塑形（shaping）一词，是马克思在《1857—1858年经济学手稿》中说明劳动生产过程时，具体指认主体对象化的劳动活动时提出的一个概念。[①] 关于这一点，我在《回到马克思》一书中已经做过一定的说明，在马克思此时的思考语境中，他是为了从《德意志意识形态》（1845—1846）的广义历史唯物主义中基于客体向度的物质生产重新回到主体性的劳动[②]，即"作为活动的劳动"。[③] 此时他意识到，虽然物质生产是全部社会存在和变化的基础，但是，在物质生产过程中的劳动对象和工具都不作为，其中的核心驱动力量恰恰是人有目的的主体性的劳动活动塑形。其实，这也就是承认主体劳动活动在物质生产创造社会历史存在过程中的根本性地位。[④] 我以为，这正是马克思狭义历史唯物主义的逻辑出发点。[⑤] 从哲学逻辑上看，马克思再一次从主体向度出发，这也是他的历史现象学的现实历史原点。需要专门说明一下，这个劳动活动不是《1844年经济学哲学手稿》中那个应该存在但没有存在的理想化的人的类本质，而是在所有现实社会的生产中客观存在的劳动活动。[⑥]

依马克思的看法，在一般的生产过程中，"劳动是活的、塑造形象的火；

[①] 《马克思恩格斯全集》第46卷（上），人民出版社1979年版，第331页。

[②] 因为，马克思在面对资本主义复杂的物化经济关系结构时，他突然意识到，从生产来直接进行批判是存在问题的。生产只是对象性的物化，作为主体活动的劳动关系才会历史地发生颠倒性的异化。当然，这里异化不再是《1844年经济学哲学手稿》中那种本真类本质的劳动异化，而是现实经济关系中工人和劳动关系的颠倒和变形。

[③] 《马克思恩格斯全集》第46卷（上），人民出版社1979年版，第256页。

[④] 参见张一兵《回到马克思——经济学语境中的哲学话语》，江苏人民出版社1999年版，第661页。

[⑤] 广义历史唯物主义的逻辑出发点是人们熟悉的物质生活条件的生产与再生产。

[⑥] 在《回到马克思》一书中，我曾经概括地说明过马克思从《1844年经济学哲学手稿》到《1857—1858年经济学手稿》的思想逻辑："在总体的哲学逻辑上，马克思的思路正好经过了从人本主义的劳动规定到实践，经过生产再回到科学的劳动规定的历程。换种说法，即从价值主体到历史客体再回到历史主体的逻辑演变。用图式表述如下：（1）《1844年手稿》：劳动（类本质）异化→复归：人本主义异化史观、主体、伦理的价值批判；（2）《关于费尔巴哈的提纲》（1845）：实践→人的历史本质→现实：感性活动、实践唯物主义、革命的现实批判；（3）《德意志意识形态》（1845—1846）：生产→一定的社会历史生存→生产方式：现实的个人、广义历史唯物主义、历史辩证法、经济学的实证批判；（4）《1857—1858年手稿》：劳动（一定社会关系的本质）→价值（'类关系'）→货币（物化关系）→资本：狭义历史唯物主义、经济学和历史学中的历史现象学批判。"参见张一兵《回到马克思——经济学语境中的哲学话语》，江苏人民出版社1999年版，第599页。

是物的易逝性，物的暂时性，这种易逝性和暂时性表现为这些物通过活的时间而被赋予形式"①。这里马克思所说的"赋予形式"，是指物质存在在人的劳动中获得一种异质于自身自然存在形式的易逝性和暂时性的新形态。可是，主体性的劳动活动本身并不能独立地实现物质塑形，它必须在具体的生产过程中通过工具与劳动对象发生关联才能得以实现。这样，塑形总是由劳动发动的有目的的物质生产行为。工具，通常是人的劳动功能的物性延伸，这种由主体劳动经由工具赋予对象物的非自然形式、结构或形态中，劳动活动的对象化物性实现。所以，所谓塑形即人类劳动活动为我性地改变物性对象存在形式的生产和再生产过程。物质是不能创造的，但劳动生产却不断地改变物质存在的社会历史形式。人的劳动在生产中并不创造物质本身，而是使自然物获得某种为我性（一定的社会历史需要）的社会存在形式。② 用海德格尔带有浪漫主义色彩的话说，就是不让物以原来自然的形态"物着"（存在），而是将物经由"此在"劳作的上手中成为一种人的用在性③物质存在。其实，这也是马克思所说的人类通过生产获得物质生活资料的社会存在最基始的过程。

在很多年以前，我曾经指出过："马克思最终超出旧唯物主义的地方，正是把社会生活的本质看成是实践的。社会生活的基础应该是人的能动的不断向前的实践过程，这也是人类历史生存的本意。历史的实质不是物体上年轮的量的增加，而是社会主体实践流动的创化绵延。所以，社会的本质不能仅仅停留在物的机械性上，而是要从革命性和辩证性的角度把社会存在看成是一团'永不熄灭的燃烧着的活火'。"④ 现在看来，这种创造性的"活火"正是劳动塑形。依马克思之见，在生产过程之中，只有人的劳动才可能主体性地使自然存在发生改变。历史性地看，劳动塑形的出场路径是多样化的：其一，长期的自然经济过程中的农林畜牧业生产与再生产中，人的劳动只是通过为我性的优选对外部自然对象进行简单的塑形，比如自然经济中对自然

---

① 《马克思恩格斯全集》第 46 卷（上），人民出版社 1979 年版，第 331 页。
② 参见张一兵《回到马克思——经济学语境中的哲学话语》，江苏人民出版社 1999 年版，第 630 页。
③ 用在性，是日本著名马克思主义哲学家广松涉将海德格尔的 Zuhandensein 日译汉字，此词的中译通常译为上手性。
④ 参见张一兵《论社会实践场》，载《江海学刊》1988 年第 5 期。

条件的人为舍取，使物种区分为益害群种，在益我性的物种中出现了家禽、畜牧对象和五谷粮食，人类也通过工艺劳动仿生性地创造了替代动物皮毛的衣物和替代洞穴的村落式宅所。更重要的方面，是劳动历史性地改变了人自身的存在样式，这是最大的存在论意义上的生活塑形。这一点，也是恩格斯在《劳动在从猿到人的转变过程中的作用》一文中论说的重点。其二，在工业性生产与再生产过程中，劳动塑形不再表现为自然物质存在形式的选择性舍取和仿生性简单变形，而开始着眼于物质存在方式的质性创造。工业现代性的本质，是整个自然界成为人类劳作的对象（海德格尔语）。并且，在工业生产中，自然界不再是模仿的对象，而是被支配性和征服性重组的质料。工业生产的本质是劳动塑形创造出自然界没有的物质存在方式。在这里，劳作中的创意想法变成了科学，物性操作的工艺转化为技术，工具则系统化为机器装置。工业物质生产之上，才有了完全基于人类劳动的"社会财富"（配第—斯密的劳动价值论）和充分劳动分工和交换之上的商品—市场经济。更重要的方面是，在工业生产的后期，以科学技术为主体的创造性知识劳动的逐步地取代物性体力劳动的地位，成为直接生产塑形先行性系统操控和创造活动，而原有的物性生产则转换为技术操控的对象化实现进程。在后工业生产系统中，知识性创意、原代码创作、简单复制性编程，再到数控操作和体力安装，生产劳动已经演化为一个复杂的体系，但是，这并没有根本改变劳动塑形的本质。与此相对应，机器系统已经生成为一个接近亚主体性的自动运作和控制母体（MATRIX）。

这样，以劳动塑形为原动的物质生产与再生产就成为马克思、恩格斯确认人类社会历史存在和发展一般基础，同时，也是马克思恩格斯所奠定的历史唯物主义的最基础性范式。当然，马克思、恩格斯关于生产的思考从一开始就是两种生产的观点，即除去物质生产之外，还有人自身的生产，后者在远古社会中往往居主导性地位。物质生产只是发生附属的作用。

需要说明的两点是，首先，在马克思那里，生产劳动并非鲍德里亚所指责的那样，是社会存在和人类主体的确立性本质[1]，在任何历史条件下，生产劳

---

[1] 鲍德里亚：《生产之镜》，仰海峰译，中央编译出版社2005年版，第7页。

动都只是社会存在和人类生存的基始性前提。[1] 人之生存立足于生产劳动域，但并不停留于劳作之中，人类超拔于动物生存的更高生存之境恰恰都在效用性的劳作之外。在这一点上，阿伦特和哈贝马斯的思考确有正确的出发点。只可惜路走偏了。[2] 可是，在进入对抗性社会历史形态之后，统治阶级却将劳动生产变成了他们非劳作生存的物性踏脚石和人间地狱。其次，在人们一般社会生活和日常生活之中，非劳作的主体性塑形活动也是生活情境的最基础性的行为，以及艺术活动的基础性物性活动。后者是一个更加复杂的主体活动场境。

二

关系构式（configurating）是指人与物、人与人主体际的客观关系系列及其重构（再生产）。[3] 这是人类生存超拔出动物生存最重要的场境关系存在论基础。马克思、海德格尔和广松涉，以及当代的拉康和鲍德里亚其实都是这种"关系本体论"。[4] 我还认为，这是长期以来被斯大林式的教条主义教科书体系严重遮蔽的马克思历史唯物主义的重要思想，即生产关系的劳作和技术层面的协动关系。与有目的、有意图的主体性的劳动塑形不同，关系构式往往是呈现

---

[1] 鲍德里亚对马克思历史唯物主义的批判，特别是"我生产故我在"本体论逻辑的证伪，可参见他的《生产之镜》（中央编译出版社 2004 年版）一书，而我对他的反批判，参见张一兵《反鲍德里亚——一个后现代学术神话的祛序》，商务印书馆 2009 年版。

[2] 参见 [美] 阿伦特《人的条件》，竺乾威等译，上海人民出版社 1999 年版，第 138—160 页；[德] 哈贝马斯：《合法化危机》，刘北成、曹卫东译，上海人民出版社 2000 年版，第 14—17 页。

[3] 我不久前刚刚看到当代建筑学研究领域中的所谓"空间句法（Space Syntax）理论"。空间句法是一种通过对包括建筑、聚落、城市甚至景观在内的人居空间结构的量化描述，来研究空间组织与人类社会之间关系的理论和方法（Bafna, 2003）。它是由伦敦大学巴利特学院的比尔·希列尔（Bill Hillier）、朱利安妮·汉森（Julienne Hanson）等人发明的。其中，有一个很有意思的构式（configuration）概念，它原来的定义是指"轮廓由其各部分或元素配置决定的外形"（据美国传统辞典），而希列尔将构式定义为"一组相互独立的关系系统，且其中每一关系都决定于其他所有的关系"（Hillier, *Space is the Machine*: *A Configurational Theory of Architecture*. Cambridge, UK: Cambridge University Press, 1996, p. 35）。这已经是一个十分复杂的范式，它表征了从感性物质操作向关系性结构创序的转换。

[4] 不过，拉康和鲍德里亚都是反建构主义的否定性的关系本体论，相对而言，拉康则更彻底一些，他将不可能的关系视为存在之真，而鲍德里亚则是反对效用性的使用价值和经济交换关系，主张复归原始性的象征交往关系之境。关于他们的这一思想，可参见张一兵《不可能的存在之真——拉康哲学映像》，商务印书馆 2006 年版，第 17—19 页；《反鲍德里亚——一个后现代学术神话的祛魅》，载《学术月刊》2009 年第 5 期。

为一种受动性的结构化的客观结果。它既是社会生活的场存在形式，又是社会空间的建构。列斐伏尔后来的"空间生产"逻辑即是由此缘起的。可是，关系构式却是劳动塑形和其他塑形活动得以发生的必然历史形式，并且以社会先验性的客观条件出现在每一个历史时期中人们进行劳动塑形活动之前。这二者的关系，也是萨特所关注的个人活动的生成性与社会实践惰性结构，以及后来吉登斯等人讨论的原动与结构的最初基始的关系层面。[①]

首先，在劳动生产过程中，关系构式表现为劳动协动关系以及生产结果的客观关系系列。

第一点，如前所述，劳动不能离开劳动工具和劳动对象独立发生，所以，它只作为物质生产过程的原动因素在场。更重要的是，劳动塑形活动并非仅仅是一个孤立的活动，劳动总是在一种特定的人与被塑形物、劳动主体际关系构式的场域空间中发生，这就是马克思、恩格斯所指认的劳动生产关系中往往被忽略了的基始性层面。生产关系构式不仅仅是生产过程中人与人的社会（阶级）关系，而首先是劳作的上手性活动之间的构式，即一种为我性功能与另一种功能的链接和接合。这就是劳动生产的客观关系场存在。在工业性生产出现之后，这种劳动协动关系直接实现的复杂的劳动分工与协作。历时性地看，上手活动的关联性构式，在自然经济和手工业生产与再生产中，通常是以代际的劳动工艺经验来传递和重建的，而后来的现代性生产与再生产中则由技术参数来复现、保持和重构。

第二点，人、被塑形物，在一个特定的功能效用关系构式中被建构成一种社会存在的物性基础。其实，这个特定的人与被塑形物环环相扣的构式有序链接就是社会存在的直接物性基本构成，它的直接结果通常是作为生产结果的历史性的塑形物和工具的特定历史关系系统表现出来。在劳动过程中，一种劳动塑形必然与另一种塑形活动相关联，在劳动塑形活动之上又生成更加普遍的社会活动链，以形成一个人类生存的最直接的生活世界基础，并且，作为生产结果的被塑形物，总是生成于一种以人类生存价值为中心的为

[①] 参见萨特《辩证理性批判》，安徽文艺出版社1998年版，第293—295页；吉登斯：《现代性自我认同》，三联书店1998年版，第39页。

我性的效用关系构式之中，它们同样环环相扣建立起来一种超出自然物质存在的周围物质世界。这也是海德格尔所说的，上手活动与上手物"环顾"而成的生活世界，或鲍德里亚所进一步勘破的所谓功用性的客体体系（物体系）。这种上手性的物性世界，在自然经济存在中，表现为优选和加工后的自然条件物，而工业和商品经济王国中，这则是一个彻头彻尾的人造效用物的经济体系。鲍德里亚在《客体的体系》一书[①]中深刻地揭示了这一点。

当然，劳动生产塑形活动的关系构式的发生和重构是一个历史性的过程：在物质生产早期，劳动塑形的构式是通过物性操作的递接性关联实现的，而在现代工业的后期，塑形则从劳作的具体操作转移为技术构式操作，今天则是电脑系统中的虚拟构式和编码过程。从一般劳动塑形活动构式到技术构式的转变，是劳动生产过程中的一个重要飞跃。这是一个复杂的历史转换过程。与此相关联，不同历史时期中的劳动塑形物和工具系统的有序性当然也是异质的。在此基础之上，才会有人们其他的社会生活塑形和构式。

其次，关系构式也是社会生活的主要建构形式。这是建立在上述劳动活动和被塑形物的关系构式基础之上的马克思社会生产关系以及现代性经济关系的所指。必然专门指认的是，马克思历史唯物主义中所指认的社会存在中的物，并非社会生活中持存的物质实体（包括历史性的被塑形物、物性工具系统和其他社会活动的客观附属物），而恰恰就是这种人与人之间历史发生的客观社会关系场存在。其实，固然，赫斯将交往视为人的类本质[②]是不科学的，但人的相互交往和共在的确是建构社会生活的关键性路径。特别是在经济的社会形态之中，人与人的关系在商品—市场结构中颠倒地表现为物与物的关系，这大大加深了身处此山中人的物象化误识。

在20多年以前，我已经提出过比较抽象和总体性的社会实践场的概念，当时我觉得："提出社会实践场的范畴，并不意味着将这种场存在视为某种原初的基始存在，而在于进一步微观地确认社会存在中物质实体相对应的更为重要的主客体相互作用过程，确认社会存在中人类实践活动的客观功能效

---

① ［法］鲍德里亚：《物体系》，林志明译，上海世纪出版集团2001年版，第1—8页。
② 赫斯：《论货币的本质》，刘晖星译，载《国际共运史研究资料》第7辑，人民出版社1982年版，第180—181页。

应网。所以，所谓社会实践场也就是指社会实践中主客体相互建构作用，主体共振所产生的客观效应整体，这是一种现实存在的实践作用场。"① 我这里的观点，应该被看作是上述思想的进一步深化。

三

生产创序（ordering，构序），对应的马克思所说的物质生产力概念。其实在很多年以前，我就反对过将马克思的物质生产力概念误识为实体性的物性要素的做法：即将生产力视为劳动者、劳动工具和劳动对象的三种实体性的东西之和。这是斯大林教条主义教科书体系错误地挪用马克思《资本论》劳动过程三要素来诠释生产力范畴的结果。② 其实，在马克思那里，生产力概念从一开始就不是实体性的物性生产要素，而是生产过程现实发挥出来的功能性水平和程度的概念。与主体性的劳动塑形和关系构式不同，生产力总是指一定社会物质生产过程中客观地发挥出来的物质生产水平。在一定的意义上说，生产力恰恰是对劳动塑形和关系构式现实运作的物质生产过程所作的功能化历史抽象。这一点，从马克思最早接触李斯特和赫斯等人的生产力范畴开始就是如此。

在李斯特 1837—1841 年提出的生产力理论（the theory of powers of production）中，生产财富的能力远远重要于财富本身，"生产力是树之本，可以由此产生财富的果实，因为结果子的树比果实本身价值更大"。③ 这使得生产力的观点实际上第一次真正摆脱了对社会基础的理解中那种实体性的看法，确定了社会基础的功能性的规定。李斯特的深刻之处还在于，他看到了不同国家物质生产和经济发展所体现出来的生产力的不同历史性质。这也是他用以反对在发达资本主义与后进国家之间的不平等交换，进而提出贸易保护主张的依据。④ 赫斯的观点也很有意思，在他将人与人之间的交往关系确

---

① 参见张一兵《论社会实践场》，载《江海学刊》1988 年第 5 期。
② 同上。
③ ［德］李斯特：《政治经济学的国民体系》，陈万煦译，商务印书馆 1961 年版，第 46—47 页。
④ 李斯特：《政治经济学的国民体系》，陈万煦译，商务印书馆 1961 年版，第 154—157 页。

认为人的现实本质之后，他直接将人与人之间的这种共同协作与交往看作是人的社会本质，交往就是个人实现、发挥自己力量和本质的形式，也是生产力的实现形式。① 这是对劳动生产中关系构式的一种不准确的表述，因为他主要关注的还是主体际关系，而完全忽视了人与对象以及被塑形物之间的关系性构式。在1843—1844年，赫斯指出："人与人的交往越发达，他们的生产力也就越强大，在这种交往还狭小的时候，他们的生产力也就低下。"② 如果说在李斯特那里，生产力的概念还只是简单地表征为一种抽象的客观能力范畴，那么在赫斯这里，他则在生产力的概念中加入了人与人之间协同活动的关系本体论的元素。这两种观点都不同程度地影响到马克思。

马克思的生产力观念，生成于他从创造性的实践活动（《关于费尔巴哈的提纲》）中进一步确认了物质生产实践作为社会历史存在的第一层级的基始前提。这是1845—1846年《德意志意识形态》中，马克思、恩格斯建构广义历史唯物主义的第一步。我们可以感觉得到，马克思第一次确认生产力概念时，就指认了人们的"共同活动方式就是生产力"，这显然是参照了赫斯。在马克思、恩格斯的广义历史唯物主义中，生产力是社会历史运动和发展的动力因素。

其实，也是在20多年以前，我已经直接确认过所谓"实践构序"的观点。当时我提出："在马克思的哲学新视界中，生产力是人对自然的能动关系，这说明所谓生产力就是人类主体利用工具（人的自然器官的延长），按照自己的目的改变自然对象为我所用的特定能力和水平。在这里，生产力的本质既不是作为生产结果的对象，也不是作为生产中介的工具，而是人类主体自身的物质创造能力。那么，什么是这种'从主体出发的'客观创造能力呢？我认为，这就是人类通过具体的实践历史地构成特定物质存在层系的人的社会存在的带矢量的有序性。"③ 现在看来，在马克思那里，这个生产力的概念恰恰是李斯特那种以现代工业性生产系统的功能水平为核心的综合社会

---

① ［德］赫斯：《论货币的本质》，刘晔星译，载《国际共运史研究资料》第7辑，人民出版社1982年版，第181页。
② 同上书，第180—181页。
③ 参见张一兵《实践构序》，载《福建论坛》1991年第1期。

生产力（他甚至将文化也包括在生产力之中），再加上赫斯所指认的人与人的共同活动的生产力（这缘起于斯密的劳动分工所凸显的生产率），被整合为一种呈现现代社会存在特定有序性的生产创造能力。不过，马克思在1845—1846年他所创立的广义历史唯物主义中，将其指认为一般社会历史存在和运动中，由物质生产创造的特定有序关系。[①]

与主体性的劳动塑形活动和客观的主体活动关系、塑形物的链接构式不同，生产创序是整个社会生产过程中活生生表现出来的特定组织编码和功能有序性，或者叫保持社会存在消除其内部时刻发生的坠回到自然存在无序性熵增力量的有序性负熵源。社会历史存在中的创序能力是由劳动塑形为主导的整合性的社会创造能力，这种创序能力随着社会生产的日益复杂化而丰富起来。我注意到，马克思在其中、晚期经济学研究中，将生产力视为一种生产过程综合因素所凸显的创造能力。在今天，生产创序这种的特定的社会存在有序关系的生成，越来越从物性生产操作中转移到科学技术实践中。

四

社会结构筑模（modeling），是历史唯物主义中最核心的生产方式概念一种现代重写。原来，我将生产方式改写为实践格局，目的是为了打破对马克思这一重要范式的石化的在者式的理解。在马克思那里，在社会历史发展的进程中，人对自然的有序关系（生产力）和人的生产主体际有序关系（生产关系）的特定构式是历史的本质结构，其中生产力创序与生产关系构式都不是孤立的物质实体，而是人们在实践中的客观性的创序能力和功能性有序结构。被塑形物质实体（包括构式关系中的经济后果）都不过是生产力和生产关系的"附属物"，就像马克思在谈到社会上层建筑及其附属设施一样。社会生产方式这一历史的特定有序结构显然带有主体的意义。也就是说，社会历史发展的基础和决定性动因，不是主观动机，不是离开人的物体，也不

[①] 马克思、恩格斯：《费尔巴哈》，人民出版社1988年版，第10—11页。

是抽象的人类主体活动，而是一定历史条件下现实构成的社会实践的能动创序结构。在那时，我将其称之为社会实践格局。[①] 社会实践格局正是一定"社会实践场"的支配性功能结构，也是现实社会生活发生特定实践整合的结构性制约基础。实践格局是社会历史的深层制约结构。我们说，实践格局表现为人类客观活动的关系构成，但这不是一种实体或实体连带物，而是一种功能性结构。生产方式并不是外在于人类生存的实在形式（结构），它本身就是一种有序构造。传统哲学解释框架在理解生产关系、生产方式等范畴时，重蹈了牛顿的覆辙，即把物质实在的存在形式视为独立的实体构架。这种理解完全不符合马克思的原意！用马克思的话来说，实践格局即是实践的即以活动为基础的关系，人并不处于某一种关系中，而是积极地活动。因此，实践必然是一种带结构的创造活动及其客观现实，它当然就是社会存在的本体！在这一点上，我们再来体会马克思所说的社会是关系的总和，人是现实的社会关系的总和之类命题，也许会更深刻一些。实践格局是一种融于实践之中的功能结构，它就是构序活动，正是它不断创造着社会存在和历史进化的负熵源。在社会历史过程中，物质实体并不创造历史，生物学意义上的人也不创造历史，而是作为积极进行社会活动的人类社会总体才是创造历史的真正主体。[②] 这也是我在 20 年前写下的东西。当时选用皮亚杰的格局一语，就是因为要避开对生产方式的实体化和非主体化的理解，那个时候，我的思想直接受到了科学结构主义的影响，所以，虽然也力图想使生产方式确立一种非凝固化的动态功能结构，但还是多有构架式的痕迹。

筑模（modeling）一语是从皮克林那里挪用的，而现在我觉得用它来指认生产方式一词是更贴切的。因为，当下地、功能性地生成一种模式，可以更精准地呈现马克思生产方式观念的意思。当然，筑模也同样发生在更复杂的思想逻辑建构之中。

---

① 马克思要自己的文本中，多用"交往形式"和"生产方式"一类词语，他主要想表征一种社会活动本身构成的动态功能结构。由于结构、形式等词通常带有静力学的意味，我才选用了"格局"这一范畴。也因为格局往往表示一种动态过程中形成的内在功能态势和非实体变化结构。在这一点上，我受到了皮亚杰行为格局论（action-scheme，又译行为图式）的启发。

② 参见张一兵《实践格局》，载《求是学刊》1989 年第 5 期。

五

最后，才是我已经提出的社会历史构境和思想构境。① 在已经发表的论文中，我将构境论表述为关于人的历史存在论的一个东方式的总体看法，它不涉及传统基础本体论的终极本原问题，而只是讨论人的历史性存在的最高构成层级和高峰体验状态。② 正是在上述关于历史唯物主义的当代重写中，我区分了社会生活空间中的物性塑形、关系构式、创序驱动和功能性的筑模之上的人的不同生存层级，以及与这些不同生存状态和意识体认可能达及的不同生活情境，我将主体存在的最高层级界定为自由的存在性生活构境。很显然，在当代思想的形而上学内省和焦虑中，人们因为担心存在变成石化的在者、概念变成死亡的逻各斯本质，于是做作地在存在和概念的文字上打叉（海德格尔的"删除"和德里达的"涂抹"），而构境之存在就是当下同体发生的建构与解构性。情境之在不存留，只是每每辛苦的重建。当然，在现实历史事实中，构境存在通常是与他性镜像③与伪构境④（幻象）同体共在的。这是一个需要仔细考察的更复杂的问题。

需要重点说明的是，意识与思想构境的实现，其最重要的现实基础恰恰是历史性建构起来的社会生活，实践性的物性塑形、关系构式、存在构序和功能性的社会结构筑模正是全部精神构境现象真正的本体性依托。显然，真实的社会存在不是地理环境和作为肉身存在的人口，它是人们当下活动和相互作用建

---

① 参见张一兵《思想构境论：一种新文本学方法的哲学思考》，载《学术月刊》2007年第5期；《历史唯物主义与历史语境》，载《历史研究》2008年第1期。

② 在2007年11月台北的一次关于学术范式与学科整合的学术讨论会上，当我提及自己的构境理论与历史学研究的关系时，台湾某大学的一位史学界的老先生在提问中将我误指为"唯心主义"。

③ 他性理论镜像：他性是拉康意义上的支配性误认，这主要是指一个思考主体依附于他者观念时形成的结构化思考方式。

④ 关于伪构境问题，拉康的大、小他者理论、阿尔都塞的意识形态理论和鲍德里亚的拟真理论中都有十分深入的讨论。而我在此处借喻和重新建构的伪构境观念，除去拉康、阿尔都塞和鲍德里亚意义上的反指性意识形态质询关系以外，还指涉一种历史性的思想史环节，即一个时期中被人们假定为存在真谛和真理的东西，在新的存在层级和认知阶段上被重识为伪构境现象。这是一个十分复杂的理论问题。

构起来的人的生活过程。当我们用人的对象化活动（生产）所环顾起来的物性附属物取代了社会生活本身时，我们已经错过了马克思所说的社会存在。的确在今天，日常生活的基底中实存着各种不同的可以离开人而独立运转的物性系统，如计算机系统、网络系统、水电力系统、电话系统、煤气系统等（晚上当人们进入梦境时，它们仍然存在和运转着），可是，这些系统是人们构成自己社会生活的物性有序组织依托，可是，它们的物性存在并不等于人的社会生活本身，如果没有人的活动与相互作用建构出来的生活场境（关系构式、存在构序之上的生活情境），如果没有支配和建构这种行为场域的功能有序性（社会结构筑模），这一切物性条件在生活世界的意义上就都是非存在的。为了更好地说明社会存在的当下建构性，我们甚至可以认为："社会"在夜晚是不存在。因为，每一天的清晨，都是人们用自己的工作和交往重新建构起来的社会生活情境和复苏起来的文化思想情境。这是思想构境论的生活现实基础。一定的社会历史条件之下的社会生活构境每时每刻生成着文化思想构境。

也由此，与现代性的结构主义逻辑不同，我提出的思想构境理论不再是停留在某一种线性关系系统的统摄、先在理念支配构架之中，思想构境即是完整的意识现象凸显，它表明了一个人、一种思潮历史性生成的复杂性样态和建构性本质。[①] 原来康德式的科学结构主义的理性构架和索绪尔式的语言符号系统编码只是思想构境的一个简单性呈现，因为相同的理性构架与符号

---

① 先在理性构架统摄论的典型体现，是在新康德主义潜在影响下，于20世纪50—60年代逐步形成的一种认知结构理论。它由几条不同论域中的逻辑线索构成：一是当代自然科学史学方法研究中的突破性，这由波普开创的科学历史学派和法国巴什拉的新认识论科学观异曲同工地体认出来，前者由库恩抽象为范式说以描述科学发展的结构性"革命"；后者则由巴什拉的"认识论断裂"说以概括常识与科学的异质性历史递进，这一观点后来为早期的福柯用"知识型"理论和阿尔都塞的问题式理论所共同标识。二是结构主义思潮的逻辑线索，这由索绪尔开创的语言学结构主义和皮亚杰为代表的科学结构主义共同凸显，前者强调了语言符号自身差异性关系系统的共时性支配结构，而后者则主张认知主体不断发生和建构起来的功能性认知心理匹配结构。与结构主义思潮相关的理论线索还有认知科学中的西蒙的符码产生式和乔姆斯基的深层语言转换系统。三是当代自然科学方法论中的复杂性科学，在系统论、协同论和突变论的基础之上，耗散结构理论主导了一种功能性的动态建构存在样态和系统结构，这也是理性构架支配观在当代自然科学方法论中的最早消解。在20世纪60年代中期以后，先在理性构架论在所有领域遭到解构，库恩的范式说经过拉卡托斯的软性特设说明，最后死于费耶阿本德"怎样都行"的知识无政府主义；福柯的知识型毁于他自己新的话语布展逻辑的"手榴弹"之中；索绪尔的语言结构消解在德里达的解构理论、晚期巴特—克里斯多娃的互文观、拉康－齐泽克的大他者理论和犬儒意识形态之中。所以说，今天认识论论域也可以被指认为"后范式时代"。有意思的是，当我在上面提到的那个"范式转移"的研讨会上提及"后范式时代"时，大多数与会的文史学者们都显得十分的惊愕和木然。

系统中，不同个人主体和群体的意识情境生成可能是完全不同的。

可是，思想理论逻辑本身实现为特定条件下的认识与意识则更复杂得多。信仰、情感、价值尺度，以及个体或群体的隐秘心理情结，都可能是构境的偶发性主导因素。意识和思想构境是一个精神生活的全景式凸显，人们只是在写作、言说和表意情态中凸显了其可明示的理性结构、逻辑意向和情感冲动而已。在这个意义上说，思想构境往往会是无意识发生的。其中，不可言明的各种逻辑射线在思想构境中起到了关键性的作用。

在思想构境论的新近理解中，我主要思考了理论逻辑构境的一些微观机制，如意识观念中的逻辑凸状（convexity）[①]与凹点关系，我用凸状概念来描述认识活动和理论逻辑中的一种凸显的可视观点和可理解视区。相反，逻辑凹点即是不可视和隐匿盲区，以及在思想建构进程中，从一般的词语塑形，到概念创造的有序性新增（"负熵"），再到一定的理论生产方式的筑模，最终得以获得全新的格式塔思想构境。这与社会历史构境的发生似乎是同构同序的。所以，我原先提出的那个构境论的思想史构架[②]就会有一定的改变，在一个思想家早期的他性镜像阶段中，他对他人学术资源的使用和认同，只是停留在词语塑形和无思的挪用上，而在自主性理论建构中，他性学术资源开始成为思者有序性创造的逻辑筑模的有机逻辑构件，而只是在思想原创的阶段，才会通达理论的全新话语构境层级。

我发现更有意思的是，在后现代思潮一类的西方思想家那里，正好出现了一条完全相反的异质性逻辑，即反建构主义的非塑形、祛序和解构。拉康、德里达和福柯均是如此。而鲍德里亚的逻辑几乎就是历史唯物主义逻辑的整体颠倒。

（作者单位　南京大学哲学系）

[①] 凸状概念也是我从现代建筑学研究中引入的，凸状本是个数学概念。连接空间中任意两点的直线，皆处于该空间中，则该空间就是凸状。因此，凸状是"不包含凹的部分"的小尺度空间。从认知意义上来说，凸状空间中的每个点都能看到整个凸状空间。这表明，处于同一凸状空间的所有人都能彼此互视，从而达到充分而稳定的了解和互动。

[②] 参见张一兵《回到列宁——关于"哲学笔记"的一种后文本学解读》，江苏人民出版社2009年版，第53—57页。

马克思恩格斯关系研究方法辨析

梁树发

关于怎样理解马克思、怎样理解马克思主义的问题，都涉及对恩格斯的理解，涉及对马克思与恩格斯关系的理解。这几乎是一个在马克思主义产生时就存在的问题，而在20世纪最初的二三十年，特别是随着马克思完整的《1844年经济学哲学手稿》的发表（1932年），一种后来被称为"马克思学"的文化、学术现象，实际已经出现。今天，"马克思学"的热度依然不减。早期马克思与成熟马克思的"对立"、马克思与恩格斯的"对立"是西方"马克思学"的两大理论支柱。而马克思恩格斯"对立"的极端形式则是"恩格斯主义"概念的提出。这个概念源于对马克思主义与马克思思想一致性的怀疑，认为马克思主义是恩格斯对马克思思想的解释，是恩格斯的杜撰，实际是"恩格斯主义"。因而，马克思主义是有待重新认识、发现和发掘的东西。所以，学者中间才出现"重新理解马克思"、"回到马克思"的声音，有了对各种解读马克思的模式的反思与批评。这些模式通常被称为"以恩解马"（即恩格斯对马克思思想的理解）、"以苏解马"（即苏联对马克思思想的理解）和"以西解马"（即"西方马克思主义"对马克思思想的理解）。"以马解马"是摈弃了这些模式后关于马克思思想解释的还原。模式问题其实是理解、解释马克思思想的方法问题。各种模式是理解、解释马克思思想的各种方法的现实形态。"以马解马"其实不是关于马克思理解的模式，而是它的一个原则、一种追求目标。各种模式均内含关于马克思思想（包括恩格斯思想）的特殊的经验和特殊的理解方式、理解方法。总结这些模式，特别是近年来我国学者关于马克思恩格斯关系的讨论，有些关于这个问题的方法问题值得提出来讨论。

一 坚持与超越

谈到马克思恩格斯之间的关系，特别涉及他们对于一般唯物主义的态度。有学者提出这样的看法：马克思不大强调唯物主义与唯心主义的对立，甚至很少称自己是一个唯物主义者。只有恩格斯才特别钟情于两种世界观的对立，并且是一个坚定的唯物主义者，一位没有超越旧唯物主义的唯物主义者。所以，在马克思恩格斯关系问题上，我们遇到的第一个问题，就是世界观问题，是如何认识他们与一般唯物主义关系的问题。

马克思的唯物主义与恩格斯的唯物主义的关系，在广泛的意义上，被认为是一个现代哲学思维方式与西方近代哲学思维方式的关系问题。近代西方哲学思维方式的特点是坚持物质与意识、主体与客体、灵与肉、思与有的二元对立。现代哲学思维方式的特点是对这种二元对立的克服。马克思站在现代哲学思维方式的高度，不仅像其他同时代的现代西方哲学家那样把自己的哲学关注点投放到人类社会，或人的生活的世界，并且通过实践观点的表达和对主体性的张扬，而达到新的唯物主义，或实践的唯物主义、历史的唯物主义。而恩格斯呢？从他关于哲学基本问题的理解和规定看，从他的哲学关注点和思维方式看，他落后了。恩格斯被认为从未跨过直观地理解对象世界的旧唯物主义的门槛，没有超过费尔巴哈。

但是，问题是我们能够把马克思对近代哲学的物质与意识、主体与客体、灵与肉、思与有的二元对立的思维方式的超越，理解为对一般唯物主义的超越吗？不能。在理论上，我们必须把对旧唯物主义的超越同对一般唯物主义的超越区别开来。旧唯物主义是唯物主义的一种形态，不是总体的、一般的唯物主义。所谓超越旧唯物主义，就是指克服"从前的一切唯物主义（包括费尔巴哈的唯物主义）"那种"对对象、现实、感性，只是从客体的或者直观的形式去理解"的方式，坚持"把它们当作感性的人的活动，当作实践去理解"，"从主体方面去理解"。这就是新唯物主义的性质和特征。对世界、对象的"实践的理解"和实践的态度，是马克思哲学变革的实质。但这是对一般唯物主义的超越吗？不是，这只是对唯物主义的一种特殊形态的超越。它保留了它的唯物主义的基本性质，而克服了对世界、对象的理解的直观性，即"不了解'革命的'、'实践批判的'活动的意义"的理论缺陷。

　　唯物主义与唯心主义的对立是一个事实，是贯彻整个哲学发展历史的事实。正是在这个意义上，恩格斯总结近代以来欧洲哲学发展的经验，提出"哲学基本问题"，① 列宁批评马赫和阿芬那留斯的学说"妄想凌驾于唯物主义和唯心主义之上，取消从物到意识和从意识到物这两种观点之间的对立"，是"重弹主观唯心主义的老调"和"换了新装的费希特主义的痴心妄想"。② 当然，不能把两种世界观的对立作简单化理解，以为一部内容丰富的哲学发展史只是唯物主义与唯心主义的斗争史，或者把这种理解作为观察世界的既定模式。物质与意识、思维与存在之间的基本关系是何者为第一性的问题，但它们之间却不仅仅是这种关系，它们还有同一性、统一性的关系。正如列宁所说："物质和意识的对立，也只是在非常有限的范围内才有绝对的意义，在这里，仅仅在承认什么是第一性的和什么是第二性的这个认识论的基本问题的范围内才有绝对的意义。超出这个范围，这种对立无疑是相对的。"③ 马克思哲学对近代哲学思维方式的超越，对唯物主义与唯心主义对立的超越，意义只在于以下两个相关方面：一是反对把两种世界观、两种哲学的对立绝对化，要看到在一定条件下它们之间的同一性、统一性，如对主体能动性的肯定。唯心主义张扬主体能动性，唯物主义同样坚持主体能动性思想，它反对的只是唯心主义脱离实际的对主体能动性的过度张扬。二是提升唯物主义的水平，即在坚持哲学唯物主义的一般性质的前提下，使这种唯物主义获得新的发展。鉴于旧唯物主义的主要缺陷和基本教训，发展的方向"是使唯物主义向上发展"，即通过在本体论上贯彻实践的观点而达到历史的唯物主义。超越唯物主义与唯心主义的对立，不是放弃唯物主义的基本立场，寻找哲学发展的第三条道路。马克思从来没有否认和放弃作为哲学基本立场的唯物主义。马克思和恩格斯都主张坚持唯物主义，但要超越旧唯物主义，发展新唯物主义。在这一点上，马克思和恩格斯没有分歧。他们在其哲学思想的阐释

---

① 《马克思恩格斯选集》第 4 卷，人民出版社 1995 年版，第 223、224 页。
② 《列宁选集》第 2 卷，人民出版社 1995 年版，第 65 页。
③ 同上书，第 108—109 页。

中，对唯物主义强调得多一点儿或者少一点儿，或者马克思强调得少一点儿，恩格斯强调的多一点儿，并不意味着他们的哲学基本立场的改变。这个问题恩格斯在其晚年关于历史唯物主义的通信中曾经做过特别说明。那是因为他和马克思在早些时候，尤其是在他们创立自己的哲学的时候，主要的任务是同唯心主义作战。

二 主观与客观

西方解释学的以下两个理论缺陷是十分突出的：一是解释学的本体论化，否定解释学的方法论意义；二是关于认识形成的相对主义，即夸大认识主体已有的知识系统（解释学家把它叫做认识的"前见"，或"前理解"）对于新的认识形成的意义，以为认识的结论可以不受认识的对象、客体的限制。西方解释学的原则，根本说来，与马克思主义哲学的认识论是对立的。它有其合理因素，但不能被简单用于对马克思恩格斯及其关系的理解。关于马克思恩格斯思想的理解和解释，关于他们之间关系的理解和解释，是一个马克思主义的科学解释学的问题。

马克思恩格斯的思想及其关系是认识和解释的客体。这种客体首先存在于马克思恩格斯的各自的和各种不同形式的文本中，由于他们的一定的活动也表现了他们的一定的思想，所以，他们的实践和各种活动也是认识和解释的对象。但是基本的则是他们留下的各种形式的文本，是这些文本蕴含的思想。它们是我们从中认识马克思恩格斯思想的根据。而其他人，他们的战友、同志、学生，或者他们的政治上理论上的敌人，对他们的思想的认识和解释，对于我们关于他们的思想及其关系的理解，只具有参照的意义。我们并不完全否定西方解释学对于研究的一定的借鉴意义，不否认预先存在于主体头脑中的"前见"对于新的认识、理解形成的一定的作用。但我们认为不能夸大这种作用，这种作用对于新的认识的形成不是决定的、主要的，它不是认识的来源，而是认识得以借鉴的思想材料。我们并且看到，这种作用具有两重性：它可能引导我们获得新的正确认识，也可能对我们认识的形成起误导作用，造成对对象的错误认识。总的说，"前见"是一种认识可以被利用而又须正确把握的因素，防止"前见"成为"成见"，防止它误导、阻碍我们获得新的正确的认识，这才是我们应该把握的科学的解释学的原则。在这个意义上，在对马克思恩格斯思想及其关系的认识上，所谓"回到马克思"、"走进马克思"，就是一种可理解的合理的要求。

但是，也不要把这一要求和原则绝对化，以为在实际结果上我们真的能够完全"回到马克思"、真正能够"走进马克思"。它的意义只在于向人们提出如何能够达到对马克思的正确理解的道路、方法。在认识的结果或目标意义上，"回到马克思"、"走进马克思"是相对的。我们所可能达到的只是对马克思恩格斯的基本思想的认识和把握，不可能穷尽对他们的认识，也不能保证对他们的理解和解释是完全正确的。我们只能不断地接近他们的原本思想。

作为关于马克思正确理解的方式、方法的"回到马克思"、"走进马克思"，就是所谓的"以马解马"。对"以马解马"这个原则和要求，学者之间不存在什么争议。问题只在于对它的理解，因而间接地涉及对"以恩解马"、"以苏解马"和"以西解马"模式的认识和评价。首先要说明的是，同"回到马克思"一样，"以马解马"也不是关于马克思的认识的结果，不是确定的解释模式，而仅仅是这一认识的原则和方法。它的出现在于"以恩解马"、"以苏解马"和"以西解马"等现实的解释模式的存在，这些模式被认为在不同程度上离开了马克思思想的真实。"以马解马"是对这些存在模式的反映。但是，这些模式存在的正当性与其对"以马解马"的偏离，不存在必然的联系。这种正当性在于"以马解马"作为一个原则，总要表现为一定的具体的形式，以各种不同的模式存在着。但这些模式一定是对马克思思想的偏离吗？也不尽然。正如对马克思思想的认识一样，我们不可能穷尽对马克思思想的认识。想想看，在各种各样的解释模式形成以前，作为它们的主体的研究者、解释者，哪一个不是从"以马解马"的理想、原则出发呢？结果呢？又有哪一个不是在做"以我解马"的事情呢？"以恩解马"、"以苏解马"和"以西解马"，与所谓王氏解释模式、李氏解释模式一样，都是"以我解马"的不同形式。我们提出和坚持"以马解马"，不是否定"以我解马"，而是要求解释者对马克思思想的解释忠实于和尽可能地接近马克思思想的真实。对马克思本人以外的任何人，只能这样提出要求。所以，"走近马克思"是马克思思想的解释者与马克思思想之间的实际的关系。这样说来，我们对"以恩解马"、"以斯解马"、"以苏解马"和"以西解马"模式，就既不要迷信，也不要绝对否定。因为在对马克思思想的认识和解释上，正如它们可能部分地离开马克思一样，它们也在一定程度上或部分地"回到马克思"。

三 事实与价值

马克思主义是关于客观世界，特别是人类世界发展的普遍规律和把对于这一规律的认识运用于无产阶级和人类解放的伟大实践的科学思想体系。科学性、革命性、实践性、开放性是马克思主义的基本特征。马克思主义坚持科学原则与价值原则的辩证统一。

在认识和处理具体问题时，我们可能遇到需要作出是科学原则优先还是价值原则优先的抉择。有时选择科学原则优先有时选择价值原则优先的情况是有的。在这种选择上，似乎没有什么常理可循。那么，在一般意义上，科学与价值的选择有没有先后呢？在理论上有没有一个处理问题的一般的方法论原则呢？

我们认为，这个一般的原则是存在的，它就是科学原则优先。科学原则优先，就是事实原则优先，就是我们想问题、办事情必须实事求是，从实际出发，尊重客观规律。我们做任何事情都不能违背这个原则。价值原则是利益原则，与人们的行动的目的、目标相联系，同样重要。但作为我们的行动的一般指导原则，价值原则的考虑或选择要服从科学原则。如果我们的行动只顾有利无利、有用无用，不顾及它是否符合实际，既不看客观条件是否具备，又不遵循客观规律，那么行动就只有失败。再好的动机，也没有意义。具体行动中的科学原则和价值原则的关系问题，就是世界观和价值观的关系。世界观是价值观的基础，价值观应该服从世界观，这是马克思主义哲学的基本观点。

在马克思恩格斯的关系问题上提到科学原则与价值原则的关系，是因为有学者在这个问题上提出了价值原则优先的主张，认为马克思恩格斯关系问题的产生和提出，就是一些学者价值原则优先选择的结果，不然就不会产生和提出这个问题。因为本来就不存在一个什么马克思与恩格斯的关系问题，它是一个被西方学者刻意制造出来的问题，因而是一个被意识形态化了的问题。对于这样一个问题，我们为什么不作出意识形态方面的回应呢？对于这个被意识形态化了的问题，我们为什么不可以以处理意识形态的方式来对待它呢？目前，"马克思恩格斯的关系"这个被制造出来的学术问题，已经是一个不能回避的问题，我们谈它和不谈它，已经是一种价值考虑，一种具有意识形态性质的问题。既然西方学者从价值选择优先出发制造出了这个学术问题，我们从同样的原则出发对待这个问题，即以意识形态的方式对待意识形态问题，是完全合乎逻辑的。但是，西方一类"马克思学"家的存在，不能不使我们做另外的思考。在关于马克思的研究中，西方存在价值选择优先的学者，即在研究中过多掺杂资产阶级意识形态因素的学者，也存在坚持科学原则优先，注重文本研究的严肃学者。他们得出的结论可能不正确，如"两个马克思"论和马克思恩格斯"对立论"，但原因首先是认识的而不是意识形态的。西方"马克思学"家的分类依据的正是两种不同的对待"马克思学"问题的方式、态度。[①] 对于后一种"马克思学"家的研究方式，我们就不能采取价值原则优先的方式，而应该采取科学原则优先的方式，即以学术研究的方式和态度对待这个被制造出来的具有意识形态性质的学术问题。我们反对用意识形态的方式简单对待学术问题，学术问题要用学术的方式来解决；但对于意识形态问题特别是那种带有意识形态性质的学术问题，我们主张不妨用学术性的方式来解决，这可能是一种更有力和更有益的解决方式。

虽然说处理现实生活中的各种问题和各种理论问题，存在着多向的、多种多样的方式、方法，价值原则优先还是科学原则优先，视对象和具体情况而定，但是，一般说来，这些问题的处理和解决是有其一般的原则和方法的，这就是科学原则或事实原则优先。

---

① 参见梁树发《西方马克思学与国外马克思主义研究学科建设》，载《马克思主义与现实》2008年第1期。

四 实证与总体

实证方法是自然科学研究的基本方法。这种方法把具体事实作为科学研究的直接对象,作为认识的出发点,强调作为认识的对象、根据的事实的可靠性,强调过程的细密性和结果的可靠性。所以,作为实证科学研究对象的事实总是一个被剥去了同其他事实联系的孤立的事实。实证方法同哲学方法是两种不同性质的方法。哲学方法是抽象方法,具有突出的思辨特性。实证方法可以被哲学借用,但使用必须适当,必须是服务于哲学方法、辅助哲学方法,而不能代替哲学方法。辩证唯物主义也坚持从事实出发的认识路线,坚持实事求是,一切从实际出发的原则。但对事实的理解和把握不同于实证方法。在实证科学看来,事实就是事实,而在哲学看来,特别是按照总体性原则,则"事实不是现实"。现实是事实的总体。只有在由事实构成的总体中才能理解和把握事实。在对事实的认识中,把一个具体的事实同别的具体事实联系起来,同该事实从属的总体、该事实存在的环境联系起来,是总体性方法所要求的。总体性方法是唯物辩证法的重要部分,但长期未受到哲学家们的重视。为此,卢卡奇在《历史与阶级意识》一书中特别倡导这个方法,把它理解为革命辩证法的支柱,是马克思主义与资产阶级思想区别开来的标志。卢卡奇从总体性出发批判以考茨基为代表的"第二国际马克思主义",认为它把马克思主义庸俗化的方法论基础,所坚持的正是从孤立的事实出发的科学实证主义。

在马克思恩格斯关系问题上,需要重提总体性方法。就对某一个具体问题的看法来说,马克思和恩格斯可能有所不同,或者马克思曾经谈到这个问题,而恩格斯则没有谈到这个问题,反之亦然。但我们不能由此就得出一个一般性的结论,说马克思恩格斯在某某问题上存在观点的差异或对立,或者说马克思有这样一种思想,而恩格斯则没有这样一种思想。在遇到这样的问题时,在作出结论之前,正确的方法应当是,把马克思或恩格斯在某一问题上的前后思想联系起来,同他们各自的一贯思想联系起来,同他们产生某种观点和提出某一思想的不同环境联系起来,把他们两个人的关系同他们从事的整个事业、他们的总体实践联系起来。千万不要拘泥于一时一事，拘泥于他们在一个或几个观点上的分歧，就轻率地作出"恩格斯反对马克思"或者"马克思反对恩格斯"的结论。作为同是无产阶级的伟大领袖、马克思主义的共同创始人，标志着唯物史观诞生的《德意志意识形态》的共同撰稿人和《共产党宣言》的共同起草人，会存在两种世界观的对立、两种主义（即所谓马克思主义与"恩格斯主义"）的对立，是不是有点儿耸人听闻了呢？！部分西方"马克思学"家的研究最终得出"两个马克思"或"马克思恩格斯对立"的结论，方法论的根源就在于对实证方法的过度依赖和使用，对总体性方法的轻视。马克思恩格斯思想研究离不开对其文本、文献的研究，这种研究需要实证性的考察，以及在此基础上的比较研究，但是真正深入的研究，并且是科学的研究，是不能停留于实证研究的，特别是对于社会现象的研究，关于人文社会科学的研究，必须上升到理论的辩证的高度，必须运用包括总体性方法在内的一切哲学方法。针对马克思恩格斯关系问题上的"差异论"、"对立论"，有必要特别提出总体性方法对于这种研究的意义，总体性方法对于科学"马克思学"的意义。如果有人提出在马克思恩格斯关系上坚持"统一论"的方法论的基础是什么这样的问题，回答就是：总体性。

五　统一与差异

关于马克思恩格斯关系的认识，涉及对差异概念的理解。因为有学者已经明确提出马克思恩格斯之间在一系列哲学根本问题上存在差异的见解。俞吾金教授根据对恩格斯的《路德维希·费尔巴哈和德国古典哲学的终结》（以下简称《终结》）与马克思的《关于费尔巴哈的提纲》（以下简称《提纲》）的比较，得出马克思恩格斯之间存在研究的视角差异的结论，即从实践出发，还是从自然界出发；从本体论维度理解实践，还是从认识论维度理解实践；从人的问题着眼，还是从纯粹思想的问题着眼。[①] 他还在其他关于

[①] 参见俞吾金《论恩格斯与马克思哲学思想的差异——从〈终结〉和〈提纲〉的比较看》，载《江苏社会科学》2003年第4期。

马克思恩格斯关系的文章中提出运用差异分析法研究马克思学说的意见。[①] 何中华教授认为，把马克思和恩格斯的思想完全看成是一回事，是不切实际的，"它无异于一个神话"。他认为，马克思和恩格斯存在五个方面的差异："超验"视野与"经验"视野、"存在决定意识"与"物质决定精神"、大写的"真理"与小写的"真理"、"彼岸"的"自由世界"与"此岸"的"自由王国"、个体性的分殊。以上五个方面，作为重要变量，成为马克思恩格斯各自建构自己哲学的重要前提。[②]

有学者不同意俞吾金教授关于马克思恩格斯关系的见解。马拥军教授指出，人们之所以认为恩格斯与马克思之间存在重大差异，原因在于长期以来对恩格斯的《终结》存在许多误解，"其中对马克思主义世界观的'哲学'性质、'哲学基本问题'和'理论思维'三个方面的误解最为突出"。[③] 孙和平认为，导致《提纲》和《终结》这种表面差别的主要原因在于：实践观点在《提纲》中是"主题化"的，而在《终结》中却是非主题化的、隐藏着的。然而，马克思恩格斯的这种表面"差异"决不意味着他们基本观点的对立。相反，在实践问题上，马克思恩格斯的根本观点是完全一致的。[④] 朱子戟教授在《论马克思的〈提纲〉与恩格斯的〈终结〉——驳〈提纲〉与〈终结〉"对立论"》中，阐释了两部著作在一些理论原则、基本观点、根本目的和作用上的一致，认为"它们的相同性是其主导方面，它们的差异性是服务于主导方面的次要方面"。文章同时指出，不应在实践问题上制造《提纲》和《终结》的对立，而应当看到"《终结》对实践问题的研究和论述，在其深度和广度上，都丰富和发展了《提纲》中关于实践的观点，使之更加具体化了"。[⑤] 杨楹、周世兴两位教授联合署名先后发表《马克思恩格斯思想关系研究中的若干谬见》（以下简称《谬见》）和《追问马克思恩格斯思

---

① 参见俞吾金《运用差异分析法研究马克思的学说》，载《哲学动态》2004年第12期。
② 参见何中华《论马克思和恩格斯哲学思想的几点区别》，载《东岳论丛》2004年第3期。
③ 马拥军：《评对恩格斯思想的三大误解》，载《马克思主义研究》2006年第12期。
④ 孙和平：《论恩格斯如何扬弃"哲学基本问题"——兼论实践概念的主题性与非主题性》，载《湖州师范学院学报》2005年第3期。
⑤ 朱子戟：《论马克思的〈提纲〉与恩格斯的〈终结〉——驳〈提纲〉与〈终结〉"对立论"》，载《武汉大学学报》（人文科学版）2007年第6期。

想"异质性差距论"的实质——对何中华教授反批评的批评》两篇文章，对何中华教授"在某种程度上既贬损了恩格斯也贬损了马克思"的"谬见"予以澄清。《马克思恩格斯思想关系研究中的若干谬见》一文把何中华教授的"谬见"概括为"五个方面"：《神圣家族》中马克思和恩格斯对费尔巴哈的评价殊异；恩格斯关于自然辩证法的研究成果没有得到马克思的认同，马克思并不支持诸如辩证法的立场；恩格斯在整理出版《资本论》时存在着虽然不是故意的但却是无意的对马克思原稿的"实质性的改变"；马克思因为长期在经济上依赖恩格斯而有可能使马克思在理论上做出某种自觉或不自觉的妥协和让步，两人的合作不排除彼此误解的可能性；恩格斯思想与马克思思想之间有着"基本预设上的距离即所谓思想上的异质性"而非"基于共同的预设而形成的""次要的、非实质性的差异"。文章在对这些"谬见"作了必要的澄清后指出："尽管完全有可能的是，恩格斯对马克思的理解确实与马克思有'距离'，但更为可能的是，我们对马克思的理解，只有首先达到恩格斯的水平，也才能够超出恩格斯的水平，向着接近马克思的目标一步步迈进。"[①] 在《追问马克思恩格斯思想"异质性差距论"的实质——对何中华教授反批评的批评》一文中，他们针对何中华教授对《谬见》一文的反批评而阐述了他们的明确见解：马克思恩格斯思想"异质性差距论"其实是变相的西方"马克思学"的"马恩对立论"；"实践本体论"的"实践唯物主义"不过是一种"本体论的形而上学怪想"的产物，不能作为判定马克思恩格斯思想有"实质性差距"的标准；"马克思恩格斯问题"作为一个"马克思恩格斯本身的问题"是由西方"马克思学"制造出来的"学术化问题"，对中国学者来说目前是一个无由无据讨论的问题，而作为一个受其启发而产生的"我们的马克思恩格斯问题"则是一个非常有意义的问题。[②]

由上可知，对马克思恩格斯关系问题上的"差异论"、"对立论"，不论

---

① 周世兴、杨楹：《马克思恩格斯思想关系研究中的若干谬见》，载《现代哲学》2007年第6期。

② 杨楹、周世兴：《追问马克思恩格斯思想"异质性差距论"的实质——对何中华教授反批评的批评》，载《江苏社会科学》2008年第5期。

是赞成还是反对，学者们对差异概念的理解已经不是抽象的了，而是涉及马克思和恩格斯的一系列根本观点。问题是，学者们在马克思恩格斯关系上两种对立见解的得出，是否都经过了对马克思和恩格斯的全部文本的详细的考察过程？并且这种考察是遵循了正确的方法的？我们应对得出结论的方法有一番检讨。

如果没有上面所说的那种考察过程，那么无论是"差异论"，还是"统一论"，作为结论，都是不可靠的；作为前提，它们至多是研究开始前的"预设"。在这两种意义上，关于哪一个才是合理性的讨论这个问题是没有意义的。尽管我们对于"统一论"和"差异论"的预设都持肯定的态度，但还是需要提醒，不要忘记这仅仅是预设，正确结论的得出等待科学考察的结束。

对于马克思恩格斯的关系，以及作为其基础的关于马克思恩格斯各自思想的认识，要求得到一个靠得住的结论，非有一个科学"马克思学"的研究过程不可。而要做到这一点，对于我们中国学者来说，是不轻松的。我们在文献的占有、积累，在语言翻译能力和研究能力上，甚至在必要的物质条件和文化条件方面，有比西方学者更多的困难。我们应该批评西方"马克思学"在方法和结论方面对于马克思思想、马克思主义的偏离，但也要学习它的经验，借鉴它的研究成果。我们的研究已经起步，包括双方的对话、交流、国外"马克思学"著作的译介和专题论坛等，对于已经开始做的事情就一定要坚持下去，对于在建构科学"马克思学"方面取得的任何一点儿成绩和进步都要倍加珍惜。

（作者单位　《教学与研究》）

马克思世界历史理论的特性与
世界历史理论基本问题
——马克思主义世界历史理论在当代发展的一个重要逻辑环节

叶险明

全球化及其发展越来越引起人们对马克思世界历史理论的关注。人们对全球化及其发展的认识需要理论支撑点,而马克思世界历史理论无疑是当代人认识全球化及其发展最重要的理论支撑点。因此,从一定的意义上可以说,对马克思世界历史理论研究的水准以及对马克思世界历史理论在当代丰富和发展的状况,在很大的程度上决定了对当代全球化及其发展研究的水准。在我国学术界,这方面的研究始于20世纪80年代末,到20世纪90年代的后期,马克思世界历史理论开始逐渐成为研究的热点。迄今为止,学术界虽然在马克思世界历史理论研究方面取得了一定成果,但也凸显出不少薄弱环节,从而使马克思世界历史理论的研究目前难以在整体上深入下去,其主要表现之一就是:缺乏对马克思世界历史理论的特性以及世界历史理论基本问题的科学认定。我以为,不搞清楚这方面的问题,不仅会堵塞马克思主义世界历史理论在当代发展的路径,而且也会在方法论上阻碍人们对当代全球化及其发展的全面、正确的研究。

例如,马克思构建科学的世界历史理论的直接基点是:"资本是一种国际力量","社会主义是作为世界历史性事业"而存在的,所以,要在资本占统治地位的世界历史时代中发展社会主义,从而最终实现社会主义世界历史时代对资本主义世界历史时代的取代。这一点应是毫无疑义,也是我们必须要坚持的。但马克思世界历史理论也面临着当今复杂的全球化的挑战。一些西方学者在批判全球化研究的整体主义方法弊病的过程中，把马克思世界历史理论曲解成为一种属于整体主义方法的理论，责备其无具体的操作性（即指难以指导认识当今复杂的全球化中各个民族国家发展的特殊性）；而有些西方学者则在批判全球化研究的个体主义方法弊病的过程中，宣扬全球资本的统治永恒不变，断言世界上所有的民族国家终将走西方国家的道路。在目前我国学界，由于受西方现代主义思潮及其所推崇的整体主义和后现代主义思潮及其所推崇的个体主义的影响，一些人不能全面、正确地认识和把握马克思世界历史理论，故在当代全球化及其发展的研究中出现了种种不科学、甚至是错误的认识。受西方现代主义思潮及其所推崇的整体主义影响的人，在当代全球化及其发展的研究中，无视"资本主义"、"资本主义性质"、"资本主义生产方式"、"占主导或统治地位的资本主义生产方式"、"资本主义国家"、"资本主义世界历史时代"间的联系特别是其区别，把全球化的资本主义性质绝对化和静态化，把复杂的资本全球化运动简单化，或在否定的意义上认为社会主义国家参与全球化就必然会被资本主义化（故对全球化持简单否定的态度），或在肯定的意义上认为参与全球化的民族国家都必然要实行自由主义的经济和政治；受西方后现代主义思潮及其所推崇的个体主义影响的人，在当代全球化及其发展的研究中，往往无视全球化整体的资本主义性质，把各个民族国家的发展特点绝对化，或认为全球化就是各个民族国家"非统一"的、完全独特的发展过程的简单集合，或认为全球化就是"世界现代化加中国现代化"。从方法论上看，我国学界之所以存在这些问题，在很大程度上是与对马克思世界历史理论特性的简单化理解和缺乏对世界历史理论基本问题的认识直接相关。现在是到了从方法论的层面上反思马克思世界历史理论的特性、提出世界历史理论基本问题的时候了。

一 马克思世界历史理论的特性

对一种重大理论的正确研究，科学认定其特性是最为关键的环节之一，否则，对这一重大理论的研究就难以全面深入展开。这里所说的"特性"是指一种理论的总体规范和样态。人们最初研究一种重大理论时往往将对其特性的某种简单界定视为不证自明的前提，很少对这一简单界定加以批判性探讨，而当研究深入到一定程度时才不得不回过头来通过这种批判性探讨去反思这一理论的特性。这似乎又回到了"原点"，但却是符合学术研究的规律的。这对马克思世界历史理论特性的认识也是如此。我以为，迄今为止，学术界关于马克思世界历史理论特性有代表性的不证自明的界定有以下两种。

界定之一：马克思世界历史理论是唯物史观的组成部分。我把这种界定称之为对马克思世界历史理论"比较原始的认识形态"。在 20 世纪 80 年代末或 90 年代初，即学术界刚刚开始注重对马克思世界历史理论研究时，这种认识是有意义的：在世界历史格局开始发生重大变化的全球化背景下把长期被人们忽略的马克思世界历史理论"拉入"对唯物史观既有的认识框架[①]，这无疑促进了学术界对马克思世界历史理论关注，提升了人们对全球化及其发展认识的理论层次。但其中潜藏的问题也随着研究的展开和深入逐渐暴露出来，最终形成了阻碍马克思世界历史理论研究的藩篱。因为，把马克思世界历史理论视为唯物史观的有机组成部分难以阐释马克思世界历史理论的功能作用，从而也就难以全面把握这一科学理论的基本内容。本来，马克思的世界历史理论并不是与马克思的生产力理论、生产关系理论、社会基本矛盾理论、阶级和阶级斗争理论、国家理论、意识形态理论、市民社会理论和社会形态理论等相并列的一种理论。马克思文本中有关世界历史理论的论述大都是在阐释上述理论过程出现的，但人们却将其纳入对唯物史观既有的认识框架，其结果：当进一步阐释马克思世界历史理论的基本内容时，或是把马克思世界历史理论与马克思其他理论勉强地串在一起，或是对"世界历史"的概念和马克思关于"历史向世界历史的转变"以及世界历史与资本主义和社会主义关系的论述作些简单的解释和发挥。这样一来，马克思世界历史理论的基本内容就模棱两可或少之又少了。这说明，对唯物史观既有的认识框架是不能全面解释马克思世界历史理论特性和功能作用的，同时借助这一认识框架我们也不能进一步挖掘马克思给我们留下的科学的世界历史

[①] 我把人们惯于将马克思的某种具有历史观性质的理论视为唯物史观组成部分的思维定式，称之为"对唯物史观既有的认识框架"。

理论的宝贵遗产。当然，笔者上述看法并非有全盘否定对唯物史观既有认识框架合理性的意思。

界定之二：马克思的世界历史理论是一种视野和方法，故在马克思的整个学说中具有全局性和基础性的意义。进而言之，世界历史的思想之于马克思的整个学说，首先是一种宏大的背景和时空坐标。在这个背景和坐标中，一切具体的学说得以有条不紊、环环相扣地展开。这种对马克思世界历史理论特性读解的观点比上述观点要高明些：试图超越对唯物史观既有的认识框架来把握马克思世界历史理论对马克思整个学说体系的统摄性，故有较大的发挥空间。但是，对马克思世界历史理论特性的这一诠释却陷入了另一种窘境：在把握马克思世界历史理论的具体形态和基本内容时"无从下手"。无论何种视野和方法都有其自身特定的理论脉络和理论规范，否则，"视野"和"方法"就会流于空洞的抽象。例如，这些年，"世界眼光"、"世界视野"等词汇常常出现于各类媒体，这无疑是受学界仅仅把马克思世界历史理论视为一种视野和方法的思维范式的影响。一般说来，这并没有错。但问题是"世界眼光"、"世界视野"是缺少具体的理论规范的，而这易于在方法论上给人们一种误导：似乎马克思世界历史理论除了要求人们从世界整体的角度看问题，就没有别的了。殊不知，从整体角度看问题（包括从世界整体的角度看问题）并不是马克思世界历史理论的"专利"。作为方法论上的个体主义的对立面，方法论上的整体主义早在马克思世界历史理论产生之前，就已渗透到人们对人和社会的认识中了。波普尔虽然错误地把整体主义安在包括马克思在内的历史决定论者的头上，但就他批评整体主义不具有操作上的可能性这一点来说，还是有一定道理的[①]。马克思的世界历史理论当然不是整体主义（见本文第二部分），但仅仅把马克思的世界历史理论归结为一种视野和方法，的确易于导致整体主义的思维定式。

除以上两种观点外，学界还有其他一些观点，如科学的世界历史理论是马克思剖析和批判资本主义社会、建构关于未来社会科学理论即共产主义学说的核心理论根据等。但从方法论上看，这类观点只是上述观点的逻辑引申

[①] 参见波普尔《历史决定论的贫困》，华夏出版社1987年版，第64—73页。

和不同表述。

我以为，对马克思世界历史理论的特性可以从以下三个相互联系的方面来把握。

1. 马克思世界历史理论是具有自己特定基本问题的理论学说

和任何重大理论一样，马克思世界历史理论也有其基本问题。不搞清楚"基本问题"及其意义，无论把马克思世界历史理论作为唯物史观的组成部分去看待，还是作为一种视野和方法来看待，都是模糊的、不确定的。在我看来，马克思世界历史理论的基本问题就是作为整体的世界历史及其演变发展与世界历史各个构成部分及其演变发展之间的关系问题。关于对这方面问题的具体论证，笔者放在下文，这里仅想就此指出的是，一种理论所要解决的基本问题集中地反映了一种理论的特性。在这里所提出的"特性"，其解释学的意义就在于：只有正确认识一种理论学说的特性，才能全面把握这一理论的功能、指向和其运用的范围。这对马克思世界历史理论也是如此。如果这一观点能够成立的话，那么笔者就可对上述关于把马克思世界历史理论简单地归结为一种视野和方法易于导致整体主义思维定式的看法作进一步的补充，即：马克思世界历史理论的确也是一种视野和方法，但这种视野和方法首先在逻辑上内含着对"基本问题"的正确提出和科学回答，否则，这种"方法和视野"不仅会流于空洞和抽象，而且还会易于和某些原本已经过时的或者弊病已经明显暴露的"方法和视野"，如整体主义混为一谈。①

众所周知，在看待社会与社会个体的关系问题上，作为方法论上的整体主义的基本要则之一是：社会具有超越和独立于社会各个构成部分和所有个人的新增的特性和属性。社会虽然不能脱离个体，但社会不能还原于个体。应当说，作为方法论的整体主义的这一要则没有错。这一要则所蕴含的最基本方法在亚里士多德时代就已经产生。20世纪四五十年代以来产生的系统论、控制论、信息论、耗散结构理论、协同学、突变论等新兴科学印证并发

---

① 当然，在马克思的文本中并没有关于"基本问题"的文字，但在其文本文字的背后却蕴含着马克思试图科学回答"基本问题"的努力，如个人解放、工人阶级解放、民族解放以及阶级和国家在未来的命运等与作为整体的世界历史演变发展间关系的论述，就贯穿于作为马克思主义创始人的马克思思想的始终。从方法论上看，对这种关系的论述也就是对"基本问题"的论述。

展这一基本方法。我以为,作为方法论的整体主义的缺陷不在于它强调上述要则,而在于它把上述要则绝对化,排斥个体对整体的作用和影响。马克思世界历史理论当然不是整体主义。马克思世界历史理论不仅研究作为整体的"世界历史"及其演变发展对世界历史各个构成要素、关系和力量(从主体的角度看,这种构成要素、关系和力量的主体既包括国家、民族、阶级、阶层以及各类非政府的民间组织和跨国公司等共同体,也包括个人)及其演变发展的作用和影响,同时也研究构成世界历史各个构成要素、关系和力量及其演变发展对作为整体的世界历史及其演变发展的作用和影响。作为整体的"世界历史"及其演变发展当然不能还原于个人和民族国家等共同体及其演变发展,但是,离开作为世界历史构成要素的个人和民族国家等共同体及其演变发展,就不可能真正科学地认识作为整体的世界历史及其演变发展。

例如,如果不能从国际关系结构和积淀在文化深层的利益关系的视角把握20世纪90年代以来一系列重大历史事件,如"苏东剧变"、西方国家关系的变化、美国霸权主义新特点的形成、一些国家和地域的极端民族主义的兴起、"9·11"事件、社会主义中国作为负责任大国的崛起等,就不可能把握自20世纪90年代以来作为整体的世界历史及其演变发展的特点。这说明:其一,作为整体的世界历史的演变发展首先始于世界历史各个构成部分的重大变化;其二,一旦作为整体的世界历史发生变化,又会对世界历史各个构成部分的演变发展产生重大影响。因此,无论个体主义的思维定式还是整体主义的思维定式都不适用于马克思世界历史理论。学术界有的人认为,20世纪70年代末西方学术界的吉登斯和科林斯是整体主义同个体主义合流趋势的代表人物。实际上,早在100多年前,马克思的世界历史理论就已经在比他们高得多的层次上超越了整体主义和个体主义的对立。

2. 超越了整体主义和个体主义对立的科学的世界历史理论是马克思哲学的主构架

从"马克思世界历史理论是具有自己特定基本问题的理论学说"的论断必然在逻辑上延伸出"超越了整体主义和个体主义对立的科学的世界历史理论是马克思哲学的主构架"的论断。所谓"主构架"是指支撑着一种理论的逻辑基础,或贯穿于一种理论始终的逻辑脉络。长期以来,学界有种比较流行的观点，即：马克思哲学面对的是整个世界。一般说来，这并没有错，但不很准确。应该说，马克思哲学面对的是整个世界及其发展与构成这个世界的个人和民族国家等共同体及其发展间的关系。因此，支撑着他整个理论学说的逻辑基础、贯穿于其中的逻辑脉络的只能是科学的世界历史理论。马克思曾在批判德国哲学的纯思辨形式的过程中指出：哲学的发展"必然会出现这样的时代：那时哲学不仅从内部即就其内容来说，而且从外部就其表现来说，都要和自己时代的现实世界接触并相互作用。那时，哲学对其他的一定体系来说，不再是一定的体系，而正在变成世界的一般哲学，即变成当代世界的哲学"，"这种哲学思想冲破了固定不变的、令人难解的体系的外壳，以世界公民的姿态出现在世界上"①。"世界的一般哲学"和"世界公民的姿态"的理念，就潜在地包含着马克思对自己所要创立的新哲学的逻辑要求。这种逻辑要求在马克思哲学革命过程中演化为新哲学的主构架。正是据此，我曾在有关文章中指出，从一定意义上说，马克思哲学实际上就是唯物主义的世界历史观。② 无论从马克思哲学形成和发展的逻辑来看，还是从马克思哲学考察重大社会历史问题的思维方式或视角来看，马克思哲学都可称之为唯物主义的世界历史观。因此，不能把马克思世界历史理论作为马克思"众多思想"（或"众多理论"）的一种来解读。如果把马克思的世界历史理论视为马克思哲学的主构架，那么，在我们后人的视野中，马克思哲学一系列既超越整体主义也超越个体主义的重要范畴（如：生产力、分工、生产关系、交往方式、上层建筑、经济基础、民族和国家、阶级和阶层、社会形态、实践和认识、人及其发展与社会及其发展等）和规律（如社会基本矛盾运动规律、社会和人的发展规律等）的世界历史性就凸显出来了。当然，"世界的一般哲学"和"世界公民的姿态"理念是对民族狭隘性理念的超越，而不是对民族性的舍弃，它们要求把民族和国家置于世界历史范围内来认识即作为世界历史的一个有机组成部分来认识。所以，在马克思那里，每个哲学范畴和规律都内含着对个人、阶层、阶级、民族、国家和地区与整个

---

① 《马克思恩格斯全集》第1卷，人民出版社1956年版，第121页。
② 参见叶险明《马克思主义哲学的当代性和世界历史性》，载《新华文摘》2006年第3期。

世界间关系的不同视角的科学把握。

3. 马克思世界历史理论集中体现了马克思哲学旨趣所具有的"世界历史规定性"和所依据的"经验事实"的全球性

从逻辑上看,马克思世界历史理论之所以集中地体现了马克思哲学旨趣所具有的"世界历史规定性"和所依据的"经验事实"的全球性,就在于马克思世界历史理论是具有自己特定基本问题的科学理论,并作为马克思哲学的主构架而存在的。这里先说马克思哲学旨趣的世界历史规定性。马克思哲学旨趣所具有的"世界历史规定性"是指:哲学批判目的所具有的与进步观念相联系的世界历史性,其主要内容就是作为马克思哲学人文本质和终极目的的"人的全面而自由的发展"、人和社会的彻底解放(包括解放的规律和道路)的世界历史性。在其具体论述中,马克思哲学旨趣的世界历史规定性表现在两个相互联系的方面:一方面,无产阶级和社会主义是作为"世界历史性"的阶级和事业而存在的,个人的解放程度是与历史向世界历史转变的程度相一致的。因此,"人的全面而自由的发展"、人和社会的彻底解放是整个世界历史发展的结果,它不可能在民族或国家的范围内实现。在马克思看来,从工业革命到社会主义、共产主义世界历史时代全面取代资本主义世界历史时代,是"历史向世界历史转变"的整个过程。"人的全面而自由的发展"、人和社会的彻底解放,就贯穿于这一过程的始终。另一方面,世界历史的发展也是不能脱离个人和民族国家等共同体的发展的。所以,在强调无产阶级和社会主义是作为"世界历史性"的阶级和事业而存在以及"人的全面而自由的发展"、人和社会的彻底解放是整个世界历史发展的结果的同时,马克思(和恩格斯)也非常注重无产阶级、社会主义在不同民族、国家和地区的发展状况以及不同民族、国家和地区人的发展状况[1]。可见,只有科学的世界历史理论才能集中体现出马克思哲学旨趣所具有的世界历史的规定性。

再说马克思哲学所依据"经验的事实"的全球性。从逻辑上看,为了实现"人的全面而自由的发展"、人和社会的彻底解放,马克思哲学所探讨和

---

[1] 参见《马克思恩格斯选集》第1卷,人民出版社1995年版,第283页。

解决的问题必然是全球性的,是人类共有的,否则,实现"人的全面而自由的发展"、人和社会的彻底解放就是不能理解的了。马克思哲学所依据"经验的事实"的全球性实际上就是"问题的全球性"。从总体上看,马克思哲学所依据"经验事实"的全球性来自于世界工业化和现代化的进程。工业革命是社会化大生产的开端,是世界现代化的历史起点和逻辑起点,它与当代世界的现代化过程有着直接的、紧密的内在联系。发轫于工业革命的工业化和现代化的社会过程,是世界各国都要大体经历的社会过程,而在这一过程中所出现的"全球问题"(还有许多没有被列入"全球问题"的重要问题)迄今非但没有解决,且日趋严重(其种类也越来越多),越来越威胁到每一个人、每个民族、每个国家乃至整个人类的生存和发展。虽然当代人已从增长方式以及社会和人的发展目标等角度认识到了上述问题对人类社会生存和发展的危害并为限制这种危害付出了种种的努力,但这离"人和自然界之间、人和人之间的矛盾的真正解决"的社会相去甚远。这也说明,我们不能从"自然时空",而应从"社会时空"来把握马克思哲学所依据"经验的事实"的全球性。当然,"人类共有"并不意味着在同一世界历史时空中个人、民族、国家和地区所直接面临的问题没有差别,恰恰相反,全球性问题在不同的民族、国家和地区的具体表现形态有所不同。明确这一点至关重要。不能正确认识到这种不同,就不可能真正理解马克思哲学所依据"经验的事实"的全球性。

综上所述,确定马克思世界历史理论是具有自己特定基本问题的理论学说,旨在从方法论上搞清楚马克思世界历史理论的特定功用,不能将其同整体主义或具有整体主义色彩的世界历史理论混为一谈;确定马克思的世界历史理论是马克思哲学的主构架,旨在从方法论上搞清楚马克思世界历史理论在马克思哲学中的地位,不能简单地将其同马克思哲学的其他理论相并列来看待;确定马克思世界历史理论集中地体现了马克思哲学的旨趣具有世界历史的规定性和所依据的"经验事实"的全球性,旨在从方法论上搞清楚马克思世界历史理论对现实世界的批判和构建功能。从学理上看,在上述关于马克思世界历史理论特性的三个论断中,第一个论断最为关键和根本。因为,没有关于马克思世界历史理论是具有自己特定基本问题理论学说的论断,其他两个论断在逻辑上就难以成立。我以为,确定马克思世界历史理论特性对我们在当代发展马克思世界历史理论的意义就在于：进一步挖掘马克思在这方面给我们留下的宝贵遗产，探究科学的世界历史理论在当代发展的路径和方式。

二 世界历史理论基本问题的历史和逻辑基础

如上所述，不明确马克思世界历史理论的基本问题是马克思世界历史理论的特性被模糊的一个重要原因，但这也从一个方面说明，马克思还没有在明确的理论形态上集中地阐述"基本问题"，虽然他在具体的哲学批判、政治经济学批判、历史学批判和社会主义批判中科学回答了这一问题（见下文）。在这里需要强调一点的是：讲作为整体的世界历史及其演变发展与世界历史各个构成部分及其演变发展之间的关系问题是马克思世界历史理论的基本问题，这并不意味着只有在马克思世界历史理论那里才存在着作为整体的世界历史及其演变发展与世界历史各个构成部分及其演变发展之间的关系问题。笔者只是在马克思世界历史理论对"基本问题"的各个方面的全新的、科学的认识和把握的意义上，以及马克思世界历史理论在马克思哲学中所彰显的特性和所具有的功能作用的意义上，说作为整体的世界历史及其演变发展与世界历史各个构成部分及其演变发展之间的关系问题是马克思世界历史理论基本问题的。但从一般意义上来看，"基本问题"并不是马克思世界历史理论独有的。自世界历史理论产生起，作为整体的世界历史及其演变发展与世界历史各个构成部分及其演变发展之间的关系问题就成为其基本问题[①]，否则，就没有所谓的世界历史理论。本文在这里试图要探讨的是：从方法论上看，作为整体的世界历史及其演变发展与世界历史各个构成部分及其演变发展之间的关系何以能成为世界历史理论的基本问题。我以为，对这方面的问题可以从历史和逻辑两个方面来把握。先从历史方面来说。世界历史理论基本问题由以产生的历史基础，有两个重要规定。一是越来越凸显的世界整体化的状况和趋势；二是处于越来越凸显的世界整体化的状况和趋势

---

① 参见叶险明《从近代"世界历史"观念的萌生看哲学与历史学关系的演变》，载《史学理论研究》1999年第4期。

中的个人、阶层、阶级、民族、国家和地域的发展状况和趋势。

世界历史理论基本问题由以产生的历史基础的第一个重要规定来自于世界整体化的状况和趋势及其演变发展。人类历史的发展表现在纵横两个相互联系的方面。从纵的方面看，人类历史的发展表现为社会结构由低一级阶段向较高一级阶段的演变发展；从横的方面看，人类历史的发展表现为世界整体化的状况和趋势的凸显。这两个方面是相互联系的：一方面，世界整体化的状况和趋势的演变发展有赖于社会结构由较低一级阶段向较高一级阶段的演变发展。社会结构发展程度越高，世界整体化的状况和趋势也就越凸显出来。基于生产力和分工的发展，社会结构在其本质上具有不断扩展其交往的特性，这正如同人在其本质上具有不断扩展其交往的趋向一样。生产力、分工和社会结构越发展，个人和民族国家等共同体间的联系也就越紧密。所以，马克思说："市民社会包括各个个人在生产力发展的一定阶段上的一切物质交往。它包括该阶段上的整个商业生活和工业生活，因此它超出了国家和民族的范围，尽管……它对外仍然需要以民族的姿态出现，对内仍然需要组成国家的形式。"[①] 另一方面，越来越凸显的世界整体化的状况和趋势又会推动社会结构的演变发展，使社会结构从较低一级的阶段向较高一级的阶段演变发展的速度加快。众所周知，原始社会存在时间长达300万—350万年，即便从元谋人算起，它也持续了近170万年。中国封建社会持续时间算是比较长的，不过也才2300年左右。而比较成熟的资本主义社会仅仅存在了二三百年就出现了最初的社会主义社会。因此，从一定意义上也可以说，世界整体化的状况和趋势是社会结构由较低一级阶段向较高一级阶段的演变发展的时空形态。个人、阶层、阶级、民族、国家、地区的社会结构越是处于相对孤立和封闭的环境中，其向更高一级阶段发展的速度也就越缓慢，反之亦然。同时，人类历史发展的这两个方面也是相互渗透的。人类历史发展的纵横两个方面表明，世界整体化的状况和趋势是人类社会发展的必然。世界历史理论基本问题由以产生的历史基础的这一重要规定在方法论上提示人们：应当注重世界整体化的状况和趋势及其对处于越来越凸显的世界整体化的状

[①] 《马克思恩格斯全集》第3卷，人民出版社1960年版，第41页。

况和趋势中的个人和民族国家等共同体及其发展的作用和影响。不过，一般意义上世界整体化的状况和趋势及其演变发展，还只是揭示世界历史理论基本问题由以产生的历史基础的第一个重要规定。

世界整体化的状况和趋势及其演变发展不是抽象的。世界整体化的状况和趋势及其演变发展由其中的不同个人和民族国家等共同体发展间的关系构成。因此，处于世界整体化的状况和趋势及其演变发展中的个人和民族国家等共同体及其演变发展，是世界历史理论基本问题由以产生的历史基础的第二个重要规定。虽然个人和民族国家等共同体的演变发展并不等于世界整体化的演变发展，但世界整体化的演变发展最初总是从个人和民族国家等共同体的变化开始的。在一定的历史条件下，某些个人或共同体的重要变化会逐渐引起不同个人和共同体间关系的变化，从而最终导致世界整体化的状况和趋势的变化。因此，在马克思那里，从来就没有在逻辑上脱离开个人和共同体的发展（特别是没有在逻辑上脱离开个人、阶层、阶级、民族、国家和地域间关系的发展）来抽象地谈论世界整体化的状况和趋势的变化。因此，在世界整体化的状况和趋势制约着个人和民族国家等共同体的发展状况和趋势的同时，个人和民族国家等共同体的发展状况和趋势也制约着世界整体化的状况和趋势。所以，个人和民族国家等共同体在世界整体化中的发展状况和趋势始终是马克思世界历史理论的一个主题。世界历史理论基本问题由以产生的历史基础的第二个重要规定在方法论上提示人们：应该注重世界整体化的状况和趋势中的不同个人和民族国家共同体及其发展对世界整体化的状况和趋势作用和影响。

在这里需要指出的是，无论是世界整体化的状况和趋势及其演变发展，还是处于世界整体化的状况和趋势及其演变发展中的个人和民族国家等共同体的发展状况和趋势，都不能单独作为世界历史理论基本问题由以产生的历史基础。能够作为世界历史理论基本问题由以产生的历史基础的只能是世界整体化的状况和趋势及其演变发展与处于世界整体化的状况和趋势及其演变发展中的个人和民族国家等共同体及其发展状况和趋势间的关系。当然，为了研究的需要，研究者的研究重点不是不可以放在这一复杂的关系系统的某一方面，但在逻辑上绝对不能忽略这一关系的整体。

世界整体化的状况和趋势及其演变发展与处于其中的个人和民族国家等共同体及其发展状况和趋势间的关系发展，对人类的生存、发展的方式和路径必将产生越来越具有决定意义的影响。当然，世界整体化的状况和趋势及其演变发展与处于其中的个人和民族国家等共同体及其发展状况和趋势间的关系，其自身也有个演变发展过程。世界历史理论基本问题（从而世界历史理论）正是在这种关系演变发展的一定阶段上产生的。[1] 作为世界历史理论由以产生的历史基础的世界整体化的状况和趋势及其演变发展与处于其中的个人和民族国家等共同体及其发展状况和趋势间的关系，在世界历史理论中转化为作为整体的世界历史及其演变发展与世界历史各个构成部分及其演变发展之间的关系问题。因此，世界历史理论一经产生就必定以作为整体的世界历史及其演变发展与世界历史各个构成部分及其演变发展之间的关系为其基本问题。随着人类社会的发展，随着历史在越来越大的程度上向世界历史的转变，不断解决世界历史理论基本问题的实践在人类实践中占有越来越重要的地位。当然，这要以科学回答世界历史理论基本问题为前提。在现时代，凡是能够在全球化和现代化中正确或者比较正确解决这一问题的个人和民族国家等共同体就能够获得真正意义上的发展，否则就会在全球化和现代化中沉沦。[2] 所以，考察越来越凸显的世界整体化的状况和趋势，既要看到世界整体化的状况和趋势及其对处于越来越凸显的世界整体化的状况和趋势中的不同个人和民族国家等共同体及其发展的作用和影响，也要看到处于越来越凸显的世界整体化的状况和趋势中的不同个人和民族国家等共同体及其发展对世界整体化的状况和趋势作用和影响。

再从逻辑方面看。作为整体的世界历史及其演变发展与世界历史各个构成部分及其演变发展之间的关系之所以是世界历史理论的基本问题，还在于"基本问题"在整个世界历史理论中的地位和作用。

"基本问题"包括两个方面：一是作为整体的世界历史及其演变发展影响还是取代作为世界历史各个构成部分及其演变发展？如果是"影响"，那

---

[1] 参见叶险明《从近代西方世界历史观念的萌生看哲学与历史学关系的演变》，载《史学理论研究》1999 年第 4 期。

[2] 参见叶险明《全球化的基本矛盾与中国现代化》，载《哲学研究》2004 年第 6 期。

就要回答是什么程度和意义上的影响。二是世界历史各个构成部分及其演变发展对作为整体的世界历史及其演变发展的作用是有还是无？如果是"有"，那就要回答什么程度和意义上的"有"。除了持极端的整体主义和极端的个体主义观点的人，一般说来，人们往往是在认识具体的社会历史过程或事件时在"基本问题"方面陷入了或重视个体而忽略整体或重整体而忽略个体的方法论错误的。上述"基本问题"的这两个方面是相互联系的。对世界历史理论基本问题的不同回答在方法论上决定了对世界历史理论其他问题的不同回答，虽然世界历史理论的其他问题是不能浓缩到"基本问题"中的。首先，对世界历史理论基本问题的回答不同，在方法论上决定了对世界历史理论其他范畴的不同理解。例如，对世界历史理论基本问题的不同回答，就在方法论上决定了对"世界历史规律"、"世界历史时间"、"世界历史意义"、"世界历史结构"、"世界历史过程"、"世界历史事实"、"世界历史中心"等认识的不同。因为，对世界历史理论这些范畴的探讨在逻辑上都必然要涉及"基本问题"。其次，世界历史理论许多重要逻辑环节都是围绕"基本问题"展开的。例如，世界历史发展阶段论、世界历史中心及其转移的规律，世界历史个人与"历史向世界历史的转变"和人的自由而全面发展间的关系，世界历史的演变发展与资本主义和社会主义间的关系，以及世界历史演变中的民族和国家的作用及其未来命运，等等，都是围绕着这一基本问题展开的。最后，世界历史理论基本问题贯穿于世界历史理论的始终，是世界历史理论的主线。失去了这条主线，世界历史理论也就失去了其特定的功能。迄今为止，无论哪一种世界历史理论，无论是否明确意识到"基本问题"，无论是否承认"基本问题"，实际上都在有意无意地探讨到这方面问题。如果说有什么区别的话，那也就是在探讨的科学性和方式方面的区别。

对"基本问题"的科学回答是马克思世界历史理论的"纲"。纲举目张。马克思正是在全面把握作为整体的世界历史及其演变发展与世界历史各个构成部分及其演变发展间关系的过程中构建和发展科学的世界历史理论的。我以为，从方法论上看，马克思科学回答世界历史理论基本问题的逻辑思路是：其一，正确揭示世界历史理论基本问题由以产生的现实基础，以及对作为整体的世界历史及其演变发展和世界历史各个构成部分及其演变发展作的科学规定。这是科学回答"基本问题"的逻辑前提。这一点集中地表现在马克思对黑格尔世界历史理论的批判中。其二，提供科学考察作为整体的世界历史及其演变发展对世界历史各个构成部分及其演变发展影响的多样性的方法，以及科学分析世界历史各个构成部分及其演变发展对作为整体的世界历史及其演变发展作用特点的方法（见本文第三部分），从而全面地把握了作为整体的世界历史及其演变发展与世界历史各个构成部分及其演变发展间关系的复杂性。这一点特别突出地表现在马克思对作为"世界历史性事业"而存在的社会主义的发展与不同民族和国家向社会主义发展的多样性间的关系的认识上。其三，揭示了作为整体的世界历史及其演变发展与世界历史各个构成部分及其演变发展间关系的历史进程及其趋势。在马克思看来，这种关系分为两个大的历史阶段。在阶级对抗的历史时代，不仅作为整体的世界历史及其演变发展与世界历史各个构成部分及其演变发展间的关系，而且世界历史各个构成部分及其演变发展间的关系，都往往表现为一种异化关系。而在彻底消灭阶级剥削、民族压迫以及国家和旧式分工自行消亡的基础上形成的"自由人的联合体"中，作为整体的世界历史及其演变发展与世界历史各个构成部分及其演变发展间关系，才真正地协调、统一起来：人的存在才真正是直接的"世界历史性存在"。

当然，我们也应该看到，马克思毕竟没有明确的理论形态上系统地提出世界历史理论的基本问题，至少没有在明确的文本文字上明确提出"基本问题"，这不论怎么说都是马克思世界历史理论的一种缺憾。这不仅使后人难以有意识系统地探讨和发展他所开创的科学的世界历史理论，而且增大了后人在发展科学的世界历史理论的难度。在全球化发展的今天，我们要明确而系统地提出世界历史理论基本问题，全面推进科学的世界历史理论在当代的构建。对于我们来说，只有全面、正确地把握世界历史理论的基本问题，才有可能在逻辑上展开对世界历史理论其他问题的探讨。

三 世界历史理论基本问题的科学回答及其意义

在 20 世纪 90 年代，吉登斯在总结全球化研究方法时说："除马歇尔·

麦克卢汉和少数几个作者外,对全球化的讨论主要出现在两类文献中,他们彼此也很不相同。一类是国际关系研究中的文献,另一类则特别是与伊曼纽尔·沃勒斯坦的'世界体系理论'相关,这种理论相当接近于马克思主义的立场。"[1] 在他看来,前一种方法把民族国家作为"行为主体者","关注民族国家体系的发展,并分析它在欧洲的起源和后来在世界范围的扩展",但"很难处理那些既不是国家间也不是国家以外而仅仅是跨国家界限的那些社会关系";后一种方法虽然"绕开了社会学家们通常所熟悉热衷的'社会'概念,而更倾向于用一个更能包容全球化关系的概念去分析问题",但却很难令人满意地揭示"民族国家和民族国家体系的兴起"[2]。我以为,吉登斯在近20年前对全球化研究的这两种方法优劣的概括仍然是有意义的。因为,从如何处理整体与个体关系的角度看,迄今为止,在全球化研究中流行的就是这两种方法。不过,他所论及的以伊曼纽尔·沃勒斯坦为代表的现代世界体系理论"相当接近于马克思主义的立场"(这实际上就是在向人们示意,以伊曼纽尔·沃勒斯坦为代表的世界体系理论的局限性也就是马克思世界历史理论的局限性),则是值得推敲的。毫无疑问,伊曼纽尔·沃勒斯坦的"现代世界体系理论"的确在一定程度上受马克思世界历史理论的影响。关于这一点,笔者在十几年前就已论及[3],但马克思的世界历史理论在把握整体与个体关系上也的确不同于伊曼纽尔·沃勒斯坦的"现代世界体系论"。其根本区别在于:马克思科学回答了世界历史理论的基本问题,而伊曼纽尔·沃勒斯坦为代表的世界体系理论则没有。

我把吉登斯以上所说的第一种方法称之为"全球化研究的个体主义方法",把他以上所说的第二种方法称之为"全球化研究的整体主义方法"。从认识论角度看,当代全球化研究中流行的方法大体可归结为这两类。其具体表现是:当代全球化研究的整体主义方法强调的是全球化及其过程的整体性、普遍性、规则性、统一性、连续性等;当代全球化研究的个体主义方法强调的是全球化及其过程的个体性、特殊性、非规则性、多样性、非连续性

---

[1] 安东尼·吉登斯:《现代性的后果》,译林出版社2000年版,第58页。
[2] 同上书,第60—61页。
[3] 参见叶险明《评现代西方"世界体系"论》,载《哲学研究》1996年第8期。

等。应该说，就其所强调的内容本身来说，当代全球化研究的整体主义方法和个体主义方法都没有错，问题在于双方都把所强调的内容绝对化且造成相互排斥。当代全球化研究的整体主义方法虽然有不同的形态，具体的观点也大相径庭，但都把某种普遍性和属性（如全球化的资本主义性质或者全球化的科学技术和市场属性）绝对化，似乎任何个体一介入全球化就必然要被同化。例如，中国的"新自由主义"在其方法论上就属于整体主义方法。中国的"新自由主义"把全球化和西方金融资本主义简单地等同于现代化。当代全球化研究的个体主义方法也有其不同的形态，但有一点也是共同的，即：把全球化中的个体（这里所说的个体既可以是个人，也可以是民族和国家以及国家集团）超"全球化"。从方法论上看，中国的"新文化保守主义"就是全球化研究个体主义方法的一种表现形式，西方的与全球化研究相联系的后现代主义思潮在总体上也属于全球化研究的个体主义方法的一种表现形式。

在当代全球化的研究中，只有坚持和发展马克思的世界历史理论，在整体上推进科学的世界历史理论的构建，才能真正超越个体主义和整体主义的对立。因为，马克思的世界历史理论为我们提供了超越整体主义和个体主义对立的方法论。就超越全球化研究方法的整体主义和个体主义的对立而言，我以为，科学认识和把握世界历史理论基本问题至少在逻辑上应注意以下两个方面的问题。

1. 在方法论上确定作为整体的世界历史及其演变发展与世界历史各个构成部分及其演变发展间的区别

作为整体的世界历史及其演变发展与世界历史各个构成部分及其演变发展，既有联系又有区别。要超越全球化研究的整体主义和个体主义，首先应当在方法论上确认的是：不能把作为整体的世界历史及其演变发展与世界历史各个构成部分及其演变发展相互等同，否则，在研究中就必然会出现整体主义与个体主义的对立。如上所述，马克思的世界历史理论决不仅仅是对作为整体的世界历史及其演变发展的科学阐释，同时也是对世界历史各个构成部分及其演变发展的科学阐释。这两种科学的阐释在马克思科学回答世界历史理论基本问题的过程中是有其相对确定的界限的。一方面，世界历史是由不同的个人和民族国家等共同体间的相互关系所构成的整体（这一整体的内在基础是不同个人和民族国家等共同体的生产力、分工、生产关系间的相互关系），但作为整体的世界历史又不等于个人和共同体，它有其自身的发展规律；另一方面，虽然世界历史各个构成部分不能超越作为整体的世界历史，但它也有其自身的发展特点。作为整体的世界历史与世界历史各个构成部分的关系，不是一般和个别的关系，而是系统与其构成部分间的关系。同理，作为整体的世界历史的发展规律与个人和共同体发展特点间的关系，当然也不是一般和个别的关系。对作为整体的世界历史及其演变发展与世界历史各个构成部分及其演变发展间的区别在方法论上的确定，其意义在于：在研究中，避免或把作为整体的世界历史及其演变发展与世界历史各个构成部分及其演变发展混为一谈；或用其中一方否认另一方；或只关注其中一方，而忽略另一方。

这里，我们再回到吉登斯所提到的把民族和国家作为研究单位与把世界体系作为研究单位的对立问题，就不难看出，把民族和国家作为国际关系的主体来考察与把全球作为一个整体来研究并不矛盾，问题的关键是不能把各自的研究范式绝对化，不能试图用其中的一方去取代另一方，否则，双方都会被扭曲。一方面，不"关注民族国家体系的发展，并分析它在欧洲的起源和后来在世界范围的扩展"，就不可能真正理解全球化在今天的发展（因为，"民族国家体系的发展"本身就是引发全球化发展的一个重要构成要素），从而也就不可能科学认识"跨国家界限的那些社会关系"及其发展；另一方面，不关注"跨国家界限的那些社会关系"，如跨国公司、各种跨国家的非政府的民间组织等的发展，就不可能真正理解民族和国家在今天的发展特点，当然也就不可能科学把握当代全球化的发展。我以为，从方法论上看，当代全球化研究中之所以会出现上述这两种研究方法的对立，就在于人们还没有明确意识到在理论形态上提出和科学回答世界历史理论基本问题的必要性和重要性。把全球作为一个整体来考察与把民族和国家作为国际关系的主体来研究间的关系问题，在方法论上直接涉及如何看待当代作为整体的世界历史及其演变发展与作为当代世界历史重要构成部分之一的民族和国家间的关系问题。科学的世界历史理论对"基本问题"的回答虽然不能替代对上述关系的具体分析，但在方法论上却蕴含着对这一关系进行科学探讨的思路，即：在当代，全球化演变发展特点会对民族和国家的发展产生何种影响，而作为国际关系主体的民族和国家在全球化过程演变发展中又是如何推动全球化本身的发展的。因此，从科学的世界历史理论的角度看，上述这两种研究范式间不存在哪个比哪个更先进的问题。①

可见，对作为整体的世界历史及其演变发展的研究与对世界历史各个构成部分及其演变发展的考察，在逻辑上既有联系又有区别。不过，从方法论上看，首先要明确其区别，然后才谈得上正确把握其联系。长期以来，不少人对马克思世界历史理论有一个误解，即：马克思世界历史理论的研究单位是作为整体的"世界历史"，而处于世界历史中的个人和民族国家等共同体则不是。如果按照这条思路走下去，"马克思的世界历史理论"在方法论上就锐变为整体主义。作为整体的"世界历史"的确是马克思世界历史理论的研究内容，但马克思世界历史理论的研究内容不能归结为作为整体的"世界历史"。马克思世界历史理论的研究内容还包括处于一定世界历史中的个人和民族国家等共同体。不过，无论作为整体的世界历史及其演变发展，还是世界历史各个构成部分及其演变发展，都不能单独构成科学的世界历史理论的研究单位。只有作为整体的世界历史及其演变发展与世界历史各个构成部分及其演变发展间的关系才能构成马克思世界历史理论完整的研究单位。进而言之，科学的世界历史理论既关注作为整体的"世界历史"及其演变发展，也关注处于一定世界历史中的个人和民族国家等共同体及其演变发展，其目的是为了研究这二者间的关系及其演变发展。这也是马克思世界历史理

---

① 目前国内外学术界否定以"国家为本位"的研究模式（即把民族国家作为国际关系主体的研究模式）、提倡把"社会时空"作为世界历史的研究单位的呼声日渐高涨。我以为，提倡把"社会时空"作为世界历史的研究单位是有意义的，这无疑有利于推进对长期被忽略的各种非社会结构的因素（如物种的传播、疾病的蔓延、气候的变化等）以及各类超越民族国家范围的社会因素和关系对世界历史演变发展的影响的研究，但因此而简单地否定把国家作为国际关系主体的研究模式就值得商榷了。"国际关系"也是世界历史中非常重要的一种关系，故作为国际关系基本主体的民族国家自然也是世界历史的基本主体类型。"社会时空"本应就包含着国际关系以及世界上不同民族国家间的关系。排除了国际关系以及世界上不同民族国家间关系的"社会时空"范畴绝不是科学的"社会时空"范畴。这里问题的关键是应当把上述这两种研究模式有机地统一起来，以使他们在各自运用的范围内发挥应有的作用。

论与编纂学意义上的"世界史"和国别史研究间的重要区别之一。

2. 科学揭示作为整体的世界历史及其演变发展与世界历史各个构成部分及其演变发展间的联系

在确定作为整体的世界历史及其演变发展与世界历史各个构成部分及其演变发展间区别的基础上,还必须昭示作为整体的世界历史及其演变发展与世界历史各个构成部分及其演变发展间联系的两个特性:一是这两者相互联系的限度性,即:作为整体的世界历史及其演变发展与世界历史各个构成部分及其演变发展间相互作用的限度(在理论思维中,相互联系如果没有限度,就会变为"相互取代");二是这两者相互联系的多层面性,即:作为整体的世界历史及其演变发展与世界历史各个构成部分及其演变发展间联系的多样性。这里主要讲作为整体的世界历史及其演变发展与世界历史各个构成部分及其演变发展间联系的限度性。

一方面,作为整体的世界历史及其演变发展对世界历史各个构成部分及其演变发展作用的主要表现是:影响其发展的性质和方式的形成,规定其发展的总的方向。世界历史越是作为整体而发展,它对其各个构成部分发展的特点和方式的影响就越大,对其发展的总的方向的规定性作用也就越强。进而言之,一定的个人和民族国家等共同体总是一定的世界历史时代中的个人和民族国家等共同体,故不能不受这一世界历史时代的制约和影响。这里所说的"制约和影响",既是指一定的世界历史时代的性质的制约和影响,也是指一定的世界历史演变发展的特点的制约和影响。这两者是有联系的,但也有不同之处。就其解释功能来看,"性质的制约和影响"昭示处于一定的世界历史时代的个人和民族国家等共同体何以具有结构上的对称性,"特点的制约和影响"昭示处于一定的世界历史时代的个人和民族国家等共同体何以具有结构上的非对称性。"结构上的对称性"在方法论上强调的是一定性质的世界历史时代中的个人和民族国家等共同体在结构上的联结性或相互依赖性。如马克思在《资本论》中所说的"欧洲的隐蔽的雇佣工人奴隶制,需要以新大陆的赤裸裸的奴隶制作为基础"[1] 这句话,讲的就是资本主义世

---

[1] 《马克思恩格斯全集》第23卷,人民出版社1972年版,第828页。

界历史时代中的一种结构上的对称性。就其结构上的对称性而言，无论是"欧洲的隐蔽的雇佣工人奴隶制"，还是"新大陆的赤裸裸的奴隶制"，都属于资本主义。"结构上的非对称性"在方法论上强调的是具有一定发展特点的世界历史时代中的个人和民族国家等共同体在结构上的相互排斥性。如就其结构上的非对称性而言，在资本主义世界历史时代，典型的资本主义国家、非典型的资本主义国家和非资本主义国家这三者是有质的区别的，且关系也是不对称的，故各种形式的矛盾和对抗在所难免。我在这里提出"结构上的对称性"和"结构上的非对称性"这两个范畴，旨在从方法论上搞清楚两个方面的问题：其一，资本主义世界历史时代是占统治地位的资本主义生产方式在全球范围内不断扩张的历史时代，但它不等于资本主义生产方式，也不等于资本主义制度。在这个世界历史时代中，占统治地位的资本主义生产方式对各个民族和国家的影响是多渠道、多形式的，没有哪个民族和国家能够摆脱这种影响。这是由资本主义世界历史时代结构的对称性决定的。其二，在资本主义生产方式占统治地位世界历史时代，虽然没有任何民族和国家能够摆脱资本的影响，但并不是每个民族和国家都必然成为资本主义社会体制的国家，也不是每个资本主义体制的国家都能成为发达的资本主义国家。在资本主义世界历史时代，必然会产生与这个时代的性质相分离的活动、关系、力量和因素。这是由资本主义世界历史时代结构的非对称性决定的。因此，在资本主义世界历史时代，不是任何个人和民族国家等共同体的活动都是资本主义性质的活动。资本主义世界历史时代结构的非对称性决定了，在资本主义世界历史时代演变发展的一定阶段上，某些经济上相对落后的民族和国家有可能走上社会主义发展道路，并在这一世界历史时代进行与资本的性质在整体上不同的活动。

我以为，区别资本主义世界历史时代结构的对称性和非对称性的方法论意义就在于防止两种错误倾向对我们研究的干扰：一是认为人类在现阶段的一切活动、关系、力量和因素都具有资本主义性质；二是认为人类在现阶段的一些活动、关系、力量和因素可以脱离资本主义世界历史时代。前一种错误倾向实际上把资本主义世界历史时代结构的对称性简单化和绝对化，而后一种错误倾向则把资本主义世界历史时代结构的非对称性简单化和绝对化。

资本主义世界历史时代结构的对称性并不意味着其间的任何活动、关系、力量和因素都具有资本主义性质,资本主义世界历史时代结构的非对称性也不意味着其间的一些活动、关系、力量和因素可以超越资本主义世界历史时代。资本主义世界历史时代所产生的与这个时代的性质相分离的活动、关系、力量和因素,不是超越或脱离资本主义世界历史时代的活动、关系、力量和因素,而是指这些活动、关系、力量和因素在一定程度上摆脱了在世界历史时代中占主导地位的资本主义生产方式的控制和压迫,但它们仍然要与资本及其控制的关系发生联系。

另一方面,世界历史各个构成部分及其演变发展对作为整体的世界历史及其演变发展作用的主要表现是:规定同一世界历史时代发展的阶段性或局部性质变,影响和制约世界历史发展形态的变化。系统自身的变化一般是从系统构成要素的变化开始的。同理,作为整体的世界历史的发展也是由其构成要素的变化开始的,虽然不是系统构成要素的任何变化都会引起整个系统的变化。这里以20世纪的民族和国家及其相互关系变化对作为整体的世界历史及其演变发展的作用为例。

众所周知,人类20世纪世界历史的最重大历史事件大体有五个:现代科学技术革命的兴起和发展;资本主义由一般垄断资本主义发展到国家垄断资本主义和国际金融垄断资本主义;作为制度的社会主义的兴起和曲折发展;民族解放运动的发展和基本完成;"全球问题"日趋严重。这五个最重大的历史事件交织在一起,使人类世界历史发生了重大变化:如以欧洲为中心的国际关系体系被瓦解,出现了不同社会制度的国家长期并存的局面,国际关系趋于组织化和法制化[1],等等,这就使资本主义世界历史时代发生了阶段性和局部性的质变。以"冷战"的结束为契机,这种变化最终在20世纪末期产生了"单极与多强"并存的国际关系格局,虽然这些变化并没有从根本上改变整个世界历史时代的资本主义性质。只要我们对上述重大历史事件及其对世界历史的作用和影响加以认真的考察,就不难发现:无论是人类20世纪世界历史所发生的重大历史事件,还是由此所产生的人类的世界历史在20

---

[1] 参见张象《20世纪历史巨变的总览》,载《世界历史》1999年第4期。

世纪的巨大变化，其具体发生过程都首先体现在民族和国家及其相互关系的变化中。当然，民族和国家的变化并不等于世界历史时代的变化，但民族和国家的变化必然会导致民族和国家间关系的变化，从而最终导致作为整体的世界历史的变化。不过，这里在方法论上需要注意两个方面的问题：其一，不是民族和国家及其相互关系的任何变化都会引起作为整体的世界历史的变化（这种变化既包括世界历史的局部性的变化，也包括世界历史的阶段性变化），只有有利于改变原有的世界历史格局形式的民族和国家及其相互关系的变化，才能最终引起作为整体的世界历史的变化。其二，即便有利于改变原有的世界历史格局形式的民族和国家及其相互关系的变化，也不会立刻引起作为整体的世界历史的变化。从有利于改变原有的世界历史格局形式的民族和国家及其相互关系的变化到作为整体的世界历史的变化，其间有个复杂的过程。这一过程既表现为有利于改变原有的世界历史格局形式的民族和国家及其相互关系的变化范围的扩展（即由某一民族和国家及其与另一民族和国家关系的变化扩展到多民族和国家及其相互关系的变化），也表现为有利于改变原有的世界历史格局形式的民族和国家及其相互关系的变化程度的加深。进而言之，只有有利于改变原有的世界历史格局形式的民族和国家及其相互关系的变化达到一定阶段，才能引起作为整体的世界历史的变化。笔者这里所说的"一定阶段"的具体含义是：有利于改变原有的世界历史格局形式的民族和国家及其相互关系的变化，产生了足以改变世界历史原有格局形式的活动、关系、力量和因素。这种活动、关系、力量和因素当然也包含着超越民族和国家及其相互关系民族和国家及其相互关系的活动、关系、力量和因素。[①]

正确把握民族和国家及其相互关系的变化与作为整体的世界历史及其演变发展间的关系，有助于在方法论上避免判断世界历史和国际关系发展态势方面的简单化、片面化倾向。一般说来，人们判断世界历史和国际关系发展态势总是要依据民族和国家及其相互关系的变化，这并没有错，但民族和国

[①] 所谓超越民族和国家间关系的关系不是指与民族和国家间关系无关的关系，而是指：关系的主体已经不再是民族和国家，而是处于不同民族、国家和地域的个人以及各种共同体间的关系，如跨国公司和各类国际性的非政府的民间组织等。这种关系超越了民族和国家间关系的范围，但并非与民族和国家间的关系无关。

家及其相互关系的变化毕竟不等于作为整体的世界历史的变化。因此，这里就有个方法论要求，即在判断作为整体的世界历史和国际关系发展的态势时，既不能脱离对民族和国家及其相互关系变化的分析（基于此形成对作为整体的世界历史和国际关系态势的认识），也不能把民族和国家及其相互关系的任何变化都简单地等同于作为整体的世界历史和国际关系态势，否则，就会出现对作为整体的世界历史和国际关系发展态势的误判。而对作为整体的世界历史和国际关系发展态势的误判，又会反过来导致人们对民族和国家及其相互关系变化（包括判断者所处民族和国家的变化）态势判断的失误。从方法论上看，这对一定的民族和国家发展态势的判断也是如此。

以上笔者阐释的是为整体的世界历史及其演变发展与世界历史各个构成部分及其演变发展间联系的限度性。如果说"联系的限度性"讲的是"联系的度的规定性"，那么"联系的多样性"就是讲"联系的多层面性"，即：作为整体的世界历史及其演变发展与世界历史各个构成部分及其演变发展间在经济、政治、文化、日常生活等方面的联系。各个联系层面的特点和规律是不一样的，绝不能一概而论。一般说来，各个层面的联系在其速度上有快慢之分，在其范围上有广狭之分，在其程度上有高低之分，在其影响的渗透力上有深浅之分（在其影响的持续性上也有长短之分），在其所产生的效应上有大小之分。这是由社会结构的复杂性决定的。不过，笔者在这里不打算详论这方面的问题，而仅想指出，只要不断超越个人和民族国家等共同体的经济、政治、文化、日常生活等方面交往的态势和趋势与个人和民族国家等共同体的经济、政治、文化、日常生活的发展间还有着复杂的矛盾关系，只要个人和民族国家等共同体还有其特定的发展利益关系，世界历史理论就必然以作为整体的世界历史及其演变发展与世界历史各个构成部分及其演变发展之间的关系为其基本问题。

综上所述，马克思的世界历史理论是具有自己特定基本问题的科学理论，这一在方法论上超越整体主义和个体主义对立的科学理论是作为马克思哲学的主构架而存在的，马克思哲学旨趣所具有的"世界历史规定性"和其所依据的"经验事实"的全球性在逻辑上正缘于此。对马克思世界历史理论特性的全面把握，有助于我们在明确的理论形态上系统地提出世界历史理论基本问题，即作为整体的世界历史及其演变发展与世界历史各个构成部分及其演变发展之间的关系问题。而在明确的理论形态上系统提出并科学回答世界历史理论基本问题，就必须考证这一关系问题作为世界历史理论基本问题的历史的逻辑的基础，以及阐释在理论上科学回答"基本问题"的方法论思路及其意义。这是马克思主义世界历史理论在当代发展的一个重要逻辑环节。

（作者单位　浙江师范大学马克思主义研究所首都师范大学哲学系）

全球化时代生存逻辑与
资本逻辑的博弈

王南湜

以往对全球化的研究中，人们往往只从经济与政治的层面考虑问题，即只从市场逻辑或资本逻辑与政治逻辑或秩序逻辑的关系去探讨全球化的实质与可能的发展趋势，而完全忽略了普通民众所构成的生活世界的力量。这样考察所得出的结论不是过于乐观，就是过于悲观，从而不是遮蔽了全球化的发展所带来的种种有可能产生严重后果的问题，就是遮蔽了人类其他可能的选择空间。如果我们考虑到生活世界的生存逻辑的作用，则结论便可能不是简单的乐观或悲观，而是具有某种很不确定的趋向。这种不确定性告诉我们，全球化的结局并非必然就是有人所预言的无可选择的"历史的终结"，而是有种种不同的可能。至于何种可能能够实现，也并非就是一种不可更易的必然性，而是至少在相当程度上取决于种种力量的对比。

一

新的金融危机再一次把全球化的严重后果摆在了世人面前，使得人们不能不重新思考全球化的实质与发展趋势。如何理解全球化，一种流行的观点认为，"在全球化进程中，国家与市场是一对主要矛盾"[①]，因而对全球化进程的分析，就是对现时代国家与市场关系的分析。笔者亦曾赞同此种观点，

[①] 克鲁克：《全球化与国家的未来》，见王列等编译《全球化与世界》，中央编译出版社1998年版，第98页。

并从政治国家与市场的互动,即国家逻辑与市场逻辑博弈的角度,对全球化进程做了一些分析①。这一视角虽然有着简明而易于分析之便利,且亦能够从某些方面揭示出全球化的发展趋势,但现在看来,是有着严重的缺陷的。其中最根本的缺陷就在于直接把政治国家与经济或市场对置起来,似乎政治国家与市场就是直接的存在实体,就是人类世界的全部,而没有进一步将政治国家与市场都看作是人的特殊的实践场域,没有看到在这些特殊的实践场域下面更为基础性的生活世界场域。这样一来,普通民众的生活似乎不再重要,只是成了政治与经济或国家和市场之间的一种陪衬,而政治国家本身就成了市场的对立面,这就必然导致忽略政治国家的复杂性及其与市场的内在关联,导致对于普通民众对于历史过程最终决定性作用的遮蔽。

将国家与市场看作一对主要矛盾,初看上去似乎特别合于历史唯物主义的经济基础决定上层建筑的方法论原则。但仔细考察就会发现,这里所谓的市场或经济并非与马克思比喻成整个社会生活的基础相等同的东西。马克思所说的作为现实基础的物质生活的生产方式,包含着更多的内容,而非可简化为现代世界以市场为中心的经济活动。此外,马克思虽然认为"物质生活的生产方式制约着整个社会生活、政治生活和精神生活的过程"②,但他并未把人类的精神生活归结为物质生活的简单映像,而是认为精神生活亦有其相对的独立性③,特别是历史的传承性,"一切已死的先辈们的传统,像梦魇一样纠缠着活人的头脑"④。显然,一种将社会生活过于简化的分析方法不可避免地会扭曲分析对象,以至会得出极大地偏离实际的结论。因此,我们必须重新考虑分析全球化的方法论。针对既往方法论的缺陷,重新考虑的要点就必定是一方面把被既往分析方法简化掉的物质生活的内容再放置回来,另一方面则是充分考虑到精神生活传承性及其对社会生活其他领域不可避免的重大影响作用。但考虑到现代社会生活中以市场为中心的经济活动与以国家为中心的政治活动紧密关系,以及此二领域与普通民众日常生活之间的重大差

---

① 参见王南湜《新的全球秩序何以可能》,载《河北学刊》2002年第4期。
② 《马克思恩格斯选集》第2卷,人民出版社1995年版,第32页。
③ 参见吴恩裕《马克思的政治思想》,商务印书馆2008年版,第72—86页。
④ 《马克思恩格斯选集》第1卷,人民出版社1995年版,第585页。

异性或非一体性，我们便不能简单地采用将经济生活扩大的方式来重铸方法论，而是必须考虑到现代社会生活的这一重大特点。基于现代社会生活中经济活动、政治活动与普通民众日常生活之间的严重分离这一点，哈贝马斯等人将社会生活从生活世界与系统（包括市场或经济系统与行政或政治系统）双重角度加以透视的方式便是一种可取的方法论框架。

从生活世界与系统的方法论框架出发，我们可以将生活世界、国家或政治活动与市场或经济活动看作人们不同的实践场域，而这当中，生活世界是人们普遍的或基础性的实践场域，而国家与市场则是建基于人们的生活世界这一普遍的或基础性的实践场域之上的特殊的实践场域。这样，我们就可以从这些实践场域之间的既相互依赖、相互勾连，又相互限制、相互争胜的关系中，从各场域之间的博弈中，去理解全球化的实质与发展趋势。

虽然生活世界、国家和市场这三个实践场域之间密切相关，但并非合一，而是各有其内在的规定性或内在的逻辑。生活世界的主体是全体社会成员，其自发的指向是如何维持全体社会成员好的生活或正常的生活，故其内在逻辑可称之为生活逻辑或生存逻辑；政治活动场域的主体是国家权力，其目标是将社会生活维持在一定的秩序范围内，故其内在逻辑可称之为秩序逻辑；市场或经济活动的主体是资本，其自发的目标是获取最大化的利益，其内在逻辑可称之为资本逻辑。这样，三个实践场域之间的博弈，也就是生活逻辑、秩序逻辑和资本逻辑之间的博弈。

当然，为了分析的便利，我们可以将上述三元关系进行简化。一方面，如果考虑到生活场域主体和市场场域主体的强独立性与政治场域主体的弱独立性，这种诸场域逻辑之间的博弈也可归结为实质上是生存逻辑与资本逻辑的博弈，而秩序逻辑则在很大程度上为前二者的博弈所支配。但另一方面，如果考虑到生活世界主体的分散性、隐含性和政治场域主体和市场场域主体的集聚性、显在性，则三者之间的博弈直接表现为秩序逻辑与资本逻辑的博弈。因此，从总体上看，这种博弈在显在性层面上表现为秩序逻辑与资本逻辑或国家与市场的博弈，而在内在实质性层面上则为生存逻辑与资本逻辑的博弈。这样，只要不把显在性层面上的博弈视为是究极的存在，而是看作实质性层面的体现或反映，在进行分析时，我们就可以从秩序逻辑与资本逻辑的博弈入手，然后再考虑生存逻辑对于前二者的制约作用，以使对问题的分析简单易行。

二

为了叙述的简化起见，我们首先从秩序逻辑与资本逻辑的博弈出发进行分析，进而再考虑生存逻辑对于前两种逻辑博弈的深层制约作用。

从政治与经济或国家与市场的博弈视角出发，首先可以确定的是，在一个社会生活体系中，一方面，经济与政治是相互交错、相互渗透、相互包含的；另一方面，双方亦有着各自不同的指向或目标，而不可能归结为一。经济生活的目标自然是人的物质需求的满足，而政治则指向一种一定范围内人与人之间的有序合作的生活样式，或者说合理的生活秩序。理论考察的任务便是发现在具体的生活实践条件下，经济与政治之间可能达成什么样的均衡，如何达成这种均衡，以及如果现实条件改变了，这种均衡可能向什么方向变化和如何变化。

由此出发，基于经济在现代社会生活中的决定性作用或原动力作用，我们可以把现代社会中经济与政治的关系理解为一种挑战回应模式。由于经济在现代社会生活中获得了首要的作用，它便不仅冲破既有的社会规范而发展自身，而且同时也要求政治服务于自身，要求政治既为自己提供必不可少的社会条件，又不妨碍自己的发展。但尽管经济生活在现代社会生活中获得了如此重要的地位，它仍然只是社会生活的一部分。一个社会要想正常的存在，就不能只有经济生活而没有正常的社会生活以及作为这种生活之保障的社会秩序。事实上，在任何一种社会条件下，政治要想实现自己的目标，都不能不对经济生活进行某种规范或者说驯服。例如在古代社会结构条件下，特别是在像古代中国这样的大一统社会中，政治为了自己的目标，就曾经成功地把经济生活驯化在了农业的范围内，而排除了其他可能对社会秩序构成破坏作用的经济活动方式，如大规模的商业活动。那么，在现代社会条件下，这种驯化或者说经济与政治间的均衡是如何进行的呢？

我们可以把现代社会生活根据经济生活的状态划分为三个阶段：自由资本主义阶段、国家干预阶段和现时正在兴起的全球化阶段。

在自由资本主义阶段，一方面，经济生活所面临的问题是它需要建立越来越大的市场，消除一切妨碍市场扩展的界限和规范，另一方面，则是要建立起能够使资本主义市场经济正常运行的条件和规范，特别是法律规范。前一方面的问题要求政治国家对经济采取完全的自由放任政策，让资本主义自由地发展；而后一方面的问题则要求国家介入经济过程，保护并不具有完全自足性的经济的正常运行。这两个方面的问题结合在一起，便是所谓的"守夜人"式的国家概念的提出。但同时，政治生活对于资本主义的发展也在进行着自己的回应。它一方面必须满足经济正常运行所必需的条件，另一方面则必须限制资本主义自发发展对于生活世界生存逻辑或合理的社会秩序的危害。显然，经济与政治的发展存在一致的方面，亦存在不一致的方面。因此，回应于经济的发展，政治就既有服务又有斗争和驯化。这种斗争起初往往表现为受到资本主义发展损害的工人、农民、小手工业者自发的反抗，亦即生活逻辑对于资本逻辑的抗争，而后则逐步地随着工人运动的发展而上升至民族国家的层面。这种斗争从自发向阶级冲突和阶级斗争的转变，是与社会的整合力量从分散的共同体和习俗的力量向集中的国家力量的转变相适应的。这种斗争在经过一个时期后便会趋于一个均衡点，这个均衡点便是此一条件下社会生活的稳定状态，它往往以法律或社会政策的形式表现出来。

但资本主义的周期性危机表明，经济生活在更大程度上是非自足的。经济危机不仅破坏了经济自身的正常运行，而且破坏了普通民众的生存逻辑，从而导致政治生活的危机。因此，国家便有必要在更大程度上介入经济生活，对之进行更大程度的干预。于是，凯恩斯主义便应运而生了。国家对经济生活的干预极大地增强了国家的力量，也改变了人们关于国家的观念。与冷战的国际政治状态相关，政治与经济冲突的结果，使战后西方发达国家在福利国家的道路上达成了某种均衡。

国家或政治活动的发展不仅取决于国内政治与经济的关系，而且在很大程度上相关于国家间的关系。资本主义的发展需要统一的市场，这个市场自然是越大越好。但是，统一的市场离不开统一的法律，而统一的法律则少不了统一的国家力量。而统一的国家并不能完全建立在契约的基础之上，而是必不可免地要借助于既有的聚合力量，特别是源于生活世界的聚合力量，诸如种族、文化、传统等。这样，由于种种既有聚合力量的差异，现代国家便必定是复数的，即必定存在诸多相互对立的基于民族认同的国家。这也就是说，现代国家的基本形态是基于民族认同的国家即民族国家。此外，经济发展的不平衡，亦使得不同国家的经济利益有所不同，从而强化了国家间的对立。民族国家内部基于统一市场、统一法律、统一行政的高度统一与国家间的相互对立，恰成一鲜明对比。如果说民族国家内部已通过契约而进入了"文明状态"的话，那么，国家间的关系就还处在一种霍布斯意义上的"自然状态"之中。在这种情况下要说还存在某种国际秩序的话，那么，也只是一种基于国家力量的霸权支配下的秩序。

三

以上讨论的是经济活动从根本上说尚未全球化之前的国家与市场之间的两种平衡情况，但经济全球化却从根基上打破了之前曾经建立起来的平衡，这就要求人们对之进行新的考察，以在理论上发现新的可能的平衡方式，并在实践上去争取一种好的平衡方式。

我们需要先行考虑经济全球化的发展到底给社会生活带来了什么样的后果。就其对国家与市场之间平衡的根本性影响而言，经济全球化造成了两个十分重要的后果。其中一个是由经济全球化的发展将导致逐步形成一个全球市民社会。此处"市民社会"一词取洛克、黑格尔、马克思传统即泰勒所谓的"L流"的用法[1]，即指一个经济生活中互相依赖的"需要的体系"[2]，而不同于里斯本小组等源于孟德斯鸠传统即泰勒所谓的"M流"的用法[3]。就此而言，跨国公司的发展显然在经济全球化中有着特别重要的意义。正是这种产业资本的全球化，最终造成了一种不同于民族国家间之国际关系的直接的全球性市民联系或经济关系，而这对全球范围内政治秩序的形成不能不产

---

[1] 泰勒：《市民社会的模式》，载《国外社会学》1994年第2期。
[2] 黑格尔：《法哲学原理》，商务印书馆1961年版，第203页。
[3] 参见里斯本小组《竞争的极限——经济全球化与人类的未来》，中央编译出版社2000年版，第26页。

生重要的影响。在不存在直接的市民联系或经济关系的情况下,全球社会秩序的形成便只能主要地依赖政治活动的作用,特别是依赖国家力量的均衡乃至军事霸权等形式。如果我们比照民族国家内市场经济化的情况对此加以推论的话,可以得出如下结论:在经济全球化的条件下,由于全球范围内分工与交换的高度发展,原本相互分离于各个民族国家和地区的人们之间亦由此而建立起了一种互相依赖的经济纽带关系,市场这只看不见的手也将在全球范围内使经济活动直接就构成了一种保证社会秩序的整合力量。这样,就有可能在此基础上建立起一种不同于全然凭借力量均衡的"自然状态"的新的全球秩序来。当然,经济全球化反过来亦要求政治活动为其提供必要的保证和规范。

但经济全球化在通过全球市民社会提供一种建构秩序力量的同时,却也产生了另一个重要后果,即弱化了民族国家的再分配能力,"破坏了一度得以实现的社会福利国家妥协的历史局面。而社会福利国家妥协即使不是解决资本主义内在问题的理想方案,也能够把它所造成的社会代价维持在可以容忍的限度"。[①] 社会福利国家妥协涉及对于自发的资本逻辑的驯化,而其危机则使得政治的合法性成为可疑的。而对于这一问题的解决,显然需要一种新的跨民族国家的政治行动。但问题是这种新的跨民族国家的政治行动有可能出现吗?这是需要人们认真考察的。

回顾一下,我们就会发现,从某种意义上说,经济全球化自市场经济登上历史舞台以来就已经开始了。资本主义,或者一般地说,市场经济,按其本性,就是一种趋于冲破任何地域限制而无限地扩张其领地的力量。一部市场经济史,也就是一部市场的扩张史,一部作为一种特殊的市场经济形式的资本主义的扩张史。但无论如何,这一全球化趋势在以往的经济生活中并未居于主导性地位,经济生活的重心,由于民族国家间的对立,一般而言,仍保留于民族国家的范围内。只是在近几十年以来,经济全球化才迅猛发展并显示出其重大后果来,特别是最近十多年来金融危机的接连爆发,经济生活的全球化才真正显示出其对于社会生活的影响来,特别是显示出其所具有的

---

① 哈贝马斯:《超越民族国家?》,参见贝克、哈贝马斯等《全球化与政治》,中央编译出版社2000年版,第77页。

巨大的破坏性力量一面来。经济全球化所包含的破坏性力量的显露表明，当市场经济走向全球化之时，当人们之间的交往达到一种真正的"世界历史"尺度之时，人类的行为方式也就发生了一种根本性的变化。这种新的行为方式不可避免地要求一种与之相匹配的新的规范方式，而在步入经济全球化时代的今天，人们却还没有发明出一种与之适应的规范方式来。诚然，迄今为止，人们已经建立了为数不少的国际组织与机构，以便协调跨越民族国家的交往行为。但是，由于这类组织或机构缺乏像民族国家那样的合法权力，因而实际上并不能起到有效的规范作用。这种情况表明，在交往范围极大扩张的今天，有效规范方式的短缺，已成了一个制约交往水平进一步发展的严重问题。

显然，现在关键的问题是，在经济全球化的条件下，政治生活的全球化是否可能如经济生活那样广泛实现。如果简单地从经济决定政治的逻辑看，似乎是可能的。然而，从政治发展的历史来看，政治生活的全球化却存在难以克服的障碍。政治生活的全球化意味着建立一种类似于民族国家那样的政治权力中心，否则，要想有效地协调全球性的经济生活就是不可能的。虽然从经济发展的需要看，建立这样一种全球性的政治权力中心是极其必要的，但若是从民族国家之得以成立的基础看，这种政治权力中心的建立即便不是不可能的，也是极其困难的。这是因为，政治生活的秩序逻辑并不具有完全的独立性，而是在很大程度上依赖于生活世界之生存逻辑的支持。这种支持在民族国家范围内是能够获得的，而全球化则破坏了这种可能性。这当中最重要的一点是在民族国家范围内，统一的政治生活的合法性在很大程度上有赖于基于生活世界的民族文化传统的认同感。这种认同感的作用不仅在于在民族国家内将全体人民团结起来，而且更在于在与其他民族文化传统的对比中赋予民族国家以某种保持、护卫这种文化传统的合法权力。这样，在民族国家范围内，政治生活的场域与生活世界的场域是相适应的或匹配的，从而后者能够支持前者。但经济全球化所要求的政治全球化却从根本上缺乏这种生活世界场域的支持，亦即政治的秩序逻辑与生活世界的生存逻辑不再匹配。而且，人们也无法人为地创造一个全球范围内的生活世界。因为生活世界乃是自发形成的，而非人为规划出来的。如果不可能存在一种全球范围内的生活世界，那么，一种全球范围内的政治中心的合法性便难以获得。这也就是说,在全球化时代,与经济活动范围相匹配的政治活动再也不可能像市场经济发展的前两个阶段那样,从生活世界的基础上建立起来。

但是,如果经济全球化要发展起来并要正常运行,那么,一种全球性的政治权力中心的存在,就是其必要条件。因而,在这种情况下,如果为与经济全球化相匹配而纯然通过政治活动实行政治全球化,则这种政治权力中心就必然缺乏源于生活世界的合法性基础,从而势必只能是基于经济全球化的需要并服务于经济全球化的强权性的政治中心,即服务于资本逻辑的以强权为基础的秩序逻辑。在这种情况下,经济全球化的结果就是资本逻辑对于生存逻辑的大获全胜。

但全球化的前景就如此黯淡吗?也不尽然,因为资本逻辑战胜生存逻辑,只是一种可能性,但还有其他可能性。一种相反的可能便是生存逻辑战胜资本逻辑。生存逻辑战胜资本逻辑又有两种可能的方式,一种是限制全球化,将经济活动主要限制在民族国家范围内,即退回到市场经济发展的第二个阶段中国家与市场的平衡方式。另一种可能的方式则是不限制全球化的发展而废除资本的统治地位,即将经济活动从资本逻辑的统治下解放出来,使之直接服务于人们的生存逻辑。这种可能性如何实现,人们目前虽然还很难想象,但也没有充分的理由排除其实现的可能性。

以上我们考察了两种可能性,即或者资本逻辑获胜,或者生存逻辑获胜。但这只是两种极端的可能性。如果考虑到现实生活的复杂性,这两种极端可能性的完全实现恐怕都并非易事,而很有可能是两种逻辑之间的长期的紧张状态,两种力量之间斗争的长期胶着状态。如果长时期处于这种胶着情况下,如何争取更有利于生存逻辑的发展,便成了人们不能不认真考虑的事情。

我们看到,经济全球化的发展可以从生存逻辑、秩序逻辑和资本逻辑之间的博弈去理解。所谓秩序逻辑与资本逻辑的博弈,归根到底是生存逻辑与资本逻辑的博弈。这一事关人类命运的博弈,无非有三种可能结局:一种可能是,资本逻辑获胜,生存逻辑受制于资本逻辑;另一种可能是,生存逻辑获胜,资本逻辑被废除;还有一种可能是,两种逻辑处于胶着状态之中。

(作者单位 南开大学哲学系)

热点聚焦

论中华民族精神的主体向度

陈先达

作为世界文明古国，中华民族文化的发展几千年没有中断过。先人给后代子孙留下了丰富的文化遗产，其中文化经典是世界少有的文化瑰宝。对于一个民族来说，文化经典是民族文化发展成熟程度的标志性界碑。研究中国文化基本精神，当然要研究中华民族的文化经典，但又不能仅停留于典籍的研究，必须同时着重历史和现实中推动中华民族发展中表现出的活生生的民族精神，这就是中国广大人民的实践精神，其中包括为中华民族发展做出杰出贡献的历史人物。人民群众和中华民族杰出人物是中华民族精神的主体。单纯停留在文本范围，跳不出旧时注经的藩篱。

毛泽东曾经指出："在中华民族的开化史上，有素称发达的农业和手工业，有许多伟大的思想家、科学家、发明家、政治家、军事家、文学家和艺术家，有丰富的文化典籍。"还说，"中华民族不但以刻苦耐劳著称于世，同时又是酷爱自由，富于革命传统的民族"，"在中华民族几千年的历史中，产生了很多的民族英雄和革命战争领袖。所以，中华民族又是一个有光荣革命传统和优秀的历史遗产的民族。"[①] 从经典文献、中国人民及其杰出代表人物三位一体，相互联系和相互作用中研究中华传统文化的基本精神更具有说服力。作为中华民族文化基本精神文字符号载体的典籍，不应该是可以任意解读的单纯文本，而是实实在在与中华民族的生存和发展的实践融为一体的精神承载。

一 文化经典是中华民族生存智慧的结晶

在世界文化史上，像中华民族这样拥有如此多的经典文献，而且重视整

---

① 《毛泽东选集》第2卷，人民出版社1991年版，第622页。

理、传授是罕见的。中国不仅有经典，而且有堪称古代百科全书式的各种类书，广收文献、资料，为后人留下可供研究和吸收的经典，包括《永乐大典》、《四库全书》这样规模宏大的文献宝藏。经典的产生和传承、文献的大规模整理，这对中华文化的持续不断地发展肯定有重要作用。

一个民族的文化结构是一个整体，但整体中的部分可以各有特点。作为中华文化遗产的经典文献中会有各种不同的观点。例如，中国历史上的所谓九流十家，各有其说，儒墨道法，各有所本。但它们又有相同之处。因为它们是在大体相同的地理、经济和政治环境中产生的，因而可以"百虑而一致，殊途而同归"。中华民族文化的基本精神，就是中华文化经典中处于主导地位的思想精粹。

中华民族基本精神，不能简单归为儒家精神。毫无疑问，儒家学说是对中华民族精神影响最大的学说。但是中华民族文化基本精神包括各家的优秀思想。近代德国学者施伟策肯定各家的贡献，例如他在讲到中国文化的生命观和世界观时说："世界与生命之肯定问题，无论在其本身还是在它与伦理学的关系方面，在其他任何地方都未能像在中国思想那样成为一个包罗万象的样子。老子、庄子、孔子、孟子、列子等等，都是这样的思想家。在他们那里，西方思想须努力解决的世界观，却被一种非常奇怪而又深深吸引我们注意力的方式表现了出来"。[1]

中华民族经典中包含的智慧是丰富多样的，很难通过几个格言式的论断概括无遗。通过不同时代的不同思想家的研究，能够不断推陈出新，不同人是在不同条件下阅读经典研究经典的，肯定会有不同的解释。中国注经著作之多也是世界罕见的。但无论如何解读，其中不少在中华民族的历史和现实中得到共识和具有导向性的思想应该摆在首位。例如，"天行健，君子以自强不息"的奋斗精神，民胞物与的和谐精神，和而不同的包容精神，兼爱非攻的和平精神，便国不法古、与时俱化的求实和变革精神，都是中华民族文化的精髓。儒家的积极入世思想和庄子的安时处顺淡泊名利的思想，孙子兵法中的战略和"不战而屈人之兵"的思想与墨家的兼爱非攻思想可以相互补

---

[1] 《中国印象——世界名人论中国文化》上册，广西师范大学出版社2001年版，第254页。

充，成为一个面对各种处境优裕从容的完整的精神世界。中华民族文化的基本精神是中华民族文化作为一个具有特色的整体结构的支柱，是中华民族文化区别于其他民族文化的根本特征。要了解中国和中国人当然要了解中国文化及其基本精神。如果不理解中国文化及其传统，任何对中国的理解都只能是表面的肤浅的，瞎子摸象式的各执一词。

中国的文化精髓不是外在的器物，而是内在的、需要研究才能不断理解的民族精神。有些西方哲学家能在一定程度上理解这一点。例如法国诗人瓦莱里在给中国作家盛成《我的母亲》一书写的序言中说："如果我们仍然无视一个外民族的情感和内心世界，而仅仅欣赏他们创作的花瓶、瓷器、牙雕、青铜器和玉器，那是无法真正评价和发掘一个外族的聪明才智的。因为远比这些只供摆饰、消遣和珍贵纪念品的艺术宝贵的是：一个民族的生命力。"[1] 所谓民族生命力，内在核心就是民族文化的基本精神。中华民族的生活方式及其特有的工艺品、器物和一切可以称之为中国的东西，都承载着中华民族文化所具有的意义和价值。世界任何国家可以用现代工艺仿效中国的各种器物，但无法仿效其中承载的中华民族的基本精神。因为它在国外只是一技一艺、一物一器，而在中国它是整体文化结构的一部分。一张檀木太师椅你可以仿造或出口，但它在以往中国厅堂中形成的中华文化特有的文化氛围是无法移植的。它的文化味道是中国，而且只能是中国的。

德国著名文化理论家、《西方的没落》一书作者施宾格勒，在讲到中国园林时也强调文化内在精神对外在实物表现的影响。他说："中国的园林避免那种朝气蓬勃的景色。它布置得景色重叠，不将目标指明，却引起信步漫游。具有通过重门、丛林、台阶、桥梁和庭院的通路的中国早期的'教堂'——辟雍，从来不曾有过埃及式的冷漠行进式或专利号哥特式的排闼直入。"[2] "庭院深深深几许"、"曲径通幽"，就是中国民族不喜张扬、含蓄、深邃的民族精神的一种体现。

当然，任何民族的传统文化都不可能是绝对菁华、毫无杂质的。中华民

---

[1] 《中国印象——世界名人论中国文化》上册，广西师范大学出版社2001年版，第89页。
[2] 同上书，第314页。

族的文化也是一样。中华民族历史上在不少领域有过令世界羡慕的创造,但也沉积下不少文化杂质。如果只看到精华而无视杂质当然片面,可如果不着眼于中华民族的基本精神即它的主导方面,着眼维持中华民族生存和发展的精神支柱,而是过分强调它的杂质,更失之于片面。我们应该重视以历史唯物主义态度继承中华民族的优秀文化遗产。毛泽东当年说过,我们不能割断历史,从孔夫子到孙中山都要给予总结,继承这份遗产。有条件的应该认真学习和研究中国的一些经典。特别是从事人文学科学习、研究和教学的人更应该如此。人文素质的培养,其中一个途径就是学习中华民族的优秀文化,通过阅读经典体会和学习我们先哲们的智慧,这比起只满足于流行的快餐文化或者用不着费心费力的文化消闲,有益得多也深沉得多。

我们并不主张在当代中国文化复兴中以读经为第一要务,我们的时代不是封建科举时代。我们必须懂得什么叫复古,什么叫继承传统文化。崇拜过去,蔑视现实,言必夏商周,唯经典是从,谓之复古;立足现实,把古代优秀的东西用来推进现实,创造未来,谓之继承传统。毛泽东说过:"中国的面貌,无论是政治,经济,文化,都不应该是旧的,都应该改变,但中国的特点需要保存。"[①] 文化不是停滞不动的,中国文化应该发展。继承、创造、发展,是一个民族文化发展和得以保存的规律。世界所有文明古国文化发展的中断都是与此规律相悖的。在中国当代,有选择有目的地引导阅读一些古典名著,而且提高阅读水平,加深理解,重视掌握其中蕴藏的中华民族文化的基本精神,肯定有利于中华民族的文化复兴,有利于中国人民尤其是青年一代人文素质的提高。在继承中发展,在发展中继承,是我们正确对待中华民族文化的马克思主义态度。

二 中华民族文化与中国人民

世界上不存在所谓优等民族和劣等民族,我们不是种族论者。但毋庸讳言,中华民族文化对于中国人的生活态度有着重大影响。中国文化优越论是

---

① 《毛泽东文集》第7卷,人民出版社1999年版,第83页。

坐井观天之论，但认为中国文化是一个大酱缸，中国人的一切不文明行为都是源自中国文化也是妄自菲薄。中国文化中当然有年积日久的消极的东西，特别是当西方进入资本主义时期，中国封建社会处于衰败期，接踵而来的是沦入半封建半殖民地社会。但从整体上说，中华民族传统文化是世界上比较优秀的文化，这是世人公认的事实。特别是中华民族文化的基本精神，对于整个中华民族的生存、发展和国家的统一，对民族性格的形成起着重要的积极作用。

中华民族文化绝不只是以文字为载体存放在图书馆里的文献，而是实实在在存在于中华民族的生存方式和生活方式之中。中华民族多元一体的文化是中华民族儿女共同创造的，而中华文化又以其文化乳汁孕育和培养中华儿女。中华民族文化长期历史的积淀培育一代又一代中国人。可以说，中国人身上都烙上了中华文化的烙印。民族认同，在一定意义上可以说是文化认同。民族和个人类似，每个人有个性，相互区别；每个民族有民族性，相互区别。民族文化的长久积淀必然成为塑造民族个性的文化环境。民族性格就是在一定生产方式基础上被内化的民族文化。文化是发展的，所谓民族性格也不是不变的。

例如和谐思想是中华民族传统文化的重要思想，也是中华民族的民族性格。美国作家赛珍珠在《中国：过去和现在》中也说："和谐是中国文明的关键词：一个人与他周围的人，与自然的和谐，那么这样的人是有教养的人，这是智慧的哲学，富于和平和自我控制。"[①] 这种说法是正确的，是她在中国生活多年从中国人民身上得到的亲身体会。

中华民族的民族性的确是主张和平的。有些学者评论这种和谐思想造就了中华民族的文弱和保守，并以中国历史上修筑长城以自保的防守政策、汉唐的和亲政策，以及中国古代诗歌中的厌战情绪为例。这是不理解中华民族内各民族间的关系。中华民族各民族间虽然有过矛盾和战争，但最终都是化干戈为玉帛。在中华各民族之间，中华文化主张"和为贵"，以化解民族间的积怨和矛盾。从长远来看，这有利于中华民族一体多元民族的形成和民族

---

① 《中国印象——世界名人论中国文化》下册，广西师范大学出版社2001年版，第215页。

间的和睦相处。中华民族能融合成包括56个民族的大家庭，就与这种政策有关。在历史上，虽然民族间存在矛盾和战争，但总体上说中国文化是不主张民族战争的，是"敷文化以柔远"，以文化力量促进民族的融合。2008年，我应邀去内蒙古讲学时参观昭君墓，原墓已无迹可寻。我有感于呼市的繁荣和各族人民的团结，曾写过两首诗：其一，莫惜旧冢已难寻，碑在人心最易明。消兵弭战和亲策，宫女不让李卫名。其二，当年远嫁路难行，而今昭君满青城。塞北高原灯如昼，不闻驼铃只见人。

中华民族对外同样主张民族和谐。在历史上，中华民族没有向外侵略和扩张的历史。中国历史上与外界的交往都是文化或商业交往。陆地或海上的丝绸之路，是寻求贸易和文化交往的友谊之路。即使在中国仍然保持强国地位的明朝早期，郑和率领当时最先进的船队240多艘，数万之众，前后七次，远航东亚和东非多国。远航是否具有国内皇权争夺的政治目的史无定评，但有一点可以肯定，对外没有掠夺、没有战争，而是友好交往。它不是西方资本主义那种以殖民和掠夺为目的的海盗式的远征，而是充分彰显了中华民族的和平精神。

当然，和谐决不意味着中华民族对外来的侵略逆来顺受。中华文化不会培养"狼"，但也不是"羊"。中华民族文化主张和谐，同时又主张天下兴亡、匹夫有责，倡导爱国主义，纪念和传颂战死疆场、以马革裹尸的血性男儿。中华民族既主张和谐又是具有反抗侵略精神的民族。当年日本占领东北，进行压制与奴化教育和宣传，但中华民族文化具有的不可抗拒的凝聚力、向心力和爱国主义传统，使得日本军国主义终究不可能长久占领东北。东北被占领是国民党不抵抗政策的结果，可中国人民是不可征服的。罗素在《中国问题》中也曾断言：不管满洲现在的政治状况如何，它将仍然是中国文明的一部分。一旦日本人面临困难，满洲就能归回中国。为什么？罗素除了说中国力量源于她的4亿人口之外，特别强调，"来自它们民族习惯的坚韧性，以及他们无与伦比的民族凝聚力"。[①] 凝聚力是一种内聚力。中华民族文化的凝聚力，是中华民族永不屈服的精神力量。

---

① 《中国印象——世界名人论中国文化》下册，广西师范大学出版社2001年版，第105页。

近代一百多年的中华民族的历史就是反抗帝国主义的侵略的历史。从鸦片战争到抗日战争的历史，是中华民族救亡图存，为中华民族伟大复兴而牺牲奋斗的历史。毛泽东在追悼抗战阵亡将士大会上的讲话中说过："中华民族决不是一群绵羊，而是富于民族自尊心的伟大民族，为了民族自尊与人类正义，为了中国人一定要生活在自己的土地上，决不让日本法西斯不付重大代价而达到其无法无天的目的。"① 中国人民以宁死不屈，同仇敌忾，前仆后继的牺牲精神终于取得抗日战争的胜利。之后，又以"宜将剩勇追穷寇，不可沽名学霸王"的彻底革命精神，打倒蒋家王朝，解放全中国。不久又进行抗美援朝的战争。这都表现了中华民族的斗争精神，是发扬中华民族的正气的结果。和谐精神与自强不息的战斗精神不是绝对对立的。和谐是我们的目的，但追求和谐与发扬自强不息敢于斗争的精神是相互依存的。

"人不犯我，我不犯人"同样是中华民族的基本精神不可或缺的重要内容。在当代，中国正处于和平发展中，中国倡导建立和谐世界、和谐亚洲，这充分体现了中国在处理当代国际问题上贯彻"和为贵"的精神。当然，中华民族不会同意以牺牲国家主权和民族尊严为代价的所谓"和谐"。主张"和为贵"的孔子说过，"知和而和，不以礼节之，亦不可行也。"(《论语·学而第一》) 在当代国际关系和国际秩序中，这种所谓"礼"，就是坚持和平共处的五项原则。

学者们在不断探讨，为什么在众多古老文明中唯独中华民族文明没有中断，为什么中国在历史上存在过分裂但终究走向统一？中国独特的地理环境，幅员广大的疆域，处于内陆，东有大海西有高山北有沙漠作为屏障，这或许是后来中国版图内众多民族通过交往融合成中华民族的一个重要因素。但这只能是一个因素。最根本的还是中国的经济、政治和文化相互作用的结果。

在任何一个民族的发展中，经济、政治、文化都不是独立单元而是相互作用的。历史证明，任何强大帝国如果单纯以军事手段维系而没有相应的经济基础，迟早会分崩离析，虽能崛起辉煌于一时，终会成为过眼烟云的历史

---

① 《毛泽东文集》第2卷，人民出版社1993年版，第113页。

陈迹；同样，任何古老文明如果不能保持一个稳定的国家结构和相对稳定的疆域，国家分裂和民族间的争斗不断，随着民族矛盾尖锐而导致的统一国家的解体和分裂，文化发展的延续性也会随之中断。没有国家的统一与民族和谐，就不会有文化传统的延续。

中华民族自古以来有发达的农业经济。在近代工业资本主义兴起之前，发达的农业经济是一个国家繁荣昌盛的经济基础。历史上拥有黄河、长江这样有利于农业经济的得天独厚的条件；在发达农业生产方式基础上，中华民族发展出比较成熟的中央集权和文官制度。正是在以发达的农业生产方式和统一的国家政治制度下，中华民族产生特有的与其经济基础和政治制度相符合的发达的中华文化。这种文化又成为支撑它的精神支柱。中华民族勤劳勇敢，和平、包容，重国家、重集体，重亲情友情，是长期劳动实践中形成的民族性格，是中华民族文化长期哺育的结果。

中华民族文化如何哺育中华儿女的民族性格，是一个值得探讨的问题。中国虽然有发达的文化经典，但一个以农民为主体而且多数是文盲的国家，经典文化如何发挥它的作用？中国文化有精英文化也有世俗文化，这二者不可分。中国的知识分子或者说士大夫，是通过经典文化来培养的。这包括学校、书院、私塾等途径，特别是中国的科举考试制度。科举制后来僵化为以四书五经为敲门砖，成为束缚知识分子思想的绳索，但它曾经对中华民族文化尤其是儒家文化的传承起过重大作用。另一种方式是世俗化的。中国普通老百姓并没有也没有条件接受学校教育。他们不是通过阅读经典，而是通过劳动和实际生活，通过民风、民俗、传统节日、地方戏以及人际交往中道德规范，具有文化承载的谚语和格言，接受中华民族文化的。这些都是与人民的实际生活融为一体，最为普通群众喜闻乐见的方式。经典文化中的基本精神通过多种方式、借助世俗文化发挥它的作用。即使没有读过经典的中国人包括人口众多的中国农民，在这种文化环境下都会受其濡染和熏陶，自觉或不自觉地成为一个在不同程度上由民族文化精神培育，具有中国人的价值观念、道德观念和思维方式的中国人。

中国文化中那些有利于维持旧的封建统治，维护官贵民贱，宣传因果报应和鼓吹旧的伦理道德的思想，同样也会通过世俗化途径而成为束缚和驯化人民思想的枷锁。我们应该区分中国传统文化和中华民族传统文化的基本精神。中国传统文化不等于全是优秀文化，各家学说中包括长期处于主导地位的儒家学说中都会有不少杂质，不少不合时宜的思想观念。而历史和实践证明，中华传统文化的基本精神永远是中华民族文化中最可宝贵的思想财富。

中华民族文化中的基本精神并不是任何时候都能得到贯彻和实现的。"民为贵，君为轻，社稷次之"，在君重民轻的封建社会从来没有实现过，也不可能实现；"王子犯法，庶民同罪"，在封建社会的人治制度下往往流于空话。"和而不同"的包容精神在君臣之间、在所谓君子之间并非都是现实的关系。但并不能因此否定它的价值。中华传统文化基本精神不仅为中华民族提供思维方式，而且具有理想性、价值性和导向性。中华民族历代先进思想家和杰出人物对自强不息、和而不同、民胞物与、海纳百川精神的正面认同、追求和实践，不断鼓舞和激励中华民族在任何挫折和磨难下依然奋勇前行。中华文化的基本精神在社会主义条件下得到继承和充分发扬。

三　杰出人物——中华文化精神人格化的板样

没有英雄的历史是寂寞的无声息的历史，没有英雄的民族是孱弱的民族。中国人的民族性格是在特定的经济生产方式和制度下的文化的凝结，而文化精华与广大人民又哺育了中国历史和现实的杰出人物。他们堪称民族的脊梁，国家的栋梁。中华民族历史和现实中的人物，就是中华民族文化基本精神的人格化，也是中国人民的杰出子孙。他们既是文化和人民的产儿，又是具有文化传承和民族激励的样板力量。邓小平说，我是中国人民的儿子，我深深地热爱我的祖国。这句话最生动地表达了中华文化的精神力量。

中华民族历史上有许多体现中华民族精神的杰出历史人物。他们的人格和气节为时人和后人所传诵和景仰。"富贵不能淫，贫贱不能移，威武不能屈"是最为中华文化所称道的理想人格、气节。文天祥在《正气歌》中以强烈的感情讴歌中华民族历史上那些体现中华民族精神风骨的各类历史人物。文天祥自己就是其中最杰出的一个。"人生自古谁无死，留取丹心照汗青"，是中华民族文化倡导的人格和气节的诗化。中华民族中各个民族都有自己值得称道的杰出人物。林则徐的"苟利国家生死已,岂因祸福避趋之"、谭嗣同"有心杀贼,无力回天,死得其所,快哉!快哉!"临难不惧,树立了一个以壮烈之死为改革鸣锣开道的英雄形象。至于李大钊、毛泽东、周恩来,以及无数在战场上、在刑场上为中华民族解放而视死如归的英雄,都既是共产主义精神,又是中华民族传统基本精神的当代体现。举国吊唁钱学森同志不仅是因为他为中华民族作出的杰出贡献,而且包括他的炽烈的爱国主义情怀。他说,"我是中国人","我在美国前三四年是学习,后十几年是工作,所有这一切都在做准备,为了回到祖国后能为人民做点事"。可以说,这是中国知识分子对中华民族文化高度认同的一种方式。

鲁迅针对1931年"9·18事件"后一些人对自己国家失去信心,一味求神拜佛,怀古伤今的颓败情绪,发表过一篇杂文《中国人失掉自信力了吗》。他说:"我们从古以来,就有埋头苦干的人,有拼命硬干的人,有为民请命的人,……虽是等于为帝王将相作家谱的所谓'正史',也往往掩不住他们的光辉,这就是中国的脊梁。"鲁迅还针对国民党反动当局镇压革命者的白色恐怖,悲愤地说:"这一类的人们,就是现在何尝少呢?他们有确信,不自欺,他们在前仆后继的战斗,不过总在一面被摧残,被抹杀,消灭于黑暗中,不能为大家所知道罢了。"瞿秋白、方志敏,以及被国民党暗中处死于龙华监狱的五位左翼作家,在鲁迅眼里就是中国的这种脊梁。事实证明,对作为民族的基本精神的杰出代表人物扼杀的往往是专制统治者,特别是拼命维系腐败政权的统治者。从这一角度说,真正能体现中华民族基本精神的不是逆历史潮流的反动统治者,而是广大劳动人民和为民族兴亡鞠躬尽瘁死而后已的杰出历史人物。

中华民族文化的基本精神,是中华民族文化的精粹,是中华民族精神的主轴和最可宝贵的精神财富。我们并不否认传统文化中的糟粕需要批判,人民中受其影响的落后的东西需要不断改进。我们不能赞美三寸金莲、不能赞美纳妾,以及一切与近代文明相悖的东西。但我们相信没有永恒不变的中国人,也没有永恒不变的民族性。一个国家的经济制度和政治制度会改变,文化也会发展,在新的社会主义条件下,中华民族文化中消极的或由于政治原因被扭曲、被滥用以维护旧的统治愚弄人民的东西,那些压抑和钳制人民的精神和个性的东西，会逐步被清洗和淘汰。旧的经济制度和政治制度下形成的中国人的某些缺点会发生变化。人的本质是社会关系的总和。阿Q是旧式农民的形象，而不是中国农民永恒的本性。为人所诟病的中国人中一些不文明的现象、一些缺点都是时代造成的，而非中华民族的民族劣根性。没有天性丑陋的中国人，只有丑陋社会和腐败政府酿造出的某些中国人不文明的丑陋行为。任何对国民性和所谓民族劣根性的抨击，最终不指向旧的经济制度和政治制度，只停留在文化层面是难中肯理的。毛泽东曾经预言："我国几亿人民一旦真正得到解放，他们的巨大生产潜力一旦被解放出来，并使用于各个领域的创造性活动，就能促进经济发展提高全世界的文化水平。"[①]

中华人民共和国成立时，毛泽东在天安门城楼向全世界宣告："中国人民从此站起来了。"中国人民摆脱旧制度的桎梏，以新社会主人的身份参与社会主义的建设，中国人中落后的不文明的东西在改造中国社会的同时不断得到改造。中国人民的爱国主义热情和对自己文化的文化自觉和民族自豪感从来没有像现在这样强烈，原来被讥讽为一盘散沙的中国人被组织起来了、被团结起来了。这是社会经济制度和政治制度变化在思想文化上必然的反映。这是在社会主义经济和政治基础上，中国共产党领导的真正的文化复兴。当然，把中国十三亿人都变成具有高度文化素质和文明行为的社会主义新人，这是一个长期的艰巨的任务。

历史发展是包含矛盾的。在社会发展中，一个民族的传统成为社会进步的垫脚石，又可能成为社会发展的障碍。因此社会发展往往会成为破坏传统和重建传统的双重过程。在人类历史发展的长河中，对传统最大的冲击来自由封建社会转向资本主义社会、由传统农业生产方式转变为资本主义生产方式的进程。这是一次人类观念历史的大变动。马克思在《共产党宣言》中，对资本主义取代封建社会在传统与现代关系方面所带来的变化做过非常生动描述。马克思不同于卡莱尔或西斯蒙第等人那样，由于这种变化而企图扭转历史前进的方向，他们是对田园诗般往昔怀着无比惋惜的伤感情调的小资产者。马克思向前看。他肯定这种变化的积极意义，赞扬资产阶级在历史上曾

---

① 《毛泽东文集》第1卷，人民出版社1993年版，第393页。

经起过非常革命的作用，但同时又指出资本主义把人与人的关系变为赤裸裸的利害关系，把人类感情淹没在利己主义打算的冰水之中。这种人际关系和价值观是一种异化，但它是历史的过渡，必将为新的社会形态和新的观念所取代。倍倍尔说过，他目睹资本主义条件下种种丑恶现象，目睹宗教论和金钱拜物教对群众的腐蚀，感到痛心疾首。他说，我们多么渴望有朝一日在社会主义制度下逐步地、全面地、系统地实现我们的思想道德信念和核心价值。

我们清醒地看到，当代中国正在经历由农业生产方式向工业生产方式，由计划经济向市场经济转型。乡土中国正在转变为现代化、工业化、信息化的中国，熟人社会转向陌生人社会，以血缘和人情为纽带的人际关系转变为以货币为交换纽带的金钱关系。在这个过程中，在价值观念、道德观念方面的变化是急剧的。中国的农民已经不是小农经济下的农民，进城打工的农民已经不是农耕方式的农民，进入大城市被推进市场经济大潮中的农民已是与他们父辈具有不同观念的农民。他们逐渐失去由农业生产方式所赋予的乡土本色。各个阶层的人的思想观念也都会在社会经济变动中发生变化。这种变化总体上有利于促进社会主义市场经济发展和完善的思想观念的解放，但也潜藏着价值观念混乱和道德滑坡的危机以及某些社会问题。

中国社会主义现代化不是西方资本主义现代化进程的翻版或缩影。在当代中国的历史进程中，我们社会的确出现某些与西方现代化进程中类似的现象。历史上任何类似现象在完全不同条件、不同时代、不同制度下可以具有不同内涵和意义。我国精神文化领域中出现的消极现象是一种代价，但不是无足轻重的代价。中国共产党非常重视精神文明和社会主义核心价值观念建设。我们要重视传统文化基本精神的教化力量，但更需要以马克思主义为指导，从中国现实出发，对转变中的问题进行科学分析。我们强调马克思主义与中国实际相结合，强调中国特色社会主义理论的巨大意义正在于此。

我们并不认为中国传统文化十全十美，是包医百病起死回生的灵丹妙药。必须用得其所，用得其法、用得其道。企图以中国文化来解决西方的制度性危机，这是一种文化迷信。如果以为我们可以运用儒学来分析21世纪经济危机和金融危机，可以用儒家道德来劝说和规范高管们的行为，我以为很难奏效。这不能怪孔子也不能怪儒家学说,从一个公元前几百年的思想家的道德理想中寻找解决 21 世纪西方经济和金融危机的药方是无能为力的。这不是孔子的错误而是我们当代人的错误。要回答经济危机和金融危机问题必须对资本主义制度和全球化问题进行马克思主义的探讨,而道德并非分析的科学理论框架。道德批判并非科学批判,只能是行为的评价。儒家道德劝说甚至对高管们进行道德的谴责和鞭挞,并不能杜绝资本主义制度性的危机。即使一批人暂时缩手,另一批人又会卷土重来。危机是资本主义制度的伴生物。

任何思想学说都有所能有所不能。在大力推进社会主义现代化的同时,强化社会主义核心价值观体系为基本导向的先进文化建设,我们可以而且能够从中华民族文化这座宝库中吸取丰富的资源。中华民族文化是中华民族世世代代在中国这块土地上生活实践经验的积淀,其中包含的处理人类实践中一些基本关系的基本精神,具有某种超越性。在以往存在于文化经典中的智慧,作为思想家的伟大理想,可以变为实践,发挥它教化育人的作用。

文化非常重要。毛泽东说过,"文化是不可少的,任何社会没有文化就建设不起来。封建社会有封建文化,封建文化是宣传封建主义的道理。资本主义社会也有资本主义文化,资本主义社会如果没有文化,也没法建立起来"。[①] 毛泽东并不否定封建社会社会文化中的合理的东西。他以孔子关于父慈子孝为例说,"我们还要提倡父慈子孝。如果父亲把儿子打得一塌糊涂,儿子怎么能孝呢?这是孔子的辩证法"。[②] 但文化并不是社会最终决定因素。

中华传统文化特别是其基本精神具有世代延续的意义和价值。可是如果没有高度发达的先进生产力、先进的生产方式和先进的政治制度,传统文化是不能单独发挥作用的。没有硬实力的软实力是软的,没有很强的硬实力和具有渗透力的软实力相结合的所谓巧实力,其实并不"巧"而是"拙"。中国鸦片战争以后百多年的民族屈辱史已证明了这一点。当时的孔子仍然是孔子,当时的经典仍然是经典,但只能是藏书楼的典籍,孔庙中的圣人。当年黑格尔如此轻视孔子的思想,说论语"里面所讲的是一种常识道德,这种常

[①] 《毛泽东文集》第 3 卷,人民出版社 1996 年版,第 110 页。
[②] 同上书,第 116 页。

识道德我们在哪里都找得到,在哪一个民族都找得到,可能还要好些,这是些毫无出色之点的东西"。① 可2009年月10月30日,美国众议院纪念孔子诞辰2560年。当今世界对孔子的一片赞扬,与黑格尔时代相比不可同日而语。这种变化是当代中国在世界上的经济和政治地位发生根本性变化的生动写照。

鲁迅当年关于中国传统文化的有些言论不都对,但其真实价值是包含着对旧制度旧思想的抨击。他在《十四年的"读经"》一文中针对当时有些人在国力微弱、政府腐败、不思如何提倡学习科学技术,增强国力,却大力倡导读经时,斩钉截铁地说,"读经不足以救国"。"欧战的时候的参战,我们不是常常自负的么?可曾用《论语》感化德国兵,用《易经》咒翻潜水艇呢?儒者们引为劳绩的,倒是大抵目不识丁的华工。"这些话听起来颇为刺耳,可却是掷地有声的真理。如果国弱民穷,老祖宗的经典再好也是没有国际地位的。正如一个破落户家中还保存一些祖传古董一样,并不足以光耀门楣。

我们热爱自己的文化,尊重我们祖先的文化遗产。中国文化和中国传统文化不能画等号。中国文化包括传统文化和当代文化。中华民族传统文化和中华传统文化的基本精神也不能画等号。深入经典,走出经典,面对现代,放眼世界,要由我们的时代和实践决定继承什么遗产和拒绝什么遗产,如何继承我们的文化遗产,而不是把当代作为传统的注脚。研究中华传统文化应该着重它的基本精神,通过过滤,取其精华,去其糟粕,并使之当代化、科学化,而且要在实践中贯彻中华民族文化的基本精神。这样,可以培育出既具有传统美德又具有时代精神的中国人,孕育出具有社会主义精神和爱国主义精神新的杰出人物——社会主义时代"双百"式的英雄人物。如果离开有利于中国特色社会主义建设,把传统文化与坚持马克思主义在意识形态中的指导对立起来,传统文化中积重难返的消极的东西会沉渣泛起,而中国传统文化的基本精神只能是供学者们抚掌赞叹和引用的经典文献中充满智慧的格言,这当然有悖社会主义条件下倡导中国传统文化包括儒学的真正目的。

(作者单位 中国人民大学哲学院)

---

① 《中国印象——世界名人论中国文化》上册,广西师范大学出版社2001年版,第194页。

社会主义核心价值体系建设需要深化研究的若干理论问题

戴木才　田海舰

一　社会主义核心价值体系建设需要深化研究社会主义核心价值体系与非社会主义形态和制度尤其是资本主义核心价值体系的关系

每一种社会形态和社会制度都有自己的核心价值体系。与人类社会的历史发展形态相对应，人类社会的核心价值体系大致经历了原始社会、奴隶社会、封建社会、资本主义社会和社会主义社会等从低级到高级的多种价值体系形态。社会主义核心价值体系中的"社会主义"是从社会形态和社会制度层面和意义上使用的。我们今天建设社会主义核心价值体系，首先需要深入研究社会主义核心价值体系与非社会主义形态和制度尤其是资本主义核心价值体系的关系。

在反对封建主义核心价值体系、建立资产阶级统治的过程中，资产阶级思想家为了说明资本主义的合理性和合法性，建立了一整套代表少数资产阶级根本利益的核心价值体系，并同时把抽象意义上的"自由、平等、博爱"等价值观说成具有普遍价值，宣扬这些价值理念代表整个人类社会的普遍利益，承载这些价值理念的资本主义制度和核心价值体系是人类社会永恒的发展趋势。马克思曾一针见血地指出资产阶级意识形态的这种虚伪性和唯心性："当前社会的交往形式以及统治阶级的条件同走在前面的生产力之间的矛盾愈大，由此产生的统治阶级内部的分裂以及它同被统治阶级之间的分裂愈大，那么当初与这种交往形式相适应的意识当然也就愈不真实，也就是说，它不再是与这种交往形式相适应的意识了；这种交往形式中的旧的传统观念（在这些观念中，现实的个人利益往往被说成是普遍的利益）也就愈发下降为唯心的词句、有意识的幻想和有目的的虚伪。但是，这些东西被生活揭穿得愈多，它们对意识本身的作用愈小，那么它们对自身的捍卫也就愈坚决，而这个标准社会的语言也就愈加虚伪，愈加道德化，愈加神圣化。"① 只有到了共产主义社会，自由、平等、博爱等价值理念才可能真正实现。

马克思运用科学的世界观和方法论，在科学考察人类社会发展的一般规律和资本主义社会发展的特殊规律基础上，得出了"资本主义必然灭亡、社会主义必然胜利"的基本结论。社会主义社会是"资本主义所产生的那种社会力量发生作用的结果"②，是人类向往和追求的理想社会制度——共产主义社会的第一阶段，是资本主义的替代者。社会主义制度代替资本主义制度，是人类社会发展不可抗拒的历史规律。然而，马克思同时也指出，资本主义的灭亡与共产主义的实现是一个漫长的艰巨的历史过程。社会主义代替资本主义必然具有长期性、艰巨性和复杂性。社会主义核心价值体系建设是对资本主义核心价值体系的替代性选择，它深刻反映了社会主义社会形态和制度在精神和价值层面的本质规定性，是社会主义思想理论体系的内核，是社会主义实践运动的灵魂。社会主义代替资本主义必然具有长期性、艰巨性和复杂性，决定了社会主义核心价值体系代替资本主义核心价值体系也必然具有长期性、艰巨性和复杂性，这要求我们在建设社会主义核心价值体系的过程中，既要看到与资本主义核心价值体系的历史联系和批判继承关系，又要看到二者的本质区别和根本对立，必须采取辩证的态度。

一方面，我们必须看到，自由、平等、博爱、人权、民主、法治等价值理念，不仅是资产阶级联合无产阶级反对封建专制的思想理论武器，也是无产阶级用来反对资产阶级剥削和压迫的思想理论武器。资本主义价值理念的缺陷，不在于价值理念本身，而在于这些价值理念表现为资产阶级性质和它

---

① 《马克思恩格斯全集》第3卷，人民出版社1960年版，第331页。
② 《列宁选集》第3卷，人民出版社1995年版，第187页。

的虚假性。无产阶级革命和资产阶级革命的区别，不在于无产阶级要彻底地抛弃和反对这些价值理念，而是要在真正的意义上实现这些价值理念，使之更加具有真实性、现实性，并日益完善。对自由、平等、博爱、人权、民主、法治等体现人类共同价值追求的愿望和理想，反映现代生产社会化要求的价值元素，社会主义需要并完全可以经过加工、改造，剔除附于其上的资本主义含义或阶级意义，转化为社会主义核心价值体系的重要内容。社会主义核心价值体系对资本主义核心价值体系进行批判，并不是要彻底否定核心价值体系本身，把脏水连同孩子一块倒掉，而是要突破和超越资本主义把少数人的根本利益冒充为人类普遍利益和共同价值理想的局限性，把人类共同价值"还原"为广大劳动人民的价值要求，并赋予其以实质性的现实意义。

另一方面，我们同时也应该看到，社会主义核心价值体系与资本主义核心价值体系的对立，是性质完全不同的两种核心价值体系的根本对立，二者具有本质区别。无论从理论逻辑还是从客观现实上看，社会主义和资本主义的对立，都不是抽象的对立，而是实实在在的两种核心价值体系和两种社会制度之间的斗争，这种斗争从社会主义产生之日起就从未停息过，它表现为资本主义力图以各种手段"吃掉"社会主义和社会主义在敌强我弱的形势下顽强斗争、争取生存、争取发展的战略态势，表现为渗透与反渗透、演变与反演变、颠覆与反颠覆，而且这种斗争将在一定范围内长期存在，有时还会表现得相当激烈。当然，这两大核心价值体系之间的对立，在一定时期也会有某些局部的相互交汇融合和借鉴，表现为一种斗争中有融合、融合中有斗争的批判继承关系。由于资本主义核心价值体系首先在话语权上占据着人类社会文明发展的共同价值成果，我们建设社会主义核心价值体系，必须对其进行坚决的批判和合理的继承。如果离开了对资本主义核心价值体系的合理继承，社会主义核心价值体系也就失去了丰富的历史内涵；如果离开了对资本主义核心价值体系的批判超越，社会主义核心价值体系就失去了应有的无产阶级本性和存在理由。社会主义核心价值体系与资本主义核心价值体系在本质上的根本对立，使二者有时不可避免地处于剧烈的变动和尖锐的斗争中，虽然斗争的结果只能是先进的核心价值体系在对立和融合中不断地发展自身、完善自身，但其艰巨性、复杂性和长期性将是一个必然的历史过程。

对此，我们必须保持清醒的认识。

二 社会主义核心价值体系建设需要深化研究"科学"与"非科学"的社会主义核心价值体系的关系

社会主义核心价值体系是一个历史范畴，其中既有"科学"的社会主义核心价值体系，也有形形色色的"非科学"的社会主义核心价值体系。社会主义核心价值体系是一个不断生成的概念，在不同的历史发展阶段和不同的历史时期，在不同的国家、地区和民族，有着不同的内容和具体表现形式。从空想社会主义到科学社会主义、从社会主义理论到社会主义实践、从社会主义运动到社会主义制度的建立，经历了数百年的理论探索和实践奋争，期间形成了各种各样、形形色色、五花八门、科学的与非科学的对社会主义核心价值体系的基本看法和基本理念。"科学"的社会主义核心价值体系是直接产生并从属于科学社会主义思想理论体系的一种核心价值体系。当马克思、恩格斯使社会主义从空想变为科学，即当他们科学地揭示了资本主义必然灭亡、社会主义必然替代资本主义的客观规律，并以科学预见的形式大体上勾勒出社会主义社会的发展远景之时，科学的社会主义核心价值体系才真正产生，并逐步得到实践的检验和日益发展。因此，科学社会主义的核心价值体系是一种建立在真理性基础上的价值体系，是基于对人类社会发展规律的真理性认识而得出的科学的核心价值体系。空想社会主义的核心价值体系与科学社会主义的核心价值体系，既有历史的继承关系，又有本质的区别。空想社会主义是仅凭个人的聪明才智和天才构想虚构出来的未来社会主义情境，而科学社会主义则是从人类社会的发展趋势、发展规律并经社会主义实践运动勾画出来的未来社会主义图景。空想社会主义虽然潜在地包含着科学因素和智慧火花，是科学社会主义的理论来源，但在实质上是非科学的，是虚构的，不可能变成现实。科学社会主义虽然继承了空想社会主义中的科学因素和智慧火花，但从根本上批判了它的唯心史观及其价值本质。

在马克思的时代，除了空想社会主义，还存在封建的社会主义、小资产阶级的社会主义、基督教的社会主义等各种"非科学"的社会主义。它们都不是真正意义上的社会主义,都不是科学的社会主义,都不可能产生科学的社会主义核心价值体系。对此,马克思、恩格斯在《共产党宣言》中曾指出:针对封建的社会主义"半是挽歌,半是谤文,半是过去的回音,半是未来的恫吓……每当人民跟着他们走的时候,都发现他们的臀部带有旧的封建纹章,于是就哈哈大笑,一哄而散"。小资产阶级的社会主义"或者是企图恢复旧的生产资料和交换手段,从而恢复旧的所有制关系和旧的社会,或者是企图重新把现代的生产资料和交换手段硬塞到已被它们突破而且必然被突破的旧的所有制关系的框子里去"。保守的或资产阶级的社会主义"要求无产阶级实现它的体系,走进新的耶路撒冷,其实它不过是要求无产阶级停留在现今的社会里,但是要抛弃他们关于这个社会的可恶的观念"。所以,这些流派或者"由于完全不能理解现代历史的进程而总是令人感到可笑",或者"只不过是僧侣用来使贵族的怨愤神圣化的圣水罢了"。[①]

当今时代,较有影响的民主社会主义(或社会民主主义)、生态社会主义、市场社会主义、后工业社会主义、女权社会主义、多元社会主义、自治社会主义等非科学的社会主义流派,虽然提出了许多有价值的思想,但总体上也不属于"科学"的社会主义核心价值体系范畴。譬如生态社会主义,它的核心价值体系存在着严重的缺陷:其一,它把生态问题看得高于一切,自觉不自觉地用人与自然的矛盾取代资本主义社会的阶级矛盾,否认资产阶级与无产阶级之间的矛盾依然是资本主义社会的基本矛盾。其二,它缺乏一种全球视野,忽视"南穷北富"的爆炸性生态政治潜力。它所主张的无增长的"生态经济",实际上只能维持世界范围内各国人民之间的不平等,在现有的世界经济格局中不可能实现。其三,它既想建立一个合理的、能充分保障人权和民主权利的社会主义,又不想摧毁现存的制度结构,并企图在当今的条件下用"生物区"之类的组织取代民族国家,未免过于浪漫[②]。

社会主义发展史告诉我们,"科学"的社会主义核心价值体系的发展,

---

① 《马克思恩格斯选集》第 1 卷,人民出版社 1995 年版,第 295—296、298、302、295、297 页。

② 薛学共、何敏、刘爱祖主编:《科学社会主义理论与实践》,国防科技大学出版社 2006 年版,第 219 页。

不仅是在与资本主义核心价值体系的斗争和融合中实现的,而且是在对形形色色"非科学"的社会主义核心价值体系、非社会主义的核心价值体系的批判和比较中实现的。因此,建设社会主义核心价值体系必须重视对"非科学"的社会主义核心价值体系的分析与鉴别,既不能全盘否定,又不能全盘肯定。真正"科学"的社会主义核心价值体系不会拒绝和排斥"非科学"的社会主义核心价值体系中有利于自身发展和完善的东西。

三 社会主义核心价值体系建设需要深化研究社会主义核心价值体系与共产主义最高价值体系的关系

社会主义是一个在生产力逐步走向发达的基础上,消灭剥削、消除两极分化、最终达到共同富裕,从而为实现共产主义创造条件的历史阶段。社会主义属于共产主义范畴,是共产主义的第一(低级)阶段。社会主义社会不同于共产主义社会,还不能达到像共产主义社会那样生产力高度发达、物质财富极大丰富、人的觉悟极大提高的程度。所以,社会主义核心价值体系与社会主义终极价值追求即共产主义核心价值体系既有内在的、本质的必然联系,同时又有一定的区别。二者体现着科学的社会主义核心价值体系由低级阶段向高级阶段的发展变化,是一种现实与理想、目前与长远的关系。

促进人的自由全面发展,是马克思主义关于共产主义新社会的本质要求和最高价值追求。马克思、恩格斯始终关注人的发展。他们认为,未来新社会是"以每个人的全面而自由的发展为基本原则的社会形式"[1],是"在保证社会劳动生产力极高度发展的同时又保证人类最全面的发展的这样一种经济形态"[2],是"自由人的联合体"[3]。在共产主义社会,个人成为真正的个人,在社会关系中真正获得了自由,达到了"外部世界对个人才能的实际发展所起的推动作用为个人本身所驾驭"[4] 的理想境界,人类"第一次成为自

---

[1]《马克思恩格斯全集》第 23 卷,人民出版社 1972 年版,第 649 页。
[2]《马克思恩格斯全集》第 19 卷,人民出版社 1963 年版,第 130 页。
[3]《马克思恩格斯选集》第 1 卷,人民出版社 1995 年版,第 294 页。
[4]《马克思恩格斯全集》第 3 卷,人民出版社 1960 年版,第 330 页。

社会主义核心价值体系建设需要深化研究的若干理论问题

然界的自觉的和真正的主人,因为他们已经成为自身的社会结合的主人了"。[①] 正是马克思、恩格斯对未来共产主义核心价值体系的科学解读,从而吸引和鼓舞了全世界无产阶级和广大劳动人民以极大的热情投入实现社会主义、建设社会主义的历史洪流之中。

马克思主义关于自由人的"联合体"这个最高理想、最高纲领和最终目标,是社会主义的最高价值,是社会主义价值需求、价值创造、价值体系、价值实现的根本方向和理想图景。它指导着社会主义的奋斗目标和前进方向,通过经济、政治、文化、社会各个领域相应的核心价值和具体价值表现出来,贯穿于社会主义的伟大实践之中。我们党自成立之初就把实现共产主义这一"自由人的联合体"作为最高政治理想和社会价值理想。党的十六届六中全会首次明确提出建设社会主义核心价值体系的战略任务,把社会主义核心价值体系的基本内容概括为马克思主义指导思想、中国特色社会主义共同理想、民族精神和时代精神、社会主义荣辱观四个方面。社会主义核心价值体系是社会主义意识形态的本质体现,我们必须始终不渝地巩固马克思主义指导地位,坚持不懈地用马克思主义中国化最新成果武装全党、教育人民,用中国特色社会主义共同理想凝聚力量,用以爱国主义为核心的民族精神和以改革创新为核心的时代精神鼓舞斗志,用社会主义荣辱观引领风尚,巩固全党全国各族人民团结奋斗的共同思想基础。社会主义核心价值体系深刻总结和反映了不同历史时期尤其是社会主义初级阶段中国共产党人对社会主义在理想与现实价值层面上的认识,体现了最广大中国人民的价值意愿和选择,体现了社会主义在精神和价值层面的本质规定性,是中国特色社会主义思想理论体系的内核,是指引现实中国特色社会主义建设的灵魂。

社会主义核心价值体系是一个融汇了现实目标与理想目标的有机整体。它既包含着理想性的要求,又体现着现实性的特点;既有感召人们不断递升的先进性,又有大多数人可以接受并实践的广泛性。从社会主义走向共产主义的过程,就是逐步把可能性变成现实性的过程。社会主义核心价值体系与共产主义最高价值体系在内容上相互联系、相互依赖、相互渗透,共同对社

[①] 《马克思恩格斯选集》第 3 卷,人民出版社 1995 年版,第 634 页。

会主义伟大实践起着引领作用。在建设社会主义核心价值体系的过程中,我们既要以理想的最高价值体系为指导和追求目标,又要着眼于当下现实的核心价值体系建设,将我们党的最高纲领和最低纲领有机统一起来,才能切实增强社会主义意识形态的吸引力凝聚力,为全面建设小康社会、加快推进社会主义现代化提供强有力的思想保证和精神支撑。在社会主义核心价值体系这个有机的整体中,如果失去了现实性,价值观念系统便无法在现实中生存,失去了可操作的必然性,其结果或是痛苦、分裂,或是矫饰、虚伪;如果失去了理想性,以日常生活遮蔽、否定最终目的,人类将永远不能得到解放[①]。

四 社会主义核心价值体系建设需要深化研究社会主义核心价值体系与社会主义核心价值观的关系

每一个社会都有其赖以支撑的核心价值体系和核心价值观。社会主义,无论从社会理想、社会运动还是社会制度来说,都表征着一种与无产阶级和广大劳动人民的自由解放息息相关的价值诉求,是一种有别于资本主义的价值选择,有着自己独特的核心价值体系和核心价值观。社会主义核心价值观与社会主义核心价值体系,二者在本质上是一致的、统一的,都是建设中国特色社会主义不可或缺的组成部分,但又各有侧重,相互区别。社会主义核心价值体系是社会主义核心价值观的基础和前提,是社会主义核心价值观形成和发展的必要条件,从一定意义上说,没有社会主义核心价值体系就不可能产生社会主义核心价值观,就不会有社会主义核心价值观的发展演进。另外,社会主义核心价值观是社会主义核心价值体系的内核、高度概括和最高抽象,体现社会主义的价值本质,决定社会主义核心价值体系的基本特征和基本方向,引领社会主义核心价值体系的建构。社会主义核心价值观渗透于社会主义核心价值体系之中,通过社会主义核心价值体系表现出来。确立社

---

① 参见万斌、郁建兴《论有中国特色社会主义价值观念体系的建构》,载《杭州大学学报》1994年第4期。

会主义核心价值观,是建设社会主义核心价值体系的根本内容。如果没有社会主义核心价值观,社会主义核心价值体系就没有灵魂,就会显得庞杂、分散而不集中、不精炼。因此,建设社会主义核心价值体系与确立社会主义核心价值观,是相辅相成、有机统一的,是一枚"硬币"的两面。只有将确立社会主义核心价值观与建设社会主义核心价值体系有机统一起来,才能为科学社会主义的理论与实践提供科学的、完整的价值合理性依据。

作为一种社会理想、社会形态及制度安排,社会主义以其自身独特的价值魅力吸引、感召着人类社会的价值追求。核心价值观是一个社会中居统治地位、起支配作用的核心理念,是一种社会制度长期普遍遵循的相对稳定的根本价值准则,具有相对稳定性。社会主义核心价值观是对社会主义核心价值体系的总的看法和最根本观点,是指那些在社会主义核心价值体系中居统治地位、起指导作用、从最深层次科学回答"什么是社会主义"这一根本问题、在马克思主义理论体系中占据核心地位的价值理念。马克思主义经典作家肯定社会主义是一种价值体系,主张无产阶级应该在具体的历史条件下建立社会主义价值体系。由于当时还没有现实存在着的社会主义,马克思、恩格斯对未来社会主义只是进行了大致描绘和粗线条的勾勒,对社会主义价值体系并未做出详尽的说明。但他们在批判资本主义的过程中毕竟涉及了未来社会主义的最高价值、核心价值、基本价值及其价值体系,它具有比资本主义更高的劳动生产率、生产资料归社会全体成员所有,各尽所能、按需分配,人们的共产主义觉悟普遍提高、阶级差别消灭、国家消亡、个人获得自由全面发展等。

社会主义核心价值体系是一个融汇了最高价值、核心价值、基本价值与具体价值的有机统一整体,是一个包含丰富内容的多层次体系。其中,最高价值、核心价值以基本价值、具体价值为基础,是对基本价值和具体价值的高度概括和抽象,对基本价值、具体价值起着统领和支配作用,并蕴涵在基本价值、具体价值之中,通过基本价值、具体价值表现出来;而基本价值、具体价值又体现着最高价值、核心价值,以最高价值和核心价值为指导和灵魂。在社会主义核心价值体系中,只有那些以马克思主义为指导思想、以中国特色社会主义为共同理想、以爱国主义为核心的民族精神和以改革创新为核心的时代精神、以社会主义荣辱观为道德规范、在科学社会主义理论体系中占有核心地位的价值观，才能称为社会主义核心价值观。社会主义核心价值观通过一系列基本价值和具体价值表现出来。在中国共产党领导中国人民进行社会主义革命、建设和改革的伟大实践中，逐步形成和完善了一系列基本价值观和具体价值观，内容非常丰富，集中体现在毛泽东思想和中国特色社会主义理论体系及党的一系列重要文献之中。如在经济领域，有"发展"、"全面发展"、"协调发展"、"可持续发展"、"效率"、"共同富裕"、"消除剥削"、"消除两极分化"等；在政治领域，有"自由"、"民主"、"平等"、"权利"、"和平"、"正义"、"法治"、"德治"、"反腐倡廉"、"安全"、"稳定"、"反对霸权主义"等；在文化领域，有"文明"、"先进"、"科学"、"集体主义"、"真善美"、"精神文明"、"双百"方针、"二为"方向等；在社会领域，有"团结"、"互助"、"友爱"、"公平"、"和谐"、"资源节约"、"环境友好"、"社会进步"等。科学发展观要求的"五个统筹"具有鲜明的价值色彩；以"民主法治"、"公平正义"、"诚信友爱"、"充满活力"、"安定有序"、"人与自然和谐相处"等为内容和特征的"社会主义和谐社会"具有独特的价值内容；以"生产发展、生活宽裕、乡风文明、村容整洁、管理民主"为主要内容的"社会主义新农村"建设，具有丰富的价值内涵。这些都是中国特色社会主义基本价值和具体价值，都可以纳入中国特色社会主义核心价值体系之中[①]。改革开放以来，我们党把富强、民主、文明、和谐确立为社会主义核心价值体系的现实目标，团结动员全党全国各族人民为建设社会主义现代化国家而奋斗。"富强、民主、文明、和谐"这八个字，凝结了中国特色社会主义的要义，体现了社会主义核心价值体系的精髓。以富强、民主、文明、和谐为主要内容的社会主义核心价值体系的现实目标，根植于我国社会主义初级阶段的基本国情，思想基础是集体主义、价值信念是社会主义、价值取向是共同富裕、价值标准是社会进步，最终价值目标是人的自由而全面发展。只有紧紧围绕富强民主文明和谐的现实目标，才能为最终超越资本主义创造条件，实现社会主义的最高价值。

---

① 侯远长：《中国特色社会主义的价值问题探讨》，载《中州学刊》2006年第1期。

社会主义核心价值观和核心价值体系是一个不断丰富发展的开放体系，其建设也是一个不断充实、加强和提升的过程，因而对于"核心"这个概念应当有更深入的理解。一方面，核心要坚持、要加强，要发挥主导、引领作用；另一方面，核心与非核心的内容要有所区别、不能一概而论。除了核心部分外，还有许多外围的、非核心的部分也属于社会主义价值观范畴，并且有些也会不断融入、充实、提升到核心价值观之中。因此，只有用发展的观点，坚持核心与非核心的辩证法，才能促使社会主义价值观念体系更加完善[①]。社会主义核心价值体系和核心价值观建设的重点是"核心"部分，同时也要兼顾"外围"部分，把二者有机地结合起来。目前，我们对社会主义核心价值体系和核心价值观的研究才刚刚起步，在一些最基本的理论问题上，如它们究竟包含哪些基本内容，有哪些基本特征，在哪些方面有别于并优越于资本主义，二者之间的关系到底怎样，人们还没有达成普遍共识。尤其是社会主义核心价值观，是一个历史的、具体的范畴，是一个不断生成的概念，至今尚没有最终确立和成型，对社会主义核心价值体系建设及其感召力、吸引力和凝聚力造成巨大制约，亟待我们加以探讨和提炼。

五 社会主义核心价值体系建设需要深化研究社会主义核心价值体系与人类文明发展进程中价值共识的关系

任何核心价值体系，都是具体的、历史的、发展的，不可能有适合于所有社会历史形态和历史阶段的"普世价值"。所谓"普世价值"，实际上是不可能存在的，它反映的只是人类进步的一种美好愿望和要求。即使同一核心价值体系，在不同的国家和民族、在不同的历史发展阶段，都会有不同的现实内容和表现形式；即使在同一国家和民族的不同历史发展阶段，同一种核心价值体系也会有不同的内容要求和表现形式。核心价值体系的具体性和

---

① 罗国杰、邢久强：《我们党思想上精神上的一面旗帜——关于"建设社会主义核心价值体系"的对话》，载《前线》2007年第3期。

历史性，并不意味着社会主义核心价值体系是离开人类社会文明发展大道的结果，恰恰相反，任何一种科学的、符合历史发展趋势的核心价值体系，都是沿着人类文明发展大道前进的结果，是人类文明发展进程中价值共识的一种升华和特殊表现形式。

社会主义核心价值体系与人类社会文明发展进程中的价值共识之间有着千丝万缕的联系。价值共识与普世价值不同。普世价值"以抽象的人性论为依据、以绝对的普遍性为方法"，是一种"唯心主义的价值观"；所谓价值共识，"不是脱离各个民族的价值而独立存在的抽象共相，而是在人类文明进步中、在各民族文化交流中逐步形成的对某些基本价值的认可；它是有条件的、历史的、变化的"，是对人类基本价值的肯定具有一定程度的普遍性和先导性[①]。一般说来，社会主义核心价值体系与人类社会文明发展进程中的价值共识之间不能画等号，不能简单地把二者等同起来。社会主义核心价值体系，相对于人类社会文明发展进程中的价值共识而言，是特殊。特殊包含着一般，但它不可能全部进入一般之中。二者是有一定区别的：一是在全人类获得解放、阶级消灭之前，社会主义的价值主体还不是全人类，主要是工人阶级、劳动群众和人类进步阶层，不包括资产阶级；二是对现实社会主义有价值的东西，不一定是人类社会文明发展进程中的价值共识，即使是价值共识，由于历史、文化和现实条件不同，其具体形式也可能表现出巨大差异。当然，二者也不是绝对排斥的。凡真正属于人类社会文明发展进程中的价值共识的东西，都可以被吸收、容纳到社会主义核心价值体系之中。事实上，社会主义核心价值体系与人类社会文明发展进程中的价值共识之间，总是有着千丝万缕的联系。恩格斯曾揭示人类社会发展的共同价值理想与社会主义核心价值体系之间的"源流"关系，指出现代社会主义"就其理论形式来说，它起初表现为18世纪法国伟大的启蒙学者们所提出的各种原则的进一步的、似乎更彻底的发展。同任何新的学说一样，它必须首先从已有的思想材料出发，虽然它的根子深深扎在物质的经济的事实中"。[②] 社会主义核

[①] 陈先达：《论普世价值与价值共识》，载《哲学研究》2009年第4期。
[②] 《马克思恩格斯选集》第3卷，人民出版社1995年版，第719页。

心价值体系源于人类社会发展的共同价值理想，以其为"基础材料"，同时又体现了无产阶级和广大劳动人民的根本利益和价值愿望。因此，不了解、吸纳和提升人类社会文明发展进程中的价值共识，社会主义核心价值观和社会主义核心价值体系就缺乏根基，就无从建设。

人类社会进程中的价值共识是人类宝贵的精神财富。它们反映和代表了最广大人民群众的价值理想、愿望和追求，是人们处理人与自然、人与社会、人与人、人与自我等关系的共同价值准则和一个国家治国理政、管理社会的共同价值原则。自由、民主、平等、公正、发展、和平、和谐等基本的共同价值追求和价值共识。基本的共同价值追求和价值共识，影响着人类社会的和平、发展与幸福，影响着人类的生存状态、前途和命运。自由、平等、民主这些人类价值共识，虽然由资产阶级思想家和革命家最早提出，但只有无产阶级才是自由、平等、民主等人类价值共识的真正继承者和实践者。这些共同价值追求和价值共识，一直是无产阶级和广大劳动人民的革命武器和前进力量。在人类社会的实践中和文明进步中，在世界各民族的文化交流中，人民群众逐步认识和形成这些"价值共识"。例如，近代以来，在中国共产党的领导下，中国人民在这些共同价值追求的鼓舞和指导下，不仅成功找到了新民主主义革命和社会主义革命的道路，推翻了三座大山、建立了新中国，而且成功探索出中国特色社会主义建设和改革的道路。

积极传承人类社会文明发展进程中的价值共识，既是社会主义的固有本性和当然准则，又是发展社会主义的必然要求和神圣使命。任何社会核心价值体系的建立，都离不开吸收人类社会文明发展进程中的价值共识，社会主义核心价值体系建设必须具有全球视野和世界眼光，保持开放心态，把自由、民主、平等、公正、发展、和平、和谐等价值共识放在基本位置。离开这些基本的价值共识而建立的核心价值体系，最终将被证明是无根的、孤立的，甚至是逆历史潮流而动的。第二次世界大战时期的德国和日本、当今世界的恐怖主义，就是很好的例证。当代西方左翼政党包括英国工党、法国社会党、德国社会民主党，都十分注重扩大价值意识的包容性，尽量吸纳全球意识和人类社会文明发展进程中的价值共识，对我们不无启发。

社会主义核心价值体系建设，需要与世界各民族文明发展进程中的价值共识之间进行交流、碰撞,并在融合中不断丰富、创新、发展,才能得以充实、提升和完善。回溯中国特色社会主义道路曲折的探索历程,从"以阶级斗争为纲"到"以经济建设为中心",从"以物为中心"、"以经济增长为中心"到"以人为本、科学发展",以人为本的社会主义核心价值理念正是对人类社会文明发展进程中的价值共识的吸收、融合和升华。随着社会主义市场经济从价值理念到体制机制、政策法规的实践进程,我们逐步吸收了效率、公平、法治、民主、人权、平等、正义、善治等人类社会文明发展进程中的价值共识,提出并积极倡导建设"和谐世界"的共同价值理想。

社会主义核心价值体系是对人类社会几千年来所追求的共同价值理想的一种延续,是在否定不完美的资本主义现实社会之后,对一种更人道、更平等、更自由的合理社会的共同价值诉求。但是,我们同时也应该看到,任何人类社会文明发展进程中的价值共识,都是一个矛盾的统一体,既有绝对性的一面又有相对性的一面,既有抽象性的一面又有具体性的一面。绝对存在于相对之中,抽象存在于具体之中。人类社会文明发展进程中的任何价值共识,都是具体的、历史的。社会主义核心价值体系建设,既要传承人类社会文明发展进程中的价值共识,又要具有和保持自身的民族特色,坚持普遍性和特殊性、世界性和民族性、绝对性和相对性的统一。我们要运用唯物辩证法认识和把握这些人类社会文明发展进程中的价值共识的科学内容,区分什么是它的基本内容,什么是它在某些情况下的具体表现形式,然后在此基础上建构适合我国基本国情的社会主义核心价值体系,通过社会主义核心价值体系建设为人类社会文明发展进程中的价值共识增添新内容,作出新贡献。

(作者单位　中宣部政研所;河北大学马列部)

论差异性社会与中国特色社会主义民主政治的未来

任 平 王建明

一 当代中国政治哲学:构建民主政治理论的规范体系何以可能

在建构当代中国民主政治规范体系的语境中打开马克思主义政治哲学视阈,无疑具有重大意义。首先,"民主"一直是百余年来中华民族谱写中国近现代史篇章的重大主题,是无数仁人志士抛头颅洒热血奋斗的主要目标,是整个新、旧民主主义革命的主要任务,更是60年新中国建设,特别是30年改革开放以来中国共产党人执政兴国的伟大使命。在中国,只有在马克思主义指导下才能真正实现民主,只有在不断创新的中国化马克思主义指导下才能发展民主,这是中国人民在历次民主革命和社会主义革命伟大实践的反复检验中,在与东西方各种民主思潮的多次对话和反复比较中得出的重大科学结论。经过革命、建设、改革和发展的各个时期,在确立和完善社会主义市场经济体制的基础上,党的十七届四中全会郑重提出"以党内民主引领社会民主、推动国家民主政治发展"的新目标和新路径。今天,与时俱进的马克思主义面临的重大课题就是:怎样超越仅限于局部试验和具体改革阶段,全面明确政治改革的目标体系、走进全面建设中国特色社会主义民主政治规范体系新时代?作为革命的、批判的逻辑,马克思主义在指导中国取得新民主主义和社会主义革命胜利、取得改革和发展的巨大成就之后,我们能否在马克思主义政治哲学视阈中尝试建构"规范的"中国特色社会主义民主政治的理论体系？

其次，这是当代中国马克思主义政治哲学与时俱进、理论创新的必然选择。长期以来，人们在解答"依据马克思主义政治哲学能否建构中国特色社会主义民主政治的规范体系"这一重大问题时往往"集体失语"。相反，学界却始终或明或暗地受到三种倾向的"另类牵引"：第一，"以西解中"，不从中国社会现实出发，照搬或仅仅依赖西方政治哲学范式解析中国民主问题。挑战既来自倡导"三权分置"的古典自由主义西方民主模式，也来自"罗尔斯热"以来的新自由主义和新保守主义民主理论，更有后现代主义的"激进的民主"和"第三条道路"思潮的影响。问题仍然被尖锐地提出：当代中国规范的政治哲学的建构理据何在？究竟是卢梭、罗尔斯、后现代还是马克思？第二，由于规范民主理论的缺失，对中国民主政治现实（如村民自治、人大选举、协商民主案例等）仅仅做经验性研究，热衷于"微观实验"，缺乏深度的理论穿透和总体解释；第三，不从实际出发，将"和谐社会"建设的价值目标或政治理想直接等同于政治社会现实，把"应当"与"现实"混淆。上述三种倾向都存在两大问题：第一，缺失马克思主义政治哲学的理论视阈；第二，缺乏对当代中国社会类型的准确定位，因而难以成为当代中国马克思主义政治哲学研究的现实基础和逻辑起点。对上述问题，都必须加以科学分析和解答。

科学解答问题需要创新理论地平线，即确立"一体两翼"的视阈。所谓"一体"，就是应当面向中国本土经验，真切理解、准确界定中国民主政治的社会基础；所谓"两翼"，一是要"回到马克思"的原初语境，深度理解马克思主义政治哲学批判—否定向度与肯定—规范向度的辩证关系；二是要积极展开与罗尔斯、哈耶克、布坎南、哈贝马斯、泰勒等新自由主义、新保守主义、交往合理性、社群主义等政治哲学思潮的对话，全面梳理和批判地榨取西方政治哲学优秀传统。三个向度之间具有内在的关联性。

全面科学地阐释马克思主义政治哲学的革命性向度和规范性向度及其辩证关系，是构建中国特色社会主义民主政治规范体系的重要理论前提。马克思的政治哲学并不存在规范向度与批判向度的分裂，批判向度与规范向度同在，否定功能与肯定功能共存。双重向度统一根源于"改变世界"的实践品格。任何实践都是在对象化过程中否定了对象的"自在存在",而使之转变成"为我的存在"。因此,马克思实践辩证法的一个基本特点,就是"在对现存事物的肯定的理解中同时包含对现存事物的否定的理解,即对现存事物的必然灭亡的理解",从过程性和暂时性去理解,"辩证法不崇拜任何东西,按其本质来说,它是批判的和革命的"。[①]"肯定的理解"必然包含在辩证的"否定的理解"之中;而反之,对事物否定的理解、必然灭亡的理解中也包括了肯定的理解,即"一切事物相对于自己存在条件而言具有暂时的合理性"的理解。马克思倡言的"改变世界"的实践功能始终包括了双重向度:批判—否定向度与肯定—规范向度。无论在革命时期还是在建设、改革、发展时期,马克思主义政治哲学都不仅是具有否定、批判、辩证向度的"历史叙事"逻辑,而且更是具有规范—肯定向度的"空间叙事"逻辑。实践功能始终都包括肯定向度与否定向度,规范功能与批判功能,斗争性与统一性。舍去任何一方,就在本质上阉割了马克思主义的灵魂。

否定的辩证法天然具有历史性。然而,历史与规范既矛盾又统一。辩证法也有"保守方面",任何事物,只要具备它存在的必要条件,就会在场、相对稳定,就会形成规范;而任何丧失必要条件的事物,就会发生规范革命而退场。因此,规范是历史的规范;历史是规范变迁(革命)的历史。我们不能因历史而否定规范,反之亦然。

我们应当将改变世界的功能向度与实践主题和中心任务两者分开。在不同的历史时期和阶段,马克思主义面临的时代主题是变化的和转换的。在新民主主义革命时期,马克思主义政治哲学就是"革命的叙事逻辑";与此对应,在进入建设、改革和发展的新时期,马克思主义政治哲学应当也必然转换为"建设性的、规范的叙事逻辑",从而为构建中国特色社会主义民主政治的规范体系提供方法论支持。但是,这并不表明马克思主义"批判的革命的"向度的退场。马克思"在批判旧世界中发现新世界"始终是正确的命题。

---

① 《马克思恩格斯选集》第2卷,人民出版社1995年版,第112页。

马克思政治哲学的规范向度具有独特的理论品格，与西方政治哲学的规范体系之间有着本质的对立，我们不能"以西解马"，将西方话语简单跨界平移。两者的对立充分显现出当代中国马克思主义政治哲学的基本特征和品格。具体表现在：

第一，规范建构立场和价值的对立。西方政治哲学是为现存的剥削阶级政治制度、政治统治做合法性辩护的理论，都是出于维护现行制度、希望其"长治久安"、"良性运行、协调发展"的"生理学"视阈，因而其主要向度是规范的，其主要形态是规范的政治哲学。反之，马克思基于"否定辩证法"之"病理学"视阈，对其价值倾向和阶级意识形态做无情批判和超越。这一理论对西方政治哲学意识形态具有无情的颠覆性、辩证性和批判性，因而与以往一切所谓"规范的政治哲学"立场、观点和方法形成根本对立。马克思公开宣称：理论是工人阶级解放的"头脑"，而工人阶级是理论的"心脏"。在建设中国特色社会主义时期，高度维护工人阶级和一切人民的根本利益和长远利益，协调各个差异的阶层和群体的利益关系，建设一个良序治理的和谐社会，就成为马克思主义政治哲学建构民主政治规范体系的出发点和归宿点。

第二，规范前提的虚构性和现实性的对立。无论其为"理念"、"神"、"道"、"人性"、"自然法"，西方政治哲学的逻辑出发点都是虚构的，同时又是标榜所谓价值中立、无可辩驳、不证自明的公理或神圣不可侵犯的教条。但是，在马克思的历史观看来，政治哲学的虚构前提正是一种阶级的意识形态策略：为了可以将剥削阶级局部利益说成为普遍利益，将阶级价值编码为"普世价值"，将统治集团的知识规划上升为整个社会的知识体系。为了颠覆以往政治哲学的唯心逻辑和思辨体系，马克思首先揭示了派生并决定包括"民主政治"现象在内的一切政治的经济根源与阶级根源。国家和法的秘密深藏于市民社会中，都是一定的物质生产和物质交往、一定的对抗的阶级利益关系的必然表现。政治哲学的"理性人"假设不过是资本逐利本性的政治人格化表现；人权不过是资产阶级法权；民主不过是资产阶级权利的实现形式，即资本统治的政治表达，是剥削阶级政治统治的合理性与合法性的辩护。因此，马克思主义政治哲学的逻辑前提，不是虚构、抽象、假想的前提，而必须从历史的大地出发，从社会的现实形态出发。

第三，西方政治哲学体系的先验性、形而上学性、非历史性与马克思主义政治哲学的实践性、辩证性和历史性的对立。先验性不仅表现在阐释政治哲学的虚构前提（如罗尔斯"无知之幕"和两大原则）、一以贯之的逻辑上（如伯林的"自由逻辑"），而且表现在所有推导的结论上。启蒙以来的一切政治哲学，都将所谓"大写的理性"和"大写的人"作为发生的原点，遵循"知识的英雄"的理性路径和"解放的英雄"的人的路径，来描述政治哲学的基本框架。所谓形而上学性和历史性，即指历来的政治哲学都自封为"终极真理"或"绝对真理"的体系。这一理论从一个绝对先验而虚构的前提出发，通过演绎法而扩展为一个系统无矛盾性、一贯性的逻辑自洽的概念体系或形式体系，而政治民主实践则走向"程序政治"或"形式正义"。标榜价值中立的"民主技术"到处被吹捧。不仅实质正义与形式正义两相分离，价值理性与工具理性分离，而且政治与行政、框架与治理行为也日益脱离。这一规范系统的知识规划无非证明：统治阶级意志是超阶级的天然合理的意志；维护自己的经济关系的合法化是规范逻辑的必然。相反，马克思主义绝不承认所谓"完美的国家"和绝对体系，规范体系只是人类社会"无穷发展进程中的暂时阶段。每一个阶段都是必然的，因此，对它发生的那个时代和那些条件来说，都有它存在的理由；"[①] 但是相对于更高条件来说就必然走向衰落和灭亡。因此，马克思主义政治哲学不仅历史地否定一个旧世界，而且历史地去建设和维护一个新世界。从历史批判和超越向度出发，从"病理学"、暂时性和必然灭亡的角度出发去理解此前以往的政治现实和政治逻辑，表现为一种批判的、革命的历史辩证法；与布展一个崭新的社会民主类型的知识体系同时出场。

辩证地把握马克思对于传统西方政治哲学批判，积极地开展与当代西方政治哲学的对话，是我们科学构建中国特色社会主义民主政治逻辑的重要思想资源。超越一切理论虚构，就是要将规范理论还原于真实的大地，从真实的当代中国社会类型出发，真切理解规范体系建构的社会基础。

[①] 《马克思恩格斯选集》第 4 卷，人民出版社 1995 年版，第 217 页。

二　差异性社会：当代中国民主政治规范建构的逻辑起点

马克思主义政治哲学构建当代中国民主政治规范体系的逻辑起点，需要具备以下两个基本条件：第一，必须依据自己的大地，从现实的国情出发，而不能"脱域"或从虚构前提出发；第二，能够长期、普遍、规范存在的社会类型。所谓长期性，即这一社会类型不是某个改革政策的局部效应或仅仅是发展的某个暂时阶段，而是能够贯穿整个中国特色社会主义建设始终，长久、稳定地支撑着中国特色社会主义民主政治规范建构的社会；所谓普遍，即这一社会类型不是社会的某一孤立要素、片层，而是全体社会的本质、整体，能够全面地、整体地支撑我国的民主政治规范体系的逻辑建构；所谓规范，一是指价值意义，就是这一社会类型本质上得到大多数社会成员的价值认同、支持和选择；二是指结构意义，就是这一社会类型具有相当的本质规定性和边界条件，具有本质的统一性和内在体系的一贯性。这一社会类型，我们把它称之为"差异性社会"。

差异性社会是我国现实的社会。"真切地认识世界的道路"，决不能以抽象思辨或者"感性直观"方式，而要"沿着实证科学和利用辩证思维对这些科学成果进行概括的途径"[①] 来达到。近年来，来自国内社会学界独特视阈的研究成果表明，随着社会主义市场经济体制的基本建立，人们的经济成分、就业方式、收入水平、生活方式、组织方式和价值观念都在多元化、多样化、差异化，社会结构正在重新分化。许多学者如郑杭生、陆学艺、李强、李培林、孙立平、李路路等以非常实证的方法，对我国社会的分层状况进行了调查研究，无论运用何种分层标准或分类尺度，也无论是学者们从何种角度进行分层研究或细分程度（十个阶层或六大阶层）等，也无论怎样指认和描述当下社会分层的状况，如中产阶层、断裂与碎片、两极化等，一个基本事实就是：我们的社会各个利益群体已经分层化和差异化。我们不必重

---

① 《马克思恩格斯选集》第4卷，人民出版社1995年版，第220页。

复描述社会学家们整个研究的过程，我们的提问仅限于：我们如何"命名"这一分层而导致的差异化的社会？或者说，与以往的分层化的人类社会相比，究竟在社会类型上有什么本质的不同？这一社会现象究竟是由于某个时期改革措施引起的暂时现象、局部碎片的存在还是一个将长期存在、普遍存在的社会类型？这一社会利益差异的群体"事实"是否天然成为这一社会价值合理的必然存在？显然，对问题的深层解答需要超越社会学事实的实证眼界，叩响了需要"辩证思维"加以概括的大门。

具体而言，如果社会分型是各个政治哲学建构相应的规范体系的现实基础，那么，我们就必须依据马克思的社会形态理论，以人们的物质利益关系作为尺度，重新思考社会分型问题，进而提出与社会分型相对应的建构原则。马克思说："人们奋斗所争取的一切，都同他们的利益有关。"[①] 每一个时代借以相互区别的，就是人们在一定的物质生产水平基础上的物质利益关系。因此，物质利益关系的状况是最主要的社会分型尺度。

综观历史，人类的物质利益关系状况大致可以分为三种类型：

第一种是人们的物质利益完全一致、没有差别的同质性社会。原始社会和未来共产主义社会属于这一类型。需要说明的是：这些社会不是没有差异，如原始社会至少存在着男女之间自然分工、部落酋长和祭司等职位相对固定的分工；共产主义社会当然是个性自由发展的社会，个性差异是必然的。但是，这些差异是非物质利益上的，在物质利益上，总的来说不存在或不需要存在差异。与同质性社会相对应，实现的是同一性政治。原始社会和共产主义社会都采取社会自治的方式，没有或不需要脱离社会之上的"上层建筑"来管理社会。

第二种类型即阶级对抗性社会或阶级冲突性社会。自人类进入阶级社会以来，物质利益关系之间的对抗性矛盾就成为各个社会的主导。在这一类型社会，社会分层严重，对抗频仍，虽然统治阶级可以采取各种调节方式缓和矛盾，但是却难以从根本上消除对抗的根源。在当代资本主义社会，通过刺激物质生产和加大消费、加大社会保障和福利来缓和阶级冲突，甚至采取某

[①] 《马克思恩格斯全集》第1卷，人民出版社1956年版，第82页。

些社会主义公平政策来消除绝对贫困化现象，取得一定的社会和谐效果，但是仍难以从根本上解除根本矛盾。在阶级对抗社会，"对抗性政治"就是经常性的形式。在阶级冲突压力下，尽管民主政治在形式上异常发达，但是形式的民主与实质的冲突之间的张力只会越来越大。民主，无论采取何种形式，只是处理和协调阶级对抗关系、实现有效统治的政治形式。

第三种类型即差异性社会。社会主义社会，特别是中国的社会主义初级阶段，就是典型的差异性社会。其具体特征是：疾风暴雨式的大规模阶级斗争和阶级对抗关系已经成为历史。虽然资本依然大量存在，与劳动之间的矛盾仍然具有剥削与被剥削的对抗性一面，但是在以公有制为主体、人民当家作主的社会中，大量地表现为非对抗性矛盾。不仅人民成为社会的主体、社会的主人，而且人民内部物质利益关系上的差异、分层和矛盾成为社会矛盾的主体形态。这一矛盾的特质就是：人民在根本利益和长远利益上趋向于一致，而在局部利益和当下利益上存在各种差别和矛盾。在大量资本的逐利作用推动下，社会主义市场经济依然造成利益的分化，依然存在越来越大的分配和收入的差异，进而造成社会分层，这一存在着大量的利益差异与分层的社会结构显然既不同于同质性社会，也不同于对抗性社会。

差异性社会具有统一的本质规定和明确的分型界限。差异性社会存在于同质性社会和阶级对抗性社会之间，与两个社会类型边界相邻接壤。但与两个社会类型相比，差异性社会有着自己严格的、本质的规定性：它是人民内部根本利益一致或趋于一致、局部和当下利益有各种差别、人民仍然分成各个阶级和阶层的社会。正因为如此，这一社会与同质性社会、阶级对抗性社会两者之间客观存在着严格的分型界限。物质利益存在着明显的差异性，与同质性社会有着严格的区别。造成这一区别的根源仍然是由物质生产水平所致。差异性社会总是社会生产一定阶段的产物，或者说，由于我国社会生产力还不够发达的产物。为了促进和加速物质生产，我们仍然需要利用资本的力量，发挥资本"伟大的文明作用"来大力推动社会发展；仍然需要保留一定的差异以调动人们谋求经济发展、社会进步的积极性。新中国成立60年来，在"左"的思想影响下，企图在现阶段不顾生产力发展水平还没有达到一定高度之前，就企图跨越差异性社会而直接过渡到同质性社会，就盲目地消灭物质利益关系上的一切差别，搞"穷过渡"，其结果只能导致普遍的贫穷。差异性社会也与对抗性社会接壤并相互区别。非对抗性矛盾占主导地位的社会与对抗性矛盾占主导地位的社会之间，存在着历史的、本质的差别。但是，由于资本的存在，差异如果任意扩大，导致严重的两极分化，那么，差异性社会就会重新导致社会分裂，最后导致阶级对抗和冲突。因此，差异性社会与上述两种社会类型之间决不存在天然不可逾越的鸿沟。

差异性社会是贯穿整个中国特色社会主义建设全过程的社会。无论在社会主义初级阶段、中级阶段、高级阶段，人们在物质利益方面总是存在一定的和必然的差异。在各个阶段上，物质利益差异的幅度、范围、流动性状况，以及社会调节差异的方式和能力可能会有变化，但是差异的存在是一个无可否认的事实。差异性社会的存在也是普遍的，人们的物质利益差异、社会分层不仅影响着人们的生产关系和交换关系，也影响着整个社会的政治关系、社会关系和文化关系。人们的物质利益差异不仅需要经济表达，也需要政治表达、社会表达和文化表达。差异性表达的结果，就是贯穿整个中国特色社会主义建设全过程、各方面的经济矛盾、政治矛盾、社会矛盾和文化矛盾。解决这些矛盾，就需要有一系列相应合理的方式：经济方式（市场体制与政府调节）、政治方式（民主政治）、社会方式（和谐社会）、文化方式（核心价值与和谐文化）。从这一意义上说，差异性社会不仅是我国建立民主政治规范体系的现实基础，也是建构我国规范的经济体系、社会体系、文化体系的现实基础。

差异性社会是我国人民高度认同的社会。在物质生产、生活水平尚不发达的状况下，人民既不希望生活在"普遍贫穷"的"虚幻"同质性社会之中，更不希望跌入阶级冲突频仍的对抗性社会的泥潭。当前，建设一个良序治理的差异性社会，即和谐社会，就是人民的最大愿望。崇尚正义、充满活力、进取精神，都是我国人民高度认同的价值。同质性社会由于没有物质利益矛盾需要协调，因而不需要建设和谐社会；在阶级对抗性社会，尽管统治者可以缓和冲突，造成若干社会和谐的表象，但不能从根本上消除对抗性矛盾，也就无法从根本上建设和谐社会。只有差异性社会，才需要、也可能建设和谐社会。这一社会把充满活力、崇尚公平两者统一，因而成为建设和谐社会的现实对象。

差异性的利益表达需求,不同于以往对抗性政治的表达关系。在"以阶级斗争为纲"的年代,我们曾对差异性表达需求用对抗性政治方式处理,以专政方式加以镇压,混淆了界限,造成了严重后果;我们也不能继续用"同一性政治"习惯来遮蔽人民内部的差异性表达。准确界定差异性社会,就需要准确界定差异性政治表达的质的规定,正是在这一基础上,才能建立正确的政治关系,选择正确的政治方式。

三 差异性社会的正义表达与政治选择

差异性社会决不等于自然状态,我们需要引入良序治理。"差异的正义"是其恰当的正义表达方式。这一原则将"差异"与"正义"相结合,既不同于没有差异的公平(平均主义),也不同于没有公平的差异(新自由主义),甚至不同于罗尔斯"公平的正义"。因为差异的正义首先是"生产的正义",它比"分配的正义"更根本。

笔者曾经指出,差异的正义具有五个基本点:第一,差异的合理性。主要指在差异性社会一定的物质利益差异是合理的、必然的。第二,差异的合法性。主要指差异性收入来源、物质利益差异性状况的正当性和合法性。第三,差异的正义分层性。主要指公平的分层结构:在坚守基本公平基础上允许合理的比例公平。公共产品的广覆盖构成国民待遇,成为基本公平的内容;若干享受性产品、部分发展性资源受市场调节,成为比例公平调节的对象。第四,差异程度的限制性。控制基尼系数,不断提高福利和社会保障水平,实行最严格的累进税和打击资本冲击公平的投机性行为,严控两极分化,等等。第五,差异的历史性。即差异幅度、种类必将随着我国生产水平的发展而逐步收紧,直至完全消灭。[①]

满足差异性社会的政治表达方式可以有四种选择:第一,同一性政治,这是在同质性社会中存在的政治表达方式和实现方式,其根本特点是表达主

---

① 任平:《论建设一个良序治理的差异性社会》,载《马克思主义与现实》2009年第4期。

体利益的高度一致性和同质性，因而实现内容和方式的单一性和无差异性。第二，对抗性政治，这是在阶级对抗性社会选择的政治表达方式和实现方式。统治阶级和被统治阶级之间物质利益的对抗性，迫使统治阶级采取或暴力方式维护自己的统治，血腥镇压被统治者的反抗；或用各种欺骗手段、社会调节方式来维系与缓和冲突和矛盾。第三，差异性政治，这是在差异性社会，后现代政治哲学主张采用的离散表达方式。其结果，只能使差异越来越大，最终走向对抗和冲突。第四，和谐政治。从差异性社会的现实出发，通过协商民主和选择民主，通过交叉共识或重叠共识来协调彼此的差异和矛盾关系，使人民团结，最终实现稳定有序、和谐共赢的良好政治格局。这是差异性社会的根本政治表达方式和实现方式，是良序治理的根本目标。

差异性社会的政治表达是相互差异又相互统一的整体。人民有趋向于一致的根本利益和长远利益，因此，需要某种合适的政治表达和实现方式来满足这一根本需要。在当代中国，只有作为中国工人阶级先锋队、同时成为中华民族先锋队的中国共产党，才有资格成为这一根本利益和长远利益一致性表达和实现的唯一主体。这不仅由党的全心全意为人民服务的宗旨决定，由指导思想、政治纲领、民主集中制的组织原则、党员干部的先进性等综合条件的集成决定，而且经历了八十多年革命、建设、改革、发展的多种重大实践的检验，经过了领导全面建设小康社会、基本实现现代化、实现中华民族伟大复兴等一系列凝聚中国人民根本利益和长远利益愿景的宏伟事业的考验。因而，由中国共产党执政，实现在党的领导下的民主，是人民的选择、历史的选择。这构成了中国特色社会主义民主政治框架最为核心的内容，人民将自己的根本利益和长远利益的一致性表达和实现权利交（"委托"）给中国共产党领导，是最恰当的选择。

差异性社会政治表达又有相互差异和相互矛盾的政治表达。人民内部的各个阶层、各个群体、各个利益集团都希望在民主政治的框架内实现自己的独特的利益诉求，实现自己利益的最大化。资本虽然被驾驭和管制，但是一有机会仍然会出来兴风作浪。不断增强的资本力量及其逐利本性，客观需要有自己的利益表达空间。资本不仅需要在市场上崭露头角，影响甚至控制经济；而且正在越来越多地对政治和社会做"另类牵引"。利益差异性的人民，都需要通过合法的民主途径,相互表达自己的政治愿望,相互沟通,求得认同。

西方采取多党制来实现差异化的利益表达。然而,西方政治民主最终不过是有效实现资本统治利益的工具。在经济上占统治地位的阶级,必然在政治上和思想上占统治地位。在人民当家作主的社会,中国民主政治面临的问题是:如何在中国共产党领导下,建立合理完善的民主政治体系以满足差异性人民的利益表达需要?

四 和谐政治与协商民主:中国特色社会主义民主政治的未来

中国特色的社会主义民主政治的规范体系,是在中国共产党领导下,实现人民民主的主要政治形式,是中国政治现代化和政治体制改革的总体目标,更是中华民族实现伟大复兴的政治保障。在马克思主义政治哲学视阈中建构这一规范体系是一项庞大的系统工程,对若干重要环节的探索应当在较长的时期内才能够完成,限于篇幅,本文只能择其大要而言之。在差异性社会建设和谐政治、实现民主政治需要一个较为完整的规范体系,它包括"一个基础"、"两个框图"(经典现代性民主理论所涉及的国家政治框图和新现代性所提出的社会民主治理的框架,见图1)。

所谓"一个基础",就是加强和改善中国共产党的领导是建设和谐政治最重要的政治基础。长期以来,从黑格尔到当代法团主义与多元主义政治哲学争论的一个焦点问题是:当平等的、差异的、多元的政治主体利益诉求发生冲突时,谁来代表整体的、统一的国家利益?这一问题转换为中国语境来表达的方式就是:谁来代表处在差异性利益表达语境中的人民的根本利益、长远利益、共同利益和统一利益?显然,表达者是不能缺位的。不仅如此,中国共产党的政治领导是人民团结、政治和谐的核心和保障。中国共产党不仅是人民根本利益、长远利益的代表者,而且是各种差异性利益表达的调节者,更是实现人民团结、民主政治与和谐政治的坚强领导核心。为了更有效地实现领导,中国共产党需要成为学习型现代政党,成为率先以党内民主引

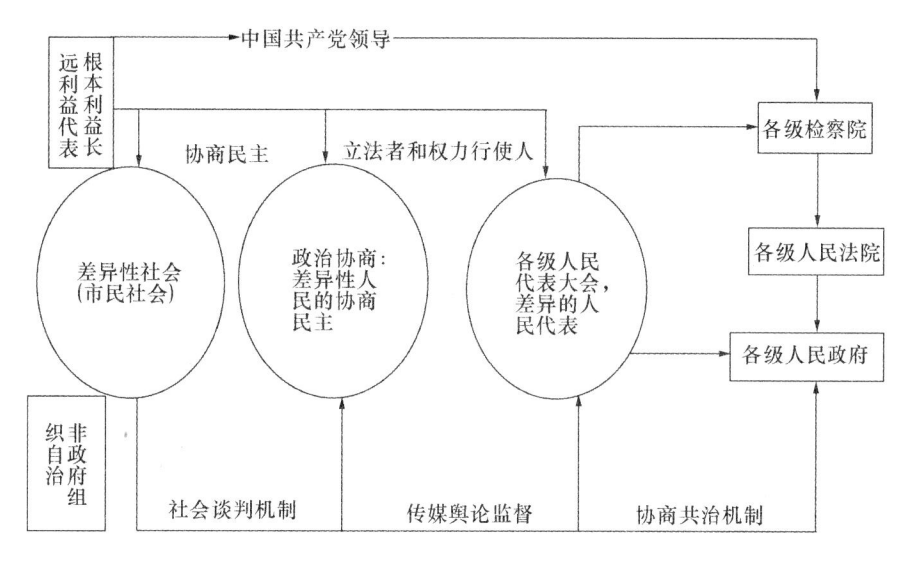

图 1 两个框图

领社会民主的先锋队。

所谓"两个框图",就是将经典现代性民主理论所聚焦的国家政治层面和新现代性民主政治所着力把握的社会民主层面的统一。图的上端是一个经典现代性民主政治的基本结构。从市民社会走向国家政治,就是从一个差异性的利益诉求转换为统一的国家意志,需要经过一个协商民主的环节。我国在中国共产党领导下的多党政治协商与合作制度安排既充分保证了全体公民根本利益和长远利益的政治表达权利的实现,又合理满足了各个阶层、利益集团的差异性利益诉求,从而减少了民主内耗的成本,增强了和谐政治的内聚力。人民代表大会制度是我国根本的民主政治制度,是"选举政治"的主要场所。人大既是立法机构又是最高权力机关,是联结市民社会与国家权力、实现差异的人民政治表达和实现利益诉求的关键枢纽。差异的人民通过这一制度安排成为立法者和权力行使者,从而成为政治表达的最有效路径之一。我国宪法规定:公民都有自由平等的选举权和被选举权。在差异的利益群体之间分配代表名额,必然经历一个从相对不均衡到均衡的过程。对于特殊利益群体的识别,也需要一个不断完善的方法。例如,我国上亿人口的农民工,以及新生代农民工,按照户籍原则曾经被遗忘在人大代表之外。城市和乡村的代表资格名额，也曾不够均衡。这都涉及一个根本的政治问题：究竟如何公平地为各个利益群体提供政治表达机会与权利。而一旦差异性的人民进入代表行列，成为立法者和阐释者，甚至成为权力行使人，立法方式、程序正义就显得格外重要。《立法法》本身就是一种关于差异的利益诉求如何、在何种程度上转变成为国家意志的重要程序法规。我们怎样保证各个利益群体的特殊要求能够在合理的范围内被关注、合理实现而不被遗忘？如何保证人民的根本利益和长远利益能够有效地得到保障而不被暂时利益和局部利益所排斥？

分权制约曾经是西方经典现代性民主制度的一个关键环节。在中国，国家权力机关之间的分权与合权关系是明确的，各级人大领导"一府"（政府）、"两院"（法院、检察院）全面按照人大决议，实现有效执行和监督。政府作为行政执行机关，全面贯彻落实人大通过的各项决议案，并认真勤勉加以实施。如何增强服务意识，打造为民亲民的服务型政府，成为我国政府改革的关键目标。

下端是新现代性所崇尚的社会民主和自治形式。一般说来，发展社会主义民主政治，不仅包括原来意义上的国家民主或间接民主，而且包括新型民主即非政府的各种社会民主或直接民主。在经典现代性政治哲学框架中，市民社会仅仅是立法者和阐释者，是被政府管理的对象。而在新现代性民主框架中，社会与国家的关系不再是单线性的，而是处在密切的互动关系之中。非政府组织与政府协商共治，成为当代民主的重要形式。社会自治的程度越发达，社会民主程度就越高，社会实现和谐政治的可能性就越大。社会直接民主还表现为对各个国家机关的有效监督，不仅需要第四种力量——各种媒体公开，特别是所谓网络民主，而且需要各种有效的沟通机制和谈判机制。通过合理的交往重建市民社会，曾经是哈贝马斯民主政治的理想方式。在当代中国，社区的大协调机制、沟通机制、谈判机制正在形成。只有将代议制民主和直接民主结合起来，才能真正建立完善的民主制度；只有不仅在国家层面、而且在社会层面建立了和谐关系，才能从根本上实现差异性社会的民主政治目标。

（作者单位　苏州科技学院）

中国个人收入分配：
改革成就、存在问题与对策[①]

郭 飞 王 飞

改革开放以来，特别是 20 世纪 90 年代以来，我国的个人收入分配状况发生了巨大而深刻的变化。一方面，传统经济体制下的平均主义分配被逐步破除，广大居民的收入水平和生活状况得到显著改善；另一方面，权力寻租、部分垄断性行业不合理的高收入、利润侵蚀工资、贫富悬殊等问题也愈益突出，引起广大群众的强烈不满和整个社会的高度关注。切实理顺个人收入分配关系，构建效率与公平相统一的橄榄形个人收入新格局，促进社会和谐稳定，是我们在建设社会主义现代化强国进程中长期面临的一项艰巨复杂的重要任务。

一 改革开放以来中国个人收入分配
制度改革取得的显著成就

改革开放以前，我国长期实行的是"按劳分配"名义下"大体平均、略有差别"的平均主义色彩浓厚的个人收入分配体制。[②] 在农村集体经济中，个人收入分配采取"评工记分"的形式。评工记分原本要体现按劳分配原则，但实际上逐渐演变为按劳动时间记分、按性别和年龄记分（如我国某些地方实行的"男十女八姑娘七"）和按政治表现记分，从而导致严重的平均

[①] 本文引用的我国经济统计数据，除特殊注明外，均来自中华人民共和国统计局编的相关年份的《中国统计年鉴》。

[②] 国内一种有较大影响的观点认为，1978 年中国居民收入的基尼系数在 0.16—0.17 之间，且"这样一种平均主义的分配格局在改革前的近 30 年的时间里是相对稳定的"（参见赵人伟、李实等主编《中国居民收入分配再研究》，中国财政经济出版社 1999 年版，第 130 页）。

主义和"同工不同酬"。在国有企业、国家机关和事业单位,则实行由中央有关部门统一制定的"一竿子插到底"的工资制度。这种工资制度的主要弊端是"低"(即工资水平低)、"平"(即工资分配中的平均主义十分严重)、"乱"(即工资标准多乱繁杂)、"死"(即工资管理体制集中过多,统得过死)[①],其根本弊端是平均主义。与此同时,在城镇职工中实行广泛的补贴和福利制度。我国传统的个人收入分配体制,严重束缚了社会生产力的发展,影响了人民生活水平的提高,也玷污了社会主义的声誉。

改革开放以来,我国个人收入分配制度改革取得了举世瞩目的巨大成就,其主要表现在三个方面。

(一) 与社会主义初级阶段公有制为主体、多种所有制经济共同发展的基本经济制度相适应,初步建立起按劳分配为主体、多种分配方式并存的个人收入分配制度

党的十一届三中全会前后,我们党拨乱反正,重申坚持按劳分配的社会主义原则,反对平均主义。党的十三大报告提出:"社会主义初级阶段的分配方式不可能是单一的。我们必须坚持的原则是,以按劳分配为主体,其他分配方式为补充。"[②] 党的十五大报告进一步提出:"把按劳分配与按生产要素分配结合起来","允许和鼓励资本、技术等生产要素参与收益分配。"[③] 党的十六大报告明确提出:"确立劳动、资本、技术和管理等生产要素按贡献参与分配的原则,完善按劳分配为主体、多种分配方式并存的分配制度。"[④] 目前,我国受法律保护的个人收入分配方式大体可以概括为按劳分配、按生产要素分配、个体经济所得(或自劳自得)和福利收入四种。按生产要素分配是一种综合性的个人收入分配方式,它既包括资本主义分配方式(即对资本家的按资分配和对雇佣工人的按劳动力价值分配),也包括按资金

---

① 参见徐颂陶、刘嘉林、何宪等《中国工资制度改革》,中国财政经济出版社1989年版,第31—36页。
② 中共中央文献研究室编:《十三大以来重要文献选编》(上),人民出版社1991年版,第32页。
③ 同上书,第24页。
④ 同上书,第21页。

（或按资产）分配方式（即广大劳动者凭借股权、存款、债券等资产获得股息、红利、利息等），还包括由管理要素引致的机会收入和风险收入，以及由租赁房屋、转让技术或提供信息而获得的房租、技术收入和信息收入等。除福利收入外，从单一的按劳分配到按劳分配为主体、多种分配方式并存，再到确立生产要素按贡献参与分配原则基础上的按劳分配为主体的多种分配方式，这是对马克思主义经典作家社会主义社会分配理论的重大发展。在个人收入分配制度所体现的效率与公平的相互关系上，党领导广大人民在实践中不断探索，在认识上逐步深化，并针对不同时期的问题和任务提出不同的要求。党的十三大报告提出："我们的分配政策，既要有利于善于经营的企业和诚实劳动的个人先富起来，合理拉开收入差距，又要防止贫富悬殊，坚持共同富裕的方向，在促进效率提高的前提下体现社会公平。"[1] 党的十四大报告明确提出："兼顾效率与公平。"[2] 党的十四届三中全会通过的《中共中央关于建立社会主义市场经济体制若干问题的决定》中提出："效率优先、兼顾公平。"[3] 党的十六大报告提出："初次分配注重效率，发挥市场的作用，鼓励一部分人通过诚实劳动、合法经营先富起来。再分配注重公平，加强政府对收入分配的调节职能，调节差距过大的收入。"[4] 党的十七大报告没有沿袭"效率优先、兼顾公平"的提法，明确提出："初次分配和再分配都要处理好效率和公平的关系，再分配更加注重公平。"[5] 这实际上是回归到兼顾效率与公平的提法，同时更为全面准确地揭示了效率与公平在国民收入初次分配和再分配中的地位与作用。

（二）与社会主义市场经济的改革方向相适应，初步建立起微观自主与宏观调控相结合的个人收入分配新体制

在我国农村集体经济中，普遍实行了以家庭联产承包为主的统分结合的

---

[1] 中央文献研究室编：《十三大以来重要文献选编》（上），人民出版社1991年版，第32页。
[2] 同上书，第19页。
[3] 同上书，第520页。
[4] 同上书，第21页。
[5] 同上书，第30页。

双层经营体制，实行联系产量计算报酬的分配制度。在我国国有（含国有控股）企业和城镇、乡镇集体（含集体控股）企业中，企业拥有工资分配的自主权，职工收入主要与企业经济效益和个人劳动贡献挂钩（即实行"工效挂钩"），工资分配中的平均主义已荡然无存。国家机关、事业单位的工资制度经过1985年、1993年和2006年等几次重大改革，已较为健全和完善。目前，我国国家机关公务员实行统一的职务与级别相结合的工资制度，国有事业单位工作人员实行岗位绩效工资制度，较好地贯彻了按劳分配原则。在我国非公有制经济中，也实行了相应的个人收入分配体制。这些改革实践，是对社会主义社会个人收入分配体制的重大创新，具有重大的现实意义和深远的历史意义。

与此同时，我国从自身实际出发，注重借鉴和吸收市场经济成熟国家的有益经验和做法，初步建立起个人收入分配的宏观调控机制。我国相继出台了一系列重要的法律法规，实行个人所得税制度、最低工资制度、对股票交易征收印花税制度、城镇职工住房公积金制度、城镇职工基本养老、医疗和失业保险制度、城乡居民最低生活保障制度、新型农村合作医疗制度，并开展新型农村社会养老保险试点。此外，我国还全面取消农业税，实行对农业的财政直接补贴，免除农村义务教育学杂费，对部分地区和行业实行工资指导线制度，以及在部分城市实行年收入12万元以上居民的收入申报等制度。

（三）在劳动生产率大幅提高和社会生产力迅速发展的基础上，广大居民的收入状况得到显著改善

我国个人收入分配制度的深刻变革，极大地调动了广大劳动者和投资者的积极性，不仅为劳动生产率的巨大提高和社会生产力的快速发展奠定了重要基础，也促进了广大居民收入水平的不断提高。1978—2008年，全国城镇居民人均可支配收入从343元增至15781元；农民人均纯收入从134元增至4761元；农村贫困人口从2.5亿减少到4007万（2008年按农村贫困标准1196元测算）；城镇人均住宅建筑面积和农村人均住房面积大体上都翻了两番。现在，许多老百姓的"三大件"早已不是改革开放前的自行车、缝纫机和手表，也不是改革开放初期的彩电、冰箱和洗衣机，而是自有住房、汽车和电脑。胡锦涛总书记指出：改革开放以来的 30 年，"是我国城乡居民收入增长最快、得到实惠最多的时期"。① 我国广大居民的收入水平和生活状况，已经实现了由贫困到温饱再到总体小康的历史性跨越。

二 中国当前个人收入分配存在的主要问题

在我国个人收入分配实现巨大变革的过程中，既由于其他社会主义国家尚无改革的成功先例可供借鉴而备尝艰辛，也由于其深刻触动人们的物质利益而充满了不同群体（或不同集团）之间的反复较量和激烈博弈。笔者认为，我国当前个人收入分配主要存在六大问题。

（一）权力寻租较为猖獗，黑色收入屡打不绝

寻租的经济学本义是指为维护既得经济利益，设法取得或维持垄断利益，或是对既得利益进行再分配的非生产性活动。② 权力寻租在此是指握有行政、经济等权力的官员或工作人员通过非法或不正当途径获取经济利益的行为。近些年来，尽管我国不断出台新的法律法规进行治理，但权力寻租行为却有增无减，愈演愈烈，且呈现出如下特点：

1. 权力寻租者的范围越来越广。"部门权力利益化，部门利益个人化，个人利益商品（货币）化"，已成为权力寻租者的"潜规则"。权力寻租者不仅包括某些握有行政、经济权力的政府官员和企事业单位负责人，甚至连某些握有非行政、经济权力的记者、编辑、教师和医生等也深陷其中，后者利用其特殊权力向需求方公开或变相索要"版面费"、"赞助费"、"红包"等黑色收入。

2. 权力寻租者的行政级别越来越高。2003—2007 年，我国司法机关就查处因权力寻租涉嫌犯罪的省部级以上干部 35 人。原上海市市委书记、政

---

① 胡锦涛：《在纪念党的十一届三中全会召开 30 周年大会上的讲话》，《光明日报》2008 年 12 月 19 日。
② 邹薇：《寻租与腐败：理论分析与对策》，载《武汉大学学报（哲学社会科学版）》2007 年第 2 期。

治局委员陈良宇是新中国成立以来因滥用职权、收受贿赂而被查处的最高级别的官员之一。他违规挪用社保基金10亿元,违规擅自决定某国有企业低价转让股权(造成直接经济损失3.2亿元),违规为其弟陈良军征用土地(给国家造成直接经济损失3441万元,间接经济损失1.18亿元),他本人则从中索取或受贿239万元。[①] 某些执法部门的高官竟知法犯法,顶风作案,大搞权力寻租。不久前曝光的最高人民法院原副院长黄松有和浙江省原纪委书记王华元利用职务之便收受巨额钱款为他人牟取利益,即是典型的例证。

3. 权力寻租的租金规模越来越大。北京市交通局原副局长兼首都公路发展有限公司原党委书记、董事长毕玉玺,从1994年到2003年收受巨额贿赂6000万元(从其家中搜出现金就高达1000万元)。中国石油化工集团原总经理、中国石油化工股份有限公司原董事长陈同海,从1999年到2007年6月,利用职务之便在企业经营、转让土地、承揽工程等方面为他人牟取利益,收受贿赂折合人民币1.9573亿元。[②] 在我国国有或集体企业改制的过程中,不少企业负责人内外勾结,大肆侵吞公有资产,导致公有资产大量流失。

4. 权力寻租的方式越来越隐蔽。其重要方式之一是某些握有重要权力的政府官员和企事业单位负责人的间接寻租,主要表现形式有三:一是权力寻租者作为甲方满足或实现了乙方提出的某种要求,乙方则通过丙方对甲方给予某种方式的"回报";二是权力寻租者并非掌权者本人,而是掌权者的亲属或其身边工作人员,后者利用与掌权人的特殊关系获取了大量"租金",有些人甚至变成了"超级富豪";三是权力寻租者获得的非法收入由于规避查处等原因,大多落到了其亲属的名下。

权力寻租者攫取的非法收入,是我国当今社会中黑色收入的主体。此外,我国还有"黄"(经营色情行业)、"蓝"(海上走私)、"白"(贩卖毒品)、"黑"(组织生产假冒伪劣商品与制造、贩卖假币、开设赌场及偷漏骗税)等几种人,通过种种非法途径攫取了大量的黑色收入。

---

① 田雨:《陈良宇一审被判有期徒刑18年》,《光明日报》2008年4月12日。
② 《陈同海受贿案一审宣判》,《光明日报》2009年7月16日。

(二) 部分垄断性行业不合理的高收入问题相当突出

本文在此所指的部分垄断性行业,是指我国广播电视、烟草、军工等某些带有浓厚行政垄断色彩的高收入行业和金融、铁路、邮政、水电、电信、石油、石化等某些兼具自然垄断与行政垄断性质的高收入行业。这些垄断性行业的高收入在较大程度上不是取决于其自身的贡献或绩效,而是取决于其对资源、市场的垄断与国家的政策保护。这些垄断性行业不合理的高收入,既是导致我国行业之间收入差距不断扩大的主要因素,也是我国当前收入分配不公的重要方面。其主要表现有二。

1. 行业平均收入明显偏高。2008 年,我国证券、银行和保险业职工平均工资分别为 172123 元、62254 元和 41190 元,是当年全国各行业职工平均工资 29229 元的 5.89 倍、2.13 倍和 1.41 倍。有学者根据调查数据撰文指出,2005 年,我国电力、电信、石油、金融、水电、烟草等垄断性行业的职工约为 833 万人,尚不足全国职工总数的 8%;但其行业工资和工资外收入总额估算为 1.07 万亿元,相当于当年全国职工工资总额的 55%。[1] 与此同时,部分垄断性行业的企业之间及企业内部的收入差距也在明显扩大。在银行业,收入高的单位职工年均工资超过 100 万元,收入低的单位职工年均工资则在 4 万元以下。在石油行业,个别企业最高收入者与最低收入者的收入差距接近 100 倍。[2]

2. 行业内企业高管收入畸高。部分垄断性行业中的大中型企业大多是国有(或国有控股)企业。有些国企高管滥用工资分配自主权,利用国家有关法规与企业约束机制不健全等空隙,自定高额薪酬,与企业职工的收入差距越拉越大。2008 年,中国银行信贷风险总监詹伟坚的薪酬为 1181.1 万元。而作为非国企的中国平安保险公司董事长兼 CEO 马明哲,在 2007 年则领取了总计为 6621.1 万元的薪酬(含税前工资 489.1 万元和奖金 6132 万元),创下当年金融企业高管薪酬之最。必须指出,企业高管薪酬,通常只是其实

---

[1] 王小鲁:《灰色收入与居民收入差距》,载《中国税务》2007 年第 10 期。
[2] 麻健:《采取新措施调控垄断行业工资收入》,载《中国人力资源开发》2007 年第 11 期。

际收入的一部分；企业高管掌控的金额较大的职务消费，通常也有相当数量通过各种形式转化为其实际收入。

（三）利润侵蚀工资，劳动报酬在国民收入初次分配中占比过低

改革开放以后，我国企业改革中一度出现过工资侵蚀利润（即国民收入过分向职工倾斜）的问题。20世纪90年代中期以来，我国企业中利润侵蚀工资的问题逐渐凸显，近些年来更有愈益严重之势。利润侵蚀工资主要有两种表现。

1. 压低职工（特别是农民工）工资，克扣和拖欠工资。压低职工工资在非国有企业特别是在非公有制企业中较为常见，而把工资压得最低的乃是农民工工资。农民工工资普遍偏低的主要表现是：（1）工资标准较低。据调查，2004年我国西部地区一些企业农民工的月均工资仅为500元左右。（2）同工不同酬的现象较为普遍。在不少单位中，农民工在同样岗位上工作，其工资仅为城镇职工工资的一半。（3）工资增长缓慢。20世纪90年代以来，珠三角生产总值年均增速超过20%，但当地农民工月工资在12年中仅增长68元。[①] 如果扣除物价上涨因素，其实际工资很可能是负增长。（4）不少企业不给农民工缴纳"三险一金"（基本养老、医疗、失业保险金和住房公积金）。（5）农民工劳动时间普遍明显超过《劳动法》的相关规定，并且得不到相应补偿。有关调查显示，不少地方的农民工每天工作11个小时左右，每月工作26天以上。珠三角农民工每天工作12至14小时的占46%，没有休息日的占47%。而在应拿加班费的农民工中，从未拿过的占54%，有时拿过的占20%，76%的农民工在节假日加班从未享受过国家规定的加班工资。此外，某些企业拖欠与克扣农民工工资的情况较为严重。2004年，北京建筑行业有70万农民工，被拖欠的工资总额竟高达30亿元，人均被拖欠工资4000余元。[②] 有些黑心业主甚至将农民工工资据为己有并携款潜逃，导致农民工爆发群体性事件。

---

① 国务院研究室课题组：《中国农民工调研报告》，中国言实出版社2006年版，第204页。
② 同上书，第213—214页。

2. 最低工资标准偏低。最低工资制度是国家为保障劳动者的基本生活和合法权益对劳动力市场的必要干预。我国实行最低工资制度已有十几年的历史,各地的最低工资标准也经过多次调整,但目前存在的最大问题仍是标准偏低。首先,我国制定的最低工资标准没有涵盖"三险一金"。其次,我国最低工资标准与社会平均工资的比例明显低于世界平均水平。世界上大部分实行最低工资制度的国家,其最低工资标准与社会平均工资的比例一般在40%—60%之间。① 2008年,我国的最低工资标准则仅占社会平均工资的26.35%。② 再次,最低工资标准在实践中往往成为不少企业特别是某些私营企业对一般员工工资的执行标准,防止利润侵蚀工资的工具被扭曲利用为利润侵蚀工资的工具。此外,有些私营企业以实行计件工资为由拒绝执行最低工资标准,将职工工资水平压低到最低工资标准之下。

利润侵蚀工资的直接后果就是劳动报酬在国民收入初次分配中的占比偏低。2000—2007年,我国劳动者报酬在国民收入初次分配中的比重从51.4%降至39.7%。③ 在市场经济成熟的国家,劳动报酬总额占国内生产总值的比重是比较高的(美国约占70%左右,其他国家约占54%—65%)。④ 1990—2007年,我国职工工资总额在国内生产总值中的比重也从15.32%降至10.78%。⑤ 从全局和长远来看,劳动报酬在国民收入初次分配中占比过低对我国经济与社会发展极为不利。一是它表明劳动者的经济地位相对下降,从而弱化了按劳分配方式的主体地位,这与我国社会主义制度的基本性质是相悖的;二是它必然引起居民消费占GDP比重的下降,从而导致消费与投资的比例失调,不利于扩大国内消费需求和优化产业结构;三是它不利于国民经济持续稳定发展与构建社会主义和谐社会。

---

① 白暴力主编:《让城乡居民收入稳步增长》,人民出版社2008年版,第58页。
② 根据国家统计局编《中国统计年鉴(2009)》和人保部提供的相关数据计算。
③ 俞肖云、肖炎舜:《我国收入分配的现状、问题、成因与对策》,载《经济学动态》2009年第8期。
④ 白暴力主编:《让城乡居民收入稳步增长》,人民出版社2008年版,第48页。
⑤ 于桂兰、宋冬林:《我国劳动力价值实现程度与劳动争议关系的实证研究》,载《马克思主义研究》2009年第6期。

(四) 城镇住房制度改革中低价出售公有住房助推城镇居民财产和收入分配差距急剧扩大

发轫于20世纪80年代的我国城镇住房制度改革，目前仍在继续。我国城镇住房制度改革使城镇大部分居民拥有了自有房产，由商品房、经济适用房、限价房、廉价房、公共租赁房、廉租房等构成的新的城镇居民住房体系初步建立，住宅业进而建筑业成为国民经济发展的重要引擎和支柱产业。但是，由于经验不足和缺乏周密设计，我国城镇住房制度改革在一段时期内较为混乱。笔者在此重点探讨我国城镇住房制度改革中的主要弊端——低价出售公有住房对我国收入分配差距产生的不利影响。

1. 出售公有住房的受惠面较窄。我国城镇住房制度改革实行租售并举，其中包括向职工出售公有住房。按照政策规定，可出售的公有住房主要包括已有的绝大部分公有住房和单位出资购买的房改房、经济适用房与商品房。然而进一步考察，具备出售公有住房条件的一般仅包括国家党政机关、绝大多数国有事业单位和经济效益好或过去建有公有住房的部分国有企业。经济效益差或过去没有自建公有住房的国有企业、一般的集体所有制企业基本上不具备向职工出售公有住房的条件，非公有制企业的职工以及进城打工的农民工就更没份了。城镇有不少企业不仅无公有住房可供出售，甚至连偿还职工住房历史欠账的住房补贴都不发放。

2. 公有住房售价严重偏低。向职工出售的公有住房是可以上市交易的商品，应遵循市场经济中的价格形成机制。然而，各单位对已有公有住房的售价，普遍忽略了地理位置优劣这一房价形成的重要因素，基本忽略了住宅质量高低这一房价形成的另一重要因素；对已购经济适用房、商品房等的售价，一般也是本着"就低不就高"的潜规则，寻找政策空隙或擅作决定低价售房。有学者通过专门调研得出的具体数据是：1995年，我国11个省、市的商品房与公有住房售价之比，在北京为7.99:1，在湖北竟高达22.2:1，样本城市的平均比例是7.69:1。[①] 尽管商品房与向职工出售的公有住房并不完全等同，但

---

① 赵人伟、李实、李思勤主编：《中国居民收入分配再研究》，中国财政经济出版社1999年版，第542页。

由此形成的巨大价差所导致的巨额国有资产向私人房产的转化可见一斑。

3. 违规提高购房面积标准，重复购房、骗购房等混乱现象屡见不鲜。向职工出售公有住房，一般都是由主管部门按照职务或级别规定单位职工的购房面积标准。有些部门和单位在具体操作中较为规范，如党中央和国务院在京单位对职工购房面积规定了统一标准（如科级以下60平方米，正、副科级70平方米，副处级80平方米，正处级90平方米，副司级105平方米，正司级120平方米等），在京事业单位也大体参照并执行了这一标准。但是，有些部门和单位在操作中并不规范，擅自大幅高定职工特别是领导干部的购房面积标准。此外，重复购房（夫妻各按其职务或级别购买两套或两套以上公有住房）、骗购房（假离婚，分两套房，随后再复婚；或形式上未复婚，但保持实际的婚姻关系）以及"1+1=2购房"（即未登记结婚的单身男女职工各购一套公有住房，结婚后变成了一户两套房）等乱象并非罕见。在较低或极低的售房价位下，多购1平方米的公有住房，就等于获利几百元甚至数万元；多购1套公有住房，就等于获利几万元甚至数百万元。不少单位出售公有住房实际上变成了按权力购房、按效益购房和按骗术购房。在城镇居民中，一户购得多套公有住房与几户中只有一户购得1套公有住房的扭曲现象并存。

我国城镇住房制度改革中向职工出售公有住房，使部分职工以较少价值量的金融资产转化为较大价值量的房产，既迅速提升了房产在其财产中的比重，也显著扩大了城镇居民的房产差距。根据中国社会科学院经济研究所的调查数据，1995—2002年，我国城镇居民人均财产总额从12385元增至46134元，实际增长率为236.8%，年均增长率为18.9%；人均房产从5412元增至29734元，实际增长率为396.3%，年均增长率为25.7%；人均房产在人均财产总额中所占的比重，则从43.7%增至64.39%。[1] 2002年，我国城镇居民人均财产最多的20%的人口拥有52.36%的房产，人均财产最少的20%的人口仅拥有1.52%的房产，两者的比例为34.45:1。[2] 在当今中国，房产已成为城镇居民财产构成中的最主要部分，城镇房产特别是大中城市房

---

[1] 李实、史泰丽等主编：《中国居民收入分配研究Ⅲ》，北京师范大学出版社2008年版，第270页。当然，同期城市居民人均房产增量中有一部分是由城市居民直接购买商品房或经济适用房引起的。

[2] 同上书，第265页。

产的增值速度惊人。房产与个人收入是存量与流量的关系。房产可以转化为个人收入，个人收入也可以转化为房产。显而易见，向部分城镇职工低价出售公有住房，不仅导致了国有资产的惊人流失，也显著扩大了城镇居民内部与城乡居民之间的财产差距与收入差距。

（五）国家机关、事业单位新工资制度和退休人员养老金待遇存在某些明显缺陷

其一，就事业单位基本工资中的岗位工资而言，我国相关文件规定，只有中国科学院、中国工程院两院院士才能进入专业技术人员一级岗位。这意味着除了像于光远、李京文等极个别在"文化大革命"前获得中国科学院哲学社会科学学部委员或在"文化大革命"后获得中国工程院院士头衔的专家之外，其他所有高校和科研机构的文科专业（管理学除外）中非常优秀的专家学者，统统不能进入一级教授（或研究员）岗位。[①] 这无疑是一个重大缺陷。这绝不仅是900元工资差距的小问题，而是如何看待文科乃至整个社会科学的地位与作用、如何体现社会科学与自然科学同等重要的治国理念以及如何贯彻人才强国战略的大问题。2006年，中国社会科学院参照两院院士的规格评出了学部委员和荣誉学部委员，本应享受与两院院士包括专业技术一级岗位工资等相同的待遇，但至今未能落实。

其二，就事业单位的非基本工资——绩效工资和津贴、补贴来说，主要存在三个问题。一是绩效工资的依据——绩效难以准确量化。如高校教师公开发表1篇科研论文，究竟应以什么标准作为量化打分计酬的依据？具体说来，是以论文发表期刊的他刊影响因子和被引次数为标准，还是以论文发表的期刊级别为标准，或是以论文的质量为标准，抑或是以论文的学科与社会效益为标准，再抑或是以上述几种标准按一定的权重测算加总后的分数来衡量？如果对科研论文的质与量的关系处理不好，不仅会导致绩效工资失去正面的激励作用，还会催生大量的学术垃圾和学术腐败。二是绩效工资的主要

---

① 2009年上半年，教育部、人保部已在中国人民大学文科专业进行了评聘一级岗位教授的试点，但此举尚未在其他高校和科研单位推行。

（或重要）源头——我国事业单位的创收项目和创收渠道尚欠规范。在利益机制的驱动下，有的高校在师生比例严重失调的情况下继续扩招，有的博导一年竟带了几十名博士生，质量滑坡，学位贬值，令人担忧；更有些公立医院将医生收入与医院收费挂钩，多开药，开贵药，小病大查，大病贵查，令患者叫苦不迭。三是我国不同事业单位（转企改制的事业单位除外）的津贴、补贴名目繁多，差距越来越大。例如，同在北京的事业单位，有些高校因创收能力强或隶属北京市政府管辖，其教授每月得到的物价补贴约为1500元左右，显著高于中国社会科学院研究员每月得到的物价补贴。

此外，国家机关与事业单位之间、事业单位与企业之间的退休金差别较大。一方面，国家公务员和事业单位职工之间的退休金差别相当明显。根据南京大学提供的数据（参见表1），2006年工资制度改革以后，作为事业单位的南京大学与作为国家机关的江苏省政府相比，同级别（或职务）人员的年退休金相差几千元至几万元不等。在此应该指出：(1)该表中的南京大学职工的退休金中，还包括了相当一部分自筹资金（该校目前大约有2500名退休教师，每年自筹资金达7000多万元）。(2)按照国家规定的工资标准，教授工资一般与司局级公务员的工资相对应（其中一级岗位的教授工资与正部级公务员的工资相对应，二级岗位的教授工资略低于副部级公务员的工资），副教授工资则与正处级公务员的工资相对应。因此，该表中将教授、副教授的退休金分别与副处级、正科级公务员的退休金相比，并不妥当；若按国家规定的工资标准同级别相比，则两者之间退休金的差距会更大。另一

表1　　　　南京大学与江苏省政府同级别退休人员退休金比较　　　（单位：元）

南京大学退休教职工	每月退休金金额	江苏同级别退休公务员	每月退休金金额	二者年退休金收入差
党委书记	4653	副省级	6970	27804
副校长	4180	副厅级	5568	16656
正处级职员	3255	正处级	5032	21324
教授	4346	副处级	4565	2628
副教授	3985	元正科级	4225	2880

资料来源：王红茹：《事业单位退休金之争》，载《中国经济周刊》2009年第19期。

方面，事业单位职工的退休金又明显高于国有企业职工的退休金。我国企业和国家机关、事业单位实行不同的养老保险制度。由于退休前工资基数不同，实行的养老保险制度不同，相同级别（或职务）人员的退休金，国家机关和事业单位又明显高于企业。仅就事业单位和国有企业相比，相同级别（或职务）人员的退休金，前者约为后者的1.5倍左右。

（六）个人收入差距持续显著扩大，全国的基尼系数逼近（或进入）危险区，部分社会成员贫富悬殊

改革开放以来，特别是20世纪90年代以来，我国个人收入差距总体上呈现显著扩大的态势。一是不同所有制经济单位职工工资差距明显扩大。1978年，国有单位职工平均工资为644元，城镇集体单位职工平均工资为506元，两者的比例为1.27∶1；2008年，国有单位和城镇集体单位职工的平均工资分别为30287元和18103元，两者的比例扩大到1.67∶1。二是不同行业职工工资差距显著扩大。1978年，我国工资最高的行业为地质普查和勘探业，职工平均工资为809元；工资最低的行业为农、林、牧、渔、水利业，职工平均工资为486元，两者的比例为1.66∶1。2008年，我国工资最高的行业为金融业，职工平均工资为61841元；工资最低的行业为农、林、牧、渔业，职工平均工资为12958元，两者的比例扩大到4.77∶1。三是不同地区个人收入差距持续扩大。其主要表现为各地区城镇居民人均收入差距、各地区农村居民人均纯收入差距和城乡居民收入差距均有明显扩大。就城乡居民收入差距而言，1978年，城镇居民人均可支配收入为343.4元，农村居民人均纯收入为133.6元，两者的比例为2.57∶1；2009年，城镇居民人均可支配收入为17175元，农村居民人均纯收入为5153元，两者的比例扩大为3.33∶1。四是不同群体个人收入差距急剧扩大。从微观来看，非公有制经济中私营企业和三资企业中的雇主和雇工的收入差距悬殊，某些公有制企业中的高管人员薪酬与普通职工工资也相差几十倍甚至上百倍。从宏观来看，畸高收入群体与贫困群体的收入差距非常悬殊。目前，我国的千万富翁已有一定数量，亿元、十亿元，乃至百亿元富翁亦不罕见（根据《2009福布斯中国富豪榜》公布的数据，位居榜首的大陆富豪王传福的个人资产总值高达

396亿元）。2008年末，我国有2334万城市居民得到政府最低生活保障，农村贫困人口为4007万，总计有6341万人生活在贫困线之下，约占全国人口的4.8%。必须指出，即使是笔者引用的来自国家统计局编的《中国统计年鉴》的具体数据，也可能带有一定程度的非真实性或局限性。一方面，由于国家统计局掌握居民收入状况的重要方式——居民家庭收支调查所选用的样本太少，尚不足以作为测量全国居民收入状况的基础依据；另一方面，对个人收入的调查和统计牵动着调查和统计对象的利益神经，实际收入越低的透明度越高，实际收入越高的透明度越低，而形形色色的隐性收入特别是黑色收入则是统计部门无法调查清楚的。因此，笔者认为，要深入考察我国个人收入差距的实际状况，仅仅根据国家统计局公布的相关数据是远远不够的，必须进一步考察统计外收入，即考察统计外的货币收入（含"白"、"灰"、"黑"色货币收入）、实物收入（含显性实物收入和隐性实物收入）与福利收入。[1]

国际上通常采用基尼系数作为衡量个人收入分配差距是否适当的基本指标。尽管基尼系数反映的是个人收入分布的"均匀"或差异程度，而不是个人收入分配的"公平"或公正程度[2]；但是，国际上一般认为，基尼系数在0.3—0.4为比较适当，0.4—0.5为差距较大（即警戒线），0.5以上为差距悬殊（即危险区）。

采用基尼系数来衡量我国个人收入差距，国内外学者普遍认为我国十余年来基尼系数不断攀升，明显偏高。岳希明、史泰丽、李实等根据中国社会科学院经济研究所1995年和2002年的住户调查数据，计算出我国当年的基尼系数分别为0.458和0.461[3]；俞肖云、肖炎舜根据国家统计局提供的数据，计算出我国的基尼系数1995年为0.39，2000年为0.402，2005年为0.447，2008年为0.466。[4] 陈宗胜、周云波根据南开大学经济研究所的调查

---

[1] 郭飞：《我国当前个人收入差距实证考察》，载《经济学动态》1998年第5期。
[2] 顾海兵：《基尼系数批判》，载《经济理论与经济管理》，2002年第3期。
[3] 李实、史泰丽等主编：《中国居民收入分配研究Ⅲ》，北京师范大学出版社2008年版，第85页。
[4] 俞肖云、肖炎舜：《我国收入分配的现状、问题、成因与对策》，载《经济学动态》2009年第8期。

和估算，提出如果包括非法和非正常收入，1994年和1995年我国的基尼系数已分别达到0.511和0.517。① 这些数据在我国学术界具有相当的代表性和权威性。著名经济学家赵人伟指出：对于全国的基尼系数，概括起来可以分为以下三种不同的估计，即低估为0.4左右，中估为0.45左右，高估为0.5左右。如果撇开计算方法的差异，三种不同估计的差别是：第一种估计主要考虑货币收入，而较少考虑实物收入特别是补贴收入；第二种估计则是较多地考虑了货币收入和实物收入；第三种估计则不仅考虑了货币收入和实物收入，也考虑了非法收入和非正常收入。② 笔者认为，尽管近年来我国在建立农村居民低保制度、提高低收入者工资和健全社会公共福利等方面采取了一些新举措，使我国最低收入群体的收入水平有所提高，但我国最高收入群体的收入则主要由于财产性收入和经营性收入的双重叠加而增速更快。因此，赵人伟的上述概括仍较符合我国当前个人收入分配差距的实际状况。换言之，我国当前的基尼系数，若不考虑非法、非正常收入，则是逼近了危险区(0.5)；若考虑非法、非正常收入，则已经进入了危险区。

在此，有必要强调四点。一是我国在经济体制转轨的过程中个人收入差距持续显著扩大，既有合法和合理的因素在发生作用，也有非法和不合理的因素在发生作用，并不能一概否定，否则就可能导致退回到平均主义分配的传统经济体制。二是我国自20世纪90年代以来，个人收入差距扩大的速度特别是部分社会成员之间贫富悬殊的程度是超乎寻常的。其所以超乎寻常，主要源于权钱交易、侵吞公有资产、非法经营、偷漏骗税等违法行为和经济体制转轨中的缝隙、漏洞与摩擦。三是我国当前个人收入分配差距过大，在世界上已高居前列。根据世界银行提供的数据，我国的基尼系数2001年为0.447，在其所列的134个国家或地区的基尼系数中高居第33位。我国的基尼系数不仅高于所有发达资本主义国家的基尼系数（例如，美国2000年为0.408，英国1999年为0.360，日本1993年为0.249，德国2000年为0.283，法国1995年为0.327），也高于印度（1999—2000年为0.325）、越南（1998

---

① 陈宗胜、周云波：《非法非正常收入对居民收入差别的影响及其经济学解释》，载《经济研究》2001年第4期。

② 赵人伟：《对我国收入分配改革的若干思考》，载《经济学动态》2002年第9期。

年为 0.361) 等发展中国家的基尼系数。① 四是我国正处于社会主义初级阶段,力争在 21 世纪中叶将本国建设成为富强、民主、文明、和谐的社会主义现代化强国。如果不从根本上理顺个人收入分配关系,扭转或遏制个人收入差距显著扩大的势头,则必然会对我国经济与社会的全面、协调和可持续发展与第三步宏伟战略目标的实现构成巨大威胁。

三 改善中国个人收入分配状况的基本对策

正确处理效率与公平的相互关系,保困、提低、扩中、调高、打非,明显提高劳动报酬在国民收入初次分配中的比重和居民收入在国民收入中的比重,努力构建"两头小、中间大"的收入分配新格局,切实维护社会和谐稳定,是我们长期面临的一项艰巨复杂的系统工程。笔者认为,应主要采取四项基本对策。

(一) 以科学发展观为指导,又好又快地发展中国经济

发展是硬道理。把中国经济的蛋糕做好做大,是我国在初次分配中不断增加居民收入和在再分配中逐步缩小居民收入差距的物质基础。为此,一要加快转变经济发展方式,推动产业结构优化升级。要促进经济发展实现三个转变,即由主要依靠投资、出口拉动向依靠消费、投资、出口协调拉动转变,由主要依靠第二产业带动向依靠第一、二、三产业协同带动转变,由主要依靠增加物质资源消耗向主要依靠科技进步、劳动者素质提高和管理创新转变,更加注重提高经济增长的质量和效益。二要大力加强自主创新,逐步提升我国经济在国际分工价值链中的地位。国际经济竞争通常分为三个层次:第一层次为商品(或服务)质量与价格的竞争,第二层次为专利技术的竞争,第三层次为国际通行的技术标准的竞争。改革开放以来,我国经济虽然获得了迅猛发展,但在国际经济竞争的层次格局中仍处于相当不利的境

---

① 世界银行:《2005 年世界发展报告》,清华大学出版社 2005 年版,第 258—259 页。2006—2009 年,世界银行各年发表的世界发展报告中均未公布世界不同国家基尼系数的新数据。

地。在第三层次的经济竞争中，我国企业基本上无法涉足。在第二层次的竞争中，我国企业基本上是贴牌生产。我国纺织服装出口虽占世界纺织服装贸易总额的24%，但自主品牌不足1%，且没有一个世界名牌。我国彩电、手机、台式计算机等产品的产量虽居世界第一，但关键芯片依赖进口。我国企业不得不将每部手机售价的20%、计算机售价的30%、数控机床售价的20%—40%支付给国外专利持有者。[①] 在第一层次的竞争中，我国主要凭借劳动力成本低的比较优势，并且付出了高能耗、高物耗、高污染的巨大代价。可见，我国经济在国际分工价值链中基本处于低端的位置。为从根本上改变这种局面，我们必须大力实施自主创新战略，走中国特色自主创新道路，把增强自主创新能力贯彻到现代化建设的各个方面。三要继续实行扩大内需特别是扩大消费需求、稳定并提升外需等重大举措，促进我国经济持续、平稳、较快发展。就近期而言，对我国政府推出的一揽子经济刺激计划，应加强科学论证，优化投资结构，避免重复建设和兴建脱离实际、劳民伤财的"形象工程"与"政绩工程"；同时，要进一步激活和扩大民间投资，着力于促进实体经济的发展。

（二）深化与完善个人收入分配及相关领域的经济体制改革

1. 深化与完善企事业单位工资制度改革

（1）显著提高最低工资标准，全面落实最低工资制度。首先，应把"三险一金"纳入最低工资标准的涵盖范围。其次，应根据劳动生产率增长水平、消费品价格上升指数与社会平均工资增长率等因素，将各地最低工资标准年均提高15%左右。这样，我国最低工资标准与社会平均工资的比例在10年后大体可增至40%左右（即达到国际平均比例的下限）。最后，应加大最低工资标准的执法力度。对那些拒不执行最低工资标准的企业负责人，应依法追究其法律责任。

（2）健全与完善企业职工工资的正常增长机制。今后若干年内，应使公有制企业特别是国有企业职工工资增长水平明显高于企业经济效益的增长速

---

① 《十七大报告辅导读本》，人民出版社2007年版，第133页。

度，非公有制企业在正常经营条件下，职工工资增长速度明显高于消费品价格增长速度。

（3）进一步规范国企高管的薪酬标准和职务消费。2009年9月，人保部、财政部、国资委等部委联合下发了《关于进一步规范中央企业负责人薪酬管理的指导意见》（以下简称《意见》），明确规定了央企负责人薪酬管理的基本原则和薪酬结构，应认真贯彻执行。笔者认为，除《意见》中明确规定的央企高管基本年薪与上年度央企在岗职工平均工资相联系、绩效年薪与实际经营业绩紧密挂钩之外，还应对央企高管薪酬的上限作出明确规定，并与上年度国企职工年均工资保持适当的比例关系。其一，央企高管本质上仍是国有企业的员工，与一般员工不同的是其受托担任央企高级管理者的角色。其二，央企高管薪酬可以显著高于本企业职工平均工资水平和国企职工平均工资水平，但也不能高得"离谱"。2004—2007年，国资委监管的央企高管年均薪酬分别为35万元、43万元、47.8万元和55万元。[①] 2008年，我国国有企业职工平均工资为30780元。若央企高管年最高薪酬定为100万元，则相当于2008年国有企业职工年均工资的32.5倍，收入差距已经相当之大。其三，不能将我国央企高管薪酬标准与发达资本主义国家著名大企业高管薪酬标准做简单比较。按照马克思的经济理论，不同国家的工资差异，除制度、历史、道德等因素之外，劳动生产率差异也是极为重要的因素。我国某些国有大型企业虽已跻身世界500强，但职工人均劳动生产率与创利水平一般仅为发达资本主义国家著名大企业的几分之一乃至几十分之一。以人均创利水平为例。2006年，新日本制铁和宝钢集团人均税后利润额分别为6.35万美元和1.78万美元，相差2.57倍；丰田汽车公司与中国一汽集团人均税后利润额分别为4.69万美元和0.05万美元，相差约93倍。[②] 笔者认为，从我国国情出发，兼顾效率与公平的原则，央企高管薪酬上限在近期内以每年不超过80万—100万元为宜。此外，还应从严控制国企高管的职务消费，并按国家有关规定规范国企高管的补充保险。

[①] 白天亮：《规范央企高管薪酬有了新期待》，《人民日报》2009年9月17日。
[②] 根据国家统计局编《国际统计年鉴（2008）》提供的有关数据计算。

(4) 深化事业单位工资制度改革。一是应在全国高校、科研机构中设置文科专业技术人员一级岗位。条件从严掌握，报经教育部、中国社会科学院和人保部审批。二是扎实稳妥地推进事业单位绩效工资改革。搞好我国事业单位绩效工资改革，关键是在切实提高公益服务水平的前提下，突破一些政策和操作上的难点（如哪些类型的事业单位允许创收，哪些类型的事业单位不允许创收？哪些创收项目是合法合理的，哪些创收项目是不合法也不合理的？在国家全额或部分拨款的事业单位合法合理的创收中，究竟应有多大比重或规模可用于向职工发放绩效工资，单位向职工个人发放的绩效工资与其从国家财政获得的基本工资之间有无上限的比例控制？高校和科研单位科研成果的量化考核标准应如何科学确定）。国家有关部门应在事业单位绩效工资改革中先行试点，摸索经验，待条件成熟后再加以推广，切勿操切行事，煮"夹生饭"。此外，笔者建议事业单位目前按不同职务（或职称）发放的物价补贴不宜并入单位绩效工资总额再作二次分配；中央和地方财政应对中国社会科学院和各省社会科学院等公益性强、创收能力弱的事业单位实行绩效工资改革，给予必要的补贴。

2. 深化与完善财税体制改革

（1）进一步完善个人所得税。我国目前的个人所得税存在两大弊端。一是实行分类征收，容易造成税源流失。二是中低收入者成为税源主体。有关数据显示，我国中低收入者贡献了全部个人所得税的65%；而在美国，占纳税人5%的富人则贡献了联邦个人所得税的57.1%。[1] 对此，我国应将个人所得税制由分类所得税制逐步转变为综合与分类相结合的所得税制，大幅调高个人所得税的起征点，调整个人所得税的税率级距与税负水平，重点向高收入者征税。

（2）抓紧制定并适时开征物业税、遗产税和赠与税。在我国当今的税制体系中，真正意义上的财产税严重缺位。2003年10月，党的十六届三中全

---

[1] 闻媛：《我国税制结构对居民收入分配影响的分析与思考》，载《经济理论与经济管理》2009年第4期。

会通过的《关于完善社会主义市场经济体制若干问题的决定》中明确提出：在条件具备时对不动产开征统一规范的物业税。然而，我国迄今尚未开征物业税。笔者认为，物业税作为一种在世界上许多成熟市场经济国家业已实行多年的对财产存量课税的重要税种，不仅具有调节贫富差距的功能，也是国家税收稳定而重要的来源，应创造条件尽早开征。当然，开征物业税尚须具备土地房屋产权明晰、房地产价格评估制度健全和评估人员充足等一系列前提或配套条件，也需要增强广大纳税人的心理和经济承受能力，还应对收入水平或住房价值在一定标准以下的城乡居民实行税收减免，这些因素在制定并开征物业税时应一并综合考虑。我国还应择机开征世界各国的通用税种——遗产税和赠与税。与此同时，我国应适当下调企业所得税税率，以妥善处理国家、企业与个人之间的分配关系。

（3）对部分垄断性行业的垄断收益征收特殊行业税。我国某些垄断性行业凭借其垄断地位获取超额利润，并将其相当大的一部分转化为经营者和职工不合理的高收入。对此，要引进竞争机制，打破经营垄断，强化政府对其产品和服务的价格监管，并通过征收特殊行业税等途径将其由非企业贡献因素获得的超额利润收归国有。

3. 深化与完善社会保障制度改革

（1）通过变现部分国有资产、提高国家预算中社会保障支出比重等多种方式充实社会保障基金，特别是应把企业职工基本养老保险的个人账户做实。

（2）积极稳妥地推进国家机关、事业单位基本养老保险制度改革。目前，我国正在广东、上海等五省（市）进行事业单位职工养老金改革试点，其重要内容之一是将国家财政拨付的事业单位新退休人员的基本养老金明显下调，拟与企业退休人员的基本养老金水平保持一致。这种做法在约有3000万职工的我国事业单位中已引起较大反响，笔者也有不同看法。一是根据物质利益规律和一般情况，基本养老金上调，当事人皆大欢喜；基本养老金下调，当事人恐怕谁都不愿意。二是事业单位已退休职工的基本养老金不下调，新退休和将退休职工的基本养老金下调，势必导致事业单位新老退休人员的矛盾和事业单位部分职工对政府制定的相关政策产生不满情绪。三是与国家机关退休人员相比，事业单位退休人员的基本养老金明显偏低，本应上调；而国家机关退休人员的基本养老金又不在下调的"改革"之列，则必然导致已退休、新退休和未退休的事业单位人员心态严重失衡。四是我国近年来财政收入快速增长（2009年我国财政收入已高达近7万亿元），又拿出上万亿美元的外汇储备购买西方国家国债，恐怕每年决不差上百亿元来填补事业单位退休人员基本养老金的"缺口"。总体来看，我国事业单位退休人员的基本养老金有上调的必要，无下调的依据。我国企业退休人员的基本养老金明显偏低，成因较为复杂。从2005年起，我国已连续六年提高企业退休人员的基本养老金标准，目前人均每月基本养老金1350余元。今后，应适当加大提高企业退休人员基本养老金的力度，使其与国家机关和事业单位退休人员基本养老金的差距逐步缩小。与此同时，要积极推进农村养老保险制度改革，不断完善城乡基本医疗保险制度。

（3）逐步较大幅度地提高城乡居民最低生活保障标准，切实保障贫困群体的基本生活。

（4）健全与完善多层次的住房保障体系，特别是应增加对城镇廉租房建设和棚户区改造的资金投入，完善城镇经济适用房、限价房、廉价房、廉租房制度，重点解决城市低收入家庭和农民工的住房困难。

此外，要增加资金投入，大力发展教育事业，特别是要加快发展以社会需求为导向的高等教育与职业教育，逐步将城乡义务教育年限由9年制增至12年制，不断提升全民族的科学文化和思想道德素质；要继续改革与完善我国劳动就业体制和户籍制度，实行更为积极的就业政策，广辟就业渠道，增加就业岗位，重点帮扶城市零就业家庭、失地农民工和未找到工作的大学生解决就业问题；要认真贯彻《企业国有资产法》及其相关规定，健全国有资产监管体系，防止国有资产流失；要严格执行国务院关于国家机关、事业单位、国有企业不设"小金库"的有关规定，杜绝国有资金"体外循环"，进一步铲除滋生腐败和收入分配不公的土壤；要加大财政向农村和中西部地区转移支付的力度，促进其经济发展和我国基本公共服务均等化；要积极倡导与发展第三次分配（即慈善捐赠），充分发挥其对我国缩小个人收入分配差距、促进社会公平分配与和谐发展的重要作用。①

(三) 加强法制和党风廉政建设,强化管理与监督,坚决取缔非法收入

一是健全与完善相关法律法规,加大惩戒力度。首先,应抓紧制定并出台《财产申报法》、《监督法》等法律法规。作为在全民实施《财产申报法》的先导和反腐倡廉的重大步骤,可率先制定《官员财产申报法》,实施官员财产申报制度。官员财产申报制度又称为"阳光法案",其宗旨是使官员不想贪、不敢贪和不能贪,目前已在世界90多个国家中实行。我国不久前在浙江慈溪和新疆阿勒泰两个地区进行了官员财产申报的试点,在社会上引起了强烈的积极反响。当然,实施官员财产申报制度,还须与金融资产实名制、不动产登记制和公开制、官员违反财产申报制度的处罚制等相关制度协调配套。其次,要加大对经济犯罪的惩戒力度。有关研究表明,在中国和美国进行同等数额的商业贿赂,美国给予的处罚是中国的100倍②;中国腐败官员"平均只有3%的可能性入狱",这使得腐败成为"一项十分有利可图且风险极小的活动"。③ 为进一步预防和打击经济犯罪,完善相关法律法规、加大惩戒力度势在必行。最后,要强化税收征管,特别要强化对畸高收入群体个人所得税的征管,对造假账、报假数、开假票据的会计人员和幕后操纵者要依法惩处,严厉打击权钱交易、侵吞公有资产、非法经营、偷漏骗税等违法行为。

二是加强党风廉政建设,深入持久地开展反腐败斗争。要继续坚持标本兼治、综合治理、惩防并举、注重预防的方针,完善惩治和预防腐败体系,拓展从源头上防治腐败的工作领域,牢牢抓住防止牟取非法利益这个重点,

---

① 当代某些发达国家第三次分配的总量约占本国国内生产总值的3%—5%。世界第二大富豪、美国投资家巴菲特已签署意向书,向比尔·盖茨夫妇创立并掌管的慈善机构捐献375亿美元,创下当今世界个人慈善捐款之最(参见冯小六《实现第三次分配缩小贫富差距》,载《中国经济与管理科学》2009年第3期)。而我国2007年社会捐赠总规模为790.98亿元,仅占当年国内生产总值的0.32%(参见樊慧霞《促进我国社会捐赠事业发展的对策》,载《现代经济探讨》2008年第10期)。第三次分配在我国尚有较大的发展空间。

② 《跨国公司在华行贿十宗罪》,《人物周报》2009年9月10日。

③ 《中国政府反腐败取得成果》,《参考消息》2009年9月6日。

着力建立健全防治腐败的长效机制。反腐倡廉,重点是领导干部。要深入贯彻党的十七届四中全会精神和胡锦涛总书记在十七届中央纪委五次全会上的重要讲话精神,树立法律面前人人平等、制度面前没有特权、制度约束没有例外的意识,严肃查办领导干部中的滥用职权、贪污贿赂等案件,严肃查办严重侵害群众利益案件,严肃查办群体性事件和重大责任事故背后的腐败案件。要深入治理领导干部违规收受现金、有价证券、支付凭证、干股与违规违法收受房屋以及以赌博和交易等形式收受财物等腐败行为。对领导干部在购买公有住房中的以权谋私行为,也应采取有力措施加以纠正。

三是强化个人收入分配的制约与监督机制。要完善党政主要领导干部和国有企事业领导人员经济责任审计,加强对财政资金和重大投资项目的审计,健全党内监督与党外监督相结合、专门机关监督和群众监督相结合的个人收入分配监督体系,充分发挥舆论监督作用。

(四)不断巩固和发展社会主义公有制经济,大力弘扬社会主义意识形态

邓小平指出:"社会主义有两个非常重要的方面。一是以公有制为基础,二是不搞两极分化。"[①] 从传统的计划经济体制转变为社会主义市场经济体制,由于多种所有制经济共同发展和多种分配方式并存,个人收入差距在一定时期内明显扩大是不可避免的。笔者认为,从经济制度角度分析,社会主义公有制基础上与市场经济相结合的按劳分配,不会导致两极分化;而市场经济条件下的资本主义分配方式和自劳自得等分配方式,则必然趋向两极分化。税收政策、国家预算支出等宏观经济调控手段,只能调节市场经济条件下由非公有制因素导致的两极分化的速度和规模,并不能改变其两极分化的发展趋势。要避免整个社会出现两极分化,最终实现共同富裕,最根本的途径就是坚持社会主义公有制的主体地位,不断巩固和发展社会主义经济。为此,应重点抓好两项工作。一是充分发挥国有经济的主导作用。既要继续进行公司制、股份制改革,加快国有企业健全与完善现代企业制度的步伐,又

---

① 《邓小平文选》第 3 卷,人民出版社 1993 年版,第 138 页。

要打造一批拥有自主知识产权和知名品牌、具有较强国际竞争力的国有（或国有控股）大型企业或企业集团，使其真正在关系国家安全和国民经济命脉的重要行业和关键领域占控制（包括完全控制、绝对控制和相对控制三种基本类型）地位。[1] 二是长期坚持农村基本经营制度，坚持农村土地的集体所有制性质。应从我国农村的实际情况出发，按照依法、自愿、有偿原则，健全土地承包经营权流转市场，适度发展多种形式的规模经营，积极探索农村集体经济的有效实现形式。绝不容许以深化农村土地所有制改革为名，行土地私有化之实，将我国广大农民再次拖入两极分化的苦海。

与此同时，要大力弘扬社会主义意识形态。应以发展的马克思主义为核心，以社会主义、集体主义、爱国主义为主线，以"八荣八耻"的社会主义荣辱观为重点，切实加强社会主义精神文明建设，使广大人民进一步树立正确的世界观、人生观和价值观，为改善我国个人收入分配创造良好的思想文化氛围。

（作者单位　对外经济贸易大学国际经贸学院）

---

[1] 郭飞：《深化中国所有制结构改革的若干思考》，载《中国社会科学》2008 年第 3 期。

建设生活大国视野中的国民收入分配体制改革

王永昌

由美国次贷危机引发的国际金融危机在全球迅速蔓延，给我国经济造成了严重影响。关于当前我国经济发展所面临的严峻形势及其背后的深层原因，从中央到地方，从政府部门到企业和学术界，进行了比较广泛而深入的讨论。我们认为，当前我国经济发展面临的问题，既是国际金融危机冲击的结果，更是我国经济素质性、结构性矛盾长期累积的结果，国际金融危机只是外因，国内经济社会结构的不合理才是问题的根源，即使没有这次危机，今天我国经济发展遇到的问题也迟早要出现。

这次国际金融危机给了我们一个重要启示，就是像中国这样一个拥有13亿人口的大国，要实现国民经济的持续稳定增长，不可能长期走出口导向型发展道路，而必须立足国内需求，以内需为主，坚持内需与外需相结合，推动经济增长主要由投资、出口拉动向主要由消费和科技进步拉动转变，促进投资、消费、出口协调发展。当前我国经济发展遇到的问题，表面上看是产能过剩、出口受阻，实质是国民消费能力不强，内需长期启动不了，而这背后的重要根源则在于国民收入分配结构不尽合理。这次金融危机同时还告诉我们，长期以来我国那种以过高的储蓄率、过低的消费率、过度的外向度为特征的发展方式已经难以为继。应对国际金融危机冲击，保持国民经济持续平稳较快增长，根本出路之一是加快推进国民收入分配体制改革，提高国民消费能力，扩大国内消费需求，实现中国从"生产大国"向"生活大国"、"制造大国"向"消费大国"的跨越。

一 中国建设生活大国是大势所趋、出路所在

建设生活大国，就是在一国国民经济发展到一定水平后，国家着眼于实现国民经济持续发展、国民生活质量不断提高的需要，通过加强政府公共服务，扩大公共产品供给，提高国民福利水平，促进国民经济与居民收入、生活水平协调并进，经济建设、政治建设、文化建设、社会建设和生态文明建设共同进步，真正实现科学发展、和谐发展、可持续发展。

（一）建设生活大国是全面贯彻落实科学发展观的内在要求

科学发展观，第一要义是发展，核心是以人为本，基本要求是全面协调可持续，根本方法是统筹兼顾。建设生活大国，就是要通过改革国民收入分配制度，提高国民消费能力，从根本上解决内需长期不振的问题，为我国的发展提供强大而持久的动力；就是要通过大幅改善国民生活条件，提高生活质量，真正实现好、维护好、发展好最广大人民的根本利益，充分体现我们党全心全意为人民服务的宗旨，充分体现科学发展观的要求；就是要通过大力发展社会主义市场经济、民主政治、先进文化、和谐社会和生态文明等各项建设事业，增强发展的协调性、可持续性，实现全面协调可持续发展；就是要加强城市与农村、发达地区与欠发达地区、经济与社会、人与自然、国内与对外开放统筹兼顾，和谐发展。建设生活大国，符合科学发展观要求，是学习实践科学发展观的具体体现。

（二）建设生活大国是实现经济持续健康发展的必要条件

经济学的基本原理告诉我们，生产、流通、消费，是经济系统实现循环发展必不可少的三个环节。没有生产，就没有流通和消费；反过来，没有消费，也不可能有再生产、再流通。消费既是实现生产、流通的目的，是经济活动的终点，同时又是实现再生产的前提条件，是新一轮经济活动的起点。马克思在《政治经济学批判导言》中指出，消费从"两方面生产着生产"：一是通过消费过程把生产出来的产品消灭，使生产过程得以最终实现，"因

为产品只是在消费中才成为现实的产品";二是消费为生产创造出动力,因为没有需要,就没有生产,而消费则把需要再生产出来。因此,保持足够的消费水平,是实现国家经济持续、平稳、较快发展的必要条件。尤其是在进入工业化中后期阶段以后,国民的温饱问题已经解决,供给不再成为发展的主要矛盾,而需求尤其是消费需求在促进经济持续快速增长中的作用大大增强。根据美国经济史学家罗斯托提出的经济增长阶段理论,一国社会经济的发展可分为传统社会阶段、为"起飞"创造条件的阶段、"起飞"阶段、向技术成熟过渡阶段、大众高消费时代和后工业社会六个阶段。大众高消费阶段的突出特征,一个是独立住宅、汽车、各种家用电器等耐用消费品的普及化,另一个就是社会结构的变化,包括新的中产阶级的形成、专业人员及白领职业队伍迅速扩大、加速城市化和城市人口居住郊区化等。罗斯托分析认为,一个经济体一旦进入大众高消费阶段,"社会的主要注意力就从供给转到需求,从生产问题转到消费问题和最广义的福利问题","资源越来越倾向于被引导到耐用消费品的生产和大众化服务的普及"方面。据研究,西方各主要国家在由"技术成熟过渡"阶段向"大众高消费时代"阶段转换时,正好处在人均 GDP 3000—6000 美元时期,也就是我国目前经济发展所处的阶段。[①]这就是说,我国已经进入了大众高消费时代的门槛。因此,建设生活大国正逢其时,这将为我国经济长时间发展增添无穷动力。

(三)建设生活大国是西方国家实现成功转型的普遍经验

罗斯托进一步考察分析后提出,先行国家在进入大众高消费阶段之后,"福利国家"理念骤然强化,这包括:增加社会保障、强化收入再分配机制、缩短工作日、软化刺激生产或供给的政策目标、强化环境资源保护等。[②]我国有学者提出,一个社会进入耐用消费品阶段至少需要五大条件:程度很高的城市化、起码的基础设施、健全的消费信用制度、比较完善的社会保障制度

[①] 赵伟:《人均六千美元的深层涵义》,载《浙江经济》2009 年第 6 期。
[②] 同上。

以及贫富差距不是太大。①从西方多数发达国家实际历程来看,当一国经济发展到工业化中后期后,各国均采取扩大消费、增加福利、加强公共服务等政策措施,以加速推进从生活必需品时代转入耐用消费品时代,并取得了普遍成功。美国在20世纪大萧条时期,经济发展出现耐用消费品过剩、销售不畅,经济陷入严重危机,最后通过罗斯福新政,提高社会救济、调整劳资关系、扩大内需,成功摆脱困境。这期间,美国政府支持和参与修建了近70%的新校舍,65%的地方政府办公楼、市政厅和污水处理设施,35%的医院和公共卫生设施,10%的道路、桥梁、地铁等公共工程建设等。②"二战"后,西方国家相继采取类似措施,大幅提高公民福利,改善居民生活,走上了"福利国家"或"半福利国家"道路,实现了国家的成功转型和国民经济的持续稳步发展。日本在20世纪六七十年代,通过实施出口导向战略,经济得到了极大发展,但随之而来的是国际贸易摩擦加剧、日元被迫大幅升值、出口导向战略难以为继,为此转而扩大内需,于20世纪90年代初相继提出了"国民收入倍增计划"、"日本列岛改造计划"、"田园都市计划"和"生活大国计划",促进经济平稳增长。③日本为建设"生活大国"采取的措施主要包括:建立高质量的生活空间,降低住房价格;完善生活基础设施,如排水设施、公园绿地、交通设施等;设立一万个综合服务设施,提高福利水平;推行新生活方式,如保护环境、推进资源再利用、缩短年劳动时间等。最典型的当属北欧诸国,它们凭借良好的自然资源禀赋和制度设计,建成了名副其实的高福利国家。

(四)建设生活大国是避免陷入"拉美陷阱"的必然选择

以巴西、阿根廷、智利等为代表的拉美国家,在20世纪90年代进入中等收入国家行列,人均GDP相继达到或接近5000美元,但此后经济长期停滞不前,甚至出现大幅倒退。其中巴西、阿根廷人均GDP分别从1997年的

---

① 孙立平:《中国需要一场罗斯福式的社会改革》,南方报网,http://opinion.nfdaily.cn/content/2009-04/28/content_ 5105265. htm,2009年4月28日。
② 丁元竹:《有选择地实施进一步刺激计划》,载《浙江经济》2009年第9期。
③ 姜波:《日本的大国梦》,《经济日报》1992年11月15日。

4760美元和8150美元至2006年下降为4730美元和5150美元。拉美国家过度依赖外资和出口，国民收入结构不合理，贫富差距过大，内需不足，社会矛盾增多，被称为"拉美陷阱"。"拉美陷阱"之所以出现，就在于拉美国家在人均GDP达到3000—6000美元后普遍采取了一些超乎国情、违背经济发展规律的做法，这包括：第一，过度对外开放。大幅度削减关税，无限制地开放国内市场，导致外资垄断了经济部门尤其是赢利较好的一些新兴部门，民族工业陷入困境，自主经济遭受重创，金融危机频发。第二，轻视民生问题。在初次分配中片面强调效益，形成大量失业贫困人群。政府公共服务意识淡薄，对社会保障无所作为，一些国家推行养老金保障私有化制度，社保覆盖面窄。第三，忽略贫富差距。过度追求经济增长，而忽视城乡之间、区域之间、阶层之间、人与自然之间发展的协调性，导致贫富差距悬殊，生态环境遭到破坏。巴西人均GDP达到5000美元时，基尼系数达到0.6。第四，城市化路径失当。过分重视大城市的发展，忽视中小城市的协调推进，城郊出现大量失地农民，涌入城市的农民无法得到充分就业，在城市形成大量贫民窟，社会动荡加剧。[①]当前我国的情况既与大萧条时期的美国和20世纪六七十时代的日本类似，也与90年代拉美国家的情况在许多方面有相似之处。建设生活大国，既是借鉴西方发达国家的成功经验，同时更是吸取拉美国家的惨痛教训，成功实现发展方式和社会结构的转型升级，避免陷入"拉美陷阱"的正确选择。

二 建设生活大国必须着力解决国民收入分配结构不合理问题

新中国成立以来，我国国民收入分配制度大体经历了三个阶段。第一阶段（1949—1977年）为计划经济阶段。这一时期，我国出于赶超战略的考虑，国家实施"高积累、高速度、低消费"政策，在落后的民族经济基础上

---

① 郭明忠：《人均GDP 5000—10000美元发展阶段有关国家发展经验借鉴研究》，载《政策瞭望》2009年第4期。

迅速建立起比较完整的国民经济和工业体系，但高积累导致了国民生活水平的低下。第二阶段（1978—1991年）为改革开放前期阶段。这一时期，国家通过实施改革开放，社会生产力得到极大解放，经济快速发展，国民收入实行以按劳分配为主体的分配体制，城乡居民人均年收入分别增长了1.12倍和2.17倍，居民收入差距缩小。第三阶段（1992—2006年）为市场经济加速发展阶段。这一时期，国家实行分税制，较为广泛地推进包括一些公共服务事业在内的市场化改革，并在居民收入快速增长的同时，鼓励要素参与分配，且其比重不断提高并逐渐在初次分配中处于主导地位，居民收入差距、城乡差距、地区差距拉大，国民社会福利待遇降低，消费预期下降，储蓄倾向趋于加强。2007年党的十七大提出要深化收入分配制度改革，增加居民收入，强调要处理好效率与公平的关系，再分配更加注重公平，逐步扭转收入分配差距扩大趋势，从而开始进入第四个阶段，即构建社会主义和谐社会阶段。目前国务院正在研究讨论制定收入分配制度改革方案，标志着十七大确定的上述方针政策即将成为现实。

改革开放以来，我国国民收入分配结构等呈现出许多新的特点。深入分析和研究这些特点，既对当前我们研究应对国际金融危机冲击策略十分必要，更对研究制定促进我国经济社会长期持续健康发展的政策措施具有重要意义。

（一）从国民收入分配分析

1. 居民收入占国民总收入比重不断下降，政府、企业比重不断上升。1992—2005年间，在初次分配中，居民部门收入在国民收入中的比重由68.23%降至59.59%；政府部门由15.53%升至17.48%；企业部门由15.78%升至22.93%。再次分配中，居民部门收入在国民收入中的比重由69.23%降至59.41%；政府部门由19.22%升至20.55%；企业部门由11.55%升至20.04%。[①]可见，居民部门在初次分配中比重下降趋势在再分配中仍然没有得到校正。2007年，我国财政总收入超过GDP的20%以上，约为全体国民可支配收入的50%，而当年美国联邦政府收入只有美国民间可支

---

① 根据《中国统计年鉴》1992—2008年的资金流量表（实物交易）计算得出。

配收入的 28.6%。①

2. 居民收入增长速度明显低于 GDP 增长速度。1979—2003 年，我国 GDP 年均增长 9.4%，同期城镇居民人均年收入增长 6.8%，农村居民年人均纯收入增长 7.1%，分别比 GDP 增速低 2.6 和 2.3 个百分点。② 2004—2008 年，我国 GDP 增长率分别为 10.1%、10.4%、11.6%、13.0%、9.1%，同期城镇居民人均可支配收入增长率为 7.7%、9.6%、10.4%、12.2%、8.4%，农村居民人均纯收入增长率为 6.8%、6.2%、7.4%、9.5%、8.0%，③ 城乡居民收入增长率均明显低于当年 GDP 增长率。

3. 劳动报酬占 GDP 比重偏低，并呈不断下降趋势。1978—2002 年，我国劳动报酬占 GNP 的比重年平均为 56.97%，比美、法、加、韩、日、泰等国低 10—27 个百分点。④ 1990—2006 年，我国劳动者报酬占 GDP 比重从 53.4% 下降为 2006 年的 40.6%，16 年下降了 12.8 个百分点，与此同时，企业利润占 GDP 比例却从 21.9% 增加到 29.6%。⑤ 1995 年以来，我国国民收入中劳动报酬所占比重呈快速下降趋势，全国 31 个省（市、自治区）除了上海大体不变外，其他 30 个省（市、自治区）均大幅下降。⑥

4. 居民收入差距不断扩大。首先是城乡收入差距拉大。城乡居民年人均收入差距从 1986 年的 1.86∶1 扩大到 2008 年的 3.31∶1。⑦ 其次是基尼系数持续扩大。全国基尼系数从 1982 年的 0.30 上升到 2002 年的 0.454。同时，农村居民间的基尼系数从 1978 年的 0.22 扩大到 2002 年的 0.37，城镇居民间的基尼系数从 1986 年前的 0.20 以下扩大到 2002 年的 0.33。⑧

---

① 吴志鹏：《关键是要处理好投资与消费的关系》，载《浙江经济》2009 年第 2 期。
② 丁兆庆：《努力扩大消费需求，形成消费、投资、出口协调拉动增长的格局》，山东省委党校网，http：//www.sddx.gov.cn/001/001016/001016007/2420227883646.htm，2007 年。
③ 国家统计局：《中华人民共和国 2008 年国民经济和社会发展统计公报》，国家统计局网，http：//www.stats.gov.cn/tjgb/ndtjgb/qgndtjgb/t20090226_402540710.htm，2009 年。
④ 丁兆庆：《努力扩大消费需求，形成消费、投资、出口协调拉动增长的格局》，山东省委党校网，http：//www.sddx.gov.cn/001/001016/001016007/2420227883646.htm，2007 年。
⑤ 辜胜阻：《让劳动者平等分享经济快速发展成果》，载《农村工作通讯》2008 年第 9 期。
⑥ 田秋生：《劳动价格和劳动使用量并非纯市场行为》，《南方日报》2009 年 5 月 20 日。
⑦ 根据国家统计局《我国国民经济和社会发展统计年报》计算得出。
⑧ 《收入差距变化的趋势性特征》，中国网，http：//www.china.com.cn/chinese/EC-c/1231578.htm（摘自中国（海南）改革发展研究院《2006'中国改革评估报告》），2006 年。

（二）从国民收入支出分析

1. 投资率持续攀升。1978—2005 年，全球年均投资率为 22.1%，历史上人均 GDP 1000—2000 美元国家的投资率平均为 20%—35%，最高的泰国 1989—1996 年投资率达到 39%。①而我国投资率，"六五"期间为 34.5%，"七五"期间为 36.7%，"八五"期间为 40.3%，"九五"期间为 37.6%，"十五"期间达到 41.2%，高出世界平均水平一倍，也高出同等发展中国家约 10 个百分点。②

2. 消费率持续下降并严重偏低。消费率从 1981 年的 67.5% 下降至 2005 年的 52.1%，大大低于同期世界平均 70%—80% 的水平。其中，居民消费率从"六五"时期的 52.2% 降至"九五"时期的 47.2%，2005 年更降至 38.2%。③2007 年我国消费率为 48.8%，显著低于同年美国的 85.8%、英国的 85.4%、意大利的 81.0%、法国的 79.1%、德国的 74.1%、日本的 71.4%、巴西的 77.8%、俄罗斯的 70.2%、印度的 62.8%、韩国的 70.0%、新加坡的 67.3% 和香港的 64.8%。④

3. 国民消费结构中居民消费比例下降，政府消费比例上升。1978 年，居民年消费 1759.1 亿元，其中农村居民消费 1092.4 亿元、城镇居民消费 666.7 亿元，政府年消费 480 亿元，最终消费支出占比为：居民 78.6%、政府 21.4%；居民消费比重中农村居民 62.1%、城镇居民 37.9%。到 2007 年，居民年消费 93317.2 亿元，其中农村居民消费 23913.7 亿元、城镇居民消费 69403.5 亿元，政府年消费 35127.4 亿元，最终消费支出占比为：居民 72.7%、政府 27.3%；居民消费比重中农村居民 25.6%、城镇居民 74.4%。⑤可见，改革开放 30 年来，居民消费比重下降，政府消费比重上升，居民收入差距拉大，消费水平逐步下降，尤其农村居民消费由改革前比重大

---

① 吴志鹏：《关键是要处理好投资与消费的关系》，载《浙江经济》2009 年第 2 期。
② 丁兆庆：《努力扩大消费需求，形成消费、投资、出口协调拉动增长的格局》，山东省委党校网，http://www.sddx.gov.cn/001/001016/001016007/2420227883646.htm，2007 年。
③ 丁兆庆：《通过"一降一升"促进经济持续增长》，载《中国国情国力》2007 年第 3 期。
④ 田秋生：《劳动价格和劳动使用量并非纯市场行为》，《南方日报》2009 年 5 月 20 日。
⑤ 《2008 中国统计年鉴》，中国统计出版社 2008 年版，第 55 页。

头变为小头，城乡消费差距逐步拉大。

4. 对国民经济的贡献率，投资逐年下降，出口增速最小，消费持平。1978年底，国民最终消费支出贡献率为39.4%，对经济拉动点为4.6；投资资本总额贡献率为66%，对经济拉动点为7.7；出口贡献率为-5.4%，对经济拉动点为-0.6。到2007年底，国民最终消费支出贡献率为39.4%，对经济拉动点为4.7；投资资本总额贡献率为40.9%，对经济拉动点为4.9；出口贡献率为19.7%，对经济拉动点为2.3。1978年社会投资率为38.2%、国民消费率为62.1%，而到2007年底社会投资率为42.3%、国民消费率为48.8%。①可见，近30年来随着投资不断扩大，贡献率逐年下降；国民消费水平下降，贡献率持平；出口拉动扭亏增盈，但增速最小。外贸依存度持续上升，1980—2001年，美、日、印、德等国为14%—20%，而我国从1980年代初的15%一路攀升到2006年的65%。②

5. 政府没有很好发挥在再分配中的国民收入调节功能。政府在再分配中的收入来源主要是社会保险缴款和收入税，而政府在再分配中的支出主要是社会福利支出。在再分配中，1992—2005年，政府收入占比分别是5.19%、4.05%、3.17%、2.98%、3.60%、3.74%、3.80%、4.95%、5.84%、6.44%、7.48%、7.91%、6.60%、7.27%，支出占比分别是2.69%、2.47%、2.35%、2.38%、2.47%、3.05%、3.46%、3.26%、2.91%、3.59%、4.29%、3.83%、3.85%、3.95%。③可见，政府再分配收入在任何一年都高于再分配支出，其中有的年份高一倍以上，表明政府没有发挥再分配功能调节全社会收入分配结构的作用，政府在再分配中筹集的收入，有近一半用作与社会福利无关的用途。

（三）从中央与地方财政收支占比分析

1978年，中央财政收入175.77亿元，在财政总收入中占比15.5%；地

---

① 《2008中国统计年鉴》，中国统计出版社2008年版，第54、57页。
② 丁兆庆：《努力扩大消费需求，形成消费、投资、出口协调拉动增长的格局》，山东省委党校网，http://www.sddx.gov.cn/001/001016/001016007/2420227883646.htm，2007年。
③ 根据《中国统计年鉴》1992—2008年的资金流量表（实物交易）计算得出。

方财政收入956.49亿元,占比84.5%。同年,中央支出532.12亿元,占比47.4%;地方支出589.97亿元,占比52.6%。到2007年,中央财政收入27749.16亿元,占比54.1%,地方财政收入23572.62亿元,占比45.9%。同年,中央支出11442.06亿元,占比23%;地方支出38339.29亿元,占比77%。[①]可见,中央财政收入占比越来越大,支出却越来越少;地方财政收入占比越来越小,而支出却越来越多,日趋背离中央与地方财权与事权对等原则。

由上述分析我们可以看出,国民收入分配结构的不合理,是导致居民消费能力和消费预期下降,内需不振,经济增长长期依赖投资、出口拉动的根本原因。建设生活大国,扩大居民消费,提高人民生活水平,迫切需要改革不合理的国民收入分配体制。

三 建设生活大国的几点建议

建设生活大国,要以党的十七大精神和科学发展观为重要指导,以启动国民消费需求、促进经济持续、平稳、健康发展为基本目标,以改革国民收入分配体制、完善国民收入分配结构为根本手段,以扩大中等收入群体、形成橄榄形社会结构为关键环节,以提高人民生活品质、实现和维护最广大人民的根本利益为出发点和落脚点。

(一)全面贯彻落实科学发展观,着力确立生活大国理念

科学发展观是指导我国经济社会发展的重要方针。全面贯彻落实科学发展观,推动科学发展,促进社会和谐,归根到底要体现在广大人民生活水平的逐步改善上、体现在不断促进人的全面发展上。邓小平讲,贫穷不是社会主义。建设富裕文明的生活大国,就是要通过增强人民的消费能力,扩大社会消费需求,不断提高人民群众的生活水平和生活品质,走上强国富民道路。要创新理念,对生活与消费的理解不应停留于消极的旧思维,而应以积

---

① 《2008中国统计年鉴》,中国统计出版社2008年版,第263页。

极的新思维进行客观的评价，鼓励和支持居民消费，扩大社会消费规模，改善群众生活条件，提升人民生活品质。要深刻认识到，结构合理的消费不仅是拉动当前经济增长的最主要动力，而且也是我们发展经济的根本目的。我们讲经济发展，不能只讲生产和流通，只强调生产和流通的重要性，而不讲消费，忽视消费对经济拉动的重要作用；讲优化经济结构，不能只讲优化产业结构甚至工业结构，而要进一步处理好生产与生活、投资与消费、内需与外需等经济关系，既要优化产业结构，也要优化国民收入分配结构。要深刻认识到，当前影响我国扩大内需和居民生活的原因，既是体制性的，即收入分配体制的不合理造成了收入差距扩大，影响了国民整体消费能力，同时也是结构性的，即基本公共服务资源分布不合理使相当一部分人口没有充分的机会发展，进而造成了消费能力的下降。因此，必须优化国民收入分配结构，推动生活大国建设，使中国不仅成为生产大国、制造大国，更要成为生活大国、消费大国。

（二）将扩大消费作为调控新重点，着力扩大即期消费需求

应进一步认识到，当前我国经济发展遇到的问题，主要是消费不足，尤其是居民消费能力不强、有效需求不足的问题，而不是生产不足的问题。国家在应对国际金融危机冲击中采取的政策，一是实施积极的财政政策和适度宽松的货币政策，大力加强基础设施投资，包括国家推出的4万亿元经济刺激计划；二是积极稳定外需，促进出口；三是兼顾消费、市场、民生、社保等，但相对而言规模、力度要小，而且尚未从国民收入分配格局上、体制上作出重大安排。应该说，在当前严峻的经济形势下，中央采取的上述政策是必要的、正确的。同时也应当认识到，基础设施投资对经济的即期带动是有限的，其效果往往要等到3—5年后才能充分显现。目前越来越多的专家学者认为，这次金融危机后，美国等发达国家的经济复苏很可能需要一个漫长的过程，有的学者提出至少3年以上，即使复苏也很可能是缓和的，我国将面临外需长期低迷的现实。如果我国目前过于强调扩大投资，而不及时痛下决心扩大消费，极有可能引发下一轮更大规模的生产过剩。所以，无论是从当前应对国际金融危机冲击来讲，还是从长远发展来看，都应在接下来的国家宏观调控中，把扩大居民消费作为工作的重中之重来抓。要借鉴国外应对危机的有益做法，通过实施减税、加强职工培训、创造就业机会等措施，扩大消费。要倡导现代消费理念，引导和鼓励居民适当超前消费，积极培育消费热点。要继续搞活流通，完善农村生产生活基础设施，加大农机、家电下乡力度，稳定城市房地产市场，促进汽车等耐用消费品消费，扩大居民即期消费。要大力发展社区商业、物业、家政等便民消费，加快发展旅游休闲消费，扩大文化娱乐、体育健身等服务消费。鼓励各级政府通过采取发放消费券等各种方式刺激消费需求。在今后内需达到一定水平后，要逐步降低出口退税率，将用于支持出口、补贴外国消费者的钱用于支持消费、补贴国内消费者，刺激国内消费需求。

（三）调整国民收入分配结构，着力优化社会结构

我国目前正在从生活必需品时代进入耐用消费品时代，但要真正转型为大众高消费国家，就必须改革国民收入分配体制，完善国民收入分配结构，扩大中等收入者阶层规模，优化社会结构。因为中等收入者阶层也就是耐用消费品消费者阶层，扩大了中等收入者阶层规模，也就等于扩大了耐用消费品的需求规模，为建成大众高消费国家奠定了坚实基础。为此，一要使国民收入初次分配更趋合理。要努力提高劳动者报酬占国民收入的比例，近年内争取提高到50%以上，适当减少政府和企业收入所占比例，以遏制劳动者报酬在国民收入中比例逐年下降的趋势。对行业垄断和部门垄断行为造成的不规范收入进行限制和调节，实行阳光工资制度。继续减轻企业税费负担，缩小银行存贷款利率差，降低企业融资和经营成本，为进一步提高企业职工工资创造必要条件。全面推行工资集体协商制度，保障职工权益。二要加强国民收入再分配中的调节作用。大幅度提高个人所得税起征点，积极培育和壮大社会中间阶层，为扩大消费、增强社会消费能力、维护社会和谐稳定提供持久动力和牢固基础。加强对高收入阶层的税收调节和征管，缩小居民收入差距。提高对低收入群体的转移支付，重点加大对欠发达地区农村居民以及城市中低技能劳动者、失业人员、无养老金和养老金偏低人员的支持。建立健全全民社会保障体系。三要大力发展社会慈善事业，鼓励社会捐助，建立

健全扶贫济困长效机制,更好地发挥三次分配的作用。

(四)完善社会福利与保障制度,着力改善国民消费预期

居民社会福利待遇低,保障体系不全、保障水平偏低是影响我国居民消费预期、储蓄率长期居高不下的根本原因。建立基本福利制度,完善社会保障体系,能够缩小收入分配差距,减少因收入差距和贫富分化而导致的社会对立,还有助于提高居民消费倾向,提升有效需求,实现宏观经济的均衡。为此,要加快公共财政体系建设,积极推进基本公共服务均等化。要逐步增加民生财政支出,并建立与物价和财政收入变动紧密结合的保障基金体系。要处理好投资与消费的比例关系,争取近年来把以社会保障体系建设为核心的各项民生支出比重提高到财政总支出总额的40%以上,并继续不断提高。深化教育体制改革,在全面实行义务教育基础上,进一步加大政府对学前教育、中等职业教育、高等教育的投入,加大对各教育阶段贫困家庭学生的资助力度,全面建立贫困大学生助学贷款制度,加大财政补助力度,减少和避免因学致贫、返贫现象的发生。深化住房制度改革,严格监控商品房市场价格,完善廉租房政策,探索建立农民工廉租房供应体系。深化医疗卫生体制改革,强化公立医院的公益性质,建立全民医保制度。健全社会保障制度,扩大失业保险、医疗保险、工伤保险、城镇养老保险、生育保险等覆盖面,不断提高低保费、离退休费、优抚人员抚恤标准,健全社会救助体系等。

(五)加强公共服务与社会管理,着力维护社会和谐稳定

社会和谐稳定既是促进社会消费的重要条件,同时也是建设生活大国的重要内容。就业是民生之本,在国际金融危机肆虐的严峻形势下,更应高度重视扩大就业问题。要建立健全各级劳动者就业培训体系,提高就业能力。建立和完善统一、开放的劳动力就业市场网络。引导大专院校毕业生到农村、社区等基层就业,鼓励以创业带动就业。根据企业解决就业岗位的多少给予财政补贴等办法以支持企业减少裁员。继续深化农村土地制度改革,建立健全土地承包经营权流转市场,改革土地征用制度,提高农村集体土地征地费标准,增加农民从土地中获取的收益。抓住城市化加速发展契机,把统筹城乡发展、加快推进城市化建设、构筑城乡一体化发展新格局作为扩大内需、建设生活大国的重要举措来抓，鼓励农民就近进入中小城镇购房定居，大力发展中小城市，有条件地引导和支持进城务工农民有序转为城市正式居民，坚决防止出现城市或城郊贫民区。加强基层民主政治建设，充分发挥农村村民委员会和城镇社区居委会自治组织作用，扩大基层民主。畅通社情民意和群众利益表达渠道，扩大公民有序政治参与，完善信访制度，注意处理好日趋复杂的人民内部矛盾。加强社会主义法制建设，建设法治政府，提高依法治国水平。积极稳妥地发展社会中介机构、民间团体等非政府组织，促进公民社会建设。加强公共卫生防控体系建设，完善突发事件应急处理机制，健全社会治安防控体系，维护社会公共安全。

（作者单位　浙江省政协）

我国总体趋势上不存在"国进民退"

马 骏

近期媒体不断报道"国进民退"问题，引起社会公众的热议。本文通过收集和分析宏观经济指标和相关案例，对"国进民退"问题作出初步分析判断。文中的国有企业指国有及国有控股企业，包括全民所有制企业、国有独资公司、国有控股公司。

一 我国总体趋势上不存在"国进民退"

（一）改革开放以来的总体趋势是国有经济的比重在下降

改革开放初期，我国实行严格计划经济，企业基本都是全民或集体所有制，其中全民所有制企业占绝对主导地位。改革开放以来，多种所有制经济共同发展，国有资本实行战略性调整，国有经济的比重显著降低。改革开放30多年，"国退民进"是大趋势。全国工商联于2006年3月发布的《"十五"期间民营经济形势分析报告》称：根据国家统计局数据及全国工商联推算，2005年内资民营经济在GDP中的比重为49.7%，外商和港澳台投资经济比重约为15%—16%，两者之和约为65%。其民营经济的定义为"除国有和国有控股企业以外的多种所有制经济的统称"，由此，国有经济的比重相应为35%。有学者根据2007年的《中国统计年鉴》和各行业年鉴估算，2006年国有企业增加值占第一、二、三产业的比重分别为5.8%、33.3%和50.6%，占全国GDP的比重为36.9%。

（二）近年国有经济的比重降中趋稳

从固定资产投资和工业的统计数据，可以观察到国有经济的变化趋势。

过去5年中，国有企业占城镇固定资产投资的比重降中趋稳。从2005年到2008年，该比重不断下降，表明国有企业固定资产投资的增速低于非国有企业。值得注意的是，2009年前10个月，该比重的下降趋势出现了逆转，国有企业的固定资产投资增速快于非国有企业。初步分析，这与全球金融危机下非国有企业固定资产投资相对谨慎和国家实施积极财政政策有关系，国家财政政策重点投资的基础设施领域也是国有企业相对集中的领域。固定资产投资是企业利用内外部资源为未来发展进行的投资，反映了企业规模扩张的速度。

国有企业在工业总资产和工业总产值两项指标中的比重也是降中趋稳。国有企业在工业总资产中的比重从2004年的50.9%下降到2008年的43.8%，但下降速度递减。由于2009年国有企业固定资产投资相对增速较快，估计该比重将止跌回稳。国有企业在工业总产值中的比重从2005年的33.3%下降到2008年的28.4%，下降速度也在递减。

二 "国进民退"的案例有相应的背景

尽管宏观数据指标表明我国总体上不存在"国进民退"趋势，我们仍然可以看到"国进民退"的案例。我们对这些案例不应简单持一概肯定或一概否定态度。国家关于国有资本战略性调整的基本思路是"有进有退"，我们应该结合其背景和方式进行具体分析。

（一）国有企业借助产业整治的兼并

以山西煤矿整治为例。山西一些小煤矿资源浪费严重、环境破坏突出、安全事故频发，必须进行整治。由于负责小煤矿监管的地方政府短期内无法建立必要的监管能力，依靠地方政府加强监管的整治方案屡屡失效。政府能力建设不是一朝一夕的事情，为此国家有关部门和山西省政府选择了产业重组方案。产业重组中，技术水平高、社会责任强的国有大企业获得了较多市场份额。国有企业的兼并重组只应看作暂时性的选择。国有企业来自股东的赢利压力相对较小，社会责任激励相对较高，因此有可能会在资源环境和生产安全方面表现较好。同时也应关注国有企业兼并带来的负面影响：产业竞争被削弱，企业效率可能降低，企业兼并过程中的利益关系也很难摆平。长期看，加强政府监管能力建设和促进产业开放竞争是大方向。另外需要指出，国有企业虽然具有较好条件，也必须加强监管，包括股东和行业监管，否则，国有企业重视社会责任的制度优势未必会发挥出来，因为国有企业存在内部人利益问题。

（二）财政或国家资源的投入

政府的投入也是国有经济扩张的重要来源。典型例子是地方政府搭建的融资平台。地方政府以财政收入、土地等资源投入组建融资平台，从银行大量借款，从事城市建设等公用事业。在本轮经济刺激计划中，地方融资平台新增借款达到数万亿元，借款的抵押物主要是土地、税收等公共资源。政府利用公共资源兴办国有企业、投资城市建设是促进城市化的简便方法，但其负面作用也不可小觑。政企不分、财务风险意识薄弱、效率低下等问题可能带来长期风险。在公用事业投资方面，应采用包括国有企业在内的多种发展方式。可积极探索公私合作方式，这既有利于解决资金问题，也为民间提供了投资渠道，还有利于改善企业治理。

另一个典型的例子是政府投资于部分战略性新兴产业，如大飞机、液晶、新能源等，投资方式包括政府直接投资、建立风险投资基金等。由于产业内在的资金和技术密集特性带来了较大的投资风险，以及我国产业的后发劣势，部分战略性新兴产业在发展初期很难吸引企业大规模投资。政府的投资发挥了种子资金作用，产业启动后，吸引了大量民间投资的参与。应该说，国有资本参与战略性新兴产业投资还只是刚刚起步，今后应继续加大力度，同时，还应建立专业化的投资机构，提高投资的效率。

（三）国有企业依靠资金优势投资非主营业务

国有企业的资金优势之一来自国有银行的偏爱。近期大型央企利用资金优势在一线城市高价购买商品房建设用地，制造了系列"地王"，事实上起到了抬高房价的作用，社会公众反应强烈。公众的质疑包括两个方面，一是国有企业抬高房地产价格有违国有企业的宗旨，二是国有企业依靠资金优势涉嫌不公平竞争。国有企业的资金优势之二来自国家的投资和分配政策。国家在一些基础产业投入了巨额资金和其他相关重要资源，企业经营产生持续的现金流和大量利润，但是国家不要求企业分红或者很少分红。企业在考核激励下积极投资非主营业务。国资委对企业业务范围有一定限制，但一些大型企业的子孙公司明显突破了国资委确定的主业范围，还有一些企业通过设立财务公司，投资商业银行、证券公司、基金公司，甚至直接投资股票市场。

（四）国有企业借助行政许可的扩张

行政许可的内容之一是市场准入政策。我国在民航、铁路、电力、石油、电信、邮政、烟草、市政公用事业等领域实行严格的市场准入政策，由于国有企业具有较好基础，且监管体系的建立需要时间，因此国有企业在这些行业中保持主导地位有利于维护社会目标。有人质疑行业竞争不足或监管不力，国有企业利用市场地位挤占下游企业或社会公众的利益，或者过度投资并将成本转嫁给消费者。从实践看，这些质疑不无道理。因此，应继续按照"政企分开、放宽准入、引入竞争、依法监管"推进垄断产业改革。行政许可的内容之二是项目核准政策。政府对资源相关产业、基础设施、基础产业、重要装备、社会事业等项目的投资实行核准政策。由于大型国有企业基础条件好，容易获得好的投资项目以及相关的稀缺资源。政府"选美"有合理的一面，但也可能剥夺新进入者特别是新兴民营企业的发展机会。应继续深化行政许可改革，依法减少许可范围。对于必须许可的项目，应尽量采用竞争性的资源分配方式，以提高市场竞争的公平性。

三 关于"国进民退"问题的几点看法

（一）对"国进民退"应该有客观评估

改革开放以来，我国经济总体上表现出"国退民进"的趋势，近年逐步进入国有经济比重相对稳定时期。前期国有经济比重的显著下降主要来自于民营经济的快速发展和国有资本的战略性调整。近年来国有经济的相对稳定得益于多种因素，包括国有资本相对集中于优势领域、机制体制改革发挥作用、国家政策的支持等。"国退民进"的总体趋势与"国进民退"的案例并存，二者并不矛盾，因为部分国有企业不断扩张，但民营企业发展更快；国有企业"有进有退"，一些国有企业退出了没有竞争优势的领域。"国进民退"案例的背景各有不同，很难笼统地下一个肯定或否定的结论。有些案例是不合理的，如利用资金优势制造"地王"；而有的案例是合理的，如投资部分战略性新兴产业；还有些案例利弊皆有，考虑到特殊的环境条件，很难作出倾向性判断，如地方政府的融资平台。对"国进民退"案例的判断，还与各人的立场有关，因此，媒体上出现不同声音也是正常现象。

（二）应处理好国有企业与非国有企业的关系

理论上讲，国有企业与民营企业可以公平竞争。但在实践中，国有企业却拥有诸多先天优势，如土地、资金、政策优势，或者垄断环节的市场力量等。因此，国有资本应按照国家既定政策进一步调整布局。党的十五届四中全会已经明确指出："国有经济要控制的行业和领域主要包括：涉及国家安全行业、自然垄断行业、重要公共产品和服务行业，以及支柱产业和高新技术产业中的重要骨干企业。"在这些领域，国有经济理应发展壮大，充分发挥主导作用。

（三）国有资本应在市场失效领域充分发挥作用

有人片面认为国有资本战略性调整就是"退出"，国有资本进入新领域就是不合理现象。这不符合经济发展规律，更不符合中国国情。事实上，我国现阶段不仅存在发达国家也有的外部性导致的市场失效，而且存在转型国家特有的市场不完善导致的市场失效，以及发展中国家特有的后发劣势导致的市场失效。这些领域可能出现民营资本不愿进入或不能进入的现象，国有资本应该大胆进入，真正在社会经济总体发展中发挥"支撑作用"和"引导作用"。

（四）应根据社会经济发展充分发挥民营经济的作用

国有资本的作用与我国发展阶段、市场制度完善程度等因素有一定的替代关系。在后发劣势明显和市场体制不完善时,国有企业可以发挥较大作用。随着国家经济不断发展和市场体制不断完善,国家应让民营资本发挥更大作用。对于传统上属于国有资本必须控制的领域,如城市基础设施,应该积极探索公私合作的发展模式。当前,国家可以保留一定的控制权,如保持一定比例的股权,或者持有黄金股。为防止少数个人或家族控制重要基础设施,对公共利益带来不利影响,可以对股权的集中度进行必要的限制。

(五) 应加强和完善国有资本管理体制

国有经济要实现"进退合理",必须加强公共政策部门的监管,真正落实国家所有权政策。考虑到我国建立完善的市场经济管理体制需要较长时间,应重点落实国家所有权政策。国有资本管理的政策、执行和监督三方面职能应适当分离。国务院的公共政策管理部门负责制定政策,国资委负责执行,相关部门和社会公众进行监督。理顺国有资本管理体制,是落实国有所有权政策的制度保证。

(作者单位 国务院发展研究中心企业研究所)

"国进民退"五定位

何 伟

最近山西、内蒙古相继对小煤矿进行兼并整顿，组织国有大煤矿收编民营小煤矿，出现"国进民退"现象。有人说这是"改革倒退"，有人则不赞成这一说法，众说纷纭，莫衷一是。我想从国有经济定位、国有企业定位、民营经济定位、兼并整顿目标定位、"改革倒退"定位这五个方面谈一点看法。

一 国有经济的定位

过去，我们对国有经济的认识并不一致。中共十五届四中全会《决定》，对国有经济有一个明确定位，即："国有经济需要控制的行业和领域主要包括：涉及国家安全的行业，自然垄断的行业，提供重要公共产品和服务的行业，以及支柱产业和高新技术产业中的骨干企业。"这一定位将国有经济锁定在"三个行业两类骨干企业"之内。这一定位表明，国有经济不等于社会主义制度的经济基础，又表明国有经济不等于"公有制主体"，只表明国有经济主要控制"提供重要公共产品和服务行业"，这就大大缩小了国有经济的覆盖面，为民营经济发展开拓了空间。这是经过改革开放30多年的探索，才在全党取得的共识，应该说这一定位来之不易。但后来有关部门将其中的"自然垄断的行业"改为"重大基础设施和重要矿产资源"，这就扩大了国有经济的占有范围，挤压了民营经济的发展空间。由于有了这一修改，煤矿属于"重要矿产资源"，所以山西、内蒙古等地方政府，便可以有章可循地将已经开放的合法的民营煤矿收归国有。

二　国有企业的定位

在争论中，不论赞成"国进"，还是反对"国进"，都把这个"国"理解为改革以前的国有企业，而没有看到目前的国有企业与原来的不同。政企分开后的国有企业，已经不是百分之百的国有企业，有的已是股份制企业，甚至还有外国股份。原来国有企业的工资，全国是统一的，差距很小，基本上是平均分配，厂长的工资不能超过职工平均工资的几倍，企业没有自主分配权，企业的利润全部是国家的，企业没有支配权。政企分开后，企业是自治法人，利润不再上缴国家，可以自主分配，由此出现了高工资、高福利。全国7个垄断行业共有职工2833万人，不到全国职工人数的8%，但工资和工资外收入占全国当年职工工资总额的55%。高职者年薪几百万，甚至数千万，这些领导者既以企业家的身份获得高收入，又以国家官员的身份享受着政府行政级别待遇，企业亏损不会跳楼，旱涝保收，退休后还享受省部级待遇，已经成为既得利益者。

在政企分开后，原来政府对资源的行政垄断，现在变为国有企业垄断。它们依靠政府给予的经营特权，对社会优势资源进行垄断，获取高额垄断利润，又从政府获取大量投资和银行贷款，并有股票上市融资的优先权。据国家发改委主任张平透露，我国社会总投资2007年为13万亿元，2008年可能超过17万亿元，2009年预计超过20万亿元，其中大部分是国家和地方政府的投资。[①] 这些天文数字的投资大部分投向国有企业。银行贷款的80%用于国有企业。即便有这么多的优惠特权，仍然不能改变国有企业的高投入、高能耗、高污染、高排放、低效率、低效益的局面。况且，这些央企与国外企业相比能有多少自主知识产权、在劳动生产率和竞争力上又占到第几位？在市场经济条件下，政企分开以后，垄断的国企已经异化为特殊利益集团，应是目前改革的对象，而不是做强做大的主体，这样的"国进"与我国改革的大方向背道而驰。

---

① 参见《炎黄春秋》2009年第10期。

三 民营经济的定位

对民营经济的认识也有一个过程。从"拾遗补缺"到"有益的补充",再到"社会主义市场经济的重要组成部分",一直到中共十六大提出的两个"毫不动摇",对其重要性的认识在不断加深,其作用在不断加大。目前民营经济提供的 GDP 已占 65%、新增就业岗位已占 80%、税收总额已占 56%[①],可以说民营经济已占半壁河山。

可是,有的人却忽视民营经济的重要性,提出"国有企业是国民经济的重要支柱","是我党执政的重要基础",难道已占据半壁河山的民营经济不是国民经济的重要支柱?不是我党执政的重要基础?这种观点显然是一种不顾事实的传统偏见,只强调国有企业的作用,忽视民营经济的作用。一味地做大做强国有企业,自然会形成对民营经济的挤压,不利于中国经济的发展。目前世界金融危机给民营经济带来许多困难,国内出现的"国进民退"对一些民营企业更是雪上加霜,许多民营企业家把资本从生产领域抽出投向股市、楼市。如果因为我们的政策偏好使一些民营企业家把资本从生产领域抽走,不进行增值、创造财富,而在流通领域进行保值,必然会影响经济发展,影响就业,这点应引起高度重视。

四 兼并整顿的定位

政府为了社会利益对一些行业进行兼并整顿是必要的,也是政府的责任。但是,要明确几点,首先,兼并整顿的目的不是国有化,应是低耗、低排、低碳和绿色、安全、高效,应定位为转变经济发展方式。目前对小煤矿的兼并往往以资源禀赋匮乏、不是再生资源、具有战略意义为理由,其实中国所有矿产资源均短缺,都是不能再生的,即便国营,资源也不会增加,也不会变为再生,散、小矿井也不会变大。为什么我们有的大油田、大煤矿租

---

① 参见《民(私)营经济内参》2009 年 8 月 28 日。

给国外企业开采，中国的民营资本就不能经营呢？应该一视同仁。其次，政府规划是合理的，但在兼并交易上要尊重市场原则，应依法、自愿、公平交易，政府不能定价、强卖强买。因为政府兼并面对的是两个法人企业，应由双方自愿交易，政府不能强迫。可是山西小煤矿的兼并就违背了这些原则。一是在产权交易中未遵循自愿原则。山西临汾某县通知被兼并煤矿负责人到县政府开会。会上，每人给一张纸，上面写着"我自愿将××煤矿卖给××集团公司"，既不见买方，又不知道什么价钱及何时交款。[①] 二是在交易价格上未遵循市场原则，由政府定价。山西省政府2008年的83号文件、2008年9月28号通知规定："对需要整合的煤矿矿业权价格评估，按如下方法计算：按2004年民营煤矿矿主缴纳的采矿权价款的1.5倍，乘以煤矿的储量。"而2004年的采矿权价款却是焦煤1.8元/吨，电煤1元/吨，乘以1.5后价款分别为焦炭2.7元/吨，电煤1.5元/吨。据业内人士估计，煤矿采矿权价格应在14—15元/吨，相差甚远，与山西省政府的出价相差5—10倍。[②] 最后，不尊重物权，强买强卖。"山西省某些地方政府及国土管理部门对于拒绝接受整合的矿产人，动辄采用吊销矿业权、责令关闭矿山……不予办理矿业权年检及续产手续等威胁手段，逼迫拟被整合的矿业权人就范。"[③] 这种用权力强制进行的不等价交易，是一种变相剥夺，是违法行政，大大损害了政府的公信度。

山西小煤矿出现散、乱、小问题，矿难不断，这不是所有制的问题，而属于管理问题。只要加强管理，提高管理水平，一些问题是可以逐步改善的。2009年11月21日，黑龙江鹤岗新兴煤矿发生的矿难，目前已有104人遇难，说明国有企业也解决不了矿难问题。我们过去有一个传统观念，认为只要是公有制，一切问题都能解决，这是一种家长制的管理办法。而现在政府面对的是市场，产权已多元化，应学会用市场原则、法律法规来管理经济。这就要求管细、管合理、管科学，要改变那种大而化之、一刀切的管理办法。

---

① 参见《中国经济时报》2009年11月19日。
② 参见《中国经济时报》2009年11月18日。
③ 参见《中国经济时报》2009年11月19日。

五 "改革倒退"的定位

认清这次"国进民退"是否为"改革倒退",首先应弄清我国目前经济体制改革还没有到位,大多数人认为还任重道远。我国经济体制改革的总趋势是缩小国有经济控制行业和领域,为民营经济发展开拓空间,实现产权多元化,完善市场经济体制,因而"国退民进"是改革的大趋势。而目前出现的"国进民退",是逆改革取向而行,因而是一种倒退。

在我国,经济体制改革是一项惊天动地的大事业,不可能一帆风顺,出现迂回是正常的,是可以理解的,从某种意义上讲也是必需的。后退可以巩固改革前进的成果,后退可以纠正前进中出现的不足。正视后退是说明将来要继续前进,不能把后退当作目的。"摸着石头过河",有时也可能向回摸,但这不是目的,目的不是摸石头,而是要过河。承认目前"国进民退"是改革倒退,并不是什么大棒,而是实事求是,其目的是为了继续推进改革。

(作者单位 中国人民大学经济学院)

学术争鸣

马克思的异化概念与历史唯物主义
——与俞吾金教授商榷

段忠桥

近几年来,马克思的异化概念与历史唯物主义的关系成为我国马克思主义哲学研究中的一个热点问题。其实,这一问题早在 20 世纪 80 年代我国学术界关于人性、人道主义的大讨论中就已凸显,当时只是由于各种原因没能继续对其进行深入的探讨。[①] 在近几年我国学者有关这一问题的研究中,复旦大学俞吾金教授发表在《中国社会科学》2003 年第 3 期的论文《"道德评价优先"到"历史评价优先"——马克思异化理论发展中的视角转换》(以下简称《转换》)值得引起我们的关注,因为他在这篇论文中明确提出了三个涉及马克思的异化概念与历史唯物主义关系的新见解:(1)马克思一生都使用异化概念;(2)在马克思异化概念的发展中存在一个从"道德评价优先"到"历史评价优先"的"视角转换";(3)异化概念在马克思历史唯物主义理论中的地位不是象征性的、边缘性的,而是实质性的、基础性的。[②] 笔者对俞吾金教授的探索精神表示钦佩,但对他的三个新见解却不甚认同,特提出以下意见就教于俞吾金教授。

一 马克思在其成熟时期的绝大部分重要著作中都没使用过异化概念,俞吾金教授说"马克思一生都使用异化概念"不符合实际情况

俞吾金教授在《转换》一文中提出的第一个新见解,是"马克思一生

[①] 参见《人是马克思主义的出发点——人性、人道主义问题论集》,人民出版社 1981 年版。
[②] 这三个见解其实并不都是新见解,因为其中的(1)和(3)早就被苏联、东欧及西方学者提出,参见《异化问题》(上、下),文化艺术出版社 1986 年版。当然,俞吾金教授毕竟对(1)和(3)提出了自己的某些论证,因而,从这种意义上讲也可以说它们是他的新见解。

都使用异化概念"。① 他还进而指出:"这一概念的发展史大致可以划分为以下三个阶段:第一阶段主要包括马克思的《博士论文》(1840年下半年到1841年3月)、《黑格尔法哲学批判》(1843年夏)、《论犹太人问题》(1843年秋)、《〈黑格尔法哲学批判〉导言》(1843年末到1844年1月)、《詹姆士·穆勒〈政治经济学原理〉一书摘要》(1844年上半年)、《1844年经济学哲学手稿》(1844年4—8月)等著作。第二阶段主要包括马克思的《神圣家族》(1844年9—11月)、《关于费尔巴哈的提纲》(1845年春)、《德意志意识形态》(1845—1846年)、《反克利盖的通告》(1846年5月)、《哲学的贫困》(1847年上半年)、《道德化的批评和批评化的道德》(1847年10月底)、《共产党宣言》(1847年12月—1848年1月)等著作。第三阶段主要包括《1857—1858年经济学手稿》、《1861—1863年经济学手稿》、《剩余价值学说史》(1861—1863年)和《资本论》(1867年)等著作。"②

不难看出,俞吾金教授是以他开列的马克思在他所说的三个阶段的论著来论证马克思一生都使用异化概念的。我们这里且不说他将马克思异化概念的发展史划分为三个阶段是否合适,仅就他开列的这些论著来看,他的论证就不能成立。

首先,俞吾金教授没有提及马克思1867年以后的那些非常重要但却从不使用异化概念的论著。马克思的一生不是结束于《资本论》第一卷出版的1867年,而是1883年。从1867年到1883年这16年期间,马克思还写了大量重要的论著,仅从我国编辑出版的《马克思恩格斯选集》来看就有《法兰西内战》(1871年5月下半月—6月初)、《论土地国有化》(1872年3—4月)、《政治冷淡主义》(1873年1月)、《巴枯宁〈国家制度和无政府状态〉一书摘要》(1874—1875年初)、《哥达纲领批判》(1875年4月底—最迟5月7日)、《给〈祖国纪事〉杂志编辑部的信》(1877年10—11月)、《给维·伊·查苏利奇的复信》(1881年2月底—3月初)。如果说马克思一生都使用异化概念,那就不能排除他在1867年到1883年这16年间所写的论著。

---

① 《"道德评价优先"到"历史评价优先"——马克思异化理论发展中的视角转换》,《中国社会科学》2003年第3期。

② 同上。

马克思在这期间的论著中使用过异化概念吗？据我所知没有。

其次，在俞吾金教授开列的第二阶段的那些论著中，除《神圣家族》以外①，马克思在有些著作中虽然使用了异化概念，但却不是他自己的异化概念，在有些著作中则根本没有使用过异化概念。先说前一种情况。马克思在《关于费尔巴哈的提纲》中虽然说过"费尔巴哈是从宗教上的自我异化，从世界被二重化为宗教世界和世俗世界这一事实出发的"② 这样的话，但在这段话中出现的异化概念无疑不是马克思自己的异化概念而只是费尔巴哈的异化概念。在《德意志意识形态》中，马克思（和恩格斯）也在几处地方使用过异化概念，例如，他们在一处是这样使用的："哲学家们在已经不再屈从于分工的个人身上看见了名之为'人'的那种理想，他们把我们所阐述的整个发展过程看作是'人'的发展过程，从而把'人'强加于迄今每一历史阶段中所存在的个人，并把他描述成历史的动力。这样，整个历史过程被看成是'人'的自我异化过程……"③ 在这段话里出现的异化概念显然也不是他们自己的异化概念，而是青年黑格尔派哲学家的异化概念。④ 再说第二

---

① 按照人们通常的理解，包括俞吾金教授本人的理解，《神圣家族》属于马克思（其实还应包括恩格斯，因为这本书是他们合著的。这里还有必要指出，后面谈到的《德意志意识形态》和《共产党宣言》也是马克思、恩格斯合著的，但不知何故，俞吾金教授在引用它们时也略去了恩格斯的名字）思想尚不成熟时期的著作。俞吾金教授在其《重新理解马克思——对马克思哲学的基础理论和当代意义的反思》一书中指出："马克思在撰写《神圣家族》时非但没有以自己的'现实的人及其历史发展的科学'去取代费尔巴哈'对抽象的人的崇拜'，反而仍然肯定费尔巴哈所说的人是'现实的人'。"（北京师范大学出版社 2005 年版，第 243 页）这样说来，《神圣家族》就应列入异化概念发展的第一个阶段，即他所说的"青年马克思的异化理论"的阶段，但他却把它列入了包括《德意志意识形态》、《反克利盖的通告》、《哲学的贫困》、《道德化的批评和批评化的道德》和《共产党宣言》等成熟时期的著作在内的第二个阶段。这种做法的逻辑矛盾是显而易见的。

② 《马克思恩格斯选集》第 1 卷，人民出版社 1995 年版，第 55 页。

③ 同上书，第 130 页。

④ 为了证明马克思在《德意志意识形态》中使用了自己的异化概念，俞吾金教授引用了其中的一段话：施蒂纳"只是把一切现实的关系和现实的个人都预先宣布为异化的（如果暂时还用一下这个哲学术语），把这些关系和个人都变成关于异化的完全抽象的词句。这就是说，他的任务不是从现实个人的现实异化和这种异化的经验条件中来描绘现实的个人，他的做法又是：用关于异化、异物、圣物的空洞思想来代替一切纯经验关系的发展。"然后推论说，"人们常常抓住马克思这句话中'如果暂时还用一下这个哲学术语'这一说法，推断马克思以后放弃了异化概念。显然，这样的推断是缺乏说服力的。从这句话的上下文可以看出，马克思在这里主要批评的是施蒂纳不谈'现实个人的现实异化'，而只满足于搬弄异化这个抽象术语的错误倾向。"（《转换》，《中国社会科学》2003 年第 3 期）从俞吾金教授的引文及推论能得出马克思（和恩格斯）在《德意志意识形态》中使用了自己的异化概念的结论吗？显然不能。

种情况。仔细读一下被俞吾金教授列入第二个阶段的《反克利盖的通告》、《哲学的贫困》、《道德化的批评和批评化的道德》和《共产党宣言》，我们就会发现，在这些著作中就根本没出现过异化概念。①

第三，在俞吾金教授开列的第三阶段的那些论著中，马克思虽然使用了自己的异化概念，但在这一阶段马克思还写过很多没有使用异化概念的重要论著。例如，《〈政治经济学批判〉序言》（1859年1月）、《工资、价格和利润》（1865年5月底—6月27日）、《国际工人协会成立宣言》（1864年10月21—27日之间）、《国际工人协会共同章程》（1871年11—12月）、《论蒲鲁东》（1865年1月24日）。这样说来，即使在这一阶段，马克思也只是在一些论著中，主要是在几个经济学手稿中使用了异化概念。

第四，马克思在1867年出版的《资本论》第一卷德文版中虽然在4个地方5次使用了异化概念，但在他后来亲自修订的于1872年9月至1875年11月分册出版的《资本论》第一卷法文版中却又几乎将这一概念全都去掉。

马克思《资本论》第一卷德文版中使用异化概念的4处论述如下：

（1）可见，资本主义生产方式使劳动条件和马克思的异化概念与历史唯物主义劳动产品具有的与工人相独立、相异化的形态，随着机器的发展而发

---

① 为了证明马克思（和恩格斯）在《共产党宣言》（以下简称《宣言》）中使用了异化概念，俞吾金教授引用了1958年版的《马克思恩格斯全集》第4卷第495页的一段话："他们在法文的原文下面添进了自己的一套哲学胡说。例如，他们在批评货币关系的法文原稿下面添上了'人性的异化'，在批评资产阶级国家的法文原文下面添上了所谓'抽象普遍物的统治的废除'等等。"我们知道，早在1972年版的《马克思恩格斯选集》中，这段引文就已改译为："他们在法国的原著下面写上自己的哲学胡说。例如，他们在批判货币关系的法国原著下面写上'人的本质的外化'〔EntauBerung〕，在批判资产阶级国家的法国原著下面写上所谓'抽象普遍物的统治的扬弃'等等。"（《马克思恩格斯选集》第1卷，人民出版社1972年版，第277—278页）在1995年版的《马克思恩格斯选集》中，这段引文又被改译为："他们在法国的原著下面写上自己的哲学胡说。例如，他们在法国人对货币关系的批判下面写上'人的本质的外化'，在法国人对资产阶级国家的批判下面写上所谓'抽象普遍物的统治的扬弃'等等。"（《马克思恩格斯选集》第1卷，人民出版社1995年版，第299页）不难看出，无论根据1972年版的《马克思恩格斯选集》还是根据1995年版的《马克思恩格斯选集》，都不能认为马克思（和恩格斯）在《宣言》中使用了异化概念。按照我国学术界的惯例，对马克思、恩格斯著作的引用应以最新版本为依据，俞吾金教授写作《转换》一文的时间应是2003年，那时无论是1972年版的《马克思恩格斯选集》还是1995年版的《马克思恩格斯选集》都很容易找到，那俞吾金教授为什么非要用1958年版的《马克思恩格斯全集》第4卷呢？而且即使以后者为依据，能得出马克思（和恩格斯）使用了自己的异化概念的结论吗？

展成为完全的对立。①

（2）另一方面，工人不断地像进入生产过程时那样又走出这个过程——是财富的人身源泉，但被剥夺了为自己实现这种财富的一切手段。因为在他进入过程以前，他自己的劳动就同他相异化而为资本家所占有，并入资本中了，所以在过程中这种劳动不断物化在别人的产品中。因为生产过程同时就是资本家消费劳动力的过程，所以工人的产品不仅不断地转化为商品，而且也转化为资本，转化为吸收创造价值的力的价值，转化为购买人身的生活资料，转化为使用生产者的生产资料。可见，工人本身不断地把客观财富当作资本，当作同他相异化的、统治他和剥削他的权力来生产，而资本家同样不断地把劳动力当作主观的、同它本身物化的和实现的资料相分离的、抽象的、只存在于工人身体中的财富源泉来生产，一句话，就是把工人当作雇佣工人来生产。工人的这种不断再生产或永久化是资本主义生产的必不可少的条件。②

（3）因为过去劳动总是装扮成资本，也就是说，A、B、C等人的劳动的被人所有总是装扮成非劳动者X的自己所有，所以资产者和政治经济学家们对过去劳动的功绩赞扬备至；苏格兰的天才麦克库洛赫甚至认为，过去劳动应当得到特殊的报酬（利息、利润等）。于是，那种以生产资料的形式参与活劳动过程的过去劳动所取得的不断增长的重要性，就被归功于这种劳动的同工人本身相异化的形态，即它的资本的形态，虽然这种劳动是工人的过去的和无酬的劳动。③

（4）在资本主义体系内部，一切提高社会劳动生产力的方法都是靠牺牲工人个人来实现的；一切发展生产的手段都变成统治和剥削生产者的手段，都使工人畸形发展，成为局部的人，把工人贬低为机器的附属品，使工人受劳动的折磨，从而使劳动失去内容，并且随着科学作为独立的力量被并入劳动过程而使劳动过程的智力与工人相异化。④

---

① 《资本论》第1卷，人民出版社1975年版，第473页。
② 同上书，第626—627页。
③ 同上书，第667—668页。
④ 同上书，第707—708页。

下面是与上述 4 处论述相对应的《资本论》第一卷法文版中的 4 处论述：

（1）可见，资本主义生产使劳动条件和劳动产品具有的与工人相独立的性质，随着机器的发展而发展成为完全的对立。①

（2）另一方面，工人像进入生产过程时那样走出生产过程：他是财富的人身源泉，被剥夺了他自己的实现（劳动）的手段。他的劳动还在过程开始以前就已经异化，成为资本家的财产，并入了资本，所以很清楚，他的劳动在过程中只能实现在迅速离开他的产品中。因为资本主义生产同时就是资本家对劳动力的消费，所以它不断地把雇佣劳动的产品不仅转化为商品，而且也转化为资本，转化为吸收创造价值的力的价值，转化为统治生产者的生产资料，转化为购买工人本身的生活资料。因此，资本主义生产过程的连续性或者周期重复本身会再生产出它的基础，即作为雇佣工人的劳动者，并使之永久化。②

（3）因为劳动者 A、B、C 等人的过去劳动在资本主义制度中总是表现为非劳动者 X 的资产，所以资产者和经济学家们对这种死劳动的恩惠总是感激涕零，赞扬备至；苏格兰的天才麦克库洛赫甚至认为，过去劳动应当得到特殊的报酬，通俗的名称就是利息、利润等等。可见，这些智者不是把过去劳动以劳动资料形式给予活劳动的越来越大的帮助归功于创造产品的工人，而是归功于占有产品的资本家。③

（4）在资本主义体系内部，一切提高集体劳动力量的方法都是靠牺牲劳动者个人来实现的；一切发展生产的手段都变成统治和剥削生产者的手段，都使生产者畸形发展，成为局部的人，或者机器的附属品，使生产的科学力量作为敌对的力量与生产者相对立。④

不难看出，德文版第（1）处论述中的异化概念在法文版中被去掉了；德文版第（2）处论述中出现的两个异化概念在法文版中一个被去掉，另一

---

① 《资本论》第 1 卷，人民出版社 1975 年版，第 437 页。
② 同上书，第 599 页。
③ 同上书，第 642 页。
④ 同上书，第 688 页。

个在用法上做了修改;德文版第(3)处论述中的异化概念在法文版中被去掉了;德文版第(4)处论述中的异化概念在法文版中被改为"对立"。这些修改表明,虽然马克思在1867年的《资本论》第一卷中使用了异化概念,但马克思并不认为他那时对这个概念的使用是合适的和必要的。

"马克思一生都使用异化概念"这一命题的含义是什么?至少应指马克思在其一生的重要著作中都使用这一概念。然而,正如我们所表明的,马克思在俞吾金教授没有提及的1867—1883这16年的著作中没有使用异化概念,在俞吾金教授所说的第二阶段的著作(除去《神圣家族》)中没有使用自己的异化概念,在俞吾金教授所说的第三阶段的著作以外的一些重要著作中也没有使用异化概念,在1867年《资本论》第一卷德文版中虽有几处地方使用过异化概念,但在后来的法文版中又几乎将其都去掉。实际上,马克思较多使用异化概念的著作主要是他早期的著作和他1857—1864年的几个经济学手稿。如果实际情况是这样,那俞吾金教授根据什么说"马克思一生都使用异化概念"呢?

二 俞吾金教授所说的异化概念实际上是青年马克思的异化劳动概念,由于成熟时期的马克思已经放弃这一概念,因而他所说的情况——在马克思异化概念的发展中存在着一个根本性的"视角转换",实际上并不存在

俞吾金教授提出的第二个新见解是,在马克思异化概念的发展中,存在着一个根本性的"视角转换"——青年马克思是从"道德评价优先"的视角出发去看待异化现象,成熟时期的马克思是从"历史评价优先"的视角出发去看待异化现象。[1] 在对俞吾金教授的这一见解作出评价之前,让我们先来看看他所说的"马克思(的)异化概念"以及青年马克思和成熟时期的马克思看待的"异化现象"指的是什么。

---

[1] 《"道德评价优先"到"历史评价优先"——马克思异化理论发展中的视角转换》,《中国社会科学》2003年第3期。

我们知道，异化（德文：Entfremdung，英文：Alienation）作为一个哲学范畴，其基本含义是"某物通过自己的活动而与某种曾属于它的他物相分离，以至于这个他物成为自足的并与本来拥有它的某物相对立的一种状态"。① 我们还知道，自异化概念被提出以后，它在不同的学者那里具有不同的含义，对于这一点，俞吾金教授在《转换》一文中也是这样讲的："如果说，在黑格尔那里，异化主要是指精神上的异化，即绝对理念在运动中异化或外化出自然界，那么，在青年黑格尔派那里，异化获得了不同的含义。费尔巴哈把异化概念运用到宗教批判中，把上帝理解为人的本质的异化，并在这个意义上强调，神学的本质就是人类学，这一见解无疑是振聋发聩的。在费尔巴哈的基础上，布·鲍威尔以更宽泛的方式提出了人的'自我异化'的问题。"② 那他在其新见解中说的"马克思（的）异化概念"指的是什么呢？关于这一问题，俞吾金教授在《转换》中只有这样一段论述："如果说，马克思在《博士论文》中还主要是在黑格尔的意义上使用异化概念，在《黑格尔法哲学批判》、《论犹太人问题》和《〈黑格尔法哲学批判〉导言》中，马克思已经更多地在费尔巴哈和鲍威尔的意义上使用异化概念。值得注意的是，在《詹姆士·穆勒〈政治经济学原理〉一书摘要》和《1844年经济学哲学手稿》中，由于契入了对国民经济学的研究，马克思的异化概念显示出自己的特点，即马克思提出了'异化劳动'的新概念，并分析了这一概念的四层含义。"③ 这里需要指出，俞吾金教授在《转换》中把此时的马克思称为"青年马克思"④，由此说来，他这里说的马克思的"异化劳动"的新概念指的只能是青年马克思使用的异化概念。然而，俞吾金教授在其新见解中讲的"马克思（的）异化概念"指的却不仅是青年马克思使用的异化概念，而且还指成熟时期的马克思使用的异化概念，因为他的新见解讲的是在"马克思异化概念的发展"中存在一个由"青年马克思"看待异化现象的道德

---

① 《西方哲学英汉对照辞典》，人民出版社2001年版，第35页。
② 《"道德评价优先"到"历史评价优先"——马克思异化理论发展中的视角转换》，《中国社会科学》2003年第3期。
③ 同上。
④ 同上。

评价优先的视角向"成熟时期的马克思"看待异化现象的历史评价优先的视角转换,这其中就包含着成熟时期的马克思还继续使用异化概念的意思,用他自己更明确的话来讲就是"马克思一生都使用异化概念"。那成熟时期马克思使用的异化概念指的是什么?对此,俞吾金教授没做直接的说明而只做了这样的暗示:他在谈到成熟时期的马克思为什么在有些著作中大量使用异化概念,而在另一些著作中又很少使用甚至完全不用这一概念时指出,在后一类文本中,"虽然马克思很少使用,甚至不使用异化概念,但这一概念所要表达的含义却到处喷涌出来","比如,成熟时期的马克思常常使用的'雇佣劳动'概念与青年时期的马克思使用的'异化劳动'的概念虽然在称谓上不同,其实质却是完全相同的"。① 这就表明,俞吾金教授认为成熟时期的马克思尽管很少使用异化概念,但所使用的异化概念实质上就是青年马克思使用的异化劳动概念,这样说来,他在其新见解中讲的"马克思(的)异化概念"实际上就是青年马克思使用的"异化劳动概念"。

那青年马克思和成熟时期的马克思看待的"异化现象"指的又是什么?对于这一问题,俞吾金教授没做任何界定。从语义上讲,"异化现象"指的就是"异化的现象",这样说来,"异化现象"指什么就与"异化"概念本身的含义密切相关。例如,在黑格尔那里,异化现象指的就是绝对理念在运动中异化出自然界和人类社会,在费尔巴哈那里,异化现象指的就是人把自己的本质异化为上帝。前面表明,俞吾金教授说的"马克思(的)异化概念"实际上是异化劳动概念,由此说来,他说的"异化现象",指的就只能是异化(劳动)现象,即马克思在《1844年经济学哲学手稿》(以下简称《手稿》)中描述的资本主义制度下工人的异化劳动。

以上分析表明,俞吾金教授的第二个新见解实际上讲的是:在马克思异化(劳动)概念的发展中,存在着一个根本性的"视角转换"——青年马克思是从"道德评价优先"的视角出发去看待异化(劳动)现象的,成熟时期的马克思是从"历史评价优先"的视角出发去看待异化(劳动)现象

---

① 《"道德评价优先"到"历史评价优先"——马克思异化理论发展中的视角转换》,《中国社会科学》2003年第3期。

的。俞吾金教授的这一新见解能够成立吗？我认为不能，因为异化劳动概念只是青年马克思使用的概念，成熟时期的马克思虽然还使用异化概念，但已不是异化劳动概念。因此，无论俞吾金教授的青年马克思是从"道德评价优先"的视角出发去看待异化（劳动）现象的说法是否能够成立，他的成熟时期的马克思是从"历史评价优先"的视角出发去看待异化（劳动）现象的说法肯定是不能成立的。

为了把问题说得更清楚，让我们先来看看青年马克思使用的异化劳动概念的含义。众所周知，此时马克思有关异化劳动概念的论述主要是在《手稿》中"异化劳动和私有财产"这一部分，而他对这一概念的论述是从"当前的经济事实"，即"工人生产的财富越多，他的产品的力量和数量越大，他就越贫穷"[①] 开始的。

马克思首先指出："这一事实无非是表明，劳动所生产的对象，即劳动的产品，作为一种异己的存在物，作为不依赖于生产者的力量，同劳动相对立。劳动的产品是固定在某个对象中的、物化的劳动，这就是劳动的对象化。劳动的现实化就是劳动的对象化。在国民经济学假定的状况中，劳动的这种现实化表现为工人的非现实化，对象化表现为对象的丧失和被对象奴役，占有表现为异化、外化。"[②] 由此马克思提出了异化劳动概念的第一个规定："工人对自己的劳动的产品的关系就是对一个异己的对象的关系。"[③] 简言之，人同自己的劳动产品相异化。

从第一个规定出发，马克思进而提出异化劳动概念的第二个规定：工人在生产活动本身中的异化。他论证说，工人的"异化不仅表现在结果上，而且表现在生产行为中，表现在生产活动本身中。如果工人不是在生产行为中使自身异化，那么工人活动的产品怎么会作为相异的东西同工人对立呢？产品不过是活动、生产的总结"[④]。这就是说，劳动对象的异化不过是生产活动的异化的结果。工人在生产活动本身中的异化指的又是什么？从马克思的相

---

① 《马克思恩格斯全集》第 3 卷，人民出版社 2002 年版，第 267 页。
② 同上书，第 267—268 页。
③ 同上书，第 268 页。
④ 同上书，第 270 页。

关论述来看，它指的是，"工人对他自己的活动——一种异己的、不属于他的活动——的关系。在这里，活动是受动；力量是无力；生殖是去势；工人自己的体力和智力，他个人的生命——因为，生命如果不是活动，又是什么呢？——是不依赖于他、不属于他、转过来反对他自身的活动"。① 简言之，人同自己的生命活动相异化。

根据上述两个规定，马克思又提出了异化劳动概念的第三个规定：人同自己的类本质相异化。马克思说："一个种的整体特性、种的类特征就在于生命活动的性质，而自由的有意识的活动恰恰就是人的类特征。生活本身仅仅表现为生活的手段。动物和自己的生命活动是直接同一的。动物不把自己同自己的生命活动区别开来。它就是自己的生命活动。人则使自己的生命活动本身变成自己意志的和自己意识的对象。他具有有意识的生命活动。这不是人与之直接融为一体的那种规定性。有意识的生命活动把人同动物的生命活动直接区别开来。正是由于这一点，人才是类存在物。或者说，正因为人是类存在物，他才是有意识的存在物，就是说，他自己的生活对他来说是对象。异化劳动把这种关系颠倒过来，以致人正因为是有意识的存在物，才把自己的本质变成仅仅维持自己生存的手段。"② 简言之，异化劳动从人那里夺去了他的生产对象，也就从人那里夺去了他的类生活；同样，异化劳动把自主活动、自由活动贬低为手段，也就把人的类生活变成维持人的肉体生存的手段。

马克思最后指出，人同自己的劳动产品、自己的生命活动、自己的类本质相异化的直接结果就是人同人相异化，因为"当人同自身相对立的时候，他也就同他人相对立。凡是适用于人对自己的劳动、对自己的劳动产品和对自身的关系的东西，也都适用于人对他人、对他人的劳动和劳动对象的关系。总之，人的类本质同人相异化这一命题，说的是一个人同他人相异化，以及他们中的每个人都同人的本质相异化"。③ 而人同人相异化，就构成了异化劳动概念的第四个规定。

---

① 《马克思恩格斯全集》第 3 卷，人民出版社 2002 年版，第 271 页。
② 同上书，第 273 页。
③ 同上书，第 274—275 页。

以上是马克思在《1844年经济学哲学手稿》中"异化劳动和私有财产"这一部分有关异化劳动概念的主要论述。仔细分析一下就可以发现，在马克思所说的四个规定中，具有决定性意义的是第三个规定。因为第一个规定——人同自己的劳动产品相异化，是第二个规定——人同自己的生命活动相异化的结果；第二个规定实际上是基于第三个规定——人同自己的类本质相异化；第四个规定则是第三个规定的进一步展开。因此，可以认为，资本主义制度下工人的劳动与人的类本质相异化是异化劳动概念的核心内容，而马克思之所以把资本主义制度下工人的劳动称为异化劳动，从根本上讲，也是因为它与人的类本质——自由的有意识的活动相异化。

成熟时期的马克思还使用异化劳动概念吗？根据笔者的考察，异化劳动概念只是马克思在1844年，即创立历史唯物主义的前一年[①]提出和使用的一个概念，他在1845年创立了历史唯物主义以后就彻底放弃了这一概念。当然，这不是说他在后来的著作中不再使用异化概念，而是说，虽然他在《政治经济学批判（1857—1858年手稿）》、《经济学手稿（1861—1863年）》、《剩余价值理论》、《直接生产过程的结果》和《资本论》等经济学著作中仍然使用异化概念，但这些著作中的异化概念已不是异化劳动概念。

仔细考察一下马克思在这些经济学著作中对异化概念的使用，我们可以发现，他对这一概念的使用虽很灵活，但主要是用来描述现实资本主义经济中的三种现象：（1）资本主义商品经济中交换关系对生产者的异化；（2）资本主义雇佣劳动中生产活动对它本身的条件和产品的异化；（3）资产阶级经济对人的全面发展的生产目的的异化。以下是马克思在《政治经济学批判（1857—1858年手稿）》中使用异化概念对这三种现象的三段描述[②]：

对第一种现象的描述：

随着生产的社会性的增长，货币的权力也按同一程度增长，也就是说，交换关系固定为一种对生产者来说是外在的、不依赖于生产者的权力。最初作为促进生产的手段出现的东西，成了一种对生产者来说是异己的关系。生

[①] 因为马克思和恩格斯对历史唯物主义的最初表述是在1945年的《德意志意识形态》之中。
[②] 马克思在此后的几个经济学手稿中对异化概念的使用与《政治经济学批判（1857—1858年手稿）》大体相同。

产者在什么程度上依赖于交换,看来,交换也就在什么程度上不依赖于生产者,作为产品的产品和作为交换价值的产品之间的鸿沟也在什么程度上加深。①

对第二种现象的描述:

同活劳动能力相对立的价值的独立的自为存在——从而价值作为资本的存在;劳动的客观条件对活劳动能力的客观的漠不相干性即异己性——已经达到如此地步,以致这些条件以资本家的人格的形式,即作为具有自己的意志和利益的人格化,同工人的人格相对立;财产即劳动的物质条件同活劳动能力的这种绝对的分裂或分离——以致劳动条件作为他人的财产,作为另一个法人的实在,作为这个法人的意志的绝对领域,同活劳动能力相对立,因而另一方面,劳动表现为同人格化为资本家的价值相对立的,或者说同劳动条件相对立的他人的劳动;财产同劳动之间,活劳动能力同它的实现条件之间,对象化劳动同活劳动之间,价值同创造价值的活动之间的这种绝对的分离——从而劳动的内容对工人本身的异己性;上述这种分裂,现在同样也表现为劳动本身的产品,表现为劳动本身的要素的对象化,客体化。因为新的生产行为本身——这种行为只是证实了在它之前发生的资本和活劳动之间的交换——剩余劳动,从而剩余价值,剩余产品,以至劳动(剩余劳动和必要劳动)的全部结果,都表现为资本,表现为同活劳动能力相独立的和与之无关的交换价值,或把活劳动能力只当作自己的使用价值而与之相对立的交换价值。②

对第三种现象的描述:

因此,古代的观点和现代世界相比,就显得崇高得多,根据古代的观点,人,不管是处在怎样狭隘的民族的、宗教的、政治的规定上,总是表现为生产的目的,在现代世界,生产表现为人的目的,而财富则表现为生产的目的。事实上,如果抛弃狭隘的资产阶级形式,那么,财富不就是在普遍交换中产生的个人的需要、才能、享用、生产力等等的普遍性吗?财富不就是人对自然力——既是普通所谓的"自然"力,又是人本身的自然力——的统

---

① 《马克思恩格斯全集》第30卷,人民出版社1995年版,第95页。
② 同上书,第443—444页。

治的充分发展吗？财富不就是人的创造天赋的绝对发挥吗？这种发挥，除了先前的历史发展之外没有任何其他前提，而先前的历史发展使这种全面的发展，即不以旧有的尺度来衡量的人类全部力量的全面发展成为目的本身。在这里，人不是在某一种规定性上再生产自己，而是生产出他的全面性；不是力求停留在某种已经变成的东西上，而是处在变易的绝对运动之中。

在资产阶级经济以及与之相适应的生产时代中，人的内在本质的这种充分发挥，表现为完全的空虚化；这种普遍的对象化过程，表现为全面的异化，而一切既定的片面目的的废弃，则表现为为了某种纯粹外在的目的而牺牲自己的目的本身。因此，一方面，稚气的古代世界显得较为崇高。另一方面，古代世界在人们力图寻求闭锁的形态、形式以及寻求既定的限制的一切方面，确实较为崇高。古代世界是从狭隘的观点来看的满足，而现代则不给予满足；换句话说，凡是现代表现为自我满足的地方，它就是鄙俗的。①

将马克思在《政治经济学批判（1857—1858年手稿）》中使用的"异化概念"与他在《1844年经济学哲学手稿》中使用的"异化劳动概念"加以对照就不难发现，前者无论从哪种意义上讲，指的都不是资本主义下工人的劳动与人的类本质相异化。因此可以认为，成熟时期的马克思虽然还使用异化概念，但已不是异化劳动概念。

既然成熟时期的马克思已放弃使用异化劳动概念，那在其成熟时期的论著中也就不可能有可以证明俞吾金教授的新见解——成熟时期的马克思是从"历史评价优先"的视角出发去看待异化（劳动）现象的论述。所以，尽管俞吾金教授为了论证他的这一新见解接连引用了马克思的七段论述②，但这

---

① 《马克思恩格斯全集》第30卷，人民出版社1995年版，第479—480页。这里需要强调指出，马克思在这里讲的异化，指的不是资产阶级经济对人的内在本质——创造天赋的异化，而是对人的生产目的——使自身得到全面发展的异化。根据马克思的论述，人的内在本质是通过对象化的过程即生产发挥出来的，而现代世界的生产"如果抛弃狭隘的资产阶级形式"，其目的就是人的需要、才能、享用、生产力等等的全面发展。在古代世界，不管怎样讲，总还是把人作为生产的目的，尽管只是把人在狭隘的民族的、宗教的、政治的规定上生产出来。现代世界的生产虽然废弃了古代世界的既定的片面目的，但却又表现为为了某种纯粹外在的目的，即为了财富而牺牲了人的全面发展的目的，因而表现为对人的生产目的的异化。

② 《"道德评价优先"到"历史评价优先"——马克思异化理论发展中的视角转换》，《中国社会科学》2003年第3期。

些论述却都与马克思在《手稿》中描述的异化劳动现象无关（受本文篇幅限制，这里就不再对它们做逐一分析了），因而根本证明不了存在俞吾金教授所说的那种"视角转换"。

三 俞吾金教授所说的异化（劳动）概念还不是历史唯物主义的概念，因而它在马克思的历史唯物主义理论中连象征性的、边缘性的地位都谈不上，更不要说实质性的、基础性的地位了

俞吾金教授提出的第三个新见解是，"异化概念在马克思历史唯物主义理论中的地位不是象征性的、边缘性的，而是实质性的、基础性的"。[①] 前面表明，俞吾金教授所说的"异化概念"实际上是"异化劳动概念"。那他所说的"马克思（的）历史唯物主义理论"指的又是什么呢？对于这一问题，俞吾金教授在《转换》一文中没做任何说明，但它指的应是马克思在《德意志意识形态》中首次提出，并在《〈政治经济学批判〉序言》中对其做了经典表述的那一理论。因为俞吾金教授在他新近出版的一部著作中明确提出，在《德意志意识形态》的《费尔巴哈》章中，"马克思首次表述了历史唯物主义理论"[②]，并在此前回应笔者的一篇论文中明确表示，"毋庸讳言，在《〈政治经济学批判〉序言》（1859 年）中，马克思对历史唯物主义作出了经典性的表述"。[③] 如果俞吾金教授第三个新见解中的"异化概念"和"马克思（的）历史唯物主义理论"的含义就是这样，那他的这一见解还是不能成立。

俞吾金教授这一新见解不能成立的一个显而易见的原因是，它没有任何来自马克思本人（实际上还应包括恩格斯）的文本依据。如果"异化概念

[①] 《"道德评价优先"到"历史评价优先"——马克思异化理论发展中的视角转换》，《中国社会科学》2003 年第 3 期。

[②] 俞吾金：《问题域的转换——对马克思和黑格尔关系的当代解读》，人民出版社 2007 年版，第 343 页。

[③] 俞吾金：《马克思哲学研究三题议——兼答段忠桥教授》，《学术月刊》2006 年第 4 期。

在马克思历史唯物主义理论中的地位不是象征性的、边缘性的，而是实质性的、基础性的"，如果马克思（恩格斯）对历史唯物主义首次表述是在《德意志意识形态》，对历史唯物主义的经典表述是在《〈政治经济学批判〉序言》，那异化概念就应该出现在马克思的这两次表述中，而且还应在这两次表述中处于极其重要的地位。然而，实际情况却是异化概念在这两次表述中根本没有出现。不仅如此，异化概念在马克思本人认可的有关历史唯物主义的其他表述中，如在《共产党宣言》、《关于自由贸易问题的演说》和《哲学的贫困》中①，也没有出现。如果异化概念在这些表述中都从未出现过，那么有什么根据说"异化概念在马克思历史唯物主义理论中的地位不是象征性的、边缘性的，而是实质性的、基础性的"呢？

俞吾金教授这一新见解不能成立的另一更为深入的原因是，尽管《手稿》中的异化劳动概念在马克思历史唯物主义理论的形成过程中具有重要作用②，但它还不是一个历史唯物主义概念，因为它与马克思在写作《手稿》后不久与恩格斯合著的《德意志意识形态》中首次表述的历史唯物主义存在重大的差别。

首先，异化劳动概念的出发点是抽象的人的类本质，历史唯物主义的出发点则是现实的人。

前面表明，异化劳动概念的核心内容是它的第三个规定，即资本主义下工人的劳动与人的类本质相异化。从马克思的相关论述不难看出，虽然他对异化劳动概念的论述是从他说的"当前的经济事实"，即"工人生产的财富越多，他的产品的力量和数量越大，他就越贫穷"出发的，但这一概念的第三个规定却不是从"当前的经济事实"得出来的，因为他从这一经济事实只得出异化劳动概念的第一个规定——人同自己的劳动产品相异化。异化劳动概念的第三个规定也不是从基于"当前的经济事实"的第一个规定得出的，因为他把第一个规定归结为第二个规定——人同自己的生命活动相异化，接着又把第二个规定归结为第三个规定——人同自己的类本质相异化。那异化

---

① 参见《〈政治经济学批判〉序言》，《马克思恩格斯选集》第2卷，人民出版社1995年版，第33—34页。

② 关于这一问题，国内学者已有大量的论述，本文在这里就不赘述了。

概念的第三个规定是怎样得出的？认真分析一下马克思的相关论述就可以发现，虽然他是在论述异化劳动概念的第三个规定时才阐明人的类本质是"自由的有意识的活动"，但他对人的类本质的设定却是在他分析"当前的经济事实"之前。因而，异化劳动概念的第三个规定实际上是这样得出的：马克思先预设了人的类本质是"自由的有意识的活动"，然后再将异化劳动概念的第二个规定与这一预设相对照，再进而以这一预设为依据推论出来的。具体说来就是：人的类本质是"自由的有意识的活动"，资本主义下工人的劳动把人"自己的本质变成仅仅维持自己生存的手段"，因而与人的类本质相异化。由此说来，马克思异化劳动概念的真正出发点就是他预设的人的类本质是"自由的有意识的活动"。

那么马克思关于人的类本质的预设又是从哪里来的？从他的相关论述来看，是通过将人与动物相比得来的。马克思说："动物和自己的生命活动是直接同一的。动物不把自己同自己的生命活动区别开来。它就是自己的生命活动。人则使自己的生命活动本身变成自己意志的和自己意识的对象。有意识的生命活动把人同动物的生命活动直接区别开来。正是由于这一点，人才是类存在物。或者说，正因为人是类存在物，他才是有意识的存在物，就是说，他自己的生活对他来说是对象。仅仅由于这一点，他的活动才是自由的活动。"[①] 马克思为什么要以人和动物的区别界定人的类本质，并进而从人的类本质出发说明资本主义下工人劳动的异化呢？熟悉马克思思想发展进程的学者都知道，这是因为此时的他还深受费尔巴哈的人本主义哲学的影响。费尔巴哈的哲学以"人"为立脚点，而类本质则是他用来表示人及人的生活的概念。在费尔巴哈看来，人虽然是自然的产物，是自然的一部分，但人与动物不同，因为人有意识，人能意识到自己是作为人的类，而动物则不能意识到自己是作为动物的类。费尔巴哈说："只有将自己的类、自己的本质性当作对象的那种生物，才具有最严格意义上的意识。动物固然将个体当作对象，因此它有自我感，但是，它不能将类当作对象，因此它没有那种由知识

[①] 《马克思恩格斯全集》第3卷，人民出版社2002年版，第273页。

得名的意识。"① 那人的类本质指的又是什么呢？费尔巴哈认为，它指的是"理性、意志、心"。② 将马克思讲人的类本质与费尔巴哈讲的人的类本质加以对照，我们可以发现，尽管前者指的是"自由的有意识的活动"，后者指的是"理性、意志、心"，但它们的共同之处却在于，它们都是根据人与动物的区别得来的，因而，它们都是不包括任何社会历史内容的、为一切人生来具有的、永恒存在的抽象物，即一种"内在的、无声的、把许多个人自然地联系起来的普遍性"。③ 马克思后来在《关于费尔巴哈的提纲》中对费尔巴哈提出了这样的批评："费尔巴哈把宗教的本质归结于人的本质。但是，人的本质不是单个人所固有的抽象物，在其现实性上，它是一切社会关系的总和。"④ 在我看来，这实际上也是马克思对自己此前持有的人的类本质是"自由的有意识的活动"的思想的自我纠正。

与异化劳动概念不同，历史唯物主义的出发点是从事实际活动的人。马克思、恩格斯在《德意志意识形态》中指出："德国哲学从天国降到人间；和它完全相反，这里我们是从人间升到天国。这就是说，我们不是从人们所说的、所设想的、所想象的东西出发，也不是从口头说的、思考出来的、设想出来的、想象出来的人出发，去理解有血有肉的人。我们的出发点是从事实际活动的人，而且从他们的现实生活过程中还可以描绘出这一生活过程在意识形态上的反射和反响的发展。"⑤ 以从事实际活动的人为出发点也就是以直接生活的物质生产为出发点，因为人类存在的第一个前提是能够生活，而为了生活，首先就要解决吃、喝、住、穿等问题，因此，从事实际活动的人的第一个历史活动就是生产满足这些需要的资料。正因为如此，马克思、恩格斯在谈到历史唯物主义时又强调指出："这种历史观就在于：从直接生活的物质生产出发阐述现实的生产过程，把同这种生产方式相联系的、它所产生的交往形式即各个不同阶段上的市民社会理解为整个历史的基础，从市民

---

① 《费尔巴哈哲学著作选集》（下卷），商务印书馆1984年版，第26页。
② 同上书，第27—28页。
③ 《马克思恩格斯选集》第1卷，人民出版社1995年版，第56页。
④ 同上。
⑤ 同上书，第73页。

社会作为国家的活动描述市民社会，同时从市民社会出发阐明意识的所有各种不同理论的产物和形式，如宗教、哲学、道德等等，并且追溯它们产生的过程。这样当然也能够完整地描述事物（因而也能够描述事物的这些不同方面之间的相互作用）。"①

其次，异化劳动概念认为劳动（生产）② 是表现和证明人的类本质的需要，历史唯物主义则认为生产（劳动）是人类受其肉体组织制约的生存和发展的需要。

如果我们对异化劳动概念的第三个规定做进一步深入的分析，还可以发现，马克思预设的人的类本质——"自由的有意识的活动"，指的是人的生来具有的内在的本质，因此，它只有外化为人的劳动（生产）才能得以表现和得到证明。关于这一点，马克思明确指出，"正是在改造对象世界中，人才真正地证明自己是类存在物。这种生产是人的能动的类生活。通过这种生产，自然界才表现为他的作品和他的现实。因此，劳动的对象是人的类生活的对象化：人不仅像在意识中那样在精神上使自己二重化，而且能动地、现实地使自己二重化，从而在他所创造的世界中直观自身"。③ 他还论证说，"工业的历史和工业的已经生成的对象性的存在，是一本打开了的关于人的本质力量的书，是感性地摆在我们面前的人的心理学；对这种心理学人们至今还没有从它同人的本质的联系，而总是仅仅从外在的有用性这种关系来理解，因为在异化范围内活动的人们仅仅把人的普遍存在，宗教，或者具有抽象普遍本质的历史，如政治、艺术和文学等等，理解为人的本质力量的现实性和人的类活动"。④ 如果说正是在改造对象世界中，即在生产中人才真正地表现和证明自己的类本质，那生产就是表现和证明人的类本质的需要。关于这一点，马克思还有一段较为间接的论述："富有的人同时就是需要有总体的人的生命表现的人，在这样的人的身上，他自己的实现作为内在的必然

---

① 《马克思恩格斯选集》第1卷，人民出版社1995年版，第92页。
② 在《1844年经济学哲学手稿》中，马克思是交替使用劳动和生产概念的。
③ 《马克思恩格斯全集》第3卷，人民出版社2002年版，第274页。
④ 同上书，第306页。

性、作为需要而存在。"① 马克思这里讲的"富有的人",不是指国民经济学讲的富人,而是需要有"总体的人的生命"表现的人,即作为"人"的人,而"总体的人的生命"指的是富有的人需要表现出来的内在本质,正因为"总体的人的生命"是富有的人的内在本质,所以马克思强调,富有的人的这一内在本质的表现,即他自己的实现就是作为内在的必然性、作为需要而存在的。由此我们可以进一步推论,马克思讲的富有的人的,即"人"的内在的本质——"总体的人的生命"无疑包括人的"自由的有意识的活动",因此,表现和证明人的"自由的有意识的活动"的类本质的生产也是作为内在的必然性、作为需要而存在。这里有必要指出,在马克思看来,只有外化为人的自由自觉的劳动的生产才能真正地表现和证明人的"自由的有意识的活动"的类本质,也正是基于这一原因,他认为资本主义下工人的劳动是异化劳动,因为它把人"自己的本质变成仅仅维持自己生存的手段"。那资本主义下工人的劳动为什么会异化呢?对此马克思本人也感到困惑,所以他在讲完异化劳动的四个规定以后提出了一个他后来也没能明确回答的问题:"人怎么使他的劳动外化、异化?这种异化又怎么以人的发展的本质为依据?"② 不过,这一问题的存在并不否定马克思的异化概念认为劳动(生产)是表现和确证人的类本质的需要。

与异化劳动概念不同,历史唯物主义认为生产是人类生存和发展的需要。马克思和恩格斯在《德意志意识形态》中指出:"我们谈的是一些没有任何前提的德国人,因此我们首先应当确定一切人类生存的第一个前提,也就是一切历史的第一个前提,这个前提是:人们为了能够'创造历史',必须能够生活。但是为了生活,首先就需要吃喝住穿以及其他一些东西。因此第一个历史活动就是生产满足这些需要的资料,即生产物质生活本身,而且这是这样的历史活动,一切历史的一种基本条件,人们单是为了能够生活就必须每日每时去完成它,现在和几千年前都是这样。"③ 马克思还补充说,"人们之所以有历史,是因为他们必须生产自己的生活,而且必须用一定的

---

① 《马克思恩格斯全集》第3卷,人民出版社2002年版,第308页。
② 同上书,第279页。
③ 《马克思恩格斯选集》第1卷,人民出版社1995年版,第78—79页。

方式来生产：这是受他们的肉体组织制约的……"。① 简言之，生产是人类生存和发展的需要，是由"他们的肉体组织所决定的"。②

最后，异化劳动概念蕴涵着人类历史是由人的类本质尚未异化到人的类本质异化再到人的类本质复归的过程，历史唯物主义则认为人类历史是基于生产力发展的不断前进的过程。

虽然异化劳动概念直接涉及的是资本主义下工人的劳动，但它却蕴涵对人类历史的一种解释。前面表明，异化劳动概念是从人的类本质是"自由的有意识的活动"出发的，并进而认为资本主义下工人的劳动与人的类本质相异化，这样说来，它在逻辑上就预设了一个人的类本质尚未异化的前资本主义阶段和一个人的类本质必然复归的后资本主义阶段——共产主义阶段。对于前资本主义阶段的情况，马克思没做什么论述，而只提出我们在前面讲过的那个问题："人怎么使他的劳动外化、异化？这种异化又怎么以人的发展的本质为依据？"对于后资本主义阶段即共产主义阶段，他则有明确的论述："共产主义是私有财产即人的自我异化的积极的扬弃，因而是通过人并且为了人而对人的本质的真正占有"③；而"私有财产不过是下述情况的感性表现：人变成对自己来说是对象性的，同时，确切地说，变成异己的和非人的对象；他的生命表现就是他的生命的外化，他的现实化就是他的非现实化，就是异己的现实。同样，对私有财产的积极的扬弃，就是说，为了人并且通过人对人的本质和人的生命、对象性的人和人的作品的感性的占有，不应当仅仅被理解为直接的、片面的享受，不应当仅仅被理解为占有、拥有。人以一种全面的方式，就是说，作为一个总体的人，占有自己的全面的本质"。④ 正因异化劳动概念蕴涵着人类历史是由人的类本质尚未异化到人的类本质异化再到人的类本质复归的过程，所以马克思强调指出，"共产主义是作为否定的否定的肯定，因此，它是人的解放和复原的一个现实的、对下一段历史

---

① 《马克思恩格斯选集》第1卷，人民出版社1995年版，第81页。
② 同上书，第67页。
③ 《马克思恩格斯全集》第3卷，人民出版社2002年版，第297页。
④ 同上书，第302—303页。

发展来说是必然的环节"。①

与异化劳动概念不同，历史唯物主义把人类历史的发展看做是基于生产力不断提高的进步的过程。马克思、恩格斯在《德意志意识形态》中指出，"一定的生产方式或一定的工业阶段始终是与一定的共同活动方式或一定的社会阶段联系着的，而这种共同活动方式本身就是'生产力'；由此可见，人们所达到的生产力的总和决定着社会状况，因而，始终必须把'人类的历史'同工业和交换的历史联系起来研究和探讨"。② 他们还进而指出，"历史的每一阶段都遇到一定的物质结果，一定的生产力总和，人对自然以及个人之间历史地形成的关系，都遇到前一代传给后一代的大量生产力、资金和环境，尽管一方面这些生产力、资金和环境为新一代所改变，但另一方面，它们也预先规定新的一代本身的生活条件，使它得到一定的发展和具有特殊的性质"。③ 马克思、恩格斯接着论证说，生产力和交往形式密切相连，而生产力与交往形式的关系就是交往形式与个人的行动或活动的关系。人们的交往形式，"起初是自主活动的条件，后来却变成了它的桎梏，它们在整个历史发展过程中构成一个有联系的交往形式的序列，交往形式的联系就在于：已经成为桎梏的旧交往形式被适应于比较发达的生产力，因而也适应于进步的个人自主活动方式的新交往形式所代替；新的交往形式又会成为桎梏，然后又为别的交往形式所代替。由于这些条件在历史发展的每一阶段都是与同一时期的生产力的发展相适应的，所以它们的历史同时也是发展着的、由每一个新的一代承受下来的生产力的历史，从而也是个人本身力量发展的历史"。④ 这样说来，人类历史就是一个基于生产力不断提高的进步的过程。也正因为如此，马克思、恩格斯在谈到未来的共产主义时指出，"共产主义对我们来说不是应当确立的状况，不是现实应当与之相适应的理想。我们所称为共产主义的是那种消灭现存状况的现时的运动，这个运动的条件是由现有

---

① 《马克思恩格斯全集》第 3 卷，人民出版社 2002 年版，第 311 页。
② 《马克思恩格斯选集》第 1 卷，人民出版社 1995 年版，第 81 页。
③ 同上书，第 123—124 页。
④ 同上书，第 92 页。

的前提产生的"①，而这一前提就是"生产力的巨大增长和高度发展"。② 以上表明，仅从马克思、恩格斯在《德意志意识形态》对历史唯物主义所做的最初的表述来看，异化劳动概念就还不是历史唯物主义的概念，因而它在马克思的历史唯物主义中连象征性的、边缘性的地位都谈不上，更不用说实质性的、基础性的地位了。

（作者单位　中国人民大学哲学学院）

---

① 《马克思恩格斯选集》第1卷，人民出版社1995年版，第87页。
② 同上书，第86页。

重解历史唯物主义的路径与意义(三篇)

历史唯物主义研究何以复兴

邹诗鹏

近年来,国内历史唯物主义及其唯物史观研究呈全面复兴之势。究其缘由及理路,主要有如下四个方面。

其一,在马克思主义哲学形态的研究上,越来越多的研究倾向于为历史唯物主义"正名",即从辩证唯物主义与实践的唯物主义回复到历史唯物主义,或在历史唯物主义理论及结构中把握辩证唯物主义与实践的唯物主义。

从唯物史观或历史唯物主义(二者没有原则区别)来定位马克思主义哲学,本来就有经典依据。马克思自己并没有提出"辩证唯物主义"之说,他更愿意把自己的哲学贡献定名为唯物史观。恩格斯的《在马克思墓前的讲话》中也明确地强调了这一点,中国马克思主义的早期人物,也主要是从唯物史观来理解马克思主义哲学的。从存在论上讲,也理应把马克思主义哲学定位为历史唯物主义。马克思主义哲学原理的第一条即社会存在决定社会意识——这正是历史唯物主义的第一条原理。在马克思那里,社会存在就是第一性的哲学范畴,马克思完全反对用传统的超验和实体性的"存在"去规定社会存在,而是把社会存在看成社会物质生活条件的总和,而从社会存在去看待自然界以及物质概念,正是马克思同包括费尔巴哈在内的旧唯物主义的根本区别。因此,正如辩证法同逻辑学本身就贯彻于政治经济学批判,正如历史唯物主义作为历史科学乃是当时自然科学及人的科学的哲学总结与提升,所谓唯物辩证法本身就要求通过历史唯物主义体现出来。因此,苏联模式教科书把在恩格斯那里还只是作为认识论与方法论的"唯物主义的辩证法"上升成哲学形态的辩证唯物主义，与历史唯物主义并置且列于第一位，把历史唯物主义看成是辩证唯物主义在社会历史的推广运用，便总是成问题的。

与此同时，依据马克思在《德意志意识形态》中有关"实践的唯物主义者"的论断，一些学者又把马克思主义哲学命名为"实践的唯物主义"并引发了新的探讨及问题。实践的唯物主义的说法在很大程度上就是针对辩证唯物主义的，而且随后就展开了实践本体论与物质本体论的争论。但现在看来，这场探讨因一直没有能够还原、深化并且转换到历史唯物主义，从而问题并没有得到很好的清理。实践的唯物主义与历史唯物主义似乎并不矛盾，相反，二者在本质上应该是相通的，只是说清楚这种相通性异常艰难。先前的努力总是从实践的唯物主义去解释历史唯物主义，但实践的非实体性与流动性又非常不利于描述社会历史结构，以至于本已自明的历史唯物主义理论结构引入实践观反倒不那么好理解，相比之下，用历史唯物主义来解释实践的唯物主义则要容易得多。关键的问题在于，所谓实践的唯物主义其实是隶属于历史唯物主义的！把它单独地拿出来，便出现解释上的麻烦。更何况，仅仅基于一处文本依据并且还是"实践的唯物主义者"，就把马克思主义哲学定名为"实践的唯物主义"，多少不那么令人信服。这些年来，尽管诸如实践人学、实践生存论以及实践生成论等类似努力都试图在沟通实践的唯物主义与历史唯物主义方面有所作为，但看来还是留下了太多的问题，这也正是近些年来这方面研究扩展甚至后撤到历史唯物主义的原因。

其二，历史唯物主义作为马克思主义形成、尤其是政治经济学批判方法以及科学社会主义理论的基础，其中包含大量的问题值得深入探讨。而历史唯物主义的形成史，尤其对欧洲近代启蒙传统的出离与超越关系，也大有文章可做。

列宁把马克思主义理论分为马克思主义哲学、政治经济学与科学社会主义。马克思主义哲学的实质即历史唯物主义，政治经济学的实质即政治经济学批判。正是通过建立唯物史观并通过政治经济学批判方法，马克思卓有成效地展开了资本主义社会的批判，揭示世界历史时代的秘密，建构新的人类社会共同体，从而建立历史唯物主义及其科学共产主义体系。但若干问题依然值得深入研究：如何理解政治经济学批判方法对历史唯物主义的建构？如何把握政治批判与政治经济学批判之间的关系？马克思唯物史观的形成与其社会主义及共产主义的自觉与理论重构之间是什么样的关系？如何把握马克思学说的哲学人类学与政治经济学批判两个向度？

在更大的思想史背景内，唯物史观何以形成依然值得研究。唯物史观以及社会主义思想，同时也是欧洲近现代思想的一个标志性转变，作为对当代世界尤其是当代社会政治结构发生重大影响的现代性理论，唯物史观本身就是突破欧洲启蒙思想传统的结果。列宁关于马克思主义三个来源的典型说法，正是欧洲不同国家启蒙运动的最大成果，恩格斯也肯定马克思科学社会主义思想乃是欧洲启蒙运动的进一步发展。因此，唯物史观对启蒙思想的批判与转化关系，尤其是马克思主义如何出离当时众多的社会思潮（诸如空想共产主义及各种社会主义、浪漫主义、历史主义、民族主义、民粹主义、无政府主义），并成为当代思想的核心，都是值得深入研究的。

其三，历史唯物主义开启并深刻影响了现代人文社会科学，而随着现代性问题的累积以及当代人文社会科学的深刻变化，研究历史唯物主义与现当代人文社会科学的关系，成为巩固和做实历史唯物主义研究的题中应有之义。

历史唯物主义本身就带有学科性，是马克思所谓"人的科学"与"历史科学"的具体形态，恩格斯则称之为"现实的人及其历史发展的科学"。历史唯物主义开创并构成了现代人文社会科学的基础，也形成了以现代性批判为主旨并影响深远的现代人文社会学科群，包括哲学、史学、政治学、经济学、社会学、法学、文学、文化理论、生态学以及地理学等各个学科。正是历史唯物主义构成了现代人文社会科学的总体性与批判性维度，但如何理解这一总体性与批判性？近年来，历史唯物主义与当代人文社会科学的研究开始呈现新的起色。研究可分为两种大的路数。第一种路数是同具体人文社会学科的对话。比如，马克思在创立历史唯物主义的过程中，也创立了批判性的社会理论传统并因此成为经典社会理论家，需要研究的是，历史唯物主义同批判性的社会理论传统究竟是什么关系？再如，就马克思、恩格斯的历史科学的追求而言，历史唯物主义本身就是一种史学理论，而面对今日史学浓厚的后现代与相对主义氛围,就非常有必要引入历史唯物主义。事实上,历史唯物主义同其他诸多人文社会学科领域如社会理论、经济学、伦理学、政治科学、历史理论、法学、文学与文化理论、生态学以及地理学等,都可以展开,也正在渐次展开学科、问题以及思想史等多个层面的批判与对话。第二种路数是在宏观层面将历史唯物主义同当代人文社会科学的发展结合起来。当代人文社会科学,一方面,因学科体制的原因,分化程度越来越高,新的或交叉性的人文社会学科不断崛起;另一方面,随着全球化、高技术以及网络化等诸多问题的凸显,跨学科以及综合化的要求又越来越突出,都需要历史唯物主义研究提供理论高度及深度,这样的研究也有望进一步使历史唯物主义研究做实和做强。

其四,西方马克思主义及激进"左"翼理论界在反思、批判和重构历史唯物主义等方面不断推出新的成果。消化和回应这些成果,并展开相应的理论研究,也开出了历史唯物主义研究的新视阈。

马克思、恩格斯创立唯物史观之后,即不断面对和积极回应各种社会思潮(包括第二国际及其民主社会主义思潮)的挑战,列宁则在帝国主义理论、上层建筑对经济基础的反作用以及意识形态等方面推进和发展了历史唯物主义。西方马克思主义的兴起,即试图基于现代资本主义的新变化,从社会结构、历史观、解放主体、意识形态及文化权力等各个方面修正和重构历史唯物主义,并奠定了西方马克思主义的基调。法兰克福学派批判性的社会理论传统、马尔库塞从现象学、精神分析以及人本主义方面对历史唯物主义基础的阐释、阿尔都塞的结构主义、萨特的存在主义及其人学、列斐伏尔的日常生活批判以及空间理论,则进一步扩展了西马有关历史唯物主义的研究传统。近30年来,基于西方马克思主义传统,同时也是对时代变化的回应,西方新马克思主义、分析的马克思主义、后马克思主义、马克思学、激进政治经济学、市场社会主义以及各种激进"左"翼理论纷纷崛起,在历史唯物主义方面展开了很多新的研究,如哈贝马斯有关交往行动理论及历史唯物主义的重建,吉登斯切入当代政治背景对历史唯物主义展开的批判,大卫·哈维基于地理学马克思主义而提出的历史—地理唯物主义以及新帝国主义思想,柯亨等分析马克思主义对马克思历史理论的分析,詹姆逊、安德森及汤普森等从文化批评、文化唯物主义、阶级理论以及社会史方面展开的历史唯物主义研究，拉克劳、黑菲、齐泽克等后马克思主义舍弃诸如生产、阶级以及革命等概念对历史唯物主义理论的重构，鲍德里亚基于符号政治经济学批判以及象征交换理论对历史唯物主义基本理论的消解和颠覆，奈格里等基于《帝国》及《多众》问题而展开的当代条件下的劳动及解放问题的研究，马克思主义经典著作及文献学研究方面的相关成果，等等。这些研究，近年来已纳入中国学界的研究视阈，但无疑需要进一步深化。

显然，今日复兴历史唯物主义研究，必须要扎根于全球化时代当代中国的社会现实与问题意识。因此，在推进和深化学理及文本研究、思想史研究、跨学科研究与国外前沿研究的同时，还需要继续加强历史唯物主义同马克思主义中国化及其中国化马克思主义最新理论成果的研究，并结合全球化、世界历史时代、资本批判、大众文化、消费异化等视角，从社会转型、公民社会建设、法治社会、制度伦理等诸多问题入手，进一步深化历史唯物主义研究，从而形成能够反映现时代水准且与当代中国民族复兴伟大历史使命相匹配的历史科学研究成果。

（作者单位　复旦大学哲学学院）

重释历史唯物主义

仰海峰

如何理解历史唯物主义，这一直是马克思主义哲学研究中的焦点问题。在传统的研究中，历史唯物主义被看作是辩证唯物主义在社会历史领域的应用与推广，在这个意义上，历史唯物主义显然不是马克思的哲学。但从马克思的思想发展过程来看，马克思的哲学革命正是在历史观领域中得以实现的。正是对此的反思，相当一部分的学者形成了一种共识：历史唯物主义就是马克思的哲学。这是对历史唯物主义的一种重新理解。但仅停留于此还是不够的。在重新研读马克思经典文献的同时，我们还需要在基本理念与研究方法上实现新的突破，以推进历史唯物主义研究，为我们认识当代历史与文化提供理论基础。

一 历史唯物主义与马克思的哲学理念

按照传统的理解，哲学关注的是形而上的问题，哲学总是追寻一个永恒不变的本体，并以此为基础建构人们的认识准则与行为规范。在近代以来，这一不变的本体就是理性。虽然不同的哲学家对理性有着自己的理解，但他们都认为以理性为基础的哲学构成了一个自律的世界，现实世界只应是这一理性世界的体现。从这种理念出发，青年黑格尔派认为：只要改变了意识，就改变了现实，从而以意识的变革替代对历史现实的批判改造。青年黑格尔派的根本错误在于：他们把哲学看作不受历史生活影响的纯粹理念，而没有意识到这些理念产生于特定的社会历史过程，是"社会存在决定社会意识"而不是相反。因此，真正的哲学革命不是意识的简单更替，而是对哲学得以产生的社会前提的反思。在马克思那里，就是要科学地批判分析产生现有哲学的社会历史，以及在这一历史基础上所形成的哲学理念，从而在变革历史的过程中真正地变革哲学。这构成了青年马克思哲学变革的核心主题。

从这里可以看出，马克思的哲学变革体现在两个层面：一是就哲学本身的逻辑来批判传统哲学；另一是从社会历史生活本身的逻辑来揭示哲学的逻辑及其现实含义，这正是《德意志意识形态》之后的基本理念。正是这两点才将马克思的哲学与传统哲学区别开来。传统哲学主要关注观念之间的逻辑关系，关注概念之间的运思过程，而对于马克思来说，这种逻辑关系虽然重要，但更重要的是揭示哲学与历史之间的内在关系，揭示哲学理念与社会生活之间的内在联系，将对传统哲学形而上学的批判，推进到对社会历史生活的批判。

要揭示哲学与社会历史之间的内在关系，揭示哲学的历史生成过程，就需要深入到社会历史生活之中，剖析传统哲学所不关心的社会历史生活，这正是历史唯物主义所要深究的问题。因此,历史唯物主义是一种"非哲学"的哲学,这正是马克思哲学的重要特征。而要真正进入到当时的社会历史生活之中,就离不开对资本逻辑的批判分析。正是在这个意义上,对资本逻辑的批判分析构成了历史唯物主义的核心问题,也是马克思哲学的核心问题。

二 资本逻辑与历史唯物主义问题

按照传统的理解,资本逻辑的批判分析属于政治经济学的问题,而政治经济学则是历史唯物主义在经济领域的推广与应用。在这种理解中,哲学、政治经济学、科学社会主义被分解为三个不同的学科,分属于不同的研究领域,马克思的哲学革命也就只是哲学内部的事情。学科间的这种孤立状态既不符合马克思思想的发展过程,也无助于我们深入理解马克思的哲学理念。今天重新理解马克思的哲学,重释历史唯物主义,在研究方法和研究视野上需要将这三门学科融为一体来加以研究,核心问题就是揭示政治经济学批判与历史唯物主义建构的内在联系,即资本逻辑与历史唯物主义的关系问题。

正如马克思在描述自己的思想发展历程时所说的,他的哲学变革离不开对古典政治经济学的批判分析,正是通过对古典政治经济学的批判,他才真正地理解了产生近代哲学的资本主义市民社会,揭示哲学自身的历史存在之谜。在政治经济学批判中,马克思一方面揭示古典政治经济学本身的理论逻辑,即从重商主义到重农主义再到斯密、李嘉图的发展历程;另一方面,马克思将古典政治经济学的理论逻辑奠基于资本的运行逻辑上,揭示资本主义社会的结构特征。没有对古典政治经济学的批判理解,马克思也就不可能真正地理解和超越黑格尔的哲学,也就不可能创立历史唯物主义。

按照笔者的理解,马克思对历史唯物主义的表述具有双重的含义:在一般视野上揭示人类社会存在与发展的一般前提,即物质生活资料的生产与再生产构成了人类存在的物质基础。在这种意义上,生活资料的物质内容是社会生产的目的。但需要注意的是,在《资本论》中,马克思指出,对于资本主义生产来说,这种物质内容并不是主要的目的,它只是价值形式的载体,资本家关注的是剩余价值,这是一种形式化的存在。这时如果我们只关注生产的物质内容层面，就无法真正理解剩余价值的产生过程，也无法理解资本逻辑的真实运行方式。正是在这个意义上，资本逻辑批判成为历史唯物主义的深层视野。

在对资本逻辑的批判分析中，马克思在两个意义上超越了近代的唯物主义以及建立在这一唯物主义基础上的古典政治经济学。第一，近代唯物主义从可感性的物质表象出发，探讨的是表象之间的相互关系，这也是古典政治经济学的哲学基础。按照这种方式来思考资本逻辑时，就会拘泥于资本的物质内容，而看不到资本的形式化特征。这是马克思在《资本论》第一卷第一章中着重揭示的问题。由于形式是看不见摸不着的，人们所能看到的只是作为资本载体的商品、货币与资本，这才形成了拜物教意识。第二，产生上述思维的一个重要原因在于不能历史性地看待资本主义社会。当时的哲学家与经济学家都没有看到资本主义社会只是人类历史发展的特定阶段，而是将之看作是合乎人性的自然社会。这是将资本主义社会永恒化的想法。正如马克思所指出的，这些人没有看到，在资本逻辑的作用下，资本家只是资本的人格化。正是对资本逻辑的透视，使马克思能够将自己与当时的各种社会主义思潮区别开来，也才使哲学真正地摆脱了解释世界的特征。因此，如何揭示资本逻辑与马克思的哲学思想、社会主义思想之间的内在关系，这是我们重释历史唯物主义时需要在研究视野与研究方法上加以突破的问题。

三 历史唯物主义的当代视野

今天重新理解历史唯物主义，一方面是为了深入理解马克思的哲学理念，另一方面是为了以历史唯物主义的理念来面对当代的问题。这决定了重释历史唯物主义必须具有当代的历史与文化视野。

这种当代视野主要体现在两个方面：首先，批判分析当代资本主义社会的历史变化。马克思面对的是刚从封建社会中脱胎而出的资本主义社会，自由竞争构成了这一社会的重要特征。但在 19 世纪后期，资本主义社会经历了一次形态上的转变，即从自由竞争转向了组织化的社会阶段，以福特制为基础的现代大工业生产取得了主导性的地位。到 20 世纪 60 年代，西方资本主义社会又经历了新的转变,以电子技术为主导的后组织化生产阶段登上了历史舞台。在这三个不同的阶段,资本逻辑都体现出各自的一些特征。这意味着不可能简单地以历史唯物主义来面对当代历史。重释历史唯物主义就必须揭示当代社会的内在结构及其历史变迁。其次,在这三个不同的阶段,西方社会的文化理念也发生了相应的变化。卢卡奇与法兰克福学派面对的是大工业生产的资本主义,而后马克思主义面对的则是20世纪60年代之后的后组织化资本主义社会。因此,我们必须揭示这种社会变化与文化理念变迁之间的内在关系。这既是历史唯物主义的内在要求,也是在当代发展历史唯物主义时必须加以探索的问题。如果从这个意义上来理解历史唯物主义和马克思的哲学理念,那么历史唯物主义的当代发展就能够充分借鉴各学科的研究成果。只有将这些成果纳入我们的研究视野之中,我们才能真正地实现历史唯物主义的重新阐释,真正地以历史唯物主义的方法面对当代历史与文化。

(作者单位 北京大学哲学系)

马克思主义哲学及唯物史观何以可能

沈湘平

目前对马克思主义哲学甚至整个马克思主义学说的重新理解有一个重要的理论反思性背景,那就是源于苏联的"辩证唯物主义和历史唯物主义"理解。在过去20多年中,实践唯物主义的立场曾备受青睐,近年广义历史唯物主义(唯物史观)的理解则获得广泛影响。在广义的历史唯物主义者看来,唯物史观不仅仅是历史观,而且是世界观,是马克思主义哲学的实质。那么,在经典作家的原初语境中,唯物史观是一种哲学吗?如果不是,存不存在马克思主义哲学?它与唯物史观是什么样的关系?

一 在马克思、恩格斯的原初话语中，唯物史观是历史观，而不是哲学

马克思本人从未使用过"历史唯物主义"和"唯物史观"的说法，这些说法均来自恩格斯。在恩格斯那里，"历史唯物主义"、"唯物史观"、"唯物主义历史观"并不加区分。在《社会主义从空想到科学的发展》中，恩格斯明确地把唯物史观看成是与唯物主义自然观和唯心主义历史观相对的，强调的是一种"唯物主义的历史观"。而且，该书英文版序言曾经以"论历史唯物主义"为题单独发表，在这篇文章中，恩格斯曾说："我在英语中如果也像在其他许多语言中那样用'历史唯物主义'这个名词来表达一种关于历史过程的观点，我希望英国的体面人物不至于过分感到吃惊。这种观点认为一切重要历史事件的终极原因和伟大动力是社会的经济发展，是生产方式和交换方式的改变，是由此产生的社会之划分为不同的阶级，是这些阶级彼此之间的斗争。"① 毫无疑问，恩格斯是将历史唯物主义理解为一种历史观。《在马克思墓前的讲话》中，恩格斯认为马克思的唯物史观"发现了人类历史的发展规律"，并将之与达尔文发现有机界的发展规律进行类比——其所作的限定依然是"人类历史"。

那么，恩格斯的观点是否"背叛"了马克思呢？回答是否定的。至少从指称同一理论对象而言，恩格斯的理解和马克思没有原则性的区别。恩格斯在《社会主义从空想到科学的发展》和《在马克思墓前的讲话》中归纳的历史唯物主义的内容与马克思在《德意志意识形态》中所阐述的"这种历史观"和《〈政治经济学批判〉序言》中"我所得到的、并且一经得到就用于指导我的研究工作的总的结果"基本精神是一致的，那正是我们所熟知的唯物史观的内容——况且《德意志意识形态》还是马克思和恩格斯的合著。马克思、恩格斯所说的"历史观"中的"历史"都是"人类历史"，其历史观就是关于人类历史的理论。

---

① 《马克思恩格斯选集》第3卷，人民出版社1995年版，第705页。

在马克思的原初语境中,从《关于费尔巴哈的提纲》开始就十分明确地要解构和反对哲学,他当然不会把唯物史观看成是哲学,相反认为唯物史观恰恰是哲学终结后才是可能的。唯物史观与哲学的差别不仅在于前者要改变世界而后者在于解释世界,还在于哲学总是试图提供"适用于各个历史时代的药方和公式",唯物史观则是"描述人们实践活动和实际发展过程的真正的实证科学"。马克思很明确地反对别人把他得自欧洲的"实证"结论当作普遍适用的"历史哲学",认为那是给他过多的侮辱。恩格斯似乎比马克思温和一些,他认为唯物史观之后,一般意义上的哲学确实终结了,但保留着逻辑学。列宁把唯物史观称为"科学的社会学"、"唯一科学的历史观",现在看来倒是比较恰当的。长期以来,我们都把马克思的唯物史观当作哲学来理解——尽管也强调唯物史观哲学的独特性——这本身是需要说明的,不能简单地以唯物史观"事实上"是一种哲学而一笔带过。甚至我们可以说,只有理解了马克思为什么不把唯物史观看成是哲学,才能真正理解我们所谓"马克思主义哲学"的革命性变革所在。唯物史观以及整个马克思学说应该以它本来的面目为人们所理解、把握和弘扬。

二 马克思学说有自己的哲学,但这个哲学不是辩证唯物主义

任何一种完备性的学说,都有自己的哲学基础,问题只在于是否自觉地加以明确。这里的哲学是指一种完备性学说的前提性规定,蕴涵着独特的本体、认识、价值和方法。在此意义上,我们丝毫不能怀疑马克思学说中是有哲学的。但是,这种哲学不是唯物史观,而是使唯物史观成为可能的前提性理论。

在《〈政治经济学批判〉序言》中,马克思表述自己发现的唯物史观时说是研究经济学之后"我所得到的"。事实上,他"所得到的"那些结果即唯物史观是他自己所谓的"真正的知识"——"充其量不过是从对人类历史发展的考察中抽象出来的最一般的结果的概括。"[①] 那么,真正的哲学又是

---

① 《马克思恩格斯选集》第1卷,人民出版社1995年版,第73—74页。

什么呢？只有当我们对如下问题作前提性回答时才会遇到真正意义上的哲学：马克思为什么会去研究经济学？马克思是基于什么样的世界观和方法论得到"我所得到的"？面对同样的社会经济状况，马克思为什么会得出和其他思想家不一样的"总的结果"？在目前的教科书体系中，事实上隐含着对这个问题的回答，那就是把辩证唯物主义看成是历史唯物主义的前提，历史唯物主义则是辩证唯物主义在历史领域中的应用与推广。笔者以为，历史唯物主义有其哲学前提是正确的，但这个前提却不是辩证唯物主义。

马克思从未使用过辩证唯物主义的说法，这一说法来自狄慈根和普列汉诺夫，斯大林则作出了最为有名、影响深远的概括与规定。在斯大林的理解中，辩证唯物主义的研究对象就是自然界。由于实践唯物主义的开拓，今天人们对辩证唯物主义的理解也发生了一些变化，但是就其基本内容而言，依然相当于传统哲学中的本体论、认识论部分。马克思的学说及其唯物史观无疑是辩证的，也是唯物的，但马克思明确宣称不论述与人无关的自然界，更谈不上构建辩证唯物主义的体系。有人试图把马克思的博士论文作为马克思存在自然哲学的明证。我们且不说博士论文过于早期，不能反映马克思的成熟思想，更为重要的是还存在这样一个事实：马克思在《〈政治经济学批判〉序言》中对自己的学术经历进行简述时，根本没有提到自己的博士论文及研究内容，而把《黑格尔法哲学批判》看成是自己的"第一部著作"。

三　历史科学使唯物史观成为可能

阿尔都塞认为，马克思与黑格尔、费尔巴哈的双重决裂的全部奥秘都在于"哲学"一词的含义。我们可以毫不迟疑地说，马克思主义哲学即与"传统哲学总问题业已彻底决裂的理论立场"能够是而且只能是历史科学。

在《德意志意识形态》的手稿中，马克思明确地写到："我们仅仅知道一门唯一的科学，即历史科学。历史可以从两方面来考察，可以把它划分为自然史和人类史。但这两方面是不可分割的；只要有人存在，自然史和人类史就相互制约。自然史，即自然科学，我们在这里不谈；我们要深入研究的是人类史，因为几乎整个意识形态不是曲解人类史，就是完全撇开人类史。

意识形态本身只不过是这一历史的一个方面。"① 从最直接的意义上，这段文字清楚地表明了马克思思想最高、一元的范畴是"历史"，也准确地表明了整体的马克思学说就是所谓的历史科学：马克思学说的具体内容，如唯物史观、政治经济学、科学社会主义，都从属于历史科学，以历史科学为前提。

从研究对象上看，唯物史观研究的"历史"只是"历史科学"研究的"历史"中的一部分，即"人类史"部分。在马克思的视野中，历史科学是一门唯一的科学，历史科学中的"历史"是马克思唯一的研究对象。历史科学意义上的历史又包括自然史和人类史（狭义的，也是一般所理解的历史）两部分。但是，马克思又旗帜鲜明地说："自然史，即自然科学，我们在这里不谈；我们要深入研究的是人类史。"这就十分清楚地表明，唯物史观只是研究"人类史"的结果（当然，这并不否认自然史与人类史之间的相互制约）。

从研究方法上看，恰恰是历史科学使唯物史观成为可能。历史科学本质上不是"学科"，而是唯一科学的视野与前提性方法。这一视野和方法与历史学科中"历史"的规定性直接相关。笔者以为，历史科学中的"历史"就意味着现实的存在、原初的关系、实际的过程；马克思对历史的理解事实上是强调了存在的历史性，或者说，如果马克思学说有一种前提性的哲学的话，那就是关于存在的历史性哲学。在马克思看来，这是对世界、存在的真理性揭示，以此为基础去研究人类历史，即狭义的历史时才获得了"总的结果"即唯物史观。

在马克思看来，历史科学比一般哲学更为前提，更为彻底。我们甚至可以将历史科学称为"哲学之后"。在此意义上，历史科学是最有资格被称为哲学的。但是，由于流俗看法的存在，一旦我们轻易地称之为哲学，就会遮蔽马克思学说在人类思想史上实现伟大变革的真实意义和马克思面对理论、现实的独特立场——正如我们以往理解的那样。马克思一生都是"双刃"地对待理论和现实世界的，而不是简单地以其中一个去解释另一个或批判另一个。马克思在批判现实世界、改变现实世界中使理论成为科学，同时，又以

---

① 《马克思恩格斯选集》第1卷，人民出版社1995年版，第66页。

科学的理论去指导变革的实践。恩格斯的《在马克思墓前的讲话》中将马克思称为"科学家"和"革命家"是十分准确和恰当的。

因此,马克思学说作为总体性的唯一科学,它的名字叫历史科学;作为人类历史(整体历史的一部分)的实证科学,它的名字叫唯物史观。总体性的历史科学比唯物史观更前提,它使唯物史观成为可能。同样,所谓广义历史唯物主义也只有将之理解为马克思所强调的历史科学才是有意义的。

(作者单位　北京师范大学哲学与社会学学院)

研究综述

近年来中国特色社会主义理论体系研究

梅荣政　周淑芳

近年来，学术界对中国特色社会主义理论体系的研究，不断向广度拓展，向深度推进，取得了丰富的理论成果。我们对其研究成果中的种种见解进行了较为系统的梳理，现分七个方面简要综述如下，以期推动对此问题的进一步深入研究。

一　中国特色社会主义理论体系的形成

关于中国特色社会主义理论体系的形成起点有五种意见。

第一种意见是中国特色社会主义理论"始于毛，形成于邓"。

第二种意见不赞成第一种意见，认为中国特色社会主义道路的探索"始于毛"，但中国特色社会主义道路的开辟和理论的形成，均"始于邓"。中国特色社会主义理论"始于毛，形成于邓"这一命题会成为理解十七大确定的"中国特色社会主义理论体系"的障碍。中国特色社会主义是以邓小平为核心的第二代中央领导集体开创的。继后由以江泽民为核心的第三代中央领导集体和以胡锦涛为总书记的中央领导集体进行了丰富和发展。有学者指出，中国特色社会主义理论体系的历史起点是十一届三中全会，不管从逻辑上还是从内容上，毛泽东思想以及毛泽东从1956年开始的对社会主义建设规律的探索都不包含在其内。[1]

---

[1] 徐崇温：《关于中国特色社会主义理论体系的起点》，载《中国特色社会主义研究》2008年第6期。

第三种意见认为,邓小平理论是中国特色社会主义理论体系的基础,它包括了中国特色社会主义理论体系的最主要的内容。党的十五大报告也曾明确地说过"邓小平理论形成了新的建设有中国特色社会主义理论的科学体系"①。因此,邓小平理论的形成就标志中国特色社会主义理论的形成。至于邓小平理论的具体形成时间,有的认为应始于1975年邓小平主持工作,并在全国实行"全面整顿"、纠正"文化大革命"的错误,因为"全面整顿"实际上就是改革;大多数学者则认为,邓小平理论的形成始于党的十一届三中全会。关于"三个代表"重要思想和科学发展观等一系列重大战略思想,是中国特色社会主义理论体系的丰富和发展。

第四种意见认为,中国特色社会主义理论体系的具体形成过程是漫长的。从党的十一届三中全会到党的十五大属于归纳建构阶段,十五大到十七大属于深入总结和丰富发展阶段,最终提出于党的十七大。中国特色社会主义理论体系将随着时代发展而不断丰富,为马克思主义中国化不断开辟广阔前景。②

第五种意见认为,任何科学的理论体系,都不是先验的,它必有自己真实的形成、发展过程。这是因为,理论体系或思想体系虽然是由一系列概念、范畴、原理构成的逻辑联系,但是这些理论表达的逻辑形式都是对客观事物本质、发展过程及其规律的反映。中国特色社会主义理论体系也一样,它是反映中国特色社会主义这一客观对象本质、发展过程、规律及其认识过程的一系列基本原理、基本观点的内在逻辑联系,它以马列主义、毛泽东思想为理论基础,以解放思想为法宝,以当代中国这一客观世界为依据,以中国人民的创造性实践活动为动力,有自己真实的历史形成和发展过程。③

从当代中国的基本国情及其主要矛盾规定的历史任务出发,中国特色社会主义理论体系形成发展的轨迹,是紧紧围绕三大基本问题,即"什么是社会主义,怎样建设社会主义","建设什么样的党,怎样建设党","实现什

---

① 《十五大以来重要文献选编》(上),人民出版社2000年版,第12页。
② 张国镛、田岐瑞:《中国特色社会主义理论体系的历史建构和前景展望》,载《思想理论教育》2008年第19期。
③ 顾海良:《中国特色社会主义理论体系研究》,武汉大学出版社2008年版,第159—174页。

么样的发展，怎样发展"等重大理论和实际问题展开的。我们党几代领导集体坚持马克思主义的思想路线，对这三大基本问题的不断探索和回答，进行了从理论到实践的伟大创造，形成了中国特色社会主义理论体系的发展轨迹。其间，既前后相继，又各有侧重，显出阶段性特征。

中国特色社会主义作为一种理论体系，是由其哲学基础、基本原理、基本路线、基本纲领和重要范畴等五个紧密联系、不可分割的理论层次构成的。[①] 也有学者指出，改革开放以来所形成的邓小平理论、"三个代表"重要思想以及科学发展观等重大战略思想之所以可以归属于一个更大的理论体系，可以共同使用一个更大的概念，深层次的原因在于，这几个重大理论成果在思想路线、理论主题和基本观点具有内在的统一性。也正由于这样几点，我们可以说，今后继续保持这些内在统一性的新的理论成果依然可以是这个理论体系的组成部分。[②]

有学者从中国特色社会主义理论体系形成发展的阶段性和思想来源进行了研究。认为中国特色社会主义理论体系作为改革开放以来党的思想理论不断创新的整合汇总，具有时间的连贯性和空间的涵盖性。它的形成包括邓小平理论、"三个代表"重要思想、科学发展观等马克思主义中国化进程中的三个阶段性成果，三者的关系在继承上体现了整体性，在发展上则显示了阶段性。其整体性和阶段性的统一形成了中国特色社会主义理论体系。从形成的思想来源看，只能是马克思主义。中国特色社会主义理论体系围绕"什么是社会主义、怎样建设社会主义，建设什么样的党、怎样建设党，实现什么样的发展、怎样发展"这三个基本问题作出了回答，它的形成表明了党对共产党执政规律、社会主义建设规律和人类社会发展规律的认识和把握发生了升华。[③]

有学者研究了中国特色社会主义理论体系形成的国际背景和实践基础。认为中国特色社会主义理论体系，是在十一届三中全会以后，在世界主题由

---

① 聂运麟：《论中国特色社会主义理论体系》，载《马克思主义研究》2008 年第 4 期。
② 陈占安：《论中国特色社会主义理论体系的内在统一性》，载《思想理论教育》2008 年第 15 期。
③ 齐卫平：《中国特色社会主义理论体系的实践之基和思想之源》，载《思想理论教育》2008 年第 1 期。

战争与革命转化为和平与发展，国内实行改革开放和社会主义现代化建设的历史条件下，通过不断地总结我国和世界社会主义的历史经验的基础上，逐步形成和发展起来的。有学者指出，中国特色社会主义理论体系既是在中国改革开放和社会主义现代化建设实践基础上形成的，又具有全球化时代的鲜明特点。它把实行对外开放、同世界范围内所有国家尤其是发达国家的合作作为建设中国特色社会主义的重要途径，使中国在参与经济全球化的过程中获得更快发展，人民生活水平不断提高。

有学者对中国特色社会主义理论体系形成的具体条件进行了概括。指出，改革开放的伟大实践为中国特色社会主义理论体系的发展奠定了实践基础和物质力量；解放思想、实事求是思想路线的重新确立和始终坚持，为中国特色社会主义理论体系的形成发展奠定了思想基础；不断总结实践中的经验教训，并加以理论的抽象和概括，是中国特色社会主义理论体系形成发展的重要条件；通过党的全国代表大会，不仅可以集中全党的智慧，推动中国特色社会主义理论体系的发展完善，而且可以实现全党的共识，使之成为中国共产党最宝贵的政治和精神财富。[①] 有学者特别强调了社会主义市场经济理论在中国特色社会主义理论体系形成中的作用。认为利用市场经济建设社会主义，是中国特色社会主义理论体系区别于经典社会主义理论体系的显著标志，也是中国特色社会主义理论体系之"中国特色"的根本所在。改革开放以来，在中国社会主义建设的实践过程中，邓小平不断推进市场经济、江泽民始终坚持市场经济、胡锦涛继续发展市场经济，从而在理论上逐步形成了邓小平理论、"三个代表"重要思想以及科学发展观等重大战略思想。[②]

二 中国特色社会主义理论体系的科学内涵

中国特色社会主义理论体系的科学内涵是什么，学者们提出了不同见解。

有学者认为，认识事物首先要注意区别，没有区别就难以认识事物的本

[①] 游国立：《改革开放与中国特色社会主义理论体系的形成发展》，载《求实》2009年第3期。
[②] 林志友：《市场经济的历史演进与中国特色社会主义理论体系的形成》，载《社会主义研究》2008年第6期。

质与特征。将中国特色社会主义理论体系与苏东社会主义理论、毛泽东思想和科学社会主义理论进行比较研究，从各个侧面分析中国特色社会主义理论体系的特征，有助于我们推进对中国特色社会主义理论体系的认识和发展。[①]

有学者指出，中国特色社会主义理论的科学体系包括四个内容。第一个层次是主题和主线。主题就是建设有中国特色的社会主义。主线就是"什么是社会主义、怎样建设社会主义"。主题和主线在发展过程中不断延伸和展开，体现为社会主义、党和发展三大问题的辩证统一。第二个层次是理论基础和哲学基础。理论基础是马克思主义，特别是马克思主义中国化的第一个理论成果——毛泽东思想。哲学基础是马克思主义的辩证唯物论和历史唯物论。第三个层次是核心内容和核心思想。核心内容是党在社会主义初级阶段的基本路线。核心思想是"以人为本"。第四个层次是基本理论和重要观点。基本理论包括社会主义本质理论、社会主义初级阶段理论、社会主义改革开放理论、社会主义市场经济理论、社会主义民主政治建设理论、社会主义文化建设理论、社会主义和谐社会理论、社会主义对外关系理论、国防和军队建设理论、"一国两制"与祖国和平统一的理论、社会主义的领导力量和依靠力量理论、马克思主义执政党建设理论十二个方面。[②]

有学者指出，中国特色社会主义理论体系是包括邓小平理论、"三个代表"重要思想以及科学发展观等重大战略思想在内的科学理论体系，它们紧紧围绕一个根本和核心——以人为本，人的全面发展，以人为本是贯穿中国特色社会主义理论体系的根本和核心。[③]

有学者指出，中国特色社会主义理论体系的哲学基础，其主要内容有六个方面：以解放思想为主题的唯物论、以以人为本为核心的价值观、以实践为基础的认识论、以和谐为特征的辩证法、以统筹兼顾为根本的方法论、以改善民生为重点的唯物史观。[④]

[①] 苏盾：《从比较视阈看中国特色社会主义理论体系的特征》，载《求实》2008年第7期。
[②] 赵曜：《论中国特色社会主义理论体系》，载《中国特色社会主义研究》2008年第6期。
[③] 陈克良：《以人为本是中国特色社会主义理论体系的根本和核心》，载《马克思主义与现实》2008年第5期。
[④] 郭建宁：《试论中国特色社会主义理论体系的哲学基础》，载《中国特色社会主义研究》2009年第1期。

有学者指出，解放思想作为党的思想路线的本质要求，是中国特色社会主义理论体系的思想前提，是贯穿中国特色社会主义理论体系各个方面的活的灵魂，是中国特色社会主义理论体系最鲜明的理论特质和最突出的时代要求，是进一步发展中国特色社会主义事业和完善中国特色社会主义理论体系的强大精神力量。[1]

有学者指出，人民性是社会主义的价值目标，它贯穿于中国特色社会主义理论体系的各个发展形态，既一脉相承又与时俱进，科学发展观把以人为本作为核心，开辟了中国特色社会主义理论体系人民性的新境界。人民性是共产党人的政治立场，一切工作以人民根本利益为出发点和落脚点，充分发挥人民群众的积极性、主动性和创造性，更加重视社会公平，切实保障人民群众的各项权益，是中国共产党开创中国特色社会主义道路始终不渝的政治追求。[2]

有学者指出，邓小平反复提到的马克思主义是什么、什么叫马克思主义的问题，包含有两个含义：一个是在马克思主义的另一个名字叫共产主义的意义上，搞清楚马克思主义是什么、什么叫马克思主义的问题，也就是要探索和弄清楚什么是社会主义、怎样建设社会主义的问题；另一个是在马克思主义又指马克思主义思想路线的意义上，搞清楚马克思主义是什么、什么叫马克思主义的问题，就是要探索和回答怎样用科学的态度对待马克思主义，把解放思想、实事求是、与时俱进运用于马克思主义本身，确立马克思主义思想路线的问题。[3]

有些学者专门研究和阐述了中国特色社会主义理论体系的主题和主线问题。

有学者指出，建设和发展中国特色社会主义是中国特色社会主义理论体系的理论主题，围绕理论主题，在逻辑上呈现为逻辑起点、逻辑重点和逻辑

---

[1] 黄书进：《解放思想：中国特色社会主义理论体系的精髓》，载《马克思主义与现实》2008年第5期。

[2] 夏兴有、王玉周：《人民性：中国特色社会主义理论体系的鲜明特征》，载《中国特色社会主义研究》2008年第4期。

[3] 徐崇温：《中国特色社会主义理论体系形成和发展的思想前提》，载《中国特色社会主义研究》2009年第2期。

终点等具体内容,突出了鲜明的理论特色;正确认识中国特色社会主义理论体系的主题和逻辑结构有助于科学把握理论体系自身以及同毛泽东思想的关系。①

有学者指出,中国特色社会主义理论体系的主线是发展。这一科学理论体系内在地蕴涵了从新民主主义革命到社会主义建设和改革的总体性向度、从理论探索起点到理论体系形成的阶段性向度和在改革开放的实践和探索中不断实现与时俱进的开放性向度。②

三 中国特色社会主义理论体系的结构体系

有学者指出,中国特色社会主义包括道路、理论体系、旗帜三维向度。作为中国实践的模式,中国特色社会主义是"一条道路",这条道路有其独特的认识路径、学理界定和三层框架;作为中国特色社会主义实践的理论提升,中国特色社会主义是"一个理论体系",这个理论体系有其独特的逻辑进路、逻辑架构和逻辑自觉;作为中国特色社会主义实践和理论的行动指南,中国特色社会主义是"一面旗帜",这面旗帜有其独特的双重意蕴、认识逻辑和内在结构。中国特色社会主义是道路、理论体系、旗帜三维向度的内在统一。③

有学者说,中国特色社会主义的伟大旗帜、发展道路和理论体系,是内在于中国特色社会主义概念的本质要素,或者说,作为整体概括起来的中国特色社会主义,是包含着旗帜、道路和理论体系等历史的和现实的、理论的和实践的多样性的对立统一体。中国特色社会主义的伟大旗帜、发展道路和理论体系,本质上表现为实践与理论两个方面的双向互动、良性运行、相辅相成的关系。我们要以高度的政治意识、大局意识和责任意识,高举中国特

---

① 魏建斌:《论中国特色社会主义理论体系的理论主题和逻辑结构》,载《思想理论教育》2009年第5期。
② 涂小雨:《中国特色社会主义理论体系的向度分析》,载《思想理论教育》2009年第9期。
③ 宋进、王刚:《论中国特色社会主义的三维向度》,载《毛泽东邓小平理论研究》2008年第4期。

色社会主义伟大旗帜不动摇、坚持中国特色社会主义道路不动摇、坚持中国特色社会主义理论体系不动摇。①

有学者指出，中国特色社会主义道路的开辟过程，也是中国特色社会主义理论体系的形成过程。中国特色社会主义道路的拓展，推进着中国特色社会主义理论体系的不断丰富、发展和完善；中国特色社会主义理论体系的发展，为坚持中国特色社会主义道路提供了科学指导和理论支撑。这两个方面相辅相成，相互促进，统一于发展中国特色社会主义事业中，并使中国特色社会主义在实践和理论上产生了双重提升。②

有学者指出，中国特色社会主义理论体系具有严密的逻辑结构，解放思想、实事求是和与时俱进的实践唯物主义是其哲学基础，中国特色社会主义构成其核心范畴，将全面建成小康社会和基本实现现代化作为奋斗目标，把改革开放、党的建设和科学发展三位一体作为实现途径，从而实现了目的与手段、方法和途径的有机统一。③

任何一个理论体系，都有其严密的逻辑结构，即概念、范畴、原理之间的内在逻辑联系。中国特色社会主义理论体系，以社会主义初级阶段的基本国情为根本依据，以改革开放以来我们党不断探索和回答三大基本问题的实践创造为基础，通过逻辑的形式，再现了中国特色社会主义整体及其固有的经济建设、政治建设、文化建设、社会建设和党的建设这一客观事物的历史发展，再现了反映这一客观事物历史发展的认识进程，从而形成了彼此相互联系、逻辑层次有序的理论框架。第一个逻辑层次是中国特色社会主义理论体系的理论基础，即马克思列宁主义、毛泽东思想。第二个逻辑层次是中国特色社会主义理论体系的基本内容，这就是邓小平理论、"三个代表"重要思想以及科学发展观等重大战略思想。第三个逻辑层次是党的基本路线、基

---

① 梅荣政：《中国特色社会主义旗帜、道路、理论体系三个范畴之间的内在联系》，载《思想理论教育导刊》2009年第4期。
② 秦刚：《中国特色社会主义：道路与理论体系的关系》，载《中国特色社会主义研究》2008年第1期。
③ 阳桂红、龙佳解：《论中国特色社会主义理论体系的逻辑结构》，载《社会主义研究》2008年第6期。

本纲领、宝贵经验。[1]

有学者从哲学层面集中论述了中国特色社会主义理论体系所具有深厚意蕴，即是：生产力标准、社会主义市场经济理论、科学技术第一生产力理论，是实践唯物主义的丰富发展；科学发展观和和谐社会理论，是马克思主义社会发展哲学的当代建构；以人为本、改善民生的历史动力与价值追求统一思想，是对唯物史观的理论深化。[2]

有学者对科学发展观在中国特色社会主义理论体系中的地位作了说明。指出科学发展观作为中国特色社会主义理论体系的重要组成部分，拓宽了中国特色社会主义理论体系的视阈，深化了中国特色社会主义理论体系的主题，彰显了中国特色社会主义理论体系的根本价值取向。[3]

有学者指出，科学发展观作为中国特色社会主义理论体系的最新内容，具有鲜明的继承性和创新性，同时又具有广泛的开放性和兼容性，彰显了当代中国共产党人海纳百川的博大胸襟和与时俱进的理论品质。科学发展观在理论体系、深刻内涵和精神实质上，尽显务实性和深刻性。党的十七大报告的四个"要求我们"则构成了按照科学发展观的要求发展中国特色社会主义的系统工程，其中包含了新时期的"三大法宝"（以经济建设为中心、构建和谐社会、党的建设新的伟大工程）和"一大动力"（改革开放），确保科学发展观落到实处。[4]

有学者指出，中国特色社会主义道路的理论基石，首先是马克思列宁主义、毛泽东思想，但最直接的理论基石是中国特色社会主义理论体系。中国特色社会主义理论体系有着独特的体系构成、理论框架、哲学基础。邓小平理论在这个理论体系中不但有开创性、奠基性的地位与意义，而且提出了中国特色社会主义理论体系的最基本的理论支柱，构建了中国特色社会主义理

---

[1] 顾海良：《中国特色社会主义理论体系研究》，武汉大学出版社2008年版，第159—174页。
[2] 李昆明、丁雪枫：《中国特色社会主义理论体系的哲学形态和特征》，载《马克思主义与现实》2008年第5期。
[3] 肖贵清、刘爱武：《科学发展观与中国特色社会主义理论体系的关系》，载《马克思主义与现实》2009年第1期。
[4] 周明生：《科学发展观作为中国特色社会主义理论体系最新内容的若干思考》，载《毛泽东邓小平理论研究》2008年第10期。

论体系的主体内容和基本框架。"三个代表"重要思想也是中国特色社会主义理论体系的重要组成部分,它在中国特色社会主义理论体系中起着继往开来、承前启后的作用。它不仅创造性地回答了"建设什么样的党和怎样建设党"的历史课题,而且把党的建设和社会主义现代化建设有机结合起来,进一步回答了"什么是社会主义、怎样建设社会主义"这一重大的理论和现实问题,深化了对中国特色社会主义理论体系主题的认识。[①] 科学发展观是中国特色社会主义理论体系的最新成果。它的形成条件、哲学基础、理论意义与实践价值、科学内涵、实现条件与根本要求及其在中国特色社会主义理论体系中的地位等都是当前理论研究的重大课题。[②] 中国特色社会主义理论体系的主要精髓在于改革、发展、创新,解放思想、实事求是、与时俱进、开拓创新是其活的灵魂。[③]

有学者指出,邓小平共同富裕的思想,开启了中国共产党解决民生问题的新阶段。以胡锦涛为总书记的中央领导集体加快推进以改善民生为重点的社会建设,致力于使改革成果共同分享。这些与时俱进又独具特色的民生思想,是中国特色社会主义理论体系的重要组成部分。[④]

有学者指出爱国主义是"马克思主义中国化"的题中应有之义和内在要求,爱国主义是贯穿于中国特色社会主义理论体系的价值追求和基本原则。[⑤]

四 中国特色社会主义理论体系的理论特点

有学者指出,中国特色社会主义理论体系具有整体性特征。当代中国马克思主义的整体统一性,源自中国特色社会主义建设实践的整体性。正确理

[①] 孔祥云、冯务中:《论"三个代表"重要思想对中国特色社会主义理论体系主题的深化》,载《思想理论教育导刊》2009年第1期。

[②] 赵存生:《中国特色社会主义道路的理论基石》,载《毛泽东邓小平理论研究》2008年第7期。

[③] 李德才:《中国特色社会主义理论体系的科学内涵和主要精髓》,载《思想理论教育导刊》2008年第4期。

[④] 潘玲霞:《"共同富裕"与"成果共享"——中国特色社会主义理论体系中的民生思想》,载《社会主义研究》2009年第1期。

[⑤] 李君如:《爱国主义与马克思主义中国化》,载《中国特色社会主义研究》2008年第4期。

解中国特色社会主义理论体系的整体性，必须把握整体性与层序性、阶段性、开放性的统一。①

有学者指出，中国特色社会主义理论体系实现了三个辩证统一：一是普遍性与特殊性的辩证统一，既坚持科学社会主义基本原则又赋予鲜明的中国特色；二是系统性与结构性的辩证统一，既有严密的内在逻辑结构又有完整的系统性；三是理论与实践的辩证统一。②

有学者指出，中国特色社会主义理论体系具有理论性与实践性、普遍性与特殊性、传承性与创新性、科学性与人民性、时代性与民族性辩证统一这五个主要特征。③

有学者指出，中国特色社会主义理论体系有一系列重要的特点，主要有六个基本方面，即：第一，历史的厚重性。第二，逻辑的严整性。第三，鲜明的时代性。第四，浓厚的民族性。第五，高度的开放性。第六，理论与实践互动中的创新性。④

有学者指出，在当代中国，坚持中国特色社会主义理论体系，就是坚持马克思主义。中国特色社会主义理论体系坚持马克思主义的实践性，主要表现在坚持解放思想、实事求是的思想路线和与时俱进的思想方法，坚持以我国改革开放和社会主义现代化建设的实际问题，以我们正在做的事情为中心，具有强烈的问题意识。中国特色社会主义理论体系坚持马克思主义的民族性，集中表现在充分考虑现实国情需要与本土的特殊性，体现中国气派、中国风格和中国特色，而不是死守马克思主义的具体结论或离开马克思主义的理论，不是要排斥国际经验，置身于世界发展进步潮流之外。中国特色社会主义理论体系坚持马克思主义的开放性，就是坚持马克思主义"与时俱进"的科学态度，在正确认识和把握当今社会发展历史进程的基础上，在实

---

① 黄志高：《论中国特色社会主义理论体系的整体性特征》，载《社会主义研究》2008年第4期。

② 唐莉、钟玉海：《关于中国特色社会主义理论体系的辩证解读》，载《马克思主义研究》2008年第11期。

③ 郑又贤：《关于中国特色社会主义理论体系主要特征的辩证思考》，载《马克思主义研究》2008年第12期。

④ 顾海良：《中国特色社会主义理论体系研究》，武汉大学出版社2008年版，第159—174页。

现马克思主义基本原理同中国具体实际和时代特征相结合的过程中,解决时代课题,创新思想理论。①

有学者指出,中国特色社会主义理论体系具有开放性的品质。理论形态开放性、实践形态开放性、制度形态开放性是其主要表现形态。②

有学者指出,从主题的视角,以主题的整体性看中国特色社会主义理论体系是完整的科学理论体系,以主题的统一性看中国特色社会主义理论体系本身是个统一的建构,但由于客观实际的阶段性特征,中国特色社会主义理论体系的几种理论形态呈现出明显的层次性。③

有学者指出,中国特色社会主义理论体系应具有整体性、科学性与创新性、开放性的总体特征和总要求。中国特色社会主义理论体系的构建应遵循马克思主义整体性的内在逻辑结构和马克思主义理论体系构建的基本思路和基本方法。首先要揭示中国特色社会主义理论的起点范畴、中心范畴和内在逻辑结构,然后再进一步拓展为中国特色社会主义的理论体系。④

有学者指出,中国特色社会主义理论体系具有民族性和世界性、学理形态和现实形态、一脉相承和与时俱进的意义及特征,深化对其科学价值、理论形态、精神实质的研究,要树立世界眼光、体现知识价值、突出方法论意义,科学整合它的三个部分内容,形成整体性的逻辑结构和学理性的理论形态,揭示这一理论体系的认知功能和真理魅力。⑤

有学者指出,中国特色社会主义理论体系,就是包括邓小平理论、"三个代表"重要思想以及科学发展观等重大战略思想在内的科学理论体系。这一理论体系具有整体性、开放性和动态性的特点,因而表现出鲜明的系统性特征。⑥

---

① 张雷声:《马克思主义与中国特色社会主义理论体系》,载《马克思主义研究》2009年第2期。
② 刘爱莲、彭恩胜:《论中国特色社会主义理论体系的开放性》,载《求实》2008年第11期。
③ 陈殿林:《中国特色社会主义理论体系的几种理论形态关系》,载《求实》2008年第10期。
④ 赵丽华:《中国特色社会主义理论的逻辑结构和体系构建》,载《社会主义研究》2008年第4期。
⑤ 李昆明:《深化中国特色社会主义理论体系研究的若干思考》,载《思想理论教育》2009年第3期。
⑥ 余精华:《中国特色社会主义理论体系的系统性特征》,载《思想理论教育导刊》2008年第11期。

有学者指出,"发展的开放的"概括了中国特色社会主义理论体系体现的"三个统一",即历史、现实和未来的统一,内与外的统一,下与上的统一。从多维角度理解和把握中国特色社会主义理论体系,有利于形成对理论的共识,有利于以发展的开放的广阔视野推进这一理论体系的发展深化,以及把理论转化为建设中国特色社会主义事业的行动。[1]

五 中国特色社会主义理论体系与毛泽东思想的关系

毛泽东思想与中国特色社会主义理论体系是分别属于马克思主义中国化历史进程中的两大理论体系,二者所处的历史时期、面临的历史任务和解决的主要问题不是完全相同的。但毛泽东思想与中国特色社会主义理论体系之间不是孤立的、割裂的;二者在马克思主义中国化历史进程中是既一脉相承又与时俱进的辩证关系。毛泽东思想是中国特色社会主义理论体系的思想渊源。[2]

有学者指出,毛泽东思想是新民主主义革命时期、社会主义革命和建设时期马克思主义与中国实践相结合的产物,是中国共产党集体智慧的结晶。毛泽东思想提出了走具有自己特点的社会主义道路的命题,对什么是社会主义和怎样建设社会主义、怎样建设党提出了重要观点。毛泽东思想活的灵魂——实事求是、群众路线、独立自主至今仍有着不可替代的指导意义。学习和坚持毛泽东思想,是坚持和发展中国特色社会主义理论体系的重要基础。[3]

有学者指出,毛泽东思想和中国特色社会主义理论体系是马克思主义中国化的两大理论成果,它们既具有内在联系而又各具理论特色。毛泽东对适合中国特点的社会主义建设道路的探索为中国特色社会主义理论体系的形成

---

[1] 靳连芳:《寓意深刻的理论定位——谈"发展的开放的中国特色社会主义理论体系"提法的意义》,载《中国特色社会主义研究》2008 年第 4 期。

[2] 郑德荣、姜淑兰:《毛泽东思想与中国特色社会主义理论体系的关系》,载《思想理论教育导刊》2008 年第 8 期。

[3] 周建明:《从毛泽东思想到中国特色社会主义理论体系——兼论第一代中央领导集体的伟大探索》,载《毛泽东邓小平理论研究》2008 年第 5 期。

奠定了基础;毛泽东社会主义建设思想为中国特色社会主义理论体系的形成提供了有益的思想资料,其中仍具有现实指导意义的思想内容也包括在中国特色社会主义理论体系之中。①

有学者指出,就中国特色社会主义理论体系的理论构成或主题内容而言,不包括毛泽东思想;而从这个体系的思想基础和形成历史看,则应当从毛泽东思想讲起;这个体系在特征上是发展和开放的体系;其理论性质是包括马克思主义哲学基础在内的科学社会主义;理论地位和意义是当代中国的马克思主义。②

有学者指出,毛泽东思想与中国特色社会主义理论体系是两个彼此独立又自成体系的理论形态。中国特色社会主义理论体系继承、丰富和发展了毛泽东思想关于"什么是社会主义以及怎样建设社会主义"、"建设什么样的党以及怎样建设党"、"实现什么样的发展以及怎样发展"的观点,深化了对社会主义建设规律、共产党执政规律的认识,创造性地提出了科学发展观,推动了马克思主义中国化历史进程。③

有学者认为,正确阐释"马克思主义中国化的理论成果"和"马克思主义中国化的最新成果"、"开始探索中国社会主义建设规律"和"开创中国特色社会主义道路"、"毛泽东思想"和"中国特色社会主义理论体系"这三对概念之间的区别和联系,系统地诠释"中国特色社会主义理论体系"的时空范围,为全面地理解和把握中国特色社会主义理论体系提供了一个新的理论视角。④

有学者指出,正确处理继承和发展的关系,是马克思主义理论发展的一条规律。中国特色社会主义理论体系和毛泽东思想是一脉相承和与时俱进的

---

① 肖贵清、刘爱武:《整体性视阈中的毛泽东思想与中国特色社会主义理论体系》,载《毛泽东邓小平理论研究》2009年第1期。
② 赵兴良:《理解中国特色社会主义理论体系科学内涵的若干问题》,载《求实》2008年第5期。
③ 魏晓文、刘志礼:《中国特色社会主义理论体系对毛泽东思想的继承和发展》,载《思想理论教育导刊》2008年第8期。
④ 陈晓燕:《"中国特色社会主义理论体系"的时空范围分析》,载《中国特色社会主义研究》2008年第5期。

关系，把二者割裂或对立起来的观点是违背客观历史事实的，也同我们党的几届中央领导集体的立场不一样、同党的十七大的精神相对立。在这个问题上，要警惕历史虚无主义的危害。①

六　中国特色社会主义理论体系的历史地位和意义

中国特色社会主义理论体系是马克思主义中国化历史进程中的第二次历史性飞跃，是马克思主义中国化的第二大理论成果。它在实践方面的意义，如党的十七大报告所指出的"改革开放以来我们取得一切成绩和进步的根本原因，归结起来就是：开辟了中国特色社会主义道路，形成了中国特色社会主义理论体系。高举中国特色社会主义伟大旗帜，最根本的就是要坚持这条道路和这个理论体系"。"这个理论体系，坚持和发展了马克思列宁主义、毛泽东思想，凝结了几代中国共产党人带领人民不懈探索实践的智慧和心血，是马克思主义中国化最新成果，是党最可宝贵的政治和精神财富，是全国各族人民团结奋斗的共同思想基础。"②

对于它的历史地位和意义，有学者指出，中国特色社会主义理论体系无论是在马克思主义发展史上，还是在马克思主义中国化史上，都具有极为重要的地位。马克思主义理论是完整的科学体系，它具有历史的严整性和逻辑的严整性。对马克思主义理论科学体系的发展，从主要的和基本的方面说，有两种情况，一是在理论内容和逻辑思维上，对马克思主义理论体系中原有的内容进行了新的挖掘、阐述、论证和创造性运用；二是提出了全新的理论、公式，作出了新的结论。中国特色社会主义理论体系对整个马克思主义理论科学体系的新贡献包含了上述两种情况。它在理论体系形成的实践基础上、在理论体系的逻辑构成上，在理论体系内涵的理论和实践的关系上、在理论体系的范畴上，均为马克思主义理论宝库增添了新的内容。

---

① 梅荣政、李红军：《中国特色社会主义理论体系与马列主义、毛泽东思想的一脉相承和与时俱进的关系》，载《思想理论教育导刊》2009 年第 7 期。
② 胡锦涛：《高举中国特色社会主义伟大旗帜为夺取全面建设小康社会新胜利而奋斗》，人民出版社 2007 年版，第 11 页。

有学者指出，中国特色社会主义理论体系是马克思主义中国化的最新成果，是同马克思列宁主义、毛泽东思想既一脉相承又与时俱进的科学理论体系。这一理论体系内涵丰富、思想深刻、逻辑严谨，包括了政治、经济、文化、社会、祖国统一、军事国防、对外关系以及党的建设等诸多领域的重要思想理论观点，是改革开放以来中国共产党全部理论创新的总结和升华，生动而具体地坚持和发展了马克思主义，并且随着建设中国特色社会主义实践的发展，中国特色社会主义理论体系也会不断丰富和发展。①

有学者指出，中国特色社会主义理论体系是当代中国的马克思主义。它是对马克思列宁主义、毛泽东思想的继承与发展，有学者指出，中国特色社会主义理论体系对世界社会主义的发展、世界其他国家和地区的政党建设、世界其他国家和地区经济社会又好又快地发展，以及对世界的和平、稳定与发展，都具有积极意义。②

七　中国特色社会主义理论体系研究的深化

有一些学者指出，根据党的十七大报告提出的要求："中国特色社会主义理论体系是不断发展的开放的理论体系。……实践永无止境，创新永无止境。全党同志要倍加珍惜、长期坚持和不断发展党历经艰辛开创的中国特色社会主义道路和中国特色社会主义理论体系"的精神，要不断深化对中国特色社会主义理论体系的研究。一是要研究中国特色社会主义理论体系发展马克思主义的经验，从中提炼深化认识和向前发展中国特色社会主义理论体系的思路。在方法论上，要注意两个层面：从中国特色社会主义理论体系构成中现有三个具体理论形态——邓小平理论、"三个代表"重要思想和科学发展观方面去把握各自分别发展马克思主义的经验；从中国特色社会主义理论体系整体发展马克思主义的经验。从马克思主义发展史的高度把握中国特色社会主义理论体系的定位。二是要重视探索中国特色社会主义理论体系特有

---

① 徐中：《中国特色社会主义理论体系的科学内涵》，载《求实》2008年第6期。
② 张爱武：《论中国特色社会主义理论体系的世界意义》，载《马克思主义与现实》2009年第3期。

的概念、范畴和原理,着力建构中国特色社会主义理论体系的独立逻辑体系;双向度地理解中国特色社会主义理论体系推进当代马克思主义发展的基本形式,致力于马克思主义中国化最新成果的理论提升。[1] 三是要重视探索研究中国特色社会主义理论体系的方法问题。有学者指出,首先应从理论和实践的辩证关系中研究中国特色社会主义理论体系的形成和发展。其次从一般和特殊的辩证关系研究中国特色社会主义理论体系的本质特征,由此去把握它"解决问题"、"思维方式"、"发展道路"和"坚持马克思主义"所具有的中国特色;最后,应运用哲学思维分析解决中国特色社会主义建设进程中的根本问题。中国特色社会主义理论是立足中国国情、总结中国经验、运用先进方法、研究中国问题、形成中国道路、促使中国成功的我们自己的理论;这一理论体系确立起了"以研究中国实际问题为中心"的"研究路线"和"问题向度",用矛盾思维总结、提升影响当代中国发展的中国模式。[2] 四是要从历史、理论和现实的结合去深化中国特色社会主义理论体系,所谓历史就是要从马克思主义发展史,特别是中国化马克思主义发展史上去深入认识中国特色社会主义理论体系,确定它在马克思主义发展史上的科学定位;所谓理论就是要紧密联系马列主义、毛泽东思想的基本原理,重视马列宁主义、毛泽东思想基本著作的研究、重视党的重要文献研究,进一步深化对中国特色社会主义理论体系所包含的基本观点、精神实质的认识;所谓现实就是要面向当代世界的发展特点和趋势、面向中国社会发展的实际、全面建设小康社会的实践,并从当代中国和当代世界的相互关系及其提出的问题上,深化对中国特色社会主义理论体系的指导价值的认识。

(作者单位　武汉大学政治与公共管理学院)

---

[1] 梁树发:《深化中国特色社会主义理论体系研究路径的思考》,载《马克思主义研究》2008年第12期。
[2] 韩庆祥:《中国特色社会主义理论体系的哲学基础》,载《毛泽东邓小平理论研究》2009年第3期。

唯物史观的当代解读与唯物史观的研究范式若干问题讨论

赵景来

唯物史观传入中国已经有 90 余年。唯物史观与中国社会发展实际进程的互动关系，成为马克思主义中国化进程的重要组成部分。近年来，在中国经济取得巨大成就、社会呈现显著进步的背景下，马克思主义中国化和社会科学本土化的研究都越来越重视"中国经验"。在上述社会学术背景下，国内一些专家学者围绕全球化语境下的文化重构、现代性课题与马克思哲学的当代性、唯物史观研究范式的转换等诸多问题进行了广泛深入的探讨，学者们力图阐扬唯物史观的当代价值，以期为中国特色社会主义建设提供理论支持，下面将讨论中的各种观点综述如下。

一 问题的提出

改革开放以来，中国社会主义建设和改革的实践得益于唯物史观的指导，唯物史观的发展也得益于对中国历史经验的总结。但在学术界或理论研究领域，对唯物史观的研究和运用往往存在着滞后于现实，缺乏对现实问题的积极应对和科学解答的现象。不少人抱怨，在当代中国社会发展的实际过程中，马克思主义哲学"失语"、"缺场"的现象每每存在。

有学者认为，造成此种现象的主要原因不在于马克思主义哲学特别是唯物史观本身，而在于对唯物史观特别是历史辩证法的现实性和批判性的理解和运用不够。唯物史观是马克思、恩格斯在分析人类社会特别是资本主义基础上、在总结人类历史认识成果基础上形成的。在马克思主义发展的各个重要阶段,特别是在马克思主义中国化进程中,唯物史观在解答时代课题和批判性地分析社会现实中获得了发展。如果仅仅认为历史辩证法的革命性、批判性功能只适用于对资本主义社会的分析,而不适用于对不断变化、发展、完善的社会主义社会的分析,那就违背了历史辩证法的本性。事实上,当代中国社会发展既需要建设性的哲学理论,也需要批判性的辩证法思想,否则就不能在反思中前进。如果疏离时代,远离现实,丧失对现实的批判性,唯物史观就难以显示其社会功能和生命力。

论者认为,在当代中国,唯物史观的文本研究和现实研究取得了明显进展,但仍有进一步推进的必要。一方面,唯物史观研究应力求站在时代的高度,适应社会实践的发展需要,挖掘唯物史观中富有生命力和科学价值的思想,澄清认识上或理解上的混乱或错误,在吸收优秀思想成果和总结实践经验的基础上丰富和发展唯物史观。另一方面,唯物史观的研究和运用需要以"中国问题"为中心,直面现实,解剖现实,解读现实,回应或解答时代课题以及社会实践中遇到的重要问题。唯有如此,唯物史观才能保持其理论张力,彰显其实践价值。[①]

另有学者指出,马克思的"现实关怀"是以一种真正符合哲学本性的方式表现并得到落实的,它体现为两种基本的样式:第一,通过意识形态的批判,破除虚假观念的遮蔽,促进对人的生存状况的自我意识,以推动人的自我理解;第二,通过对"形而上学的现实运作"的反思和批判,揭示使人的生活陷入抽象化的物质力量以及这种物质力量背后所体现的社会关系,推动人们以一种实践的方式来改变和摧毁不合理的生存状态和现实关系,从而激发人们对于未来可能生活的想象力,并以此促进人与社会的不断自我跃迁。哲学对现实的关注,总是具有反思性、批判性和超越性的品格。所以,当强调哲学关注现实的时候,我们必须自觉地意识到哲学对现实的理解及其关注现实的方式与常识和实证科学的重大区别,从而真正在哲学的层面上,以一种符合哲学本性的方式去体现和落实这种现实关怀。

---

① 郝立新:《历史辩证法视阈中的当代中国社会发展》,载《中国人民大学学报》2009年第6期。

论者认为，意识形态批判与对"形而上学的现实运作"的批判作为马克思"现实关怀"的两种样式，在不同的历史条件和时代语境中会有不同的表述。在不同情境中，人和社会的发展会面临着形态各异、内涵变动的意识形态幽灵，因而意识形态批判也需要随之充实不同的内涵与主题。同样，"形而上学的现实运作"既可以表现为"资本的逻辑"，也可以表现为"权力的逻辑"、"技术的逻辑"等；当现实生活中某种力量或关系占据绝对的统治性地位，并因此而导致人的生存和社会生活抽象化的时候，就表明形而上学的幽灵已经在现实生活中开始运作，因此对"形而上学的现实运作"的批判，也需要随着社会生活的变动而充实不同的内涵与主题。马克思为我们提供了"现实关怀"的两种基本样式，但它是开放的。今天我们强调哲学关注现实，最为恰切的姿态就是对今天生活中活动着的种种意识形态幽灵和"形而上学的现实运作"进行深入的批判与反省，从而驱除使我们的生活陷入抽象化的抽象力量，以捍卫我们的生活的具体性和丰富性。[①]

也有学者认为，新时期深化马克思主义中国化研究的一项重要任务是拓宽研究视野，在马克思主义中国化研究中形成"中国向度"和"世界向度"紧密结合的学术视野。马克思主义中国化研究的"中国向度"，是指把马克思主义基本原理同中国的实际相结合，用以指导中国的实践，并获得理论上的创新成果。马克思主义中国化研究的"世界向度"，是指要在全球化语境和世界视野中审视马克思主义同中国实际的结合问题，并强调中国经验的开放价值和中国形态的马克思主义理论在世界马克思主义研究中的话语权；因此，它呈现为中国问题与全球问题、中国文化与世界文化、中国马克思主义研究和世界马克思主义研究的"双向互动"的向度。

论者认为，实际上，"中国向度"和"世界向度"应当是马克思主义中国化研究不可分割、相互交织、相互支撑的两个组成部分。但是，在现实的研究中，我们还是可以在相当程度上发现存在着这两个向度的分离。我们在充分肯定"中国向度"的马克思主义中国化研究所取得的成绩，以及它在马

---

① 贺来：《超越"现实"的"现实关怀"——马克思哲学如何理解和关注现实?》，载《哲学研究》2008 年第 10 期。

克思主义中国化研究中不可替代的基础与核心地位的同时，应当努力使我们的研究视野更加开放；特别要认识到，随着全球化进程的加快和全球化程度的加深，缺乏自觉的"世界向度"的马克思主义中国化研究会越来越显现出自身的局限性。其一，封闭地研究中国问题容易使马克思主义的"中国经验"仅具有有限的中国价值和中国意义；其二，孤立地强调中国文化的独特价值容易使弘扬传统文化成为"孤芳自赏"，并且存在着使马克思主义中国化的文化价值阐释走入误区的可能性；其三，缺乏世界范围内的学术交流、思想碰撞和理论对话，容易把马克思主义中国化的理论价值限定在地方知识的层面上，无法阐发其世界意义。①

还有学者指出，哲学范式总是时代思维方式的集中体现。探索马克思主义出场问题，进而提出出场学范式首先基于一个时代性挑战。"这是一个脱节的时代！"——《哈姆莱特》的这一句戏词，被法国思想家德里达在《马克思的幽灵》一书中用来指认一个并非完全没有戏剧性效果的"历史事实"：在旧工业化与资本全球化时代出场的马克思主义，遭遇新全球化时代，导致一系列事件的发生：苏东剧变和冷战结束，美国新全球霸权主义，恐怖主义和反恐战争，生态主义和绿色政治，知识经济和消费社会，反思现代性与后现代思潮的冲击，族性政治与文明冲突等，使马克思主义当代性和在场性受到严重挑战，马克思主义的话语权被边缘化，甚至遭遇当代退场的危险。

论者认为，如何在一个"脱节的时代"重新回答"马克思主义向何去"的问题，准确指认马克思主义新的时代语境，深刻反思当代问题谱系和理论前沿，探索马克思主义的出场路径和出场形态，就成为全球左派学者深切关注的时代聚焦点。在批判苏联僵化教条的马克思主义的理解模式、深度反思苏东剧变经验教训的基础上，出现了一大批新的思想设计，从德里达对马克思遗产"幽灵复活"路径的"幽灵学设计"，到詹姆逊以"意识形态批判"和"后殖民文化批评"理论为中心的新马克思主义；从哈贝马斯以"交往行动"为核心重建"历史唯物主义"的构想，到德里克"弹性生产时

---

① 衣俊卿：《探索马克思主义中国化研究的一个新向度》，载《哲学研究》2008年第12期。

代的资本主义批判";从鲍德里亚对马克思《资本论》的"符号学解读",到吉登斯的"第三条道路与新历史唯物主义",等等。人们批判地反思苏联僵化教条的马克思主义以及教条主义理解方式;深刻思索马克思之后的马克思主义当代在场的可能性,及其当代出场路径和在场方式问题,这就需要一个完整的理论方法,对什么是"出场"以及马克思主义"如何出场"的问题做出科学系统的解答,由此必然召唤出场学视阈。①

二 现代性课题与马克思哲学的当代性

对越来越复杂的现代性问题和我们自身社会发展问题的思考,一再让我们把目光投向马克思的历史唯物主义。历史唯物主义本质上是现代历史的产物。作为现代早期资本主义社会自我理解和自我批判的理论,它既有超越时代的普遍理论意义,又不能不打上它赖以产生的时代及其语境的特殊印记。因而,我们要运用历史唯物主义的基本精神分析和解答当代社会问题,就必须将其置于现代历史的运动中,不断地给予深入的审视、阐释和理论创新。

一种观点认为,关于现代性,当下有三种态度:全身心拥抱、全面拒斥、谨慎使用。哲学是用最接近于事实的语言呈现真理的一种理论把握世界的方式,哲学呈现真理的基本方式就是构造关键词,"现代性"就是这种关键词之一。无论是拥抱还是拒斥,"现代性"都以其不可阻挡之势向我们走来。尽管"现代性"概念受到多方责难,但它仍不失为一个颇有效力的概念。关于现代性至少有三种书写方式:作为思想形态的现代性;作为社会设置的现代性;作为生活方式的现代性。马克思虽然从未用过"现代性"概念,但却揭示了现代性之原始发生的历史逻辑。但比较而言,今日的现代性已经更广泛、更复杂了。其一,作为现代性之经济形态的资本,已经不限于商品和货币,还包括科技资本、人力资本、制度资本和社会资本等诸多形态。特别是社会资本概念的产生,标志着只见物不见人的纯经济目的的交往形式已经不适应基于认知、情感和意志之上人的全面的交往需要了,一种超

---

① 任平:《论马克思主义哲学研究的出场学视域》,载《中国社会科学》2008 年第 4 期。

越原子主义的思维方式和更富人性化的交往方式正在产生。其二，资本也已经不简单地是"能够带来剩余价值的价值"了，而变成了一种复杂的社会设置。作为一种社会设置，现代性由三个支点构成：欲望的神圣激发和最大满足，欲望本体论解决了现代性的动力问题；市场的建立和完善与资本的有效运行提供了社会安排；科学的发现和技术的发明为提高效率、降低成本提供了支持。今日现代性之复杂性达到了相当高的程度，基于经济依赖性之上的人的独立性，要求着政治上的民主和文化上的自由，更进一步地，现代性也已经不限于资本这样一种社会设置，而演变成了一种理论的和日常的意识和观念，日常的交往方式和生活方式，这便是作为生活方式的现代性，它表现为现代消费价值观和消费行为。[1]

另一种观点指出，按照美国学者华勒斯坦的理解，"现代性"有两重含义：一是"技术现代性"，二是"人类自我解放的现代性"。作为技术的现代性，在当代资本主义社会中已经实现了，这就是资本主义社会全球性的"技术统治"，也即海德格尔所谓的世界被技术"座架"了。在这一意义上，华勒斯坦强调"现代性已不再是救星、而变成了一个恶魔"。所以他认为"现代性之终结"（完成）终结的只是技术现代性，而人类自我解放的现代性却"仍未完成"。[2] 而最终实现人类自我解放的现代性，正是马克思资本批判的辩证法的历史使命。对马克思来说，资本主义是现代性的第一个（过渡性）阶段，人类真正解放的现代革命就始于对资本主义现代性的批判和超越。在马克思哲学的视野里，现代性实质上就是理性形而上学借助"资本逻辑"实现的对人的抽象统治。而马克思的现代性批判，就是通过其辩证法，揭示出资本逻辑的内在"自反性"，实现了对资本逻辑和理性形而上学的双重瓦解与颠覆，从而为人的解放开辟现实性道路。

论者认为，20世纪这一百年的实践证明，凡是缺失对马克思的现代性批判思想之真实领会的所谓"革命理论"，都始终是在资本逻辑控制的范围内为克服资本原理的强大"魔力"而提出的理论规划的"善良设计"。这类

---

[1] 晏辉：《中国问题与中国当代哲学》，载《山东社会科学》2008年第2期。
[2] 华勒斯坦：《自由主义的终结》，社会科学文献出版社2002年版，第125—127页。

"革命理论"所依据的资本原理发展的"客观规律",其实是现成资本主义社会在资本逻辑同一性力量的控制下无法规避的"抽象成为统治"之展开的一个意识形态用语。马克思的现代性批判,是与他所发动的哲学革命合二为一的。倘若缺失对其哲学革命的真切领会,他的现代性思想就会重新被纳入资本逻辑与理性形而上学"联姻"的近代哲学传统中去。[①]

再一种观点认为,外在超越与内在超越是马克思提出的两种现代性替代方案。马克思和恩格斯不仅以深入的理论分析,揭穿了"现代性方案"企图通过理性实现人的自由和幸福这一虚假的承诺,而且明确揭示出现代性问题和危机的深刻根源在于资本的本性和资本主义生产方式。在他们看来,正是资本追求剩余价值最大化的本性,导致了资本主义生产方式对自然力的破坏和对人的剥削和掠夺。马克思和恩格斯认为,资产阶级的生产关系是社会生产过程的最后一个对抗形式,当资本主义各种矛盾发展到一定程度,必然会被更高一级的社会形态所替代。这是人类社会发展的必然趋势。只有在作为资本主义社会替代物的共产主义社会中,人和自然、人和人之间的矛盾才能获得真正解决,才能从完整的意义上摆脱现代性的危机和困境。

论者指出,若从现代化的起源及其发展的一定阶段的角度看,资本主义与现代化恰恰是一个"重合"的历史过程。资本主义与现代性危机相伴相随。倘若从现代性的视角看,共产主义是扬弃了现代性的社会形态。马克思、恩格斯所阐明的资本主义的替代方案,不仅意味着现代性问题的解决,更意味着现代性的终结;不仅是对现代性的超越,更是对资本的超越。我们将这种对现代性的超越称为现代性的外在超越。此外,无论是在前资本主义还是在资本主义已经有一定发展的情况下,马克思主义创始人在关于俄国社会未来发展的问题上,都提出了不通过资本主义制度的卡夫丁峡谷而占有资本主义制度所创造的一切积极的成果,从而直接过渡到共产主义的可能性。马克思的设想在客观上赋予经济文化相对落后国家以一种内在超越现代性的启示,即资本主义制度所创造的一切积极的成果和资本主义所带来的一切灾难性的波折存在着剥离的可能性。这样,现代性的超越就以另一种可能性即

[①] 白刚:《马克思的现代性批判》,载《社会科学研究》2009 年第 1 期。

内在超越的方式呈现出来。①

还一种观点认为，现代性有三个基本层面：(1) 质料层，即奠定于现代科学成就之上的工业化以及技术化；(2) 制度层，即市场经济、市民社会以及资本主义制度；(3) 理念层，即从区域史向世界历史转变过程中普遍主义的传播。西方现当代话语则颠覆了这三个层面的层次结构，把物化逻辑看成是贯穿于整个现代性以及西方化的总体性，进而把虚无主义看成现代性和现时代的本质规定。但是，对于马克思而言，对三个层面的区分仍然是必要的，物化逻辑与虚无主义并非现代性的本质规定，而只是资本主义制度的结果，对资本主义的实践批判，同时就包含着对物化逻辑与虚无主义在实践与价值上的双重批判与克服。

论者指出，作为经典社会理论，马克思学说关注的不只是始于 1500 年的那种编年史意义上的欧洲现代社会，而是发生在 19 世纪德国及西欧"先进国家"的那种现代性机制基本形成，但又面临日益激化的资本主义矛盾的"现存社会"。德国古典哲学只是在启蒙运动有关自然状态说的意义上把握社会，因而对社会的理解并未真正进入现代性视阈。在批判黑格尔以及青年黑格尔派的过程中，马克思同样发现了一个奠基于工商业、科学以及私有制之上，并以市民社会为主要社会组织形式的现代性社会。但他不满意于这种给定的"现存社会"，既不满意于黑格尔有关市民社会与国家的抽象二分模式，也不满意于青年黑格尔派仅仅在自由主义传统内把握市民社会及其发展，而是从现代性社会中分离出资本主义社会，在将市民社会把握为物质生活关系并确证市民社会对国家的决定作用的前提下，通过批判和超越西方启蒙运动及其自由主义传统，通过推进激进民主及社会革命运动，展开对资本主义市民社会的政治与政治经济学批判，进而将社会与世界的矛盾积极地理解为社会主义的生成过程，即从资产阶级市民社会转向人类社会或社会主义，从利己主义的人转向社会化的人或社会主义的人，从而实现对现代性社会的重构。马克思对现代性社会的发现、批判与重构，是其批判的社会理论的主要

---

① 吴波：《现代性的内在超越：中国特色社会主义道路实质的一种分析》，载《甘肃社会科学》2008 年第 2 期。

内容，它不仅开创了经典社会理论传统，也构成了与现当代西方各种社会理论传统的批判性对话。[①]

也有一种观点认为，历史唯物主义产生的时期，正是以工业和市场为基础的劳动分工和社会分化空前活跃的时期。不断扩大的劳动分工和社会分化，在使整个社会变得越来越具有多样性、多层次性的同时，也增大了社会走向分裂和对抗的可能性，使社会整合变得困难重重。而马克思、恩格斯创立历史唯物主义的重要任务，直接而言，正是要回答并解除人类历史特别是现代资本主义社会的严重分化和对抗性矛盾。如果说历史唯心主义必定通向历史的形而上学的话，那么马克思的历史唯物主义则是他的历史辩证法。现代历史的世俗性和变动不居的性质，以及对于社会革命的向往和预期，使马克思主义创始人在重视社会经济的基础作用的同时，也特别重视历史运动的否定性、暂时性和相对性；即使对于长期起作用的历史规律如资本主义经济规律，他们也视之为"暂时的"历史规律。然而，历史的否定性、暂时性和相对性毕竟是相对于历史的肯定性、永恒性和绝对性而言的，历史的这两种属性、两个方面在人的对象性活动中内在生成、相互转换，共同构成历史的辩证运动；否定前者的真实性势必倒向形而上学，无视后者的真实性则势必倒向相对主义。

论者指出，今天，当我们面对时代问题而重新研读和阐释马克思、恩格斯的论著，继承和发展历史唯物主义时，固然要继续重视他们关于"物质生产"、"经济基础"作用的论点，但我们的目光应当更多地投向他们关于交往和世界普遍交往、关于意识、语言和精神生产的重要作用以及对康德、黑格尔一类构造"纯粹"理论的哲学家的思想成就的肯定性论述，重新思考他们对古希腊文明的礼赞；并且特别注意发展他们关于意识不是经济的"纯粹附属物"，以及区分"统治阶级的意识形态"和"自由的精神生产"的思想；并根据现代社会所出现的信息化、知识经济以及社会的复杂性和风险度

[①] 邹诗鹏：《现代性的物化逻辑与虚无主义课题——马克思学说与西方现当代有关话语的界分》，载《天津社会科学》2009 年第 3 期；邹诗鹏：《马克思对现代性社会的发现、批判与重构》，载《中国社会科学》2009 年第 4 期。

越来越高的特点，着力在历史唯物主义中开显和提升历史的辩证法。[1]

马克思说："一切划时代的体系的真正的内容都是由于产生这些体系的那个时期的需要而形成起来的。所有这些体系都是以本国过去的整个发展为基础的，是以阶级关系的历史形式及其政治的、道德的、哲学的以及其他的后果为基础的。"[2] 马克思主义作为一种思想体系，同样如此。它不仅是一种文本，而且是一种实践，是一种运动。它的本质不仅表现在似乎可以任人解读的以语言为载体的文本中，而且表现在马克思和恩格斯的全部实践活动中。马克思和恩格斯的著作不是可以任意解读的文本，它是与他们所处的历史条件和时代提出的问题，与他们的全部政治活动、学术活动和无产阶级政治活动不可分离的理论结晶。马克思主义之所以成为马克思主义，与它的时代的、阶级的和文化的背景存在着因果制约性。马克思主义的当代价值，突出地表现为作为观察当代问题和解决当代问题的立场、观点和方法的价值。[3] 进入新世纪，全球范围内马克思主义哲学研究的主旨和视角都产生了非常显著的变化，尤其是在一些主要发达资本主义国家中，马克思哲学研究急剧走向了多元。其中有一个十分值得关注的现象：随着左派理论的"文化转向"以及后现代马克思主义、后马克思主义等思潮的出现，马克思主义哲学的"当代性"问题日益凸显，追根溯源，这固然是由当代资本主义光怪陆离的变化及人们对马克思主义哲学之时空前提的局限性认识所激发，但其锋芒却直接指向了马克思主义哲学的基本理论和方法。[4] 由是观之，当下亟须经由文本解读，以及经由同当代生活、当代哲学之广泛而深入的对话所构成的视阈，使马克思哲学的当代意义呈现出来。只要我们依据现代实践理解人类历史，而又以历史的视角看待现代人的实践方式及理论形态，我们就能够不断推进历史唯物主义的理论创新，并借以指导我们自身社会的发展和对全球现代性问题的思考和解答。

---

[1] 张曙光：《历史唯物主义与现代历史》，载《哲学研究》2008年第4期。
[2] 《马克思恩格斯全集》第3卷，人民出版社1960年版，第544页。
[3] 陈先达：《论马克思主义基本原理及其当代价值》，载《马克思主义研究》2009年第3期。
[4] 张一兵：《马克思哲学的历史原像》导论，人民出版社2009年版，第1页。

三 全球化语境下的文化重构

近年来，全球化成为学界研究的一大热点。然而，有关全球化的理解一直存有诸多歧异，有的学者把全球化局限于经济活动层面，有的学者则把全球化从经济层面拓展到政治、文化等领域。不管做何种理解，共同的特点还是分领域的研究，这样的研究无疑是必要的，因为分领域、分学科的研究在任何时候都是必不可少的，但全球化作为一个整体概念，对其理解和把握终归不是某一学科、某一层面所能达到的。

有学者认为，就全球化的文化研究而言，应当确立一种总体性的思维方式，即不能将文化仅仅限于文化领域，而应当对全球化各个领域、各个方面予以全面的观照。这就要求对全球化加以总体性的文化反思，揭示全球化的文化内涵。提出超越学科、领域的界限来把握全球化的文化内涵，主要源于这样一些事实：其一，文化不仅是社会生活的某个部分或某一领域、某个层面的现象，而且是一种普遍的社会现象，它存在于社会生活的各个领域、各个层面和各个部分之中。随着全球化的发展，文化影响力日益增强，社会生活的各种现象均打上了"文化"的印记。值得注意的是，"文化"与"物化"也不再完全是作为对立物而存在的，文化往往是以种种物化形式得以表现和"出场"的。其二，任何层面的全球化都无纯粹的意义。就直接的起因和主要表现来说，全球化无可置疑地是经济的全球化。但是，实际情况是，并不存在纯粹意义上的经济全球化，经济全球化本身包含着深刻的文化内容和文化意蕴。经济全球化之所以能够发展成今天这样的态势并产生如此巨大的影响，其原因主要不在于经济本身，而在于知识、文化以及由此引起的技术的发展。正是知识、文化的快速发展导致了知识经济的出现，而知识经济的发展又导致经济全球化的形成。其三，全球化的发展日益凸显了文化的内在价值。在全球化过程中，文化对于一个民族的重要意义，不仅在于它为实现该民族所要追求的目标而具有的外在的工具价值，而且在于作为该民族内在素质的重要组成部分，对于民族发展所具有的内在价值。众多国家、民族之所以对全球化的文化问题予以高度关注，其目的固然是为了实现和维护自己的利益，但也有着功利之外更为深远的考虑，这就是要在全球范围内展示和实现自身的文化价值或内在价值，确立自己的形象和地位。因此，全球化所包含的文化价值，不再是单一维度，而是多重维度，它是和民族发展的内在要求紧紧联系在一起的。[1]

另有学者指出，对"历史转折"可以作多种维度的考察。（1）从社会维度来解读，"历史转折"意味着特定历史时代的人类实践活动方式出现了整体性和根本性的演化创新的变更趋势。社会在实现其赖以存在的各种社会关系再生产时遇到了日益增长的内部或外部困难，而这些社会关系又赋予社会的运动和演化方式以特殊的逻辑。社会出现了新的社会关系，而且以不同的速度和激烈程度趋于普及，从而形成新社会运动态势和条件。（2）从经济维度来解读，"历史转折"表明人类社会历史发展已进入"生产力质向飞跃"的关键时刻。所谓"质向飞跃"，主要指原有的社会体制、结构或所有制已不能再容纳生产力发展的规模和速度，劳动者的物质生产和精神生产的能力受到严重的束缚，故只有变更这些旧的形式，生产力才会获得极大解放，社会发展才有可能跨入新的经济社会形态。（3）从文化维度来解读，"历史转折"乃是人类的一次"精神大呼吸"。制度的革故鼎新必然伴随着精神的吐故纳新，"呼吸"意味着文化的流变、文化的冲突、文化的高涨、文化的筛选、文化的创新。"历史转折"的本身就是文化变迁的过程，其本质是人类新的实践变革活动的充盈在精神领域的自觉复制与创造。新制度诞生需要改变人脑的舆论工具，需要传播信仰的文字、图像、声音及叙事，需要价值观的"移情"，需要刺激变革精神的视觉景观、文化生态、思想读物等。总之，需要精神力量对物质变革力量的推动。因此，历史变革的实践内存着对文化的特别需求。[2]

再有学者指出，在全球经济一体化的过程中，文化问题已经变得格外突出和尖锐。而战略文化涉及国家和民族文化方针的基础性、根本性和前瞻性问题，应当引起特别的关注和重视。从根本上说，战略文化决策的目的就是

---

[1] 丰子义：《全球化过程中的文化诉求》，载《哲学动态》2009年第5期。
[2] 张雄、颜景高：《社会发展的重要视域：历史转折的文化动因探析》，载《哲学研究》2009年第12期。

要争取文化发展与文化选择的自由。文化现象作为一种价值现象,从产生的那一天起就是带着悖论性的东西。而人们往往只看到文化发生、发展、演进过程中的好的方面,忽略了它的多面性尤其是负面方面。其实,文化也是一把双刃剑。在文化的产生和发展中,存在着以下深刻的悖论性特征:(1)文化的原初悖论:人与文化的相互创造;(2)文化的人性悖论:理性与非理性的互动与分化;(3)文化的民族悖论:内聚性与扩张性互动;(4)文化的功能悖论:保守性与开放性并存;(5)文化的趋向悖论:趋同性与趋异性共在。

论者认为,如果说文化的原初悖论、人性悖论、民族悖论、功能悖论、趋向悖论在整个人类文明史上对于所有文化都是适用的,那么今天我们前所未有地面临着一种情况,即文化中的这些基础性悖论在全球化的背景下变得格外显著、紧迫、突出,而且,对不同的民族、不同的国家来说具有特别不同的含义。这就是全球化时代的文化悖论。文化发展与文化创新只能建立在对于文化悖论和文化矛盾的深度把握之上,因为,这些文化矛盾与文化冲突是所有战略文化选择都无法回避的。矛盾与冲突之一:科学文化与人文文化的分裂;矛盾与冲突之二:世俗文化与神圣文化的对峙;矛盾与冲突之三:大众文化与精英文化的分化;矛盾与冲突之四:民族认同和全球体系的整合;矛盾与冲突之五:个性自由与制度法规的互动。面对现代化和全球化的文化机遇与文化挑战,中华民族需要以高度开放的心态整合中华传统文化、世界先进文化、马克思主义文化资源,并在中国现代化进程中创造具有民族特色和世界意义的中华新文化。[①]

也有学者指出,在全球化过程中,每一个国家都不可避免地卷入不同文化相互冲突的漩涡。中国作为发展中国家也面临着同样的难题,于是,中西文化之争的困境又重新摆在我们面前。但是,全球化作为一种全球政治、经济、文化的结构性转换和重建,将形成一种全新的价值依托、文化经验和生存方式,这就使得理解问题的范式比以往有了转变,中西文化之争也有可能

---

① 欧阳康:《全球化时代的文化悖论与文化心态——21世纪中华文化的战略选择》,载《学术月刊》2009年第9期。

在一个更高的平台上重新理解。全球化总体上可理解为发展中国家与发达国家的相互作用,其本质是同质化和异质化的矛盾。西方发达国家借全球化之机,力图把自己的文化模式和价值观念普遍化,这是一种文化同质化倾向;与此相反,第三世界各民族文化在全球化浪潮中,纷纷强调本民族文化的个性,以其个性价值与强势文化的普遍化相抗衡,具有一种异质化倾向。在同质化和异质化的矛盾冲突中,发展中国家和发达国家分别采取了不同的文化逻辑作为自己行为的根据,发达国家为了强调自身文化(西方文化)的普适性,往往求助于文化进化论,以文化进化论作为自己在全球化过程中进行文化殖民的逻辑根据。广大第三世界国家和民族面对西方强势文化的侵略,则求助于相对主义的文化逻辑以自保。

论者论为,全球化在文化哲学层面上,即意味着全球文化在新的理念下的整合。但是文化进化论(普遍论)和文化相对主义以及由此产生的同质化和异质化的矛盾,却处在消极的对立之中。在这种无法调和的消极对立中,两者都无法形成全球化运动的统一价值核心,无法建立具有建设性的、积极的全球文化互动规范,从而也无法建立起全球文化的新秩序。所以,应当以一种新的文化观念超越这种消极的对立,为全球化确立一个理性的价值核心。这一新的文化观念我称之为"文化进步主义"。[①]

还有学者认为,普遍和特殊或共相和殊相、一般和个别的关系,是最古老的哲学问题之一。在全球化时代,这个问题又重新焕发了活力。全球化无疑是我们这个时代最显著的特征。全球化过程内在蕴涵着普遍化和特殊化双向运动的悖论。全球化本身即意味着普遍化。无论是地方性事物在发展过程中获得了全球性的普遍意义,还是某种规则在全球范围内被普遍奉行和遵从,都意味着或要求某种普遍性。全球化作为各民族国家相互联系和相互依赖日益密切、相互渗透与相互融合不断加强的过程,并不是一个单一化的过程,而是一个充满内在矛盾的过程。一方面,全球化确实表现为各国、各民族和各种不同的文明体系之间在生产方式、生活方式和价值观念上的某种趋同化。但是,另一方面,与上述过程相伴随的则是特殊化和多样化。市场经

---

① 丁立群:《全球化的文化选择》,载《哲学研究》2008年第11期。

济虽然正在成为世界的惯例，但各国的市场经济体制却极不相同，其差异并不见得随着市场经济的发展而缩小。与这种趋同化（同质化）和多样化（异质化）趋势相并行，甚至成为其集中表现的是国际化和本土化之间的矛盾。

论者认为，全球化并没有也不能消灭多样性和差异性。普遍主义和特殊主义之争主要集中在价值和价值观领域。以普遍主义姿态出现的"全球主义"意识形态，并不具有真正意义上的全球普遍性，而是某种特殊主义的普遍化，即以"西方中心主义"冒充"全球主义"。极端民族主义则是一种盲目排斥外来文化、拒斥普遍性的典型的特殊主义。中国只有在追求现代性的过程中，保持自己的民族性，或者在保持民族性的基础上大胆地接纳现代性，才能真正走出现代性和民族性的外在紧张。在全球化进程中，这一历时性的矛盾将会得到共时性的解决。为此，必须放弃对自身特异性的自恋，接纳现代文明的普遍价值。[①]

综合上述学者们的观点，我们看到，"历史转折"是人类精神文化史上的特殊事件。正是从这个意义上，我们应当清醒地认识到，历史变革不是简单的物质形态的流转，也不是工具主义意义上的客体的技术结构及其原理体系的改变，更不是大自然计划的"天意"显现，而是卢梭所言说的人类有着不断"追求完美"禀性所导致的"精神不安分"的结果，也是尼采所言说的精神有着不断"否定自我、超越自我"的意志趋向，更是马克思所说的"现实本身应当力求趋向思想"的澄明。当下研究全球化条件下的文化发展，谈论较多的是文化的软实力、文化产业以及文化霸权主义等，目的是共同的，就是如何增强我们的国际竞争力。这样的研究确实是非常重要和必要的，因为没有对策性的应对措施，很难在全球化进程中站稳脚跟；但是，从文化哲学的角度看，对于一个国家、民族来说，最为根本的、最为深层的似应通过文化的研究，在全球化进程中达到自我的重新理解和把握，从而确立新的自我，用新的自主的文化精神引领社会健康发展。这实际上涉及一个国

[①] 杨学功：《拒斥还是辩护：全球化中的普遍主义和特殊主义》，载《江海学刊》2008年第2期。

家、民族生存和发展的根基问题。

四 唯物史观研究范式的转换

唯物史观是马克思主义哲学中最重要的组成部分，也是贯穿于马克思主义哲学发展的主线。一个多世纪以来，世界各国的马克思主义者根据世界历史的变化和本民族的现代化社会转型，从不同的角度阐发马克思的唯物史观原理，推动了唯物史观理论的发展。唯物史观研究一直是马克思主义哲学研究中最受关注的领域之一。

有学者认为，自产生之日起，历史主义理论就一直为它内含的矛盾所困扰：既要对事物的相对性和暂时性给予肯定，又要为其寻求确定性根据。在历史主义的诸种类型中，只有与决定论相结合的历史主义，才能避免相对主义的困扰，合理地处理这一矛盾。黑格尔以思辨形而上学为基础的历史观，只是虚假地克服了历史主义所必须面对的这一难题。马克思哲学既主张超越性的理想，又要在现实的历史中为这一理想的实现寻找必然的根据，因此它在以历史性原则揭示人的自由的同时，又以科学认知为自由的实现安置了客观性和确定性的基座，构建了一种特殊类型的历史主义。

论者认为，作为一种特殊类型的历史主义，马克思哲学以一种特殊的方式解决了社会历史理论中价值尺度与认知尺度相统一的问题。但是，在马克思哲学的发展过程中，由于其历史主义根基被遗忘，就出现了两种相反却又都背离马克思哲学宗旨的理论倾向：一是单纯从认知进路上解释马克思哲学，二是单纯从规范进路上解释马克思哲学。前一种倾向试图以"历史必然性"为理想社会提供坚硬的地基，但它不仅没能克服人道主义理想对现实的"软弱性"，反而导致了最无可救药的机械决定论。后一种倾向试图以人道主义理想"改造"马克思哲学，但它不仅未能起到为马克思进行"人道主义辩护"的作用，反而使自己陷入无法摆脱的相对主义困境。这两种倾向深刻地影响了我国马克思哲学研究的历史与现状。要想在将来的马克思哲学研究中克服这两种倾向的影响，就必须在深入理解马克思认知尺度与价值尺度相统一理论的基础上,重建它的历史主义根基。①

另有学者认为,唯物史观本来就与历史学研究有着不解之缘。从历史上看,历史学研究是马克思创立唯物史观的一条不可或缺的重要路径;在其晚年,马克思对唯物史观的丰富和发展是通过展开更广泛的历史学研究来进行的,虽然并未最终完成。从逻辑上看,唯物史观本身就是广义的科学历史学的一个有机的组成部分,即作为马克思和恩格斯所说的"历史科学"的核心方法论而存在。自唯物史观产生以来,历史学就由一门描述历史现象和偶然事件的学问变为能够揭示人类历史发展规律的科学。但是,作为"历史科学"核心的方法论而存在的唯物史观不是凝固不变的教条;自它产生以来,就是在"挑战——回应"的模式中获得其合法性的。不过,马克思和恩格斯所说的"历史科学"包括但不等于我们现在所说的学科意义上的历史学。

论者指出,近些年来,我国哲学界和历史学界有两种倾向使哲学家和历史学家难以更多地从方法论的高度共同关注这方面的问题:一种倾向是哲学过于思辨化,哲学研究在整体上远离包括历史学在内的人文社会科学;另一种倾向是历史学过于实证化,历史学在整体上远离哲学。这两种倾向在一定程度上"淡化"了唯物史观与历史学间的内在逻辑联系,模糊了唯物史观与历史学之间的契合点,从而使唯心史观和历史虚无主义"乘虚而入"。从方法论上看,唯心史观和历史虚无主义往往是在唯物史观与历史学之间的内在逻辑联系被"淡化"时蔓延开来的。②

再有学者认为,一般说来,现代文明在精神形态上是由四大板块——宗教、艺术、哲学和实证科学组成的。哲学与其他三大板块的关系,尤其是与实证科学的关系,是任何一个哲学研究者都无法回避的理论问题。从19世纪下半叶以来,实证科学取得了巨大的发展,并不断地攻掠原来属于哲学的领地,哲学与实证科学之间的界限变得越来越模糊了。滥觞于孔德以来不断滋长着的实证主义思潮提出了"拒斥形而上学"的口号,试图使哲学消失在

---

① 王新生:《马克思哲学的历史主义根基:遗忘与重建》,载《吉林大学社会科学学报》2009年第2期。
② 叶险明:《确立历史评价科学性的理论基础的三个重要逻辑环节》,载《哲学研究》2008年第4期。

实证科学的硫酸池中。由此,不仅一般的哲学理论,甚至连马克思创立的历史唯物主义理论也面临着类似的命运。

论者认为,哲学与实证科学之间存在着根本性的差别。如果说,实证科学以存在者作为自己的研究对象,那么,哲学则以存在作为自己的研究对象。在这个意义上,哲学是为实证科学的研究澄清思想前提的。毋庸讳言,马克思创立的历史唯物主义是伟大的哲学理论,而不是实证科学知识,因为历史唯物主义正是以存在尤其是社会存在作为自己的研究对象的。但是,长期以来,理论界存在着一种错误的倾向,即把历史唯物主义曲解为实证科学知识,并强调它在方法论上主要诉诸"经验直观"和"描述"。显然,这一见解混淆了哲学与实证科学之间的界限,忽略了历史唯物主义蕴涵的辩证法思想,以及这一思想的根本特征——批判性。应当消除这种错误观念的影响,恢复历史唯物主义作为划时代哲学理论的本来面貌和思想高度。事实上,历史唯物主义不但体现为理论思维与经验直观的结合,而且体现为以异化批判为核心的社会哲学理论。[①]

还有学者认为,作为现代哲学形态,马克思的新唯物主义实际上是通过表达为唯物史观而巩固和完成的。因此,应当从批判和超越全部西方哲学传统的意义上把握马克思哲学的思想合法性,从而确证新唯物主义与唯物史观的现代性质。而从直接的哲学思想史的背景上讲,则应当从旧唯物主义尤其是德国古典哲学所从属的启蒙思想背景中,把握唯物史观的哲学变革意义及其当代性。如果说启蒙是对现代性的一般性即观念与自我意识的确立,那么唯物史观则不仅呈现出现代性社会的丰富矛盾及其复杂性,而且是对其资本主义本质所展开的历史批判。正是在超越启蒙的意义上,通过确证技术与工商业的现代性意义,通过将科学贯彻到社会历史领域,并通过形成"历史科学"与"人的科学"的稳定的现代性学科理念,唯物史观开创了现代人文社会科学。作为唯物史观的理论化形式的历史唯物主义,不仅是对现代性社会的认识、描述与分析,而且本质上是对现代性社会的资本主义本质的历史

---

① 俞吾金:《历史唯物主义是哲学而不是实证科学——兼答段忠桥教授》,载《学术月刊》2009年第10期。

批判；历史唯物主义作为批判性的现代性社会理论，深远地影响着现代人文社会科学。

论者认为，实际上，当把历史唯物主义仅仅看成是资本主义内在逻辑的延展时，这种观点所秉承的正是德国古典哲学式的启蒙逻辑；在这样一种背景下，"历史唯物主义"就从唯物史观跌落为各种类型的教化理论，或者被盲目地拔高为某种带有实证特征的笼统的总体性人文社会科学，或者干脆被看成是一种实证社会学。应该注意到，现代西方对历史唯物主义的批判，不管是出于有意还是无知，所针对的往往不是唯物史观，而恰恰是各种类型的"历史唯物主义"。在这个意义上，历史唯物主义的研究有必要不断澄清自身的理论性质及其前提，开放自身的理论构成，从而更为深刻而全面地开启其当代性。[①]

也有学者认为，唯物史观为什么会在不同时期、不同民族的马克思主义者那里出现不同的理解呢？不同时期、不同民族的马克思主义者围绕唯物史观的性质和理论结构的争论是在什么范围内展开的呢？不可否认，不同时期、不同民族的马克思主义者围绕唯物史观的基本原理所展开的争论源于他们所处的社会环境，但是，同样不可否认的是，不同时期、不同民族的马克思主义者围绕着唯物史观的性质和理论结构所展开的争论是与他们对马克思主义哲学发展方式的理解相关的：那些固守唯物史观原理的人总是从量的演进上理解唯物史观的发展，认为唯物史观的原理是不可动摇的，唯物史观的发展只能是把新出现的社会现象吸收到已有的唯物史观的理论中来，并给予解答；而那些强调唯物史观原理的历史性特征的人则从质的变革上理解唯物史观的发展，认为唯物史观本质上是人们观察社会现象、揭示现代社会发展规律的方法，它必然随着社会的变化而不断地改变自己的理论形态，而它的理论形态的变化又是通过研究范式的更新而实现的。在马克思主义哲学发展史上，罗莎·卢森堡、卢卡奇、霍克海默、哈贝马斯都是从后一方面理解唯物史观的发展，并且自觉地创新唯物史观的研究范式，实现唯物史观理论更新的。他们的哲学贡献表明，唯物史观的发展不仅需要理论内容的不断丰

---

① 邹诗鹏：《唯物史观对启蒙的超越与转换》，载《哲学研究》2008年第6期。

富，而且还需要研究范式的不断更新，两者相比，后者是更为重要的方面。

论者指出，唯物史观的研究范式随着社会结构变化而转换。20世纪90年代中期以来的中国社会结构的变化，政治哲学的兴起，知识分子、性别等问题研究的展开，挑战了原有的唯物史观的研究范式。当前中国学术界开展新一轮的唯物史观研究，就是对中国社会结构变化和学术挑战的一种回应。就中国当代社会结构的变化和学术发展的路向而言，唯物史观研究范式转换的主要方向是：变革已有的技术理性的研究范式，建立文化理性的研究范式。要建立文化理性的研究范式，哲学必须开展文化哲学的认识论研究，以文化活动为中心的认识模型来改造原有的唯物史观的研究范式，实现唯物史观研究范式的转换。[1]

综合上述学者们的观点，我们看到，唯物史观在其产生和发展过程中有两个值得注意的特点：一是唯物史观的发展始终与社会现实息息相关；二是在对唯物史观的现实解读中，历史辩证法常常成为人们关注的焦点。任何哲学的把握都要通过某种理解范式具体地呈现出来，对马克思哲学的理解也同样如此。近一个世纪以来，马克思哲学在中国乃至世界得到了广泛的传播与发展，与之相应，围绕马克思哲学的理解和传播、发展和创新以及实践效应等诸多问题的复杂性也凸显出来：一方面，中国的马克思主义哲学研究获得了一系列重要的发展和创新；另一方面，因特殊国情、时代主题以及苏联哲学教科书体系的自身局限，我们形成和固化了预成论、决定论、历史目的论和历史经验论等遮蔽马克思哲学智慧的传统理解范式。[2] 关于如何理解历史唯物主义，一直是一个持续经历着争论的问题，其中的核心问题是历史唯物主义之"历史"的双重意义问题。论者们大多承认历史唯物主义的"历史"兼有以"历史"为研究对象和以"历史"为理论方法的双重含义，而对于这两重含义之关系，则多含糊其词，不予深究。但要从根本上阐明历史唯物主义的革命性，这一关系问题就是一个不能予以回避的原则性问题。正是历史唯物主义之为一种方法或解释原则，才使历史之唯物主义作为研究对象得

---

[1] 何萍：《唯物史观研究范式的转换》，载《学习与探索》2009年第5期。
[2] 李成旺：《马克思哲学传统理解范式的反思与超越》，载《南京大学学报》2009年第6期。

以可能。作为历史唯物主义之理论对象的社会存在,并不是直观地摆放在那里的,而是只有在这一理论方法的视野中才呈现出来的。换言之,正是历史唯物主义的理论方法建构起了其对象,而这也就表明了历史唯物主义之"历史"双重意义的内在统一性。① 反思有助于前行,确立正确的理解范式不仅是把握马克思哲学智慧的关键所在,也是决定马克思哲学能否正确发挥实践效应和发展创新的理论前提。这要求我们对积淀于人们深层思想意识中的传统理解范式进行反思,并在此基础上加以超越和升华,在把握马克思哲学基本精神的基础上,结合时代的发展来不断深化和实现马克思哲学对当代中国的科学指导。

(作者单位 天津社会科学院)

---

① 王南湜:《历史唯物主义何以可能——历史唯物主义之"历史"双重意义的统一性》,载《学习与探索》2009 年第 5 期。

理论人物

基于实践的马克思主义哲学研究

——访中国社会科学院文史哲学部副主任李景源研究员

崔唯航

李景源，1945年7月生，天津宝坻县人。1968年毕业于中国人民大学哲学系。1978年考入中国社会科学院研究生院，先后获哲学硕士、博士学位。1982年定为助理研究员，1988年评为副研究员，1993年7月晋升研究员职称，从1992年起享受政府特殊津贴，1994年被评为中国社会科学院有突出贡献中青年专家称号。现为中国社会科学院学部委员，文史哲学部副主任，《哲学研究》杂志主编，《中国哲学年鉴》主编，中国社会科学院职称评定委员会评委，中国社会科学院研究生院博士生导师。

主要论著有：《史前认识研究》（专著，湖南教育出版社1989年3月）、《马克思主义哲学与现时代》（专著，主编兼撰稿人，重庆出版社1991年6月）（此书先后获中国社会科学院哲学研究所学术成果一等奖，中国社会科学院1977—1991年优秀科研成果奖）、《永恒的魅力》（专著，主编兼撰稿人，光明日报出版社1992年10月）、《认识发生论》（专著，与人合著，人民出版社1991年9月）、《毛泽东方法论导论》（专著，主编兼撰稿人，当代中国出版社1993年12月，1996年7月重印）、《对有中国特色社会主义的哲学分析》（专著，副主编及撰稿人，四川人民出版社1997年12月）、《新世纪文化走向》（专著，主编之一及撰稿人，社会科学文献出版社1999年）、《〈公民道德建设实施纲要〉学习读本》（合著，学习出版社2001年10月）、《邓小平理论的哲学基础》（合著，北京出版社2002年10月）。

主要论文有:《实践的结果和目的》(《哲学研究》1980 年第 6 期)、《论目的》(《学习与探索》1982 年第 5 期)等近数十篇。

崔唯航(以下简称"崔"):李老师,您好。很高兴有这个机会向您请教。

李景源(以下简称"李"):我也很喜欢与年轻人交流。

崔:据说有两个年份对您的人生具有特别重大的意义,您能给我们讲一讲吗?

李:的确。回顾个人经历,有两个年份对我来说至关重要,它们从根本上决定了我的人生走向,使我走上了学术研究的道路。一个是 1965 年,这一年我考入了中国人民大学哲学系,使我走出了大山,走出了封闭,决定了我的身份不再是"知识青年",而成为了"知识分子"。另一个是 1978 年,这一年我考入了中国社会科学院研究生院哲学系读研究生,时隔十年之后再次回到北京,这种感受是既新奇又激动。与 1965 年相比,这次进京对我的人生而言更具根本意义。因为它一方面决定了我后半生的人生轨迹,此后我在中国社会科学院哲学研究所工作生活了将近 30 年;另一方面也使我从此踏上了哲学研究的道路,在读研究生期间,我们重新得到最基础的教育,授课老师都是从各高校请来的著名学者,在他们的引导下,我们一下子沐浴在知识的海洋中了。我也开始真正迈进哲学的门槛,并将哲学研究确定为自己终身从事的事业。

崔:据我所知,你们那一届是中国社会科学院研究生院招收的第一届研究生,被称为"黄埔一期"。你们中的很多人都成为了各研究领域的骨干力量,为中国社会科学院乃至全国的哲学社会科学事业作出了突出贡献,其中很多人在回忆起研究生院学习的那段经历时,都感慨万千。对您而言,那段经历又留下了怎样的痕迹呢?

李:现在回想起来,那时的学习生活相当艰苦。我们当时没有固定的校舍,三年学习期间先后搬了三次家,直到毕业后才迁入现在研究生院所在地。除了学习生活条件较艰苦外,两地分居、孩子小、家庭负担重等困难也时常困扰着我们。那时每天看书要到午夜时分,在夜里能吃上一个鸡蛋就已经感到很满足了，当时同学们把鸡蛋戏称为"保命丹"。有的同学经济条件差一些，每次探亲回来总要背回一些自制的炒面，到夜里冲上一碗，也是满屋飘香。尤其值得一提的是，当时我们都有抽烟的习惯，每当放假后返校，同学们都会聚在一起品尝各自带回的土烟叶。回想起来那真是一段难忘的日子。

崔：苦中作乐的日子的确让人难忘。学习任务那么重，生活又那么艰苦，是不是常常觉得营养不足？

李：当时感觉最缺乏的不是营养，而是时间。"文化大革命"使我们这一代人失去了10年的宝贵时光，当时大家普遍存在一种将失去了的时间夺回来的意识。我们深知得到这样一个学习的机会是多么不容易，就我所学的专业而言，当时有900多人报考，仅仅录取了16人，大家都很珍惜这个难得的学习机会，如饥似渴地读书。学然后知不足，越学越觉得自己需要学习的东西越多，与之相应，总是感觉时间不够用，于是只能争分夺秒、夜以继日。因此，当时尽管生活艰苦，经济上也比较拮据，但感觉最缺乏也最珍贵的还是时间。

崔：这种时间观念很值得我们年轻人学习。我还清晰地记得叶秀山先生在庆祝哲学所成立50周年纪念大会上对青年一代的告诫只有四个字："抓紧时间。"我当时脑海中就立刻想到这真是黑格尔意义上的"老人格言"。

李：是啊，这短短四个字蕴涵着叶先生一生的经验。在那次大会上，叶先生说他还记得49年前到哲学所报道的那一天的情景，而且清晰得就像发生在昨天一样。其实，这也是很多人的体验。我也清晰地记得第一次来研究生院上学时的情景，其中的一言一行、一举一动，都历历在目，一晃29年过去了，真是弹指一挥间啊！你们年青一代赶上了好时候，一些过去想做而没有条件做的事情，现在可以放开手脚做了。但一定要抓紧时间，千万不要以为自己年轻，时间还多得很，有机会、有资格浪费时间。不是这样的，对任何人来说，都是时不我待，稍一放松，时间就会在不知不觉间溜走。等到觉醒的那一天，剩下来的就只能是无尽的懊悔了。

崔：是啊，一分耕耘，一分收获，你们毕业的时候，一定是硕果累累吧？

李：相对于那个时代而言，应该说是取得了比较大的收获。很多同学后来都成为了各个领域的著名学者。难忘的是我们毕业论文的答辩会，个个庄严而热烈。

崔：那能否具体谈谈您论文答辩的情况，我听说韩树英教授在您的论文答辩会上曾高兴地说："群星灿烂的时代已经到来。"

李：我的硕士论文题目是《论实践结构》。选这个题目是基于以下考虑：一是导师要求论文要有创意和新见解。当时有关实践问题的研讨虽然在国内学术界已经成为热门话题，但讨论的着眼点仍然是实践和认识的关系、真理标准等问题上，尚未有人对实践范畴做系统性、结构性的分析。二是该选题对从事认识论专业研究来说具有重要意义。尽管当时国内外对该问题的研究资料较少，但随着马克思一系列经济学手稿的翻译出版，为该项研究提供了便利。我当时的想法是，马克思的《1844年经济学哲学手稿》表明他是把两者统一起来加以思考的，马克思的实践观为他进一步研究资本主义经济规律、提出劳动价值论奠定了基础，与此同时，我们也可以把马克思的经济学说看作是唯物史观和实践观在经济领域的具体化。因此，我把他的经济学手稿看作研究实践结构的最基本的参考书，并将其作为哲学著作来读，从中获益匪浅。在论文答辩会上，答辩委员会对论文给予了较高的评价，齐振海教授和韩树英教授予以了充分肯定。韩树英教授在谈到他对这一届研究生学术水平的总体印象时，高兴地说了句："群星灿烂的时代已经到来。"我认为这是学术前辈对承前启后一代知识分子的充分肯定和热情勉励。

崔：能够得到学术前辈如此高的评价，无论如何都是很不容易的。这应该算是对您们三年研究生期间"抓紧时间"学习的最好回报。据我所知，研究生毕业之后，您就留在了哲学研究所从事学术研究，此后的研究是否依然沿着硕士论文的道路而前行呢？

李：撰写硕士论文是我从事哲学研究的起点，在此后的两年时间里，我的理论兴趣主要是对实践结构理论的深入研究，如对目的范畴和价值范畴的探讨，都是对实践要素分析的逻辑延伸。以往对实践目标系统的分析中，多止步于把目的作为对现实的超前反映，对目的本身所包含的多种意识结构和属性研究不够。为此，我专门对"目的"范畴做了详细的分析。目的范畴与价值范畴是紧密相关的，对目的范畴的研究又促使我继续追踪价值范畴。在此后发表的一系列文章中，我逐步拓展了主体和客体之间的实践关系、认识关系和价值关系的内容和结构的研究，这种研究加深了人们对主客体关系的理解。

崔：从实践的客观结构到要素（如目的要素）的结构，从主客体的实践关系到认识关系和价值关系，研究对象的这一系列演变似乎蕴涵着某种内在的逻辑。是逻辑的力量推动着您"划下"这一学术轨迹的吗？

李：有逻辑的力量，但不尽然。我一直认为个人理论思维的逻辑与时代的脚步、群体思维的逻辑是遥相呼应的，个人的经历、想法和情绪并非全然属于自我的，这其中也映现出社会和民族历史的踪迹，是时代脚步的回音。正是1978年开展的实践标准问题的大讨论，引发了哲学认识论研究的热潮，通过对实践要素、结构、实践观念、主客体关系结构的研究，将价值问题凸显出来，价值论研究异军突起。起初对价值范畴的探讨，主要是在认识论的范围内进行的，关于真理与价值、事实与评价、反映与规范的关系等问题，首先是被作为认识论问题来加以研究，如社会认识论、决策认识论等分支学科的研究就是如此。随着研究的深化，人们逐渐认识到，真理和价值关系的问题，既是认识论的重要问题，也是历史观的核心问题之一。通过讨论，人们加深了对历史必然性与自然必然性区别的理解，对历史必然性与价值、历史规律与意义关系的认识更加深入。随着马克思主义哲学研究的不断深化发展，以往的本体论、认识论、历史观的板块模式得到改变，而代之以真理观、价值观和历史观相统一的哲学基本观念。这可以说是新时期以来中国当代哲学研究取得的最大成果。当然，这一成果的取得是与所有哲学分支学科的专家和学者的共同努力分不开的。

崔：您以认识论研究起家，并以对认识论研究作出的重要贡献而闻名。但我读您的著作和论文，一个突出的感受就是您涉猎的领域非常广泛，不仅涉及多个哲学二级学科，而且涉及心理学、艺术学、考古学等其他学科。仅就您的认识论研究而言，也不是仅就认识论而谈认识论，而是将认识论与心理学、符号学、逻辑学、美学、考古学等多个学科综合起来进行研究。我想这一研究倾向的背后应该是研究方法的问题吧？

李：是的，归根结底是一个研究方法和研究理念的问题。搞了这么多年哲学，我有一个切身的体会，就是研究的路子不能越走越窄。哲学作为一级学科，本身包含8个二级学科。这些二级学科分别从不同角度、侧面来探讨哲学层面的问题。专业分工不能画地为牢，彼此之间要分工不分家，既要立足本专业，又要跳出本专业。就像毛泽东所倡导的那样，来个八面埋伏，把古今中外融通在一起，进行全面、历史、具体的研究。换言之，就是要弄清楚所研究的问题发生的一定的时间和一定的空间，把问题当作一定历史条件下的历史过程去研究，从中引出其固有的而不是臆造的规律性。

崔：在我们的学习过程中，也曾经学习了各种各样的研究方法。但问题在于我们对这些方法，都是作为一种外在的知识或理论来学习的。结果，表面看来，我们也"学会"了许多研究方法，但却不能将这些方法有效地应用于具体的研究过程之中。换言之，研究方法总是游离于研究过程之外，您是如何解决这一问题的呢？

李：你提的这个问题很重要，也很有普遍意义。研究方法必须内化为研究范式，统一于实际的研究过程之中，否则，要么是形同虚设、有等于无；要么是削足适履、有不如无。就我个人的研究实践而言，我想举一个例子来说明。我的主要研究领域是认识论，皮亚杰的发生认识理论明确提出了认知图式的概念及问题，指出认识不是主体对外部刺激的简单应答，而是通过以往的图式而得到的。他用"S（A）R"公式取代了行为主义者的"S—R"公式，其中的"（A）"就表示某种刺激被主体的图式所同化。此外他还提出图式对客体具有同化和顺应两种功能。这是皮亚杰的重要贡献。但是，图式在认识过程中到底是如何发挥作用的？人又是怎样通过主观图式达到认识的客观性的？以及皮亚杰所发现的这条认知心理规律能否在社会文化层面上得到检验和证实，这是认识论研究所面临的重要难题之一。

我在钻研艺术史的过程中逐步得到了对这些问题的解答。英国著名学者冈布里奇在研究艺术史时发现，艺术作品并不是忠实于原物的视觉记录，画家们在作画时并不是从视觉印象开始的，而是从观念或图式开始的，并且很难摆脱传统图式给予的限制。他们总是以原有的图式指导制作，然后才修改制作使之与现实相匹配。所以，"预成图式和修正"是艺术再现过程的基本规律，它包括"制作先于匹配"和"匹配战胜制作"两个阶段和环节。这两个环节的统一正好把皮亚杰所说的图式对客体的同化和顺应机制具体化了。在《认识·图式·客观性》一文中，我把冈布里奇的研究成果同皮亚杰的看法进行了对比研究，较为全面地揭示了图式在人的认识过程中的运行规律。这一见解受到了学术界的好评。

崔：您的这一研究的确是多学科、多视角综合统一的成功典范，也是马克思主义全面历史研究方法的典型体现。但问题在于学科、视角乃至微观层面上的具体研究方法可以有很多，这就存在一个如何将它们统一起来的问题。如果不能实现有效的统一的话，那么这些方法岂不就成了一盘散沙，不能形成合力，这时1加1就不是等于2，而是小于2，甚至小于1了。

李：的确如此，在研究方法的背后，必须确立一个核心的哲学理念，并把这一理念作为贯穿研究始终的内在灵魂，以之来统率、调度各种研究方法为我所用。这样久而久之，就会形成自己所特有或者说所擅长的研究范式了。

崔：那么对您而言，这一作为内在灵魂的哲学理念是什么呢？

李：是马克思所开创的实践的原则、观点或者说实践的思维方式。我认为这是马克思主义哲学精神实质之所在。我对实践的认识和理解也经历了一个过程，一开始它是作为研究对象而存在的，从实践的客观结构到要素结构，从实践的系统到基本范畴，都曾经是我研究的主要对象。但随着研究的不断深化，它不再仅仅作为研究对象而存在，而是逐渐变成了指导我从事一切研究的核心理念。换言之，实践不再仅仅是一种停留在口头上的外在的学说，而是已经内化为一种思维方式、一种认识框架、一种研究范式。它就像一双"看不见的手"，在最终或根本意义上决定着我研究一切问题的基本立场、基本方向乃至基本轨迹。当然，它也决定着我对研究方法的选择和运用。

崔：对于很多人来说，实践是作为一种理论学说而存在的，因此，可以研究它、谈论它，但在您这里，实践却经历了一个从理论学说、研究对象到思维方式、研究范式的递进过程，这一过程无疑是一个不断深化或者说内化的过程。在经历了这一系列过程之后，您现在又是如何理解实践的呢？

李：我认为在最为一般的意义上讲，实践的基本原则、基本立场或者说基本精神集中体现在马克思的下列论述中："它不是在每个时代中寻找某种范畴，而是始终站在现实历史的基础上，不是从观念出发来解释实践，而是从物质实践出发来解释观念的形成。"① 这句话的重要意义可以通过和马克思主义哲学创立之前的旧哲学相比较得到更清晰的展现。在旧哲学看来，"一切问题，要能够给予回答，就必须把它们从正常的人类理智的形式变为思辨理性的形式，并把现实的问题变为思辨的问题"。② 马克思主义哲学所创立的实践的原则与之相反，认为"凡是把理论导致神秘主义的神秘东西，都能在人的实践中以及对这个实践的理解中得到合理的解决"。③ 并且"只要按照事物的本来面目及其产生根源来理解事物，任何深奥的哲学问题（后面将对这一点作更清楚的说明）都会被简单地归结为某种经验的事实"。④ 概括起来看，旧哲学的基本路向是从观念、概念、范畴出发，把现实的问题变为思辨的问题，在思想中通过思辨的方式予以解决；马克思主义哲学的实践原则的基本路向则是从现实的历史、从物质的实践出发，把思辨的问题变为现实的问题，在实践中通过现实的方式予以解决。换言之，一个立足于观念，从概念范畴出发来考察问题；另一个则立足于现实历史，从物质实践出发来解决问题。

崔：听了您的这段理解，我对实践的认识和把握也清晰了许多，深化了许多。那么您又是如何运用这一原则来指导自己具体的研究实践的呢？

李：还是举例说明吧。我在写作博士论文《史前认识研究》的过程中对此体验较深。1982年我随认识发生论课题组赴云南少数民族地区进行了为期4个月的实地考察，收集了一大批珍贵资料。在对这些实际材料分析考察的基础上，我从物质活动与观念活动相统一的原则出发，把人的实践的起源作为揭示认识发生之谜的钥匙，提出考察认识起源的前提在于阐明认识主体的起源，而人类的起源同劳动活动的起源是同一个过程。正是在劳动的形成过

---

① 《马克思恩格斯选集》第1卷，人民出版社1995年版，第92页。
② 《马克思恩格斯全集》第2卷，人民出版社1957年版，第115页。
③ 《马克思恩格斯选集》第1卷，人民出版社1995年版，第60页。
④ 《马克思恩格斯全集》第3卷，人民出版社1960年版，第49页。

程中，人的肉体组织和主观精神诸方面才历史地形成。在此基础上，我又对认识发生的机制和原始形态，原始思维逻辑的起源及其特征，原始宗教中主、客体的历史分化等问题，进行了比较深入的探讨。该成果推出之后，获得了学界的好评。其实，该项研究是自觉运用马克思主义哲学的实践原则的一个尝试或结晶，它自始至终贯穿着实践的原则和精神。

崔：我注意到您对马克思主义中国化做过许多研究，其中关于毛泽东思想的研究在学界享有盛誉。在2004年召开的首届中国哲学大会上，您又提出建构中国特色社会主义哲学原理的问题，在哲学界产生了极为深远的影响。这又与您所恪守的哲学理念——实践具有怎样的联系呢？

李：这同样是实践原则的体现。实践的原则要求我们考察一切问题，都要从现实的历史、物质的实践出发。而马克思主义中国化的重要成果，无论是毛泽东思想，还是邓小平理论，都是立足于当代中国的现实实践的，是对当代中国实践进程的概括和提炼。因此，作为一个当代中国的哲学工作者，我不能无视这些成果的存在而闭门造车。我认为自己有责任、也有义务去关注、去研究、去阐发这些当代中国马克思主义的重要成果。当然，对这些重要成果的研究可以在多个层面上从不同角度来进行，由于专业的关系，我的研究是在哲学层面上进行的，是在马克思主义哲学实践原则的指导下进行的。

至于2004年中国哲学大会上的那篇论文：《建构中国特色社会主义哲学原理》，是我长期思考的产物。我认同马克思所主张的哲学是时代精神的精华，是文明的活的灵魂的论断。哲学要完成时代赋予的使命和社会功能，就必须立足时代、立足本国实际。马克思说过，每个时代总有属于它自己的问题，一旦准确地把握并解决这些问题，就会把理论、思想和人类社会大大向前推进一步。对于当代中国而言，建设有中国特色的社会主义的伟大实践既是我们所面对的时代主题，也是哲学研究所面对的中国最大实际。因此，立足时代、立足中国、立足实践，建构中国特色社会主义哲学原理，既是当代中国哲学工作者的伟大使命，也是推进马克思主义中国化，建设具有中国特色、中国风格、中国气派的马克思主义哲学的重要举措。正是基于这些考虑，我在中国哲学大会上提出了这一构想。

崔：您这篇文章发表之后，在哲学界引起了广泛关注。大家对您提出的建构中国特色社会主义哲学原理这一目标比较认同，但对于建构的具体途径则存在多种不同看法。也就是说，问题的重点不在于应不应该建构，而在于如何建构。对于这一问题，您又是怎样看的呢？

李：在我看来，建构中国特色社会主义哲学原理是一个长期而艰巨的任务，需要几代人的不懈努力，我的那篇文章的主要意义在于提出了问题，以引起大家的关注。至于建构的途径和方法，我有一些自己的考虑，但不一定成熟。我认为最为关键的还是要自觉坚持马克思主义哲学的基本内核——实践的原则或精神，并以之来指导和贯穿这一工作始终。首先要明确的一点是，这项研究不单单是一项文本梳理的案头工作，不是靠摘引书本上的词句抽象地演绎出体系，而是要深入到中国社会发展的历史起点，理论地反思中国人民在现代化进程所从事的最基本的实践活动，分析和研究实践中所提出的重大问题以及在解决这些问题中所形成的哲学观念，所蕴涵的哲学精神、哲学思维和哲学方法。

此外还要克服两个困难，即如何把哲学的实质和哲学的形式有机地结合起来。金岳霖先生在审读冯友兰的《中国哲学史》的报告中指出："有哲学的实质而无哲学的形式，或有哲学的形式而无哲学的实质的思想，都给哲学史家一种困难。"冯友兰在该书上卷"绪论"中指出，中国哲学虽然没有"形式上的系统"，但有"实质上的系统"，"讲哲学史之一要义，即是要在形式上无系统之哲学中，找出其实质的系统"。套用金、冯两位先生的说法，研究中国特色社会主义哲学原理的目标和任务，也就是要在形式上无系统的哲学思考和论述中，梳理出邓小平有关建设中国特色社会主义哲学思想的主要内容，找出其实质性的系统，然后再由实质性的系统上升为形式上的系统，形成由哲学概念、范畴和原理所构成的逻辑系统。就目前研究现状而言，有关中国特色社会主义哲学研究的文章和论著虽然不少，但有哲学的形式而无哲学的实质的现象大量存在，真正有哲学实质的精品之作尚属凤毛麟角。哲学的实质和哲学的形式的关系，实际上是哲学的普遍性和特殊性的关系。中国特色社会主义哲学原理应体现哲学的普遍性和特殊性的有机统一。所谓"哲学的实质"，指的是这个原理的特殊性，是能够真实反映"中国特色"的概念和原理。所谓"哲学的形式",指的是这个原理的普遍性,即表达"中国特色"的概念和语词应达到哲学学科的层次或符合学科的规范。这是一种带有中国特色的普遍,是一种具体的共相,而不再是以往那样永远正确、大而无当、毫无具体内容的抽象普遍的东西。

崔:2005年11月25日,在中共中央政治局第二十六次集体学习中,您就"世界马克思主义研究与我国马克思主义理论研究和建设工程问题"向中央领导同志进行了讲解。作为一名学者,您具有丰富的授课经验,但这次面对中央领导同志讲课,您有什么特别的感受或体会吗?

李:这次讲课是由我和衣俊卿同志共同完成的。我主要负责讲授"我国马克思主义理论研究和建设工程问题"部分,为完成这一任务,我们进行了认真的准备。在准备过程中,我们一方面系统梳理考察了我国马克思主义研究的实际进程和基本轨迹;另一方面,也是更为重要的是,运用了马克思主义哲学的基本原理对我国革命和建设的实践经验进行了高度的提炼和概括,因此,在撰写讲稿的过程中,我们实质上是对我国的马克思主义研究及我国革命和建设的实践经验进行了一次全面系统而深入的回顾和总结。讲课过程中,一些中央领导同志也就我们的讲授提出了很好的问题和建议,对我也很有启发。总的来看,这不是一次简单的授课,更是一次很好的学习机会,我利用这次机会学到了很多东西,受益匪浅。

崔:您同时还兼任马克思主义理论研究与建设工程哲学教材编写组首席专家,能否再介绍一下课题组的工作?

李:马克思主义理论研究和建设工程于2004年4月启动,它是中央面对新的形势,立足新的实践,着眼新的任务,做出的一项具有全局意义的重大战略决策。我得以出任哲学教材编写组首席专家,不仅是对我个人的承认,更为重要的是对社科院工作的重视。为此,我唯有竭尽全力,把这项工作做好。编写组的各位专家,几乎都是各个单位的骨干力量,身上的担子都很重,但大家都克服各种困难。以极其认真负责的态度投入到这项工作中来。哲学编写组成立以来,先后召开了二十几次会议,经历了调查研究、编写提纲、形成写作要点、撰写草稿等几个阶段,目前已经进入了修改完成阶段,大家正在对文稿进行紧张的修改。回顾近三年的历程,可以说大家自始至终都抱着高度负责的精神，以精益求精的态度对待这一工作，每一阶段都经历了充分酝酿、讨论，反复斟酌、推敲，其间数易其稿，也可谓甘苦自知了。

崔：您在从事学术研究的同时，还长期担任哲学所的领导职位，为哲学所的发展作出了重要贡献。在管理研究所方面，您有什么经验或体会？

李：首先，要发扬哲学研究所的优良传统和精神。哲学所是一个大所、老所，拥有自己的优良传统。如贺麟先生倡导研究与翻译相结合的治学理念，就是哲学所优良传统的一个重要组成部分。他所翻译的《小逻辑》被誉为"信、达、雅"的典范，他与王玖兴先生合译的《精神现象学》也是有口皆碑，梁志学先生对费希特著作的翻译也堪称西学中译的精品。

在建所50周年庆祝大会上，一些同志提出了哲学所精神的问题。我以为很有必要予以总结。经过几代学者半个世纪的不懈努力，哲学所的确已经形成了自己特有的精神传统。这种精神或许可以用"心无旁骛、精益求精"来加以概括。比如王玖兴先生对自己译文要求之严格甚至达到了苛刻的地步，他常常为了自己译文中的一句话，乃至一个字而反复斟酌、推敲，由此王先生又被称为"王久磨"，这种"久磨"精神就是哲学所精神的一种体现。随着时间的推移，老先生逐渐故去了，但薪尽火要传，他们所留下来的优良传统和精神是哲学所的宝贵财富，绝对不能丢。

其次，要抓好学科建设。作为一个科研机构，学科建设无疑应当成为研究所工作的重中之重。在这方面，我们一直强调要处理好两方面的关系，第一，基础理论研究与现实问题研究之间的关系。强调要以现实问题研究带动基础理论研究，以基础理论研究来深化现实问题研究。第二，本专业与其他专业之间的关系。强调既要立足本专业，又要跳出本专业。哲学本是一门通学，按金岳霖先生的说法，哲学的本性不是求真而是求通。求真是具体科学的事，求通才是哲学的本性，哲学要打通真、善、美，要追求本体论、认识论、价值论的统一。贺麟先生也倡导"在一架书里走遍古今中外"的治学态度，历史上卓有成就的学者大多是学贯中西、会通古今。因此，必须打破学科壁垒，实现中西马的会通。

最后，要重视对年轻人的培养。近年来，随着一些老学者逐渐退休，哲学所也面临人才断层的问题，如何更好地培养青年学者也就成为一个突出的问题。为了解决这一问题，我们采取了一系列措施，如给青年学者创造宽松良好的学术环境，选派其中的佼佼者出国访学等。今年我们又举办了专门面向青年学者的学术论坛，取得了很好的效果，以后每年都将举办这一论坛，将其固定化、制度化。同时，我们还联系了国内一批学有所成的青年学者，定期举办青年哲学论坛，立足北京，辐射全国，经过几年的实践，赢得了较好的影响，逐渐成为了我国哲学界的一个品牌。我们以后也会逐渐加大支持力度，把它办得更好。毕竟，青年人代表着未来和希望。

崔： 那么，您能否再进一步谈谈对年轻人的建议和希望？

李： 除了上面谈到的要抓紧时间的问题之外，还要处理好研究与生存的关系问题，要在"为哲学而生活"和"靠哲学而生存"之间做出选择。此外，还要克服急功近利的学风，哲学乃是一门基础性、思想性的学科，它需要长期的思想训练和理论积淀，绝不是仅靠一时半会的聪明就可以的。必须要耐得住寂寞，要树立"板凳要坐十年冷，文章不著一句空"的信心和决心。这样持之以恒，我相信会功到自然成。

崔： 谈了这么多学术与工作，我们再回到生活。听说您有散步的习惯？

李： 是的。这一习惯还是读研究生的时候养成的。那时候大家时间都抓得很紧。唯一的一段"空闲"也就是晚饭后了，同学们往往三五成群，一边散步，一边谈天说地，其间常常是交流彼此学术上的心得，不同学科及不同观点之间还往往争得不可开交。为此我们还开玩笑说继承了亚里士多德"散步学派"的传统，也把自己称作"散步学派"。之后多年来工作一直很繁忙，我几乎没有自己的业余时间。也就没有机会养成其他的业余爱好，但散步的习惯倒是保留了下来，这也算是我一天中最为轻松的一段时光了。

崔： 最后谢谢您在百忙中抽出时间接受我们的访谈。这令我受益匪浅。

李： 我也很高兴有这个机会回顾一下自己的历程。

（作者单位　中国社会科学院哲学研究所）

大历史尺度与唯物辩证法的力量
——记中国社会科学院马克思主义研究院党委书记侯惠勤教授

辛向阳

侯惠勤，教授，博士生导师，著名马克思主义哲学家。中国社会科学院马克思主义研究院党委书记，中央实施马克思主义理论研究和建设工程首席专家、中宣部"四个一批人才"评委、国家社科基金评委，中国社会科学院研究生院教授委员会执行委员、哲学学部主任、马克思主义研究系主任，马克思主义研究院学位委员会主任，中国社会科学院"马克思主义发展史"重点学科负责人。1993年起享受国务院政府特殊津贴。

1975年本科毕业于华南师范大学政教系，1981年研究生毕业于南京大学哲学系，哲学硕士。1988年晋升为副教授，1993年晋升为教授。曾任南京大学马克思主义理论研究中心主任、校务委员会委员，现兼任中国历史唯物主义学会常务副会长、中国马克思主义哲学史学会副会长、中国马克思恩格斯思想研究会会长、中国人学学会常务理事等。

主要研究领域：马克思主义哲学史、当代意识形态理论。主要研究方向：（1）青年马克思恩格斯思想，开拓了从"马克思的意识形态批判"研究马克思世界观变革意义及当代价值的新视角；（2）马克思主义在当代中国的发展，着重探讨了理论和实践相统一的历史逻辑及其复杂过程，揭示中国化马克思主义的理论创新性；（3）马克思主义与当代意识形态，对于马克思主义意识形态理论和当代中国意识形态建设作了较为深入全面的研究；（4）法哲学与经济伦理，着重阐发了意识形态与市场经济、法治国家的关系等。

近年来主要著作：《马克思主义哲学的历史和现状》（上、下卷）（主编，南京大学出版社，2004年）；《正确世界观人生观的磨砺》（主编，南京大学出版社，2002年）；《冲突与整合：如何认识我国社会主义改革开放实践过程对人们思想的影响》（合著，中国人民大学出版社，2004年）；《马克思主义中国化理论创新30年》（合著，中国社会科学出版社，2009年）；《马克思的意识形态批判与当代中国》（独著，中国社会科学出版社2010年）。在《人民日报》、《光明日报》、《中国社会科学》、《中国社会科学（英文版）》等报刊上发表论文200余篇。先后主持国家社科规划重大招标项目1项、重点项目1项、一般项目4项，中国社会科学院重大项目（A类课题）1项，中央实施马克思主义理论研究和建设工程项目2项，教育部专项研究项目2项，（社科）院省合作项目2项。多次获省部级优秀成果一、二等奖、"五个一"工程入选奖、优秀教学成果奖等。

说到侯惠勤教授，有个曾采访他的记者讲："我们读了他的文章，感到其中渗透了辩证法的力量，因而很解渴。"应该说，这一看法是准确的。当然，还应该加上一条，侯惠勤教授的文章往往具有大历史尺度，他放眼于160多年的马克思主义的发展史，从中汲取丰富的理论营养；他放眼于90年的马克思主义与中国的进程，从中获得现实的力量。无论是看待历史，还是看待现实，他总有一种大尺度。这种大尺度看似是宏大叙事方式，但不空泛，因为其内在地包含着唯物辩证法的力量和科学信仰的魅力，因而侯惠勤教授的文章不但解渴，而且给人深深的震撼，用许多读者的话说，就是"把大道理讲得有道理"。

一 站在学术的制高点上推进马克思主义哲学方法论的研究

侯惠勤教授以其深厚的马克思主义理论功底和宽广的哲学视野，始终站在马克思主义哲学的学术前沿。

1. 对马克思主义指导地位有着科学的认识

侯惠勤教授强调，只有马克思主义，而没有别的主义能够成为我们"立党立国的根本指导思想"。他分析了三个极为有说服力的理由：第一，依托马克思主义，现代无产阶级第一次具有了阶级意识，成为自己解放自己的历史主体。现代大工业，造就了无产阶级这样一个阶级。这一阶级概念依据了以下四大客观事实：一是，无产阶级是随着大工业及资本主义世界市场的扩张而形成发展的，是体现社会化大生产的新生阶级；二是，无产阶级是人类历史上第一个与生产资料失去了直接联系的阶级，因而其"解放"的方式不是直接占有生产资料，而是以"联合起来"的方式拥有生产资料，是体现了新生产关系的非传统意义上的阶级；三是，无产阶级是人类历史上第一个有文化的劳动者阶级，这意味着它可能形成阶级意识，摆脱对于统治阶级的思想依附，由自在阶级成为自为的阶级；四是，无产阶级经历了异化劳动的严酷磨炼，不仅是灾难深重的社会群体，也是坚韧不拔、纪律严明的可组织力量。第二，只有马克思主义而没有别的什么主义能够成为无产阶级及其政党的指导思想。一切否定共产党领导地位的思潮，必定同时否定马克思主义的指导地位。第三，如何对待马克思主义，无论是革命还是建设，都是第一位重要的问题。马克思主义之所以能够改变世界和创造历史，就在于它始终和一个伟大的阶级——工人阶级及其解放运动血脉相连，其历史必定与工人阶级之解放历程同在，必定与工人阶级同呼吸、共命运，必定与劳动大众的利益、要求、情感融为一体。

2. 马克思主义辩证法的本质

侯惠勤教授认为，马克思主义辩证法首先是世界观，才同时又是历史观、认识论、方法论。他在《作为世界观的马克思主义辩证法》一文中提出了几个重要的论点：（1）把辩证法视为世界观，首先意味着它是本体论，是关于世界存在不存在、如何存在的根本观点。在本体论意义上，辩证法的根本特征是：内在生成或自己运动原则；普遍联系和相互作用原则；过程性存在和革命转化的原则。马克思主义的唯物辩证法本体论，除了具有辩证哲学的一般特征外，最为重要的是将存在规定为客观存在，认为世界的统一性不在于它的存在，而在于它的客观实在性。任何存在，包括作为存在的人，只有在客观实在性这一前提下，才能纳入科学的视野，获得思想成果；否弃了客观实在性的本体论，无论如何美妙动听，都只能如列宁所形容的，是"不结果实的花朵"。(2)唯物辩证法的本体论的彻底性质,决定了马克思主义理论体系的基本品格和基本价值,这就是彻底的批判精神、彻底的实践精神和彻底的人文精神。用马克思、恩格斯自己的话加以整理,这种彻底的批判精神集中体现在以下四个方面:第一,从变化发展中把握事物,"它指出所有一切事物的暂时性;在它面前,除了生成和灭亡的不断过程、无止境地由低级上升到高级的不断过程,什么都不存在"。① 这就为我们按照世界的本来面貌改造世界奠定了世界观根据。第二,"新思潮的优点恰恰在于我们不想教条式地预料未来,而只希望在批判旧世界中发现新世界"。② 这种立足现实、面向未来的创新意识,解决了长期以来困扰人们的一大难题,即面向诸多可能性的未来,如何使理论的前瞻性避免主观臆测。第三,"这种批判不怕自己所作的结论,临到触犯当权者时也不退缩"。③ 这里既包含着自我批判的反省意识,又包含着不畏权贵的斗争精神,体现了无私无畏的革命精神。第四,"对当代的斗争和愿望作出当代的自我阐明(批判的哲学)"。④ 人文精神的基础,是要关爱生命、讴歌生活,可是,生命是什么,生活在哪里,并不是显而易见的事实,而是被各种历史迷雾所不断遮蔽的历史之谜。只有马克思主义,通过历史唯物主义的创立,破解了这一难题。

3. 马克思主义理论的"内在紧张"

侯惠勤教授在《试论马克思主义理论的"内在紧张"》一文中,阐述了许多富有创新的论点:(1)指出了马克思主义理论"内在紧张"的科学含义。理论的"内在紧张"是马克思主义作为"改变世界"的理论所特有的展示方式,是理论在实现自身的过程中实实在在地把握住了实践的需要,与实践相互作用、相互改造的特殊状态,是理论自我反省、自我超越的内在根据,因而它为我们提供了一个整体性透视马克思主义的视角。"内在紧张"是理论即将实现自身的状态,是理论不仅面向实践,而且实实在在地把握住了实践的需要,与实践相互作用、相互渗透的结果。这就是说,这种理论的

---

① 《马克思恩格斯选集》第4卷,人民出版社1995年版,第217页。
② 《马克思恩格斯全集》第1卷,人民出版社1956年版,第416页。
③ 同上。
④ 同上书,第418页。

"内在紧张"是马克思主义作为"改变世界"的哲学所特有的。"内在紧张"还不仅是理论介入实践的一般状态,而且是理论和实践达到了相互改造、相互转化的矛盾状态,因而不仅彰显理论自身的成熟状态,还预示着提出实践课题的历史条件的成熟。(2)马克思主义理论"内在紧张"的主要表现。具体表现在在下述五大关系上:科学与意识形态、无产阶级及其阶级意识、历史与逻辑、个人与社会、理论与实践。这五大关系首先是理论介入实践、面向实践所形成的,从而表现了马克思主义"改变世界"的实践本性。历来以启蒙或批判名义登场的社会思潮,总是以绝对真理的面目君临天下,唯有马克思主义蕴涵着自我否定、自我批判的内在品格,把改造客观世界和改造主观世界(理论自身)结合起来,原因就在于打破理论的自我中心,从天上回到地上,认识和尊重客观规律,是改造世界的当然前提。换言之,理论的自我反省、自我超越的动力,只能来自改变世界的实际挑战。上述五大关系表明,正是来自实践的不断挑战,使得马克思主义注定不能成为自我封闭的绝对真理体系。

4. 马克思主义哲学"体系"的特色

侯惠勤教授指出,马克思主义哲学是完整的思想体系,把它仅仅视为方法是片面的,但"不完备"才是马克思主义哲学"体系"的特色所在。它正是以此打破了自身的封闭性,开辟了通向实践的道路,从而体现了自己的内在统一性和完整性。"不完备"含义有二:其一是指它不单一,不存在单一的逻辑框架,也就是说,它包含着突破任何一种逻辑框架的因素。因此看起来似乎是不严密的和不完备的。其二是指不严实,不存在那种概念之间环环相扣的绝对链条,也就是说,概念和概念之间的转化存在着相对性和灵活性,存在着可以吸收和容纳新概念的"空白"地带。这种不完备性,使马克思主义哲学呈现出"多"的特色。如果说"一"体现了马克思主义哲学的完整性,那么,"多"则体现了它的开放性;如果说"一"体现了它的严整性,那么"多"则体现了它的灵活性;如果说"一"体现了它的普遍性,那么"多"则体现了它的丰富性。可以认为,正是内在的多样化原则才使马克思主义获得了积极顺应实践发展客观要求的内部活力。从一百多年的历史实际来看,马克思主义的发展似乎同以往集大成的理论综合一样,也经历了由

"一"到"多"的"分化"过程。有人因此而宣布马克思主义的危机和破产；有人拒不承认或根本无视这个客观的事实。两者都有形而上学的片面性。实际上，马克思主义发展过程的"分化"，既不是一场纯粹的悲剧，也不是一场纯粹的喜剧。说它不是悲剧，因为通过这种"分化"，马克思主义毕竟没有重蹈旧哲学的覆辙，以自身的彻底解体而告终，而是不断深入到社会实践过程之中去，并进而使自身获得了对象化的新形式（如其中国化的新形态）。说它不是喜剧，因为在"分化"过程中的确包含了某种外在分裂的"危机"，这里面有许多深刻的经验教训值得反省和总结。

5. 历史唯物主义对历史研究的根本指导

侯惠勤教授在《略论唯物主义历史观对于历史研究的意义》一文中，提出在历史研究中必须处理好几个关系：（1）史料真实与历史真实。记载历史这种复杂性的史料，除了大量的伪史、伪证外，即便是真实的史料，也有一个再鉴别过程，即从史料的真实过渡到历史的真实，而这是考据学及其方法所力不从心的。要区分最能表现特点的材料，需要正确的历史观，需要认识和叙述历史的科学方法论。（2）历史观与历史研究。在世纪之交，21世纪初叶，唯物史观作为一种学术理论到底有无生命力，还有多少生命力？历史观总是渗透在对历史事件的把握中，这不仅是马克思主义的观点，而且是被历史一再证明的科学发现。（3）意识形态语境与历史研究。学术和利益、价值密不可分，因此问题不在于摆脱利益和价值，而在于何种利益和价值。历史唯物主义为我们解决难题提供了两大原则，一是阶级性、党性和人性的历史的统一，二是改造客观世界和改造主观世界的历史的统一。这样，我们才可能做到不是用人性说明历史，而是用历史分析人性。坚持唯物主义历史观，不但是推动文化和学术健康发展的需要，同时也是个性自我完善的需要。

二 站在历史的纵深处挖掘马克思、恩格斯意识形态思想的理论富矿

侯惠勤教授认为，马克思主义的源头活水从思想上看就是马克思、恩格

斯的思想形成史，尤其是以《德意志意识形态》等为标志的奠基性著作，因而必须注重源头研究。

1. 作出了"马克思的意识形态批判"这一解读马克思哲学变革意义的理论概括

在《马克思的意识形态批判与当代中国》这一最新个人专著中，侯教授作出了"马克思的意识形态批判"的完整的理论概括，它包括三个相互联系的内容：

其一，马克思意识形态批判的目标追求：一是从德国史进入世界史，二是从幻象中获得真相。其根据在于：第一，一般地说，精神现象一旦产生，就会具有与社会经济发展不同步的相对独立性，因此，"经济上落后的国家在哲学上仍然能够演奏第一小提琴"。[①] 特殊地说，资本主义基本矛盾的国际化，使得一国社会矛盾尖锐化的根源不限于该国本身，从而造成经济相对落后的国家也可能爆发经济发达国家才有的社会矛盾。上述两点表明，当时经济发展还相对落后的德国，完全可能成为发达资本主义国家的精神上的同步者，成为研究现代社会矛盾的典型观测点。第二，一般地说，统一性问题是世界观的根本问题，也是世界观意义上真理性认识的前提。正因为如此，整个德国古典哲学的变革实际上就是要克服康德的"物自体"，其最大成果就是开辟了辩证法、认识论和逻辑相一致的道路。也就是说，只有通过辩证法的普遍联系和对立统一，才可能再现历史的真实和社会存在的真实，才能真实地认识和把握世界。特殊地说，资本主义发展造成的最大悖论，就是在促成人的解放的同时造成了人的物化，在促成人的独立的同时造成了人的孤立。"原子化"、"碎片化"成为现存社会的基础。正如马克思指出的："尽管竞争把各个人汇集在一起，它却使各个人，不仅使资产者，而且更使无产者彼此孤立起来。"[②] 这种孤立的个人只能感受这颠倒的现存，而无法改变现存去开拓未来；只能直观以致屈从现实或在道德愤慨和幻想中超越现实，无法真正面对现实去改造世界。上述两点表明，认识资本主义社会的真实，靠

---

① 《马克思恩格斯选集》第4卷，人民出版社1995年版，第704页。
② 《马克思恩格斯选集》第1卷，人民出版社1995年版，第116页。

经验式的感性还原、即回归感性个人行不通,而只能通过世界观的整体变革之路,从黑格尔辩证法的唯物主义颠倒入手。这也是恩格斯在《社会主义从空想到科学的发展》,不是把唯物主义而是把辩证法作为科学社会主义起点的基本原因。

其二,马克思德意志意识形态批判的主题不是抽象的哲学、宗教学问题,也不是启蒙运动以来人的解放主题的简单延续,而是对于资本主义的超越问题、是无产阶级解放和人类解放的历史根据问题。这一批判从内涵上说有三:一是批判德意志意识形态,把探索德意志国家的社会变革出路问题提升到世界历史高度,提出时代的主题。对于德国人而言,站在世界历史高度的唯一可能是批判黑格尔哲学,它既是普鲁士现行国家制度的意识形态,又是观念上的世界历史。正是这一哲学把德国和世界历史联结了起来。二是批判现代国家意识形态,探索超越资本主义的世界历史规律。在马克思看来,黑格尔哲学及其辩证法的颠倒性,根子在德国社会本身的"时代错乱",甚至还不仅仅如此,这种颠倒还是现代国家本身的弊端。如果说,对于现实人的贬低和否定是德国制度以及黑格尔哲学的根本特征的话,那么它也是整个现代国家制度的根本缺陷。事实上,黑格尔辩证法把人抽象化、逻辑化,确实真实地反映了现代资本主义社会个人的抽象化、孤立化过程。从这个意义上说,批判德意志意识形态,也就是批判资产阶级现代国家意识形态。三是批判一般意识形态,探索哲学及其他社会意识形式与国家和统治的关系,探索人类社会发展一般规律。黑格尔哲学是德意志意识形态的理论立足点和思想体系的基地,它承前启后,既是在它之前的哲学意识形态的概括与总结,也是在它之后的思想体系由以发展的前提。这样,它就成为全部哲学发展的一个缩影,展示了哲学的历史地位和历史命运。

其三,从外延上说,马克思的德意志意识形态批判实际上包含了德意志意识形态批判(颠倒唯心主义辩证法)、现代国家意识形态批判(颠倒资产阶级"法学世界观")和商品拜物教批判(颠倒"资本自行增值"论)这三大批判,因而是发现了资本主义社会的奥秘,揭示历史发展客观规律的完整过程。德国古典哲学在破除资本主义把人"原子化"魔法的有效方法是,用辩证法解构经验主义、用总体性对抗"碎片化"。它不仅试图通过先验的、绝对的主体之外化和自我复归的运动呈现历史的规律性，而且试图通过发展的现实普遍性环节呈现历史规律的现实基础，即把每一发展环节都归结为某种主客统一体。作为发展环节的主客统一体，不仅是历史的内在目的性和客观现实性的统一，还构成了下一发展阶段的"中介"。德意志意识形态尽管是一种颠倒性世界观，但其毕竟是作为整体性的存在及其认识。换言之，德意志意识形态里的世界尽管是颠倒的，但毕竟是一幅颠倒的完整图片，而不是摔碎了的镜片。我们只要把颠倒了的完整图片再颠倒过来，就可以获得完整的图像，而从摔碎的镜片中除了获得哈哈镜式的图像，是不可能得到什么真理性认识的。由于这一主题反映了时代的变化和历史发展的要求，因而这是表现在青年马克思理论探索中的历史必然性。只要马克思不停止探索，这一客观逻辑就必然催生以共产主义为特征的新世界观和思想体系。

2. 形成了解读马克思、恩格斯意识形态理论的文本的方法

要解读马克思、恩格斯意识形态理论，就必须了解历史唯物主义的文本解读方法。侯教授指出该方法有三条重要原则：其一是把文本放在特定的历史条件下，寻找其历史根据和背景。解读文本时，既要把握文本形成时的重大历史运动及其后果，又要把握事实的总和，抓住最具决定意义的事实。其二是比较的方法，即比较马克思的思想继承了哪些，改变创新了哪些。只有反复比较才能把握精髓、找出问题，文章才能写出深度和新意。解读马克思时，一是要把马克思与康德、黑格尔、费尔巴哈进行比较，二是要把马克思与鲍威尔、施蒂纳、赫斯等青年黑格尔派进行比较。其三是处理好矛盾和范畴的关系。把握文本的范畴时一定要用矛盾阅读法，把范畴看作活生生的概念，把握范畴的内在矛盾，把范畴与历史的演变进程统一起来，用辩证法而不要用形式逻辑解释范畴。

3. 准确地概括了马克思、恩格斯意识形态理论的内容

在《马克思的意识形态批判及其当代价值》一书中，侯惠勤教授提出了若干重要观点：（1）对马克思、恩格斯提出的"意识形态的虚假性"作了正本清源的解析。他指出，"意识形态"的虚假性的基本规定无疑指其"颠倒性"，也就是说，它根本颠倒了存在和意识、生活和观念的关系，不是从生产、生活和实践出发，而是从幻想的观念出发，甚至以观念代替现实。很

显然，这里所说的"假"，主要指其没有把观念摆在适当的位置上，以致从根本上混淆了主宾、本末、头足。这种规定本身无疑地含有价值上的否定意义，但是，这里并没有涉及这些思想观念的内容本身之正误、真假问题，因此，不能简单地把意识形态的虚假性等同于"错误的观念"。相反，意识形态的颠倒性源于社会存在，故而对于其颠倒性的批判必然导致对于现实社会的批判，并最终导致对于现实社会的实践批判。（2）意识形态是统治阶级的思想，亦即占统治地位的思想，因而它必定构成现存社会制度和社会关系的一部分。简单地说，作为统治阶级思想的意识形态，实际上就是"制度化的思想体系"，其作为价值系统发挥作用，并使人们认同于现存社会制度。把意识形态视为每一个社会的统治思想，实际上是一种较为客观的判断，并不含有价值上的否定意义。（3）意识形态是革命阶级的阶级意识，亦即每一个领导革命的阶级借以认清使命、团结群众的思想观念及口号，因而它又必定是每一种革命得以成功的舆论基础。无产阶级革命和其他阶级革命的区别，并不在于它不需要意识形态，不需要以全社会的唯一代表的面目出现，而在于它的阶级利益确实是人类根本利益的体现，因而不仅在革命时期，而且在革命以后都能保持同其他群众共同利益的密切联系。

4. 科学地分析了意识形态变化的规律

既然革命意识形态总是同人类的普遍利益或共同利益相联系的，因而其变化发展也就有一定的规律性。首先，"一定时代的革命思想的存在是以革命阶级的存在为前提的"，而革命阶级存在的前提则是新的生产方式的产生。[①] 因此，解放生产力，调整代表新的生产方式的阶级的相应社会关系就成为任何革命意识形态的绝对要求。而因为无论在何种生产方式中，劳动者都是基本的生产力，因而任何革命都要有群众的参与，而任何革命意识形态的力量总在于能够得到群众的拥护，唤起群众的历史主动性。其次，正因为革命意识形态与革命阶级和新的生产方式存在这种内在联系，而由于现代生产力的不断社会化和全球化是绝对的趋势，人类社会分裂为阶级后，其共同利益的弱化趋势也必将被扭转并重新得以实现，表现在革命意识形态上，就

---

① 《马克思恩格斯全集》第3卷，人民出版社1979年版，第53页。

是革命的观念越来越具有人类性和普遍性,其总趋势是从解放劳动者到劳动者的解放,从部分人的解放到"人类解放"。然而,一旦人类的普遍利益真正成为现实,意识形态的虚幻性也就不复存在了。"只要那种把特殊利益说成普遍利益,或者把'普遍的东西'说成是统治的东西的必要性消失了,那么,一定阶级的统治似乎只是某种思想的统治这种假象当然也就会完全自行消失。"①

5. 清晰地论述了马克思意识形态理论的基本立场

由于对于马克思意识形态概念多重含义的不同理解,就形成有关其意识形态理论的争论,主要集中在三大问题上:其一,意识形态为剥削阶级所特有,还是为一切可能上升为统治阶级的阶级所具有,换言之,无产阶级是否需要意识形态?这个问题在列宁看来是不言而喻的,他甚至认为不具备争夺统治权的阶级意识的社会集团,不能称之为"阶级"。其原话是"从马克思主义观点看来,否认或不了解领导权思想的阶级就不是阶级,或者还不是阶级,而是行会,或者是各种行会的总和"。② 其二,意识形态所固有的党派立场和科学的怀疑与批判精神能否协调统一,换言之,社会历史领域的知识如何通向科学?就马克思学说的研究者而言,这里有三大思路:一是凸显意识形态和科学的"断裂",从"非意识形态化"走向"拒斥意识形态"(阿尔都塞);二是对于意识形态进行拆分(区分其不同含义),从意识形态走向"知识社会学"(曼海姆);三是重新阐释意识形态的社会基础,从无产阶级的阶级意识走向科学和客观真理(卢卡奇、葛兰西)。其三,意识形态作为集团意识的一元化本性和个性自由及人文精神是否格格不入,换言之,坚持指导思想上的一元化是否必然导致思想僵化和精神贫乏?按照当代西方意识形态的流行观点,除了实行意识形态的多元化,否则,意识形态必然是扼杀个性和精神自由的思想禁锢。而从马克思主义的观点看,没有阶级意识的确立,就谈不上广大下层人民的个性觉醒和真正解放。

---

① 《马克思恩格斯全集》第3卷,人民出版社1979年版,第55—56页。
② 《列宁全集》第20卷,人民出版社1989年版,第111页。

三 站在党和人民的根本利益上对错误思潮进行旗帜鲜明的批判

侯惠勤教授认为，马克思主义理论发展基本上是两个途径：一是通过各种文化、各种思想资源的吸收、借鉴可以不断地丰富发展。二是通过批判错误思潮和倾向的方式来丰富发展。基于这样的认识，他对于错误的思想观念能够做到以学术的理论深度和思想的广阔视野旗帜鲜明地加以剖析，做到旗帜鲜明而又令人信服，这体现在多个方面。

1. 对资产阶级自由化哲学基础的明快批判

在《试论资产阶级自由化的哲学基础》一文中，侯惠勤教授概括了资产阶级自由化的哲学基础：（1）人道主义历史观和"社会主义异化"论。搞资产阶级自由化的人从一开始就选择人道主义和异化论作为攻击社会主义的武器，可以说是最好地利用了当时的时机。资产阶级自由化的理论基础：第一，主张以抽象人道主义作为党和国家指导思想的理论基础；第二，用抽象人道主义去衡量社会主义制度，引申出"社会主义异化论"；第三，用抽象人道主义去衡量马列主义、毛泽东思想，引申出"马克思主义异化论"，等等。（2）主体性实践哲学和"全盘西化"论。"主体性实践哲学"通过对"实践"概念作唯意志论的解释，夸大其个体意志和主观心理的方面，目的在于否定社会历史有任何客观规律。"主体性实践哲学"呼唤着西化。既然个人是真正的、唯一的价值主体，那么个人主义当然是首要的价值，个人自由当然是天赋人权。由此也可以得出下列结论：第一是必须"为个人主义"正名。第二是现代化即西方化。（3）"新自由"论和"新启蒙"论。"新自由"论认为，以洛克、约翰·密尔（哲学）、亚当·斯密（经济学）、孟德斯鸠（政治学）为代表的自由主义，是资本主义最富有生命力的正统。它把个人作为存在和价值的唯一本体，作为真正的社会主体、权力主体和道德主体，反对一切形式的社会权力对个人权力的干预，因而构成了以自由市场经济、议会民主和思想多元化为特征的现代西方社会的灵魂。中国历来缺乏自由主义传统，能否构建这种精神，就成为中国现代化的关键所在。"新自由"

论和"新启蒙"论继承了自由主义的全部价值观念,不同之处仅在于,它既不批判一般的封建主义,更不批判当代西方社会,而是集中全部力量攻击我国的社会主义制度,以期从最基本的政治价值观方面打开缺口。其使用的方式就是把社会主义中国丑化为"封建主义",同时美化资本主义反封建的历史功绩、从而借口反封建开历史倒车,把当代中国引向资本主义。

2. 对新自由主义的哲学基础进行了淋漓尽致的批判

在《试论当代自由主义》一文中,侯惠勤教授对于新自由主义的哲学基础进行了淋漓尽致的批判:(1)个人主义的困境。无论自由主义在个人主义上如何退却,有一点则始终没变,即把各种社会团体至多作为中间性群体,它们始终是个人的派生形式。个人作为终极实体在价值、权利、道义上的优越性和至上性始终存在,用一句话来概括就是,个人始终是目的,而不是达到其他目的的手段。这样,它也就无法逃避个人主义的内在矛盾:一是个人主义所蕴涵的利己主义倾向;二是个人主义所蕴涵的不平等观念。(2)理性主义的嬗变。自由主义把实践理性限制在个体实践范围内,基于下述假设:个人即是社会,理性、自由与个人同在。因此,个人之间从根本上是协调的,解决一切社会冲突的出路是诉诸个人理性。但是,由于现实中的个人必然受一定生产力发展水平制约的阶级分化,以及在此基础上物质利益分化和对立的支配,个人理性必然受制于既得利益,因此,诉诸个人理性没有出路。只有诉诸无产阶级的阶级实践和阶级斗争,消除利益对抗的社会根源,人性才可能"复归",个人理性才能实现。

3. 对"普世价值"理论进行了毫不妥协的批判

在《"普世价值"的理论误区和实践陷阱》一文中,侯惠勤教授明确指出,把当代中国的改革开放纳入资本主义世界文明的轨道,是他们热衷传播"普世价值"的根本目的;资本主义文明是不可超越的终极存在,是"普世价值"热播者的意识形态前提;通过"普世价值"干预我国的民主政治建设,以期终结共产党领导的国家权力结构,是这一讨论的核心,因而其在本质上是当代西方话语霸权及其价值渗透方式的表达。这种革命的、批判的态度取决于他对马克思主义理论理解的辩证性、毫不妥协性和透彻性。他明确指出"普世价值"观的五大错误:"普世价值"观混淆了认识论价值与实践论价值，混淆了政治价值与人性价值，混淆了理想价值与空想价值，混淆了马克思不同语境中的话语价值，"普世价值"是国际关系中的单边主义和双重标准存在的价值观基础。在《为什么必须批判"普世价值"观》一文中，他更是把对"普世价值"理论的批判推向高潮。我们批判的"普世价值"，有着明确的本质界定。概括起来，主要是以下两点：一是从理论上看，"普世价值"以消解共产主义理想、确立资本主义不可超越为前提，其立脚点是资本主义的核心价值及其制度架构是历史的终点，人类在这方面将不可能再有真正的进步和突破。二是从实践上看，"普世价值"根本否定中国特色社会主义的民主政治建设，完全割裂中国改革开放中经济体制改革和政治体制改革间的内在联系，力图把中国的改革开放引导到"回归西方文明"的方向，把中国的政治体制改革引导到西方"民主化"的陷阱。总之，以"普世价值"为思想武器，按西方（主要是美国）的民主模式全面颠覆我国的社会主义政治制度，根本改变我国民主政治建设的社会主义方向，是"普世价值"贩卖者坚定而明确的追求。

四　站在现实发展的思想前沿推进对马克思主义中国化的研究

侯惠勤教授提出马克思主义研究要抓两极：一极是源头，也就是特别要关注马克思、恩格斯在世界观转变时期的著作；另一极就是现实。他研究现实问题有自己的科学方法，这就是从现实重大问题中进行学术追问和理论概括。

1. 提出马克思主义与中国现实相结合的"结合点"理论

侯惠勤教授认为，一般地说，由于理论能够掌握群众，而历史不外是群众的事业，因而理论也能够改变历史；特殊地说，马克思主义的理论起点揭示了人类历史从资本主义向共产主义过渡的一般进程，因而它与我国社会低于世界历史发展的历史起点并不直接吻合，于是，两者必须"结合"。显然，结合并非一方对另一方的单方适应和接受，而是双方相互作用、交互影响、相互磨合的过程。这一过程要解决的难题主要是两个：一是寻找"结合点"，架设两者之间内在联系的桥梁;二是以"结合点"为中心,建构相应的理论体系,开创理论与实践相统一的新阶段。就寻求"结合点"而言,这显然是一个双向过程。一方面,必须根据中国的现实历史起点和具体实践要求审视马克思主义,打破理论自身的圆融性和纯粹性以适合我国实践的需要。也就是说,必须对马克思主义作必要的选择取舍,而把注意力主要放在某一方面,不取决于主观愿望,而取决于一切历史条件。另一方面,又必须根据马克思主义重新审视中国的国情和具体发展要求打破落后于世界潮流的民族历史的特殊性和封闭性,将其提升到世界历史之高度并汇入世界历史潮流。也就是说,必须发现中国历史中可以进入世界潮流的新历史因素,并借此而使民族历史与世界历史接轨。从方法论上说,"结合点"具有"中介"的性质:它既是民族的,又是世界的;既是现实存在的,又是具有远大前途的;既是阶级的,又是全人类的;既是历史发展的客观力量,又是革命实践的主体力量。

2. 深入阐述中国特色社会主义理论体系

侯惠勤教授在《真理标准大讨论与邓小平理论的确立》一文中分析了邓小平理论产生的基本途径。当邓小平提出用"完整准确的"毛泽东思想指导我们的实践时,他对毛泽东思想的把握已经是继承中有了突破性的新认识,因而才能从根本上纠正"文化大革命"的理论与实践。例如,他从毛泽东关于"三个世界"的划分中已经看到了时代主题和世界格局的根本变化,看到了改革开放的必要性和可能性,看到了经济建设的重大政治意义。这就大大突破了毛泽东将此仅作为一种政治力量对比的分析框架。又例如,邓小平在"实践标准大讨论"之前就明确地提出了知识分子是工人阶级一部分的论断,其根本依据就是现代生产力中科技和知识比重的不断加大的趋势,实际上也就在很大程度上突破了传统的阶级分析框架。"真理标准的大讨论"只不过为这种理论创新进一步提供了合法性。它理所当然的结果,是推动这种创新,并呼唤新理论诞生的壮丽日出。侯教授在《进一步用科学发展观武装全党》一文中提出一个重要观点:科学发展观是科学社会主义的发展观。他讲,作为我国社会主义现代化建设必须长期坚持的重要指导思想,科学发展观是解放和发展生产力的发展观,是以人为本、造福人民的发展观,是全面协调可持续的发展观,是经济、政治、文化和社会建设整体推进的发展观,是坚持和平发展的发展观。从这个意义上说,科学发展观是科学社会主义的发展观。我们一定要从这样的高度来领会科学发展观的指导意义,切实增强贯彻落实科学发展观的自觉性和坚定性。

3. 对中国的改革开放作出新的解释

侯惠勤教授指出,要使改革开放的实际成果转化为对社会主义的认同,就必须破除西方反马克思主义思潮提出的一系列说法。就理论上而言,西方反马克思主义思潮为了从根本上割断中国的改革开放与科学社会主义的联系,抛出了许多颇具迷惑性的说法,其中最为典型的就是"一个假设"、"打破三个幻想"。"一个假设"就是关于"经济增长的阶段"假设,认为现代化的过程是一个从传统社会向现代社会转变、必须经历不同经济增长阶段的客观过程,而与资本主义或社会主义的选择无关。所谓"打破三个幻想",就是在他们看来支撑着马克思主义理论体系的三大支柱性观点,即马克思关于无产阶级、关于无产阶级政党、关于无产阶级革命的基本观点,都是一种虚幻的乌托邦,浸透着空想的激情,但是没有任何现实根据。谁也不能否认,站在不同的阶级利益立场,对于社会问题的真理性认识和实践态度具有决定性意义;谁也不能否认,不形成特殊的既得利益(其根源是生产资料私人占有)是在改造客观世界过程中能够自觉改造主观世界的前提;谁也不会否认,任何阶级的群体,其自发的日常意识及其表现和本阶级的阶级意识及其追求总是不会直接等同的;谁也不能否认,在当今世界,推动人类文明和社会进步的力量分布仍然是不均衡的,仍然存在动力和阻力、先进和后进的分野。由此看来,马克思主义关于先进阶级和先进政党的观点就仍然具有生命力。

4. 提出中国特色社会主义创新性的生长点

在《论中国特色社会主义的创新性》一文中,侯惠勤教授从深层次上分析了中国特色社会主义的创新性。由于社会主义革命在资本主义最薄弱的链条上首先发生,就使得革命取得胜利后的国家要面对三个"绕不开"和三大挑战。从三个"绕不开"来看,一是和资本主义绕不开。二是和市场经济绕不开,两种社会制度要长期共存,必须进行经济交往。三是和社会主义国家的改革开放绕不开。从三大挑战来看,一是社会主义的多样化问题;二是向资本主义学习的问题;三是社会主义和共产主义的关系问题。中国特色社会主义理论体系就是在直面这三个"绕不开"和不断回应三大挑战中形成和发展的。中国特色社会主义本质上是在马克思主义的指导下,走自己的路。这条道路的实质就是从原先马克思所设想的通过中心引导的社会主义实现方式,转向外围突破式的社会主义实践;这条道路的基本轨迹就是从照搬"苏联模式"到走出"中国特色"。可见,只有真正弄懂中国特色社会主义的创新性,才能真正高举这面当代中国进步发展的旗帜。

5. 提出现阶段意识形态领域基本矛盾关系思想

侯惠勤教授认为,必须深刻把握当前意识形态领域的基本矛盾关系:(1) 意识形态的排他性与包容性关系上的突破与挑战。意识形态发挥作用的基本方式,是通过不断地对是非、善恶、美丑进行泾渭分明的区分,使自身的价值得以彰显,从而获得广泛的认同。从这个意义上说,旗帜鲜明理所当然,模糊界限就意味着消亡;同时要看到,社会主义意识形态不能是自我封闭的僵化体系,它不仅要从实践中不断加以丰富,同时也必须从人类一切优秀文化成果中吸取营养。(2) 意识形态的理性认知和情感认同关系上的突破与挑战。社会主义主流意识形态建设历来凸显其科学性特征,强调依靠理论的彻底性说服人,依靠真理的力量打动人。意识形态作为制度化、体系化的思想,在本质上是实践的,因而作用机理本质上是情感认同,真理性认识也要通过调动激情的方式才能奏效。(3) 意识形态的集团性话语与个体性、普适性话语关系上的突破与挑战。意识形态本质上是集团性话语,它并非个人从生活实践中自发形成的,从这个意义上说,其本质确实是"灌输"。意识形态虽然实际上是一定利益集团的观念表达,然而其最具渗透力和影响力的方式却是让思想穿上"普遍性"外衣,才能获得更广泛的认同。(4) 意识形态的先进性和大众性关系上的突破与挑战。社会主义核心价值体系是适应人民群众对于先进文化的需求而提出的,目的在有效地推动社会主义文化的大繁荣、大发展,因而它必须体现时代潮流、时代精神和时代发展,体现社会主义意识形态的先进性。同时,意识形态要渗透到社会生活,成为社会的"黏合剂"和"混凝土",必须具有大众性和广泛性。

6. 提炼社会主义核心价值观的内容

侯惠勤教授认为，社会主义核心价值观可作以下概括：（1）坚持"劳动优先"，反对所私有产权崇拜。劳动优先是马克思主义历史唯物主义的根本观点和核心概念。不论在马克思主义理论中还是社会实践（尤其是社会主义实践）中，劳动都具有的核心地位和崇高价值，劳动优先的价值观同资本主义的私人财产优先的价值理念是相对立的。资本主义没有也不可能把劳动放在第一位，症结在于其鼓吹私有财产神圣不可侵犯，把私人产权放在最高位置，从而整个社会形成了私人财产优先的价值观。（2）坚持"人民至上"，反对个人第一。马克思主义认为，人民群众是物质财富、精神财富的真正创造者，是推动社会变革、历史发展的根本力量。"人民至上"的价值观是由我们的国体、我们党的性质等根本制度决定的。"人民"是和绝大多数个人的命运紧密相连的具体概念。恰恰相反，在资本主义的概念中缺乏人民的概念，缺乏人民群众的真正地位，而只有法律名义和形式上的公民、民众等，因而也只有抽象的个人和个人崇拜。（3）坚持"共同富裕"，反对市场崇拜。没有社会主义就没有共同富裕，社会主义为共同富裕奠定了制度前提。社会主义关怀每一个人，力争通过社会制度的力量、体制的力量确保每一个社会成员都能够得到自由全面发展的社会条件，而不是造成两极分化。共同富裕与资本主义的核心价值观是格格不入的，资本主义制度是完全不可能包容这种价值观的。（4）坚持"形式平等与事实平等的统一"，反对形式平等崇拜。马克思主义认为，社会主义仅仅是为事实平等创造了条件，奠定了基础，至于事实平等的完全实现，则有一个历史过程，这与其说是一个理论问题，不如说是一个实践问题。马克思的平等理论是一个超越西方自然法的平等理论，除了形式平等以外，还有事实平等，历史过程中的事实平等。（5）坚持"每一个人的自由全面发展"，反对抽象个性崇拜。社会主义是共产主义的第一阶段，而共产主义的目标就是要实现个人的自由全面发展，所以实现个人自由全面发展是社会主义的应有之义，是社会主义的必然追求。

网上有一个博客的帖子，《一个坚定的马克思主义者——侯惠勤教授学术报告会印象》。博客写道："今天听了中国社科院马克思主义研究院副院长侯惠勤教授关于马克思主义前沿问题的学术报告。作为一个法学者，过去我很少关注马克思主义研究这方面的问题。今天听这个报告,也算是个例外。因为好几个同事以前都听过侯惠勤教授的讲座,颇有好评。侯教授的口才很好,两个多小时的报告完全不用稿子,却能做到表述精当,析理入微,设喻恰当,妙语连珠。因此,虽是抱着试着听听的心理去的,我却认真听完了全场报告,并很受触动。对这次报告的感受很复杂,一时还没有理清头绪,这里只能谈谈印象。最强烈的印象是,侯教授做学问功夫了得,讲话中时时引用马列原著,信手拈来,毫不费力。还有一个印象也很强烈,就是马列主义不仅是侯的研究对象,也是他的坚定信仰。"事实正是如此。

(作者单位 中国社会科学院马克思主义研究院)

后　　记

《中国马克思主义研究前沿》(2009年卷),是继《中国马克思主义研究前沿》(2008年卷)之后,由中国社会科学出版社组织编辑的第二本马克思主义理论研究年度学术报告。这项工作得到了中国社会科学院常务副院长王伟光,中国社会科学院党组成员、秘书长黄浩涛等领导的大力支持,得到了众多马克思主义理论界德高望重的专家学者的鼓励,也得到了许多专家学者的配合和帮助。中国社会科学院马克思主义研究院刘德中、黄华德、张晓敏等同志参与了该书的组稿和编辑工作。中国社会科学出版社哲学编辑室和校对科的同志对本书的出版或予以支持,或承担了许多工作。《中国马克思主义研究前沿》(2009年卷)的出版还得到了浙江师范大学马克思主义研究所的资助。在此,一并对他们的支持帮助和辛勤劳动表示衷心感谢!

赵剑英、吴波、郑祥福
2010年3月12日

稿　　约

《中国马克思主义研究前沿》约定每年三月出版，欢迎马克思主义理论界广大专家学者赐稿。来稿请在信封上注明"中国马克思主义研究前沿"字样。

联系地址：北京鼓楼西大街甲 158 号　中国社会科学出版社哲学编辑室
联 系 人：喻　苗
邮政编码：100720
电子邮件：E‐mail：yumiao624@gmail.com

《中国马克思主义研究前沿》编委会